光風帶雨

大荒 著

博客思出版社

目錄

1939 年

1. 訪丹羽宅 作家聚首 8
2. 蘭赴新辦 敘舊曉君 16
3. 見過甘粕 傾聽曉君 25
4. 感傷慘案 遷居大和 35
5. 回北京家 找回貴華 44
6. 共餐山家 暢敘川島 55

1940 年

7. 乍見川島 貴華回訪 66
8. 山梨去職 蘭粉歡聚 74
9. 赴滬盛會 交心富子 86
10. 影片開拍 邂逅吶鷗 94
11. 共餐吶鷗 蘇州取鏡 104
12. 服部曲成 傳說礙戲 113
13. 再會貴華 溫馨作客 121
14. 巧遇川島 粉絲再會 129
15. 歌籍改隸 從師練歌 139
16. 助理報到 電影殺青 150
17. 吶鷗遇刺 夜遊墓園 158
18. 遷吉岡宅 雙雄鬥酒 166
19. 宴皇弟妹 南島呼喚 174
20. 溫父評戲 川島咬人 182
21. 準備赴台 父女忙翻 193

1941 年

22. 通關赴宴 影迷熱情 204
23. 台北熱演 內幕走光 211

24. 獻堂設宴 蘭祭吶鷗 218
25. 茂木發飆 兒玉報到 227
26. 扛進爬出 歌會嗨翻 239
27. 香蘭補證 風波又起 247
28. 公子來信 瓢亭共餐 259
29. 美聲越獄 初吻松岡 273
30. 生活上軌 傳聞驚夢 283
31. 蘇州取景 輾轉赴日 292
32. 密集約會 感情走味 301
33. 山家秘辛 對美開戰 311
34. 新戲開拍 場外論辯 319

1942 年

35. 東正教慶 戲外評戲 328
36. 閒話滿宮 一唱三嘆 336
37. 皇戚作客 談宮闈事 343
38. 劇組南行 遇泰次郎 354
39. 遊罷開封 蹦向黃河 363
40. 陋室宴迎 河畔開唱 372
41. 老農施教 軍援有譜 380
42. 槍砲亂射 補給翩至 389
43. 搏浪鬥麥 機智解困 398
44. 戲裡戲外 戰雲密布 405
45. 千里還鄉 傷兵伴行 412
46. 多方努力 《黃河》遇阻 423
47. 南北龍頭 鬥酒鬥志 434
48. 山家作陪 小遊南京 446
49. 車遊上海 主任解說 458
50. 走看片廠 話憶吶鷗 469
51. 練歌對戲 香蘭忙翻 477
52. 萬劇開拍 香蘭高歌 487
53. 老旦上戲 劍氣逼人 497
54. 獻花日艦 雲裳悲切 506
55. 山家邀宴 一晚盡興 519
56. 小丘開鏡 月夜情挑 529
57. 劇團北上 服部開示 539
58. 日俄藝人 多元對話 547
59. 開鏡順利 松岡來函 556
60. 軍方協助 戲前討論 564
61. 奔馳雪原 好戲連拍 571
62. 躲避軍警 流離街頭 579
63. 收容所戲 雙雙攝竣 587

1943 年

64. 共餐松岡 共話戰情 598

1939

1. 訪丹羽宅 作家聚首

接下來幾天，李香蘭除了在宮沢課長的帶領下繼續拜會行程，也加入了東寶演員勞軍團，不定期地前往附近的軍營演唱。這期間她從櫃檯小姐那兒收到田村泰次郎來訪不遇的字條，趕忙回以快信，告之下週一的新書發表會和前一天的週日都沒有行程。

禮拜天，田村泰次郎不到九點就來山王飯店了，行李袋裝滿新書。香蘭不確定他是否接到快信，也不期待他會來，反正她禮拜一會去他的新書發表會就是了。香蘭聽見敲門聲，開門見田村，喜出望外，隨即以熱茶招待。田村放下大行李袋，從隨身的背包取出簽好字的新書雙手送出。

「我上次提到的《大學》，請多多指教。」

「哇！」香蘭看了一眼四人素描的簡單封面，和素描下面「大學」的反白字。「第一本還沒怎麼看，現在又收到一本，我會好好拜讀。」

香蘭左手拿起新書，右手抓住書背，吃力地想把書從書套拉出，田村站起躬身接過書本，隨即拔出書本，露出海老原喜之助設計的封面。香蘭取過書和書套，放下書套後，把新書翻了一下後放在鼻頭聞了一下。

「還有香味，油墨的味道。」香蘭放下書本看著臉上現出欣賞笑容的田村，「這本書寫些什麼？」

「這是我以當年在早稻田大學法文系求學時的體驗為基調寫出的青春小說，寫一些學生生活窮困，但勇於追求文學，搞學生運動搞到有些蠻橫的故事。當然學生談戀愛，飄然似仙的事也寫了不少。」

「你的戀愛故事？」

「談戀愛的是別人，我沒有。」

香蘭眼角故意使出不相信的神色：

「這種題材，年輕人很喜歡看吧。」

「題材是有些敏感。好在已經寫好，也發表了。現在局勢越來越緊張。」田村喝了一口茶，「若以後才寫，要發表可能就不容易了。」

「確實是，先寫先贏。實在不知道明天局勢會變得怎樣。」

「封套欠設計，真的很醜。」

「比上次那本《少女》好多了，不管怎樣，就像自己的小孩，怎麼看都喜歡。」香蘭把整本書再次翻了幾下，「不是小說集，是長篇？」

「沒錯。大學畢業開始寫，三年前在《人民文庫》連載了半年。」

香蘭望向地板上，鼓鼓的行李袋：

「那一大包也是新書嗎？」

「等一下想去拜訪朋友作家，幾個人在聚會，一起去？」田村看著香蘭游離的眼神，「丹羽文雄知道嗎？」

香蘭搖搖頭，田村繼續說：

「他是我早稻田的學長，成家了。住家比較寬敞，幾位寫作的朋友會到他家裡，上次新京餐會時見過面的伊藤整也會來。」

「跟你一樣醉心意識流，瘦瘦的那位？」香蘭從田村頷首時溫和的神情中慢慢喚回伊藤先生的形貌，「能夠再見面也算是緣份。丹羽先生的家住那裡？」

「淀橋區的下落合，離這兒不遠，我們搭車去。」

「那也好。」香蘭圓潤的眼眸骨碌碌轉了一圈，顯示決心還在醞釀中，「不要待太久。」

「那我們在那兒用過中餐就走。」

「一定要用餐嗎？」

「每逢聚會，大家輪著作東。一般人到齊了，正是中餐時候，如果大家相率離開，反而不禮貌。」

香蘭沒有回話，開始埋怨自己的不夠大方。田村直覺香蘭答應得有些勉強，或許她擔心一下面對太多生人，和他在一起比較自在。他開始設法把香蘭的心思往丹羽家帶動：

「待會到丹羽家，諧星古川綠波也可能會來。」

「古川綠波，聽過，但沒見過面。倒是榎本健一，去年第一次來日本時合作過。他演孫悟空，或許到動物園向猴子學習過。」

「我跟妳相反，榎本健一的戲見識過，人倒沒見過。」田村欣慰於香蘭的笑顏開始逐退臉上的枯索，「妳現在當演員。實際上，我也演過戲呢。而且當男主角。」

「真的！」

「是舞臺劇。是依名作家菊池寬的劇本演出的。」田村看著香蘭期待的眼神，「主角是一名武士。我那時還在早稻田大學高等學院就讀。」

「早稻田大學高等學院？」

「算是大學入學前的預備班。我在高中時是劍道校隊的主將，所以被推舉出來當主角。」

「戲裡有打鬥嗎？」

「都在鬥嘴，劍配在身上，用不上。但還是有一點氣氛效果。」

「當然。」

「我這個故事，有點生疏了，要想一下。」田村兩眼從香蘭略施薄粉的臉頰移向牆上橫濱開港的油畫，凝著船上多國國旗片刻，「故事主角國定忠治，一生動蕩不安，殺了人後投奔一個賭王，繼承賭王的家業，事業越做越大，結果又斬了地方官，只好從上州，也就是群馬縣的赤城山逃到信州，現在的長野縣，在過程中翻越榛名山時還搗破信州街道大戶的城關。本來跟他的部下有 11 人，最後跟他到信州的只有三人。這是故事的背景。菊池寬的劇本《投票》劇情很簡單，主要講忠治只想帶三個人逃亡。為了決定這三人，大家吵吵鬧鬧，最後經投票決定，也就是說，忠治最死忠的部下，不是他指定的，是由大家投票選出來的。忠治最信任的淺太郎得到最高的四票，年紀最大的九郎助老被排擠，最後憤而自己投自己，只得一票，還是落選。入選的除了淺太郎外，還有軍師喜藏、大力士嘉助。忠治就帶著這三人來到信州，其他人各奔前程。」

「就是這樣。」香蘭對於日本古今地名的連結有欠熟悉，「沒關係，你繼續講。」

「戲裡都在對話，吵吵鬧鬧，還是有些看頭。」田村雙腿浸沐在從窗玻射進來的秋光裡，感到一股暖氣開始上升，「事實上，國定忠治雖然是嗜賭好鬥，但也是一代俠客，在大飢荒的年代救濟農民，是日本的羅賓漢。最後被處死，用亂槍活活刺死，非常慘。」

香蘭聽了難過，右掌遮不住一臉的愁容：

「那你被亂槍刺死的那一幕有沒有演得很逼真啊？」

「當然，這一幕非演得逼真不可。武士服前襟的裡面縫上一層厚厚的稻草，輕輕的，會流出紅色顏料的標槍，有角度插入就會固著在衣服裡面。」田村遙想當年演出時沾染的英雄氣概，不免打從心裡自我解嘲，「當然儈子手行刑的時候，動作很快，配合紅色為基調，一直閃動的燈光效果，很能喚起觀眾的義憤和激情。」

「刺得用力一點不就刺進身體裡面了？」

「衣服裡側當然襯有堅韌的鹿皮。另外，槍鋒也是鈍的。」田村想到了劇情幕後的笑點，「當時我被綁在木板上，官兵和民眾歡呼慶祝的時候，木板轉了 180 度，木板背後的彩繪契合舞台的布景，然後劇組人員快速幫我加強標槍的附著，甚至補槍，待慶祝的官兵退場，我又被轉了回去，用非常悲壯的形象面對觀眾。隨後四名仙女進場，隨著哀樂起舞散花……」

「演得很好呢。」

「雖然這樣，國定忠治是死後哀榮，他被葬在故鄉的寺廟，也立了紀念碑，埋身處常有遊客前來悼念。」田村看著香蘭的愁容漸展，笑了起來，「他的故事拍成電影一定很震撼。小弟不才，只演了他故事中最平淡的一段。」

「那是多久以前的事？畢竟他的痛苦已經過去了。」

「大概快 90 年了。」田村從她裹在古調青花旗袍內裡的體態喚出青春的氣息，「我把自己懵懂少年可笑的演出經歷貢獻出來。現在該聽妳多彩多姿的演出體驗了。」

「我向來不談演出的事情。」香蘭狡黠地笑開，「演出的時候，有時放不太開，不像唱歌。」

「那我豈不虧大了。我半瓶水搖得叮噹響，全部吐了出來。妳一大桶滿滿的水竟然搖不出一點聲音。……」

「好啦，我說。從那邊說起好呢？」

香蘭避開自己的家世，從第一次到日本演出說起，說著說著，田村認為時間差不多了，兩人離開飯店，敘事告一段落，香蘭鬆了一口氣。

兩人搭電車往新宿進發，在新宿站前站改搭火車，在下落合的小站下車。站前是寬敞的商店街，櫛比鱗次的店招、幡旗傾向馬路，行人雜沓。通常熱鬧的大街裡面的巷道都是「水商賣」[1] 的店頭，裡頭的料理屋、旅館或妓館，前一陣子，田村帶香蘭領略過了。再過一條街才是住宅區，是各種工匠、工人、作家和藝術家安靜過活的地方。

丹羽的家是兩層樓的木屋，雖然沒有山梨稔家花木繁茂的後院，屋前小小的庭園倒滿精緻的。一樓客廳十分寬敞，十來坪的榻榻米上面，一邊是他們正坐著的沙發組，另一邊，兩張大型的矮桌靠在牆邊。這組矮餐桌旁不遠處擺著一輛帶有輪子的嬰兒車。顯然丹羽已經結婚育子了。香蘭想像稚兒在這裡爬來爬去的情景。

伊藤整早在座，看起來比去年在新京時高壯了一點。經由丹羽文雄的介紹，香蘭知道中野好夫是英國文學家，也寫評論，細眼銳利的石川達三幾年前得過有名的芥川獎，兩眼炯炯有神的中島健藏是社會活動家兼文藝理論家，兩眼在圓圓的眼鏡框溜溜轉的自然是滑稽演員古川綠波。

田村把事先簽好，或現場才簽的新書，一本或兩本送給在場文友之際，在廚房忙碌的丹羽夫人綾子端著茶盤走了過來：

「田村先生，我聽見你的聲音和一陣騷動聲，就知道你帶了很多朋友來了。」

「我帶來了李香蘭小姐，滿洲映畫的明星。」

「哦！中國名字。」

綾子說著微笑向香蘭頷首，聽到香蘭的日語回應，直覺她是日本投資公司諸多日籍員工的一位。田村看見丹羽夫人正要倒新茶，忙將剛剛丹羽送給香蘭的幾本書放在香蘭身邊的榻榻米上：

「桂子和直樹不在？」

「哦！我媽媽抱回去照顧了。」綾子給新客倒完茶，環視大家，「現在你們都是由我照顧的小孩。」

賓客爆氣笑開，丹羽文雄把翻了一下的《大學》收在茶几下，嗑了幾個瓜子。田村揣測丹羽正想起小時候被媽媽拋棄的往事。

「恭喜泰次郎兄一連出了兩本書，想想我從早大畢業也已十年了。」丹羽看向《大學》封面，「比較和我大學記憶緊密連在一起的還是柔道時刻。」

丹羽說著迎來香蘭探視的眼光。香蘭似乎想窺探這位出道才十幾年便出版了 20 幾本小說，和她父親同名作家的內心秘密。

「我嘛是玩劍道，玩劍很耗體力，累了就休息在文學裡，但我在新書裡都沒提到。」田村和丹羽相視笑開，然後頭臉轉向香蘭，「我們的文雄兄本來是可以繼承家業當一間佛寺的住持，結果逃了出來，努力了十幾年，終於成為年輕作家的領袖。」

「過去的事情寫進書裡後就不怎麼去想。」丹羽瞬向擺在香蘭身邊一疊書上面的處女集《鮎》，「演戲也是這樣嗎？」

香蘭楞了一下，感覺丹羽好像在問她時，旁座的古川開口了：

「演戲的噱頭、笑點不能賣弄太多次。第二次可能還有點效，第三次就不好笑了。作為一位演員和編劇只好不斷創新。」

香蘭臉紅了，側頭看向丹羽送的一疊書，難掩心裡的慚愧。田村幫香蘭把丹羽的贈書收進他的行李袋內，隔著香蘭看向古川：

「很多人都以為我身邊的美女李香蘭是日本人，大家都錯了。她其實是滿洲人、中國人。」

這是田村幾天之內再次向他人強調她是中國人。她想起年中的那場餐會，會前滿映長官可能曾向來訪的作家群強調她是「滿洲姑娘」，用來加深作家的印象，但用餐時大家相互交融，完全忘了國籍的事，今兒田村在這麼多作家面前強調她的國籍，好似當年的滿映長官。香蘭意念轉動間，丹羽旁邊，同樣坐在沙發軟凳上的中野好夫突然向香蘭伸出手：

「我一向同情中國的遭遇。身為日本國民，說太多也無益，對於軍政府的所作所為只能深感歉意。」

香蘭和中野握了手，十分感動，錯覺自己是中國人，瞬刻轉醒，還是十分同情中國，只是對於田村的唐突，還是有些氣。她擔心中國會成為大家熱議的焦點，而她非拗著心順勢演出不可。穿著和服，雙手抱胸的丹羽垂下雙手，身體微微俯向香蘭：

「在座的達三君去年以從軍記者的身分寫了一篇報導[2]為中國人伸冤，結果被判了四個月……」

坐在沙發組側翼的石川達三眼神、手勢交替，暗示丹羽不要講，最後站起走了一步，和丹羽交會了眼神。丹羽：

「有些事件成為歷史，讓大家私下慢慢去挖掘。但也實在太悲慘了。」

香蘭睨了丹羽一眼，隨後和石川四目交會，收納石川細細眼縫流出的悲憫。來這兒做客以來，這雙眼睛一直銳利地平視周遭。她知道丹羽提的一定又是日本軍人虐殺事件，不禁想起小時候聽聞，似乎變成傳說的平頂山事件。想來這種事情立馬成為日本軍政的機密或言談的禁忌，對中國人來說也是一個禁忌，一個難以揭開，難以直視的巨大傷口。

前輩作家永井龍男和尾崎一雄連袂來到，綾子的菜也開始端上客廳另一邊的餐桌了。永井和丹羽同年，長了六個月，但發跡甚早，對丹羽有知遇之恩，尾崎是丹羽、石川和田村的學長，《早稻田文學》老編。賓客實在太多，尾崎落座另一個沙發軟凳，永井乾脆席地座。尾崎看見早大幫齊聚，十分高興，目光轉向唯一的陌生面孔。丹羽捕捉到學長的眼神：

「有一個漂亮的中國名字，是田村的朋友，和古川一樣是演員。」

「哦！幸會。」

香蘭自我介紹過後，尾崎得知她是滿映演員，來東京拍片後即將返回新京：

「很好，很好，滿洲映畫是國人開的，裡面的幹部、職員都是內地去的，只要軍人不要介入就好。」

在丹羽的招呼下，大家開始往餐桌移動，香蘭五味雜陳。這場作家聚會，或許每逢作家相聚都一樣，都敬軍人而遠之。尾崎想像中的滿映都是日本人，李香蘭自然也是，田村似乎內斂了一些，沒有「糾正」尾崎。

用餐氣氛熱絡而愉快，作家有說不完的話題，李香蘭的名字並沒有引發國籍的議論，被田村架著充當中國人的不安很快便消融在作家的話流中。她和丹羽綾子坐一起，聽作家暢論之餘，談些女性話題，偶爾有人提到滿映，她都簡單以對。甘粕的事也毋須她煩惱。沒有人提到他，或者壓根兒就不知他的上任。她還沒見過甘粕，他雖然是軍人出身，但離開軍隊已十幾年，且是下級軍官退伍，應該不致構成尾崎擔憂的軍人介入滿映的要件。

餐會結束沒多久，伊藤整起身告辭，田村帶著香蘭跟著離去。兩人閒步到了車站，月台沒有遮蔽，有點冷涼，等車的乘客也不多。月台好幾座排椅都沒坐滿，香蘭坐在一邊空著的排椅上，田村跟上。背後的排椅雖然有人，香蘭覺得不礙事：

「那位作家，石川達三寫了什麼得罪軍方？」

「或許妳不知道會比較好。」田村疲倦地瞬了香蘭嚴肅的臉顏，

「石川兄以中央公論社特派員的身分前往南京，目的是當隨軍記者，私下和那些士兵聊天，那知那些士兵一個個炫耀殺平民、俘虜的戰功，甚至進行殺人比賽，手法極盡殘忍之能事。和尚、醫生、善良的年輕人，一個個著魔似的變成殺人魔……」

香蘭把臉埋進撐著額頭的雙掌裡，田村有點講不太下去，事實上也不想講了。列車來了，兩人上了車，香蘭：

「講到一半就不講了。」

「看妳聽不下去的樣子。」

「確實是不想聽。是前幾年攻下南京、上海的那一次戰役嗎？」

「對。」

兩人不再說話，直到返回山王飯店。

田村泰次郎的新書發表會，第二天下午在富士見町的彩虹西餐廳舉行，記者會由東亞公論社和赤塚書房業主共同主持，丹羽文雄介紹《大學》和《少女》兩本書的梗概，田村本人報告寫作經過。每一位來賓憑邀請卡獲得一份點心，咖啡和茶任選一。來賓當場灑錢買書，出版社用來補貼場租和點心費，田村忙著簽書，宣傳效應開始發酵。席間，丹羽文雄要求香蘭清唱〈何日君再來〉，香蘭以「老是這首歌」婉拒，但田村從旁幫腔，只好唱日語版，博得滿堂彩。香蘭一不作二不休，再唱兩首，歌聲的甜潤似乎滲進咖啡和茶香裡，現場的讀者直呼過癮。

簽書會結束，一夥作家闢室喝下午茶殺時間，太陽西斜時分逛到鐵道另一邊的神樂坂，隨後的聚餐慶祝，也幾乎是給香蘭送行。再兩天，東寶攝影團隊給她和滿映宣傳課長宮沢忠雄送行，她踏上了歸途，明治座上演的《白蘭之歌》舞台劇和隨之舉行的電影首映都來不及看了。搭機飛返滿洲時，香蘭從宮沢課長口中得知滿映新理事長甘粕把朋友茂木久平找來接東京分社社長，原社長山田只好回家管理家族事業。

註 1：水商賣，日本的特種行業。

註 2：1938 年 1 月石川達三前往南京日軍第 16 師團採訪，返日後寫了一篇八萬字的報導《活著的士兵》（生きてゐる兵隊），交《中央公論》發表，刊載時刪掉了四分之一篇幅的日軍野蠻血腥罪行，石川仍受到監禁 4 個月緩刑 3 年的有罪判決。

2. 蘭赴新辦 敘舊曉君

滿洲航空的中島飛行機經過五六小時飛行，抵達新京大房身飛行場時，已是晚上七八點。通過海關時，香蘭以為鈴木會來接她，沒想到來的是牧野和山梨兩位部長。在簡陋的候機室，宮沢課長不斷對兩位長官致謝。牧野和山梨幫香蘭提行李：

「我奉理事長的指示前來迎接你們。」

兩人致完謝後，跟著兩位長官行進。飛行場地處荒郊，從候機室走到停車場，路燈不足以照明，山梨掏出手電筒給兩位歸來者引路。山梨向香蘭打過招呼後，一直不太講話，雖然三個禮拜前才在他家用過餐，黝暗讓她心生生疏感，也擔心不小心戮到他被降級的傷痕。

山梨開的車子勉強塞下四個人和三件大行李，另一件只好綁在車頂。搬動行李時，山梨對香蘭燦然笑開，讓她釋懷不少。上車時，大家讓香蘭坐前座，剛好和山梨並肩：

「怎好意思讓您開車來接。鈴木呢？」

「是理事長的意思。」

山梨提到甘粕，心裡還是有些苦澀。牧野從後頭接腔答道：

「新理事長知道《白蘭之歌》拍攝成功很是高興。他把我們幾個叫進理事長室說，你們要搭飛機回來，誰去機場。我們不曉得他的意思，不知怎麼回答。他的秘書說，李香蘭小姐平常有司機接送。甘粕問過司機的名字後，『司機接機，層次太低。不能這樣。』我說，她剛來時，我和山梨常當她的司機。『飛行場太遠了，不比車站。宮沢和李小姐拍片這麼辛苦，要給他們一點溫暖。你們兩個一起去好了。』甘粕理事長說完，停頓了一下又說：『演員是藝術家，你們這些部長、課長要替他們服務，要忘了自己是長官。』」

「原來我也是沾了李香蘭小姐的光。」坐在後座的宮沢忠雄笑了起來，「不然我可是要自己摸黑走回家的。」

「宮沢兄啊！甘粕這次前來當我們的理事長，風風雨雨，你也聽到了一些吧。」

牧野說著，宮沢心裡有些苦澀，他還是希望旁座的長官不要提到那位爭議性十足的新理事長：

「是聽到了一些。」

「他把溥儀從天津帶到新京，滿洲才得以建國，雖然前後當了滿洲警察局長、協和會總務部長，或現在滿映理事長，都不是什麼大官，但位小而權重。」牧野腦裡迴蕩著甘粕上任第一天對全體幹部和員工發飆的情景，但沒說出來，免得好友山梨再次受傷。「他帶來很多新觀念，而且說到做到。那天，他把我、山梨和兩位理事叫進他的辦公室，看著員工薪資報表，『李香蘭，山口淑子，工資 250 圓，中國頭牌演員李明才 45 圓，把李明的工資漲到 200 圓，差距才不會太大。中國新進演員工資才 15 圓，也應該調到李明原來的 45 圓，工資這麼低，吃飯都有問題，如何演好戲。各位有沒有意見？』林顯藏專務講話了，『滿籍員工或演員的薪資是按國務院給的標準給的。』『我就是國務院派來的。再說，演員不是一般人。山梨部長，把那些演員的薪資按我剛講的調高三到五倍，下去後趕快作業，列一張表呈給我看。』」

香蘭傾聽後座的話，聲聲入耳。滿籍演員大幅調薪，聽來令人振奮，以後和他們相處，也少了一份心虛。山梨被降級減薪，但得督促滿籍演員加薪作業，以他的仁厚應該也會從中感到欣慰。只是甘粕還是稱他為部長，他當時一定是五味雜陳。興安大路雖然寬闊，但路燈暗弱，車燈照物折射回來的光也淡薄。山梨專心駕駛，臉孔隱在暗黑中，額鼻時而流動一點薄光，但對後座的談話無動於衷。宮沢：

「甘粕理事長的『中國』被林專務糾正為『滿洲』，一定不太舒服吧。」

「甘粕剛說完中國演員，林專務立刻回以滿籍……，我當下也有點緊張，不過甘粕理事長好像只是皺了一下眉頭。」

「稱謂上還好。大家都是中國、滿洲交互使用。」

山梨稔若無其事地在前頭丟下一句話，把牧野想說的話堵在喉頭。

「林顯藏按照國務院規定辦事，但甘粕超乎這種規定，氣勢驚人，大概沒人敢不服。」宮沢喉頭吭了一聲，潤了一下喉嚨，「當然這對他個人來說，也是一個最好的宣傳。」

牧野點頭稱是，兩人沉默了一下，車子開始顛簸，搖得厲害。

車子駛離即將重鋪的路段後，外頭亮多了，城市向上投射的光暈把黑色的城廓描繪得十分清晰。牧野：

「你這次到東京從事《白蘭之歌》的宣傳，聽說成效不錯。」

「李香蘭小姐忙著拍片，也忙著拜會，拍戲期間，確定她當天沒戲份，也會把她借出來拜訪影劇界的大老。」宮沢閉了一下眼，避開來車的燈光，「李香蘭小姐不愧是滿洲的和平大使，所到之處都掀起小小的大陸熱。」

「小小的大陸熱？」

「意思是，她沒有公開活動，只是拜會媒體、影劇相關單位，或接受採訪。第二天報導出來，必然引發一些人對滿洲國的嚮往。積少成多，最後的成果必定可觀。」

「她是魅力型的明星，當初看到她，便有這種感覺。」

「到報社拜會，一般在白天，編輯部沒上班，記者也都外出，比較看不出她的人氣。那一天老遠跑到兵庫縣的西宮市《電影旬報》編輯部，一群編輯、職員和記者堵在二樓樓梯口，費了好大勁，香蘭一一握手，才進入社長室。」

「大概事先知道李香蘭要來，但也顯示李小姐人氣已經很旺了。」

「拜會完後，禁不住那些職員的懇求，李小姐唱了兩首歌，所有人的靈魂都被攝住了。事後接受在場記者的採訪時，我也聽到那些女職員私下聊起，不要說滿洲第一，來到日本也是無敵。」

「太好了！」

牧野吐了一口氣，感覺甘粕的陰影消散了一些。對於甫受甘粕蹂躪的公司高階主管來說，香蘭應該是一劑撫慰劑。牧野想著繼續說：

「李香蘭小姐，無論演什麼電影，歌一定要繼續唱下去。」

「我也覺得李香蘭拍電影養望，但唱歌才是她的本命。」

坐在駕駛座的山梨說著略略回頭，隨即瞬了香蘭一眼。兩位長官一前一後，旁若無人地唱和，香蘭略顯尷尬，隨即抖起精神：

「以後如果有機會再到日本拍片，也沒有太多的拜會行程，我還是會在日本繼續練歌，很希望有機會向三浦環學聲樂，但不知她能不能收留我。」

「那個永遠 18 歲，戲裡戲外都把自己用白粉塗得像雪一樣的蝴蝶夫人。」

牧野此話一出，三位男士開始一知半解地對這位縱橫歐美的女聲樂家品頭論足，炒熱一個話題。山梨把頭側向香蘭：

「妳見過她嗎？」

「沒有。我不久前寫信給以前在奉天教我唱歌的俄國老師，她知道我在日本拍片，希望我有機會向三浦環女士繼續學聲樂。我在北京的時候，她也介紹一位俄國老師給我。」

「真是一位好老師。」山梨稔誇完香蘭的俄籍老師，側著頭看向香蘭，「我在報上看到，三浦老師最近在大阪歌舞伎座演唱。」

「我也非常注意報紙上有關她的消息。她以前一會兒歐洲，一會兒美國，到處演唱，這兩三年就沒出過國了。原因是國際局勢緊張，到處戰爭的緣故。戰爭對她的演藝事業，就像美國丈夫對蝴蝶夫人的背叛一樣，是一個致命的打擊。」

香蘭的控訴讓三人沉默了起來，車子的引擎聲再度裸現，車子進入一個村莊，已經不再那麼孤寂、黝暗了。

「李香蘭小姐說得沒錯。歐洲的德國早就攻下捷克、波蘭了。」牧野呼了一口氣，「不過戰爭把三浦環留在日本，也等於留給李小姐用了。」

山梨和宮沢笑了一下，但笑意很快便收斂在香蘭的冷肅中。一架飛機呼嘯而過，車子在興安廣場繞行時，已可見到其他車子。牧野：

「對了！李香蘭小姐，理事長要妳搬到大和飯店。」

「跟你們住在一起？」

「理事長也搬進去住了。不過妳放心。」牧野頭稍稍伸出香蘭和山梨座位間的凹處。「他住東棟，我和山梨住西棟，他搬來兩個禮拜，我還不曾在飯店看過他。」

「作息生活習慣不同」山梨。

「現在歐美遊客不來，房間很多，我幫妳在西棟找一間。對了。明早理事長想見妳。看來，我明早載妳來上班好了。」

「鈴木如果先來的話。」

「他肯定會忘記，他一定會在見過妳後才會恢復你們之間的主從關係。我八點就去妳那兒。」牧野突然信心滿滿地再次把頭伸了過來，「鈴本壓根兒就不知道妳回來，以前妳回來，他去機場或車站接人，都是我通知他的。如今沒通知，他當然……」

自從在東京拍戲遙知甘粕霸氣上任後，香蘭一直有些擔心這位新理事長對自己別有看法，現在從牧野口中得知他的殷殷關切，放心了一些。

街燈、車燈和路燈把夜幕往上逐遠了一些，久違的夜新京又回到眼前，車子轉入大同大街，舒暢的街景和車行依舊。

「去吉野町，還是？」牧野探頭往外看，「大家肚子都餓了吧！」

「蓬萊町那一家好了。」山梨。

「等一下給你們兩位洗塵，也好好慰藉山梨部長。希望他繼續為滿映，尤其是現在的新滿映打拚下去。」

這一晚在蓬萊町一家大型日本料理店，在駐店藝人琴鼓交奏，祇園小唱的樂音和滿洲米酒的薰陶下，山梨的鬱悶化為悠遠的鄉愁。想到當初一路從北京帶她來新京的山梨，大大跌了一跤，看來有可能捨她返國，香蘭不禁感慨萬千。

香蘭被告知，因為要做早操和朝拜的緣故，每天八點半上班，而非九點，第二天，牧野和山梨同車前來扇房亭。香蘭上車後，和山梨同坐後座，車子從大同大街轉入興仁大路，牧野手握方向盤：

「從小南湖旁邊抄小徑，每次進去小路就走不出來。」

「還是走大路好，就繞一點吧。」

車子經過宏偉的國務院、有點令人生畏的軍政部大樓，南新京車站遙遙在望時轉入安民大街，香蘭看著車外路寬林疏，樓宇宏大，周邊帶點荒涼味的行政新開發區，試圖對照殘存腦中的地圖印象。車子轉入一條新闢，更加荒涼且寬疏的大道。山梨：

「快到了。這條街沒有幾個戶口。」

「這就是紅熙街嗎？」香蘭。

「不錯。滿映最先落戶，所以是紅熙街一號。」牧野手握方向盤，「最近陸陸續續有人開店住了進來。當然滿映還是最大戶。」

這個最大戶攤在眼前確實讓香蘭感到震撼。車子剛剛進入廠區，牧野便停了下來。

「遠遠地看它，是對它表示敬意。」牧野視野越過廣場望向活像一座工廠的新滿映，「最前面兩三層樓的是辦公樓。兩邊山形屋頂，五六層樓高的是攝影棚，那兩棟像倉庫的大房子各分割成三座攝影棚。」

香蘭點頭表示理解，隨著兩位長官下車後嘗試用目測衡量窗戶櫛比鱗次，橫向展延的辦公大樓的全長，真的必須遠遠地才能一窺全豹。牧野看了一下腕錶：

「上車吧。也沒多少時間了。」

「剩下一點路，自己走好了。」香蘭。

「一起走，不然妳會找不到自己的座位。」

三人上了車，車子往前走了一下。牧野：

「下了班，還是坐這部車，我帶妳去大和看房間。我會找鈴木跟他說明情況。待會要面向東方做晨拜，鈴聲響了，妳看見大家站起來離開座位，跟著做就是了。」

牧野在辦公樓左側泊好車，三人一起進辦公室。從大門進去右轉是一道很長的走廊，走廊盡頭是一幅手繪的電影劇照。山梨：

「看妳踩到了什麼？」

香蘭嚇了一跳，定睛一看，腳下灰白的小磁磚鋪道上面嵌著一條黑黑的蛇形物，但伸出兩隻爪。三人都停下腳步。山梨：

「這是黑龍會的標誌。」

「黑龍會，頭山滿那些人搞出來要把俄國人趕出黑龍江的政治組織。另一邊走道也有。」牧野聳了一下肩，「要嘛就鑲在牆壁上，把這條黑龍放在地上讓人踩，真不曉得是提振黑龍會的士氣，還是滅它的威風。」

三人繼續走，山梨向右進入總務部，香蘭看著自己在電影《鐵血慧心》警匪槍戰一幕，躲在男主角身邊的手繪劇照，隨著牧野向左轉進製作部的大辦公室。

偌大的辦公室，反映製作部龐大的組織，以牧野部長大位為首，左右手分別是娛民映畫課和時事映畫課兩個桌組，娛民課過來是滿籍演員為主的演出課，時事課那邊，接著是攝影課、技術課。滿籍演員的演出課靠近走廊，前面和右邊都是日籍員工為主的課組。

牧野領著香蘭進去簽到時，香蘭張望了一下，看著好幾群，五六個桌子併成一個桌組的大辦公室，香蘭有些茫然，跟著牧野的腳步走了過去，這才看到鄭曉君。鄭曉君兩眼亮了起來，向香蘭閃出：「妳回來了啊」的招呼後立刻用簡單的日語問候牧野部長，牧野也以簡單的中文回應她的招呼。香蘭看著曉君旁邊的桌子放著寫有「李香蘭」的牌子。

「理事長應該會見妳，儘量待在辦公室。」

牧野向香蘭說完便掉頭走向自己的辦公桌。香蘭坐了下來，發覺左腳碰到一件大型物件，彎下腰一看，原來是去年年尾，李明和她鬧彆扭，根岸部長一方面為了留住李明，一方面也希望趁著新聞的熱潮，重塑她們的形象，特意請廠商給她和李明打造的塑像。塑像完成後，李明已離職，公司送香蘭一個塑像，但她心存疙瘩，一直把裝著塑像的紙箱擺在桌子旁。前一陣子，公司搬家，顯然有人幫忙把塑像搬了過來。現在她雖然還是分配到走道邊的桌子，但一直擱在桌邊也不好，決定近期等鈴木載她回住處時，請他幫忙載走。香蘭坐了下來：

「曉君，謝謝妳幫我搬東西。」

「應該是葉苓幫妳搬的。妳老是席不暇暖，東西確實不多。」

「她現在坐那？」

「很後面。」

「哦。」

香蘭應了一聲，看到對面桌子書特多，難道是葉苓的？

「我對面誰在坐？」

「徐聰。他爭取坐在妳對面，想跟妳多學日文，結果葉苓調到很後面。現在已經不厲行男女分開坐了。」

「徐聰是很用功的。今年春天，他和我到日本拍片就買了很多日文書。哦！妳也去了嘛」

「有嗎？」曉君腦筋轉了一下，「對了，我們先去演出，他是後來才來，跟妳一起拍《東遊記》。」

「其實我和他的戲份在奉天和熱河就拍了不少，他主要是爭取到日本見習的。做為一個演員，願意增廣見聞也是好的。」

「他說，他還沒進滿映前就到過日本，和李明一起去宣傳他們拍的電影。」

「這個……哦！想起來了。我們在日本拍片時，他跟我提過，他和李明拍的是《東洋和平之道》這部片子。」香蘭看了看這兒人跡寥落的演出課桌組，「他們怎麼都還沒來？」

「他們從宿舍坐交通車過來。」曉君望向辦公室門口，「看！剛說到他們，他們就來了。」

浦克、張敏、王福春、孟虹、劉恩甲、夏佩傑、張奕……一個個走了過來。香蘭這才想到他們這些外地演員一直住在北安路和清明街一帶的市宅。在外地輾轉五個月，驟然回到新京，生活上的很多習題必須溫故才能知新。張敏、孟虹和葉苓一些女孩都給她久別重逢的擁抱，男士也給她熱絡的問候。人情的熱流在冰冷的辦公室造成氣旋，引起日籍員工的側目。隨後全辦公室的人都知道李香蘭回來了。

她和鄭曉君聊了一下，上班鐘聲響起，香蘭把田村送的《大學》取出翻閱了一下，指著對面的桌子，低聲問：

「他怎麼還沒來？」

「拍新片，可能出外景，或直接到攝影棚報到。」曉君心懷愧忸，自覺應對徐聰多關心一些，腦中突然閃現一個心念，「哦對了。那位趙書琴，跟妳合拍《白蘭之歌》的那位，已經離職了。」

「什麼時候走的？」

「妳剛到日本拍棚內戲的時候就辭職了。」

她想起三四個月前演她女僕，在車站和她演出哀悽離別戲的趙書琴，難道那時她在車站執手相看淚眼的惜別惆悵已先預支了黯然離開滿映的心情。該問她為何離職嗎？這也未免太殘酷了，趙書琴應該是不甘一直演小角色，不待電影殺青就毅然決絕而去。另一個侯飛雁，吸毒勒戒後應該也已去職。她從書架取出最近一期的《滿洲映畫》翻了一下，赫見侯飛雁的照片專頁。這面專頁，除了照片背景說明外，沒有一般文字敘述。這一頁的編排好像是在消化舊照，也好像對飛雁的最後敬禮。香蘭想了一下決定不向曉君提到飛雁，只要有一段時間沒看見她的身影，也沒聽人談到她，這就說明了一切。

晨操的樂音響起，員工站起，椅子靠桌的聲響帶點抑制，輕輕地攪擾了樂音。

「跟在我後面。」

曉君說著往前移動幾步，香蘭跟上。樂音停止時，偌大辦公室體操隊形已擺好。體操的樂音再度響起，樂音裡頭的口令和體操唱名都是日音。

「預備……。蹲身擺臂。」

站在演出課前頭的曉君顯然是大辦公室七八位體操示範的一位，用華語口令輕輕蓋過擴音機傳過來的日語口令，不過，並沒有用華語唱出「一二三四……二二三四……」的口令，讓擴音機的日語答數帶動大家作操。香蘭第一次作操，跟著曉君依樣畫葫蘆，有時慢半拍，有時做錯，但很快便糾正跟上。很快地八節體操做完了。少許人坐下，或手扶桌面站著，多數人挪動一下身體，伸展四肢。曉君回到自己的座位，香蘭跟進。曉君輕聲：

「待會要向天皇敬禮。」

辦公室所有職工開始上緊心情，以間隔取向排成的體操隊形自動調整成整齊的幾條線形，且都朝向東方，〈君之代〉樂音響起，半晌沒看見有人敬禮。

「一鞠躬！」

是牧野部長的口令，所有站立者依令行最鞠躬禮，香蘭自然把腰彎到不行。接下來是二鞠躬、三鞠躬。行禮結束了，但樂音還在進行。

「復位。」

牧野部長一聲令下，大家坐回座位，並沒有發出太大的聲響，香蘭知道大家都懾於甘粕的淫威，凡事謹小慎微。鄭曉君對香蘭抿唇一笑便只顧看自己的書，香蘭會過意，把抽屜裡頭的電影雜誌、小說拿出來，看到了兩封信。是父親寫來的。父親牽就她的處境，完全化身為中國人用中文寫了這兩封信，收信人寫李香蘭，信封寄信欄的署名寫文雄寄。香蘭拆開信，第一封信是七月從奉天寄出，書寫家裡的近況，第二封 11 月初從北京寄出，主要是回她九月剛到東京時寄到奉天家裡，報告記者會內容的信。第二封從北京寄出的信非常長：

「……妳收到這封信時，我們家已經搬到北京太廟附近的蘇州胡同。這是妳義父潘爺幫我們找到的，東家很便宜的租給我們，本來潘爺要請我們住進他們的大宅院，我婉拒了。我們家食口甚繁，住進去，對兩家都不方便，尤其是兩國之間最後會是什麼結局。……你弟妹的教育問題，也才讓人傷腦筋。一個個遷出轉入，這兒不像奉天有日語專門學校。妳弟妹也不像妳那樣中文學得這麼好，可以直接進入中文學校。這裡的學校都開始日語化，但畢竟中文課程、中文教師居多。王二爺妳還記得吧，他幫我們找一些中小學，妳弟妹進去後都進入日籍學生的專班。也就是說，學校的學生，中國人居多，他們的課以中文為主，日語課較少，因為師資和課本還來不及準備，妳弟妹的班級課程剛好相反，日多中少。……此外，王二爺也試著幫我們家申裝電話，如裝設成功，這個家實在會大不一樣……」

另一封較早，從奉天寄來的信寫著：

「……還在忙著拍片吧！妳拍的《蜜月快車》、《冤魂復仇》在奉天劇場放映時，我們全家都去看了。我們把電影中的妳當做是妳生活的片段，從電影中可以看出妳和同仁相處愉快，沒有比這個更讓人高興的了。……妳最小的妹妹誠子上小學了。她很喜歡上學，我每天接送她到加茂小學校，心情也很愉快……」

兩封信都盼著她回家，但回的是不同的家。奉天的家是洋樓，這一年多，不管上班、拍戲或演出，除了在承德時住得較差外，在各大城市住的也都是飯店，現在北京的家在胡同裡面，想來一定是四合院，不曉得會不會太破舊，她十分期待看看那個新家，但也是有些不安。

3. 見過甘粕 傾聽曉君

香蘭看看剛從抽屜取出來的書，《滿洲映畫》中文和日文版不少。有不少是公司發下一人一本，曉君幫她收起，大部份她都還沒讀過。她把這些書用簡易的書架夾住，也把田村泰次郎、丹羽文雄送的幾本小說放進去，但和對面徐聰高高的書堆比起來，顯得渺小、可憐多了。

另一方面，曉君有點想跟香蘭訴說新理事長的事，猶豫了一下打消念頭，其實香蘭也在盤算，如果甘粕要見她，說什麼好。牧野走了過來：

「理事長剛剛打電話下來。妳準備好了沒？」

「好了。」

香蘭跟著牧野走出辦公室，進入走廊。

「部長，我家搬到北京了，從奉天搬到北京。」

「妳該回去一趟。妳回來之前，理事長也提到妳該好好休息。」牧野走到樓梯口，「這樣好了。今天禮拜四，下午到大和看房間，後天下午就搬過去。然後叫鈴木給妳買禮拜天一大早的車票。我看買飛機票好了。」

「坐火車就好。滿洲的火車很快的。」

「也好。南向的空中廊道，萬一有軍隊發射空中炮火……既然妳要搬到大和，也不用鈴木來送妳了，我直接送妳到車站，ok ？」

「謝謝。不好意思。」

兩人上了樓。理事長室大門敞開，七八名秘書還是助理分別坐在門外走道兩旁，門眉掛著「理事長甘粕正彥」的木牌。一位女助理正在敲打罕見的打字機。牧野面向最靠近大門，站了起來的男士，再轉向香蘭：

「我來給你們介紹，這位是秘書課長天岡，這位是滿映特聘演員李香蘭小姐。」

天岡和香蘭相互握手致意。牧野：

「李香蘭小姐，妳以後有事要找理事長，先向天岡課長報備一下，他會安排。但這次是理事長召見，所以我帶著妳過來。天岡基於職責，還是會先進去。」

「不用了。理事長交代說，直接敲門進去就可了。」

天岡敲了門，聽到裡面的應答聲後直接開門，示意牧野和香蘭進去。

一個殺人兇手、對山梨發飆的兇惡上司下意識地閃過香蘭腦際，進了門，牧野的雙眼閃鑠了一下。一個人影出現了：

「久仰！久仰！大明星李香蘭。」

牧野退下把門掩上後，甘粕讓香蘭坐在大沙發上，自己還是坐在辦公桌旁的座椅上。

「恭喜妳終於完成了連結內地和滿洲的橋樑般的大陸電影。拍得很辛苦吧。」

「還好。但想起來確實有點，一路奔波，尤其在熱河特別有大陸的感覺。」

「拍的過程路途迢迢，拍出來的電影也很長吧。」

「膠片將近 4000 米。」香蘭腦筋轉了一下，理事長應該是問放映的時間，「超過 100 分鐘。」

「四公里的膠片換成日本傳統的里制，就是一里長。」甘粕笑著站起來走向門口旁邊的櫥櫃，取出一瓶威士忌，「可以繞滿映新廠兩圈有餘。」

「理事長是說那些建築。」

「是整個大範圍的場地。」甘粕坐在側邊的沙發上酌了一小杯酒，然後推向香蘭，「喝一杯吧。」

被香蘭婉謝的威士忌，甘粕舉起一飲而盡。

「妳來之前應該聽到很多有關我的傳聞。」

香蘭先是小搖頭，隨後又抿嘴點了兩下頭。甘粕繼續說：

「原來的滿映只是雜牌軍，滿鐵的、電影界、滿洲國務院、新聞界，各人馬都有，組織鬆散，效率低，一定撐不起建構這麼好的新滿映，讓它的設施和設備充份利用。滿洲國務院總務廳次長岸信介和弘報處處長武藤富男推薦我出任理事長。」甘粕睇了一下香蘭的冷臉，「若把國務院的規定當教條，當天花板，滿映就沒有明天，革命和當家不一樣。現在我當家就是要把滿映變成滿洲人的滿映。滿映的演員都是滿洲人、中國人，以前的滿映這點就做對了。但這還不夠，我還給他們大大調薪。」

「一個月才 15 圓，教他們怎麼養家？」

「妳都知道了。太好了。」甘粕看著那張終於笑開的臉，「妳來之前我向牧野確認了，最近滿映還是沒有妳的拍片計畫。我們還是希望妳和東寶再次合作，再拍大陸電影，當然男主角還是希望由長谷川出任。這就是國策電影，我們國策公司就由妳來挑大樑了。妳既然挑起了大樑，做了犧牲，等於就給了滿映的那些演員更多自由了。」

「理事長的話好像藏有什麼大道理。」

「這樣啊！」甘粕不喜歡人家猜測他的心思，正襟危坐了起來，「最近已經拍了一半，或正要拍，甚至還沒拍的劇本，我儘量抽空看，我的幕僚也幫我看，討論的結果是，這些劇本都很軟，像《壯志燭天》、《大陸長虹》、《鐵血慧心》這種宣揚滿洲政府或軍警的電影少了，都是一些兒女情長、親情倫理和城鄉故事，是真正滿洲人演給滿洲人看的電影。這是因為妳用國策電影撐住了天，他們才有這麼多自由。」

「我在撐住？然後他們……」

香蘭有點不相信甘粕正在製造神話，又有點暈眩，甘粕看出她呼出一口長氣後眉角之間的狐疑：

「日本的德川家康不是很會打仗，但深知馬上得天下不能在馬上治之的道理。他信奉中國一位成功皇帝的名言：當一個皇帝，最重要的是讓老百姓能夠活下來。滿映演員快樂地演自己，就表示一般老百姓都能夠好好地活下來。」

「同樣是滿洲人，民間各行各業的員工，恐怕沒有滿映的演員好。」

「這就是重點，我展現魄力帶頭做，聰明的業主或老闆就會跟上。」

香蘭玩味著甘粕的話，還是帶著幾分疑惑離開理事長室。

鄭曉君知道理事長召見香蘭，就不再和她談甘粕。事實上，她們交談時大多趴在桌面輕聲談個幾句，然後埋首工作或閱讀。日籍員工工作都是兢兢業業，她們行事也不敢太高調。

中午大家在樓後的員工餐廳用餐，香蘭和曉君在一張四人座的餐桌落座沒多久，王福春、浦克和夏佩傑見狀也趕緊端著餐盤湊了過來。因為座位不夠，浦克立刻協調戴劍秋、葉苓和孟虹那一桌挪了過來，併在一塊。

王福春看了香蘭一眼，把她的眼光導向浦克旁邊，眼兒明亮，頭髮往後梳的女子：

「香蘭，我跟妳介紹，妳可能不太認識，這位是夏佩傑小姐。」

「很高興認識妳。」香蘭微笑點頭，「是看過了，很眼熟。」

「她現在可是浦大嫂了。」

「真的。」香蘭杏眼睜向浦克和夏佩傑，「那就恭喜你們了。」

「謝謝。」

「我這一年東奔西跑，總是錯過很多同仁的佳期，不知往後會不會這樣？」

香蘭語帶歉意，浦克夫婦收納了。大家開始用餐的片刻靜默裡，香蘭想到了曉君剛剛在辦公室透露的消息：

「王大哥！聽說你學攝影了。」

「主要是嗓音變了。」

「你再說一次，我聽聽聲音。」

王福春照做。香蘭：

「是比較低沉了點。」

「老了十歲。」王福春乾笑了一下，「在這邊吃不開，在另一邊或許有搞頭。主角讓別人做，當一個無名的幕後工作者也不壞。這也是想了很久的選擇。」

香蘭好奇地看了王福春一眼。王福春的心頭秤衡量了一下，覺得把一小段理事長的秘辛講出來，應該不算不敬：

「理事長上任第二個禮拜發表就職演說後，我請朱文順幫我把該講的話寫在紙上，鼓起了天大的勇氣進入理事長室，我用生硬的日語說：『甘粕理事長，你不是說要讓滿洲人有職有權，把滿映辦成滿洲人的滿映嗎？』我說完看了一下草稿，甘粕苦笑著慢慢回答：『是的。我說到做到，否則我就不會說。』我把想學攝影的意願說出來後，他把秘書天岡叫進來，叫他把事情備忘起來。第二天牧野找我，把我交給藤井春美，要我跟她學。」

「你現在還在演出課。」

「當然，還不能獨當一面，等可以實際操作時，就可以轉入攝影課，當助理攝影了。」

「福春兄帶種。」

聲音從旁邊傳來，香蘭一看原來是張奕。前一陣子她拍攝《冤魂復仇》，一位臨演動作過大傷了她，她體恤這位臨演化解了尷尬。結果張奕把這個過程寫成花絮在《滿洲映畫》發表。張奕坐在隔壁桌，聽見王福春談論甘粕，毅然把身子轉了過來，看著一群迎向他的臉孔：

「你們這邊很熱鬧呢。」

「天氣冷，大家在一起相互取暖。」浦克。

「福春兄英挺高大，天生男主角，給人拍的，現在反而要拍人家。」張奕批判性的眼神看向幾位沒低頭吃飯的同仁，尤其是福春，「甘粕是典型的父權型的人物，福春兄對他的冒險，小弟聽來如雷貫耳。」

「所謂父權，就像家裡面父親對小孩的那種權威。」

戴劍秋說著好奇地看向年輕的張奕。張奕一臉輕笑：

「甘粕上任時震撼教育，上班遲到罰站挨訓的是日籍幹部，被羞辱最厲害的山梨是日本人。他都在『打』自己人，好像老爺教訓自己的小孩一樣。」

「有道理。」浦克不住地點頭，「張奕兄文筆好，眼光也獨到。」

「還有一點。他開會不是說嗎？『滿映是文化單位，每一個人都要有文化氣質，凡事用溝通，打架的，我都處罰。日本人和滿洲人打架，我二話不說，就處分日本人。』他有氣魄這樣講，相信他說到做到。」

「有道理。」夏佩傑把頭抬起，「我媽媽也是一樣。我們小時候，跟別的小孩打架，媽媽一定處罰自己的小孩。大人都是這樣教小孩的。」

夏佩傑的說法，大家都同意，但都努力扒飯，沒有答腔。張奕：

「既然福春兄有過這種冒險，我也開始有了一個冒險計畫。」

張奕迎來了許多好奇的眼光，繼續說：

「聽說他收藏了很多威士忌，我看那一天跟他要幾瓶。」

張奕的大膽逗得大家笑了起來，覺得張奕膽敢捋虎鬚，不過想想也認為只要敢，應該不會被拒絕。戴劍秋和葉苓有事，早早用完餐，收拾餐具先走了，張奕也就順勢把餐盤端了過來。浦克看向張奕：

「理事長一直強調滿映滿洲化，但沒有提出什麼具體計畫。」

「其實滿洲人的滿映，林顯藏和根岸理事時代就已經在做了，朱文順就是最典型的例子，他一直都在做導演和滿籍演員的橋樑，有時甚至當起副導了。」

張奕說著揚起眉頭，香蘭放下筷子攢眉聚思：

「我拍《東遊記》、《冤魂復仇》時，他都在場。搞不清楚他當劇務助理還是副導。」

「很多人都當過副導了，周曉波、王則……他們都是作家，也都嚐試寫劇本。」

浦克剛合上嘴，張奕向香蘭禮貌性地點了一下頭，隨後看向大家：

「只要外在世界沒有太大的變化，五年十年過後再來看，會看見滿人明顯滲進各個領域。」

香蘭細細聽，也才驚覺一些滿籍職工冒出頭了：

「王則不就是滿洲映畫的編輯嗎？我去年九月前往東京參加滿洲資源博覽會，回來後，他還採訪過我。」

「他就是張敏姊的先生。有時張敏姊又否認已經結婚。」曉君聳了一下肩身，「王則好像也是今年中被派到日本學當導演的。是甘粕還沒上任前的事。」

「哦！」

「編劇更多了。剛剛說的周曉波、王則除外，張我權、楊葉、周蘭田一個個都在磨筆，他們看準了林顯藏和根岸兩位理事的寬厚，都很願意寫寫看，現在甘粕公然徵求劇本，只是順勢撒個網，把功勞攬在身上，只希望他大人大量，能夠冷靜地感受到兩位理事的苦勞。」

浦克一口氣說完，被老婆用手肘推了一下，大家也才開始動用筷子。在這片刻沉默裡，香蘭深覺幾個月不見，滿映不但樓房、理事長換新，人事風貌也有了大變。只要離開一段時間，回來後一定要多聽同仁的閒談。演出課清一色滿人，陣容龐大，其他各部門的低階滿籍職工也被看成演出課的延伸。現在很多人開始滲向編導和技術部門的日人陣營，一方面日籍師傅也願意教，香蘭樂見這種和平演變持續下去。夏佩傑把一塊肥肉夾進浦克的餐盤裡，大家看了都會心一笑。香蘭也笑得開心，真的，這一對湊在一塊，也是人事風貌繁複變化的一部份。王福春：

「剛剛浦克大哥說的有道理，我就是觀察到攝影這一塊沒有人問津就自願當先鋒了。看有沒有人跟進。」

「王大哥一頭栽進攝影，把美人都晾在一邊了。」

孟虹說著，大家都笑了起來。夏佩傑看了王福春一眼：

「你的攝影機還是先瞄準白玫吧。」

香蘭看著夏佩傑，又看著孟虹，她骨碌碌的眼角帶出的疑問，大家都看到了。

「是新近的演員，在北京華北電影公司演過電影。」曉君停了一下，看著每一人，「我們王大哥時常把她掛在嘴邊，但見到了人，舌頭就打結了。我覺得王大哥和她是天生的一對，白玫身材高挑，我看只有王大哥罩得住。」

「不急不急。先把攝影搞定再說。」王福春兩眼掃過眼前殷盼的眼神，「先弄清楚，她是不是李明介紹進來的。」

「八成是。反正她們兩個走得很近。」曉君側頭看著香蘭，「現在誰是誰介紹進來的，公司主管或當事人，一般都不講。」

「怕招來閒話。」香蘭眼神從曉君移向浦克他們，「李明現在怎樣了？」

「現在開朗多了。也比較好相處了。不過這也要跟她同一劇組才比較感受得到，她如果沒拍戲，時常不知道跑去那兒，長官也不太管她。」

夏佩傑說完，老公浦克接嘴：

「她是得失心很重的小姐，現在感受到公司的重用，得意心就喜，表現在做人處事上，自然不一樣。不過大家對她還是有些小心慎入的心理。」

去年末鬧得沸沸揚揚的雙李風波又浮現每一人的腦際，每人也都很希望看到雙李融洽相處的畫面，但要兩人自然碰頭確實不容易。

餐廳外頭響起了歡呼聲，被人牆圍住的籃球場，不時有籃球飛來跳去。大夥用完餐走出餐廳也都圍過去觀看。對戰的兩方是製作部的技術課和發行部的巡演課。曉君：

「甘粕理事長很重視運動，上任後不久就推動課際籃球對抗賽。」

「我們演出課也參加嗎？」香蘭。

「他說演員忌受傷，尤其是年輕的女演員，所以反而不鼓勵，如果真要參加要切結，結果沒有人組隊，也就是說目前還沒有人參加。」

「大家樂得當觀眾，也算是福利。」香蘭收納曉君的首肯，「研修所的課程還在持續嗎？」

「理事長暫時叫停。他強調自己的想法，要求下面的人重新設計，這樣我反而輕鬆。另一方面，現在演員也滿了，不再大批招募。有零零星星的進來，就由進藤老師或一些導演個別培訓。」

曉君想當然爾地開口，不免有些心虛，看著香蘭腳步移前，也就跟了上去。兩人走向第四攝影棚的外牆，曉君：

「這邊有個門，應該可以進去。我帶妳去看一下攝影棚。」

曉君領著香蘭進門，天花板的燈雖然點著，但走廊還是有些陰暗。攝影棚的門像倉庫的門高而寬，兩人探頭進去，木板打造，兩層樓連棟模樣的房舍藉著走廊燈光含糊地映入眼簾。兩人悄悄移步，驚見兩名背靠在柱子上休息的工人，還有一位甚至裹著小棉被躺在地板。兩人退出來後，曉君只好帶香蘭從內部走廊直接折返辦公室。

「不好意思，讓妳受驚。10 月 31 日搬來那一天大大地逛了一下。正式上班後比較少到攝影棚走動，有時上班時間溜去看一下便回來。」

「拍戲時有沒有去過？」

兩人快要到辦公室門口，曉君突然止步，身體靠在牆上。

「現在我快沒戲唱了。最近排出來的拍片計畫沒有我的份，倒是新人白玫排了不少，其他人少則一兩部，多一點的也有兩三部。」曉君苦笑了一下，「好一個只見新人笑，不見舊人哭。」

「應該只是此一時，彼一時吧。」

「現在課裡面流傳一種說法，說什麼現在的劇本都是文藝片，等有動作片時再來找我。這種說法不知是不是上頭的意思。」

「我看這只是一個託詞，妳也可以很文藝的，妳的古典琴藝難道他們都忘了。」

「喲！妳們在這兒講什麼悄悄話。」

香蘭一看原來是張敏和還是小朋友的葉苓：

「剛剛談到妳先生王則。」

「吁！別張揚。我們實在是太早就結婚了。少不經事就有了小孩。想來實在是很不好意思。妳看看我的臉。」張敏指著自己有點風霜的臉顏，「我一來滿映，他們就叫我演大媽，我戲裡的小孩都只比我小一點已。這是早婚的懲罰啊。」

「不過演這種角色也好。這就是演員，可以專心磨練演技，不用爭什麼光環了。」葉苓。

「妳這小精靈，把老天的懲罰說成是賜福。妳說的真對。在滿映，我這種角色很少。但女主角，漂亮的女孩、花旦、明星，越來越多，競爭難免傷感情傷和氣。妳說是吧。」

張敏看著香蘭認真帶點嚴肅的神情一把拉住她的手，把她推進門內。剛剛還在的曉君和葉苓自然早就進辦公室了。

辦公室裡，日籍職員多沒午睡，一般是小聲交談，偶爾縱笑一下，但很快便收斂。曉君趴在桌上似在假寐，香蘭看看腕錶，午休時間快結束了，於是再次翻閱上午看過的《滿洲映畫》：

「啊！香蘭妳回來啦。」

聲音小小的，來自後頭，她翻臉上看，看見徐聰狡黠的笑臉。

「我非常困難地讀了一些日本文學作品，有時間再向妳請教。」

「我跟你一樣，到日本都是作客，文學作品相當程度地反映了當地的風土民情，沒在那邊生活過，時常很難理解。」香蘭壓低聲音，「你不如請教那些日本職員或編劇。」

「感覺跟他們還是有距離。」

曉君抬起頭望向香蘭對面的徐聰：

「戲拍好了？」

「回來拿一點東西，馬上回劇組。」

徐聰走了，演出課，很多假寐的也都抬起頭來。曉君低頭側向香蘭：

「他跟王大哥是一個對照組。我是說徐聰和王福春，徐聰很紅吧，他連續在妳的戲裡都有吃重的角色，現在又有戲唱。王大哥跟我一樣起伏，剛開始也挑起了幾支大樑，現在被冷在一邊才會興起學攝影的念頭。」

「他可是滿有志氣的，不與人爭，自闖一片天。」

「浦大哥更慘。」

「怎說？」

「他現在還是跑龍套，和剛剛的張奕一樣。」

「我看他笑口常開的樣子，以為他演了很多戲。」

「這樣他就有了成功的跡象了。」曉君好像給自己打氣，「悶著苦撐不是辦法，很多女孩子就是這樣，好運不會因此更加接近她。浦大哥演小角色，或演出的畫面被刪掉，他都笑著吞苦果，我想好運遲早會向他叩門的。」

「妳說得很對。張奕，我想也應該會成功，只是時間的問題。」

下午上班時間到，每人都在找一些工作或事情來做，或者低調聊天，不能太引人側目。為了彌補長時在外拍片對公司了解的不足，她把每一期的《滿洲映畫》大致翻了一下，發覺目前當紅的女演員除了李明和季燕芬這些花旦外，專演配角的張敏，一如自己預測的，在每部戲都軋上一角，聲譽也可以積少成多。至於男演員，徐聰、杜撰和《東遊記》討喜的雙寶－張書達、劉恩甲當紅外，專演大叔的周凋和張敏一樣，旁敲側擊的結果，累積的銀幕形象也不壞。

「王宇培當演出課課長。我一直都不曉得。」

香蘭好似有了重大發現，趴著臉低聲向曉君說時，努力回想在《白蘭之歌》演她父親的王宇培的模樣。

「上次我們一起到日本關西演出。他也到東京拍片，和妳會合。好像在這之前就任命了。」曉君一樣頭臉貼桌細語，別有一種風味，「當演出課課長完全是服務性質，就像在學校當班長一樣。班上受重視的是第一名的績優生。」

4. 感傷慘案 遷居大和

下午香蘭到《滿洲映畫》辦公室接受日文編輯的訪談，主要是談論《白蘭之歌》拍攝的一些問題，想到第二天還要和共同演出的王宇培、徐聰、崔德厚一些人參加第二次座談式的訪問，心裡就有些悶。但一想到曉君心裡不暢快，有空還是以低聲交談的方式，和她分憂。下班了，香蘭還是不忘給曉君打氣：

「妳是滿映琴藝、武藝雙全的唯一人選，不會寂寞太久。」

曉君謝謝她的鼓舞，兩人道別後，她一如早先約定的搭牧野的座車，準備前往大和看房間。山梨要她坐前座，她頗推辭了許久，還是堅持坐後座，結果山梨也被牧野請到後座，理由是：和香蘭方便講話。山梨向香蘭：

「甘粕找了妳談些什麼。」

香蘭回想了一下，把大概情形說了出來：

「他談到我下部片子的計畫，希望還是和東寶合作。」

「我深深以為理事長不是一般人。」牧野頭稍稍往後轉了一下，頭轉正後看向前方發動車子，「他既然要李香蘭搬到大和，就順著他好了。免得他發作起來，受不了。」

「他雖然這樣對我，但我相信他不會這樣對待我們的李香蘭小姐。」山梨兩眼直視右前方的牧野，「現在傳言他以前潛伏在滿洲幹了不少壞事。我看有些同仁還不太相信。」

牧野沒有回答，那些事情，他和熟悉的同仁說得有些厭了，他當然知道山梨是要講給香蘭聽的。山梨看向香蘭繼續說：

「他的很多事情最後都變成傳聞，因為軍方都不敢承認 。」

「中午吃飯的時候，同仁也在談他。」

香蘭說著，在車燈的導引下，車子駛出滿映樓前廣場進入洪熙街，山梨親切地問：

「談他什麼？」

「一位同仁想學攝影，親自到他辦公室懇求，結果獲准了。」

「這是他的治術。」牧野笑了起來，「這個案子事後由我處理，我也把那位王老弟撥到藤井春美那邊學習了。」

「應該說，甘粕一生的每個階段，都有不同的演出。他已經快50了，年輕時候的瘋狂可能現在也做不出來。」山梨唇舌朝向香蘭，聲音稍放低，「除了大家都知道的那件謀殺案外，滿洲事變後不久，他也炸毀自己人－我們僑民的房子和日本駐哈爾濱領事館，栽贓給中國人[1]。」

「我懂了。這樣關東軍就有藉口攻打中國的城市了？」

「就是這樣。」

「他似乎深諳東方的帝王學，征服的過程，有時會不擇手段。」牧野打了一下方向盤，閃避了一輛單車，「他把溥儀弄到新京才是大手筆。」

「幾乎是綁架。當然也只有他才幹得出來。」

山梨吐了一口怨氣，不過也不得不佩服甘粕的手法，這些時日和牧野、林顯藏、根岸談到他時，都覺得他把溥儀「請」到滿洲，多少還讓溥儀保有一些尊嚴。

「我想是一個願打一個願挨。」牧野在前座朗笑了起來，「不過他也貫徹了他的主張：滿洲國就是日本的附屬國，一定要採行帝制，若實行總統制，會跟日本的帝國憲政體制發生衝突。」

「這我還是第一次聽到。」山梨側臉傾向右邊的香蘭，「都談這一些，讓李香蘭小姐受罪了。」

「還好。聽著增廣見聞也很好。」

香蘭說著，兩眼兀自向窗外捕捉大馬路上的薄光黑影，車子穿過安民大街。這一帶的馬路雖然寬闊，路樹裡側，零星建築的周邊多為荒地或草地，還沒形成街區，車內短暫的沉默就像外頭的昏黑，氣氛有些冷凝，山梨想到了一些話題，但不太想講。車子在小南湖旁邊，朝順天大街前進。牧野：

「李香蘭小姐，妳現在要去住的大和，上個禮拜，演出課同仁在那邊用餐，吃得不亦樂乎。」

「這樣啊。」

「甘粕請客。」山梨不忍香蘭一直枯坐，覺得說些甘粕的好話，會讓她舒服些。「他一時發神經，請所有滿籍演職員到大和飯店用西餐，人變得很客氣，有點像小丑，化身服務生幫大家解決問題，要求冰淇淋無限供應，大家吃得有點忘了形。」

「部長也去了？」

「相關幹部都去了，牧野、根岸都去了。」

「這是他厲害的地方。他還要求我們部長、理事給演員同仁去冰櫃取冰淇淋。」

牧野從前面丟來一句，香蘭有些不敢置信：

「這樣啊？」

牧野的車子沿著小南湖邊邊的小道行進。山梨：

「渡邊濱子唱的〈支那之夜〉聽過了？」

「在東京聽了，滿好聽的。」

「這首歌由西條八十作詞，竹岡信幸作曲，我們製作部請他們協助找了一位劇作家寫一本同樣題目的劇本。」

牧野說著加快車速，待車子平順經過小南湖，繼續說：

「由他們提供靈感刺激，劇作家寫來也比較得心應手。」

「西條八十親眼目睹南京大虐殺，不知道他會不會因此不願幫忙。」

山梨稔說著時，香蘭楞了一下，「南京大虐殺」不就是作家石川達三得罪軍方的書寫題材嗎？皇軍幹了骯髒事，休想遮掩，隨時都會被提到，事件的陰魂不散，人間世又奈何得了？

「不好意思，我剛剛沒講清楚。劇本已經開始寫了。再說南京事件是兩年前的舊事，軍方極力壓制消息，沒有渲染開來，一般百姓知道的可能有限。」

牧野的話沒人答腔，立刻被周遭黝暗的冷凝封固。香蘭不想問，也沒力氣問，只怕問下去，會換來更恐怖的答案，七年前傳聞中的撫順平頂山慘案又重回腦際，彷彿代替南京事件搪塞一個答案給她。

興安大路十分寬闊，再過去就是滿洲國政府各部會衙門，路燈高大，努力照亮下午五點多的夜空，黝暗依舊主宰蒼穹，唯細紗似的光霧還是涵泳在靠近陸面的空氣中。牧野：

「為了李香蘭小姐的這部新電影，最近西條八十的作品，我也大致看了一下，包括你借我的那本《戰火詠》，他一方面很寫實地記載日本軍人南京屠城的所見所聞，寫了一些哀悼中國犧牲者的詩，一方面又寫了大量歌誦軍國主義的詩作，罵蔣介石、中國軍隊，也罵得最兇。讓人搞不清楚那個才是真正的他。山梨兄，我看他的那些頌揚軍國的詩作應該只是障眼法。」

「我也這麼認為，這年頭不向軍方交心的文人有多少，除非他想成為小林多喜二。這就是為什麼他的《戰火詠》可以順利發表、出版。」山梨邊說邊整理思緒，「我想到了。西條的描述基本上是二手的，他沒有在現場看見皇軍殺人，他只看見事後的景象，如堆積如山的屍體，然後推想那些死者是被集體處死的。那個作家石川達三，他被中央公論社特派到上海、南京採訪戰地新聞，結果他乾脆將在南京的所見所聞寫成一篇報導性的小說《活著的士兵》，直接描寫日本軍人隨便殺人，用圓鍬活活把老百姓打死。真實性非常高，也很具煽動性，結果怎麼刊出來，你知道？」

「我只知道後來被禁了。」牧野。

「中央公論社刊出來時，把小說很多敏感的地方用虛線替代，意思是說，場面怎樣殘酷，讀者諸君自己去揣摩了。雖然這樣，刊出來後，這家雜誌社還是被迫停刊，石川也被關了四個月。」

山梨說完，時間似乎凝凍了起來，半晌，他才又開口：

「西條是聰明人，一手搖旗高喊聖戰，一手寫真實的感受。他在那本書上也說過，在上海、南京的十天，是他從沒有過的恐怖和痛苦，又饑又凍的當兒，看到中國難民而心生生命的莊嚴。這才是真實的他。」

「應該是如此。他在中國的部份體驗也化作了很浪漫的詩篇，看到中國的美女，他也真的心動了，才會有〈支那之夜〉這首歌。所以電影《支那之夜》的故事構成，他應該也出了一些助力，這個電影是朝日本和中國互信、互助的方向構思的，而且也有感情戲。」牧野把頭稍稍稍往左偏了一點，「李香蘭小姐，妳睡著了？」

「沒有。」

見香蘭答得遲疑且聲音哽噎，牧野放慢車速，再次偏頭向後斜視：

「妳哭了？」

「沒……有。」

牧野把車子停在路邊，但引擎續轉，車燈直射路樹，加上周邊幾棟大樓幽暗的燈火，還是擋不住夜黑的無盡蔓延。滿洲國務院大樓好像躺在地上好幾百年帝王的陵墓，幾格辦公室的燈火似在嘲笑人間情緒的起伏。牧野：

「妳沒事吧？」

「沒事。時常感覺戰爭遠離了，但耳朵閒著時，戰爭又趁虛而入了。」

香蘭說著想化解自己造成的僵滯氣氛，但山梨有些失控：

「那已經不是戰爭，是屠殺！」

「不殺人不行嗎？為什麼一定要殺人。戰爭要嘛就直接打過來，我們就不用再在焦慮裡煎熬了。」

香蘭說著又啜泣了起來。山梨有些手足無措，想把車窗打開一些，但隨即止住念頭，尷尬在車內悶燒。

「在這種亂局裡面，滿映至少還不錯，戰爭一直沒有真正打過來，日本人和滿洲人可以共事，共同討論，相互學習，我和山梨都是電影人，戰爭怎麼打，也無可奈何，我們也只能順著情勢利用機會發揮自己的專業。」牧野隨手拿了一本雜誌捲成圓筒狀輕敲香蘭的肩膀。「我們好好拍電影。電影不管怎麼拍，總是要讓人坐著看，和平的訊息總是多過其他。我們能做的就是這樣，而且比起一般人，我們做的成效應該大一些。不要想別的，好好拍戲，一切包在我身上。」

「牧野部長說得很對。」

山梨鬆了一口氣，牧野趁機轉移話題：

「妳和那位李明怎樣了？」

「很少碰面，主要還是我最近一直在外拍戲，現在回來了，她的座位比較遠，我想這樣也好。」

牧野見香蘭情緒平復了，於是開動車子：

「不管怎樣，她比以前積極多了，也給我們介紹一位北京京戲的演員進來。」

「白玫？」

「不錯。」

「依我看來，李明不是很單純的女孩，她介紹白玫進來，就是要引白玫以自重。另一方面也是有意用白玫來壓低李香蘭小姐的氣勢。」山梨側顏瞬了香蘭一眼，「李香蘭小姐別多心，這只是我個人的揣測。」

「白玫有中國京戲的底子，前此在華北電影公司拍過片子，確實能歌善舞，歌藝雖然比不上李香蘭小姐，但我還是重用她，給她安排了幾部戲。」牧野左手排檔，加快車速，「我剛剛說的那部已經開始寫的劇本，就是要讓李香蘭演出的電影，和《白蘭之歌》一樣，大部份戲都會在上海和東京拍攝，描述日中兩國戰亂期間民間互動的故事，位階在一般滿映電影之上，拍一部，在質量上等於滿映的三部。」

「大方向定了，接著還有第三部、第四部，趁著出外景，在外拍戲，遠離那位殺人魔也是好的。」山梨看著飄在車窗的細雪，希望雪別越下越大。「他現在恩威並濟，在滿映很罩得住，穿起西裝人模人樣的，看見他對屬下放軟示好，我總是雞皮疙瘩。」

「在車上發發牢騷就好，下了車就別說，就怕你不小心說漏了嘴，被他聽到。」

「沒錯。即使他沒聽到，別人也可能打小報告。」山梨收納牧野的警告，看著車子轉向燈火較為明亮的大同大街，「我是悶太久了，希望他看到我們的李香蘭，能夠懺悔自己的罪行。」

雪越下越大，檔風玻璃的雨刷開始滑動，路上行人開始躲雪，兩邊車窗的雪不斷積疊，把暗夜弄得白糊糊的。

「耶穌誕辰快到了，新年也快到了。」牧野有點自言自語，「李香蘭，妳有在過聖誕節嗎？」

「以前在北京讀書時，剛好是基督教學校，那時有在慶祝……」

香蘭說著想到了溫貴華，不知道她現況如何？這次回北京應該鼓起勇氣找她，向她坦承一切，交代近況。

「我們日本人不太過聖誕，不過待會要去的大和飯店已經擺了一棵聖誕樹。」牧野讓車子在大十字路口停了下來，「飯店還住著幾位德國人和匈牙利人。主要是擺給他們看的。」

新京大和飯店的照片，香蘭早看過，卅字造形，有點矯尾厲角，不若奉天的雍容和穆。牧野直接把車子停在大廳外頭車廳平台的下緣。三人拾級而上進入大廳，眩目大方的中央樓梯迎面而來。櫃檯壓縮在通往東樓的走道上，牧野說明來意，由一位女侍帶路看房間，香蘭順利選定西棟二樓的房間，隨後牧野前往泊車，然後和山梨就近在飯店請香蘭用餐，香蘭本想趁機申訴曉君的疑惑和心中的怨，警覺到可能收到反效果，起心動念間終於不著痕跡地談論今春和曉君在阪神一帶演出的趣事，當時帶隊的牧野懷想起這段，感覺好像是很久以前的往事，也是津津樂道，直誇曉君懂事，琴劍合一：

「應該請專人給她寫一個劇本。」

山梨沒有接腔，她有點擔心牧野只是說說，但想到牧野對曉君的讚譽，還是放下了一些心。

第二天拜六，牧野和山梨一樣同車前來載香蘭上班。到了公司不久，李明終於闖入她視線，但彼此座位很遠，沒有互動。她向牧野請假，牧野告知理事長強烈建議她搭飛機回北京：

「我被理事長罵了一陣，『從新京到北京，三小時多一點就到，是最舒適的航程。坐火車過夜對一個女孩也危險。』」

香蘭受命請好假回座位後沒多久。

「李香蘭小姐！」

稚拙的日語發音呼叫從背後傳來，香蘭翻過頭，從來沒看過李明笑得這麼燦亮，她的心防立刻鬆懈下來。李明：

「很難看到妳。」

「我也是。」

「我們找個地方聊一下好吧。」

香蘭來不及回答，李明一個劍步跨出，香蘭只得隨著她走。李明走動時右腳要稍稍停頓一下，左腳才能踏出，但腳步大，香蘭跟在後頭心懷忐忑，擔心她有新的動作。李明向走廊左邊兩間會客室探視了一下，走進較小的一間。香蘭跟著進去：

「在這邊會不會不太好？」

「這裡時常空著，應該不會有人進來查看，別緊張。」李明瞅著香蘭，「反正我們坐不久。王二爺要我向妳問好。他說，妳都不跟他聯絡。」

「有妳在，我怎好……妳代為傳話就好了。」香蘭見李明沒搭腔，有些困窘，口中突然冒出：「妳什麼時候和他和好了。」

「哦！其實我跟他也沒到分手的地步，我記得只向妳抱怨過他的花心。不過他現在有一個麻煩，川島芳子妳聽過嗎！」

「聽過。」

香蘭含糊地應了一聲，擔心和她交往的事被識破。

「這位金司令，自從被日本軍司令官拋棄，失去了軍權後，女性荷爾蒙又衝腦了。」李明揚起眉頭，看了香蘭一眼，「她現在又騷擾山家了。」

「她騷擾他？」

「他們以前是情人，不過我一點都不擔心。」

「他們是老情人？妳在編故事！」

「這說來話長，山家跟我講了很多，我也不是搞得很清楚。川島在日本長野縣松本地方長大，山家年輕時是松本連隊的旗手，而且常出入川島家，一切不可能就變成可能。」

「妳說的他在松本聯隊認識川島的事，印象中他有提過。但沒說到和她密切交往的事。」

香蘭說著攢眉凝思，開始在腦裡探尋山家和川島之間的蛛絲馬跡。她想著一兩年前在北京求學時，有一段時間，分別在北京和天津和山家、川島交互見面，但從沒聽川島談過山家，只記得一次山家坦承在北京市長宴和川島萍水相逢聊了幾句，另一次赴完川島的約回到北京向山家報告時，山家要她遠離川島。此刻她靈光一動，那一次山家提到川島，神情帶點厭惡，莫非就是他們曾是情侶的旁證。

李明把最近體會到的想法講出來：

「別期望每一個男人都很誠實。」

「妳不擔心山家會吃回頭草。」

「那是太久以前的事，而且那個老女人完全質變，王二爺想回頭也找不到以前的芳子了。」李明閃過從走道窺探過來的視線，「兩性之間就是這樣，厭惡感一旦產生，就很難復合了。」

「但如果她知道妳和山家正在交往……」

被勝利沖昏頭的李明一時語塞，僵在冷肅的空氣裡頭，面露驚恐。香蘭實在不曉得該怎樣幫她：

「川島是當今亂世裡頭一直想建立功業的人物，她看重的是在政治軍事上的建樹，現在鬧山家應該只是一時失意的宣洩，對她來說，山家和別的女子有任何瓜葛，應該只是小事一件。」

「是嗎？」李明的神色柔和了起來，但憂愁隨之而來，半晌，「去年這個時候我鬧妳，讓妳難堪。我一直覺得很過意不去。那時候真的感謝妳的包容。」

「告訴妳一個不是秘密的秘密，川島男性化了，妳也知道，男裝、男髮，還像男將軍，這已是人盡皆知的事。」香蘭隱晦了認識川島的事實，好像在說悄悄話，唇舌貼近李明的耳朵，「我聽來的可靠消息，川島應該已經有了女性愛人，她的女秘書。」

「真的？」

「日本女子，聽說是青梅竹馬。」

香蘭說著，千鶴子嬌媚的倩影浮現腦際，如此閒話，雖然有點危險感，但她覺得如真的傳播出去，對川島來說，也只是搔搔癢而已。李明想了一下：

「確有可能。」

「也就是說，她對山家的那種由愛生恨，只是她體內殘存的一點女性感覺的最後狂亂。發洩完就沒事了。」

川島芳子和多位日本高階軍官的恩怨情仇和不讓鬚眉的特立獨行，李明從山家那兒聽了不少，也隱約覺得她一直朝向有權勢的男性邁進，即使途中亂了方寸，「制裁」山家的手段也很男性化，但聽說她有女性愛人還是第一次。

「謝謝妳提供的消息。」

李明抓住香蘭的手，香蘭有點感動，凝著她的眼眸，但也立刻察覺她迴避的眼神和縮回去的手。李明站了起來，香蘭隨之站起，再次感受她身高的優勢。香蘭終究覺得兩人很難站在一起，或許做朋友也很難吧。

中午下班後，她請鈴木用餐才開始搬家。因為東西多已打包好，搬來還算順利。她花了 150 圓託飯店買好飛往北京的機票，開始在新房間整理個人的東西後，鈴木開車回扇房亭搬了幾件大件的東西。兩人忙了一下午，晚餐還是香蘭請客。這時香蘭才知道隸屬總務部庶務課的鈴木平日除了接她到拍片現場外，主要是負責公司內的水電修護和簡易施工。

「我不在的日子，你不是就比較輕鬆？」

「沒有，課長還是會叫我做這做那，實際上是工友。當然大工程外包給外面工人做，我只做一些比較簡單的。」

「那也真難為你了。本來住處離公司很近，走幾步就到了。現在你要在我的新住處、公司兩頭跑，一下距離拉得老遠，你又還有其他工作。」

「固定的工作多了，我反而覺得比較好，臨時攤派的工作自然會比較少。」

「真是好事多磨，我這次回北京家一趟，要半個多月後才會回公司上班，希望上頭不會讓你太過操勞。」

註 1：甘粕正彥與後來策劃 1931 年 918 事變的關東軍參謀板垣征四郎等人相交甚密，事變第二天，迅速趕到吉林市，秘密炸毀日本僑民住房，誣中國人所為， 9 月 21 日又竄至哈爾濱，炸毀日本領事館，作為關東軍侵華的藉口。

5. 回北京家 找回貴華

大雪紛飛的週一早上，香蘭在滿映兩位部長的送行下在大房身機場搭乘滿航客機前往北京。天氣不佳，航班延誤了兩小時才起飛，香蘭擔心的航班取消沒有發生，但還是心存忐忑。好在飛行了半小時後，天氣漸漸晴朗。有時透過雲縫俯瞰皚皚大地，好像看到人間的和平。

自從她小時候在撫順聞到戰爭的煙硝味後，戰爭是越打越大，但離她越遠。她不時從親朋聽聞戰爭的慘況，這種聽聞似乎是對她光鮮亮眼的演藝生涯的諷刺。牧野那天說，拍電影也可為和平貢獻一點，看來也只是聊以自慰。她想起以前在翊教女中讀書，和潘家兩姊妹在家躲避抗日遊行時吟唱李叔同作詞的〈送別〉而潸然淚下的往事，不禁想：如有弘一大師的智慧就落髮為尼，解脫一切了。

飛機飛抵北京南苑機場時太陽已西斜，她叫了一部馬車奔赴新家。一路上，落了葉的白楊樹枝條沾染的陽光越來越少，進城後終於成為在薄暮中密織的鄉愁。

她拾步登上中國傳統的四合院，以前住潘家大院的記憶重回心頭，只是院落淺多了，房間小多了。全家人都等著她進晚餐，弟妹更是期待著她的禮物，她一下子就搞懂了這個新居的結構，父母親住北側的正房，小她一歲的大弟弘毅一人獨居東邊廂房，東廂另一房是餐廚室。四個妹妹分居西廂的兩間小房，其中大妹悅子和么妹誠子同住，以大顧小，十分適切，中間的妹妹清子和玲子同住一間，也是合情合理。

她把一疊鈔票交給父親文雄後，父親把她的行李提至南房，母親山口愛：

「中國人把南房當客房，採光差了點，但有一個小庭院，妳就委屈一下好了。」

「這兒反而好。一個人住這麼大。」

「另外一間，我準備給妳買一架鋼琴放在那兒，妳回來也可以彈。」

「舊的丟了？」

「就留在李總裁那兒。這次大搬家，李總裁還特別派了兩名家丁隨車前來。若沒有他們的幫忙，這麼多家當怎麼搬。」文雄打量了這間布置簡單的房子，「那兩位家丁就在這兒住了一晚才回奉天。」

李際春總裁！她還是習慣在心裡稱他李將軍，記得盧溝橋事變的那年暑假，父親不放心她回北京，於是就教李將軍因應之道。那一次見面至今已過了兩年多，但世事倥傯，她把那一段記憶，或一切過往都推向老遠。她懷著李將軍已成為傳說中人物的直覺隨父母進入東廂的餐廳。山口愛：

「淑子難得回來，今天大家團圓就吃北京流行的銅火鍋。」

香蘭看著鍋爐中間凸起的火鍋筒，還是想到了學生時代和山家在東來順用餐的情景。

弟妹等了很久，迫不急待地動筷，香蘭飢腸轆轆，也不客氣地開始夾菜。

「淑子，有時我們也叫妳李香蘭好了。」山口愛給丈夫文雄斟了一杯酒，「妳也陪妳父親喝一杯吧。」

「好。」

文雄從沒看見女兒這麼甘脆的神色，親自給她酌了酒：

「工作太辛苦了，所以想喝？」

「終於讓自己放鬆下來，還想更放鬆。」

看見父女兩人互相敬酒，山口愛也給自己倒了一杯：

「淑子當了李香蘭後，還是跟求學時候一樣，一年只回來一兩次，實在是想不到。」

「淑子的流動性算是很大的了。我少年搬來中國，就很少回去九州過。」文雄舉杯，看著妻女兩人也舉杯，「和妳結婚，有了小孩後好像就只回去過一兩次。」

已經長得很健壯的弘毅心裡有著被祖國遠遠拋開的感覺：

「實在很羨慕姊姊常回日本。實在不知道什麼時候才可以到日本。」

「弘毅，你好好讀書，明年回日本讀大學，姊一定全力支持你。」

「妳姊姊是先到北京然後才得以去日本，現在我們全家好不容易也踏上北京了，下一步可能會慢一點，一定可以看到富士山。」

「媽媽講話真有智慧，我們小孩只會吵，媽媽卻在觀察事情的紋理。」已經高二，快比淑子高的悅子看著她大姊，「姊，妳看過富士山沒？」

「沒有，它等著你們先看呢。」

香蘭說完，弟妹就自己所知開始暢談日本經。香蘭：

「到日本很累的，那種高度工業化國家，生活步調緊張，每次去都覺得頭暈，肚子不舒服，或翻胃，總要適應一段時間。」

「空氣污濁，變髒的關係。」

文雄說著，山口愛搶著道：

「經驗告訴我，是水的關係。喝的水變了，身體就會難過。這是風土和環境改變造成的心理病。」

「或許媽媽說得對，我每次一回到滿洲，就沒有這種適應的問題。」

「果然淑子的故鄉在中國。」

母親山口愛說完，父親文雄談起他在門頭溝炭礦的工作：

「現在不再擔任顧問了，實際上督導工安，我在礦工進入礦坑前會一再提醒工人標準作業流程，檢查他們有沒有穿鐵鞋，除了要求他們先把防塵口罩戴上，還要看看身上有沒有偷藏香煙或危險物品。」

「爸！你常不常下礦坑？」香蘭。

「每天都下去，一方面督導，一方面累積自己的實務經驗，讓他們感覺我這個日籍幹部與他們同在，這樣更能拉近和礦工之間的距離。」

「那些礦工即使一輩子沒碰到礦災，但肺炎也都讓他們活不久。」

山口愛的憂慮讓大人的談興弱了下來，小孩的熱議持續不墜。

香蘭微醉，簡單梳洗後便入睡，悅子擔心她害怕一人獨睡偏房還特地陪她小聊，直到她入睡。第二天，她天還沒亮就起床，摸索著漱洗過後開始探索這個新家。習慣了滿洲的酷寒，她覺得北京的冬寒還好，家人都還窩在被窩裡。她從廚房往外看，在昏暗的簷燈的照射下，看著被屋舍包圍，下沉的庭院。庭院的殘雪已成疏冰，排水不良，庭院遇雨成池的幻想襲來。她自覺無聊，望著院裡幾盆盆栽後，沿著緣廊往前走，經過弘毅的房間，看見父母正房旁的房間好像有沙發組，打開燈，果然是會客室。她坐了下來，電話剛好在左手邊，沒想到真裝了。茶几下放著一疊報紙和幾本書刊。他翻到了最近幾期的武德報，取出一份，頭版大標寫著：「我軍搗南寧無擾百姓」。她想：這也真難為王二爺了，既要屈承上意，又要不讓中國人太難堪，吸引一些讀者，才刻意製造這種新聞。除了武德報外，這兒也堆疊幾份新民會報，她拿起翻了一下，看了幾幅諷刺蔣介石和國民黨的漫畫，感覺還不是很有滲透力，於是放下報紙回到房間，開始整理帶回來的衣物。

自從從東京回來後，她一直不得閒，田村送她的《大學》沒讀多少，繼續閱讀，文中大學生搞社會政治運動的狂熱，讓她想起兩三年前就讀中學時，北京風起雲湧的抗日示威。她細細思量，突然從錯覺中醒來。只當了一年多演員，並非大學畢業，出了社會好幾年。如果讀了大學，自己現在才二年級，正是熱中上街頭搖旗吶喊的年紀。

烏鴉的呱噪傳進庭院，家人陸續起來，用早餐時，她盼著和弟妹到那兒走走，吃到一半，才知道弟妹一個個準備上學，父親也得早早出門上班去。她這才想到原來媽媽每天這時候都一個人在家。和媽媽聊天也不錯，她的故事多，自己也可貢獻拍片經驗，聊著發現快談到戰爭時都巧妙地避開了。聊了一半，她請母親陪她到客廳，然後打電話給新民映畫。電話只講四五句，她放下聽筒時，母親帶點疑問的眼神望著她。香蘭：

「是我們滿映的分公司，本來應該去看一下的。打電話報備就可以了。」

「這樣好嗎？是不是該去報到一下。」

「有空再順便去。」

「在那兒？」

「王府井大街。」

「離這兒不遠呢。」

香蘭把話題支開，直到母親下廚熌一些冷菜供母女共食時，她才鼓起勇氣試著就翊教女中畢業紀念冊裡頭登載的電話號碼打電話給久違的溫貴華。電話那一頭既興奮又緊張，事實上，等這支電話也等了一年多了：

「妳好嗎？妳在那兒讀大學了？」

「我沒有。這種事情一時講不清楚。那妳呢？」

「我怎麼可能嘛！現在大學都日本化了，我如果讀了怎麼對得起陳洪仁。妳在那？還住在妳伯父家嗎？」

溫貴華一直以為她老家住冀東，求學時寄住北京伯父家。此刻她再也不能圓謊了，她決心找個時間和盤托出。

「我們見面再說。」

「什麼時候？」

太快見面，她又覺得壓力很大。

「我再打給妳。有些事情要處理一下。」

香蘭急忙掛掉電話，溫貴華「妳電話號碼」的呼聲也被掛掉了。她把有些凌亂的心情理了一下，決定儘快行動，解決最痛苦的事，痛苦難免，但隨後可能就是痛快了。

香蘭想一舉衝破諸多顧忌向溫貴華作實情告白固然痛苦，但要把貴華約出來，貴華也痛苦。貴華不想出門，不想面對被日軍佔領的土地，也不知幽居家裡多久了。要把隱瞞這麼多年的事情一次吐露求得諒解，是一大冒險，香蘭一直屬意像太廟這種比較空曠的地方，如果彼此感覺惡劣，就快速彈開，如果在她家談，就有可能釀成室內風暴，彼此重傷後才能分開。

溫貴華家在王府井大街甘雨胡同內，與她以前常和山家共餐的東來順的金魚胡同只隔一個胡同，離山家的武德報也不過六七百米，離她住的蘇州胡同稍遠，但也不到兩公里。這種地緣好像是冥冥中的安排，讓她不無珍惜。

在家家戶戶四合院犬牙交錯的胡同內，溫家公館兩層小洋樓獨樹一格，顯得特別有氣韻。這天早晨過了一大半，香蘭提著一盒禮品按了門鈴，貴華開門後急著拉她登上門前階進入客廳。溫母看起來 40 出頭，風韻猶存，端出來的現煮咖啡和糕點也讓人驚艷，想來是特意準備的。溫母：

「這小孩成天躲在房間，不是看書就是彈琴，今兒好不容易把她引到客廳。」

「媽是故意羞我。每次下來吃飯也常常走到客廳。」

香蘭從貴華母女倆帶點機鋒和逗趣的對話中得知她還有一位讀高中的弟弟，目前上學中，而她父親剛好外出辦事。溫母：

「現在日本人要把所有學校日本化一時也不可能，我家老爺就想讓他讀完高中再說，再過半年就畢業了。」

「天氣這麼冷，這熱咖啡喝起來真的暖在胃裡。」

香蘭說完，貴華催著她把所有溫暖喝進體內後邀她上樓。

在貴華的閨房內，一個坐在床沿，一個坐在從窗邊拉過來的椅子上。香蘭：

「妳的陳洪仁現在還好吧？」

「可以說是沒消息了。今年四月突然接到他從重慶寫來的信，知道他在重慶一所學校教書。寫了回信，但一直沒有回音。」

「敵後地區的信也能收到？」

「聽說是紅十字會從中協助，但發揮的功效還是有限。」貴華隨手拿起梳子把頭髮梳理了一下，「我哥也一樣，他在上海讀復旦大學，北京淪陷後，就不想回來，他也是寄回一封信說是要隨南京政府往西遷移後就再沒有消息。」

「我忘了妳還有一位哥哥。」香蘭怯怯地瞟了貴華一眼，兩眼浮著夢幻般的朦朧，「我今天來主要是有很多事情想向妳實話實說。」

「實話實說？」貴華認真地看著這位一年多未見的朋友，把書架旁的躺椅拉了過來，示意香蘭躺在躺椅上，然後抓來毯子給她蓋上。「天氣冷，躺著慢慢說。」

「我其實是日本人，從初二下到高三我瞞了妳整整四年。……」

香蘭看著躺在床上，裹著棉被，側著頭望向她的貴華，開始她冗長的故事。香蘭第一次講這麼長的話，撫順、奉天的情事像繽紛的落葉，撫順大礦坑的血光、奉天大和大飯店的光影好像風捲落葉，說著說著已經昏暗的天氣變得更加天昏地暗了。貴華乍聽香蘭是日本人的錯愕沒多久便消融在香蘭戲劇性的敘述裡頭。對殘酷日軍的憤恨伺機刺探她，但不能這樣，不能把淑華、她的家人，和日軍混為一談……。香蘭的敘述多而沉，貴華用手肘把頭撐起，好像掙脫泥淖般。看著靜默下來的香蘭或淑華，她必須開口了，但必須避開民族情緒或政治意識……

「怪不得妳上音樂課時唱得這麼好。老師都佩服得五體投地。那知妳那時就已經是歌手了。」

貴華不知該說什麼，隨意開口，香蘭一時還是無法全然從長久瞞人的忸愧當中脫出。貴華看到香蘭的難過，體諒油然而生：

「妳說妳父親 16 歲就來中國住，而且醉心中國文化，妳媽媽年輕時候就來中國，兩人結婚後就很少回去日本，事實上他們就是移民，移民的目的就是想成為中國人。若是時局不這樣，是和平時代的話，他們有了這種認同，早就入籍了。妳也就不會有這種不安，甚至罪惡感了。」

「或許父親來的不是時候，在這種大環境下，我們小孩一直是裡外不是人。」

乍然聽到老同學淑華是日本人，貴華並沒有心生敵對意識，她瞬了老同學一眼，依舊延續的同學情份不禁讓她這麼想：當年如果淑華的身分曝露了，置身險境了，她反而會設法提供保護或掩護。她的兩眼從貼在門板上面的景山公園的畫透視出去，似乎看到 30 多年前，一對青年和少女先後來到北大荒……

「妳父母在異地組一個家庭生兒育女，就像我們中國很多家庭一樣，旅居在外，漂泊再漂泊。妳們不管在瀋陽或北平都受到有力的中國人的照顧，根本平民，和一般日本人來中國給人一種強悍的印象截然不同。」

「確實，那些年在李家和潘家的資助下，我們過得比一般人好一點，若沒有他們，我們會是很卑微的。」香蘭若有所思，「雖然父親仰慕中國文化，但他畢竟還在日本人開的公司工作，我們一直就是日本人，和那些殘忍，甚至有些罪大惡極的日本軍人同屬一國，那種感受是很矛盾、沉重的。」

「我覺得妳可以把自己弄得更清晰一點。妳既然譴責日本軍人的暴行，鄙視他們，所以當年大遊行的時候，就可以挺身而出，為反侵略，為和平高呼口號，這是不相矛盾的。」貴華從床上爬起來，看著好友的倦容，「或許說起來容易，要做到，除非聖賢。我再給妳沏個咖啡。」

香蘭趁機起身，在貴華的指引下找到洗手間。在等待貴華回來的這段時間，她很慶幸早先的緊繃和緊張已然消失，看著牆邊的那台鋼琴，想到貴華柔軟地接納她的故事，直覺是身心長時浸潤在樂音所致。貴華提著咖啡壺和煉乳罐進來走到底，把壺罐放在書桌上，隨後把鋼琴椅端了過來，再從書架取來兩只杯子放在鋼琴椅上，最後再把咖啡壺取來倒入杯中，加入煉乳。貴華躺回床上，伸手從鋼琴凳取來咖啡。香蘭同樣伸手取來杯子喝了一口後放回凳上：

「我們這種姿勢讓我想到什麼？」

「什麼？」

「大人抽大煙，就是這樣躺著的。」

「真有妳的！」貴華笑得床鋪咿呀作響，「我們現在是鴉片躺，但吸的是咖啡。」

「但是鴉片的香味香多了。」

「什麼！這個妳也知道。」

「我的故事，我接下講下去就有了……」

在好友精神的鼓舞下，香蘭加快敘述北京的過往。香蘭口說時，貴華試著用記憶去銜接香蘭的敘述，發覺香蘭說的過往有些直接和她的憶思重疊。喝剩的咖啡早已涼了，兩人一飲而盡。貴華：

「我來整理一下，妳有兩個義父，一個叫李際春，給妳取名李香蘭，另一位潘毓桂，給妳取名潘淑華。」

「對！」

「李際春，我不是很知曉，那潘毓桂聲名很壞，前年北平圍城戰，南苑最先失守，上千大學生慘死，大多被日軍用刺刀刺死，潘先生出賣 29 軍的作戰計畫，而且向日軍建議首先攻擊作戰力最弱的學生兵營。人人都這樣說，應該假不了。妳們家承受他的恩惠，那是很辛苦的，而且有危險。」

「他的事，爸爸的朋友跟我講過，爸爸應該也知道，我在北平讀書的時候被他一家全力照顧，現在全家搬來這裡，他的幫助也很大。父親因為工作搬到北平又不能繞過他，所以心情一定也很矛盾。既然搬過來了，兩家離得更近了，現在也只希望潘家的人保守一點，守著自己的宅院，避避風頭，不要做太多交際。」

「我現在想想看，看有沒有破解之道。」

貴華說著看著天花板，腦筋一直是一片空白。

「人是很好，也很疼我，在家也是慈父，不曉得為什麼做出這種傷天害理，又愚蠢的事。」

香蘭說著故事持續進行，走出她們共同經驗的領域，向新京和東京進發，聽到好友當了明星，演了好幾部電影，貴華先是不太相信，繼而是不願相信，一股妒意湧上心頭。「滿映」，好像聽過，既然是日本辦的電影公司，那她也是替敵人演電影。演電影就演電影，何需和敵人聯想一塊？重要的是，她已經是風光的明星。然而自己又是什麼呢？一個徬徨的高中畢業生。這種思維讓她冒冷汗，也教她強顏歡笑。末了，她實在受不了了，藉口再熬咖啡拎起咖啡壺就往樓下走。

「妳先上去陪朋友，我熬好會提上去。」

母親這樣說著，貴華還是兀自坐在沙發，溫母有點擔心她是否和朋友鬧彆扭。

廚房的咖啡漸次沸騰，但貴華思濤漸漸平靜。為什麼要嫉妒她，好友遭忌，兇手竟然是妳，是朋友，為什麼不能分享她的榮耀？她唱歌，苦練有成，13 歲就出道當歌手，18 歲當明星，是她應得的，也是努力的結果。想想看，她對妳推心置腹，妳應該和她血膚相連，感受她的榮耀就是妳的榮耀才是。她因此有些感動，提著咖啡壺上樓時，心裡念著：妳剛剛背叛了她，要重新擁抱她得鼓起勇氣。

貴華上了樓進入房間，香蘭正站在書架前看她的藏書。

「媽媽不在，我自己熬的咖啡。讓妳久等了。」

貴華說著把咖啡壺放在自己的書桌上，然後拉著香蘭的手走向小床鋪。

「妳剛剛說，妳拍了電影，當了明星。」貴華抓緊香蘭的手使勁地搖晃，藉著這種激動和搖晃抖掉體內殘存的尷尬和虛假。「一開始，我有點不相信，妳說，每一部電影都有歌唱，也只有妳才能勝任。」

貴華緊握香蘭的手，感覺握著的手由涼轉暖，也體會到了這雙小手創造的榮耀，身體熱流的交感讓她分享到了香蘭的光彩和氣韻。

兩人不再臥床，貴華開了窗邊暖氣，兩人分別坐在書桌邊，床邊故事變成爐邊閒聊，還在咖啡的馥香中持續進行。

「來到這裡講了這麼多，我終於掙脫了綁縛多年的枷鎖。」香蘭啜飲了一下有點涼的咖啡，「但也請原諒我一直沉溺在浮華、矯情的世界裡頭。」

「我在想，妳既有了人生舞台，是妳的幸運，也是妳的悲劇。」貴華細細咀嚼香蘭詩樣的敘述，感受人的命運就像流水一樣，不知會彎向那一國那一地。「再說，妳多姿彩的故事也解開了我所謂的愛國的桎梏。」

香蘭陷入貴華話裡頭的深意中，不曉得該說什麼。貴華知道老同學被她困住了，笑著說：

「妳來了，我感覺是幫助我打破了一些教條。人們，尤其是我們學生……。哦，不好意思，我已不是學生了……奉行已久的金科玉律，開始要修正了。譬如，妳演電影，不認識妳的人就會想，妳是替滿洲國服務啊。但我認為這就是一種工作，從事什麼工作，並不是我們能決定，而是帶著一些被大環境決定的無奈的。」

香蘭聽著臉色凝重，貴華心疼地笑開：

「我在想，導演或製片是否帶有政治目的，或別人怎麼看妳，妳都別管。妳只要忠於工作，演好妳的角色，琢磨好演技，就OK。」

香蘭的視線慢慢從桌面拾起，微微轉向貴華：

「在這演藝圈，我漸漸覺得演技的重要，但也不敢說自己能發揮多少，只能走一步算一步。」

「妳的經歷我真的很佩服，或許是一種冒險，但比起我一直悶在家裡，妳這樣闖蕩需要更大的勇氣。」貴華豁地站了起來，差一點碰到咖啡壺，「我想通了。只要不像日本軍人那樣殺人放火，強佔人家的土地，我什麼都能接納。哈！我說太多了。」

貴華說著調皮地後仰，香蘭回以抿唇笑。她用小木匙攪動還剩半杯的咖啡，仔細回味貴華的話，知道貴華是基於同學的舊誼儘量包容她。普天之下，同學情誼常能泯除界線，譬如國界，也能跨越很多禁忌。她倒比較擔心溫媽媽一時難以接受，造成尷尬：

「我跟妳說了很多，妳就先別跟伯母說好了。」

「那當然。妳跟我講得天翻地覆，對妳來說非常不容易。我剛剛跟我媽媽說了妳是老同學潘淑華。我還是這樣稱呼妳。待妳回去後，我再坦白妳的情況。」貴華逐退了雜念，清明中有了探索的願念，「妳說的那些同仁，滿映的女明星跟妳一樣都是高中剛畢業的嗎？」

「有的還沒畢業就來。她們都對演出有興趣。」香蘭懇切地看著貴華，「或許妳也可以來試試鏡。」

「那不可能。陳洪仁一定反對。我現在做什麼事，都希望和他見過面後再決定。不管怎樣，妳感到人生成功光彩的時候，心中有我，我就滿足了。」

貴華像小孩一樣，討取關愛，兩人好像回到初二學期快結束，剛認識的那一段時光。

香蘭感覺打擾太久了，想回家又有點不捨，看看腕錶，11 點三刻了，兩腳像被鎖住一般，都已經是這種時刻了，她趕緊把要送貴華，放在紙袋內的唱盤放在房間一隅，順著貴華的人情下樓用餐。

用餐時刻，剛回來的溫家老爺自然垂詢起香蘭的情況。香蘭猶豫了一下，只好說自己家住蘇州胡同。貴華：

「我這位潘同學，歌唱、功課很好，但很害羞、很文靜的。她現在跟我一樣，在家看看書，彈彈琴。」

女兒的話一下就封阻了溫爺本想提出的話題，只好就香蘭的興趣聊起。香蘭的回答很像蜻蜓點水，讓溫爺不便延伸。貴華於是把話題導向歷史：

「爸！你以前說過，北平每條巷子都有很多故事。」

「沒錯，但沒有人記載，一代一代口耳相傳，都變成傳說了。真的很希望有心人加以整理。」

「你說我們甘雨胡同是清政府招待西域番邦國家的住所。」

「因為離皇宮很近，這條巷子包括附近的胡同都是，從元朝開始就廣建會同館，讓那些來這兒朝貢的使節暫時居住。就我所知，不是西域來的，多數是現在東南亞和東北亞諸國，像泰國、緬甸、韓國或日本的使節。清朝中葉以後，國勢衰弱，來朝貢的附屬國家漸漸少，這種會同館就漸漸沒落了。」

「會不會有些使節沒有回國選擇留下來落地生根？」

「當然有可能，他們留下來後一定改依中國姓氏，說不定我們原來都是外國人。」

貴華不斷加碼提問，溫父只好挖空心思儘量解說，以致一時把香蘭遺忘在這條胡同歷史的迷霧中了。

6. 共餐山家 暢敘川島

第二天，氣溫稍稍回升，還是很冷。弟妹一樣都上學去了，香蘭和母親躲進悅子房間的向陽處，全身浸在穿透窗玻的陽光中，格外溫暖。母親：

「天氣這麼冷，家裡的土炕還溫暖吧。」

「悅子的房間，晚上還不算太冷。」

「睡覺前在廚房灶口加最後一次炭就夠了，待炕不暖了，我們也就睡著了。妳房間是客房，下面沒有埋炕管，只能給妳多加一條棉被了。新京比較進步，聽說新京的暖氣比奉天還強。」

「我住在飯店，暖氣確實比較強。新京民房怎樣，不太了解，無從比較。昨天到朋友家，她家小洋樓有接暖氣，但不是很強。」

山口愛住慣了奉天有暖氣的洋樓，來到這兒後開始訓練兩個較大的子女輪流在灶上添炭。

「我叫弘毅和悅子輪流在爐灶加炭，他們都很樂意做。」

「天寒地凍，看見火就很歡喜，年輕人尤其如此，看到火，人也就熱情起來。不過廚房的門窗不能全關緊。」

「這點，妳爸爸特別叮嚀，全關緊，廚房就變成小礦坑了。」

「以前我住潘爺的家，他們大宅院房子分散，很多房間都有獨立的暖炕，像我和潘家姊妹住的房間，暖炕的灶口開在外面，僕人來添炭火時不用進入我們的房間，我們不用被打擾，也沒有瓦斯中毒的疑慮。」

「這樣太好了。」

門鈴響了。香蘭急著去應門，一看是西裝筆挺的山家。

「啊！山家先生！」山口愛輕呼了一下，兩眼穿透內大門看著山家手持的拐仗，「走路小心。」

一年多沒見，山家的健康顯然差了一些，看見他拄著拐仗，還是第一次，和他微跛的情人李明還真匹配。別缺德了，香蘭暗罵自己一聲，趕緊引導山家穿過小照壁進入迴廊。經過內大門時，山家的拐仗突然點向階梯，香蘭知道他想穿過庭園直接到客廳：

「山家叔叔，庭院可還有殘冰。」

香蘭說著引導山家走在稍嫌狹窄的緣廊的裡邊，擔心他摔進庭院。

山家在客廳坐下，從皮夾取出幾份武德報後，山口愛的茶水也已奉上。山口愛：

「山家先生要來，怎麼不先打電話。」

「不是走遠路，順道來看看，像散步，如果貴府沒人在家就直接離去，不礙事。」山家啜飲一口茶，看著山口愛，「是這樣，華北電影公司董事長橫井希望見見李香蘭小姐，我想我就順便帶令媛過去好了。」

「華北電影？」山口愛。

「滿映的分公司，以前叫新民映畫，剛剛改名。」山家把斜倚在沙發上的拐杖拿在手上，「這個華北電影和以前廣州人羅明佑辦的華北電影不一樣，羅先生的公司不久前解散了，現在公司名字被滿映拿來用。」

「原來如此。」

山口愛含糊地應了一聲，事實上她對這兒的電影界一點概念也沒有。山家：

「跟我的武德報一樣，使用中國人的名稱，也算是入鄉隨俗。」

「既然是公司的事，淑子還是去一趟好了。」

山口愛說著看了愛女一眼，山家兩眼迴向香蘭：

「妳媽媽還是叫妳淑子，我現在非叫妳李香蘭不可了。」

「叫她淑子，表示她還是小孩子。聽文雄說你現在已是少佐了」

「少了兩顆星，多了一條桿。」山家手按拐杖搖了兩下，「調來北京後就升了，一年多了，但我一直沒掛在心上，也沒掛在肩上。」

山口愛看著山家身上的西裝，印象中，他多穿著長袍馬褂，好像只記得他第一次來奉天家裡拜訪時穿過軍服：

「你今天穿西裝，有時穿中國服裝，軍部不會有意見嗎？」

「當然正式場合、開會，或到司令部，還是會換上軍服。目前都應付得還好。還好軍方只讓我搞搞文宣，不用拿槍，但軍服讓人困惑，穿上軍服就必須敵我分明，我一直有很多中國朋友，文雄兄也要和中國的礦工一起工作。」山家左眼瞟了香蘭一眼，再正視山口愛，「令媛淑子的演員同仁也都是中國人。敵我分明真的會讓人精神錯亂。」

香蘭知道山家來的目的是她，她也知道他和華北電影一直保持連絡，獲知她回北京，就想把握機會見一面，好給自己的生活添加一點風情。

再說華北電影，如山家說的，離香蘭的北京家也不算太遠。山家的黑頭車駛向東長安街，過了南河沿、王府井大街，轉入崇文門大街逆向開了百米，中西合璧式的堅固三層樓落入眼簾。山家把車子停靠路邊，沒有開進樓前的車道。

兩人下了車，山家拄著拐仗回望東長安街路口，香蘭順著他的目光，看到蹲站在路口基座上，隔著大街遙遙相望的一對巨大的石獅。兩人從人行道直接走上車道，香蘭：

「為什麼不直接把車子開上來？」

「這個車道是給貴賓使用的。我開上來也可以，把妳丟在門口後又必須開走去泊車，而妳也得在門口等我。」

「我懂了。是專門給有專屬司機的貴客使用的。」

香蘭說完跟著山家進入大樓大廳，廳內柱子都圍著座椅，幾個人閒坐著似乎在等待什麼，右手邊是附有玻璃門的大型會客室，左手邊的服務台的男士投來審視的眼光，發現山家是熟客後，親切地招呼，山家回以帶著重要賓客見董事長後，獲得對方請進的手勢。山家進入辦公室的中央走道經過董事會，敲動董事長室的木門。門開了，男助理向山家鞠躬後，董事長橫井迎面走了過來：

「山家兄……這位就是李香蘭小姐？」

簡單寒暄過後，橫井引導來客落座右邊靠牆的沙發組。

橫井和香蘭交換過名片，橫井把香蘭簡單的名片看了兩遍：

「李小姐原名是山口……。」

「淑子……。」

山家一連講了兩遍，香蘭眉頭緊蹙。和山家互動的這幾年，香蘭沒有向山家提過她本名的政治顧忌。事實上，山家還是習慣稱呼香蘭淑子或小淑子。這不但是從她學生時代延續下來的稱呼，他有時造訪她家，在她雙親面前如此稱呼，帶到外面，自然也順乎這種呼叫。想到滿映刻意用李香蘭來形塑她，他就更加不以為然，在他人面前，常透露她的本名。

「用中國名字不壞。我這家新公司和山家的新報社都取中國名字。」

橫井的話沒獲得香蘭的回應，女侍端著茶盤進來，橫井聞到了茶香好似嗅到女性對名字的敏感，開始問起滿映的拍片狀況：

「真正有意思的電影是故事片。滿映一年有沒有 20 部？」

「大概十部。新的理事長上來後，要衝 20 部。」

香蘭說完，山家：

「裡面又分國策電影和純娛樂電影。」

「是。這個我知道。我們現在只是拍一些宣傳短片……」橫井囁嚅著喝了一口茶，「有點像滿鐵以前的映畫班，專拍一些紀錄片或新聞片。」

「你們公司剛剛成立，總公司還沒授權，現在主要還是做電影的輸出輸入和發行。」

「很多事情還是有人敲邊鼓比較有效。自己主動請命反而會招惹……」橫井擦拭茶几上面的茶漬，「不久前到總公司開會，甘粕大談上海電影界，還一直把北京子公司當成滿映的華北發行部。」

「這個嘛。」山家笑了起來，「滿映以前的主導者按部就班走自己的路，但上海電影太強了，甘粕看成眼中釘，一定要把它的氣勢壓下一些，才會想到華北電影的角色。我是這樣想。」

電話鈴響了，橫井起身回到辦公桌拿起聽筒應了幾聲便掛斷，回坐沙發後眼神詢問地看著香蘭。香蘭：

「滿映這兩年招募了三期演員，只要撥一期過來，導演、攝影跟著過來，華北電影就可以施展拳腳了。但問題是有沒有攝影棚？」

「以前中國羅明佑先生的華北電影閒置在城北的攝影棚和一些廠房久沒用都成廢墟了。如果真有拍片計畫，我們可以先租後買，先整理一部份使用再說。」

「只要甘粕說一聲 yes，啊。」

「山家兄有機會面見甘粕，幫忙說一聲如何？」

「難哪。」山家微微搖頭，「無論做什麼事，都要繞過那個人，透過根岸或牧野說一說或許比較穩當。」

橫井點頭收納了山家的觀點，問起香蘭的演出計畫，香蘭回以還是和日本公司合作後，山家表示外頭有事，手扶拐仗作勢欲起，橫井知道來客要走，熱絡地把山家和香蘭送出門外。

山家把車子開回東長安街，和香蘭沉默了片刻，車子已經轉入王府井大街，順著車流往北。同樣是大街，王府井看起來比較親民，車道旁寬廣的人行道總是走滿了人。在這隆冬季節，行人也不算少。槐樹的空枝乾椏結成樹網，車子走過一個網又一個網。人行道裡邊兩三層樓牆柱灰灰，門框、窗櫺紅紅的店鋪也一一從車窗滑過，透過樹網來到香蘭眼裡時，牆窗的線條亂了，顏色也糊了。車子走過大紗帽胡同口，拋開樓宇型的店面，武德報的兩層樓店面在四合屋群裡頭出現了。山家把車子停下：

「到裡面坐一下。」

「不要。」

「新一期的武德報開始編排，我去看看工作情況。」

「我又不是員工。」

「妳就在旁邊等，大概一二十分鐘就搞定。」

「我在車上等好了。」

山家打開車門，再探頭進來，香蘭知道他想做最後一次的勸說：

「我不上去。你報館裡面人多口雜，萬一把我和你會面的事亂講亂傳，傳到李明耳裡，我跳到黃河也洗不清，你也會很麻煩。」

「哦！」山家笑了起來，「妳比我還適合做情報工作。」

香蘭待在車上，冷冷地看著車外：行人冷，商店冷，商店零星的聖誕裝飾也冷，而人行道上槐樹的禿枝也瑟縮在冷冽的空氣中。

山家回來了，邀她到東來順，她早料到，也有點期待。

一樣的場景，山家一樣點涮羊肉，但久未光顧這家店，感覺一切都還新鮮。兩人來得早了一點，食客還不是很多，在山家的要求下，香蘭把最近拍片和演出的經過大致報告出來後，火鍋已滾開，食材和一瓶白酒也跟著來到。

「妳和李明處得怎樣？」

「算普通，沒有特別好。我一般都在外頭拍戲。」

「去年妳和她的那場紛爭，她跟我講過。」

「根本就不是什麼爭端。我被她弄得一頭霧水，只好配合她演出。」

「別動氣，妳聽我說。」山家開始動筷，肉片懸在筷端片刻才塞進嘴裡。「她說心情鬱悶才把妳拖下水，把妳拖下水才有新聞價值。算是冤了妳。我發覺她的個性不是很好，所以沒向她透露妳真實的身分。」

香蘭撅著嘴用湯匙舀了一小塊豆腐。山家：

「我們不談她了。她簡直是在演戲。如果她真的惹毛妳的話。

我選擇支持妳。對我來說，她是可替換的，但妳像親人……」

香蘭右手做出阻檔的手勢，要求他別再說下去：

「不管怎樣，我一直覺得她還滿可愛的。別對自己的親密伴侶說三道四了。」香蘭婉拒山家倒酒的好意，「你和川島芳子的事情還沒了結？」

山家俯著的上身震了一下，把夾在筷子裡頭的金針菇放回碗內：

「妳是說……李明跟妳講的。」

香蘭點了頭，有點難過地看著山家，相信他正接近難堪的往事：

「她只是講了個大概。她說你被整得很狼狽。」

「她闖進我在南池子的家，翻得亂七八糟，把我的高級西裝和德國高檔相機統統帶走。然後留下紙條，要我人去贖回。」

「花錢買回來？」

「她要的是人，嚴格說來是以前的我。」山家用湯澆淋盛了半碗的菜肉，故做悠閒。「我如果配合她，和她復合，她就把東西還我，但妳也知道，感覺不在了，怎麼也回不去了。最後她放了人，但東西也被沒收了。相機太貴暫時不再買，我現在穿的西裝就是新買的。」

香蘭同情地看著山家身上的西裝：

「好像很少看到你穿西裝，看起來滿帥的，拄著枴杖更有紳士味。」

山家笑了一下，吞了一口白菜：

「既然買了就趕緊穿，說不定不久又被沒收了。不是一次，被她這樣搞了兩次了。」

「或許你可以搬家。」

「搬也不是辦法，公司就在這裡，況你搬到那兒，她都找得到。」

「她住那？」

「也在東城區，離這不遠，在東四牌樓九條胡同，鐵獅子胡同那一帶。」

又是東城區，彷彿老天要她遠離西城一般。簡單的地理概念開始在她腦裡描繪生活地圖。她以前求學時代，就讀翊教，住在潘家，玩在北中南海，即使前往頤和園也都進出西直門，只在求學末期被山家帶到東區吃火鍋透透氣。現在剛好相反，住家搬到東區，剛剛找回的好友的家、重相逢的山家叔叔的住辦都在東區，再加上和自己頗有緣份的川島也都窩在東區。她發覺自己往後在演藝和生活上，勢必在三個國度的京城流轉。三京之中，東京和新京比較現代化，北京古意盎然，但也有一些怨咒。城西的潘家本來對香蘭的山口家有提攜之情，原應有通家之好，好不容易同聚北京的兩家，一開始往來還算熱絡，但一段時日沒見面，生疏感油然而生。潘爺被拉下市長寶座後，一方面感覺日本軍方不再這麼庇護，一方面又要防民間反潘勢力的追殺，行事低調，甚至蟄居大宅院。另一方面，山口文雄痛惜大批北京大學生被日軍殲滅，想到要和提供情報的潘爺連絡，罪惡感如影隨形，即使有了電話，也很少打過去，擔心驚擾到潘家漸次沉澱的居家生活。再加上翊教女中停招，殘存的學生陸續畢離，對香蘭來說，城西生活的回憶，很快就恍如隔世了。

食客越來越多，大大小小二三十桌火鍋的蒸氣和炭煙匯聚的霧氣，拂過柱子、牆壁上面中國古典山水和花鳥的彩繪，好一個雲蒸霞蔚。山家招了三次手，女侍才過來加水。他的視線隨著滿滿一廳的蒸煙迷濛了起來。山家諸多思緒也在腦裡雲蒸霞蔚：和李明對飲固然酣暢，但此刻在自己不可能染指的美女的陪伴下喝悶酒，也另有風情。還是喝酒比較好，家裡那一套吸大煙的工具丟了吧！或交由下人送給別人也好。這種事絕不能讓李明知曉。雖然對她不無意見，但她願意跟隨，也就不能太挑剔。眼前香蘭剛剛不知講什麼，沒聽清楚。她的頭髮如果削短，就有幾分川島芳子樣，畢竟兩女同屬秀珍型。

已經有 15 年了吧，從東京外語學校畢業後到長野松本第 50 連隊報到，這時才知道松本這地方住著一位和他一樣在外語學校學過中文，又對蒙古文化和政治有興趣的長輩－川島浪速，前往拜會，且經常出入他家的結果，和川島的養女芳子由生疏而親近，向她勤學中國話的結果，兩人最後變成情人。芳子，滿清皇女的印記廣為流傳，她的活潑、伶俐顛覆了滿清給人的昏庸無能的印象，讓人驚艷。但相處了一段時日，芳子不經意流露出的任性、撒野和惡作劇的習性開始讓他卻步。芳子喜歡逗他玩鬧，鬧完後，芳子會顯出深情的樣狀，提出婚嫁的願望。那時他一眼就看出她和養父之間怪異的關係，知道芳子之所以願意以身相許，主要還是想擺脫養父。

「等考上陸軍大學再說吧。」

「別推托了，你根本就不想進陸大，你身上就是欠缺軍人無情的特質。你要知道，我不做則已，要做就堅持到底。我就是這種人。」

大概說完這話沒多久，芳子找上門來，山家見她寬衣，忍不住抱住她，但腦中一片混亂，隨即重重地把她推開。芳子整好衣裳頭也不回地走後，再也沒回頭。輕鬆地度過沒有芳子的兩三個月後，他正好以外語學校研究生的身分奉派到中國北平留學，以為完全擺脫芳子了。那知沒見面的日子，川島浪速一手調教出來的芳子，一連做出轟動一時的驚人事件：日僧上海遇襲事件、竊取情資促成張作霖被炸事件、偷渡溥儀夫人婉容到新京。這就是她的「要做就堅持到底」。最後她甚至被同居人多田駿拔擢為滿洲安國軍司令。

山家撥開過往的煙塵，知道芳子建立功業，志得意滿之時不會想到他，現在被華北駐屯軍司令多田駿中將棄如敝屣，才刻意棄津返京，在努力修補和多田關係之餘，對他發動突襲，宣洩心頭恨。

「山家叔叔！你在想什麼？」

「沒有，我用餐時時常不專心。」

「心事重重。你和川島怎麼認識的，你都沒跟我講。」

山家把這段孽緣大致交代出來，香蘭不住地點頭。良久，香蘭開口了：

「安國軍既然是多田賞給她的，那天津東興樓的經營也是？」

「不錯，也是多田給的。他們在新京同居的時候，是關係的蜜月期，大約六年前她的安國軍在熱河作戰失敗後，她就回日本到處演講批評關東軍在滿洲的作為，也發言不滿日本的中國政策。待兩年前盧溝橋事件，她回到中國接收天津東興樓，兩人關係就沒這麼好了。多田駿為了自己的前途也想遠離這個多嘴婆。第二年，也就是三個月前，多田駿從日本到北京接任華北駐屯軍司令，她就常來北京企圖修補關係。」

「多田駿軍階這麼高，應該可以做她父親了吧。」

「相差 24 歲，和我們差不多。」山家醉眼渾濛，但腦筋清楚，「恢復情人關係不成，她就想求其次，希望成為父女，除了稱多田為爸爸外，也把他寫給她的信到處招搖、宣傳。」

「多田豈不又氣又好笑。」

「或許會，或許不會，畢竟他不是最兇悍的將官。如果是我，妳看，她把我的家當搬光光，我真是又氣又好笑，不會對她怎樣。」

這個小聚餐，香蘭大飽口耳之福，大大填滿了她對哥哥川島芳子的認知。再來，回到家翻開地圖一看，原來山家公館所在的南池子大街南段，和蘇州胡同家宅可謂近在咫尺，家門前胡同一端的高牆過去竟是以前常去的太廟。

1940

7. 乍見川島 貴華回訪

禮拜天快到了，香蘭很想帶弟妹，甚至全家一起去踏青。對家人來說，除了父親外，她也算是老北京了。帶大家出去玩，實在是義不容辭。但要一家人全部出遊，至少要一部八人座馬車，但這種大型馬車不好找，加上天冷，父母親傾向不去。討論的結果，大家最想去的是長城，父母親決定不去，也認為誠子太小，不宜出遊，最後裁定香蘭和弘毅帶著三位妹妹，一共五人前往。山口文雄：

「五人擠一部四人馬車還好，何況都是小女生，給他加一點錢也好。在南池子的東長安街叫車就可以。」

「禮拜天剛好是聖誕節，會不會比較難叫車。」悅子。

「沒差。中國人不太過聖誕節，那天跟一般假日沒兩樣。」

父親山口文雄一槌定音，子女期待的長城之旅就此懸在日曆裡，等著大家履行。其實悅子和香蘭還有一項行程也是經大家商議後敲定的。悅子看了報紙影劇版廣告，一直很想到東安門大街的真光戲院欣賞美國好萊塢電影：茱蒂嘉蘭演的《綠野仙蹤》。悅子直覺這部電影講述奇幻冒險的故事，香蘭想請諸弟妹去看，弘毅認為這部電影是給女孩和小孩看的，興趣缺缺，清子、玲子和最小的誠子習慣看東方人演的電影，最後只好由香蘭陪大妹悅子利用週末前往觀賞。

好友溫貴華在真光戲院看過電影和表演，香蘭早在學生時代就知道這家設備新穎的電影院，這一兩年經過滿映的洗禮，對真光戲院又有深一層的認識。她知道日本侵華致真光背後的母體－聯華影業解體，如今這個真光由誰經營，誰也說不準。長城遊的前一天下午，她帶著幾分好奇，陪大妹悅子坐人力車前往這家戲院。

這座歐風巴洛克式的戲院在傳統街屋中鶴立雞群，看起來很像一個貓首，拱形的正面很像貓的前額，香蘭抬頭望了一下，感覺矗立拱形屋頂上的左右兩座小塔樓很像豎起的貓耳。買了票進去後，香蘭並未入座，帶著悅子在主廳兩旁的書室流覽了一下再直攻三樓，頂著嚴寒，在這兒植滿常綠花草和樹木盆栽的空中花園逗留了一下才下樓就座。

電影就要開演了，觀眾席差不多已坐滿，兩名士兵領著一位長袍馬褂，肩上站著一隻猴子的男子徐步進來，頗引人側目。男子落座位子寬敞的包廂後，士兵退後幾步舉手敬禮，男子轉頭回禮時，香蘭防衛性地向後仰。那不就是川島芳子嗎！高三下到天津被她帶著鬼混，結果被義父潘毓桂斥責，現在她又被山家斥為麻煩製造者，一年半沒見面，隨著她乖戾的言行在山家口裡說出，香蘭霎時和她的距離拉得老遠，從山家那兒聽來，她求學時期比較單純的影像也被香蘭收納為古遠的傳說。

士兵才退下，川島坐著環視周遭，似乎告訴觀眾「我來了」，香蘭趕緊用節目單遮臉，悅子跟著做，小聲說：

「她誰啊？」

香蘭沒有回答，用食指貼唇。燈光熄了，香蘭鬆了口氣，反白的數字在銀幕倒數了兩秒，東京車站大廳擠滿低頭鞠躬的日本官員，一身戎裝，胸前掛滿勳章，手握佩刀的溥儀，踩著歡迎樂，走出車站閘口，大步走向車站大廳另一端的裕仁……。久違的新聞畫面，香蘭看來還滿新鮮的。新聞片播完，一頭雄獅現身銀幕，獅吼三聲電影開始了。

銀幕上，堪薩斯地方一個純樸的農莊，女主角桃樂絲外出遇龍捲風跑回家，但來不及跟家人躲進地窟，結果連人帶家被風旋捲進了矮人國，意外壓死了邪惡的東方巫婆。香蘭覺得龍捲風的場面很逼真，人屋被捲飛後滿是超現實的風味，落地後全然進入童話世界。

東方巫婆滅失後，獲得解放的矮人大肆慶祝：穿戴北歐服飾的人群在儀隊的帶領下，簇擁著女主角在遊行中群舞歡唱，一副嘉年華的盛況。兩姊妹觀賞時感官還算飽滿。

故事的轉折是，女主角想回堪薩斯，美麗的北方女巫幫她取得死亡巫婆的紅鞋，勉勵她先到奧茲國，在偉大巫師的協助下返鄉。在紅鞋的開路下，桃樂絲踏上了黃磚路，雖然東方女巫之妹，西方女巫一路尋仇，但桃樂絲在紅鞋的加持下邊走邊唱，先後遇到了稻草人、錫皮人和獅子人。

整部影片，一路有跳有唱，香蘭本來期待女主角大展歌喉，但桃樂絲有了伴後，也只是和一人或兩三人，一路上邊跳邊唱：「I could while away the hours .Conferring with the flowers .Consulting with the rain……When a man's an empty kettle He should be on his mettle And yet I'm torn apart……Yeh, it's sad, believe me, Missy When you're born to be a sissy Without the vim and verve……」

故事走入小徑，畫面簡單，有點公式化重複，而幾個人的歌唱也只是小音域的念唱，香蘭自然覺得不夠味。

銀幕出現了亮麗驚聳的奧茲城，大家眼睛稍微一亮，突然銀幕變白，放映廳的電燈也全然亮開。香蘭和悅子楞住了，隨即想到中場休息時間到了，於是讓身體往下滑。

「這是什麼電影，太無聊了！」

川島尖銳的叫聲傳了過來，香蘭稍稍探頭，川島肩上的猴子驚跳著轉了一下，剛才引導她入座的士兵走了進來，隨後川島便在兩名士兵的前導下大搖大擺地走了出去。

川島離去造成的餘波還在香蘭心裡蕩漾，電影繼續放映，接下來的情節有些起伏，接續在香蘭心裡波流浪湧。正邪兩位女巫相互鬥法，但緊張感全然被童話的氛圍消融。待女孩在紅鞋的幫助下回到溫暖的家，故事結束，香蘭兩姊妹也就離座，有些意猶未盡地回家了。

帶著弟妹遊長城，是她回來後十分盡興的一天。她還在翊教求學時，中日兩軍曾在長城進行激烈的搏鬥，所以到處都有日軍加建的要塞，自然禁止遊覽。此時，日軍全然領有華北一帶的長城，但開放遊覽的路段不長，離北京最近的八達嶺段，比照國民政府時代，獲准開放，但中國遊客也不多。香蘭要求弟妹少講話，多用手勢，或說些簡單的中國話。香蘭一邊遊城，一邊留意在地遊客的言行。有些遊客發現城磚上的彈痕，提到長城戰役，但同伴淡然接腔，似乎還懾於現況的壓力。現實的干擾少，弟妹自然盡情在這座古建築帶來的歷史氛圍中奔跑、嬉戲，用體熱禦寒。

遊罷長城，新年也到了，母親開始製做傳統的「御節料理」，栗泥、紅白魚板、黑豆、牛肉卷、柿子卷、海帶卷……裝在精美漆器木盒裡，還真是琳琅滿目。其中最特別的還是麵皮炸年糕。雖然中國農曆年還有一個月，王府井大街的有些年貨店已開始販售中國年糕，似乎要賣給日本人，父親文雄採買時看到買了下來，正好給新年食品添加異味。

弟妹既然白天都上學，晚上外出也不便，她也只能找事情做。過年後她去使館區拜會以前的音樂老師貝德洛夫夫人，也前往潘家探望兩姊妹。去潘府前，她先掛電話，大姊月華如願在北大農學院就讀，英華還是女子師院，兩姊妹很快敲定會面時間，一位沒課，一位蹺課，專程在家等候香蘭的到來。潘府內，東娘還是總管一切，潘爺不在，因為常到附近佛寺掛單，似在求取心安。兩姊妹都看過香蘭的電影，不再稱呼她潘淑華，只道這個名字已成過去式。在重聚的歡樂時光裡，英華提了兩次父親的動向，但香蘭恍然無所回應。兩姊妹不免覺得父親的蠢行早已瀰漫空中，而滲入一般人的心思中。她們由是感知李香蘭雖然維持一貫的謙和，但自成一個格局，隨著時空的隔離，要再見到她，恐怕會更難。

第二天晚上，山家來訪也談到了這個問題。山家從家裡過一座小橋就到山口的家，常幫文雄打發晚上時光。兩位好友談論甚多，雖然一直避開戰爭和政治，最後還是談到了潘毓桂犯下的天條。

「這一點潘爺跟我談過，他說，坊間認為他洩露 29 軍軍情給日軍，他承認。當時他的想法是：反正日本軍隊早晚會佔領北京，向日軍建議先從作戰力最弱的南苑學生營下手，主要是希望日軍趕快突破城防，讓戰事提早結束。」

「結果沒想到學生軍的抵抗最激烈。中國有一句話，人算不如天算。」

山家說完，在短暫的沉默裡，香蘭心繫貴華情誼的維護。好不容易把友誼找回來了，不及時澆灌，基礎不穩，很容易枯萎。和她打過兩通電話，約她禮拜天到家作客時，她心裡有些顫抖，沒想到她竟然同意了。讓貴華從極端閉鎖狀態突然投入敏感的日本家庭，香蘭有點不敢相信，直到貴華真的出現，她終於相信事情隨時都有可能變化。

山口一家的華語教育，香蘭得天獨厚，教完香蘭，文雄感到時局日益惡化，傳承的心意一直低落，致其他小孩，簡單的會說能聽，深一點的就束手了。中國的客人要來，母親要求他們儘量說華語，他們都點頭允諾。

雪花飄落的禮拜天 11 點不到，貴華提著一盒豌豆黃來訪，門鈴一響，較大的弟妹弘毅和悅子也都跟著母親前往大門迎接。然後簇擁著貴華沿著緣廊進入客廳。

廚房早已開始熱灶，暖氣已然流通，貴華脫掉鴨絨連帽大衣後，整個人清新了許多，和文雄打招呼時，弘毅和悅子想向她表達歡迎之意，但不知如何開口。貴華發覺兩兄妹望向她，正想開口時，香蘭：

「這是我弟弟和最大的妹妹。」

「你好，你們好。」貴華。

兩兄妹回以同樣的招呼，臉紅了起來。山口愛端著茶盤進來，奉過茶後用簡單的華語和貴華聊些住那兒、父母親好嗎、會不會冷一類的基本話題。客廳不大，兩兄妹侍立在旁，接過母親遞過來的空茶盤後直接退下。文雄知道多問貴華很快就會碰到敏感的話題，一直沒怎麼開口，他等著貴華詢問，以自己為戰場，把自己剖析開來，或許會讓客人自在些。

「溫同學，很抱歉，我們國家對貴國所做的事，實在很對不起。」

文雄坐著說完對溫貴華深深一鞠躬，山口愛母女倆都嚇了一跳。

「爸爸研究中國文學。」香蘭看著一臉尷尬的貴華，「他在很多方面比中國人還中國。」

「是的，上次妳說過。真的至少令尊講的國語實在很標準。」

貴華爽利地說著，香蘭思緒也澄明了許多：

「爸爸！你說你 16 歲就來中國，然後整個過程我們小孩的了解也都很片面，時常連貫不起來。你有沒有把來中國的整個過程寫成一篇文章。」

「片段的是有一些。」文雄看著兩位女生渴望的眼神，「日本喜歡漢文的人很多，有大學教授，也有民間人士。江戶時代長期鎖國，影響所及，很多漢學家不十分懂漢文，他們用訓讀的方式把中國的古籍稍加標示，就能像日文一樣閱讀，當然讀的音還是日文的音。用這種方式，不懂中文照樣作漢詩。另一方面，日本有一位家喻戶曉的詩人松尾芭蕉，要研究他就必須有深厚的漢文修養。以此推之，即使不想研究漢學，想理解日本文化，也必須學漢文。我講這一些，有兩重意思：漢文很重要，既然很重要，就不必只滿足於訓讀的閱讀方式，用中文的發音讀漢文不就更直接了當了嗎？我父親，也就是淑子的祖父，生長的年代日本已經有大學，他不像有些人這麼幸運有機會就讀大學，學漢文的條件也比別人差。他 40 出頭，一種念頭在他腦中興起，決定全家移民中國東北，就是現在的滿洲。他自覺年歲不小，再努力成就還是有限，希望十六七歲的我在學校好好學中文，直接用中文讀中國典籍。……」

文雄的話匣子一開，滔滔不絕，彌補了香蘭對祖父和父親當年流失的記憶，貴華也像聽故事一般，全身沉湎在做客的輕鬆中。山口文雄講到在北京同學會讀書時，認識了許多中國朋友，他刻意不提潘毓桂和李際春。他的告白告一段落，貴華：

「伯父，您剛剛說，讀書做學問要積極，不要像孔子說的述而不作。您應該寫了不少作品。」

「妳等一下。」

文雄說著起身，離開客廳後轉進自己的房間。貴華和香蘭相視而笑，一時不知該說什麼。

「待會一起用餐！」

香蘭剛說完，文雄已經抬著一只紙箱進來了。

「這是我寫的，有的已經有二三十年了。」

文雄說著取出兩疊稿件分別給女兒和貴華。

「爸爸，我不知道你寫了這麼多。」

「這箱子裡的只是一部份。妳上了中學以後長年不在家，每次回來停留沒幾天就匆匆走了。再說寫的多，發表的少，發表的興奮很快便被時局的不安淹沒，所以很少向妳提起。」

香蘭有些自責，也有些同情地繼續翻閱父親的手稿。文雄繼續說：

「寫文章有兩種力量在拉拔，寫出來固然想發表，但有時不得意，也要懂得藏拙，沒人鼓勵，稿子就一直壓在箱底。」

「剛剛貴華提到，然後你就拿出來了。」

文雄頷首表示同意。貴華翻閱了一下，發覺中文書寫的居多，當然也有日文的稿件：

「我現在閒在家裡，或許應該學習寫作，虛擲光陰這麼多年，想起來真懊惱。」

「我這裡有剪報，是發表過的。」

文雄說著從紙箱取出兩本貼有自己作品剪報的雜誌給兩位女生。兩位女生樂得放下手寫稿，開始翻閱「剪貼簿」。香蘭看到了幾首發表在報紙的中日文詩，署名「香蘭」，她稍感吃驚，旋即想到六年前拜李將軍為義父時，父親提過「香蘭」是他的俳號，那段時日好像也看過父親拿過刊有他短詩的雜誌給她看。接著貴華也看到了：

「淑華！妳寫的嗎？」

「那是爸爸的筆名，我的藝名，算是爸爸給了一半。」

事實上，是李際春將軍自作主張。文雄想：當時李將軍並沒有告知一聲，結果出奇地好，有如神助。

香蘭發覺父親寫的中文或日文散文、雜記多以「文雄」發表，文章不多，筆名分散，未能定於一尊，有礙名氣的凝聚。名氣？香蘭腦裡靈光乍現。父親行事決不會陷入這種牢籠。在文章爭鳴的萬花筒裡，父親只是隨遇而安，把自己的心血留給子孫，呈現自己努力過的痕跡而已。

「『楊貴妃遠渡東瀛？千古傳說探秘！』《明明》雜誌。」

貴華念著文章標題叫了起來，香蘭趕緊把視線移了過去：

「東瀛就是指日本，爸爸！唐朝楊貴妃沒有被皇帝賜死，到日本去了？」

「是有這種傳說，中國、日本都在流傳。她被賜死當然是傳統的說法。另一種傳言是：她並沒有在馬嵬坡上吊，她的侍女替她死，最後在日本遣唐使的護送下搭日本使節團的船隻到日本。到了日本後也有好幾個版本，最豪華的版本是獲得孝謙天皇的熱誠接待。後來，楊貴妃幫助天皇瓦解了一場宮廷政變，從此在日本聲名大震，博得日本人，尤其是日本婦女的好感。比較悲慘的版本是漂流到山口縣上岸不久就病發，客死他鄉，所以山口縣有貴妃墓……」

「爸爸！我們姓山口，會不會我們的祖先跟她有關係。」

「日本人以地名為姓是很普遍的現象。我們故鄉佐賀和山口縣只是一水之隔，我們祖先有可能從山口遷來，當然，如果楊貴妃真的到過山口縣，我們祖先可能也沾到一點邊。」

貴華和香蘭都沒想到一場對談會落入歷史的迷情裡頭。隨後用餐時間到，貴華又得面對整個日本家庭。在餐廳，一家八口和一位客人圍著圓桌，氣勢不俗。

「我家食口甚繁。」

香蘭說著，貴華向每個人微笑點頭。不大不小的弟妹都有些拘謹，最小的誠子一直盯著貴華看，突然爬下椅子走到貴華面前，手搖波浪鼓，用日語說：

「父親買給我玩的。」

貴華聽不太懂，香蘭擔心她會壞事，貴華放下筷子和她玩了一下波浪鼓，然後把她抱了起來。誠子不習慣陌生人抱，掙脫後回到自己的座位。貴華：

「聽說你們都會說中文。」

「會一點。」

「沒姊姊厲害。」

弟妹這樣說著，不再這麼拘謹。

用完餐，香蘭拉貴華到自己的房間，由於沒有暖氣，兩女乾脆都躺在床上裹著同一條棉被休息。

「妳上次留下的兩張唱盤是送給我的。」

「對。來不及跟妳說。」

「都非常好聽。〈思慕著倩影〉好像是一連串無奈的訴求，但不變的是妳柔美的歌聲。」

「作詞者本來是想利用這首歌來表現中國胡琴的美妙。歌詞中的胡弓就是指胡琴。但在錄製的時候，唱盤公司還是用它的小樂團，以小提琴為主伴奏，十分可惜。」

「另一首〈滿洲姑娘〉妳用國語唱，而且聲音稚嫩，更是好聽。」

「那時剛剛進入滿映，也就是剛剛踏入社會，聲音比較不成熟。」

「那聲音才好。歌詞典雅中帶有童趣，正好用來表現童心未泯，又期待又害羞的待嫁女兒心。」貴華想了一下，「16 歲出嫁太早了。不曉得東北的婚俗真是這樣？」

「東北太冷了。結了婚，同衾共枕就比較溫暖，至少是這樣。」香蘭收斂笑容，一本正經，「我的事、我的身家，令尊都知曉了。」

「都知道了。妳不在的時候，妳的事就很好說。媽媽一開始滿驚訝的，爸爸就比較從容，一直很冷靜地聽我講，直說，感覺上和中國一般知識家庭沒什麼兩樣，最後甚至擔心妳們一家。他認為，經過一番波折，妳們家暫時安定了，但政治和軍事常有變動，生活的動蕩很難避免。」

「真是難為妳了。想來妳一定是一點一滴地化解妳父母親的心結或疑惑。」

貴華很欣慰當時的情狀被好友說中了幾分，為了重新接納香蘭，她在說服父母親之際，還得化解自己體內湧動的伏流。目前兩人之間，充份的陽光照射，比什麼都迫切。貴華：

「日本人隨著國力移民中國，爸媽以前都想得很浪漫，就是說，生活想必很優渥，但如妳們家，還是有困頓，需要中國有力人士資助的時候，著實顛覆了他們的想法。」

8. 山梨去職 蘭粉歡聚

香蘭銷假上班，1940 年已過了好幾天。牧野和山梨不再提新電影《支那之夜》，不知道劇本寫得怎樣了，但顯然籌拍的步調變慢，意味著她待在滿映的日子會長一些。日常生活接觸的結果，她發現滿籍演員同仁日語能力都增進了不少，公司行事上，有時比較簡單的宣示就毋須通譯了，眾所矚目的甘粕領導風格也有了明顯的改變，他上任第一天的那種疾言厲色已然收斂，但多少還是隱藏在公司的運作當中。基於在巴黎學畫多年，對於藝術之都的尋常體驗，他不時在談話中強調演員是藝術家，更入鄉問俗地在中國農曆年前促成新京市政府為演出課的演員辦了一場年終聯歡大會，在豐樂路中央飯店席開 10 餘桌。出席的除了滿映演員外，就是滿映高層和市政府長官。滿映演員，尤其是女演員，看見這麼多長官，很自然地起身給長官斟酒，甘粕看見滿場女藝術家都好似陪酒小姐，按捺住性子，想給市長來個機會教育。晚宴過了泰半，甘粕：

「于市長，你有沒看到，我們的演員都變成陪酒小姐。」

新京市長于靜遠聞言有些納悶，只不過是倒酒，那裡是陪酒，而且給長官、長輩倒酒乃理所當然。但甘粕的反應，他不能不重視。甘粕繼續說：

「演員是藝術家，這場晚宴也是為他們召開的，對吧？」

「理事長說得對。我現在宣布演員別做倒酒服務。」

「這場就算了。這樣搞場面難看。」

于靜遠市長不久前和甘粕還是協和會同事，表面他的職務高了些，但甘粕位不高權大，連司令官都要看這位超級「大尉」的臉色，兩人雖然還是談笑風生，但于市長有了隨時受教的準備。

「聽說你們中國人的春宴有兩場，一場春節前，主要是送走過去的一年，一場在春節後，目的是迎接新的一年。不然市府就再辦一場吧。」

于靜遠聞言思緒頓住，只覺心煩。甘粕繼續說：

「只宴請女演員，規模可以小一點。」

于靜遠市長腦筋轉了一下，用新酒宴補過，給甘粕面子，還不壞。這個規模較小的酒宴自然如期在春節過後舉行。

此刻是新京最冷的時候，即使沒有風雪，冷冽的寒意依舊刺骨蝕心，和豪華的市長宴相比，山梨稔的離職最是讓人黯然銷魂。

公司傳出計畫撤消總務部，成立企劃委員會，總管公司的企劃案和研究營運方針。此外，開發課升格為部，經理課也升格為部，原屬總務部的總務課歸經理部。山梨稔再次成為人事地震的震央，他這個「參與」無處容身，毅然決然辭去現職，爭取返回東京東寶公司。滿映創社元老，也是山梨好友：專務理事林顯藏、理事根岸寬一、牧野滿男部長、香蘭、鈴木司機和其他四位比較要好的同仁都到一家韓式熱炒店替他踐行。

「甘粕這樣不講情面，任意擴張權力，想撤銷就撤銷，用意是表示權力在他手上，把課升為部，我看沒多大意義，一般猜想是：課長升次長，部長懸缺。總務部被裁撤最為詭譎，部長已經被他降為顧問，接下來會怎樣安排，以他的作風，降為課長都有可能。企畫委員會的長官給山梨嗎？我看不太可能。」

一向少話的林顯藏說著時，山梨心有戚戚焉。如果兩位課長升為次長，他再次被降為課長，將情何以堪。

「專務講得沒錯，看來他會不時來一個大調整，比起他發脾氣更可怕。」根岸望向香蘭，「不過他對演員不錯。還一直強調妳們是藝術家。」

「這只是他的表面功夫。」

林專務說著，香蘭頗有同感。她瞬了專務一眼，在她待在公司的有限日子裡，林顯藏身為最高領導人，在她心中一直存有一分神秘，甘粕來了後，他開始跌落人間，好像吃了一點土，神色也苦澀了起來。香蘭：

「我們要演出什麼，由導演或編劇來安排就好。我們也很怕他過度關心，指定誰來演或誰不能演。」

第一道菜紅燒雞和一瓶燒酒來了，牧野舉杯示意大家一起來：

「大家敬山梨兄，山梨兄！別難過，大家都會很想你。」

「感謝大家一路來的支持。」

山梨說完放下酒杯，林顯藏專務：

「山梨兄，我以行動支持你。我的辭職書也寫好了，明天就丟出去。」

在座八九人神經抽搐了一下，不過想到林專務所處的尷尬處境，都不覺得很意外。牧野看向林顯藏：

「他有在趕你？還是暗示要你走？」

「我在那個職務對他來說，當然有如芒刺在背，比如，滿映拍的電影送到國務院新聞處審查是我建立的制度，現在他要廢止，我在那兒，他看了一定覺得很礙眼。開了幾次會，他提出了不少新構想，弦外之音不就是：當年你身為代理事長為什麼想不到？」

「他今天不是約見你了嗎？」根岸。

「我跟他說打算回老東家滿鐵。但是他想把我調到上海。」

「調到上海？」

「在上海管理十幾家我任內買進來的電影院，職稱是理事。」

「雖然是降級了，但還好。」

根岸說著，林顯藏心裡還在盤算，回滿鐵，固然可以一吐悶氣，但也要對方願意安排，而他願意屈就。至於發配上海，職稱尚可，且天高皇帝遠，那兒自有新天地。

「既然有異動的機會，遠離魔鬼，何嚐不是美事。」牧野兩手攤開，快樂迅速傳遞開來，「但先不要急著辭職，他如果真把你調到上海，就順著他，趁這個機會多了解上海的電影界。」

「我剛剛想了一下，如果調到上海，我可以接受。不管怎樣，我是非離開新京的滿映不可。」

不管林顯藏會不會遞出辭職書，大家都認為他是走定了，於是送別一人變兩人，在持續發威的酷寒中，大大小小的酒宴都形成一股暖流。甘粕成功敦促市政府給演員辦了兩次酒宴，把演員是藝術家的概念透過媒體教育大眾，破除他們演員被軍政操弄的想法。一般日籍員工雖然都沒吃到，但聽在耳裡還是十分歡喜。滿映的文化越柔軟，他們的日子也就越好過。

在甘粕的主導下，滿映的改組順利進行，最後連配給部下面的開發課也升格為部。華麗的升官圖一時掛在每個人的嘴裡，懸在他們的心裡。如此大刀闊斧地放手幹，較之前所在的警察署、協和會，甘粕開始有了建構自己王國的想頭，龍心大悅之餘，市府宴過滿映女演員沒幾天，自掏腰包在大和飯店宴請所有員工。

大和宴這一天，也如許多日籍員工期望的，滿映變得軟一些。員工進入大和飯店，在宴會廳門口看見原本一臉嚴肅的甘粕笑嘻嘻地為女員工和演員脫皮大衣或外套，實在忙不過來。甘粕百忙之中回望站在他身後預備引導所屬或其他單位員工到座位的部課長：

「你們發什麼呆？還不快給女士脫外套。」

那些長官把員工帶到座位後又把其他主管叫出來，加入助脫女士大衣的服務行列，弄得大家手腳凌亂，為了爭脫女士大衣，有人還差一點摔倒。

接連兩次被市府的酒宴忽略的日籍員工，這次全然入席。甘粕毫不諱言地表示，滿籍員工福利差，所以他敦請市政府用酒宴給他們打氣；這次他自己來，而且規模比下市府，說得自己顏面有光。雖然多數同仁懷疑公司和他個人財務分不清。但他話語兩面玲瓏，日滿員工都覺得中聽。這次晚宴既然這麼盛大，所以也邀請了宮內和國務院的一些長官參加，香蘭被安排在主桌，她知道甘粕一定知曉她和山梨的淵源，甘粕會不會因此另有看法，她感到好奇，畢竟上次會面，聊的都是一些場面、客氣話，她只希望理事長對她不好不壞就好。站在門口迎賓的甘粕終於進場入座和賓客寒暄。

甘粕離座後登上前方的舞台，講了幾句場面話，然後邀請蒞會的長官上台勉勵員工，香蘭這才知道坐在甘粕右邊濃眉禿頭，但著西裝的大叔是皇宮大內總管吉岡安直少將，坐在甘粕左邊，頭髮呈 M 型禿的是滿洲國務院弘報處處長武藤富男。

甘粕陪著上級長官回座後，首先向大家舉杯致意，然後向兩位上級介紹在座的理事和各部部長：

「最後我特別介紹我們滿映的光榮李香蘭小姐。」

香蘭只好站起來向大家鞠躬，聆聽甘粕對她演出和表演過往的敘述。甘粕講到「滿洲資源博覽會」和「大東亞建設博覽會」時還特地瞄了一下桌上的小抄：

「歌唱得特別好，是滿洲第一，演戲就不用說了，跨馬飛奔，更是男子自嘆不如。」

香蘭好不容易坐了下來接受大家敬酒。吉岡少將：

「雖然是滿洲姑娘，但完全體現日滿合一的精神，在日本唱歌、表演，精神令人動容。帝國政府給軍人打氣，各地都成立了後援會，我們現在也給李小姐打氣，成立李香蘭後援會如何？」

在座長官都表示讚同，一開始吉岡和武藤富男一些人也都在討論後援會的成員、組成方式，但很快地，這種討論被各式各樣的話頭淹沒了。

中國元宵過後幾天的一天早上，冬陽普照，六座攝影棚輪空，課程變得很少的研修班臨時安排了一堂攝影棚觀訪課程，演出課沒有在外拍戲的演員按表操課，在兩位工程師和通譯周曉波的帶領下全部前往參觀，香蘭一人孤零零地待在辦公室一隅，等待招喚。

香蘭看見有人在門口旁邊的期刊架走動，起心動念走了過去，挑了一本最近出版的《電影旬刊》。她在座位上把旬刊隨意翻了一下，「岩崎昶」三個字從眼角閃過，再隨意翻了兩下，看不見那三個字，藉由目錄，翻開〈從岩崎昶的再入獄談治安維持法的適法性〉這篇文章。她跳開拗澀難讀的法律條文，直擊岩崎昶的近況，知道他上個月又犯錯被關進看守所。去年九月，《白蘭之歌》開拍記者會和他初見面時，他才出獄不久，那知出來幾個月又再度回籠，比山梨稔還慘。她在腦中檢視公司的長官，應該沒有多少人認識他。雖然不久前，聽山梨稔說過，根岸理事很關心他，但兩人相互間好像不怎麼認識，純粹屬於透過媒體認知的相惜之情。香蘭想著，心頭的苦悶只好往肚裡吞。

每次理事長召見都由牧野陪同前往，這次也不例外。兩人進入理事長室，甘粕理事長和被甘粕升為首席理事的根岸寬一也在座。甘粕把兩紙文件分別給香蘭和牧野。香蘭看了一下裡頭的標題「滿映李香蘭後援會名單初擬」和裡頭的名字，吉岡安直，不久前酒宴見過，星野直樹，官威顯赫，當然聽過，岸信介，初見甘粕時，聽他提過。牧野：

「這位岸信介不是回東京內閣當官了嗎？」

「你別急，聽我講。」甘粕低頭看著名單再抬起頭，「岸信介目前擔任近衛文麿內閣的工商次長，這幾天被派到新京開會，我們要在他趕回東京前辦一次餐會。他拜三回東京，我們三月四日拜一辦剛剛好。日本橋通那家菊屋料理，我去過，原則訂這一家，牧野部長，待會離開後就幫忙敲定。要有隔間，有麥克風可以唱歌，重要的是不要選在榻榻米房間，這麼多大男人，一個女孩子跪在榻榻米上移動兩步，不就變成藝伎了。」

甘粕說著，製作部兩位前後任部長笑了起來，香蘭只得尷尬地低頭悶笑。根岸：

「這真是老天敲定的名單，才六七人的名單，滿洲軍政界的五虎將就有三位在裡面了。」

「說到這兒要稍微解釋一下，你們可能多少已經知道，滿洲國務院有總理大臣和八大部，實際權力核心是總務廳，你說這五虎將裡頭的三位，總務廳次官岸信介已經被召回東京，我剛說過。總務廳長官星野直樹更是滿洲國務院一把手，中國人總理和各部長都聽他的。」甘粕知道根岸和牧野都已了解滿洲政治的箇中三昧，他只是想讓香蘭增長一點見識。「再來這位鋼鐵王子，實業大王鮎川義介，現在是滿州重工業開發總裁。他是應關東軍請求來滿洲發展工業，他在國內的日產集團，汽車、採礦、化學工業、保險，什麼都做。名單裡面都有他們的簡介，李香蘭小姐，要像背台詞一樣背起來。」

甘粕說著大家笑了起來，香蘭唇角勉強擠出一點笑紋。她想了想，後援會成員既然都是滿洲政經界的日籍頭頭，一定都知道她的身分，那天餐會，她可以坦然處之，不用在國籍上遮遮掩掩，也少些煩惱。牧野：

「這位古海忠之也是總務廳的，還是次官。」

「所以我說，總務廳出了三位，代表性就夠了。大家可能都會問，怎麼後援會都是政軍工商界頭頭。這位古海忠之還是我的小老弟，以前他和我在協和會，相互有革命感情，我知道他們總務廳要召開工商巨頭午餐會，於是要求他安排一個李香蘭時間，放映她的電影，播她的歌。會後公開招募後援會會員，岸信介剛好在，也獲邀參加。」甘粕氣定神閒看著三位下屬，「事實上，後援會是吉岡安直少將最先提出的構想，那一天，我問古海忠之，給吉岡當發起人如何？他也同意了。後援會成員都是巨頭緣由在此。高碕達之助，這位罐頭大王，現在擔任鮎川義介的副手，他也欣然參加。當然還有很多人興致不高，那就不用再提了。」

「先重質，只求重量級人士，不求人數多。」

「根岸理事所言極是，所以我也先暫時不參加。」甘粕看了一下錶，「才 11 點，牧野你下去後趕快確定餐廳，然後通知我，我希望下午請帖做好，直接派人送去給當事人，還有餐會當天，根岸你不用去，我和牧野去就可以了，他們都是重量級人物，我們去太多人不好看。我就當李香蘭的家長，去當東道主，牧野開車載李香蘭去，就像她的保護者一樣。」

想到要當李香蘭後會的成員，必須是巨頭級的人物，牧野倒是很樂意當她的侍從。後援會成員宴當天，牧野和香蘭提前一小時下班，隨後兩人直奔大和飯店，作一番梳洗、妝扮後，同車前往日本橋通的菊屋料理店。

牧野訂的志摩屋這個貴賓室裡頭，大圓桌上已擺好了盤筷，桌央也放著一盆迎賓花。過了十分鐘，甘粕和古海忠之也來了。每人大致坐定後，一名日籍女侍給每一人倒熱茶，遞上熱毛巾。做完這些服務把毛巾收走後，女侍還是回到房間門口，看著客人聊天，牧野知道料理店特別回應他的要求派這位小姐專門伺候這桌客人酒水。唯一的軍人吉岡安直來了，甘粕請他坐好後，吉岡：

「甘粕！今天各路英雄好漢來到這裡，我剛剛才想到，我們算是淵源最深的。」

「怎麼說？」

「原來我們還是士官學校的前後期同學。」

「你大我一屆，那時我好像聽過你。」

甘粕說完，吉岡開始談以前士校的總總，甘粕興趣缺缺。

「沒想到你當了大尉就當了逃兵。」

吉岡說著，甘粕想找別的話題時，岸信介和高碕達之助也來了。

吉岡身為李香蘭後援會發起人自然被推舉為會長。他推辭了一下，最後還是接受。他服侍慣了年輕的皇帝和皇后，感覺更年輕的李香蘭就像掌中玩物一樣輕巧可愛，看到年逾花甲，身經百戰的實業大王－滿洲重工業總裁鮎川義介來了，油然心生敬重的心情。他致詞讚美李香蘭在歌藝和演藝方面的成就，獻上祝詞，同時對在座的後援會成員致上謝詞：

「我看還是請鮎川總裁給大家勉勵幾句。」

鮎川笑著起身婉謝吉岡遞過來的麥克風：

「來這裡就是要輕鬆一下。我工廠裡頭有一位滿籍女員工，常聽她唱〈滿洲姑娘〉，用中文唱，很好聽。我們就請李香蘭小姐給我們帶來這首歌吧。」

「用日語還是？」

「那就用中文吧。」

第一道菜和威士忌酒端進來了，香蘭前年在東京帝蓄唱片公司灌錄唱片時就是唱這首歌，去年末拜訪溫貴華，還送了這張唱片，雖然有一段時間沒唱了，但歌詞大致記得，她趁著進菜的時刻在心中順了一下歌詞，才起身開嗓。

歌聲柔嫩美妙，沁入後援會成員的心底，但在政經界打滾多年的中壯年人不輕易把內心的感動流露神情外，或反映在肢體動作上。相較於這種嚴肅，侍立一旁的女侍身體隨著旋律搖擺，喜悅形於色，香蘭看著她搖動雙手唱了一兩段，再回望政商界的大老。大老開始打拍子，好像鋼鐵正要熔化一般，神情也柔和了起來。一曲終了，香蘭接著唱最近常唱的〈那顆可愛的星星〉，她在桌前小空間來回小漫步，輕快的曲風拂過政商大老的臉顏，他們嚴峻慣的神態、身影軟化了不少。

香蘭唱畢，掌聲響起。個頭高瘦，戴著眼鏡的滿洲重工業開發副總裁高碕達之助向大家舉杯：

「小弟活了 56 歲，現在才聽到李香蘭小姐唱歌，也才知道什麼叫做歌曲。以前都唱些硬梆梆的軍歌。」

「那就唱一首吧。」舉座異口同聲，古海忠之補了一句，「唱一首有重工業風味的歌吧。」

「唱出來發洩一下。」

日本工商次長岸信介說完，大家拱高碕唱歌的力道更強了。餐廳已是高朋滿座，外頭喧聲不斷灌進來，高碕離座走向麥克風架：

「想起來也有 30 多年了，日俄戰爭過後，大家不滿政府沒有向俄國索取戰爭賠償，爭相走上街頭，不久陸軍推出了〈砲兵之歌〉[1]，針對性很強……」

高碕歌聲渾厚，唱出了軍歌的氣勢，彷彿也重現了當年他在日比谷燒打暴動[2]時，領先衝進半藏門派出所的氣勢。歌畢回座，掌聲方歇。高碕：

「年輕時很能體會軍人打仗的辛苦，所以一直研究罐頭製作，方便軍人攜帶進食。今天忝為企業家之列，也算是軍人賞賜我的。」

高碕的話普獲回響，宴飲的氣氛更好。接著古海忠之唱了輕快，也很陽光的〈越過山丘〉，很符和他年輕的形象。有喝有吃，又有歌可聽，氣氛越來越好。眼大唇厚的岸信介唱完滿是淡淡愁緒的〈馬戲團之歌〉後，禿頭瘦小的吉岡少將也被拱著高歌，最後他以招牌歌〈既是男兒〉順利過關。滿洲國務院總務長官星野直樹的〈旅程的夜風〉歌聲正夯時，侍者端進新菜。甘粕：

「大家請注意。這道『燒烤河豚』是我們的大總裁鮎川特別指定的，兩天前就訂好了。他訂這道菜有特別人道和愛國的意義。」

酒水小姐不斷給每一人酌酒或加水，在座政商人士大都明瞭甘粕的話中話，也都知曉鮎川想說什麼，在酒精的助興下，很想看見鮎川總裁的話對香蘭造成的戲劇性效果。鮎川：

「大家都記得日俄戰爭期間，猶太人給我們的援助，現在他們在歐洲有難……」

鮎川鄰座的星野起身請鮎川離座。鮎川於是走到麥克風架那兒：

「現在德國開始清除國內和佔領國的猶太人，我們和猶太人之間沒有矛盾，我於是向政府提出一個『河豚計畫』，就是由滿洲國收容猶太人，讓他們變成生產力量，每收容三萬人就向美國或英國求取一億元安置費。美國的猶太人最有錢，相信會很願意花一點小錢解救自己的同胞，我們也可藉以改善國內經濟，同時改善和美國的關係；德國也可以省下不少押送、監管的交通、人事費用。目前內閣五大臣對這個計畫已有了共識，內閣通過是遲早的事，只等國外的配合落實。……」

「這味兒真有點像雞肉，又有點兒像牛蛙，把猶太人比喻成河豚，大概只有大老闆才想得出來。」

古海對岸信介講的話在喧聲的隙縫間闖進香蘭的耳裡，但河豚肉已經嚥入香蘭喉嚨。鮎川總裁軍政濃厚的談話，香蘭雖然覺得不對味，但透過古海的解說，她相信河豚這道菜是鮎川親點的，好讓他帶出向日本政府提出的計畫。她在細想鮎川話中的箇中三昧時，甘粕向鮎川請教擴大滿映營運的談話明顯地懸浮片刻。甘粕：

「拍電影要用到膠卷、錄歌用的唱盤，都是塑膠性的東西，生產這些物料看起來比製造機械還簡單，我很想在這方面進行研究改進。」

「這些都是屬於化學工程方面的事，我的滿洲重工也有幾位這方面的專家，我可以找出來，……」

甘粕理事長和鮎川總裁的對話，看在古海忠之眼裡，覺得有點乏味，於是開始鼓動甘粕唱歌，總務廳的星野和岸信介也在敲邊鼓，看到甘粕窘得面紅耳赤，牧野把嘴巴貼在香蘭耳邊：

「妳去幫他唱一首。」

「我來替理事長唱一首。」

香蘭說著站了起來。甘粕看向香蘭得意地笑開，「太好了！」舉座也有了新的期待。香蘭走到麥克風架前：

「我唱一首〈酒是淚水還是嘆息〉這首歌屬於男聲的範圍，我從沒正式唱過，唱出來獻給理事長剛剛好。」

「酒是淚水？還是嘆息？」

香蘭以低三度的聲音啟唱，鬱音緩緩流動，雖然是清唱，但甘粕、牧野和在座政商要員心裡自然響起吉他或三弦琴清脆的錚鏦。

「是舒解心裏鬱悶的良方。想著無緣的那個人，每晚魂牽夢縈，痛苦不堪。……」

歌聲持續低迴，伴隨著聽者心裡面的樂音，仿佛真的流淌出嘆息和淚水，難以言說的鬱愁完全替代酒宴的歡樂，歌聲中斷，香蘭心裡默默哼著間奏的旋律，接著唱出第二輪歌詞。歌畢掌聲響起，隨後又落回原先的憂愁裡。甘粕帶領大家向香蘭舉杯，回復酒宴氣氛：

「向各位報告，李香蘭小姐即將再次出任滿映和東寶合作電影的女主角，現在劇本已經寫的差不多了，男主角應該還是會請長谷川一夫擔綱。」

「什麼電影？」高碕達之助。

「主要以上海為背景，描寫中日兩國人民情緣的電影。」

甘粕說著右眼瞬向牧野。牧野：

「電影名稱確定是《支那之夜》。同名的歌曲由渡邊浜子唱，已經發片兩年多了。」

「哦！」

大家的反應都不太一樣。牧野眼明手快：

「渡邊這首歌，李小姐也會在電影中演唱，算是電影主題曲。這部電影的劇情也是這首歌的大幅度延伸。」

「〈支那之夜〉的唱盤賣得不錯，我在東京街頭不時聽到。不如我們就請李香蘭小姐唱一下吧。」

岸信介說完，香蘭隨著岸信的手勢站起，雙手撐著椅背。

「支那之夜，支那之夜。」香蘭看著大家的神情，稍稍離開椅子，「港灣的燈火在紫色夜裡搖曳。航行中的舢舨，好像夢中船。啊！啊！胡琴聲，難忘的中國之夜，夢的夜晚……」

香蘭的歌聲沒有透過麥克風，顯得更加細緻綿密，在每個人的耳膜邊鋪陳美麗的江邊夜色。唱罷，有點倦意的政商大老重拾精神，眼睛亮了起來。

「聲音細得連鋼鐵都可以穿透進去。上了年紀聽到這麼精緻的聲音真的可以養身醒腦。」

鮎川的話引發大笑，笑裡頭有些性的暗示，鮎川尷尬，香蘭也未免害臊。香蘭想到承受那些大老太多的關愛和祝福，但不擅長講恭維話，最後很笨拙地回敬：

「長輩努力打拚了一輩子，這種風範永遠是我們小輩學習的對象。」

「聽說長谷川不演了。我的意思是他不想再來滿洲了。」

古海忠之把話題轉開，香蘭鬆了一口氣。

「東寶那邊早就跟我反映過了。他們請製作部次長山梨稔前往拜訪，情況還算樂觀。長谷川說見過編劇和導演再說。」甘粕看著老友古海，「長谷川傳聞拒演主要是衝著我來，不滿我接掌滿映，還挖出我過去的紀錄。」

甘粕好像給自己臉上劃上一刀，也好像測試每一人對他的看法，這間不算太小的包廂霎時凍著了。

「說到長谷川，他幾年前臉部被砍傷，幾乎中斷演出生涯，對他來說是最大的衝擊，就像關東大震災對國內的衝擊，現在他不認同甘粕兄當理事長，就像國內後來發生的一般地震，衝擊波就很小了。」

星野直樹的論調吸住每一雙耳朵，甘粕不住地點頭，最後咧嘴擠出眼尾笑紋。鮎川瞬了甘粕的笑容，再望向星野：

「那你的意思是，長谷川會繼續演囉？」

「肯定是。本來怨氣就不大，看到山梨稔低姿態請求，早就氣消了。我這麼認為。」

星野的看法普獲認同，香蘭接受恭賀的同時還是想到山梨，想不到他黯然離開滿映，還是繼續為她的事操心。餐宴接近尾聲，甘粕宣稱以後聚會就由會長吉岡召集，自己就不便參加，古海請他加入會員，他含笑不語。

宴罷，香蘭向同席的政商大老一一致謝，看著古海坐上甘粕的座車，自己也進入牧野的座車。擺脫了這麼多大員，牧野鬆了一口氣。車子發動了，街燈、車影和行人不斷滑落車窗，牧野：

「李香蘭，恭喜妳了，《支那之夜》會是一部很棒的電影。」

「歌是很好聽，不曉得鋪陳成一個這麼大的故事，會不會失去歌曲含攝的詩意。」

「妳剛演完《白蘭之歌》，《支那之夜》的製片、導演和編劇就成形了。聽說小國英雄劇本寫了一點，特地前往上海、蘇州一帶考察，豐富書寫題材，一待就是兩個多月，最近回到日本，開始趕劇本。」

「他們都很認真呢。」

「軍方給的空間越來越小，電影界自然更加珍惜，希望在軍政的高壓下，仍然在藝術上有所展現。」

香蘭不知該說什麼，看著車子繞過南廣場，繼續前行。

註 1：這兒大家唱的歌，原名依次為：〈砲兵の歌〉、〈丘を越えて〉、〈サーカスの唄（馬戲團之歌）〉、〈男なら（既是男兒）〉、〈旅の夜風〉、〈酒は涙か 溜息か〉。

註 2：比谷燒打事件：1905 年 8 月，日俄戰爭末期，兩國政府開始媾和談判，其時日本國內米價上漲，稅收提高，軍國主義團體煽動民眾反對媾和，三萬東京市民集會日比谷公園，要求廢止和約，繼續對俄作戰。會後，狂熱的市民搗毀親政府的《國民新聞》報社，放火焚燒內務大臣官邸和許多派出所，導致東京戒嚴，政府出動軍隊鎮壓。

9. 赴滬盛會 交心富子

半個月後《支那之夜》劇組成形，導演伏水修、長谷川一夫一干劇組人員確定不來新京，香蘭在根岸的陪同下飛往東京，香蘭與劇組會合，根岸考察分社業務，順便探親。

劇組三月末開完會後，開始往上海移動。從東京直飛上海，航程太遠，一般都經由福岡轉機。導演伏水修和攝影三村明最早出發探路，長谷川和李香蘭約晚一個禮拜出發，先搭火車前往福岡。

兩人在福岡雁巢飛行場大廳接受影迷的歡送，隨後經過海關進入候機室等候，飛機終於要開了，香蘭和長谷川登上接駁車，混在一小群人當中，感覺有些孤寂。

上了美製道格拉斯客機，她和長谷川分別坐在走道兩側，談話還算方便。長谷川：

「肚子餓了吧？」

「還好。」

「待會空中小姐會供應中餐。」

「真的哦！記得以前搭過多次都沒有。我現在包包裡面還備有乾糧呢。」

客機急速在跑道奔馳，順利起飛後，從窗口往後眺望，九州美麗的海岸盡收眼底，但好景不常，客機突穿雲層後，就一直在厚厚的雲層上面，久久看不見風景，香蘭只好拉下窗戶。空中小姐快速送出中餐後，機身開始晃動，香蘭知道自己吃不了這許多，把部份餐食分給長谷川。

空中小姐在機身動蕩當中收好餐盤，機身稍稍平穩了下來。長谷川：

「按照這個劇本，妳一開始會很辛苦。」

「我知道，是個大家都討厭的角色。」

「不討喜是事實，但妳也可趁此機會展現妳的演技。」

兩人繼續聊了一陣，突然「咚」的一聲，接著再兩聲，機身像被砲擊一般，上下劇烈晃動。機身的頓挫，讓人魂飛魄散，隨著氣流起伏搖晃更是讓人暈眩欲吐。

空中小姐開始發放嘔吐袋，有人婉拒，香蘭拿了兩只，長谷川也拿了兩只，是為香蘭拿的。空中小姐見香蘭明顯不舒服，給了她兩顆暈機藥。長谷川：

「現在吃有用嗎？」

「長谷川先生！給她試試看。」

「妳知道我。」

空中小姐點點頭，長谷川想想覺得多此一問，乘客 20 幾人，名單早就在她手中了。空姐端來半杯水，讓香蘭服了藥。長谷川看著一直泰然自若，毫無懼色的空姐：

「東中國海這一帶氣流很不穩定。」

「四五月春天，這一帶低層噴流很旺盛，向上會妨礙飛機飛行，向下常造成雷雨。」

「看來妳都不害怕。」

「習慣了，就當自己是戰鬥機飛行員。」

這種對戰爭的無奈似乎在每位乘客體內搖蕩、顛簸，空姐為免擾到其他乘客，隨即回到自己的座位。

「嘔」了幾聲，香蘭吐了出來，驚動全機。空姐趕緊跑來協助善後，同時高跪走道給她捶背、輕揉。

「吐出來就好一點。」

待香蘭情況穩定下來，空姐始持香蘭嘔吐袋離開，隨後拿一條毛毯給香蘭裹身。空姐看著腕錶：

「還要飛將近兩小時，妳現在暫時空腹比較好，大約半小時後，再給妳一些點心果腹，讓肚子好過些。」

毛毯裹身似乎緩和了機艙對香蘭的搖晃，她吃過空姐拿來的小塊蛋糕後，飛機也平穩了些，倦意襲來，她還打了盹，度過了無憂的片刻。待飛機開始下降，震蕩、晃動隨之而來，但香蘭已無嘔吐感，用全身的恐懼對抗越來越激烈的搖晃。

客機巨大的機翼遮住泰半視線，香蘭憑窗往後看，魔都上海奉上壯盛的市容，分散她的不安。客機終於滑入大場鎮飛行場跑道。長谷川：

「妳還好吧。」

「要命的一趟飛行，總算過去了。」

出了海關，《支那之夜》演員藤原雞太和嵯峨善兵在候機室舉牌迎接。長谷川：

「我以為伏水修會來。」

「他目前在皇軍慰問大會現場。」藤原看向香蘭，「長大了，比較漂亮了」。

香蘭張開雙眼，原來是去年拍《東遊記》同戲的藤原雞太，想到了他以前做出的滑稽神情，不禁莞爾。長谷川：

「你們坐船反而比較快。」

「比你們早四天出發嘛。我們在船上又暈又吐地過了兩天時，你們在福岡玩得正起勁呢。」

「那裡敢玩，困在那兒罷了。我們最後抵達？」

「服部富子明天才到。」

一位年輕的大尉一直陪在旁邊淺笑。經藤原介紹後，得知他是日本上海軍陸戰隊報導部的辻久一。辻大尉開著一輛大型軍用轎車前來，把每個人和行李都納入車內。辻久一：

「我先送兩位遠到的大明星到亞士都飯店，房間已經訂好，你們把行李安置好後，我們同車同人直接到附近的敷島旅店參加慰問皇軍的歡櫻大會。」

坐在後座的香蘭右手托著倦容，果然如長谷川所說的，一點喘息的空間都沒有，已經四點十分了，依正常的做法，車抵飯店休息一下便是輕鬆的晚餐時刻。此時此刻，簡直是急行軍。車行像追風一樣，急著把逝去的時間趕回來。長谷川：

「我和李香蘭小姐晚上七點半在大東放送局有節目，敷島的行程能否暫時免一下。」

「在敷島只是當來賓，欣賞別人表演。」

坐在辻大尉旁邊的長谷川顯然不滿意這個回答，辻大尉繼續說：

「長官安排好的，我也要向上面交代，請兩位暫時牽就一下。」

長谷川無奈地垂下頭，李香蘭出道演戲以來第一次和日軍這麼貼近，不久前在《白蘭之歌》演滿洲女軍官，那也只是在滿洲國國軍支援下的場景。如今日本軍方赤裸裸地現身，支配著眼前的一切活動，給人觀感確實不好。

車子在黃埔江畔的亞士都飯店前停了下來，這個舊稱禮查飯店的亞士都目前由日人經營。因為在共同租界區日軍勢力範圍內的虹口區，投宿者多為日客。藤原雞太和嵯峨善兵幫兩位男女主角提行李，香蘭仰望這兒巴洛克式的五層雕欄畫棟的飯店正面，不禁目眩神迷起來。這家飯店比起最近住過的東京山王飯店、耳聞目睹過的東京帝國飯店確實壯麗許多。

兩位主角憑證在櫃台取得鑰匙，在同伴的陪同下搭電梯直驅四樓，放好行李鎖上門，這五人又下來同車奔赴敷島旅館。敷島旅館快到了，但鳥居前面的道路人山人海。都已經五點多了，還進去湊熱鬧，四位演員心裡滴咕著，一副臭臉。長谷川：

「要嘛我們下車直接走進去。」

「比我離開時又多了幾萬人。」辻久一把車子往前挪動了一些，「有人估計，這幾天最熱鬧的時候，旅居上海的日本人約有半數湧到這裡。」

「請說明確實一點。」

「就是四萬多人。」

人潮湧動的情況完全沒有緩解的跡象，辻久一最後決定棄車。五人挨緊身子一路擠進。日式庭園被踩踏得十分狼狽，香蘭有時踩在飛石上，有時又陷入礫石路內，有時被擠進路旁草皮。被樹木擋住的舞台終於現身，觀眾席前半段都是軍人，後半段開放給一般人坐。軍人席的的末端由憲兵守著，形成一道封索線，在辻久一的帶領下，四位演員順利脫離群眾進入封鎖線內。舞台上，三名身著和服的藝伎正用長袖遮臉，一板一眼地起舞，小樂團奏出、唱出的〈祇園小調〉幾乎被周遭的聲浪淹沒。四位演員在辻久一的引導下順利坐在前面的貴賓席，同時和兩名站起歡迎的佐級軍官握手致意，香蘭此刻也看到了導演伏水修、攝影三村明等一干劇組人員。大概是辻久一到台上通報，下個節目一演完，主持節目的軍人宣稱大名星長谷川和李香蘭來到現場，兩人只好起立向觀眾鞠躬致意。這還不打緊，主持人還要兩人上台亮相，香蘭無奈只好在長谷川講完後上台感謝「皇軍將士的厚愛」，矢言好好演出《支那之夜》回報大家的支持。

歡櫻大會的餘興節目 5 點 40 分結束，群眾散去的節奏很慢，這倒不打緊，《支那之夜》劇組人員和上海特別陸戰隊的軍官直驅敷島旅館的高等餐廳，一般軍士統統擠進大眾食堂，繼續尋歡作樂。

這個晚餐，雖然有藝伎和舞女的表演助興，但香蘭食之無味，也覺得演出索然無味，只希望七點半趕快到來。日人經營的大東放送局欣見內地電影大廠東寶要來上海拍片，為了給本國電影打氣，壓低上海當地業者氣焰，對導演、攝影和重要角色做有計畫的採訪和報導。編導和配角已上過節目，男女主角兩大咖好不容易在辻久一開車的支援下，七點半趕到大東放送局。

長谷川體諒香蘭身體虛弱，擔下《支那之夜》劇情訪談的主要與談人，香蘭只需做簡單的插話，然後在訪談中段唱兩首歌。結束訪談，回到亞士都，香蘭又累又暈，幾乎昏厥過去，倒在床上半夜醒來才做簡單的梳洗，然後再睡。

第二天敷島的歡櫻大會持續進行，香蘭本想去歡迎她仰慕的音樂人服部良一的妹妹服部富子，但和長谷川被指定為歡櫻大會主場貴賓，只好待在會場，由導演伏水修帶領藤原雞太和嵯峨善兵，共乘一部車前往機場迎接服部富子。

所有劇組人員都到齊了，陸軍報導部在亞士都飯店一樓的歡迎盛宴熱烈而持久，宴罷回房間，一幅江邊夜色已從窗間透了過來。同宿的香蘭和服部富子兩人不禁走到窗邊，通過外白渡橋的車燈點點如薄星，兩艘貨輪的燈火照亮了周邊的舢舨。

服部富子吃力地向外推動窗戶，香蘭助了一臂之力，才順利推開。兩人把頭探出窗外，立刻被右邊的外灘夜色吸引住。

「哇！真的像一首交響樂。」香蘭雙頰迎著微冷的夜風，「看這個夜色，應該像是小夜曲。」

四月上旬的風實在有點冷，兩人退出窗口，把窗戶虛掩七成。香蘭：

「渡邊浜子唱的〈支那之夜〉不是在歌詠外灘亮麗的夜色，而是我們剛剛看到的有點冷清的江邊夜色。」

香蘭看著默默頷首的富子，稍稍展開歌喉：

「……港灣的燈火在紫色夜裡搖曳。航行中的舢舨，好像夢中船。啊！啊！胡琴聲，難忘的中國之夜……」

「妳的歌聲真細，完全呈現東方女性的特質。連浜子小姐都很羨慕。」

「不好意思。我第一次在沒有人的催促下，在朋友面前開嗓。」香蘭細細推敲剛剛唱歌時的心境，「大概是看到富子姊感到特別親切的緣故。」

「我可不敢當。是妳看到江邊夜色有感而唱吧。」

「應該這樣說吧。看到富子姊的沉靜就像看到江邊夜色一樣。」

「喜歡妳這種說法。我也很想成為上海夜色的一部份。」

服部富子說著落座自己的床鋪，橫躺下來，左手支頤看向香蘭，坐在窗邊涼椅的香蘭一時不知如何回話：

「哦！對了，我在燕巢飛行場看到妳演的《鴛鴦歌合戰》的海報。妳那樣子可愛極了。」

「那部片剛拍完。歌舞逗趣片，拍來輕鬆、愉悅，人看起來就順眼多了。」富子腦裡浮現劇中若干情節，「其實我在那部片子裡的戲份不多。導演把我和迪克・米內[1]的劇照當成海報，我是受寵若驚呢。」

「妳那張劇照實在太可愛了，把迪克・米內都比下去了，宣傳效果一定很好。」香蘭看著富子的娃娃臉，感染了一點喜氣，「妳說妳演的那部戲拍得很輕鬆。我們正要拍的《支那之夜》也有歌舞，但看來是嚴肅的。」

「沒有錯。不過有一點，《鴛鴦歌合戰》是歌舞片，《支那之夜》只唱歌，不算是歌舞片。」服部富子整理了一下思緒，「鴛鴦這一片，有相當一部份用歌舞代替情節，也就是說，歌舞了好幾分鐘，還是會把情節往前推動一些。如果沒用歌舞稀釋的話，那些情節可能一分鐘就拍完。」

「是的。我理解。邊舞邊唱心情自然不會這麼緊繃。」

「是大家共同完成一首歌。比如，我唱你笑，他唱我扭，邊唱邊走邊搖，身體搖晃，所以嚴格說來也不是什麼舞。」

「我也希望有一天有機會演出這種電影。」

香蘭說著想起了服部良一來不及完成的《支那之夜》的另一主題曲〈蘇州夜曲〉。剛剛晚宴時，她聽到服部富子回答導演伏水修時，表示哥哥來不及作曲，但一直沒跟她講。她擔心這首歌難產。事實上，富子也想到了這首歌，但懷著哥哥的歉意和惶恐，一直沒向香蘭提起。香蘭離座來到床鋪，和富子相對躺著：

「妳哥哥還在忙吧。」

「他最近諸事有些不順！」富子身子撐起，從小皮包取出兩張紙，「可惜哥哥的〈蘇州夜曲〉來不及作曲，不然過幾天妳在蘇州出外景時就可以直接唱了。」

「伏水導演跟我講過，在適合的橋段，用背景音樂的方式插入。當然也會在穿著同樣服飾的情況下，找一個背景相似的場景，拍一段我直接演唱的片段，再剪進去。」

「這是遲到的補救辦法。怕就怕電影殺青了，曲子還沒譜好。要不要先看歌詞？」

富子說著攤開剛剛掏出的兩紙草稿，把一張遞給香蘭。香蘭：

「哇！是西條八十寫的詩。『在你的懷抱中，聽見夢裡的船歌，婉囀鳥啼，水鄉蘇州，花落紛紛的春天，楊柳惜春，暗自啜泣。』……意境真的很美，譜成曲，會是很棒的情歌。」

「可不是嗎？詩人西條來到中國，只期望見到一位美女，才會寫出這種詩。那像那些軍人，手拿槍刀就想殺人。」

「我也不知道在心裡哀嘆多少次了。」香蘭腦筋浮起聽聞中的南京戰爭的慘狀，心裡有些寒涼，於是把身體移到服部富子的床鋪。「妳相信嗎？詩人碰見美女的情境，如果用中文，尤其是文言文來表達會更美。」

「妳是滿洲歌手，也算是中國人了，改唱為吟，妳就是詩人了。」

「做詩人沒這麼容易，豐富的學識是必要的。這就好像唱歌容易，作曲難。」

「哥哥做這曲子也是陷於一陣苦思。他來過上海一陣，對中國有些體會，也覺得中國音樂有頗多可學習的地方，但要怎樣表現出來，似乎總是差那麼一點點。」富子就近呼吸香蘭的體香，「我跟哥哥開玩笑，或許見了李香蘭小姐一面，思路馬上就開通了。他說：『沒錯！或許親耳聽她唱一首歌，就開竅了。』他實在很仰慕妳，沒想到我捷足先登先認識妳。」

「我更仰慕妳哥哥。我上一部電影，他給我譜了〈那顆可愛的星星〉，非常輕快，只可惜緣慳一面。」

香蘭說著憶起去年東京的兩場記者會。《白蘭之歌》開鏡記者會，服部沒現身，殺青記者會聽說他來了，但她匆匆趕回新京，錯失了會面。

「不過見到了富子，也等於見了服部良一一半的面影。」香蘭摟著富子的肩膀，「從富子的溫柔可以推知服部良一定是個非常體貼人心意的作曲家。」

「我那裡溫柔？」

「我一見妳就知道妳的溫柔。三浦賢子這個角色委屈妳來演也真是恰如其份。」

「我也喜歡這個角色，把妳這朵滿洲蘭花襯托得更美麗。」

「我看了劇本真的為妳打抱不平。妳好意送我禮物竟被我撥落地面。有好幾個場面都是我欺負妳。」

「有這安排也好。很想看看妳生氣的樣子。」

「我也不知道生氣時是什麼樣子。求學的時候都沒跟同學吵過架。」

「所以很想看看。」

「一定會被NG。」

「可能一開始生氣不起來，被NG了很多次了，真的就發火了。」

富子說著笑了起來，香蘭笑著時，緊緊握住她的手坐了起來：

「演戲就是這樣，哭笑不由人。」

「反正這一切都在東京拍棚內戲時才會出現。」富子跟著起身，「演戲實在很希望一次演完，一個劇本被切成一小塊一小塊，有時真的很不耐煩。」

「就是嘛！我希望妳的角色重一點。我生病時，服侍我的是妳，我結婚時，替我買婚紗的也是妳。而且劇本都沒有特別強調妳的苦勞。」

香蘭淚眼盈眶，聲音有些哽噎。富子：

「妳看妳！戲還沒開演，就這麼入戲。」

「而且最重要的是，男主角本來是妳的伴侶，我突然闖入，長谷川開始轉向我，劇本也沒好好交代妳心理的轉變。於是妳就默默承受這一切，然後消失。我覺得這部片子的主角是妳才對，隱忍著一切，然後笑迎世界。如果電影主軸從這個方向展開，或我的幸運、妳的落寞同時展開，相互對照，就會更有深度，更感人。」

「李香蘭小姐的見解實在獨到，有妳的勉勵，和對我角色價值的挖掘，實在非常欣慰，再怎樣我都會演下去。」

時候不早了，兩人相繼上過洗手間後，相互擁抱一番後分床睡。

註1：迪克．米內，日本歌手兼演員ディック．ミネ（1908 - 1991）本名三根德一，英文名 Dick Mine。

10. 影片開拍 邂逅吶鷗

晨起，《支那之夜》劇組人員在上海陸軍報導部請來的通譯的引導下，開始拓荒之旅。三村明帶領的攝影小組忙著拍攝上海外灘的忙碌景象，劇組人員趁機飽覽碼頭風光。外灘碼頭景象生動而活潑，無論怎麼拍，都是很好的片頭。

下午劇組在通譯的引導下在預計次日開拍的外景場所，閘北戰後廢墟和有名的豫園走逛，期待演出前先在心裡鋪個底。

夜上海，南京路人潮湧動，一身水手服，頭頂水手帽，手提公事包的長谷川一夫和藤原雞太在三村明攝影機的一路跟隨下邊走邊聊。這時他們已是劇中的長谷哲夫和山下仙吉兩位船員了。在一家餐飲店外面的桌組中，臉上塗滿油煙，衣衫有些髒的李香蘭，和瘦高，頭戴鴨舌帽的中年男子今成平九郎已等在那兒。香蘭化身為中國孤兒桂蘭，今成演出不掛名的日本浪人。

所有人和攝影機準備就緒，街頭人潮川流不息，有人好奇地回望攝影機，導演伏水修作了手勢，坐在同一桌的桂蘭和日本浪人吵了起來，浪人憤怒站起推了桂蘭一把，桂蘭兩手伏在鄰桌回望浪人，滿口中文：

「東洋鬼！我不是那種人。別看錯人了。」

浪人向前一步伸手抓住桂蘭的肩膀。長谷哲夫眼明手快，把浪人推開，山下仙吉跟著向前，兩人合力抓住浪人的手臂。浪人掙脫後手持枴仗，用日語忿忿地說：

「我花的錢還回來。」

蓬頭垢面的桂蘭依舊兩手扶桌，回望浪人和長谷哲夫：

「錢？錢的事我不知道，沒收過錢。」

浪人再次咕噥。桂蘭：

「他請我吃飯，目的是要騙我。」

浪人看見桂蘭強辯，作勢要打她還是被拉住了。長谷說起日語，教訓意味濃：

「你冷靜一點，你是日本人，看一下，這裡的中國人人山人海，你無緣無故打這位女的，這些中國人對日本人的一點好感也就沒有了。」

浪人怒氣難消，繼續在長谷面前數落桂蘭：

「這女的狂妄至極，騙了我的錢，簡直是詐欺。現在不加以嚴懲，放任不管，難道要讓其他日本人受害。」

「你必須沉得住氣，必須知道自己的處境。這些中國人從旅居上海的日本人來認知日本人。我們必須更加謹慎行事。這也算是我們的責任。」

長谷川說著從口袋掏出錢笑著給浪人，浪人餘怒未消，被長谷和仙吉兩人攔著對桂蘭罵了幾句，悻悻離去。

圍觀的人越來越多，兩台攝影機，一遠距，一上肩近距拍攝，都繼續運作。處在長谷和仙吉之間的桂蘭自言自語持續用華語謾罵：

「瞧不起人的。你們雖然對我這麼好，我知道你們存心不好。我如果不答應你們的要求。那你們不也就要打我罵我嗎？你們日本人那個是好東西。」

長谷和仙吉灑脫離去時，遠距攝影機也立刻撤離。蓬頭垢面的桂蘭還在罵：

「可是，我可不上你們的當，不上你們的當哦。」

桂蘭罵著，一念之轉，回頭拿取放在椅子上的衣服，向長谷他們追了過去，拉住仙吉，瞬向長谷和仙吉：

「先生，不要走。我有話說。我不能就這樣算了，先生為我花多少錢，我要還他。他為我花多少錢，我就要還他多少。」

懂中文的仙吉居間傳譯，長谷不耐地繼續走動。桂蘭：

「我不接受日本人的恩惠，我要用工作償還。」

走在前頭的長谷從懷中取出一支煙塞進嘴裡，聽到仙吉的傳譯後回過頭。桂蘭突然衝到長谷前面：

「你們帶我回去做什麼活都可以。」

「還真麻煩，走！」

長谷呼喚了一下，仙吉跟著走，但臂膀被桂蘭抓住。

「我不接受日本人的恩惠。」

仙吉把話往前傳譯。長谷回過頭，取下叼在嘴裡的煙。

「她討厭日本人？」

長谷說著仔細打量桂蘭。桂蘭兩眼深邃地望著長谷。長谷塞一根新煙到嘴裡，用打火機點燃後吐出一口煙，審視桂蘭。

「cut.」

導演伏水修看長谷川演得氣定神閒，把大船員長谷哲夫詮釋得很好，和他本人如出一轍。戲份最多的李香蘭演來有些生硬，不過，伏水導演想到劇中的她是流落街頭的富家女，罵起人來帶點文氣，可說剛好。再說，這部電影一開始，情節和人物都會籠罩在這座大城市夜晚的陰鬱和喧囂當中，城市夜晚的人流、市囂帶來的異國情調多少會攫住觀眾的注意力，他們的目光未必緊盯著人物或情節。他看拍攝過程沒什麼大礙，望了三村明一眼。

「我這兒看似沒什麼問題。」

三村說著望向助理下田。下田：

「好像有一兩個人影突然靠近，回去刪掉應該沒什麼問題。」

夜戲拍完了，化妝組人員立刻給香蘭卸下臉上的「污垢」，同時幫她換下「破舊」的戲服。隨後劇組人員全部撤回車內，開回飯店途中，三村和助理攝了不少夜景，儲備過幾天長谷被中方特務押上車，兩船員山下仙吉和池田另車跟蹤，兩車行進所需的背景夜色。

導演伏水表示，東寶公司要請劇組人員吃宵夜，車隊回飯店途中，在寧波街看到一家浙江菜館便吃了起來。大夥初嚐紹興，有些興奮，富子、香蘭只是淺嚐小飲。

「長谷川大哥跟今成大哥講話時，好像在演講、說教，我看那些中國人都聽呆了。好像真聽得懂，聽得津津有味。」

富子說完大家笑了起來，今成平九郎：

「中國人罵人才兇。李香蘭小姐，妳罵我的時候用的是上海腔還是北京腔。我都已經逃走了，還在罵。」

「自然是北京腔。中國話管這叫潑婦罵街。」

香蘭把這個中國成語翻成日文，隨後大家把她的話圖像化，漸次笑了起來。待大家笑聲漸歇，長谷川打量著香蘭，眼神好像從遙遠的地方投射過來：

「沒想到李香蘭小姐的醜女妝化得這麼重，化得像黑炭一樣。」長谷川嚴肅、認真的神情抑止了周邊升起的笑聲，「好像從爆炸現場走了出來。」

「我們的李小姐……」服部富子看了香蘭一眼，「比之前更漂亮了。」

「那當然。把妳的俊臉塗黑，再洗乾淨，看起來會更亮。」

長谷川說著眼神勾著富子不放，也把同座的目光勾往富子。富子好生害臊，好像臉上真被塗污了一般。

第二天大家晚起，劇組集合後先到熱鬧的南京路開拍長谷川分別和富子、香蘭逛街的戲，過程輕鬆。三位演員和劇組其他人員也在不影響拍戲的情況下趁機逛街，買一些紀念品或日常用品。

再過一天，劇組前往閘北八年前上海事變舊戰場，日本陸軍警備隊也在戰場廢墟周邊戒備。劇組進駐當年被日本軍機轟炸過的商務印書館廢墟附近拍攝香蘭憶舊的畫面。導演一聲令下，香蘭變身桂蘭，挽著自己的外套走到閘北被轟炸過的「自宅」附近。她穿著半高跟鞋的雙腳在瓦礫堆中走動，眼見這兒大樓林立，但都被炸成斷垣殘壁，不勝唏噓。攝影機跟著人走，開始拍攝桂蘭見花惜花的片段。

軍部和中華電影公司的人也在現場觀戲。一節戲拍完，每人各自找地方坐下休息，一名中年男子和導演伏水修聊了一下，突然站起走向長谷川遞出名片：

「久仰久仰。我是川喜多長政。」

「中華電影的董事長。」

伏水修也走了過來幫忙介紹，長谷川看著名片，和川喜多握手。川喜多繼續說：

「我去年把你的電影介紹給德國。」

「那太謝謝你了。」長谷川看著旁邊的香蘭，再看向川喜多，「這是我們的女主角李香蘭。」

「我知道。我也是仰慕許久了。」

川喜多說著也把手伸向香蘭，同時從口袋掏出名片。香蘭和他握手時，一個高大青年笑著的圓臉迎了過來。

寒暄過後，川喜多和他的部屬還是回到伏水修那兒，繼續閒聊。片刻，「不打擾你們拍戲，我回攝影所一下。」

川喜多走了，圓臉青年和兩名同仁還是還是留在附近。香蘭開始品味川喜多殘存她眼裡的形影。這些年，她常聽到川喜多的名字，山家不時提到他，曾在報紙看過他模糊的大頭像，但適才才領略他和煦的臉顏和中等身材，了無他的名字給人帶來的身材高大的直覺。

劇組移師戰爭廢墟附近設置的假墳場，拍攝三浦賢子悼念「戰死」哥哥的埋骨處，並吟唱〈想兄譜〉的場景，隨後又移師廢墟拍攝賢子和桂蘭巧遇，兩人感性對話的場景。三浦賢子由服部富子扮演，但香蘭時刻提醒自己在上戲時別將賢子呼成富子。

天空陰雲密布，雨滴嘩啦啦下得快又急。人員和器材急急上車，圓臉青年搶搭伏水修的那部車，建議伏水修先到中華電影閘北攝影所觀望。伏水修的車前導，後車跟上，顛顛簸簸走了沒多久在中華電影閘北攝影所停了下來。圓臉青年下了車後立刻打開攝影所大門，讓東寶員工進來。攝影所很小，一般用來拍攝新聞片，客廳也不大，《支那之夜》劇組，誰是大咖小咖，自己都很清楚。川喜多雖然一再客氣賜座，但小咖都慢慢遠離沙發組。圓臉青年看著香蘭遲疑著：

「坐下，這兒坐，別客氣。」

香蘭坐在沙發邊邊的位置，他也跟著坐下。有些劇組人員在偏僻處席地而坐，不久攝影所小姐把房間所有的椅子都搬了出來，大大疏解坐的問題。川喜多對日本國內外電影都耳熟能詳，長谷川頗為折服，自然願意談自己的演出經驗。這一邊，圓臉青年向每個人遞出名片後，劇組人員看著名片上的中文名字，神情淡漠。

「他台灣人，是語言天才。」

隨著川喜多漫不經心的介紹，大伙對青年稍稍另眼相看後，香蘭也接到他的名片。她看著名片「劉吶鷗（燦波）中華電影製作部次長。」

「剛剛川喜多先生說你是台灣人。」

「妳是李香蘭吧。」

「嗯。」

「我早知道妳。我跟妳一樣都是中國人的名字，有名有姓。」劉吶鷗壓低聲音，「妳是滿洲人？」

為了不引人側目，劉吶鷗一直使用日語，他提出的問題，香蘭不太願意回答：

「你說這樣就這樣。……那製作部次長，最近很忙吧。」

「部長的妻子重病，時常告假在家裡照料妻子，公事上，我要把他的職責扛在肩上，私事上，他有需要，也要幫忙處理。再說，你們出外景，我們也受命要給以協助。」

「那你真是能者多勞。」

「所以說來說去，我們也還不算忙。因為目前我們還沒有拍片計畫，不像你們。」

「我們的導演和編劇說過，他們不久前來這兒作現地勘查的時候，你們幫了很多。」

「現在親日本的南京政府剛剛成立，不久一定會舉行慶祝儀式，作記錄的重頭戲可能會落在我們身上，那時就會很忙。所以這個片廠要趕快完工。」

看著香蘭眉頭揚起了一點疑問，劉吶鷗繼續說：

「這間攝影棚先完工，暫時先啟用。外面還有錄音間、洗印室、剪輯室正在施工。」

「不過這間攝影棚看起來不大。」

「沒有錯。」劉吶鷗兩眼在屋頂照明、牆壁大銀幕間轉了一下，「我們中華電影將來只拍新聞片，不拍故事片。」

香蘭點頭，哦了一聲。劉吶鷗接著說：

「租界區的中國片廠太多了，拍的故事片很多，我們的業務主要就是把他們拍的電影發行到日本人佔領區，甚至東南亞、台灣。」

「日本軍方同意嗎？」

「還是會審查。哦！對了，妳們滿映拍的電影也在我們的發行系統內，妳的電影也發行過了。」

「真的。那謝謝了。」

收納香蘭的謝意，劉吶鷗有些心虛。中華電影雖然協助發行，但滿映電影口碑，包含香蘭主演的，遠不及早有市場的美國、德國或上海的電影，滿映在上海所有的 11 家電影院雖然會優先給予放映，但都沒有太大的餘力往外擴市。劉吶鷗好整以暇，滿映的弱勢正是他的機會，自忖，李香蘭的演藝事業困頓難免，自己以中華電影人的身分加以援助、關心，或有機會達成相濡以沫，相知相惜的患難情。

劉吶鷗和香蘭談得有點入港，開始觸及彼此的家庭，香蘭知道劉吶鷗是台灣台南人，而吶鷗也希望工餘能和香蘭見面聊開。香蘭想，反正在上海也不過七八天，劇組開拔蘇州時，他要坐鎮上海，可能不會同行，即使真被驚擾，也只限這幾天吧。

雨並沒有停下來的跡象，劇組決定先回飯店再說。午飯後，雖然放晴，製片瀧村和男、導演伏水修搭黃包車走了一趟豫園，發現地面有些泥濘，決定把香蘭幻想與母親相遇的場景延後拍攝。瀧村昨晚才趕到，只停留一兩天，結果撲個空，沒看到多少拍攝的實景，伏水修感到抱歉。另外，香蘭最近用過晚餐後，總是疲累欲眠，想既然台灣來的劉先生急著跟她面談，乾脆現在就把他約過來。劉吶鷗留了三支電話，第二支打通了。大約十來分鐘，就接到他從大廳打上來的電話：

「我在大廳咖啡座等著。」

香蘭出房門時交代服部富子她人在一樓咖啡座，有事請到一樓呼喚。香蘭下了樓就找到劉吶鷗，她特地用華語問道：

「你怎麼這麼快就到了。」

「早上我人在閘北攝影所，然後支援你們在那兒拍攝的劇組。下午知道你們要在豫園拍攝，所以到福州路的總公司待命，那兒前往豫園也比較近。」

劉吶鷗也用華語回答，感覺和她之間拉近了不少。香蘭：

「看來你也真有心。你坐車來的？」

「想輕鬆一下，騎單車。不過妳們飯店外面那個外白渡橋有日本憲兵，我過橋的時候還是小心翼翼地下了車，端端正正行了禮才通過。」

「很害怕。」

「根深蒂固的害怕。」

熱咖啡來了，香蘭加上牛奶和糖，小心翼翼地攪拌，思量著眼前這位台灣人講的話。她想到兩年前搭船過海關被水警痛罵的往事：

「你是台灣人，也算是日本人了。」

「台灣比起滿洲，日化更徹底，因為統治久，像我這種年紀或更年長的都會講日本話，和日本社會沒什麼兩樣，但因為是殖民地國民的關係，很難融進他們。」

「我可以理解。」

香蘭眼含同情，鼓勵劉吶鷗繼續說下去。兩盤蛋糕端過來了。劉吶鷗：

「在日本人的場合，我當然說我是台灣人，一說出來，或是遞出名片，就會喚來鄙夷的眼神。等到我秀出語言的能力，秀出我對電影的專業能力後，他們才折服一點。」

「川喜多說你是語言天才，他本身好像是留德的，你一定在這方面給他很大的幫助。」

「我大學就讀東京青山學院，畢業後到上海插班震旦大學法語特別班，震旦是教會學校，法國來的老師不少，我趁這個機會把法語、英語都搞通了，也讀了一點法國文學，奠定了一點基礎學識。」

「你都沒留學歐洲或美國。」

「沒有，我們中國人常說的社會大學，來到上海，我接觸了很多北京人、廣東人、福州人，上海人不用說了，我把他們的方言也都學會了。」

「真令人佩服。」

「各方面都做了很多努力，明知中國人的名字在扯後腿，但我還是不會去改。」

「中國人說坐不改姓，行不改名呢。」

「正是這樣。李小姐，妳中國人的名字是不是也給妳帶來困擾？」

香蘭吃了一點蛋糕，喝了一點咖啡。問她的名兒，不啻是問身世、國籍。滿映把她塑造成北京出生、長大的滿洲人，讓她在滿洲人和中國人之間的模糊地帶應付記者或一般人的詢問，但也沒有強行要求她不能承認自己是日本人，只是相信她在國策的大帽子下，直接面對這種問題時，能夠聰明、機智地帶過。香蘭想了一下：

「你這問題還真教人難以回答呢。」

「不說也可以。」

「背後有一股很大力量支撐，這名字還不曾給我帶來屈辱。」

「那就剛好相反，是滿滿的光榮吧。」

「是有一點光彩。它好像把有些日本人迷惑住了。」

「哦！我想起來了。以前妳去日本演出的時候，報紙都會說是滿映或滿洲來的歌唱使者。」劉吶鷗攪動咖啡，隨後喝了一口，再吃一點蛋糕。「妳一直就是滿洲的代表。」

香蘭沒有回答，她咖啡快見底了，於是女侍給她續杯。劉吶鷗把咖啡喝光，也立刻獲得續杯。他想：本來想從她那兒尋找慰藉，現在幾乎是落空了。如果她是滿洲，或者說是中國人，一連兩部電影都出演主角，且和日本東寶首席長谷川演出對手戲，必定是日滿合作政治法碼加持下的戲碼，才「有一股很大力量在背後支撐」。或許她根本就是日本人，或有日本血統，中國人的名字並沒有給她帶來任何不便或困擾。她說的有一點光彩，應該只是客氣話。反觀自己，是軍部所謂的「必須牢牢看住的台灣人」。他那雙大眼習慣性地望著香蘭低垂的臉，覺得從她的身分去揣摩、推測，變得很無趣，最後連她為何日語講得這麼溜，也不想問了。香蘭笑了起來：

「別這樣看我。別談身外事，那兒很多事情都是外加的，都不是我們能夠掌控的。談談自己，或家庭也好。」

劉吶鷗皺了一下眉頭，從他在台灣台南鄉下龐大的產業，家族人共住的歐式豪宅談起，再敘及他個人在上海的投資事業：房地產、出版社……和個人對文學的喜好。香蘭聽得眼花撩亂：

「你說你翻譯法國小說，或日本新感覺派小說家的作品，或者自己也寫些新感覺的小說、劇本，我還比較能理解，因為你看起像讀書人，但你又說投資房地產，搞出版社，我聽了真有點嚇到。除此之外，你還要拍電影，這麼多事情加在一個人身上，誰受得了？」

「讓妳受驚，實在罪過。以前年輕時做事是有些衝動，做了很多實驗性質的嘗試。現在漸漸釐清一條路，那就是拍電影。為了拍電影，以前做的事或嗜好都可收掉或停掉。」

「那很好。川喜多看來很器重你，你在中華電影一定會有所發揮。」

「我倒想自立門戶，自己開電影公司，設備自己買，自己招募演員。」

香蘭倒抽了一口冷氣，懷疑自己聽錯了。劉吶鷗繼續說：

「或許開個演員訓練班，如開成了，妳也來授課吧。」

香蘭笑了起來，笑波逐漸擴大，希望能阻止他繼續發言：

「現在軍部控制這麼緊，開電影公司談何容易，如真開成了，拍出的電影都要送審。」

「或許妳有盲點，也或許妳中了軍部宣傳的圈套。我覺得軍部力量有時而窮。妳們的《滿洲映畫》我看過幾本，你們滿映也演了很多風花雪月，很生活性的電影。證明那些導演有時也在走自己的路，碰到上頭管下來了再作調整。」

「這是因為我們的理事長甘粕想要拍一些給滿洲人看的電影，也是他所謂的娛民電影。至於啟民電影多少跟著政策走，是導演意志比較支配不到的電影。」

「所以說現在拍電影，還是有個人空間的，屆時戰爭越打越兇，軍部裡頭的報導部自顧不暇，妳我都有合作的可能。重要的是我對電影一向有特殊的信念。」

香蘭覺得劉吶鷗自負而理盲。甘粕罩得住關東軍，所以可以自主地拍故事片，劉吶鷗，一介台灣人，在日本軍人的眼皮底下，可以像甘粕一樣自主拍片？看他自我堅信不移的樣子，她不想給他潑冷水，相信在現實的烤打下，他不久能醒悟。

劉吶鷗從褲子口袋取出皮夾，再從皮夾取出一張紙遞給香蘭。香蘭打開一看，裡頭寫著兩行字：「電影是給眼睛吃的冰淇淋，是給心靈坐的沙發椅。」

「我看了似懂非懂。」

「這就是我對電影的座右銘，這種句子就是新感覺的語氣。」

香蘭再度玩賞那兩句，心思快速脫離電影乃情節連綴的窠臼，歌舞、樂音在腦中浮現：

「確實滿新鮮的。如果拍出這種電影，一定很叫座。」

香蘭客氣地說完把紙條還給劉吶鷗，劉吶鷗從上衣口袋抽出自來水筆。

「我想留下妳的電話。」劉吶鷗見香蘭面露遲疑，「妳的行程我很了解，妳的晚上會被很多勞軍行程佔住。我們難得見面，機會稍蹤即逝，可能過了一晚就明日天涯了。」

香蘭抓過劉吶鷗的筆在他給的紙條上寫下現住的亞士都飯店的房號和滿映、新京大和飯店的電話。劉吶鷗把紙條拿了過來：

「妳在東京都住那邊？」

「最近長官都安排我住山王飯店。」

「這次在上海、蘇州出外景，回去東京也住山王？」

「應該吧，不確定。不過我們滿映在東京有分社，電話是……」

劉吶鷗急急抄錄了下來。香蘭繼續說：

「因為最近電影都是東寶主導的。我大部份時間都在東寶攝影棚。但是他們的電話我沒記，有一張朋友的名片，不知道有沒有帶來？」

「看來一旦分開兩地。妳真的會非常難找。」

一位穿和服的女子身影浮過眼前，香蘭定睛一看，是服部富子，富子也看到了她：

「好在妳在，製片和導演剛剛和陸軍警備隊代表開會決定今晚就要辦一場勞軍晚會。」

富子說著向劉吶鷗致上歉意式的鞠躬。香蘭請富子坐下：

「這位是中華電影的劉吶鷗先生，這位是劇組的服部富子小姐。」

劉吶鷗向富子致意遞出名片，用日語說：

「李香蘭小姐，實在很抱歉，耽誤妳的演出。」

香蘭看看手錶，剛好四點半：

「不礙事的，家常便飯。」

「軍部的人說想唱什麼就唱什麼。沒有節目單。」

劉吶鷗站起向兩位小姐說聲歉意後前往櫃檯，香蘭和富子起身後跟著過去。劉吶鷗買完單：

「妳們上去忙吧，不用送我。」

兩女就地向劉吶鷗揮手，目送他走出大門才走向電梯口。富子：

「剛剛那位劉先生不就是早上見過面的嗎？」

「不錯。」

兩人進入電梯沉默了一陣，出了電梯進入房間後，香蘭才向富子報告剛剛的大致經過。

「雖然是台灣人，但非常有錢，也非常有才氣。」

「川喜多說過他是語言天才。」

兩人聊著不覺晚膳時刻已到。劇組人員乘坐兩部車前往虹口的第二歌舞伎座，由軍部招待用餐後，有些人粉墨登場，大部份人沒事，樂得當貴賓。沒有預演，也就沒有安排伴奏，面對滿場的士兵，香蘭和富子相繼登場，用清唱的方式唱了幾首歌。幾位男演員演出笑劇，這些都是還在東京時練過的。壓軸好戲是長谷川演出的〈雪之丞變化〉，男子演出女子的身段，似乎很能填滿兵士空虛的心。

11. 共餐吶鷗 蘇州取鏡

接下來這一天，劇組繼續在閘北廢墟補拍桂蘭和三浦賢子的感性對話，戲後轉往上海老城內的豫園趕拍桂蘭回憶以前和母親同遊豫園的戲。晚上，一些男演員合拍夜戲。再次日，攝影組以紀錄片的方式做了一些碼頭和城區的攝錄後，做通盤檢討，也補拍若干戲。

這兩天的攝錄，劉吶鷗大部份時間隨侍在側，除了給編導提供一些意見外，不太和香蘭攀談，以免引發劇組，尤其是長谷川的不悅。但香蘭發覺他有意無意都會望向她這兒。四點多一點，攝錄工作收工了，工作人員收拾器材，演員慢慢走向巴士。碼頭繁忙的景象，香蘭看得入神，劉吶鷗知道劇組次日要開拔蘇州，晚上不可能有勞軍晚會，決定約香蘭晚上用餐。他靠了過來：

「下午五點半，我在妳飯店大廳等妳，一起用餐。」

香蘭楞了一下，猶豫之間，兩眼承受他鷹眼般有力的注入。雖然是最後一晚了，香蘭一時還是拿不定主意：

「那五點半我下來 lobby 再說，我如果不吃就直接上去。」

劉吶鷗滿意地走了，香蘭走向巴士時看著他鑽進黑色轎車。

赴不赴約，她心裡確實有些掙扎。她在房間內打電話向伏水修請假後，心裡稍稍篤定了下來。

在大廳等候片刻的劉吶鷗見香蘭走了過來，十分開心。兩人走出飯店，進入劉吶鷗的座車後，劉吶鷗：

「通行證有帶吧。」

「有，劇組每人都發一張。」

「太好了。」

劉吶鷗說著發動車子，頃刻便抵達外白渡橋，劉吶鷗向衛兵敬過禮出示通行證後獲得放行。

「他們沒要妳出示通行證，美女就有這種好處。」

熱鬧的黃浦灘路已然華燈初上，右邊的華廈，有的樓層還耽在薄暮中，有的樓層兀自亮燈，迎向華夜。左側幾艘輪船初亮的燈也已在江底搖曳著船的倒影，棧橋碼頭和車行道中間寬闊的人行步道滿是人。車子經過海關大樓、新古典主義的匯豐銀行大樓，轉進四馬路，經過幾家書局停了下來。吶鷗：

「到我家坐一下好嗎？」

「不行。」

「好，沒關係。我回家一趟馬上回來，妳在車上等我。」

劉吶鷗關上車門走了出去，香蘭看著他走進箭鏃鐵欄杆中間的一座鐵門，漆黑的園林後是一棟三層歐式住宅。劉家豪宅窗間黃橙橙的燈火流露出幾分貴氣。黃色窗光在她眼裡轉換成幾許誘惑，她厭煩地把眼光投向漆黑的樹叢。劉吶鷗回來了，關緊車門便發動引擎。香蘭想，他老婆應該不在家，不然不會邀她進去。

「你家這麼大，都住些什麼人？」

「我有六個小孩，除了最小的一個還留在台灣給他媽媽帶外，其餘的帶在身邊。家裡請了一個管家、一個保母，還有一名司機。」

「你不是自己開車嗎？」

「有時也有勞司機。那位司機主要是接送小孩上下學，當然家裡需要男工的地方，比如修水電、園子的整理、剪枝除草，都委由他做。」

「請這麼多人，也真氣派。」

「我們到派克飯店用餐。」

「在那？」

「很快就到了。是遠東第一高樓，樓高 26 層。」

「你很豪氣。」

香蘭第一次有了約會的感覺，那是搭乘山梨或牧野的「公務車」所不曾有過的。即使跟田村泰次郎在一塊也沒有這種感覺。車子轉個彎，沿著跑馬場往北走，越過馬路停了下來。兩人走出車外，香蘭仰望高樓層窗燈燭照著夜幕的派克飯店。劉吶鷗：

「來過沒？」

「在街頭拍戲或走逛時，看過幾次。」

兩人登上門階，兩名高大的印度門衛拉開大門後，向著進去的兩人彎腰鞠躬。兩人穿越大廳進入中餐廳後揀了靠馬路的小餐桌坐下。女侍出示菜單後，劉吶鷗要香蘭點菜，但被推了回去，劉吶鷗點了香姑蒸鴿、鮮筍、香蔥燻鵝……幾道菜和一瓶法國葡萄酒。劉吶鷗：

「明天幾點前往蘇州。」

「下午兩點。」

「時間很充裕嘛。我們可以待到晚一點。」

「不行。導演要我十點以前回飯店。」香蘭環顧了一下周邊，很享受這兒高雅的氣氛，「再談談你的電影夢吧。」

香蘭說著從包包找出一本小冊子，再從小冊子裡翻出一張照片，遞給他。

「這個送你當紀念。不成敬意。」

劉吶鷗看著香蘭髮巾覆頭，右手托腮，明眸照人，香唇微啟的簽名照：

「妳這張照照得很好，尤其是雙眼的睫毛刻畫入微。」

「快收起來，別人看見會見笑的。」

劉吶鷗依指示把照片放進公事包裡。

「沒有準備，不知道要送妳禮物。」

「不用送的。我也只是臨時想到。你的電影夢還沒說呢。」

「我所要追尋的就是完全自由的表達。我一個台灣人來到這裡，這裡是日本人的場子，碰到川喜多算是好運，但並不是每一個日本人都是這樣。另外，這兒很多中國人，他們也是把我當半個日本人，所以台灣人有點像在夾縫中。既然處在這種夾縫中，台灣人爭取表達或拍攝的自由就比日本人或中國人更有意義。」

「我理解你的意思。雖然有軍警的控制，日本人在這兒自由多了。同樣的道理，中國人在自己地盤裡……」

「說重慶好了。」

「在重慶那兒，雖然時常被日軍轟炸，但他們想做什麼，拍什麼電影，也有相對較大的自由。」

「妳這樣說就對了。台灣不少知識份子，少年時期到日本求學，成年後到中國發展，對日本軍警來說，這就是危險訊號，是背叛的前奏。」

「擔心他們回歸母國。」

「有一位台灣來的詩人，叫王白淵，他在日本讀書，娶了日本老婆，也在日本教書，但從事反殖民運動被學校解聘。到了中國後背棄自己的妻子，娶了四川省的女子，結果在四年前的松滬戰爭中被日本憲兵抓到，夫妻被迫分離，現在還在台灣牢裡苦蹲。」

香蘭不能不把汪白淵的命運投射在劉吶鷗的身上。對他來說，從台灣來日本讀書、發展，本就是正確的道路，由於自由意識作祟，來到中國，即使來到親日政權治下的中國，對日本軍政府來說，還是走偏了，很難不被列為監控的對象。香蘭：

「背棄日本妻再娶中國妻，在日本人優越感特盛的年代，日本軍警或法官看到不勃然大怒才怪。」

鮮筍和鵝肉來了，葡萄酒也來了。劉吶鷗：

「喝一點沒關係吧。」

香蘭本來不想喝，想到在時代的高壓下，處在兩造政權的夾縫中的文人的命運，多少聯想到自己，藉著酒精釋放一點壓力的想頭油然而生。

兩人都挾了燻鵝肉，在口中嚼出蜜汁，再灌進酒汁，渾身酣暢。劉吶鷗：

「我還有一個例子，江文也。」

「台灣來的音樂家。我聽朋友說過。」

「去年川喜多帶我上北京玩，順便聽了一場他的演奏會，有了一面之緣後也通過幾封信。這傢伙也很絕，背棄了日本老婆，和中國籍學生搞在一起，沸沸揚揚了一陣，不知娶了沒有。」

「日本女孩真可憐。」

「妳真說對了。日本女子確實有著難以形容的美德。我在日本讀書時，房東太太對我的照顧真是體貼入微，反之來到上海讀書，一開始也是租房子，但房東太太有時就會板起晚娘的面孔。」

香菇蒸鴿來了，女侍給他們各舀了一碗。鴿肉潤喉，兩人相互舉杯。劉吶鷗：

「我剛剛說到那兒了。……江文也這樣也危險。不過他身段夠軟，幫日本軍方作曲，讓情勢暫時緩和了下來。」

「你有沒有娶日本妻？」

「當然沒有。」

「所以情況比較好。」

「是這樣的，日本軍方如果認為一個人有問題，鎖定他，監控他，時間到了就抓起來送進大牢。重慶那邊也有它的手段。他們的特務在上海到處流動，找到目標，就直接把那人幹掉。」

劉吶鷗的話把香蘭的微醺驚醒了不少。香蘭：

「好可怕哦。那重慶那兒比較殘忍呢。」

「這兒是日本人的地盤，日本憲警抓到了敵人，有大牢可以送。重慶派來這邊的流浪特務，逮到了敵人，沒有地方可以安置，乾脆就地解決。」

劉吶鷗「就地解決」才剛脫口，香蘭口含一小塊筍肉楞著，難道現在政治立場和重慶對立的吶鷗也會碰到這種險境嗎？劉吶鷗擔心她吃不下這頓飯，甚至中途離席，轉口說：

「沒事的，講了時局的一些亂象，我們不要自陷泥淖，要超越出去。」

香蘭臉孔泛紅，手撫酒杯：

「你是很有創意的。」

劉吶鷗欣見危機解除，現在言語要帶點建設性，甚至浪漫，靜待魚兒上鉤：

「要是我拍電影，成立一家公司，就要打破一切二分法，沒有人是絕對中國或日本，也沒有人絕對是重慶派或南京派的。」

「南京派？」

「就是汪兆銘的中華民國政府。」

「譬如說，一個人自認為是重慶派的，但他的兄弟姊妹或父母可能是南京派的。或者一個人是南京派的，但想法有時很重慶……。人的思想就像有機生命一樣，各種成份糾葛在一起，很難清楚分割成正反兩方，硬是要分割歸類，就悲劇了。」

劉吶鷗說完又再舉杯，喝葡萄酒像喝開水一樣，喝得意興遄飛。香蘭：

「這個我能理解。我有時也會細細思量這種情況。一個人，尤其是一個政權不應該急著，或刻意給人下論斷。」

「說的有道理。換句話，就是要尊重每一個人的差異性。」劉吶鷗覺得話題無趣，心思開始游移，「我已經 35 歲了，最適合開創事業的年歲已過了十年。」

「你看起來 30 不到。」

香蘭說著對劉吶鷗的坦直更加印象深刻，不過這樣的人難道也會把妻子遠遠丟在一邊，自己在大都會裡約女孩吃飯聊天嗎？

「很冒昧問你一個問題。」

「哦。」

「你既然小孩這麼多，為什麼不把老婆接過來住。」

「這要怎麼說？夫妻很多事有時真的很難說。」

香蘭不滿意他的閃答，兩眼銳利地質疑過去。

「是我對不起她，她曾經來住過幾次，但一直受不了我的生活。」

香蘭看著淚眼汪汪的劉吶鷗，鼓勵他說下去。劉吶鷗：

「我喜歡跳舞，這邊過去一點的百樂門，我便常去。我真的很對不起她，我真的很抱歉。」

劉吶鷗掉下了懺悔的眼淚，香蘭本能地伸出兩手握住他擱在桌上的左手，他的右手迅速回握過來。他懺悔的神情也立刻轉成甜蜜的歡喜。香蘭頗費了一番力氣才把手掙脫，冷冷地說：

「我們說太多了，菜還剩這麼多。」

在香蘭的催促下，劉吶鷗開始認真地進食。香蘭兩手支頤看著吶鷗，難道他釣舞女也是用這一招嗎：

「你看來很坦率，應該很容易交到朋友。」

劉吶鷗向香蘭敬了酒，眼神示意她把話講完。香蘭：

「平常工作很認真，但工餘又像浪子。」

「我大女兒就體會很深，她上初中了，比弟妹都大很多，因為我這樣，她變得很懂事，一直在觀察我，有時也會像她媽一樣罵我。」

香蘭覺得好笑，直覺這段話給他的坦率添加了魅力，在酒精的催化下，深埋她心底近兩年的身世秘密開始鬆動了。

劉吶鷗買了單，兩人走出飯店回到車上。劉吶鷗關上車門。

「你知道我是日本人。」香蘭臉顏低垂，埋在暗影中，「把我塑造成中國人，是公司的特別設計，也是企業機密，我第一次向別人說出來。」

劉吶鷗看著香蘭，倒了車後直駛了一會，停在車子比較少的路段，他感謝香蘭把他當成可以託付心事的一般人，也知道有一個故事等著他。

「這個年代，每人都有他的無奈。我不會說出去。」

香蘭於是把當年被李際春將軍認作義女，取名李香蘭，不久被挖掘進入滿映，滿映將計就計將她塑造成滿洲女明星的國策內情講了出來。積鬱多年的塊壘宣洩開來後，兩行清淚跟著潰堤而出。劉吶鷗見狀用右手攬著她肩身，香蘭感受了巨大手掌下的暖意，隨即從那股暖意中驚醒過來。不能這樣，手拿開，這不是演戲。她心裡兀自吶喊，人像在夢魘中一樣動彈不得。

「你老婆在看著呢。」

香蘭終於吐出這句話。劉吶鷗放手後開始發動車子。一路上兩人無語，快到黃浦公園：

「我明天確定不會隨你們到蘇州。」

「哦。」

「部長妻子的肺炎越來越嚴重。再說南京新政府隨時要我們去拍攝慶典活動，於公於私都必須留在上海。」

香蘭沒有搭腔，車子進入外白渡橋，劉吶鷗向衛兵行過禮出示證件，駛過橋後，車子下了橋直駛飯店。香蘭沒有立刻下車：

「忘掉今晚的事吧。」

「我對妳實在是無所求。」劉吶鷗苦思用來表達的字眼，「我只不過想一飲芳醇，聞一聞妳的靈魂罷了。」

「那你都飲過了，聞過了？」

「嗯。」

「回到你老婆身邊！別想太多，再見！」

香蘭說著開門離去，劉吶鷗酒醒了一些，隨即開車離去。

四月中旬春暖花開，《支那之夜》外景隊 30 幾人搭乘上海下午兩點發的列車前往蘇州。午後四點半到達蘇州車站，夜宿小眸園。小眸園是典型的蘇州園林，和有名的拙政園、獅子林幾乎在同一條南北軸線上，只是規模小得多，內設小花院、古井、魚池、荷塘，頗有情趣。這座私人園林，衛生設備不夠先進，熱水供應也不是很充份，香蘭覺得類似以前住過的北京潘家大宅院，但一般日籍同仁除了要面對、調適生活的難題外，也要克服對中國家具的嫌惡感。基本上，除了香蘭、長谷川外，一般演員都沒有戲份，也就是說，除了男女主角和一些工作人員外，其餘人等於到聞名已久的水鄉度假。

18 日上午劇組在虎丘斜塔附近佔好位置預備拍攝外景，但還沒開拍，站定位的兩位主角的日本人身分很快就被一群賣團扇的小朋友認出，而被團團圍住，他們只好 10 錢一隻隻地買，分送給同仁扇涼。這意外的插曲，讓同行都非常高興。

同行的除了工作人員外，早就混入中國遊客裡頭。兩位男女主角新婚的戲有待來日在東京攝影棚開拍，此刻來蘇州「度蜜月」，在攝影機前，一舉手一投足都必須展現新婚的喜悅。兩人像真的約會，有時互勾手指，有時十指交纏，相視而笑，或含羞帶怯地在寺院、門樓、小橋、流水、公園之間流轉，十分愜意。但一兩天過後情境丕變，香蘭必須在船戰還沒拍攝的情況下設想長谷川已殉難，在眾目睽睽之下，一人獨自傷神、折騰，演出的苦實在不足為外人道。

白天拍片不算太苦，但一連兩晚的蘇州勞軍也是挺累人的。香蘭罕見一邊拍戲一邊勞軍，士兵不斷加碼歌單，她儘量配合，唱得太勞累了，回到住處倒頭便睡，不用太在乎環境的問題。在蘇州最後一場外景是，軍方支援的一艘小型的艦艇終於開了過來，長谷哲夫和山下仙吉在船橋指揮，不斷揮手要求滿是人的四五艘舢舨不要擋住船的去路。導演隨後叫停。接下來的船上護衛隊和從岸上湧來的游擊隊的戰鬥戲，決定回日本再拍。

「最好弄一艘貨船，這樣才切合劇本。」

一部戲被攪得七葷八素，還真難為了導演，香蘭知道導演伏水最擔心的是服部良一的〈蘇州夜曲〉能否如期交卷，或者能否達成抒情的效果。

香蘭一夥晚上回到上海，一點喘息的空間也沒有，第二天一早還得補拍一些戲份。但晚上虹口第二歌舞伎座皇軍慰問演藝大會已經敲定，且上海海軍特別陸戰隊司令官武田盛治要親臨觀賞，所有演員不敢掉以輕心，都集中在伏水的房間排練。下午三點半，司令部一位大尉前來索取節目單，長谷川把排練的結果理出一個簡單的節目表給他。大尉：

「確定不和司令官一起用晚膳再上節目？」

「和司令官一起用餐，到時候會不知怎麼演？」

「那就演完再用餐吧。但是肚子餓著怎麼演？還是先吃一點吧。」

長谷川感謝大尉的貼心，兩眼平視，冷肅地說：

「我們會先用一點。」

「這樣好。完成任務，晚會後宴更能盡興。」

大尉滿意地回去覆命，伏水修帶大家用完簡單的晚餐便驅車前往，武田少將在會客室接見他們一一和他們握手致意，隨後那些演員便在一名尉官的帶領下前往後台化妝，準備演出。

節目伊始，藤原雞太的落語逗得司令官合不攏嘴，在一旁彈三味線伴奏的服部富子也被逗得緊抿嘴唇，幾乎爆笑出來。接下來藤原雞太、嵯峨善兵、今成平九郎和清川玉枝合演的爆笑劇逗樂了全場官兵，會場的氣氛輕鬆了不少，香蘭演出的壓力從中釋放了不少。

女裝長谷川一夫的〈京之四季〉上場了，身著和服的長谷川背對觀眾，待服部富子的三味線起音後才緩緩轉身，手持扇子，一舉手一投足，隨著富子的吟詠聲旋身頓足，揚袖回眸。長谷川女態的舞台演出，對那些官兵來說，可謂可遇不可求，大家專注地觀賞，兩眼全被他憂鬱的神情惑住了。長谷川接下來邊舞邊唱〈唐人阿吉〉。看見這位最佳男主角一直很努力地揣摩、演繹女性的悲苦，官兵都認為他應該很能體貼女性的心境，對他有了異樣的好感。

李香蘭接著唱〈櫻花開〉，歌聲像金線，一旦拉高，立刻征服所有的聲音，上千人的會場鴉雀無聲，遠遠傳過來的市囂也被歌聲和伴奏吸納。服部富子很高興開嗓唱出代表作〈滿洲姑娘〉，由於人兒嬌小，聲音可愛，也產生了不少移情作用，官兵不禁幻想：滿洲姑娘穿上和服都是如此輕盈可握。香蘭最後和長谷川合唱〈支那之夜〉，她把聲音降低三度，以便搭配得更好。

勞軍演出結束後，所有演出人員都被安排在貴賓席，欣賞例行演出的電影。電影結束，自然接受司令官豐富的宵夜宴。返回上海的第三、四天，還是有勞軍演出，香蘭因為體力不堪負荷，只看不演，因為司令官不在場，觀戲的官兵都屬二三軍，演員的壓力大降，長谷川不時在演出後趕回拍片現場補戲，香蘭跟著過去，和劉吶鷗打過一次照面。劉吶鷗一臉淡定，上星期的餐會彷彿沒發生過，香蘭見他了無情牽意惹的樣狀，放心地跟他聊了起來。

「不管怎樣，以後有機會合作電影，那才更能長長久久。」

劉吶鷗悄悄遞給她一個檀香玉兔，當做收下她玉照的回禮，也留下這句耐人尋思的話。她細嚼這句話，希望那晚的事只是他電影事業追尋中的一個泡影。外景隊來去匆匆，劉吶鷗見長谷川補拍過後又回劇院演出，對他的敬業精神留下深刻的印象。

12. 服部曲成 傳說礙戲

外景隊揮別拍攝不到一個月的中國江南之旅，來到東京東寶砧攝影所，櫻花盛開的四月已快過去，香蘭還是難以忘情上海的種種，見到攝影棚的種種，不斷在心裡叨念這兒就在上海，尤其是〈支那之夜〉歌曲升起時。一開始，她的角色還是延續在上海時那種滿懷仇恨，壞脾氣的女孩，看到服部富子自然天成的溫柔角色，她也希望自己趕快在戲裡溫柔起來。不過依照劇本，她要變好必須經由長谷川的掌臉。彷彿她身體受到魔咒，不經掌摑，就不會脫胎換骨似的。

那場戲氣氛一直沉重低調，每一人置身攝影棚就是劇中人了。長谷哲夫在上海旅館內，當眾宣稱對桂蘭的感情後，三浦賢子難掩失望，還是很有風度地在長谷哲夫面前稱讚情敵的可愛、可憐，值得愛，當老闆娘山崎夏摟著賢子加以安慰時，桂蘭幽靈般地現身。長谷哲夫先看到她，接著賢子和山崎夏也走過去安慰她，但她口氣依舊苛薄，長谷哲夫側著頭看她，不滿快速蓄積。廚房女中端來一碗葛湯：

「這葛湯是我們家的特產，你得吃一下才行。桂蘭！妳吃下去對身體有好處的。」

「吃吧。」

「快點吃吧。」

不管山崎夏和賢子的同聲勸進，桂蘭推開大家：

「你們大家聯合起來騙我，我再也不上當了。這對身體有什麼好處。」

桂蘭說著拍掉三位女士聯手端著的湯碗。但力道太輕了，被導演當場 NG。工作人員清理場地時，飾演山崎夏的清川玉枝和扮演賢子的服部富子不斷給她打氣，導演也只要求她再做拍打的動作。香蘭這一次果然力道十足，杯子飛出去時，她左手邊的女中和賢子本能地把頭閃開。坐著的長谷哲夫憤而站起，叫了一聲桂蘭，抓住桂蘭往牆邊一推就是一記耳光。眾人驚呼。桂蘭驚訝地望著長谷。長谷回到座位，面朝他處。

「桂蘭，我終於揍了妳。這也算是我的失敗。這是太過相信自己的力量所受的懲罰。我嘛自負得有點可笑。請原諒。」長谷左手指向外面，「現在妳想到什麼地方都沒人管妳了。」

桂蘭一直坐在地板手撫臉頰低頭看著長谷，待長谷數落完就跑著過去，抱住長谷的手臂：

「長谷先生，原諒我。我一點也不痛。雖然被打了，但一點都不痛，反而覺得高興，是的，很高興。我一定會變好，請原諒我。」

導演伏水一聲「cut」，大家鬆了一口氣。剛剛進獻葛湯被拍打動作直接衝擊的三位女子立刻把香蘭拉起來。大家圍坐在沙發組裡頭，相互道喜。長谷川一夫也特地過來陪不是。

「沒事。沒事。李香蘭好得很。」

被眾女生這麼一說，長谷川率性走開找編劇小國說話去了。香蘭釋然道：

「現在開始可以不用在戲裡對妳們繃著臉孔了。」

「戲裡戲外兩種截然不同的態度，演久了真會讓人生病。」富子。

「掌摑之後的對話，長谷川就講得很莊嚴。我的這部份就很弱。一直說什麼不痛啊，很高興啊！感覺真好笑。」

香蘭說著大家笑了起來。編劇小國英雄：

「寫一部戲，從頭顧到尾，顧這失那，要每一個環節都很完美，很難，當初寫到這兒，只想到就像小孩告饒那樣就可以了。如果李香蘭小姐不滿意，我再改寫。」

「這樣就很好，很好。」

香蘭雙手往前推拒，沒有人再說話，事實上，每個人都覺得這場戲到此就可以打住。

音樂指導服部良一譜的〈蘇州夜曲〉終於完成，而且親自拿了過來：

「很抱歉你們回到東京才趕出來。」

「既然老師來了，表示曲子一定非常好。」伏水修下令收工，看著服部給的複寫譜子，「留下來用中餐，下午再聽你給李香蘭伴奏。」

大家開始收拾物品，伏水修忙著看場記交過來的場記表。服部迎來妹妹富子熱切的眼神，收拾好東西的劇組人員順著她可愛的眼神，讓服部良一感覺溫暖。服部看向在場記表簽好名字的伏水修：

「這曲子實在是個人嘔心瀝血創作出來的，是為李香蘭小姐量身訂做打造出來的歌曲。」

香蘭臉上被貼金覺得怪難情的，為了轉移大家投過來的目光，只好宣稱待會沒戲拍的話，請大家到外頭吃冰淇淋。

接下來，大家進入大餐廳坐定後，香蘭藉故離開，在餐廳外一隅看著樂譜試唱了一下，哼出綿綿情意後始回座。菜還沒來，伏水修拿出歌詞，念了一下：

「『置身你的懷抱裡，聽見夢裡的船歌，鳥兒婉囀……』西條八十作詞，不只是歌詞，基本上是一首古典詩。」

「我和李香蘭到目前為止沒有和這首歌有關的鏡頭，要不要補拍？」

長谷川說著，香蘭頗覺困窘。伏水修收起歌詞笑了開來：

「把李香蘭在錄音室唱的歌聲剪進去，歌聲浮在兩人同遊蘇州的畫面上，這首歌就和你們兩人融為一塊了。觀眾看見兩人在田野間漫步，聽到歌聲，會有女主角邊漫步邊詠唱的感覺，心裡也會浮現女主角投入男主角懷抱的意象。」

「這樣好，很好。影像疊合的效果，在觀眾腦裡自然形成。」三村明知道不用補拍，鬆了一口氣，「歌聲的流動和電影情境的推移可以是平行的兩條線，要不要交疊，看觀眾自己內心的感受。」

好幾道菜一起進來，四桌的侍者進出穿梭，香蘭趁機咀嚼三村明的話。服部良一：

「西條八十的歌詞，仔細看，是有情節的，而每個動作或情境的推移，都非常緩慢，我一試再試，發覺用慢倫巴的方式呈現，最能表現，應該是說讓人沉入那種深情、和平，像夢一般的情境。」

大家不再開口，自有一股樂音在服部良一心裡流淌，大家對下午香蘭的試唱也都有所期待，至少可以從緊湊的拍戲步調鬆開一些。

錄音室太小，東寶攝影棚小樂隊最後選在演奏室練習，伏水修徵得他們的同意，改在演奏室試唱。大家在扇形座位區坐定後，服部良一先用鋼琴獨奏，香蘭跟唱，一首曲子三輪歌詞，同樣的旋律重複三次，香蘭站在譜架前，跟著琴音哼唱。試音結束，休息片刻，鋼琴的前奏再度響起，香蘭中氣十足的歌聲，像涓涓細流，隨著琴聲流動，帶出了男女繾綣，船夫歌聲似夢，小鳥啁啾的意象。這就對了，伏水修心底暗自叫好，這會是讓軍部不爽，但無從挑剔的和平綸音。琴音、歌聲繼續流動，長谷川如飲芳醇，臉部殘存的刀疤似乎撫平了。

服部良一隨後接手指揮，原指揮改彈鋼琴，小提琴、黑管和月琴的分部按譜練習，過程有些悶，部份劇組人員離去自尋樂趣，香蘭趁機熟記曲譜和歌詞。分部練習告一段落，全體合奏時，香蘭還是得配合獻聲。

第二天，一如服部良一預期的，在東寶攝影棚樂隊的伴奏下，〈蘇州夜曲〉正式錄唱完畢。中午用餐時，小小演唱會餘音嫋嫋。香蘭努力忘掉自己的歌聲，但歌詞裡頭的水鄉蘇州一直黏著她不放，尾奏月琴琴音的漣漪不斷推移，好似湖面逐岸消逝的粼粼波紋。這正好觸動她的愁腸。不久前，在蘇州拍片的幾天時間，每天從小暐園出發，途經清塘路前往虎丘，經過了一些渠道，一天司機還特地中途停車，讓他們走到觀塘街，見識一下水上人家的生活。基本上，走馬看花，沒感受太多水鄉風情。回到東京，看了報導，始知形成蘇州水鄉風情的主要還是周遭的大小湖泊，景觀浩渺的太湖不用說了，金雞湖，一聽到名兒就想見識一番。如今機會逸失了，也只能期待來時了。

餐後，大家送別服部老師，他的妹妹富子戲份演完了，想跟哥哥一塊離去。他們的司機臨時跑了一趟廁所，兩兄妹只好和劇組人員閒聊。富子和攝影三村明聊著時，香蘭和服裝師對話，但不時收到富子投過來的眼神。服部富子從三村明那兒逸出時，眼波還是望向香蘭，香蘭會意，趕了過去。

攝影棚一隅，兩位女子並肩走了兩步。

「不好意思，或許不該問。」

被富子這麼一說，香蘭明顯不安、惶惑：

「是什麼問題？」

「沒什麼。哥哥說妳是日本人。」

「是的，我父母都是日本人。」香蘭瞅了富子殘存幾許疑惑的眼神，還是有些不太願講，「公司為了提升滿籍演員的地位，做的一種設計。」

「我能理解。」

富子說著回頭，腳步放慢。香蘭跟著，暗自思量。她知道質疑她身分的人，富子不會是第一位，也不會是最後一位，往後還會常常面臨這種場面。去年在東京拍攝《東遊記》期間，就有日本明星質疑，她閃開問題，剛好有人插話，問題也就不了了之。滿映把她形塑成滿洲貴冑，但欠缺一套完整、兜得起來的說詞。滿映高層都知道她的底，儘管自我約束不多說，但也可能不經意說出。至少山梨稔被貶回日本，不會再遵守那種默契，至於嘴甜人兒四海的山家亨，向來有話直說，不拘小節。香蘭相信她被隱藏起來的身分終究會原形畢露，只是快或慢而已。

「但我不在日本出生，一直沒在日本生根。……對於公司的做法，妳慢慢會了解。」香蘭停下腳步，「妳體質弱，看來回去後要補身體，多運動。」

「妳不也一樣。」

「我是馬術高手，妳該知道。」

香蘭說著大笑，富子也笑了起來。

富子休假去了，春和景明的五月也已過了幾天，日曆一頁一頁翻過，伏水修也補完戲裡的一個個缺口，到了五月中，整部戲也只剩一兩個拼圖了。

戲就要殺青了，所以在東寶攝影棚開的會也就特別輕鬆。伏水修：

「小國英雄寫的劇本，最後李香蘭小姐是要在蘇州投水殉情。我為什麼不叫我們的女主角在蘇州落水。」

不待伏水講完，大家都笑了起來。因為這一兩個月來，大家耳聞目睹，都知道伏水要講什麼。伏水繼續講：

「蘇州水鄉風情很美，他們的水道是他們的道路，也是水下道。他們家庭的排洩物都倒了進去。所以不叫香蘭也跳進去。」

伏水講完大家還是笑開。到底要在什麼地方拍，似乎開放給大家討論。

「我和三村明上次外出，找到了一個很理想的地點。如果有更理想的地方，你們可以提出來。」

藤原雞太提出霞浦，伏水修想了想，昨兒才在那兒拍過中國游擊隊攻打長谷哲夫貨輪的戲。下意識地想避開：

「那地方用過了。不想再去了，比較近的，環境比較單純的。有沒有？」

飾演船長的鬼頭善一郎提到印幡沼，伏水：

「我們本來也相中那個地方，但小國英雄說，那地方萬萬不可。後來我們只好另覓佳地。」

「佐倉宗吾，大家知道吧。」編劇小國英雄環視一下每一人，看到香蘭低著頭，知道她可能不知道。「印幡沼這個湖跟一段悲慘的故事有關聯。近 300 年前，下總國佐倉一帶的農民連年歉收，佐倉藩的名主佐倉宗吾要求領主堀田上野介放農民一馬，減免賦稅。但領主不允許，佐倉只好跟幾位農民前往江戶官邸請願，但都遭到了駁回。看到農民積憤難平，宗吾決心犧牲自己，回鄉告別妻兒後，向妻子提出離婚，但是妻子決心與宗吾共生死。宗吾在告別妻兒後前往江戶，並且在將軍外出江戶寬永寺時實現了告御狀的願望。雖然狀子在伊豆的地方官松平信綱的好心幫助下得到了受理，但還是觸怒了堀田上野介，宗吾和妻兒都遭受了磔刑。宗吾的伯父在佛光寺出家，法名光然，聞此訊後，懇求赦免小孩子，但未獲允准，詛咒世間不平後，憤然投入印幡沼自盡。傳說死於非命的人們的冤魂一直徘徊在印幡沼，甚至導致堀田家走向滅亡。」

小國英雄概要地解說過後，大家對佐倉宗吾的悲劇有了一知半解的了解。但他的敘述，只有梗概沒有細節，加上年代久遠，並未對香蘭造成太大的衝擊。她想了一下：

「什麼叫做磔刑？」

「那是基督教傳過來的酷刑。就是把人綁在十字架上，然後用長槍一槍槍刺死。佐倉宗吾的四個小孩，最大的 12 歲，最小的 3 歲，就是這樣被刺死。」

小國英雄講完，在座的女性都迅速低頭掩面，久久不能自已。香蘭不禁想道：日本人一旦刀槍在手，就失去了人性，一直以來就是這樣，比魔鬼還可怕，怪不得會在中國留下這麼多殘酷的紀錄。

「當時越級報告處罰就是這麼重。最典型的就是磔刑。」伏水修心存敬畏，事實上，更擔心撞邪。「印幡沼既然是傳說中的佐倉宗吾怨靈的出沒地，也可以說是他的聖地，他從他的領地前往江戶一定得經過這個地方。為了不打擾一代賢人，我們就不在印幡沼拍戲。」

香蘭的落水戲最後等到五月末天氣轉熱了，才在與東京市僅一水之隔的千葉縣市川市的蓴菜池進行。香蘭下水前，還是聽導演囑咐，以水池為背景唱了兩遍〈蘇州夜曲〉，這種優美的曲子她是百唱不厭，大前天在霞浦也唱了兩遍。由於香蘭都穿著黑白浪紋的綢衣，伏水計畫把她的歌聲或唱歌的情景剪進蘇州拍攝的外景中。

〈蘇州夜曲〉餘音漸消，導演、攝影和燈光師都在岸邊守候，想來都準備好了。伏水修走向香蘭：

「待會一聲令下，妳就蹲在岸邊，面向這兒，心裡哼著妳的〈蘇州夜曲〉，然後慢慢起身，慢慢走進水裡。當然這時候是背對鏡頭。

下半身浸在水裡即可。這裡水不深，還可看到底。」

打板聲響起，香蘭一人在岸邊沉思良久，隨後慢慢起身，沐在陽光，葉尖生煙的蘆葦叢好似自然界的思想，正陪著她走過這短暫的任務。她一邊哼著曲子，一邊慢慢走向水裡，水愈來愈深，腳開始沉入泥中，腳踝和小腿感到又癢又痛，大概被水蛭或其他水蟲叮咬，再往下移動一步，水已及胸。現在似乎聽到有人呼喚她，她開始豎耳，隨後快速從水裡出來。

「cut.」

香蘭上來後，女劇務助理馬上帶她到隱蔽的地方換衣服，把她的頭髮擦乾。

香蘭回來後，工作人員正在收拾東西，但被伏水修叫停。坐在便椅上的伏水修看向坐在附近一顆大石上的小國英雄：

「看似拍完了，又好似沒拍完。」

原本鬆了一口氣的劇組聽到導演這麼說，都把視線投了過去。伏水修：

「小國君，你有沒有注意到，李香蘭出水時濕淋淋的，但是在蘇州拍攝現場，她跑向情人時衣服是乾的。這樣會不會有點接不上。」

長谷川臉沉了下來，香蘭擔心導演會再找一個和蘇州拍攝現場地貌相近的地方，把她淋濕後讓她再跑一段路。小國英雄：

「觀眾眼睛不會這麼細。或許請剪接人員處理得巧妙一點。」

「好吧！那就收工啦。」

《支那之夜》拍完，東寶並沒有給香蘭安排媒體拜會行程。她除了前往滿映東京分社拜會分社長茂木久平，也到東寶探望老友山梨稔，兩人見面感時傷世，不免唏嘘，但也高興。至於作家田村泰次郎，她走訪他在北沢的住所，從新房客留下的字條得知他已搬到淀橋區諏訪町，隔天再訪，果見她老母前來應門。

「泰次郎上個月才被陸軍徵召到三重縣久居這個地方進行軍事訓練。」

香蘭問她在那個軍事基地，她也答不出所以然來。向她索取徵集令，她找了老半天：

「大概被他帶到營部報到用了。」

「都沒寫信來嗎？」

「才去了半個月，可能訓練正苦，沒空寫信。」

香蘭的注意力開始轉向田村老母，垂詢她的生活之餘，也偶爾透露自己拍片的片段。香蘭沒待太久，離去時，腦中滿是對田村的不捨。都快 30 歲了，才去當兵，既是新兵，被年紀更輕的連隊幹部修理是免不了的。她懷著這種心情回到飯店再次確認飛航新京航班的班次。第三天臨上飛機時，才想到久居的訓練營應不難查到，那地方可能就那麼一個營區，白白失去一個會面的機會，讓她好生懊惱。

13. 再會貴華 溫馨作客

回到新京滿映，一如往常，理事長甘粕予以接見。她停留幾天，和演員同仁小敘後，公司特地給她長假回北京探親。她頗思索了一會，也打電話回北京求證，知道弟妹寄讀的中文學校，七月開始放暑假。為此她特地把假期延後半個月。她回北京前，甘粕特地召集課長以上幹部設宴，替李香蘭洗塵。

香蘭這次回來和上次回北京差不多相隔半年，時序正逢夏季，她的活動力正強，她除了冒著暑熱帶著弟妹家人多處出遊外，自然不會忘記找恩師貝德洛夫夫人，或好友溫貴華敘舊。至於潘家，潘爺自知形象毀壞，不願牽拖老友，對文雄疏遠了起來，香蘭和潘家姊妹之間也就情淡意弛了。

她回來第三天晚上碰到山家來訪。山家早變成鄰居，而且好相處，每次來訪都搖著一支拐仗，也不打擾太久，文雄對他向來是來者不拒，但去也不留。香蘭從小到大，常和山家相聚，年齡差了一截，但山家不戲朋友的女兒，分寸拿捏得很好，文雄夫婦一直很放心女兒跟著他出外長見識。山家看到香蘭回來了，很是高興：

「我五月去新京，聽說妳拍片去了。」

「沒錯。也是日滿合作的新片。」

香蘭把《支那之夜》的開拍過程大致交代了出來。

「還是和長谷川合演。……那太好了。」

「那你找李明去了。」

「新京玩幾天順便看看你們的新片廠。」

文雄知道山家不久坐，給他點燃一根煙，也給自己一根：

「很久沒聽你提到川島小姐，她沒有再找你麻煩了吧。」

「她的事情還真多。她現在專門找她的老相好多田駿的麻煩。」山家吐出一口煙，「多田司令給她經營東興飯店，她硬是要搞成川島機關。多田越是不理她，她行徑就越加乖戾，擅自稱多田是她義父，把多田寫給她的信到處出示別人，招搖撞騙。」

「多田駿現在是華北方面軍司令官。」

「正是。她是華北王的老情人大家都知道，現在又自稱他們是父女關係，企圖讓多田難堪。」

「她這樣會惹禍上身。」

「她現在是準備飛蛾撲火了。」

文雄把煙屁股塞入煙灰缸：

「怎說？」

「聽說她搬到離多田駿司令部相隔幾百公尺的地方落戶。多田駿知道了不把她攆走才怪。」

「或許她是希望製造和他偶遇的機會，好重拾舊緣吧。」

「不曉得。也管不了這麼多了。」

山家說完，文雄搓捻下巴，暗自思量：自從三年前帶著還是高中生的淑子到天津闖進東興樓開幕慶祝會，和川島有過一面之緣後，再也沒見過她，半年前知道她和山家的過去著實驚愕莫名，如今看到她在華北王多田駿的提攜下好不容易步上事業高峰，卻又開始自我毀棄。他不解她的生命迷障，只求她自求多福。文雄想著看向女兒，香蘭瞅了山家一眼，想：這位叔叔，半年前那樣講老情人川島芳子，現在還是這樣講。或許芳子沒有給他新的刺激，這半年來，他一提到老情人，總像鸚鵡學舌，舊事重提。山家兩眼湛湛地看著香蘭：

「淑子，從小看到大。現在已經變成東亞大明星了。實在是現代女孩成功的典範。」

「一開始是你栽培的。」

文雄夫婦謝過山家，山家把煙灰彈入煙灰缸，瞄了香蘭一眼：

「妳演的電影我都看了，演技是越來越成熟了。華北電影公司還是要走一趟。」

香蘭搖頭，文雄夫婦慫恿女兒去一趟。山家：

「我明天載妳過去。向橫井董事長打個招呼，他一定非常高興，這對他也是非常大的鼓舞。」

香蘭不知犯了什麼？垂頭嚼嘴，抵禦什麼似的。山口愛：

「一定要去，山家叔叔陪妳去，給董事長打氣。不要有了一點名氣，就忘了做人。做人比什麼都重要。」

山家又成功地獲得了一個和香蘭一起用餐聊天，呼吸年輕女性生命溫香的機會。

在華北電影公司時，香蘭從橫井董事長處得知滿映下次和東寶合作的電影會掛名華北電影公司。橫井看著一頭霧水的香蘭，瞬了山家一眼，再回望香蘭：

「是什麼電影？妳也不知道。根岸理事只是放一個消息給我，也沒談到電影的名稱，誰主演。除了對妳講的這一些外，我自然沒對任何人說。」

香蘭困惑中帶著幾分納悶，她懷疑橫井轉述根岸的話有誤。或許他要講的是已經殺青的《支那之夜》，也或許他講的新片由別人演出。和東寶合作，未必非她不可。不久前開拍的《支那之夜》確定由她演出後千呼萬喚了幾個月，才正式上戲，或許橫井講的這部新電影確定由別人演出，她才如此後知後覺。

話題就像暗夜火花，倏忽即逝，兩人順利脫身，驅車前往東來順。香蘭和山家用餐時，念茲在茲的還是想跟貴華再見一面。

半年前香蘭雖然把貴華的友誼找回來了，但這回找她，心裡還是很忐忑。半年前，貴華來訪，雖然帶來了溫父溫母對她們日本家庭諒解的訊息，但她擔心這只是禮貌性的姿態，再說上次離別後通過一封信後，就沒有貴華的音訊。「溫家情況不明」確實讓她猶豫了片刻才舉起電話筒。

電話打通了，電話另一頭還是半年前的貴華，懸空了半年的情誼又踏實了。

「爸爸擔心妳不會再聯絡，他希望妳別給自己太多壓力。一直認為自己是平民就好。」

「我又拍了一部電影。電影裡頭被男主角打了一記耳光。」

突然冒出這句話，香蘭自己也無法理解。再度被接納的那種感動讓她立馬撤除了防備，抖出了難堪的一幕。貴華：

「過來再說了。」

香蘭又來到甘雨胡同的小洋樓，溫父外出，溫母在家招待。

「妳剛說，我又拍了一部電影。好像是說，我又做錯了一件事。」貴華看著端著茶盤過來的母親，再回望香蘭，「爸爸說，拍電影只是一種職業，演好自己的角色，至於長官對戲懷著的目的就別想太多了。」

溫母退下了，貴華和香蘭都自在多了。

「妳剛剛說被打耳光。是男主角失控打了妳，也一樣是日本人嗎？」

「沒錯，就是上一部電影和我合演的。掌嘴的一幕是照劇本演出的。演完後，他也過來陪不是。」香蘭喝了一口茶，緩和一下心緒，「這還是小事。父親認為那一記耳光可能會激怒很多中國觀眾，也會被擴大解釋。」

「所以妳感覺壓力特大，迫不及待找我說了。」

「或許。」

「那這樣好了，東西收一收，到我房間談吧。」

溫貴華提著茶壺，香蘭拿著兩只茶杯，走上兩段階梯，貴華頭臉探向廚房，告知母親香蘭會在她的小房間。

香蘭在貴華房間，把《支那之夜》的梗概報告出來。

「戲就是戲，犯不著太認真。」貴華一派輕鬆，「等一等，妳還是和上部電影一樣扮演中國女孩，但愛上日本男子。但因為太衝了，挨了一記耳光。」

「不錯。」

「令尊認為這一打，會傷害中國觀眾的心。」

「他們編劇的框架就是這樣，是有一種把女主角比成中國，男主角象徵日本。再說日本人的男女感情觀是這樣的：男的甩女的一記耳光表示真愛、真關懷。」

「妳的意思是這部電影隱含著日本攻打中國，是出於真正的關愛。有這種意味。」

「不錯。這是他們所謂的國策電影。」

「我覺得電影和現實世界差太遠了，完全不能類比。比如，日本侵略中國，也不知死了幾百萬，甚至上千萬人了。也不差妳那一記耳光，或整部電影的辱華意味。」貴華額頭一點靈，好似觸動了什麼。「再說，打了一記耳光後，你們之間還有溝通，最後還結成連理，那還好。如果中國和日本之間只是這種小紛爭，而且和平收場的話，那也好啊！」

「當初我也覺得這種類比很荒謬，造成巨大生命財產損失的世紀悲劇簡化成一個巴掌。這種比方如果成立的話，未免太便宜了。當然長官這樣帶點嬉謔地這樣說，我也不好多說什麼。」

貴華不住地點頭，開始審視香蘭，自從被她找回，看不見她的日子，每天心裡都盤桓她的影子，越想越覺得不可思議，高中一位有些孤癖的同學竟然是日本人，而且還成為大明星，但工作上又常接觸中國人，延續學生時代的那種情境，也就是說，大環境又不讓她全然回歸日本人。而自家的反日家庭，父母親都以同情理解的眼光看她，好像越是對日本軍人反感，感覺痛恨，對她這位日本平民越發感到好奇，好像從她身上看到了希望。

「那當然。」

貴華說著從香蘭眼裡感受到她身上負荷的壓力，繼續說：

「不用想太多。」

「照妳這樣說。我既然演電影，就演好一個角色。」

「如果妳現在演一個中國女子，表現妳對日本人的憤怒，這也合情合理。但是環境的衝擊，妳依附了日本人，表現了人性的弱點，這也是人之常情。不用想成是一種背叛，或擴大解釋成這是中國向日本投降的象徵。」

被貴華這樣說了，香蘭頗思量了一會：

「因為我是日本人，所以……。如果一個中國女孩出演我所扮演的這種角色，妳會認可嗎？」

「如果她克服了心理障礙，去演了，以電影藝術的角度來看，我也樂觀其成。這是我的觀點，但一般人哪……，千夫所指，她可能也撐不了太久。」

香蘭有點尷尬地笑了一下，貴華也朝她笑開。香蘭知曉滿映自拍或和內地公司合拍的電影很難全然撇清日本的政治或軍界，貴華顯然還是基於以前的同學情誼包容著她。或許貴華講歸講，好像也不會用講出的一套來嚴格檢視她的演出。香蘭：

「根據我的了解，滿映日本籍或日本國內的導演都有自己專業或藝術的堅持，還沒有被日本軍方全然攻陷。所以他們拍出的電影都要被審查。」

「所以還是有演員發揮的空間。如果被完全控制，我想妳也會逃出來。」

「對呀！」

香蘭說著和貴華相視笑開。

「妳有沒有發覺，不論是妳談我的問題，或我談妳的問題。」貴華停頓了一下，「隱隱約約都會被國籍干擾，而有立場的問題，但一切順著自己的本性做，就不會偏了。」

「對，沒錯。講太多了，有時也不知道自己在說什麼。衡諸常理，一個人演一部電影，如果覺得很違逆自己的本性，很可能就拂袖而去。」

「對呀。心有靈犀一點通。講多了反而滋生誤解。」貴華好像突破了心障，熱情了起來，「聽妳剛剛的描述，這部電影有弦外之音，一般觀眾應該看不出來，有機會我倒想看看。」

香蘭樂見打開貴華的心扉，讓她得以多接觸外面。她看向茶壺，趕緊給貴華和自己的茶杯倒滿。香蘭喝了一口茶：

「陳洪仁有消息嗎？」

「一直沒有。現在看淡了」。貴華喝了一口茶，「我剛剛想到，妳說妳在新片一開始演出非常兇的女孩，追打過不聽話的日本小孩，拍掉日本女孩送過來的禮物，對她講話也是大小聲。最後還甩掉三位日本女子送過來的葛湯。妳有沒有想到自己立了這麼多戰功。」

貴華說著兩人笑了起來。香蘭：

「我倒沒想到這一點。」

「立了這麼多戰功，最後才被男主角打耳光，只能算是小失分。這樣講給妳的日本人導演聽，他們也會覺得好笑。所以我想拍電影就專心拍，不要想太多。」

翊教畢業兩年以來，貴華的生活只有一個悶字。沒有工作也沒有升學，男朋友也久無音訊。香蘭這種異樣，具爭議性的朋友，她沒經過多少咀嚼，便消化入內，她的生活因而變得豐潤些。這種思維也漸漸影響到父母。對於日本軍人霸佔國土、殘殺同胞一類的惡行，和日本文化、平民……切割開來，心裡反而坦然，思路變得更加通順。

知道貴華最近生活乏味，也沒多少話題，香蘭只好餵以自己這兩三年膨脹起來的閱歷。吃飯時間到了，她還是留下作客。

用餐時，溫父和小兒子還是趕了回來。在餐桌上，香蘭有些窘。

「李香蘭小姐，實在很高興再次看到妳。根據小女的敘述，妳可說是現代傳奇女子。妳給小女的唱盤，我都聽了，都非常好聽。從沒聽過這麼細緻悠遠的歌聲。我們好像到了另一個很奇妙的世界。我太太還說，既然有這種聲音，怎麼還會有戰爭、侵略和傷亡。那種歌聲會顛覆我們平常的思維。」

溫母被說得臉顏羞紅了起來，貴華兩姊弟反而喜形於色，好像以母親為榮。香蘭高興在心，但神情像溫母那樣，頗不自在，待貴華笑聲漸歇，母女倆暖情的注目投射過來後，香蘭才自在了一些。香蘭看向溫父：

「感謝您的欣賞，也擔心給您生活帶來不便。」

「說到不便……」溫爺沉吟了起來，「事實上，我們都是放低音量，中文的那張也一樣，儘量不讓鄰居聽見。但我們越是這樣，越是覺得歌謠是無罪的。」

「真是不好意思。」

「在現在這種嚴峻的社會氛圍下，平常我們是不會接觸日本文化的什麼的，但李小姐，妳帶來的緣份，給我們開了一扇窗。簡單講，就是基於朋友的關係，我們自然就接觸到了以妳為中心的小小日本文化領域。」

「李小姐用菜，別老是聽他講。」

溫母說著舀了一個牛肉丸進入她碗裡。溫爺噤聲了片刻：

「大底上知識到了一定水平，自己會去判斷，不會被一些八股、教條牽著鼻子走。」

溫父很高興自己展現了高度，讓女兒可以和香蘭從容交往。再說，香蘭雖然是日本種，但在中國出生，處世也常有中國思維。他的這種寬容和他一貫的反日本暴政、侵略的行動，一點扞格也沒有，反而讓他有種許多事融為一體的圓融感。

為了招待香蘭，溫爺確實做了多方面的考量，香蘭關於滿映或拍片的事，她大可以在貴華的房間選擇性地談。在這種共餐時刻，他還是把話題拉遠。年來對時局的日益悲觀，他讀了不少歷代詩人或名臣的故事，於是趁這時候講出來。香蘭被紀曉嵐的笑話逗得合不攏嘴時，發覺溫家幼子的兩眼還是不捨地望著她。她還記得貴華稱呼弟弟勤華。歡笑聲暫歇，香蘭不忍勤華一直沒開口：

「你是勤華吧？」

「是。我聽姊姊說了很多妳的事。」

看見愛子開口了，溫父溫母都不作聲，香蘭屏息以待。勤華繼續說：

「我知道妳是日本人。我也非常敬佩妳開明的、包容的胸襟，和一般日本人，尤其是軍人，截然不同。」

溫父溫母和貴華冷不防平常不太講話的勤華會讓來客感到困窘，希望他適可而止。香蘭無言以對，希望溫父把話岔開，溫母叫了一聲「勤華」，但立刻被打斷了。

「我們讀中國歷史，李小姐在翊教也讀過，中國曾經被異族統治過，但那些蒙古人、滿人最後都被中國人同化。那現在日本侵略中國，將來會不會也被中國同化。」

貴華和父母緊張地盯著香蘭，待香蘭說出「肯定會」，且擠出笑容後，稍稍鬆了口氣。

「事實上，日本一千多年前聖德太子時代實施唐化，制定憲法，推行中國諸子百家和漢傳佛教思想，那時候就被同化了一次。」香蘭的思緒從古遠拉回到現代，但是阻力重重。「日本軍人那一塊，很痛苦，暫時看不到它的盡頭。我從另一角度來說好了。家父從小仰慕中國文化，來到中國北平讀書，飽讀中國典籍，如果時局不這麼亂，他的心早就定下來了。爸爸說：日本儒學暫時被軍國主義壓制，但它代表溫暖的一面，軍國對內對外都是破壞、撕裂，將來這個破碎的世界還是要中國文化來彌合。」

香蘭講到這兒，一室靜默，每人兩手都遠離碗筷，溫父抿唇微笑。勤華壓抑心裡的緊張：

「謝謝。」

溫父咧嘴笑開，連說兩句「很好」，隨即鼓起掌來。香蘭看見溫家一家笑開，也如釋重負，好似演完一段困難重重的戲。

飯後兩位女子回到貴華的房間，貴華冰凍許久的記憶開始被七月的暖夏融解了：

「一個作曲家，也是鋼琴家江文也，妳聽過沒？」

香蘭把這名字用日文默念了一下：

「一兩個朋友提過。是台灣作曲家嗎？」

「是的，他目前在北京師範大學任教。大概妳上次來訪後不久，他在學校大禮堂舉辦個人作品演奏會。父親要我去聽，最後一家人都前往聆賞。基本上這是一個簡單的演奏會，他只是利用它來表明自己的心跡。」貴華稍稍回想了一下，「他的學生當司儀，報幕時不斷強調老師仰慕中國文化，故宮的種種讓他靈思泉湧。我印象最深刻的是，他演奏前說的話：我過去的半生，為了追求音樂新世界，嘗試過了印象派、新古典派和種種流派。現在我來到中國，發現中國音樂的優美和缺點，優點固然好，缺點也讓我不捨，我可捨去過去一直努力的西歐音樂理論，要從中國音樂的缺點出發創造出更美好的樂章。」

「他很愛中國，等於捨棄了日本。」

「就跟令尊一樣，仰慕中國，有了移居歸化的準備。他講完之後久久不息的掌聲，讓人有種回到中國的北平，不是日本統治下的北京的感覺。」

「台灣人的日化承度比較深。現在的成年人幾乎都是受日本教育長大的，幾乎都被當成日本人。他有這種轉變很難得。」

「記得他演奏了〈紫禁城之下〉、〈在喇嘛廟〉幾首曲子，黑色的背影對著我們，從肩膀到兩手這種人形支架看起來特別大，看得出日本政府強加駕馭的姿影，但他還是演出他自己。」

「可以想像，妳的意思是他本人一直儘量擺脫日本人的那種控制，完成自己的藝術。」

「日本政府一直要他為新民會、天皇譜曲。妳也一樣，妳身影的背後還是有日本政府的存在，但妳還是演出妳自己，唱妳自己。」

貴華說完後的片刻沉默裡，香蘭淚眼湛湛地看著貴華笑了起來。她的笑眼擠下了一滴淚。她感謝貴華想方設法呵護她們之間的敏感關係，感謝她用藝術家的規格廓清她在政治或國籍上的糾結。

14. 巧遇川島 粉絲再會

香蘭懷著感激的心情揮別貴華，走到王府井大街時並沒有立刻叫車回家。既然一人來了，就走逛一下吧。整條大街店招如林，可謂一店一世界，在太陽下走昏了，就到店裡看看，看暈了，就到外頭走走。

「淑子。淑子。」

聲音很熟，這時候還有誰會叫她淑子，是她嗎？香蘭轉個頭，果然是川島芳子。川島坐在一輛停在路旁的福特車上，頭探出車窗瞇著眼望著她。

「哥哥！好久不見了。」

聽到香蘭沒忘記對她的暱稱，川島心花怒放。

「上來坐，到我家吃飯，我邀了兩三位客人，但都是愈看愈不順眼的傢伙。」

川島往裡坐，把位子挪給香蘭，香蘭首先面對的是站在椅背，兩眼骨碌碌地看著她的猴子。川島把猴子拉回她的肩背。

「猴腮子不礙事的。」川島改用華語對前座的劉玉如，「玉如還記得嗎？以前來過東興樓的李香蘭。」

香蘭和前面駕駛座的劉玉如互相打過招呼。川島：

「現在李香蘭已經成為紅遍日滿中的大明星了。」

「我實在是深感榮幸。當初李小姐還只是一位學生時就已經是名歌手，歌聲悠遠迷人。」

劉玉如側頭說著把車子開向車道。川島芳子身著麻質馬褂，頭頂瓜皮帽，蹺著二郎腿：

「李香蘭，多麼美麗、神妙的名字。妳不是正忙著拍片嗎？」

「剛拍完一部……」

「妳講。」

「《支那之夜》的電影，現在回來休假。」

「支那之夜？為何不叫中國之夜？現在日本就像以前的中國，以自我為中心，把其他國家都視為番邦、地方。就像清國就是清國，他硬是要叫滿洲。」

香蘭以前住北京潘府，川島有過印象，香蘭也希望川島停留在這種印象中，別追究她父母現在住那兒。香蘭向川島大哥報告新拍電影的基本資料時，車子在川島的指示下調頭往北走，經過豬市大街轉往東四大街。川島如獲至寶，立刻結束在外的遊蕩，兼程趕回。這小妮子這兩年名利雙收也不回東興樓探望一下，幸好與她緣份不薄，竟然在另一城市的街頭相遇。川島內心的叨念開始轉成話語：

「看來我們的緣份不薄。三年前第一次見面就感覺與妳特別投緣，也一直主動跟妳聯繫，果然我慧眼識英雄。」

福特駛入九條胡同停妥，三人下了車。川島宅是傳統的四合院，門楣上的磚頭篏進鐵鑄的「金」字。川島拾階而上時，兩名持槍的門衛立刻對她立正敬禮，待香蘭通過後才恢復稍息姿勢。香蘭跟著川島穿過一個院落又一個院落。庭院裡假山真石流水間，錯落著花花草草，顯示出有人整理的富泰氣氛。

川島宅正廳牆面懸著一幅彷古，顏色暈黃的山水畫，畫兩側是他親筆的龍飛鳳舞的唐詩條幅。條幅上的署名明顯看出分別是金璧輝和川島芳子。

「哥哥的書法真是高妙。」

劉玉如獻上茶後，馬上退下。川島：

「淑子……李香蘭的讚賞實在是我最大的鼓勵。古人說自得其樂就在此。我一揮毫通常是馳馬行軍，表現出豪邁的男子氣，但有時想起以前女兒態時，還是會寫得很拘謹，像文徵明的工筆。」

「妳不是一直在經營東興樓嗎？」

「現在交給千鶴子，讓她去歷練。我自個兒在這裡閒居散住，避風頭。」

香蘭知道她所謂的避風頭就是守候多田駿，希望那天被老情人驚鴻一瞥，重拾恩寵，盡釋前嫌。川島：

「妳從滿洲來。康德實在可憐，妳也知道。他們見我心繫康德心不在昭和那邊，就拋開我。我以前給他們建的汗馬功勞：給他們的軍隊當馬前卒，在熱河作戰，傷了一隻耳朵。他們都忘了。多田駿尤其可惡。罔顧我和他並肩作戰這麼多年，現在把我當空氣、泡沫。」

川島連珠砲似的罵出，香蘭不知該說什麼。芳子把話鋒收斂了些繼續說：

「妳剛說過上次到蘇州出外景……」

「像遊客一樣在風景區走逛。首先到有名的虎丘，……」

川島沒有專心聽，起身走到書架邊摸索，香蘭看著芳子的背影有點講不下去。劉玉珠見狀趕緊過來落座，聽取香蘭的話。川島回座後手上多了一本書，隨後遞給香蘭。香蘭一看書名是「男裝之麗人」，村松梢風著。川島：

「這是我的小傳。」

香蘭好奇地翻動這本不算厚的書，瞅了員外裝的芳子一眼：

「這真的是哥哥的傳記？」

香蘭的「哥哥」還是沿用日語音。川島：

「沒錯。書出來時我才二十五、六歲。這本書就送妳吧。我書房裡還有 20 幾本。」

二十五、六歲就出了傳記，簡直不可思議，香蘭把玩著書，嘴角擠出耐人尋味的笑紋。劉玉如：

「金大哥 17 歲落髮當男生。」

川島笑得前俯後仰。玉如繼續說：

「是男生的生，不是僧人的僧。當時就轟動一時，一名記者前來造訪，還上了報紙，從此金大哥就成為風雲人物。這本書的出版一點也不意外。」

「看著李香蘭演出這麼多電影，直覺書的傳播功能不如電影。我有一種想法：我自己演自己。」川島瞄了一下茶几上的傳記，「小時候的我，當然要找個童星演。長大後的，自己來演，而且劇本要更週延，寫到目前，也就是當下。香蘭，妳覺得呢。」

香蘭內心澎湃了起來。確實，芳子亦男亦女，忽滿忽日，揮軍作戰很會，帶隊荒唐也行，演成電影一定叫好叫座。香蘭如是想，但是不能太熱情，不能攀援她的想望，否則一旦被她附身，麻煩沒完沒了。她想了一下：

「這樣好了，哥哥甘脆退出政治軍事圈，回日本做一個全職的演員，可以演男主角，然後順便演自己⋯⋯」

川島笑得人仰馬翻，把拍電影的事完全拋諸腦後，不久客人一一來到。市府高姓參議、陳性藥商都很健談，川島嘴裡講看不順眼，但彼此頗有得談。另一位三六九書報社社長朱書紳，香蘭有印象，他和兩年前在東興樓現身時一樣，一副老記者的樣狀。川島特別把香蘭介紹給他。

「這位是當今滿洲映畫當紅的明星李香蘭。」

李香蘭三個字對朱書紳來說熱呼呼的，兩年前，在天津東興樓和京劇大師馬連良同席用餐且唱歌的學生妹，他還有些印象，但沒在腦裡把那位學生妹和現在的李香蘭串連起來。朱書紳：

「既然如此，我就在這兒採訪妳如何？」

香蘭搖手推拒：

「現在大家一塊喝茶聊天，待會共餐還要喝點小酒，輕鬆愉快，你來個一板一眼的一問一答只會壞了大家的興頭。」

「說的也是，李香蘭小姐非常累了，不堪你的疲勞轟炸。」川島環視一室洗耳恭聽的來客，「李香蘭她公司的機關雜誌對她已經做了相當多的報導。老朱，待會你就少喝一點，捕捉她的一顰一笑、講話的神態、喝酒的神韻。循著酒香，捕捉女明星的靈魂，老高、老陳是不是？你們也幫老朱記一下。」

香蘭確實很累，也感謝川島替她解圍。川島芳子兩眼再次叮嚀來客：

「你就做個側記就好了。用完餐後，請玉如給大家合照一張。香蘭回去新京後寄幾本有報導妳的雜誌給朱社長。」

宴席隨後開始，疲勞轟炸式的談話變成間歇式的落彈。川島帶著賓客喝葡萄酒，要李香蘭同飲共樂。

「李香蘭，給哥哥面子，讓這酒因妳而更加芬芳。」

香蘭無奈，只好敞開胸懷，賓客一直向她敬酒，誇她海量，但她一直隨著真假男子的酒浪醇波很克制地小酌，不過半個宴席過後，她也有些醺醺然了。賓主的話題，有些政治，有些軍事，但更多社會百態，姑娘們只能靠邊站，連玉如也無從置喙。

川島端坐椅上良久，似乎失去了動能，也似乎把來客的酒興和宴樂吸乾。突然，川島轉過身，掀開馬褂的裙襬露出大腿，然後快速從旁邊餐櫥的抽屜取出一支針筒，狠狠地往大腿插入，透明的針筒顯示一種白色液體植入她體內。

「以前打仗時受的傷，這種外傷性脊椎炎，打完針後水都不能喝。非常抱歉，你們繼續用餐。」

劉玉如扶他到客廳，香蘭跟著過去。玉如把川島扶在長沙發躺下後，示意香蘭一起回餐桌：

「讓她休息，別擾她，她躺一下就好。」

大家繼續用餐，但不再豪飲，香蘭的壓力也緩和了些。不一會，川島回來了。她開始簡單地啄食，還是勸賓客多吃多喝。但賓客見主人如此斯文，也不好太逾越。劉玉如進去廚房回來後，見滿桌杯盤狼藉，客人也吃得差不多了：

「來！我們大家到客廳用茶。」

主客六人來到客廳，餐後水果也來了，喝過茶，用過水果，賓客一一向川島握手道別。香蘭也跟著揮手道別，但還沒跨出客廳。

「香蘭慢走。」

香蘭回過頭，川島已躺在沙發上，她有點擔心又會被留下來，甚至過夜。川島伸出左手，香蘭只好驅前握住，玉如立刻搬來一只座墊讓香蘭坐下。川島：

「現在演藝圈也有壞人，自己要小心。」

香蘭點點頭，沒回話。川島：

「像山家亨就不是好東西，不要靠近他，不要被他騙了。」

香蘭還是點點頭。川島：

「玉如，送香蘭回家。天色晚了。」

香蘭感謝川島讓她這麼快離去，臨別時賞她一個美美的笑容。她和玉如上了車，玉如先讓車子直驅王府井大街：

「妳家住那？這樣走對嗎？」

「我們現在在那？晚上不好辨路。」

「我們在王府井往南走。」

「就送我到北京飯店那一帶好了。」

「北京飯店範圍這麼大……」

「那就王府井和東長安街交會處就行。」

「妳喝了不少，走路挺累的。住那兒我就直接送過去，我不會說妳住那裡的。」

「蘇州胡同。」

「那好。如她問，我就說我送妳到大柵欄下車就可。」

車子轉入東長安街。劉玉如：

「我是希望我們的金大哥收斂一點，務實一點，交太多朋友只有讓她更加幻想、妄想……」

或許這正是玉如願意替她守住居處秘密的理由吧。

半個月的假期很快就過去，返回新京的前一天，父親文雄接獲貴華父親打來的電話，彼此相談甚歡也甚久。這是她最感欣慰的事。

香蘭銷假回新京，第三天傍晚，鈴木送她回大和飯店，在大廳巧遇牧野，兩人有一段時日沒見面，很自然地在沙發落座。牧野：

「妳休假期間李明離開了，妳知道嗎？」

「我才回來兩天，同仁沒人向我提起，或許他們以為我知道了。她為什麼離開？」

「攝影師福島宏說她想到上海發展，但大家也不敢亂傳話。」牧野視線從一位漂亮的洋妞收回，「甘粕有召見她，但似乎不太高興，沒給她辦惜別會。」

「理事長給她高薪，但她說走就走，而且也不是第一次了，長官當然不爽。」

香蘭雖然這樣說了，還是深深體會到她的悲劇性格。牧野：

「她的心情一向藏不住，很多人都猜她的離去和白玫有關。」

「白玫鋒頭壓倒她了？」

「應該就是這樣，況且白玫又是她自己引進來的。」

「這就有點像中國人說的搬石頭砸自己的腳。」

牧野聞言笑了起來，香蘭繼續說：

「總覺得她滿可憐的，基本上，她常常拒人於千里外。」

「我和根岸一些人想私下設宴送她也被拒絕了。」牧野看了一下手錶，「不過還是祝福她。她如果想到上海，她的老相好山家亨應該會幫她忙。」

「她想到上海，找老東家川喜多可能更快。」

「這我倒沒想到，看來她還是不孤單的。」

「或許。」

「妳吃過了？」

「是。」

「妳要回房？我出去散散步。」

牧野說著起身離座，香蘭回房時腦中是一團李明的影子和模糊的無奈。

甘粕見香蘭收假回來，提醒吉岡召集後援會成員聚一聚。後援會同樣在菊屋料理店進行。這次在東京任官的岸信介當然缺席，甘粕也表示不便來。牧野還是從大和飯店載著香蘭過來。席間有歌有酒大家相談甚歡，吉岡突然正經對香蘭：

「妳有沒有想過一個問題。」

「哦！」

「妳現在住飯店。但妳在外地拍片的日子比較多。飯店的房間都在養蚊子。」

「確實如此，是太浪費了。」

香蘭雖這樣說，心裡還是有些不捨。難道要住宿舍，飯店住久了，她還是無法立刻放下身段。吉岡向香蘭和牧野同時敬了酒：

「如果妳不嫌棄的話，寒舍還有空房間。」

吉岡接著把家裡的情況介紹出來，香蘭得知濃眉大鼻的少將除了夫人初子外，還有兩個女兒，長女和她同年，次女小了許多。此外，就是男僕和女僕若干人。吉岡見香蘭沒反應，也就不再談起。不久甘粕現身了：

「不好意思！臨時有事耽擱了。」

理事長低調進來，輪流向每個人敬酒。

「我們永遠的女主角李香蘭小姐又有戲唱了。」甘粕看著同桌掃過來的眼光，「這次和東寶合作的片名叫《熱砂的誓言》，東京分社長茂木久平打電話給我，電影背景是日本築路隊的故事。」

「你看過劇本了？」古海忠之。

「茂木說會寄過來，但還沒收到。劇本，茂木已經看過了，大概的劇情也寫在信上讓我知曉。《白蘭之歌》演的是修築鐵道的故事，《熱砂的誓言》講的是修建公路的過程。兩劇的導演和編劇是同一人。導演渡邊邦男也在編劇上湊一腳。男主角還是長谷川一夫。因為沒有原著，我在想可能是編導兩人從上一次合作的電影得到啟發而發展出來的情節。」

滿洲重工業開發副總裁高碕達之助挺著高瘦的身軀挪了一下座位：

「日本人進兵中國，大肆破壞之後要在中國人面前建立起建設者的形象並不容易。不過我還是很肯定滿映和東寶在這方面的努力。」

「在日中兩國的矛盾中間編故事，我認為劇本很難寫，演員也很難演。」國院總務長官星野直樹向香蘭舉杯，「《白蘭之歌》我看過了。中國游擊隊和日本守備隊之間的戰爭一定會嚇跑很多中國觀眾。」

「我也這麼認為。《白蘭之歌》故事發生地在滿洲熱河。」吉岡安直眼睛靈動出的警醒觀照著在座的每個人。「劇中的軍事衝突，當然是日中之間的，但在滿洲發生，就容易被認為是日滿之間。」

「就我所知，這一點，新戲是繞過去，避開了。」甘粕快速整理腦中資料，「演出李香蘭伯父的，在戲裡也姓李，是村長，也是地主，本來一直反對道路的開發，但一番英雄救美之後，事情有了轉圜……」

舉桌笑了起來，大家都知道所謂英雄救美無非是長谷川救了李香蘭。甘粕繼續說：

「那位村長開始說服村民支持築路。再來最後日本工程隊和中國工人、村民合力護路抗洪，讓劇情有了圓滿的結果。」

「這種安排確實好。敵對的人們和解了，然後共同對抗天然的敵人或主要的敵人。這種轉折實在可以作為以後劇本的參考。我們的李香蘭小姐也值得為它高歌兩曲。」

大總裁鮎川義介一呼十應，他的見解也十分契合人心。香蘭用較低沉的嗓音連唱兩首〈上海布魯斯〉、〈馬戲團之歌〉，濃郁的鬱愁隨著歌聲蔓延開來，輕撫人心中的抑鬱和對立。古海忠之：

「你們一連和東寶合演三部戲，是不是考慮和其他公司合作。」

「當然也這樣想，像我們牧野部長太座的日活，我們也考慮當中。」甘粕思索了瞬刻，「一切都在變化當中，像這次我們是以華北電影公司的名義和東寶合作，華北電影本來是中國人羅明佑開辦的，但近年業務停頓，我們的華北分社新民映畫把它的名字和部份產業接收過來，新民映畫就以華北電影的名義繼續營運。」

「說是合作，也是不對等的合作。編導、劇本、棚內戲、大部份演員都是對方的，我們只有一個李香蘭獨挑大樑。」

牧野說完，甘粕皺起了眉頭：

「和東寶合作的三部大陸片，是滿洲的國策，我們被動配合，也沒要求太多。將來再談一般電影製作的話，滿映自然會以亞洲最大片廠、堅強的編導、演員陣容為後盾提出主導的要求。」甘粕正眼看著學長吉岡，希望他滿意這種答覆。「這次川喜多長政的中華電影貢獻一個角色，演李香蘭的堂妹。幾位日本演員，像在《白蘭之歌》演長谷川長官的高堂國典扮演中國人，要演李香蘭的伯父。像這種中國人的角色，由滿映提供才對。這種意見，對方也聽見了，相信再下一次的合作，這種問題就不存在了。」

甘粕的話帶來許多問題，七八人議論紛紛。

宴席結束了，大家離去時，甘粕悄聲對李香蘭：

「我也加入妳的後援會了，請多多指教。」

甘粕說著和吉岡互換眼色，被香蘭識破後，臉紅了起來。香蘭但覺好笑，都已經是她父親的年紀了，還在玩小孩子的遊戲，還要吉岡配合守密。

返回大和飯店的路上，香蘭把吉岡邀她入住的建議說了出來。牧野：

「剛剛飯局的時候，我看妳一直不動聲色，我也不好開口。吉岡少將是少數幾位把家眷都帶來滿洲生活的高官。一般內地人如果單身過來，還是喜歡獨處。」

香蘭沒有回話，兀自回想童年的居家生活，學生時代在潘家的日子。她自知很喜歡家庭生活，對自己受別人歡迎也很有信心。現在吉岡少將相邀，她透過潘家兩姊妹想像吉岡的兩個女兒，她相信吉岡在家當老爺不會太管事，看來融入那個庭似乎不難。

「牧野部長，你對吉岡將軍的家庭了解多少。比如家庭成員，他的兩個女兒。」

「我只知道吉岡一些。我感覺他不像軍人，像一般的偶機尚，畢竟他沒有多少帶兵的資歷。聽說他很會畫水墨畫，常聽人講運筆如有神。我倒沒看過。」

「或許我可以住住看。」

「覺得不適合再回大和。大和這邊先不要退掉。」

回到大和飯店自己熟悉的房間，到底要不要搬到吉岡公館，她又有點猶豫。要包多少禮，付多少租金，也是一大學問。

遲疑了幾天，她還是下不了決心。這一天，她和牧野部長雙雙被叫進理事長室。甘粕笑著把兩本《熱砂的誓言》劇本分別遞給牧野和香蘭。甘粕：

「為什麼李香蘭小姐每次和東寶合作拍片，唱的歌都被渡邊浜子拿去出唱片？」

「渡邊是哥倫比亞的歌手，東寶和哥倫比亞唱片有簽約。李香蘭小姐就在這方面吃虧。」

「機會是要爭取的。現在《熱砂的誓言》的主題曲和插曲的歌詞都寫好了。古賀政男正在寫曲，以他的樂思敏捷，很快就會譜好，主題曲是男聲，這我們不管，但插曲是女聲，聽茂木說，古賀也希望唱片部份由李香蘭唱。這次你要陪李香蘭到東京拜會古賀，幫李小姐轉籍，從帝蓄轉到哥倫比亞，順便了解分社業務，看看你可愛的老婆。你很想念她吧。」

「我和帝蓄的約最初是和新京分公司簽訂的，不過後來有經過東京總公司追認。」香蘭。

「當初簽的約還在吧？」

「還在。」

「那就先從帝蓄新京分公司開始。」甘粕要求牧野帶著香蘭先到新京帝蓄辦理退約，「現在就去，我待會就先電話過去說明一切。東京那方面，你當面去辦理會比較好。」

和新京帝蓄解約的事，辦得十分順利，接下來的行程比他們想像的還多。香蘭這一趟東京行，恐怕會衍生許多行程，回到新京恐怕是三四月後的事。坐上牧野的車子前往大房身飛行場，香蘭想到大和的那間房間又要空好幾個月，不免覺得浪費、可惜。

15. 歌籍改隸 從師練歌

將近六小時的飛行，雖然累，但不像上回福岡上海行那麼恐怖。山梨稔前來接機，老朋友相見，格外興奮。山梨稔：

「五月初李香蘭來我們這兒拍《支那之夜》棚內戲，我有時來戲棚轉一下，都可以見到李小姐的身影。才兩三個月又見面，以前在滿映時的那種熟悉感並沒有失去太多。」

「這只是前菜。李香蘭來這兒灌唱片錄完音，又要隨《熱砂的誓言》劇組前往中國拍外景，大約 11 月又會再回東寶補拍棚內戲，又得由你來照顧啦。」

牧野說完，山梨大笑。羽田飛行場候機室不算大，從穹頂垂下的幾支大吊燈全然亮開，坐在長條椅上的三、四十名旅客還是罩在陰影下。山梨本來想到販賣部買份報紙，看見兩名憲兵牽著狼犬進來，站著聊天的三人有了危險感，悄悄地走出去，都上了山梨的車。

車子來到市區，三人先到滿映東京分社拜會茂木久平，茂木還是安排香蘭住山王飯店。三人同車接著前往有樂町的東寶映畫。東寶社長小林擔任工商大臣，鮮少來公司，由副社長高橋負責接待，一個簡單的晚宴過後，各自回住處歇息。

第二天，大家在山王用早餐，山梨似乎為了避免太早去打擾古賀政男，和牧野頗聊了許久。山梨看著香蘭：

「我昨晚和古賀打過電話，他很想再見妳，知道妳這次專程為了那首歌前來，他更是高興。」

「我已經有一年沒見過他了。」

香蘭從山梨帶來的地圖得知，古賀住的澀谷區上原町離以前田村住的北澤不遠，可惜田村已搬走且當兵去了。不然就可以一石兩鳥完成訪友。牧野和香蘭上了山梨的車，車子轉進永田後，在高架鐵道下急馳，到達澀谷後，辦公樓漸少，單層或雙層的住宅開始主導一切。車子從幹道駛進靜謐的兩線道。道路兩旁的住宅多數坐擁庭園，綴滿綠意的整個社區看起來寬鬆多了。

古賀宅周遭是石板路和庭園，兩道大門打開後是寬大的客廳。客廳前面擺著一部鋼琴。為了方便客人，不用脫鞋直接進來即可。客廳和周邊用木料架高撐起的和式房相較，好似凹下去的水池。客廳上緣的和式木板房擺著幾架放在琴台上的大正琴和三味線，琴台邊有兩隻可伸縮的譜架，地板上鋪著幾塊毛毯，他平常就跪坐，或盤腿坐在榻榻米上彈琴。李香蘭把牧野和山梨介紹給古賀，彼此交換過名片，牧野也說明來意後，古賀看著李香蘭：

「自從和妳合作過〈再會吧！上海〉後差不多一年沒見面，實在是很想念妳那夢一般的歌聲。這次《熱砂的誓言》的插曲〈紅色的睡蓮〉也希望由妳主唱，問題是曲子還沒做好，但應該很快，尤其現在見到妳，好像有一點靈感開始從心頭沁出。」

古賀一番話，三位客人頓感輕鬆，但都不知該說什麼。古賀：

「帝蓄和哥倫比亞離這兒都不遠。待會或者下午兩位男士就可以協助李小姐辦理退籍和入籍手續。」

被音樂大師主動關心，三位來客甚感窩心，但也變得有些害羞。古賀再次看牧野的名片：

「你不就是牧野省三家族的嗎？」

「他正是牧野雅宏的弟弟。」山梨。

「是娶星玲子的那位吧。」

牧野滿男點頭稱是。古賀政男開始暢論牧野家族對電影的貢獻：

「牧野省三對日本電影鞠躬盡瘁，僅得年半百，但德澤庇蔭後人，讓他們娶了日本最美的明星星玲子和轟夕起子。」

言下之意對自己依舊形單影隻，不無感慨。古賀的老母過來奉茶，親切地寒暄一下隨即離去。古賀：

「那是我媽媽，自從父親辭世後，她陪著我，牽念著父親也已快 30 年了。」

古賀這麼一說，他老母走後的孤寂籠罩著整個客廳，生命的無奈噎著每一人的喉頭。古賀起身走上和式房取來兩張紙。把寫有《熱砂的誓言》的主題曲〈熱砂的誓言〉和插曲〈紅色的睡蓮〉歌詞的四張抄紙給客人傳閱，同時坐在鋼琴椅上：

「主題曲〈熱砂的誓言〉已經做好，我現在彈一下。」

就像歌詞首句「在滿是歡喜的歌聲裡」所顯示的，琴鍵上流出的弦律十分輕快，充滿生命的朝氣和喜悅，越聽越像軍隊進行曲或軍歌。

「我再彈一遍，李香蘭跟著唱好了。」古賀回過頭，「李小姐站在我側後面好了。」

香蘭手持歌詞，站在琴後。鋼琴主弦律伴著和弦雍容行進，但香蘭高一度的歌聲已穿雲而去，詠出另一番情境。古賀手指突然捨離琴鍵，香蘭歌聲也嘎然而止。

「你們有沒有感覺，李香蘭獨特的聲音改變了我的調性，進行曲變成抒情歌了。不過同樣是抒情歌，她的歌聲可以深化抒情的意境，進入器樂的秘境。」

古賀難忘兩年前〈我們的青春〉在電影中被她用中文唱得青春無限，把新婚詠成少女天真情懷的那份甜美。他向客人致了個歉，隨即走出客廳，從迴廊走進廂房向母親商量一些事。山梨和牧野商議接下來的行程時，古賀回來了，落座沙發：

「你們都從新京來，聽說那兒的南湖很美。」

三位男女客人被這突來一問有些面面相覷，香蘭梳理一下思維：

「春夏秋冬各有不同的美，春天柳絲垂落湖面，柳絮紛飛，夏天百花盛開，蓮花盤據湖面，遠望像晚霞。秋天，環湖的楓樹倒映湖面，在湖裡划船最浪漫，冬天，所有樹木變成雪樹，枝頭上的霧淞更是讓人忘了寒意……」

「說得太好了，好像是一首歌詞。」古賀兩手輕輕拍動，兩眼神彩飛揚，「我五年前到中國杭州西湖，現在要做的曲子〈紅色的睡蓮〉是以北京為背景，西條八十寫的詞你們都看過了，但腦海裡想的還是西湖的景。」

「我聽服部良一老師說，他創作〈蘇州夜曲〉時，主要也是從西湖得到靈感。」

香蘭說著，古賀喝了一口茶：

「這應該是英雄所見略同。西湖的蘇堤、白堤我都走過，那兒的紅梅、白梅、竹林自然配置，非常美，堤上的青苔密織得像天鵝絨，過目難忘。我印象最深的是，孤山那兒有一座放鶴亭。那是紀念中國古代一位文學家，這位文學家在那兒放鶴種梅，終身不娶，以鶴為妻，以梅為子。這種情境讓人印象深刻，在心中醞釀這麼多年了，現在正是宣洩出來的時候。」

「音樂家和詩人應該是同一律動感受事物吧。」

山梨說著想了一下，或許詩人和音樂家因此合作無間，不僅在日本，世界各國都一樣。古賀看向兩位男士：

「一點也沒錯。哦對了，你們下午要去辦李香蘭退籍入籍的事，你們可以用我的電話，先聯絡看看。帝蓄總公司在奈良，或許他們要你們到奈良一趟也說不定。再說先了解承辦人和重要關係人在不在，以免臨時去到找不到人。」

電話剛好就在牧野旁邊。古賀念著號碼，牧野撥了過去。帝蓄東京錄音大樓表示，「手續已辦好，只等李香蘭退回合同即可，如未帶來，簽個切結亦可。」

牧野打給哥倫比亞，對方表示要老闆同意。古賀把話筒接了過來。

「喂！喂！我是古賀政男，哦！社長先生您好。」古賀把李香蘭想入籍哥倫比亞的事講了一下，「是！是！李香蘭小姐就在我這兒，……當然退出帝蓄幾乎快辦好了，大概下午三點鐘，我會陪她一起去，還有她公司的部長……」

電話掛掉，大家吃了顆定心丸。牧野：

「感謝老師鼎力相助，老師一席話勝過千言萬語。」

「你得感謝李小姐，誰教她唱得這麼好。她來東京、大阪參加過大大小小演唱會，那些前輩歌手德山璉、松平晃和霧島昇都像上了一堂課。」

「在老師心目中，李香蘭……」山梨。

「我不說名字啦！隨便兩三位當今最紅的女歌手和她並排在一起，她一定勝出，那是一種被鎚鍊出來的聲音。」古賀看著臉紅起來的香蘭，「不要李香蘭、李香蘭小姐了，光叫名字也不好，加上小姐又客套又冗長，乾脆叫妳小蘭好了。就這樣。」

古賀的話正中牧野和山梨的心坎，對香蘭新的暱稱同聲喝彩。山梨：

「中國人叫她『香蘭』就覺很親切，即使不熟的人也可以這樣稱呼。但我們直接稱她『香蘭』，彷彿不夠莊重，後面加小姐的話，前面又習慣冠姓，這樣一來稱呼就變得很長，很拗口，很難消化的漢字名稱，大大違拗了跟她的親近。『小蘭』真是一語點醒有心人。」

香蘭也非常滿意這種暱稱，生硬的中文叫法直接變成順口的日語稱呼，對日本人來說，這種稱呼叫起來也比較自然。

時近中午，牧野和山梨力邀古賀到外面用餐，但被堅拒。古賀：

「你們的午飯我已經準備好了。你們遠從滿洲過來，我待客豈能怠慢。」

牧野和山梨客從主便，於是和香蘭隨著古賀從外面迴廊進入餐廳。主客四人坐在小長方桌邊，十分寬鬆。古賀老母用茶盤托著四杯清水走了過來，古賀把杯子分給每一人後：

「簡單的便餐，不成敬意反見誠意。」

古賀說著離去，不久和母親分別用茶托端著兩碗牛丼飯走了過來。三位來客懇請古賀老母一起用餐，但老母笑著瀟灑離去。古賀：

「除非自己親戚或很熟的朋友，她老人家一般不會一起用餐。」

古賀這番話帶出的母親的孤寂沁入每位來客的心，三位客人都安靜而斯文地用餐。沒多久他母親又出現了。這回她帶來一盆飯和一鍋馬鈴薯、胡蘿蔔咖哩。

「大家不用客氣，不夠就自己加飯菜。」

她說完這唯一的一句話又寂然離去。飯菜不多，每人都不希望飯碗太快見底，古賀垂詢牧野的家族電影事業，山梨向古賀問起最近在美國演出的情形，古賀自然樂於回答，讓午餐「菜色」更豐富。

香蘭聆聽之餘，不禁在想，古賀生活儉僕，這是他成為大作曲家的原因之一吧，自己平常雖然上公共食堂，但大宴小酌太多，做為一個歌手應有的持續而孤單的努力被眩目的明星光環掩蓋了不少。

飯後，主客四人開始進行李香蘭除籍帝蓄，入籍哥倫比亞的行程，在山梨座車的驅動下，大夥向西直奔堀之內帝蓄錄音大樓，負責接待的安倍部長十分客氣，從香蘭手中接過合約書：

「這件事情南口社長講得很清楚，一切讓李香蘭小姐方便處理，你們稍等一下。」

安倍拿著香蘭的合約書進入辦公室後，古賀也針對業界限定歌手、樂人只能跟一家唱片公司簽約的陋規提出批評。

「簡直像賣身契一樣，傷害了歌手的自尊、自由，間接遏抑了歌手潛能的發揮。」

古賀說著時，阿部回來了：

「李香蘭的歌聲屬於全日本、全滿洲的。簽約只是商業行為，希望以後簽約的約束越來越小。」安倍向香蘭致過意，面向古賀，「感謝老師對日本國民歌謠的貢獻，希望我們以後還有合作的機會。」

「我也希望以後簽不簽約不再這麼重要，少了一張紙，我的曲子常常必須繞過你們這麼大的公司，對我個人或國民都是一大損失。」

兩人聊著，一位小姐走了出來，把兩份聲明交給安倍部長，安倍轉交香蘭：

「在這兩張聲明各簽下妳的大名就可以了。」

四人拜別帝蓄，直接從杉並區驅車朝東直奔虎門的哥倫比亞公司。由於有古賀的加持，香蘭入籍事辦得格外順利，古賀和山梨擔任保證人，也毋須驗明身分，簽個名即可。事情辦妥，古賀表示自己搭車回家即可，山梨自然不會拋下他，車子再度調頭西向直驅澀谷區，到了上原町時，已是黃昏時刻，牧野力邀古賀用餐，但古賀「現在樂思如湧，趕快回家記下為妙」，山梨只好把他送回家，然後三人歡喜用餐。

第二天上午，在山王飯店房間休息的香蘭接到古賀的電話。古賀：

「曲子編好了，下午到我家試唱如何？」

「我現就去也可以。」

「現在不好，我現在正在哥倫比亞聽小樂隊演奏，可能會做一些修正。」

「昨天跟我在一塊的長官也可以去嗎？」

「當然。一起來。他們我就不便一一通知了。」

「是，我通知他們，幾點比較好。」

「兩點好了。」

香蘭聯繫好牧野、山梨後，私自揣摩，古賀應該在昨晚，最慢今天早上就把曲子譜好，然後通知哥倫比亞派人來取件，自己順便跟著到哥倫比亞聽樂隊演奏。香蘭和牧野、山梨用過簡單的午餐殺到古賀宅不久，哥倫比亞的一位部長和兩名女職員也來了。

鋼琴聲錚錚鏦鏦響起，站在樂譜架前，看著手寫簡譜的香蘭開始展喉。琴音一音一符緊緊跟著琴鍵，但如絲的歌聲從喉間釋開後，捨離一切憑依，悠悠遠揚。歌畢，古賀帶著香蘭登上和式間，古賀盤腿坐琴台下，一手撥大正琴的弦，一手按鍵，香蘭坐在坐墊上，面對放在縮短的譜架上的曲譜，歌聲依舊，古賀笑看琴鍵，努力撥弦，鍵弦和鳴、跳動的樂音帶出挑逗性的前奏。

「繁花似錦的北京，華燈初上時分。我就是滿懷夢想的中國姑娘……。」

香蘭的歌聲如慕如訴，像夢一般悠遠的聲流撫平了音樂的挑逗。弦律走完一遍，香蘭滿滿的抒情又把第二輪的歌詞唱到渺遠。古賀邊彈邊聽，滿是政治意味的第二輪的歌詞經由香蘭的喉頭，依舊像霧裡花一般迷濛。

隨後，古賀用吉他演奏，香蘭再唱一次。為了怕香蘭太辛苦，影響次日的錄音，開始和賓客話家常，招待這麼多客人，讓古賀老母著實累了一陣。傍晚時分賓客各自散開離去，她老人家始鬆了一口氣。

香蘭期待趕快錄音，同時期待的人還真不少。次日早上，山梨開車前來接她，車門一開，她看見星玲子坐後座，牧野坐在前面，顯然是希望老婆和香蘭敘敘舊。四人有說有笑，但很快就抵達位在內幸町的哥倫比亞總公司。四人在公關的引導下進入三樓會客室時，古賀已在副社長川畑的陪聊下等候片刻。川畑副社長把一疊昨天趕工印出來的〈紅色的睡蓮〉的歌譜分發給來客，其餘的攤在茶几上。香蘭和古賀進入錄音室和小樂團練習時，導演渡邊邦男和滿映分社長茂木久平也來了。香蘭在裡頭排練了許久，被釋放出來上洗手間時，看到這麼多長官，深覺過意不去，向前一一道謝也道歉。香蘭再度回籠，古賀不再進去，樂團指揮向副社長川畑點頭致意後，川畑把每位賓客請入狹窄的試聽間，也請大家坐下戴上耳機。賓客加上副社長和錄音相關人員，十副耳機剛好夠用。音樂剛剛響起，編劇木村千依男和作詞人西條八十在一位小姐的引導下走了進來，副社長立刻把耳機讓給西條，牧野看著木村一片尷尬樣，也立刻把耳機讓出。川畑走了出去，牧野坐在沒有耳機的偏遠座位，剛好看得到老婆。

星玲子神情一直沉浸在幸福的和諧裡，眉頭揚起，臉上的笑紋像漣漪，不斷游移。牧野相信香蘭的歌聲一定婉轉悠揚，把樂隊的演奏拋在後頭。星玲子臉顏平靜了下來，有人拿下耳機，牧野知道已經演唱完畢，頃刻間，星玲子用手輕推隔壁的木村千依男，音樂和歌聲又好似在她臉顏流動。

演唱完畢，香蘭和一些樂團人員走了出來，川畑也進來試聽間把賓客引了出去。樂團成員見賓客一湧而出也都紛紛回到錄音室，香蘭見到清瘦的西條八十，趕忙過去：

「幸會幸會，西條老師，很高興看見您。」

「妳怎知道我是……」

「您詩集裡頭的封面照。」

歌手和詩人的初次見面引起人家的側目，古賀見兩人終於會面，也在注視的眼光裡注入了賀意。西條：

「實在很抱歉，寫出這麼難看的歌詞讓妳唱。」

香蘭大概知道他要說什麼，第三輪歌詞裡的政治意涵明顯而露骨，她也只希望大家掠過歌詞的意涵，循著她的聲音進入聲樂的美境。西條繼續說：

「我寫這首歌的歌詞時，上面給的壓力特別大，他們認為《白蘭之歌》、《中國之夜》主題曲或插曲都太弱了，都是個人的風花雪月，強調一定要在這部電影裡框正過來。」

西條說完，大家看著歌譜，小有議論。

「花兒有九朵，願望只有一個……期待亞細亞之花綻開的早上。」木村千依男念完一段歌詞，「不再寫景，也不再寫人的姿影，完全是象徵性的政治語言。九朵花應該是指很多國家。」

「近衛內閣剛剛發表東亞共榮圈，大大震動美國、英國，沒想到這麼快就進入歌詞了。」

渡邊邦男一語驚醒夢中人，有些人對這輪歌詞的感受還是延續前一輪歌詞，耽溺在夢幻美中。這時政治的警醒才陡然在心頭矗立起來。西條：

「就是這樣。軍部一急，就讓藝文界、電影界也分攤一些擔子了。」

「西條兄，你受盛名之累，也是替大家承受這種壓力。」

渡邊邦男說著，西條不急不徐地說：

「大東亞共榮圈的提出，最憤怒的自然還是中國人，現在兩國還在打，怎可能期待日本和中國會花開並蒂，兩國一條心。對立和矛盾只有更加強烈，我在詩裡，在歌詞裡柔化了這種對立，把它美化成男女兩情相悅，但文字畢竟還在，再怎麼修飾、偽裝，裡頭的矛盾還是難逃人們的慧眼。雖然這樣，李香蘭小姐的歌聲……」

「叫小蘭。」

古賀當場糾正，西條回過頭看著古賀，再望向香蘭：

「哦，我們小蘭的歌聲一出，什麼日本、中國之間的恩怨、九朵花的共榮圈，統統不見了，因為她的歌聲銷融了文字，融掉了歌詞字裡行間的矛盾，真真假假也都融蝕殆盡。也就是說，到了最後，古賀的音樂、香蘭的歌聲還在，但我的歌詞不見了。」

西條這一番自我剖析擋住了大家對這首歌的探究，也讓香蘭紅著臉垂向地面。眾賓客沉默了一兩分鐘，坐在香蘭對面的茂木久平看著香蘭：

「我們最近要給妳開個演唱會。」

眾賓客連同香蘭都有些吃驚。香蘭還沒回過神來，茂木繼續說：

「甘粕理事長希望擴大和日本電影界的合作，地點已經敲定在大阪松竹映畫劇場。」

「松竹？」香蘭回頭望向有點尷尬的山梨和牧野，「每次我來東京拍片，都被安排參加演出。」

「這次是以妳的名義推出，活動名稱用『李香蘭演唱會』或其他，再想想吧。」

茂木說著，大家看向滿頭霧水的香蘭，都不再開口。音樂會的事雖然主要壓力在香蘭，但每個人的心裡都有點不舒服，或者說替香蘭叫屈。大家都在社會歷練多年，這種不經過大家協商，一個命令下來就得照辦的行事風格，跟他們藝文界浸染歐風已久的「進步」大相逕庭。西條看了茂木一眼，想到他的上級甘粕，皺了一下眉頭，畢竟是有案底的軍人出身，治理公司像帶兵一樣。導演渡邊邦男望向編劇木村，再看向香蘭：

「演戲的事可以往後推遲一些。演唱會就當做是演前的宣傳，讓大家知道小蘭不只屬於東寶、滿映，而是屬於全體國民。」

會客室裡頭，除了哥倫比亞副社長川畑和公司幹部，還有七八名外來的賓客，見導演渡邊願意讓一步，協助推動這項任務，自然也願意替香蘭分憂，只是一時提不出主張，紛紛私下交換意見。古賀：

「既然是用小蘭的名義召開，搭配喜歡小蘭的男歌手，像松平晃、霧島昇就很好，當然女歌手要參加也很好，像在座的星玲子就很好。」

「拜託！我不會唱歌，像幾年前演出《被偷窺的新娘》時，古賀老師的那首〈我們的青春〉都是三根德一在唱，我只是和一下聲而已。」

星玲子說完苦笑著望著老公。牧野滿男：

「她去年就已經退出演藝圈了。目前在日活幫忙做一些行政工作。」

在座有些人已經知道，不知道的人都十分吃驚。香蘭去年阪神大東亞博覽會期間，和星玲子在日本兵庫縣寶塚大劇院會面，親耳聽見她吐露的倦勤，以為她只是發發牢騷，那知才一年，事情竟如此幡然轉變。想來星玲子不尚浮華，而是劍及履及的行動派。古賀：

「年紀輕輕就退休，休息一兩年再出發吧。」

「是很堅決地退出了。」

星玲子雖然這樣說了，但古賀和在座一些人相信她只是暫時休息，畢竟身在電影家族，演藝魂很快就會被再次呼喚出來。不過，此刻再進言勸說，恐怕只會得到反效果。茂木見同座賓客和哥倫比亞幹部沉默著，繼續談論演唱會的問題。

中午時分已近，川畑副社長要請所有賓客用餐，因為完成了一項任務，古賀也不便推辭。餐後各自回家。山梨、牧野夫婦和香蘭同車，坐後座的星玲子看向身旁的香蘭：

「說好要拍電影，突然殺進一個音樂會。」

「我心裡也開始調整，那就看上面怎樣安排。」

香蘭說完，前座的牧野急急開口：

「小蘭，對不起哦。甘粕直接下令給茂木，我也不好說太多。」

「沒有錯。既然是茂木的場子，就順著他。」山梨把方向盤向右轉了些，「依我外人看來，茂木比較能代表甘粕的意志。」

「沒有錯，茂木是他自己找來的……。」

山梨輕輕踩煞，閃避一輛腳踏車，把牧野的話也震斷了。

被甘粕充份羞辱的山梨稔談到甘粕，自然帶點譏諷，牧野也變得謹慎起來，幽默感大失。香蘭覺得他們好像擠身小小的政治圈，凡事察言觀色，謀定而後動。車子的右邊，一排樓房退去後，變成一片被路樹遮掉一大半，裡面花花草草的綠地。星玲子坐著煩悶，提到近衛內閣的重大方針。香蘭：

「早上他們在談什麼東亞共榮圈，我還是第一次聽到。」

「妳可能忙著演出或拍片，沒注意到這則新聞。月初外相松岡洋右把『東亞新秩序』改稱『大東亞共榮圈』。把印度支那半島、印度、印尼、澳大利亞、紐西蘭，和西南太平洋上所有島嶼都畫入這個範圍內。很明顯地要把美國、英國趕出亞洲。」

「這也未免玩太大了，這會在世界上形成東西對抗。在太平洋另一邊的美國會先感受到這種壓力，那現在橫掃歐洲的希特勒，未來如果完全掌控西方，也會跟大東亞直接衝突。」

坐在前面的牧野和山梨高來高去，後座兩女心情低垂地蕩漾著對時局的憂心。

「世界也瘋狂，毀滅前的瘋狂。」

坐在旁邊的星玲子說著時，香蘭轉頭問她：

「妳退出演藝圈和這有關係嗎？」

「我去年中就退出了，純粹是個人因素。」星玲子笑了一下，「演了七年，平均一個月多一點一部，每個月都演不同的角色，可以說每個月都變一個身分，簡直是錯亂了，把自己演得不見了。」

「我勸她休息一下再說，宣布退出後再復出也沒關係，何況她才 25 歲。」牧野的聲音從前座傳來，「田中娟代一年才演兩三部，甚至只有一部，我老婆演了七年，可能比人家演一輩子的演得還多。我一方面勸老婆休息，一方面也勸日活多培養一些新人。」

香蘭充份了解星玲子的倦勤，感覺她的退出是認真的，她一派的雍容大度裡頭似乎隱含著對時局的憂慮，只要時局豁然開朗，她一定會重回演藝圈，只是不知那些大人要玩火玩到什麼時候。香蘭頭往前伸：

「謝謝兩位長官連日來的幫助，明天茂木分社長會把我接去滿映分社討論演出事宜，兩位長官還是在家陪太座好了。」

「往後有什麼需要差遣的，請不用客氣。」

山梨說著時，香蘭看見了小山一樣的國會議事堂：

「在山王大門前停車就可以了，不用開進去。我想走一段路。」

山梨遵旨把車停了下來。彼此互說再見，香蘭步出車子，真想好好休息一陣。泰半個下午和整個無擾的晚上確實讓她難得地偷個浮生半日閒。

16. 助理報到 電影殺青

第二天早上九點，茂木果然派車接香蘭到滿映分社。霧島昇、松平晃和榎本健一陸續前來，大家花了兩天，在談笑與電話對外聯絡間把八天的節目搞定。演出人員前兩天在滿映東京分社排練，隨後一伙人被接到大阪松竹劇場排練。

香蘭演出期間，牧野飛回新京上班，而她陡升的人氣已顯然易見，演唱結束，剛謝完幕，台下不少觀眾一湧而上，要求她簽名。隨後整個《熱砂的誓言》劇組湊合在一起，在東京有樂町東寶總公司大會議室演練各式節目，作為勞軍的準備，然後讀劇本，一個個對戲，不時在演練中擦出火花，氣氛非常融洽。一位女職員闖了進來，表示香蘭有長途電話。

香蘭跟著出去，在一位主管旁邊落座，電話聽筒另一邊傳來劉吶鷗的日語聲音。

「要找到妳確實很難，我打了四五通，從新京打到東京，從滿映分社打到東寶，終於找到妳。」

「什麼事要這麼費心？」

「有重要事想跟妳面談。」

「面談？現在說不就好了，我現在接了新戲，過幾天就要到北京出外景，整個劇組一起行動。」

「過兩天，也就是九月三日下午兩點半我在派克飯店大廳等妳。」

「這怎麼可能，我拿不到機票啊，東京飛上海要在福岡轉機，至少要兩天，我變神仙也飛不過去。」

「妳有辦法的，我會在那裡等妳半小時，或者一個小時。」

香蘭聽筒拿到手軟，很想掛掉走人，電話那一邊：

「我有一位北京朋友在這兒，屆時等不到妳的話，我再跟他到北京找妳。是談拍電影的事。就這樣，再見。」

劉吶鷗掛斷電話，香蘭鬆了一口氣。香蘭頹然回到會議室，導演渡邊邦男：

「滿洲來的電話？」

「上海電影界的朋友要我兩天後到上海，有事跟我急商。」

「簡直是開玩笑！中華電影公司？川喜多？」

「他的部屬。」

「這不就是越級行事嗎？我們李香蘭小姐那裡是他呼之即來，揮之即去的。」

長谷川撂下重話後，香蘭眼淚都快掉下了。她不曉得劉吶鷗到底急什麼，一定是想她想瘋了，那天晚上的曖昧一定在他腦裡抽根發芽，色迷智昏才會打出那樣猴急的電話。如果想談拍電影的事，斷不致這樣。渡邊邦男：

「李香蘭小姐，妳認為怎樣，妳會去嗎？」

「問題是根本就沒辦法去。」

「除非是軍部，而且派出專機伺候，掛保證把人及時送回來。我們就不再談這個，繼續對戲。」

劇組主力部隊九月三日早上前往北京，香蘭和長谷川前往機場送行。中午小睡醒來，看看腕錶，已經三點廿分，如果劉吶鷗在派克等她的話，也應已離去，心中的石頭終於落了下來。

過了兩天，香蘭、長谷川和部份劇組人員前往北京。大陸三部曲第三部的開拍，編導和第一部力作《白蘭之歌》同一人，也有一些演員回鍋再演。不過香蘭察覺這些演員似有些倦勤，熱情不若已往，尤其是長谷川，她明顯感受到他刻意的冷淡。導演渡邊也看到了，但礙於他的大牌，也只好得過且過。劇組住北京飯店，她有時想回家住，渡邊知道她會準時趕回，也都放她一馬。帶著家人給予的溫暖，重新上戲時，她確實覺得好過些。

月底劇組飛回東京準備拍攝棚內戲，茂木前來接機，告訴香蘭已經為她在乃木坂找到一間兩層樓的公寓，香蘭既驚訝又有些期待，當下就搬了過去。這個小洋房四面受光，樓下又有個小庭園，比起飯店封閉性的房間住起來舒暢多了，確定香蘭已住下，茂木除了派一輛車和司機負責接應她拍片外，沒兩天便用公帑買來一台留聲機，也弄來一台鋼琴。儘管和長谷川的棚內戲拍得有點提不起勁，香蘭一回到自己的窩立刻便把長谷川的冷淡拋諸腦後。

戲中，留學日本的香蘭認識了長谷川，且成為男女朋友，長谷川被徵召到北京從事道路工程，香蘭想跟，但被拒絕，長谷川在東京車站上了列車，在車廂門口揮別大量送別的親友走到自己的座位時，發現香蘭竟坐在自己的位子上。 這時，早上趕了幾場棚內戲，下午演出兩場車廂戲就可以收工。

「在戲裡我根本就不知道李香蘭小姐要搭我的那班車，她怎麼可能坐在我的位子上，難道她是特務。」

長谷川提出的這個疑問，也在香蘭心中迴蕩。編劇木村千依男：

「戲裡頭沒辦法描述得這麼細。觀眾根據自己的生活體驗，可以這樣解釋。因為你和李香蘭是好朋友，她知道你要搭這班列車，也看過你車票的座位，所以她也買了這班車的票，上車後立刻到你的座位，和你旁坐的旅客交換座位，這樣她就順理成章地坐在你旁邊了。」

長谷川十分滿意這個解釋，也十分樂意演出這齣讓香蘭難堪的戲。戲棚裡，長約十來米的車廂外，美術組已經布置好超過車廂長度和高度的大塊平整的綠布。渡邊看燈光已打好，攝影機已就位，香蘭和一干臨演也已坐在座位上。

「開始」一聲令下，才剛剛在車廂門口送別一堆親友的長谷川一夫，應該說是杉山憲治，慢慢走到自己的座位，驚訝看著由香蘭飾演的李芳梅竟在「東京開往下關」的列車上，且坐在自己靠窗的座位上，李芳梅眼睛從窗外收回看見杉山憲治，拋了個媚眼，笑著說：

「啊！這是你的座位，……怎麼這麼慢才來？」

「妳上那兒？」

「北京，我想回中國北京。」

「妳坐到我的座位啦。」

杉山憲治繃著臉說完，李芳梅笑著指向旁邊靠走道的座位：

「請這兒坐。」

「站起來！」

聽到憲治命令式的口吻，芳梅只好站起，兩眼酸溜溜地打量著這位才認識不久的男友，改坐走道邊的座位時，拿起憲治剛剛放在她座位的帽子放回他的膝蓋上。杉山憲治瞅了她一眼，芳梅兩手握著包包，矜持地望向他處，但隨即又柔媚地把頭傾向繃著臉孔的憲治：

「剛剛很抱歉，現在至少我們兩個在一起了。」

「不要靠近我。」

杉山憲治說著用手肘把芳梅推開。李芳梅只好把屁股挪開一點，一臉無辜地望向他處。

「cut，很好。」渡邊站了起來，看著逐漸靠過來的工作人員，「休息十分鐘，沒事的話，大家向五號棚移動。」

「妳的演技實在大有進步。」長谷川兩眼掠過笑開的渡邊，看向香蘭，「妳把女孩子那種委屈求全的柔媚姿態演得入木三分。走吧，到那邊去。」

「我現在不想動。」

她說著時，長谷川和渡邊走了。她知道長谷川那番話只是放個煙幕，讓自己順利脫身，誇她也只是隨便說說。她很懷疑，剛剛演出的橋段是長谷川授意編劇寫出來的。她知道他一直刻意拉開和她之間的距離。不久前，在北京出外景，走遊天壇、中央公園、紫禁城、北海、景山公園和頤和園時，他一直保持距離，不是肩身離得老遠，便是兩人一前一後，導演渡邊有點心灰，拍兩人在北海遊湖時，便沒登船跟拍。在美麗的遊船上，兩人照劇本聊了一下，也照攝影友成達雄的提示，身體投向長谷川，偏偏長谷川兩手交胸，不去接應她的身體。她有些尷尬，但感覺習慣了。

四個月前拍攝《支那之夜》，同遊蘇州手牽手的情景恍若隔世。她知道跟任何演員一連合作三次，一定會招來厭倦。突然一個意念閃進她腦裡。《支那之夜》快演完時，自己的日籍身分已為他知曉，那股神秘的吸引力因此消失，而招致他的冷淡吧。事情想通了，心裡不再這麼滯塞，她振作地站了起來，戲中演她堂妹，劇組中唯一中國籍的演員汪洋迎面走了過來。汪洋是中華電影公司女演員，由於日本話不是很溜，雖然住在同戲日籍女演員的家裡，但在戲中飾演香蘭的堂妹，戲外也很依賴香蘭，兩人如影隨形。香蘭和她走到另一「車廂」的拍攝現場，和大家聊了一下，在渡邊的指令下，再度上場拍攝。

這個「車廂」用來表達奉天開往北京的列車，和剛剛的「車廂」自然有點不同。按照劇本，男女主角已恢復正常互動，但長谷川還是有點像木偶，所有熱情、笑容、肢體接觸都由香蘭帶動。

在這種戲裡戲外，冷淡相互滲透的場合，戲份不多，扮演她父親的進藤英太郎倒給她相對的暖情。說起進藤，去年演出《白蘭之歌》時，兩人同台演出，她竟沒有印象。他只在片尾露一下臉，是事實，但她沒有牢牢記住他的角色，也是一種輕忽。她心懷歉疚，所以這回演來溫馨。

下戲了，工作人員開始收拾工具，香蘭鬆了一口氣，向被人接走的汪洋說聲再見時，茂木久平和香蘭的司機荒木走了過來。三人隨即一起走出攝影棚。茂木：

「我幫妳找了一名助理。」

「助理？我沒說要啊！」

「甘粕同意了，他也認為有需要。」茂木加快腳步，在一個路邊椅落座，「助理，妳是需要的。」

沒事先商量，逕自決定，就要她接受，和上次甘粕要她召開演唱會一樣，都是先斬後奏。香蘭想著緩緩坐在茂木旁邊後，茂木繼續說：

「這個助理，在生活上幫妳處理一些雜事，在工作上就是妳的

秘書。」

「那她是女的。」

「當然，今年廿七、八歲，東京跡見女子學校畢業，想來應該是東京人。」

香蘭小瞪了茂木一眼，茂木以為她要說話，見她不吭聲，繼續說：

「當個明星雜事很多，光是新聞剪報，要好好做，一天就夠妳忙好幾個小時，相片的加註、整理，小至名片的整理，在在都需要助手。」

香蘭想著也對，自己信手拈來有關自己報導的報紙就有一疊，確實有時也曾盼望有人幫忙處理：

「她有家室嗎？」

「沒有，她可以做得很專心，也可以隨妳到滿洲。」

「她叫什麼名字。」

「厚見雅子。她現在就在我車上。」

香蘭嘟著嘴瞅了茂木一眼，果然越俎代庖到如此地步，但還是跟著茂木起身，坐在附近座椅的荒木也跟著起步。茂木先走向攝影棚外，成排汽車的右邊，來到自己座車後打開車門，一位外貌平實，帶點秀氣和書卷氣的年輕女子走了出來。厚見看到香蘭後立刻彎腰鞠躬：

「很榮幸看見妳，請多多指教。」

「那裡那裡。」

香蘭鞠躬回禮後，茂木已從後車廂取出一件大皮箱。茂木額頭沁出微汗：

「厚見小姐，我都跟李小姐說了。」

「那我被錄取了。」

看見厚見驚喜的樣子，香蘭轉向荒木：

「幫厚見小姐提行李。」

厚見覺得不好意思，一個箭步想把行李提回來。香蘭：

「不用客氣。這方面是男士能者多勞。」

三人揮別茂木，坐上荒木的車，香蘭和厚見並排坐在後座。香蘭：

「以後要請妳多多照顧。」

「能夠在身邊幫助李香蘭小姐做點事，也算了卻我的一番心願。」

「哦！」

「妳演的《白蘭之歌》我看過了。」

「真的哦！」

「我記得有一段，妳到奉天車站送男朋友，在月台話別時，男朋友的同事匆匆走了過來，結果妳就一手搖著手巾慢慢走開，那樣子真可愛，真瀟灑。」

「妳還看得這麼仔細，我都忘了我做了什麼動作。」

「這電影比較可惜的是，妳中彈的那一幕沒拍到，一陣混亂的槍戰過後，突然出現妳倒在地面的畫面，有點突兀。」

「印象中是有拍中彈的那一幕，可能是沒有剪接好。因為實在很忙，一般演過的電影，我都沒看過。」

「所以妳需要一個助理。」

漸漸增多的親切取代了初見面的生分，香蘭用笑代替回答。厚見：

「事實上，我很早就見識到妳。」

「哦！」

「兩年前妳在高島屋和日本劇場演唱，我都去聽了。從沒聽過這麼精緻的歌聲，可以說是看不見的藝術品。」

「實在不敢當，也真是謝謝妳，聽茂木說，妳是跡見女校畢業的。」

「畢業快十年了。」

「跡見很有名。」

「是全日本最老的中學，沒有考上大學，實在對不起母校。」

「這樣啊！名校畢業也可以聊以自慰了。」香蘭見厚見沒搭腔，頗思索了一下，「妳和茂木是親戚還是……？」

「我和他老婆去年向一位老師學插花，他老婆好客，一次邀一些同學到她家做客，席間我談起妳，談起妳的演唱會，她老公，也就是茂木突然閃進客廳，『我也是滿映的人。』就這樣他對我就有了印象，這次他為妳徵求助理，馬上就想到我。」

「這樣啊？」

兩年前的演唱會早就淹沒在時空流裡，由於這兩年出版的唱盤銷路平平，她相信那次演唱也不會在太多人心裡留下印記，沒想到竟然在身邊這位大姊姊身上開花結果。厚見雅子：

「我們算是有緣吧。」

「確實如此。算是奇緣呢。」

香蘭說著直覺自己把她招了過來，現在不接納她也不行了。

「荒木大哥，待會一起用餐吧。」

荒木聞言大喜，車子來到了檜町，道路兩邊灰沉沉的兩層木造街屋沉入暮色，又藉著幾許家燈和路燈浮現了出來。流洩在商家看板或料理店幡布店招的燈光招引著大家的食慾。鈴木快速找到一家平價料理店。共餐時，彼此感覺親近了些，香蘭也和雅子談到一些實際的問題。香蘭想：茂木既然表示甘粕同意了，那雅子的人事案應該會照著公司內部的程序走，毋須她操心。雅子問起她在新京的情況。香蘭：

「我現在住在新京大和飯店，正要搬到一位日本少將家，或許住住看，再解決妳住的問題。……」

「沒想到我的出現把妳的問題複雜化了。就如妳剛剛說的，住穩了後再談後續。」雅子腦筋轉了一下，「既然妳也才搬進乃木坂公寓不久，我就先打理妳在東京的生活，把乃木公館弄暖了再說。」

「這樣好。」荒木。

香蘭有了助理，在生活上的改變，慢慢浮顯出來。起初兩三天，她把厚見留在公寓做一些資料的整理，把照片整理進相簿。雅子要在相片上面貼上附註的標籤，得先就教香蘭把每一束相片弄清楚，才能動手做。整理好讓香蘭過目，又得做部份修正，十分繁瑣。活動或報導的剪報還好，只要報章出處和刊出日期標明清楚，剪貼順序和時序有點出入，還 OK。居家環境和香蘭衣物的打理，雅子也都次第進行。迨身邊事務明顯走上正軌，香蘭才把雅子帶到攝影棚露面，但沒有人知道她是誰，以為是來探班的親友。實際上，棚內戲也差不多快結束了。

香蘭的新公寓，樓下一個房間，樓上三間，香蘭和雅子分居樓上兩房。對日本的風俗民情累積太多疑問，香蘭有時會把雅子召來主臥房，雅子也很能在進退之間揣摩自己的角色，一席話的熱潮過了，她見香蘭沉默了稍久，便會自動退下。

香蘭和長谷川之間爾後就在戲裡有些爭論，戲外有些冷淡的情況下度過，不過厚見住進後，新家的感覺幫助她撐持了一下。戲裡最後一幕，李芳梅在伯父和堂妹的扶持下拄著枴杖來到工寮探視杉山憲治，恭賀他抗洪護路成功，憲治也只是淡淡地看了芳梅一眼，並沒有如劇本寫的，把她接過來攙扶，形成視覺焦點。芳梅的腳還是在一片急迫而慌亂的救援中，被憲治搭乘的台車「壓傷」的。當初要救她們姊妹時，他是心急如焚，熱血沸騰，僅僅隔了兩天，戲裡的熱情竟化成冰。長谷川化身的憲治把臉顏轉向戲裡築路的弟兄時，香蘭知道和長谷川之間的合作已經結束。她當下有種一刀兩斷的快感，她自覺在演藝界已經站穩腳跟，把不明朗的關係斷開後反而有利她展開新的局面。

17. 吶鷗遇刺 夜遊墓園

離開攝影棚，香蘭請荒木和雅子吃過中餐後，同車前往滿映東京分社。茂木知道她電影殺青，十分高興。四人在分社長室，茂木除了香蘭外，也關心荒木和雅子的生活。聊了十來分鐘，茂木突然話鋒一轉：

「妳想跟三浦環學歌劇唱法，我已經跟她搭上線了。現在時局緊張，她說她已經失去了這個世界。」

「你的意思是，她不能出國了。」

「現在日本和德國、義大利結盟，德國已經攻佔波蘭和法國，世界分成兩大陣營，歐洲演藝界混亂、活動萎縮，美國還算活絡，但對日本來說，英國和美國等於是準敵國，別想去演出了。」

「忙著拍電影，政府對訊息傳播的控制更加嚴緊，不好意思，我對外面世界的變化變得很遲鈍。」

「國際在變化，社會也在變。舞廳分階段取締，有些演藝團體也被吊照了。」

「這對民心影響很大。」

「想跳舞沒地方去，想看表演，沒有團體演出，看來只好到電影院看電影了，妳演出電影的機會還是暢通的。」茂木看著香蘭自覺好笑，忍俊不住，「所以三浦老師只能在國內演唱，但妳知道國人對西洋歌劇接受度有限，她能演出的機會也不多。妳想學唱歌，剛好填補了她行事上的空檔。」

「我應該把握機會。」

「她早知道妳，也聽過妳的歌，我也跟她說過妳的事，她說很歡迎妳來切磋歌藝。我給妳她的電話，妳直接跟她聯繫好了。」

茂木說著抄了一張字條給她：

「妳覺得怎樣？」

「我正好趁著演完去向她討教。」

「妳留在東京一個月都沒關係，我可以向甘粕報告。在這一段期間，荒木當然還是繼續替妳服務。」茂木目光轉向雅子，「李香蘭回滿洲，妳也可以跟去。」

雅子有點尷尬地望向香蘭。香蘭：

「我在新京住在一家飯店，這次如果回新京，很可能會搬到一位將軍家裡。」

「滿洲將軍？」茂木。

「日本少將吉岡安直。他邀我過去住。」

「滿洲康德皇帝身邊的那位？甘粕跟我提過。確定要搬過去嗎？」

「八九不離十。」

「看來事情也不是我想的這麼簡單。這裡頭有著太多未知數，妳如果搬進去住得不好，可能就會搬出來，住得好，如果屋主人不同意，厚見也沒輒。所以妳需要一段時間來確定。」

「不管怎樣，一旦安定下來，一定會想辦法接厚見小姐過去。」

「我樂觀看待這件事。李小姐的事，甘粕社長一定全力支持。」

會面結束了，三人同車離去，隨後各自回家休息。晚上，厚見雅子小試身手，做了幾道老家千葉的名菜，香蘭吃得齒頰留香。主僕兩人正喝著飯後茶，電話鈴響了，是汪洋打來的。香蘭用華語講了幾句掛掉電話，雅子看她神情有些蹊蹺：

「怎麼啦？」

「戲裡面中國籍女演員打過來，說心情很悶，一定要來聊聊。」

厚見見香蘭憂形於色，一時不便打擾，只好做些家事。香蘭知道汪洋一向任性，這麼晚了，說來就來，對於她的來訪，還是有些忐忑。

汪洋按鈴、登門到上樓，一派小女生的快活、好奇，連語言不通的厚見都感染她的一點喜氣。在二樓小客廳落座，汪洋一直讚美這兒布置得很雅致。隨後，厚見雅子送來了茶點。

「我的老闆川喜多要我拍完電影後先不要回上海，他要我留在北京暫時住在他朋友的家。」汪洋右手不安地搓揉繫住裙子的腰帶的尾端，「他看過劇本，認為我的角色過於挺日，回上海很危險。」

香蘭看著平日快活、無慮的臉孔開始抹上中年人的愁慮：

「他可以早一點告訴妳。」

「他怕我不演，所以演完後才說。」汪洋把頭傾向香蘭，「我的長官製作部次長被人槍殺了，應該說是被暗殺了。」

「製作部次長？不就是劉吶……」

香蘭彷彿被人猛襲了一拳，眼冒金星。汪洋：

「不錯，就是劉吶鷗，他應該認識妳，跟我談過妳。」

「是的，我們認識。妳等一下。」

香蘭說著回到房間，抖顫顫地打開梳妝台和書桌的抽屜，她越是清楚東西沒帶過來，越是翻找，直到身體的抖動明顯緩和下來。她落下幾顆眼淚後，用毛巾拭乾後走了出來：

「我找他送我的紀念品，應該留在新京沒有帶過來。」

「劉吶鷗不是第一樁，我們拍這部電影之前，一位年輕的姓穆的作家也在街頭被人槍殺身亡。劉吶鷗接他的位子，他們都是汪精衛南京政府前後任的國民新聞社社長，都是重慶政府認定的漢奸。」

「劉吶鷗什麼時候被暗殺的？」

「好像是最近，應該是我來拍這部電影以後的事。」

「妳知道川喜多家裡的電話嗎？」

汪洋把記在腦裡的電話號碼抄給香蘭。香蘭撥打東京電信局，告知川喜多的電話號碼後掛掉電話。一兩分鐘後，電話鈴響了，她拿起聽筒，約半分鐘才聽到對方的呼叫。香蘭：

「喂喂！川喜多先生是嗎？我是李香蘭，汪洋在我這邊，劉吶鷗被殺，我十分震驚。請問是什麼時候？」

「九月三日下午兩點十五分，他離開京華酒家後在外面的樓梯被槍殺。」

「京華酒家離派克飯店，派克飯店，大約多遠？」

「隔兩三條街，大概不到一公里吧。」

「謝謝。」

香蘭把電話轉給汪洋聽後，心裡盤算了一下。剛好就是那一天下午，劉吶鷗希望她排除萬難前往派克飯店的那一段時間遇到殺手，吶鷗離開京華酒家，當然是要前往派克，看看能否見到她。香蘭好似特勤局的幹員一般，馬上做情報方面的判斷：如同汪洋說的，可能是重慶政府特務下的手。另外，吶鷗急著見她，難道是預感自己可能遭到不測，期待藉由會面紓壓，尋求最後感情的慰藉嗎？

汪洋放下聽筒看向嘴角抿出一絲慘笑，兩眼空洞地望著牆面的香蘭：

「姊姊妳跟他不只是相識，是很要好的朋友？」

汪洋稱呼香蘭還是沿用拍戲時叫慣的姊姊。另一方面，劉吶鷗確曾對香蘭動過情，但香蘭認為一切止乎「一飲芳醇」，未逾越精神層面，他的死牽動她的傷情，但她斷不致為他深陷傷痛：

「今年四月間我們劇組拍《支那之夜》時，他確實幫了不少忙。」

「他是大好人，挺風趣，學識好，才情更佳，只是難過美人關，看不透舞國名花原是個臭皮囊。」汪洋啜飲一口茶，「他太太當然會很傷心，但如今想到丈夫不再拈花惹草，有時也會慘笑一下吧。」

香蘭對劉吶鷗相知有限，不過今年四月在派克飯店共餐時，他除了坦承自己曾經迷失，對不起老婆外，她也領略了他的調情手法，如今他含冤九泉，汪洋心直口快，準備再次抖出他花花公子的一面，她不忍卒聽，急急轉換話題：

「人誰能無過，況他人已作古。」

「啊！對不起。我失態了。」汪洋開始指責自己，感到自己的存在，「我自己的情節最嚴重。揮舞日本旗歡迎日本軍人的那一幕，最讓我不安。」

「不用再自責了。我們活著就只會怪東怪西。像吶鷗，現在會怪什麼嗎？」

香蘭說著，汪洋平靜了下來。香蘭看向雅子的房門，視線從小走道穿透後陽台，進入想像中的外面夜空，那似乎是劉吶鷗的世界。

「拍片這麼辛苦，想好好休息一下，結果聽到這種壞消息。」

香蘭好像被什麼召喚似的，精神異樣興奮，看著汪洋略嫌枯索的臉顏，「我帶妳出去散步，到一處公園，一個沒有批判、對立的地方。」

「這麼晚了。」

「劉吶鷗都已經到了永夜，我們走片刻的夜路又何妨？」

兩人愉快地下樓，雅子親自送她們出門。

汪洋身材高，走下坡路時邁開了腳步，把香蘭拋在後頭，她回過頭，對向車道一名警察正踩著有夜照的單車吃力地往上坡騎。汪洋歉意地抓住香蘭的手：

「姊妳的手好小。」

香蘭掙脫她的手後，汪洋只好挽著香蘭的手一起穿越大馬路。

「這裡真的好暗哦。都沒有住家嗎？」

「暗才好。才沒有紛爭。」

汪洋「哦」出了幾許不安，但還是偎著香蘭繼續走動。高大的路樹濃聚著暗黑，偌大園區的路燈像疏星。此刻剛好是農曆月初，遠處街區投射過來的濛光，也像眉月的微光，成為暗黑的一部份。

「這裡是櫻花大道。」

香蘭說著帶領汪洋走進樹邃裡面。汪洋仰望高大的櫻樹：

「現在 11 月了櫻花不開吧。」

「但樹葉像楓葉變紅了，白天才看得到。」

「可惜了。」

「沒啥可惜。白天隨便到那兒都是紅葉。」

「白天處處可見，看了沒感覺。妳這樣一說，才覺得自己太不用心了。」汪洋看著周遭一片詭異、闃寂，「那這裡是什麼公園？」

「另一個世界的公園！」

「什麼！」

汪洋視線往外投射，一個個在微光中聳立的石碑和石燈籠讓她雞皮疙瘩。香蘭右手五指趕緊扣住汪洋的左手五指，鎮住她的驚恐：

「別怕，日本人的墓地像公園，不像中國人的那樣恐怖。妳太過緊張會把很多情侶嚇走。」

墓園……情侶……，不會是拍戲吧。汪洋心裡還在糾結時，被香蘭拉了一把，香蘭緊緊扣住汪洋的手，退出櫻花大道：

「坐下來。」

兩人緊緊地挨著坐在一處墳地的矮牆上，愉快交談的聲音傳了過來。汪洋好奇地聽著她聽不太懂的對話，心漸漸平靜下來。一對情侶摟著肩高調地從她們前面走了過去，好像吹哨子壯膽。香蘭想著笑了起來。汪洋：

「姊，妳笑什麼？」

「劉吶鷗一定笑妳這麼緊張。」

汪洋吐了一口氣。

「或許他也來到這兒。」香蘭感覺汪洋鎮定了許多，「我們就回到現實吧。」

「現實？」

「拍電影的時候，妳揮舞日本國旗歡迎日本軍人，妳真喜歡那日本國旗和日本軍人嗎？」

「我都不喜歡。」

「那是因為戲是要這樣演的。」

香蘭站起拉著汪洋走向櫻花大道。墳墓多被大樹擋住了，汪洋迎向路燈，努力在心裡營造這兒公園的情境，邊走邊說：

「尤其是那些軍人，因為是實際的軍人來支援演出的，所以我心裡也特別交戰，他們到底有沒有到過中國，殺害過我們的同胞？」

「那妳對日章旗有沒有感覺？」

「沒有感覺。我只是覺得拍這部戲的時候，和日本人相處愉快，他們也很照顧我。我也很感謝川喜多和這兒的編導給我這個機會。」

「那就是說，旗幟歸政治，不關咱的事。凡事還是回歸人的感覺。」

「是啊。」

汪洋信口回答，聲音被兩人的步伐糊掉了。香蘭：

「把一般日本人和日本軍人切開，把政治和一般生活切開。」

「就是這樣，姊說的對極了。」

兩人無言走了一陣，終於走出青山墓園的櫻花大道重返人間。汪洋吐了一口悶氣：

「我剛剛想了一下，人們說人言可畏，世人的批判，或許可以容忍，但是我們面對的是一個暗殺隊。我固然危險，姊聲望這麼高，在滿洲還好，一回到北平家裡，豈不危險？」

汪洋這樣說了，香蘭知道汪洋一定誤會她的國籍，不過汪洋的警告也值得注意。畢竟取人命的特務也很可能認為她是中國人。不過她不喜歡這種觸及背叛的話題：

「生逢亂世，人命不值錢，有時我會想，乾脆天外飛來一顆子彈打中我。」

「姊，妳別這樣想。」

香蘭笑了笑又把話題扯開。兩人回到公寓，汪洋的回家成了問題。這麼晚了，叫不到車，即使叫到也很危險。香蘭：

「好像地鐵沒有到達，坐電車也怕妳轉錯車。這樣好了，我打電話叫我的司機來載妳。」

「都這麼晚了，怎好意思？」

「不然就留宿我這兒，我叫雅子把另一間稍稍整理一下就可以。」

「那就打擾妳了。可是今晚這種氣氛，我還是挺怕一個人睡。」

「那就跟姊姊一起睡囉。」

汪洋高興得跳了起來，隨即去電借宿的女演員家裡，對方知道她住李香蘭公館後十分放心。

汪洋先入睡，大概太累了，很快便進入夢鄉。香蘭入睡時稍稍把她抱了一下，感覺溫暖、柔軟，十分舒服。她沒法立刻入睡，想著劉吶鷗，雖然緣薄，但他急急地前往赴那不存在的約會時遇到死劫這一點，她一直看不開。睡意朦朧間，她感覺自己在那致命的一刻正坐在派克的大廳等他，半夜醒來時，那種等待的感覺尤其鮮明。懷著對劉吶鷗的虧欠和不捨，年深日久，她意識迷離時常感覺自己那一刻真的待在那家飯店的大廳等他。

天亮起床，她提醒自己要打電話給三浦老師，但不能太早。看到汪洋起身，才想到一件事。隨後她和雅子、汪洋共進早餐，她用華語：

「我們明天都要到東寶拍《孫悟空》片段戲，乾脆再繼續住一晚，明兒我們同車去東寶，拍玩，妳再搭我的車或東寶派給妳的車回到妳的住處。」

「這樣也好，但又要多叨擾妳一天了。」

「那裡的話。姊妹一場嘛。不過聽妳昨晚和川喜多講電話的口氣，妳過幾天還是會回上海？」

「我說這電影又不會馬上放映，況飛機票很難換，還是先回上海再說，他也同意了。」

汪洋的事搞定後，香蘭還特地打電話給汪洋的司機，轉知汪洋的決定。隔了一段時間，她終於和三浦環老師聯絡上，電話那一頭傳來少女銀鈴般的聲音，要她一定要過來，懇求般的口吻讓她受寵若驚。

榎本健一，這位日本最有名的諧星，個子不高，但愛搞笑，自從兩年前和香蘭在日本劇場結緣以來，一直珍視香蘭的存在，這次趁香蘭來東京拍片，特地商請她和一起赴日的汪洋在他的新電影《孫悟空》軋一角。由於客串演出的內容簡單，兩人沒多加思索便答應了。拍攝《熱砂的誓言》期間，他也來過現場給她和汪洋打氣。這次看到香蘭和助理，偕同汪洋一同前來，自然十分高興。汪洋在劇中飾演一個上了發條後會自動唱歌的機械化中國人偶，她在攝影棚內被打扮得花枝招展，手持孔雀扇翩翩起舞，躍步揚扇好似孔雀飛翔，持扇踏步翻身也像孔雀在花草間起舞炫耀，迅速收攏腳步後把扇置身背後，更像孔雀開屏。導演看了十分滿意，隨後拍攝香蘭的輕歌曼舞。所謂曼舞實際是香蘭徐行、挑逗、躲閃和遁去一連配合歌聲的韻律動作。她的歌聲依舊悠遠，迴蕩在偌大的印度宮廷裡面。順利地拍完後又在錄音室把剛剛唱的曲子再唱兩遍。隨後才鄭重地向汪洋道別，坐上荒木的車。雅子：

「托妳的福，終於看見榎本健一，總覺得他十分神秘。」

「他就是愛演孫悟空。以前舞台劇不知演過多少次。這回終於搬上銀幕。」

「孫悟空不是神怪故事嗎？我看整個片場都是歌歌舞舞。」

「整部戲是直接從舞台劇衍生出來的，東寶舞蹈隊整隊前來支援。和我演過的歌唱戲相較，《孫悟空》是真正的歌舞劇。」

「我還是喜歡那種神怪的演出。」

「這樣妳或許會失望了。孫悟空不是會騰雲駕霧，武功高強，十八般武藝樣樣通嗎？榎本在電影中演出的孫悟空，乾脆開戰鬥機，靠飛機騰雲駕霧，還用機關槍掃射。」

厚見聽著嘆了一口氣，兩人就這樣說說笑笑回到住處。次日，香蘭開始展開每週兩天的歌劇學習之旅。這個月，沒有公司的約束，她和厚見偶爾上館子，大部份時候，厚見下廚，偶或香蘭小試身手。香蘭前往百公里外的山梨縣山中湖三浦宅學歌時，總是早出晚歸，厚見也就趁此在主臥房整理香蘭的資料，希望香蘭回滿洲時，原本雜亂繁多的資料變得簡潔明瞭，主僕兩人日子過得無憂無慮。

12 月初，香蘭終於揮別厚見雅子，隻身返回新京。在飛機上，她還是想著劉吶鷗。劉吶鷗畢竟付出了生命，長久以來感到的虧欠，讓她深覺實在欠他這麼一次，對他牢牢的等候虧欠一次，彷彿積欠多多。年深日久，幻覺裡頭的等候變成「記憶」的一部份。只要劉吶鷗的身影浮現腦際，她就恍然遙見年輕的自己真的坐在派克飯店的大廳，但終究等不到他。

18. 遷吉岡宅 雙雄鬥酒

香蘭返回新京後兩三天決定搬到吉岡安直官邸，經電話聯繫，吉岡喜出望外。她向牧野請教相關問題，牧野：

「禮金和租金的問題，相信他不會收。如果是我就不會收。但基於一種禮貌，還是準備一份，屆時他如拒收，心意還是到了。」

過了兩天適逢週末，鈴木手提兩件大行李，牧野抱著一個大紙箱，香蘭拿著較輕便的東西從大和飯店二樓走下一樓，然後往鈴木座車移動，搬完一趟再走一趟。牧野和香蘭想搬完再向櫃台報告，櫃檯小姐主動前來關心。兩人把東西放下後給鈴木搬。日籍的櫃檯小姐：

「是李小姐，還是牧野先生要搬離？」

「小蘭。 」

牧野說著，櫃檯小姐笑了起來。牧野：

「那房租就算到今天退房。」

「我記得你們的，包括理事長在內的，都是一年支付一次，今年已付到年底，我去拿她的住宿資料看看。」

小姐回來了，把香蘭的入住卡交給香蘭，香蘭沒看，直接給牧野。小姐望向看資料的牧野：

「李小姐去年 12 月入住，到目前為止剛好快一年。因為她實際住的天數不多，老闆有意年終結算時攤還一些折扣給滿映。」

「既然這樣，我們也就不求提前解約，這一年還有 20 幾天，小蘭即使搬走了，在年底前還是可以回來小住一下？」

「那當然。」

香蘭的生活物品不算少，牧野的車子也幫忙載，兩輛車直奔東六條通的吉岡安直官邸。

吉岡宅是兩層歐式風格建築，和皇宮內的懷遠樓同時建造，因為距離稍遠，未能畫入皇宮內，當大內總管吉岡的住宅剛剛好。由於有十幾個房間，給吉岡一家人和僕役居住，綽綽有餘，也分攤了溥儀皇家聯誼的部份功能。這兒經常舉行派對，皇族、閣僚和關東軍將領常是座上客，閒置的房間常成為他們的休息室。兩車抵達後，吉岡看見香蘭高興異常，鈴木手提的兩大皮廂立刻被僕役接走，牧野把東西從車上搬出後，僕役也搶著拿。吉岡和香蘭在大宅廊內聊著時，牧野趁機開車溜走，鈴木隨後也跟上。

香蘭房間在二樓，剛好在吉岡長女悠紀子房間的對面。在吉岡的引導下，香蘭上了二樓自己的房間時，悠紀子已經在協助掛衣服了。悠紀子自我介紹，香蘭知道吉岡的長公主主動幫忙，心裡自然高興。吉岡進來了，開始介紹家裡的概況，香蘭得以知道，除了女主人初子外，悠紀子另一個小很多的妹妹叫和子；眾多僕役各司其職，但香蘭立刻忘掉那位具有朝鮮或蒙古血統。吉岡似乎刻意營造一個五族共榮的家庭。

吉岡把話打住，打量了一下香蘭房間的配置，正想提出建議時香蘭已從放在桌上的包包取出兩個鼓鼓的禮包：

「吉岡先生，這不成敬意，感謝您讓我住這兒。」

「哦！」吉岡很快在慌張中鎮定了下來，「妳已經付了，妳對滿洲國和日本國貢獻這麼大，付出已經這麼多，照理說，應該是我付給妳。」

香蘭想不出可以用來說服吉岡的話，變得有點發呆，悠紀子悄悄地從她手中抽出兩個禮包，放回她的皮包內。

「現在大家開始整理房間。」

悠紀子從容地叫了一下，她父親作態要幫忙，但被她以女孩事自己管為由趕了出去。香蘭把資料夾、相簿和書本擺進書櫥裡面，把一個裝衣服的皮箱打開後，紀悠子又有得忙了。化妝品、文具和一些零星、瑣碎物品，看得人心慌。悠紀子走了出去帶回一個筆筒和一個空盒子後，教她把一些難以歸類的小東西丟進盒裡，以後再慢慢整理。兩人不斷地擺置物品，整理衣服，忙了約莫一小時，變成很熟悉的朋友。雖是 12 月天，但香蘭開始冒汗，剛剛送禮包的尷尬已消淡。悠紀子暫時歇手，坐在床沿：

「剛剛手忙腳亂，無暇思及。現在坐下來，才感覺巨星就在眼前。」

香蘭笑著腰桿打不直，把旁邊椅子拉過來就坐。

「別這樣。還只是一個普通人，凡事要自己打理。」

「打理自己的東西只是一時吧。聽爸說，妳一年到頭在中國、日本到處飛來飛去，拍電影或表演。屆時悵望星空，不知那一顆才是妳。」

聽到悠紀子一番話，香蘭感覺和她真是一見如故，於是走了過去，坐在她旁邊；親切地聊過後知曉悠紀子年中生，她自己年頭生，算是小姊姊。

吉岡夫人初子是微胖的中年婦人，長久不離庖廚，頗精於廚藝，託丈夫的鴻福，周旋於王公貴人之間，外交手腕可是十分伶俐。

她和兩名滿籍，也可以說是中國籍的廚師共同下廚，除了高粱米飯共煮之外，各自做各自的菜。用餐時也一樣，十名僕役共圍一大桌，上的都是大盤、大碗，味濃的中國菜，屏風另一邊，吉岡一家用餐圍著一個方桌，上的菜常是小碟小碗的日本料理，但偶爾也會請滿籍廚師做一些中華料理。

用餐時間到了，悠紀子領著香蘭下樓，坐上餐桌。香蘭把一袋出版過的唱盤，包括最近才出的〈紅色的睡蓮〉，送給吉岡，吉岡喜出望外，拿起唱盤仔細端詳，興奮和激動形於色，隨後克制了下來。初子看著香蘭：

「我還是叫妳淑子好了。」

「是，家人都是這樣叫我。」

「在外面稱淑子，別人會以為指的是川島芳子。」吉岡安直笑了起來，「李香蘭是通用的稱呼，後援會就是掛名李香蘭。」

「在家裡面呼叫小名，客人來的時候，我再稱呼妳李香蘭。」

吉岡初子說著，香蘭欣然領受。她覺得稱呼上，雙方習慣就好。不過她也從中領悟畢竟庭主婦比較嘮叨，要確定每一成員都是可以使喚的。初子夫人繼續說：

「妳來到這兒就不再是客人，是家人了。凡事就不用客氣。」

香蘭同樣默默領受。悠紀子嫌母親囉嗦且嚴肅，用手搓了和子一下，化解一點尷尬。

「天上這麼大的一顆星掉落我們家，大概五公里外，都可以看到我們家的星光。」

悠紀子的玩笑也是她的感慨，高中畢業後，父親希望她讀大學，但大學多只招收男生，且多營集體、軍事化生活，她卻步了。此外，她也拒絕進入政府機關工作，選擇賦閒在家，當母親的助手。香蘭出現，她從平凡的生活中驚醒過來時，覺得只有感受到香蘭的美好，才會讓自己好過一些。唯此刻她的玩笑讓舉桌輕鬆了起來，連半大不小的和子也一直盯著香蘭，好像要把她吞下去。初子拿著一只空碗站了起來。

「淑子，這是我們佐賀縣的名菜：溫泉湯豆腐。」

初子舀好一碗豆腐放在香蘭桌邊。香蘭直覺好巧，自己祖籍在佐賀，難道吉岡或初子也是來自佐賀，齒頰間自然流淌一股親切。

「妳們自己舀哦。」初子眼光從兩位女兒移向香蘭，「妳看，四四方方的豆腐有部份融進湯裡，變得不勻整，但湯也變得白白的像硫磺泉一樣。舀一點吃吃看，冷了就不好吃。」

香蘭試著舀了一小塊放進嘴裡，果然入口即化，連聲讚美。和子：

「這位淑子姊姊也是賀州人？」

「是的，父親出生賀州。」

香蘭說著看著正值豆蔻年華的和子，中學生果然用心，記住了她剛剛漫不經心講的話。

「淑子姊姊是滿洲出生，是標準的滿洲人。」吉岡安直給女兒上了一課，面向香蘭，「小蘭，對嗎？」

悠紀子兩姊妹看見父親這樣稱呼淑子都笑了起來。吉岡笑臉依舊：

「妳在家裡，父母有時也呼妳小淑子吧。」

香蘭點頭稱是，吉岡繼續說：

「日本人用來表示暱稱的『綣[1]』加在中國式的名字上，小悠紀子兩姊妹不習慣。我前兩天到滿映一趟，才知道牧野部長把李香蘭的小名帶回來了。」

「那是在東京哥倫比亞唱片公司錄唱片時，音樂家古賀政男率先叫出來的。」

香蘭說著臉紅了起來。吉岡初子敦促香蘭多吃一些：

「古賀政男的歌曲我最喜歡了。我如果像妳有機會接近他……，那簡直不敢想。」

「一大把年紀了，又不是悠紀子。」

「只是嚷嚷，又沒在追星，你又來了。」

「好了。妳喜歡就好，凡事都讓著妳了。」

吉岡兩夫妻拌嘴給餐尾加油添醬，對香蘭來說，新家的拘束又鬆綁了些。輕鬆的晚餐結束了，是香蘭融入這個家庭很好的發端。

兩天後，滿映理事長甘粕歡迎上海中華電影負責人川喜多長政，兼給香蘭洗塵的晚宴在大和飯店舉行。甘粕本來早就該給香蘭洗塵，想到川喜多要來，乾脆延後，一併給兩人洗塵。甘粕領著中級以上幹部和檯面上的滿映演員席開六桌，在業務上亦敵亦友的川喜多面前展現了滿映的繁華和氣勢。川喜多和他的業務部長黃天始坐在甘粕的對面。南北電影業兩大龍頭的右邊分別坐著滿映配給部長市川和香蘭。宴席還沒開始，川喜多首先向香蘭致謝：

「這次汪洋受妳照顧，她回來一直感懷不已。」

「她現在好吧。」

「她現在也陷入矛盾，《熱砂的誓言》還沒上映，她擔心演出的那種角色會招來報復，家人也希望她回杭州讀書準備考大學。」

「她正是這種年紀。如果有機會再讀書，那也很好。或許讀完大學有興趣再演也不遲。」香蘭聲音變小，臉貼近川喜多一些，「吶鷗的事，實在很難過。」

「找個時間再談吧。」

甘粕看了川喜多許久，見他不再說話，慢慢把心中的怒火壓抑下來。他向全桌舉杯，表示歡迎川喜多董座來訪，也歡迎香蘭回來：

「恭喜川喜多兄的中華電影鴻圖大展，你不用拍片，中國人努力把電影拍好，你就像批發唱片一樣，大賺其財。」

聽見理事長語帶諷意，在座幹部都豎耳看著川喜多。

「理事長過獎了，滿映製片、發行都做，確實夠辛苦，龍行兼虎步，令人敬佩。」

「既知我們辛苦，我們做出的片子，你們都不協助發行。你們發行到我們這兒的電影，我們的市川部長轉發出去，都很賣座。」

「我們發行出去的電影都是華新、藝華一些中國電影公司拍的片子，中國人拍的片子中國人喜歡看，我想這是最重要的因素。」

川喜多向兩眼含慍的甘粕舉杯，關於發片他堅守自己的原則，他也不好說滿映的片子不好，滿映的啟民片多為戰爭服務，上回來看片時，就拒收，很多娛民的故事片，有些翻拍日本片，有些政策宣導的意味很濃，也被他篩掉了很多。甘粕回敬川喜多：

「我們的故事片都是滿洲演員拍給滿洲人，也就是中國人看的。」

「這我了解，理事長的用心，相信滿映員工都了解。但翻拍日本國內已拍過的片子，中國人就不會看。」

「所以李香蘭的《蜜月快車》和李明的《國法無私》，你就沒發？」

「理事長誤會了。這兩片在上海賣座不好，下片後我就沒繼續發，應該已經退還給你了。」

「我認為中華電影沒有盡力，你應該向李小姐謝罪。」

川喜多爽快地向香蘭敬酒，再回看甘粕：

「理事長，別用這種怪罪的眼神看我。《支那之夜》在台灣熱映，在台北國際館場場爆滿。那理事長滿意了吧？」

「那是因為長谷川。」

「不對。他們是衝著李香蘭到電影院的。」川喜多就像馴獸師一樣盯著甘粕看，企圖壓服他的忿懣，「李香蘭的〈支那之夜〉的歌聲是唱片行買不到的，有人為了聽歌，看她的容貌，電影看了三四次。」

甘粕起初覺得川喜多一開始就直搗滿映的罩門，有點忘形。被甘粕冷冷地看著，川喜多腦裡立刻閃過香蘭演藝過程中的亮點。甘粕見川喜多自動贖愆補過，冷冷地抿唇笑開：

「很多事情都是意想不到的。難得李香蘭小姐讓滿映和中華電影同感愉快。來大家一起來。」

甘粕帶動喝，助長了全桌的豪氣，很多人和甘粕、川喜多一樣，喝掉了杯中三分滿的威士忌。好像拆解了一枚炸彈，大家頓感輕鬆。川喜多：

「敢問理事長，李明今晚有沒有來？」

「這個先不講，我的配給部長這麼賣力發行你華影的片子，結果他發給你的片子……我就不說了，想想看他被我罵了多少次。」

甘粕說著笑開，川喜多欣然領罰，和黃天始雙雙向市川敬酒，然後望向甘粕。甘粕兩手交胸：

「李明離職幾個月了，聽說去上海了，沒找你嗎？」

「上海十幾家電影公司，她如果來的話，機會是很多。」

自從拍完《東洋和平之道》，進行一些相關活動後，川喜多已有兩年沒看過李明，她的相貌也有點想不起來，只記得她身形高挑，容貌端莊，很有時代美女的況味，但似乎缺乏才藝，和她同時出道的白光能歌好學，日語好，又年輕三歲。想著不禁對她感到有些悲觀。同桌賓客觥籌交錯，相互舉杯，甘粕呼喚了一下，把他從耽思中喚醒過來：

「我這一杯敬李明，你跟不跟。」

川喜多依命喝了。整個會場熱鬧哄哄，但這個主桌似乎聚焦在兩位大人鬥嘴兼鬥酒的場面。香蘭有些不習慣，不過在座的男士酒性反而被挑起，宴會廳燈炫酒黃，大家追光逐影，甘粕對川喜多的緊盯變得有些鬆弛，跟幾名同事敬酒交談幾句後，目光還是轉回川喜多：

「林顯藏在你那兒還好吧？」

「今年七月他把你們滿映在上海的 11 家戲院轉移到中華電影名下時，常見面，產權移交後，很久沒見面了。就像他的名字，熱鬧出現了一陣子，然後就隱身了。再一個禮拜年終董事會開會，有通知他來參加。」

甘粕斜乜著滿桌菜色的蒸煙，思緒的薄煙也在腦海掠過。去年 11 月他接掌滿映，林顯藏不再代理理事長，繼續做專務理事，尷尬了一陣，萌生辭意後，被發配邊疆，管理上海的戲院，五個月前，他聽從上海陸軍的建議，把 11 家在上海的電影院轉讓給中華電影，再補上一點錢後，換到中華電影 25% 股權，林顯藏也就順理成章地成為代表滿映的中華電影的董事。林顯藏辭職後，還是獲聘為中華電影的董事。這一切過程，都靠信件往來推進，甘粕因此對他的印象變模糊了。甘粕：

「看到他代為問候一下。」

「那當然。你滿映的 25% 股份不少，年底結算就直接匯入滿映帳戶。」川喜多狡黠地向甘粕舉杯，「我們中華電影賺錢，等於滿映賺錢。像我的東和商事在華影的股份就很少，分不到什麼。」

甘粕笑裡含刺地把眼神轉向屬下，另闢戰場，宴桌就像重新翻過一般，呈現另一種歡暢和熱絡。川喜多樂得和其他人摶感情，和香蘭談得尤其入港，盡去剛剛的煙硝味。鄰桌不少演員和職員走來向主桌的人，尤其是甘粕敬酒，宴情不斷翻轉，一波蓋過一波，香蘭感覺剛剛南北兩大電影龍頭的鬥酒似乎是很久以前的事了。

甘粕一直惦著川喜多，不會輕易放過他。他深切認為此人不應站在對立面，應該為他所用。他有時在想，找個機會請軍方協助滿映買下南京政府持有的中華電影的一半股權，成為唯一過半的大股東，中華電影成為旗下公司後，川喜多就是最佳的業務或配給部長。甘粕兩眼直視川喜多：

「你在電影上買空賣空，賺了一大筆。」

「買空賣空，是說過頭了。事實上是互通有無。東南亞人喜歡看上海人演的電影，我們就發送過去，上海人喜歡看好萊塢的電影，我們就運過來。」

「利潤很好吧。」

「薄利多銷。因為發行網路廣，堆疊起來才有賺。」

「台灣也在你們的發行網嗎？」

「對。像李香蘭的電影在那兒就賣得很好。」

甘粕聽得有些心動，心想，實在應該取得一份中華電影的年終財務報表，那就叫根岸拜託林顯藏取得吧。

宴席進入尾聲，在牧野的建議下，甘粕領著重要幹部、川喜多、香蘭等人巡走各桌敬酒，一開始的劍拔弩張變成相互隱忍，也算讓香蘭卸下心中的那塊大石了。

註 1：ちゃん，音織，加在名後，如悠紀子ちゃん、和子ちゃん、蘭ちゃん，用來表示親切，一般翻成「小」，如小悠紀子、小和子和小蘭。

19. 宴皇弟妹 南島呼喚

大和晚宴結束後，香蘭就近力邀鄭曉君共宿大和，自然也撥了電話回吉岡公館報平安。

住在大和飯店固然方便，但住在吉岡公館，被當作公主一般伺候，悠紀子兩姊妹又特別喜歡親近她，搬進來後，家庭的溫暖勝過一切。就此安定下來的願念是更加強烈。

所謂皇弟和皇妹要來作客的週日終於到來，香蘭和悠紀子姊妹約好到東南郊吊水壺景區一遊的計畫因此取消。香蘭先前從報章雜誌對溥儀的弟弟溥傑有些認知，也知道他娶了日本貴族女子為妻，對於溥儀三妹，人稱三格格的金韞穎，和她的夫婿郭潤麒，也是昨兒才從悠紀子那兒得到一些描述。

「爸常邀他們過來作客。」悠紀子這麼一說，香蘭皺了一下眉頭，想了一下：這也無妨，反正自己長年在外，被打擾的機會不會太多。

門鈴響了，吉岡親自下樓迎接，見到自己一手撮和的溥傑和嵯峨浩攜手前來，十分高興。溥傑對於自己娶嵯峨浩被暗諷為上級指定的政治婚姻，並不十分介意。他長久在日本生活，深深體會日本女性的溫柔，一心想娶扶桑妻。如今遂其所願，妻子也如預期的體貼，他的滿足足以抵擋任何異樣的眼光。

婚配事成後，吉岡因功升大佐，但也惹來溥儀的憎厭。吉岡入宮後常在政務和生活禮儀上上諫導正溥儀，但也常因這件婚事被主子碎碎念，甚至怒責。溥儀連娶三妻，18 年了，膝下猶虛，明顯無生育能力，關東軍因此對嵯峨浩更是寄望殷切，逼溥儀簽署「帝位繼承法」，明令弟弟和所生子嗣的繼位權，尷尬了一向恭敬兄長的溥傑。溥傑夫妻都沒有政治野心，連生兩女，直覺哥哥和貴人譚玉齡恩愛有加，希望有結果，兄弟之間也就不那麼緊張了。吉岡讚同溥傑的想法，他明白溥儀的皇位終將是一場空，重點在如何善終。比他的皇位更重要的還是帝國的續存。去年關東軍在諾門罕[1]被蘇聯軍隊打敗，元氣大傷，再來一個諾門罕，滿洲帝國恐難保。帝國的存在比什麼都重要，榮華富貴才有依附，個人的榮枯沉浮還在其次。吉岡想著和溥傑夫婦相互交換禮物，閒聊了一陣後，引導他們到客房休息。隨後到香蘭房間，要她準備唱幾首歌。這時，郭潤麒和夫人金韞穎也帶著兩個小孩來了。

聽見妹妹韞穎和妹夫來了，溥傑夫婦從房間出來，彼此閒話家常，吉岡見狀十分快活。僕役到二樓，在梯口旁邊的梯廳架設大圓桌，吉岡趁勢再請客人到客房休息。自從搬進豪宅以後，拜宅內多房間所賜，吉岡待客就不為狹小的客廳所縛，讓客人在客房休息等待主宴，已經成為他悅賓的殊勝法門，潤麒對他這點就特別讚賞。11 年前，吉岡在天津玲園認識了溥儀和婉容，差不多同時，認識了前來探親的郭潤麒。那時潤麒還是個少年，和同父異母的姊姊婉容在一起簡直是金童玉女。這對金童玉女翻轉了吉岡從少年起對滿清政府或滿族人腐敗、庸懦的印象。如今玉女自暴自棄，花容月貌漸謝，金童依舊灑脫，足見謙虛好學的潤麒，韌性遠遠超過其姊。

平常客人不多就在這兒宴客，客人回房休息十分方便。客人多時才移師樓下吉岡的大畫室擺設桌椅。客人坐定後，親自下廚的吉岡初子也上樓了。在這小小的聚會，香蘭是生客，吉岡用日語做簡單的介紹後，三格格韞穎用中文驚呼了起來。

「妳就是李香蘭！去年宣詔紀念晚會，聽過妳唱歌。」韞穎驚視香蘭再轉向吉岡，用日語說，「你請我們這麼多次了，這次邀請了美聲女王事先也不跟我們說。」

「妳唱〈何日君再來〉，一身白衫，臉孔好像被舞台燈光融化了。」

嵯峨浩說著，驚喜神情的餘波也轉成抱怨射向吉岡。吉岡趁兩位女士談話稍歇，急急道：

「李小姐，不用邀的，她就住我這兒。」

「蛤！」

韞穎和嵯峨浩同聲驚呼。吉岡稍作說明：

「……本來想先告訴妳們的，後來想想，就當她是家裡成員和妳們自然見面。這年頭大家承受太多驚訝，個個神情疲憊，把事情平淡化、家庭化，是我的做法。」

香蘭一直陪笑釋出歉意，兩女看了更覺歡喜，只是香蘭到底是華人還是日本人，心裡還是沒個準兒。這兒的華人，應說是滿族貴冑都曾滯居日本，日語自然流利，吉岡一家華語不行，溥傑夫人嵯峨浩尚可。僕役端著菜餚上來，午宴開始後，除了滿裔和香蘭相互間用華語外，餘皆用日語，尤其是所講的話要主人吉岡聽得懂之時。

韞穎帶著兩名幼兒前來，初子夫人把他們安置在和子的房間，由和子負責督促或親自餵食，以免他們接近樓梯口，跌落下去。韞穎有時也會進去和子的房間坐在臨時搬來的小方桌旁親自服侍兒子吃飯。

吉岡深知日本和滿洲矛盾根深柢固，他和溥儀的弟弟和妹夫在一起，話題一定有所迴避，也一定要備一點酒，讓酒精協助化解不安。溥傑和潤麒在日本陸軍士官學校受訓時，頗受戰史教官吉岡的照顧，基這種緣份，他們在軍校生活的這一塊永遠有講不完的話題。

潤麒向香蘭舉杯，問起她最近的拍片和演出情形，香蘭很想忘掉過去的一切，尤其是長谷川的冷淡，她只好簡單地交代出來，她雖然講中文，但一些關鍵字眼還是用日文帶出，吉岡還是知道她在講一些什麼。溥傑用日語問道：

「《熱砂的誓言》什麼時候放映？」

「大概月末或明年初。」

為了讓吉岡一家人聽得懂，潤麒也改用日語：

「妳的〈紅色的睡蓮〉唱片賣得很好，我就買了一張。」

「真的，謝謝。」

「另一面〈建設之歌〉就很少聽，只聽妳那一面。」

看著香蘭垂著臉，吉岡：

「〈紅色的睡蓮〉確實好聽。小蘭就唱一首吧。」

在舉座掌聲的鼓勵下，香蘭引吭高歌，粉嫩的音聲，大家感同身受，頗為療癒。不過，她不像導演把這首歌的歌聲鋪陳在電影裡頭男女主角巡遊北京的風景畫面上，伴隨她歌聲的主要還是她在翊教早期，和潘家姊妹上學、出遊的憶景。她割捨政治意味濃重的第三輪，唱完兩輪歌詞後：

「為了不辜負服部良一老師的苦心創作，我接著唱〈蘇州夜曲〉……」

香蘭舒緩的歌聲慢慢流出佳偶柔情，鳥鳴似夢，垂柳惜春，花落流水的情景，只是儷影雙雙，此情不知能否長久？舉座情緒隨著歌聲搖曳，杯中紅酒恍若倒映著歌中的「情景」。香蘭唱到「悵望淚眼，月色朦朧。寒山寺，鐘聲響起」收束歌聲時，大家還似在夢裡，香蘭要坐下時，看見剛剛還在和子房間顧兒的三格格韞穎正帶著小孩站在走廊的牆角看著她。

一桌不到十人，但掌聲響亮，大家共同向香蘭敬酒，對善感的女眾來說，這不但是情歌，也是和平之歌，嵯峨浩擔心日滿聯姻的家庭最後會被日益好戰的祖國摧毀，感受尤深。

吉岡初子下了樓，隨後帶著幾名提著裝滿小碟菜菜盤的司廚上來。司廚小心地把每一小碟菜平均分給每一人，最後一人還到小孩房分菜。大家慢慢品嚐佳饌，沒多久，初子夫人提議香蘭再唱一首。香蘭思索了一下，想到了服部富子的招牌歌〈滿洲姑娘〉，富子不再，她正好可以一展歌喉。

歌聲響起，春近雪融鑼鼓響，穿嫁衣裳坐花車，新娘心兒跳的風情畫，化成淩虛迴峰的歌聲，初子聽後感觸頗多，淚眼盈眶。潤麒面向香蘭：

「姊姊原本也很會唱歌的，也請外國老師教過。」

「姊姊？」

「婉蓉。」

「是啊！美麗的皇后。」

婉蓉的健康和美貌被鴉片侵蝕的傳言不斷，大家都在內心哀嘆，溥傑見狀趕緊把話題移開。

午宴結束了，賓客在客房小歇一會便離去。香蘭送完客，刷牙漱口準備小睡一下，聽到敲門聲，起身開門，見將軍父女佇立門口。將軍進來後，坐在香蘭搬來的椅子上，悠紀子坐在床沿，香蘭只好坐在另一張椅子上。吉岡：

「妳剛剛喝了不少。」

「他們一再勸喝，也不能第一次就掃他們的興。」

「妳這樣做對極了，再說妳的歌聲好聽極了，比唱盤還好聽。」吉岡看了一下女兒同意的笑顏，再正視香蘭，「我的目的是希望他們快樂，感到我和康德陛下關係良好。妳知道康德也很不喜歡坐那個位子，我，關東軍的一顆棋子，只能儘量把事情做得圓滿。」

香蘭沒有回答，也不知該怎麼回話，只覺得眼前兩個影子不斷游離。吉岡自覺話題過當，不該跟一個女孩談這些，於是說道：

「聽悠紀子說妳在大和那邊還沒有完全退掉。」

「因為快到期了，租金早付了，長官不跟大和計較，到月底租約就自……自動消失。」

「還有沒有東西還沒搬過來，我派司機去載。」

吉岡見香蘭兩眼迷離，沒有反應，再次提醒。香蘭突然想到厚見：

「還有一件……一個在東京。」

「那就請人寄過來好了。」

「是助手。」

香蘭講的是外來語，吉岡一時沒聽出來。

「是助理，秘書，女的？」悠紀子從香蘭神情知道答案後，面向父親，「是女助理，女秘書。」

「是東京的分社長派給我的。」

「哦！我明白了。香蘭妳也太客氣了。就叫她住這兒。我會叫人把妳隔壁的那間整理出來。」吉岡看到香蘭已經換上睡衣，知道自己冒昧闖入了，「妳的情況甘粕已經知道了，他昨天打電話給我，要我公事公辦，接受滿映的補貼，我要私了，他堅持公辦，最後只好依了他。」

吉岡離去後，香蘭立刻入睡，醒來後知道厚見的事有解，心情寬泰了許多。吉岡在宮內府辦公事直接打電話給茂木，茂木知道香蘭居處底定，十分快活，但希望厚見暫緩赴新京履新。吉岡下班後把話傳了過來，香蘭始知自己明年一開始就要被安排連跨兩個月的大規模域外演出。

第二天，香蘭在牧野的陪同下被召進甘粕辦公室。

「請坐在有杯子的那邊。」

兩人聞聲在沙發坐下後，甘粕手持琥珀色的酒瓶走了過來，給兩位來客的酒杯注了一點酒，也給自己的杯子注入一些。

「這是藍牌約翰走路，我們喝一點文酒，我知道牧野如果不喝，李香蘭絕不會喝。」甘粕從茶几下面取出拆開的方塊巧克力，放在來客面前，「天氣這麼冷，和著酒吃。」

看著甘粕撥動巧克力的包裝紙，牧野和香蘭才抓一顆來撥。威士忌拌著巧克力喝，不難下肚。甘粕看向香蘭：

「我上任前，妳好像在日本辦了兩場演唱會。」

「我只是應邀參加。前年秋天東京的滿洲資源博覽會，去年春天的大東亞建設博覽會，都是有主辦單位辦的……」

香蘭說著看向牧野。牧野：

「滿洲資源博是新京滿洲新聞和東京高島屋合辦，大東亞建設博是朝日新聞辦的，除了日本那邊的明星同台外，滿映這邊也有一兩位同仁跟著李香蘭一起去演出。」

甘粕點點頭，喝了一小口威士忌，基於對李香蘭強烈的信心：

「不過小蘭還是整個會場的焦點吧。」

「沒錯，主要是那無可取代的歌聲。」牧野。

「很好。是這樣子的。」甘粕仰躺沙發，兩手環在下腹看著香蘭，「明年二月是日本建國，也就是紀元 2601 年，去年 2600 年雖然也大肆慶祝，但滿映沒有角色，這次我們決定主辦妳個人的歌唱秀，我打了幾通電話，東寶要規劃妳的演出，但東京分社的茂木有些不爽。」

「李香蘭小姐在日本的演出，東寶有獨家經紀權，這是山梨稔當時代表滿映和東寶簽定的。」牧野。

「東寶家大業大，有人才又有場地，和小蘭合作經驗又多，我還沒問根岸，就屬意東寶了。」甘粕身體離開沙發背，笑著細品巧克力融入酒裡的餘味，「我如果不明究裡地叫茂木規劃節目，豈不惹上糾紛。」

「茂木很有大哥的風範。」香蘭想著茂木替她解決東京居住的問題，「大概只有他才會想到替我找一位助理。」

「他很講義氣。我才會找他來當分社長。現在還有一件事，剛好可以讓茂木發揮一下。」甘粕意有所指地瞟了香蘭一眼，「台灣有一個叫什麼南邦映畫的特別向茂木接洽，希望妳在紀元節公演前先到台灣巡迴演出，沒想到小蘭的名聲已打進了台灣。」

「台灣的南邦映畫也拍電影嗎？」香蘭。

「我也不是很清楚。我知道的都是茂木跟我講的。」甘粕感覺公司的名稱漏了什麼，和最初承受的印象有落差，看了牧野一眼，「哦！對了，全名是映畫工業社，賣電影工業器材，比如攝影機、膠卷的。」

牧野點點頭，不知該怎麼回話，看了香蘭一眼。香蘭吃了一塊巧克力：

「日本人開的？」

「是的。我的記憶都回來了。確實是不拍電影。另外，茂木跟我講，一件事情的連鎖反應，我也覺得滿有意思。」甘粕催促香蘭也喝一點，「他說渡邊浜子〈支那之夜〉的唱片，由日本的哥倫比亞交給台灣的古倫美亞代銷，結果熱賣，電影《支那之夜》去年在台灣發行，也是場場爆滿。」

「對，這點我看過報紙，不久前，川喜多也講過。」牧野。

「台灣的觀眾就這樣。聽了歌，就想看電影，看了電影，發覺小蘭在電影裡頭唱的又勝過浜子唱的，聲音更細，更入夢，所以想見其人。南邦映畫社的老闆是生意人，嗅覺靈敏，看準了這個商機。」甘粕沉吟了一下，喝了一小口酒，認真地看著牧野，「那部電影，在上海賣座不理想，為什麼在台灣造成旋風？」

「從沒想過這種問題。小蘭，對不起，可能會批評到妳的角色。」

牧野說著尋求香蘭的眼光，但香蘭避開了。牧野繼續說：

「這要看每一個國家的國民怎樣表達他們的民族情緒。現在日本、中國關係緊張，嚴重對立，片中女主角由反日到親日，對上海人來說，那就是背叛，沒有時間的消化，心裡面的不愉快沒有轉圜的餘地。」

「你說的時間帶來的轉圜。」甘粕摸著下巴，兩眼從香蘭漲紅的臉顏滑開，眼珠下垂，「台灣被日本統治了快 50 年了。」

「對。台灣人當然知曉 46 年前他們屬於清國。他們應該已經相當程度地融入新的國家－日本，李香蘭，中國人的名字、中國人的裝扮、形貌，牽動了他們的懷舊情緒。由於懷舊的情緒被壓抑太了，一次釋放開來就很強烈……」

牧野說完有點想把早先脫口而出的話收回來，衷心期盼身邊的香蘭別太介意他的就事論事。甘粕：

「言之有理。撫慰他們的是懷舊情緒。電影很容易激起人們的懷舊心緒。」

提到懷舊，想到從前，甘粕心頭戰慄了起來，趕緊喝乾杯中酒。懷想，一點也不浪漫，首先三條人命就橫著過來，最小的橘宗一如果還活著，也比香蘭大許多了。那一年，夥同一干人在吉林炸毀日本僑民住宅，然後栽贓給滿人，夜裡在哈爾濱街頭投擲炸彈，開槍亂射。千瘡百孔的記憶把他心頭弄得亂糟糟的，好像擾亂了他對滿映的治理。

理事長這個位子坐久了，和各階層禮尚往來夠久了，成為上千員工的表率也已久矣，被馴化了的自己，看見政治、思想相左的人，不再有往昔那股義憤填膺的那種義氣。不再回頭，往前看，伴隨著一些期待，彷彿還能感受一點浪漫。在這片刻的沉默裡，他胡思了一陣，見兩位屬下不開口，繼續說：

「我來到滿映後，學了很多，懂得體恤下情，或許這也是一種進步吧。」

「理事長上任不久給演員加薪的事，大家都還念念不忘呢。」

聽香蘭這麼一說，怎麼喝都不會臉紅的甘粕臉紅了起來：

「當初做這種決定，是女性荷爾蒙作祟。其實那時我體內滿是男性荷爾蒙。要取得一個地方的經管權，有時不擇手段，還是得靠男性荷爾蒙。但不能每天都這樣。講了太多私話。牧野部長，你多喝一點。小蘭，妳也是。」

被理事長這麼一說，牧野和香蘭都敞開胸懷又吃又喝了。良久，牧野：

「到台灣演出，好是好，但緊接著又是紀元節演出，小蘭豈不累壞。」

牧野這樣說了，香蘭感到貼心。她從未想過要到那麼荒遠的南島演出，但一個想頭閃了進來。台灣不就是劉吶鷗的故鄉嗎？南島的距離突然拉近了，也不再感覺那麼荒遠了。既有這種演出的機會，或許可以趁機替他或他的家屬做一些事。香蘭想著心裡踏實了些。

「台灣行，茂木也想去，還想組團過去，正好可以補償他未能主導李香蘭建國演唱會的失落。不過另有一件事又橫空出現，關東軍憲兵司令部急著希望小蘭元旦前往勞軍演出。」甘粕轉向香蘭，笑容中帶著歉意，「元旦在憲兵司令部演出可以嗎？」

香蘭頷首，甘粕繼續說：

「那我就先跟他們說定了。這場勞軍一演完，李香蘭馬上就到東京跟茂木會合。小蘭，自從妳月初從日本回來後就還沒休假。那牧野部長，小蘭的假要趕快排，不然就沒時間了。」

香蘭本想一月中休假，配合弟妹們的寒假，一起出遊，但已不可能。牧野給香蘭排了 11 天假，但機票緊張，最後只好快車去，班機回。

註 1：1939 年諾門罕（呼倫湖東南約 50 公里）戰爭，共兩次，第一次 5 月至 6 月，關東軍驅退進入諾門罕放牧的蒙古兵，蘇聯以蘇蒙友好條約為由，陸空支援蒙軍作戰，蘇軍雖然取得制空權，但陸戰失敗。第二次，8 至 9 月，朱可夫統領蘇軍，動員兵力 57000 人，坦克、火炮、飛機均超過 500 架，戰線拉長至 30 公里，日軍投入相當兵力，雙方在諾門罕一帶再次對決，結果日軍挫敗，但蘇軍無意擴大戰果，雙方簽訂協定，重新劃分滿蒙邊界的界標。

20. 溫父評戲 川島咬人

大雪紛飛的午後，她搭上前往奉天的亞細亞號，入夜後在奉天轉車，次日清晨到北京，微雪飄灑，也算是美好的一天。搭馬車回到蘇州胡同四合院家裡，被正要上學的弟妹包圍著，好像置身暖流。一家人用過早餐，四個妹妹陸續上學去了，大弟宏毅最後才走。原來高中畢業的他在附近小學教基礎日文。看見愛女回來，又補貼了不少家用，父親文雄特地向門頭溝炭礦請了半天假。他把女兒的行李抬進她平常回來入住的客房。香蘭發覺偌大的房間多了一台立式鋼琴。

「擺在悅子的房間或許比較好。她練也方便。」

「她房間太小了。她想練時會來這裡。這裡有兩本名曲集。」

香蘭看著父親手上的日本名曲集和擺在鋼琴頂蓋上的世界名曲集，她從父親手上接過名曲集，坐上椅子後移走遮琴布，十指在琴鍵上滑動，然後回頭看著父親：

「好久沒彈了。太冷了，要彈到發汗。」

琴音錚錚鏦鏦，有時像珠玉滾水，音聲汩汩。文雄看她彈得認真，自動走開。香蘭憑記憶彈過〈那顆可愛的星星〉、〈中國之夜〉、〈紅色的睡蓮〉和〈蘇州夜曲〉等曲後，蓋好琴鍵，到父親房間聊天。她聽見母親在客廳講著不是很順暢的華語，顯然是在打電話，她不曾聽過母親用華語和外人交流。她向父親表示想聽聽看後走了出去。母親山口愛面向電話機講電話：

「是的。她早上剛剛回來，剛剛才聽到她練琴。」

香蘭悄悄坐在沙發上，母親顯然正和別人談到她。山口愛扭身彎腰顯得有點不舒服，拉了一下電話線，身體坐正後看見香蘭：

「啊！她就在我身邊。」

母親說著把聽筒交給她，她一聽原來是溫貴華的媽。溫媽媽講了幾句對她電影和歌喉的讚美，要她過來玩後，把電話交給貴華。貴華表示一家都看過她演的《支那之夜》：

「電話裡不好說，過來這邊談談。」

兩人約好第二天中午在溫宅共餐。

第二天上午 10 點半，香蘭按了溫宅的門鈴，貴華來開門，香蘭一進門，溫父和溫母都從沙發站了起來，香蘭想要遁入貴華房間，根本不可能。溫父：

「自從看過妳主演的電影《支那之夜》後，我便迫不待和妳會面，想聽聽妳的意見。」

香蘭有點受審的感覺，貴華也有些緊張地看著她，深怕父親的問題讓她招架不住。溫媽：

「妳是貴華的朋友，我們也關心妳，所以去看了電影。也可以說，妳讓我們走出去，讓我們從另一個視角看比較中庸，有人情義理的日本，不是那種政治掛帥，軍事總動員的日本。」

溫媽說著離座，溫父看看香蘭的神色，直覺她有備而來：

「這部電影很熱，中國影評人也寫了不少這方面的文章，大都繞著國別歧視打轉，尤其是妳被男主角甩耳光的那一幕。我們先從小的地方看起。這部電影都是日本演員演出？有沒有中國籍的演員？」

「都是日本演員。」

「裡頭的中國人都是日本人扮演的？」

「是的。」

「中國人的角色不多，一位是游擊隊長，妳的堂哥。一位是妳家的老媽子。一個精明、深沉，一個謙卑、仁厚，日本演員都演得恰如其份，並沒有醜化中國人。」

溫媽端著裡頭放著一個茶壺和幾個杯子的茶盤走了過來。她把熱茶飲倒進杯子時，杏仁香滿溢。溫父喝了一點杏仁茶：

「坊間的影評人喜歡把男主角賞妳的一巴掌作文章，說什麼男主角就是日本，女主角代表中國，那一巴掌表示戰爭，電影那一幕象徵日本軍隊攻打中國，中國必須乖乖接受，老實說，那一巴掌沒這麼偉大。一個女孩流落人家家裡，但態度囂張，挨巴掌是應該的。擴大解釋往往是政治事件的範疇，劇情片就是劇情片，硬是要比喻成中日兩國之間的衝突。這不是也是很阿Q嗎？」

香蘭不太理解溫父的話意，沒有回話。溫父繼續說：

「魯迅，妳知道。他寫了一篇小說，裡頭主角阿Q的精神勝利法被大家津津樂道。譬如說，阿Q被人打得很慘，他就在心裡想：我是老子，打我的是兒子。意思是打人的雖然贏了，但終究是以下犯上，問心有愧。」

「您的意思是，那部電影裡頭男主角打女主角耳光，如果用來比喻成中國和日本兩國……。」

「沒有錯。這也算是阿Q式的精神勝利法。尤其是現在日本侵略戰爭遇到重大挫折的時候。」溫父和煦地望著有些不自在的香蘭，「日本軍隊最近在湖南和廣西都吃了敗仗，攻勢明顯受阻……」

「如果他們把那部電影當成中日戰局的象徵，現實上明明吃了敗仗，還是想從那一巴掌尋求慰藉的話……」

香蘭打斷溫父的話，帶點自我解嘲，急急說出自己的領會。

「沒有錯。阿Q不只是魯迅站在中國立場的自我解嘲，強勢的侵略者也難免陷於這種精神困境。」

溫父說著停頓了一下，香蘭不再回話，溫母和貴華也鬆了一口氣。這場必須要有的對話，一來一往間，雙方都相互替對方設想，也獲致了相當的諒解。溫母提醒香蘭喝杏仁茶：

「我看了一些影評，這些影評都認為甩耳光是很具爭議的橋段，好像是特別設計安排的。」

「編導說日本人有一個根深蒂固的觀念，就是女孩被打了一巴掌後，才會愛上男的。巴掌是感情歸屬的指標。他們可能要傳遞這種觀念，所以安排這種戲碼。」

香蘭這麼一說，溫貴華母女倆笑了起來。貴華回想不久前在電影院看到的，香蘭挨刮後跑過去跪求男主角原諒的那一幕。這個橋段確實很能詮釋香蘭口中編導的那種觀點，但她沒講出來。溫父：

「或許這是他們的文化、習慣，電影裡頭的女子都很溫馴，好像都挨過很多巴掌。」

這一回連香蘭都忍俊不住，跟著貴華母女笑了開來。溫母：

「電影裡頭被妳拍掉禮物的女孩就很溫馴，另外服侍妳吃飯的旅館老闆娘也很體貼。」

香蘭頷首表示同意，也品味了餘溫尚在的杏仁茶。溫父看著香蘭，感覺她似乎承受得住別人的批評。

「照妳剛剛說的巴掌的理論，導演似乎就用這個理論來鋪陳他的故事。一巴掌過後，女的態度大變，不但愛上男主角，也忘了國仇家恨，甚至和原本精神一致的游擊隊站在對立面，嚴格說來，這就是背叛了。電影中，妳的轉變完全違反人類的行為模式，轉變中沒有任何掙扎，這是這部電影的最大敗筆。」溫父察覺到自己的殘忍，煞了車，看著香蘭的神情，「當然這不是妳的錯，妳是按照劇本演的，導演要負責，但或許不該歸咎導演，要怪軍部的干涉。不過這種角色最好不要再演。我看那些影評，好像前一部妳也是演類似的角色。妳雖然是日本人，但在很多電影裡頭代表中國人，人家也會認為妳是中國人。這種演出的模式一再重複，帶著一種惰性，一直框在那裡的話，就會變成影評家或記者批判的標的。有些記者不知道妳是日本人，往往會用政治性的罪名、民族主義的大帽子往妳頭上套。」

香蘭點了頭，憂慮浮出臉顏。貴華見香蘭被父親批判得有些難受，好像又挨了一巴掌，心思救援。這部電影給她的印象並未聚焦在香蘭挨的那一巴掌，電影一開頭的「意外」讓她動容，且常駐她心。

「有一個幕景，一般人或影評人好像都忽視了。女主角，也就是我們的香蘭暫時在旅館幫傭，暈倒發燒時，旅館女主人、女服務生和房客，一干日本人對她齊聲關切，且延醫治療。這一切和歧視嚴重的現實有明顯的反差，男主角一反拖著香蘭前往浴室的強悍，在她病後悉心、貼心照顧，反差也很明顯。我覺得導演是很細膩地想表達民族的善意。」

貴華說著對香蘭報以鬆弛氣氛的微笑。溫父：

「是啊！好像有這一幕，我想起來了。我有時閉著眼睛就可以看到那一幕，有時必須穿過近幾十年日本加諸我國的欺壓、侮辱才看得到那一小小的幕景。」溫父眼神懇切，注視香蘭，希望她堅強一點，「李小姐，妳懂我的意思。電影反映現實，也可以引領現實，現在兩國的互動像吞噬生命的沙漠，結果裡頭出現一小塊綠洲。希望有一天，不打仗了，一群日本人呵護一位中國弱女子成為常態。反之亦然……」

香蘭一時泫然，但忍住淚水。她趁著肩身被貴華拍了一下時，把眼淚吞了下去。這應該就是溫父真正的看法了，香蘭領受溫父嚴厲批判的同時，也感受到他的仁厚。她感謝溫父對她電影事業的正視，漸漸從拍戲時的壓抑感中釋放開來：

「平心而論，這部電影，撇開男女關係或故事主軸不講，當時我覺得……譬如我表現出壞脾氣，日本女性展現了包容，我受到了懲罰也是應該的，從這點來影射中日關係，我覺得導演處理得還滿平穩的，只是那一巴掌被討論太多，賦予太多意涵，形塑了一個觀點，但也容易形成盲點。」

溫父點頭表示領會，也在心裡稍稍修正自己的看法。溫母退下時，貴華給每人添加杏仁茶。溫父：

「現在看『支那之夜』四個字，想來『支那』這種歧視性的字眼就是軍部的堅持，『之夜』是藝術家，也就是編導的願景。在電影中看不太到的民族歧視，在電影名字上明顯地看到。」

「有人提議要改名，因為外景在上海和蘇州拍攝，建議用上海或蘇州取代支那。」

香蘭的說詞太弱了，跟不上溫父強勁的意念。

「我不曉得是不是軍部有意縱放，還是沒察覺到，片中女主角對另一女子控訴日軍對她家園的破壞，女主角和她家女僕重逢時對父母遭遇的痛訴，基本上就是對戰爭的控訴。如果說軍部是這部電影的最後控制者，那它在這兒等於讓導演打了一巴掌。」

「對了，戰亂的描述是推動故事進行的動力，它主要是從女主角嘴裡說出來，配上現場的斷垣殘壁，並沒有訴諸實際的情節。對軍方來說可能不痛不癢，那些軍人心思也不會這麼細，想這麼多。」

香蘭自覺說得很有說服力，溫父也不住地點頭。思索了片刻的貴華突然開口：

「軍人干預文藝、電影，就像他們干政一樣，最後難逃歷史的審判。」

溫父手摸下巴，想了一下：

「這算是書生議論，立意甚高，這種控訴對日本軍人來說是不痛不癢。現階段最重要的，我想說的是……」

溫父整理思緒的當兒，貴華瞄了香蘭一眼，兩人相視而笑。溫父：

「我想強調的是，我們剛剛談到的，或者一般日本文化人士做出來的，即使存有很大的歧見、歧視，都是可議論的範圍，都可以在談論中消除差異，獲得共識。最可怕的是不可議論的毀滅性的結局。盧溝橋事變以前，中國和日本的文學家、音樂家、畫家一直有很熱絡的交流，座談會一場接一場。但事變以後，毀滅性取代了一切。毀滅性就是指佔領、戰爭、殺人奪命，議論已經是多餘的了。」

「溫伯伯，您這樣的比喻確實很實際，很有建設性。我深有所感。過往的經驗可以成為未來行事的準則。」

「李小姐，還是很感謝妳給我們這個說明的機會。」

溫父全無客套，理性看待她作品，她體內經過一番交戰、消化後，感覺舒坦。溫父接著談到她的歌，直呼是難以匹敵的天聲。談到歌唱，貴華也加入話局，香蘭只希望別叫她獻醜唱歌。接著談到勤華，貴華說弟弟剛進入輔仁大學就讀，且住校。香蘭頗能了解溫父留住幼子，不讓他像哥哥那樣前往大後方，然後不知所蹤的心情。

用餐時，溫父的古典歷史故事不再盤據全場，香蘭試著把生活趣事帶了進來，溫媽發覺她心情放得開，把預備了許久的問題搬了出來：

「聽貴華說，以前妳們在翊教碰到反日遊行時，妳顯得很焦慮，找藉口沒參加。現在談敏感的話題，卻很坦然。」

「以前是在團體裡面隱藏身分，壓力特別大，現在跟你們在一塊，彼此相對坦然，比較沒什麼顧忌，可以坦然說出心裡話。」

香蘭說著，溫父笑了起來：

「這證明一件事。」

溫父賣了關子，大家只得停箸看向他。

「我們是同一國。」

溫父一言既出，三女同聲笑開，溫母期待中日兩國有朝一日重回過往的文化交流，不再有軍事和政治上的糾葛，感動得淚眼盈眶。此時，「一家人」和樂融融，大小界線不復存在。

第二天是假日，香蘭帶著弟妹到天津走一遭。早出晚歸，在北京車站餐廳用過晚膳回到家，山家赫然在座，山家藉口第二天要帶她去華北電影公司拜會，似乎又成功地把她約了出去。

回家這幾天，她和大妹悅子同擠一張床，星期一悅子上學去了，她回到自己位於大房門旁邊的房間，新設的暖氣不強，窗戶太高，陽光遲遲射不進房內。山家來敲門，應門的是山口文雄，山家只好進入宅內，在客廳和主人閒聊。香蘭到了客廳也加入話局。約莫五分鐘，山家：

「華北電影公司新蓋了三個攝影棚，要不要去看一下？」

「在那兒？」

「新街口北大街。」

「新街口……北大街，好像聽過。」

這兩年在外頭東奔西跑，北京給她的印象，尤其是西城區，迅速褪色。

「靠近什剎西海，很遠。」

「這麼冷，實在很不想出去。」

分公司果真擴大規模，香蘭實在應該去關心一下，但對於山家往常隨便編造藉口帶她出去，有些反感，託詞身體很累，想休息。

「令媛不能來也沒關係，但我得趕過去。」

山家說著右手力撐拐仗站了起來，文雄帶著幾分歉意送他出門，香蘭也垂著頭跟著出去。

第一次拒絕山家，香蘭越想越悶，只好彈琴練歌發洩苦悶。

這次回家探親，她確實覺得悶，假期不是很長，但可以探訪的朋友是越來越少了。潘府方面，潘爺刻意低調，不想為難老友文雄，以致香蘭和月華、英華也疏淡了，俄籍音樂老師貝德洛夫，最近疏於連絡，想去看她是有點提不起勁。

找回貴華，本來是險中求，沒想到發展得最好，香蘭邀她共遊頤和園重溫舊夢，久未出門的她竟也答應了。

遊罷頤和園，她是晚睡遲醒，向父親要了一本小說窩在悅子房間的背窩裡讀，父親似乎正在會客。兩日籍工安在門頭溝炭礦公司輪流上班，這天父親文雄正好輪空。從客廳傳來的聲音越來越像山家的。她放下書本，披上外套走到客廳，迎來山家的笑臉。山口文雄：

「分公司攝影棚，妳還是去看一下好了，回到新京，長官如果問起，一問三不知也不好。」

香蘭知道昨天的拒絕對山家有傷，今天權且跟他出去，況且她對李明的近況也滿懷好奇。她跟著拄著拐仗的山家出去，坐進他的車，全身沐在近中午的陽光裡，暖多了。車子滑進東長安街，香蘭問起李明。山家：

「她覺得在滿映不吃香，認為上海才是真正的影業中心。『新京沒有文化，蓋了這麼大的廠房，招了這麼多草包演員，拍了一些爛片！』以為自己是電影中心罵個不停。她認為上海才是真正的電影城，我建議她去找老東家川喜多長政，四個月了沒什麼消息，我當她已分手了。」

「她一直很想當女王，期許越高，就越容不下別人，跌得也就越重。」

「妳也看出她性格上的缺點。」

「希望你別放棄她，如果這樣，她會發狂。」

山家仰頭大笑，車子差一點撞到馬車。

山家把車子開往東三座門大街，車子馳過天安門，直奔府前街、西長安街，她熟悉的西城景象又重回眼前，西單牌樓還是那麼宏偉、古舊，西單商場斑剝的紅色磚牆才睽違兩年，好像經過了十年的滄桑。香蘭：

「我以前讀的學校不知道還在嗎？」

「車子掉頭開進去看一看。」

「不用了。」

說著時，車子已越過闢才胡同口。彷彿都這樣，未來，不敢想，過去的，難以追回，西單北大街接著是西四南北大街，人行道都很窄，車子好似貼著櫛比鱗次的店家行進，相連一氣，相疊成趣的店招龍騰鳳舞，飲食店、擠在人行道上的攤商，白煙蒸騰，山家的車子不斷甩落行人、馬車、單車，香蘭喜歡這種風情畫。一條筆直、南北貫通的大街，名字不斷更替，通過店鋪密集的新街口，又變新街口北大街。山家：

「快到了。」

「咱們看一下就走。別驚動人家。」

「是妳怕被人家驚動。我不會說妳是誰，免得咱們脫不了身。」

山家把車停在一堵紅色高牆的旁邊，高牆上漆有一行「華北電影股份有限公司製片廠」藍框白底的大字。高牆內巨大建築的牆更高，聳立三四樓高度，靠近穹頂的地方開了一列氣窗。香蘭跟著山家走到門口，大門上面的拱形鐵板同樣鐫刻著公司和廠名。

山家掏出軍中識別證，立刻獲准進入，香蘭跟著進去。山家跳過正對大門的五層行政大樓，踅進左邊兩棟攝影棚，但大門深鎖，轉向右邊。這座開著，兩人進去看了一場室內戲拍攝現場，隨即離去。

「要不要看看顯像室、剪接室和錄音間？」

山家說著望向行政大樓。香蘭意興闌珊：

「會讓人進去看嗎？」

「知會一下即可，他們可能會派人導覽。」

「我看不用麻煩人家好了。看見他們侍候你這位皇軍少佐，我也難過。」

山家哈哈笑開，走向門口。事實上，他也不想耗在這裡，他急著和香蘭共餐，酒澆胸中塊壘。山家的車子改走皇城根，掠過北海邊緣，經過地安門，在鐵獅子胡同口折向南方，進入他熟悉的王府井大街。

「東來順吃膩了，換一家。」

過了燈市口大街口，「暢春園」的招牌吸引著他，舒暢、春情的意象投射了過來，這一陣子被川島芳子搞得污煙瘴氣的他心情好過了一些。

進入餐廳，看過菜單，「北京烤鴨」讓他眼睛亮了起來。山家：

「我看我們就吃烤鴨吧。這裡雖不是全聚德，但我看應該差不了多少。」

「全聚得你吃過。」

「一兩年前朋友請客吃過。真是好味道。那一陣子陪妳吃飯，大概是習慣東來順，都沒想到全聚德。」

香蘭同意，女侍來時，山家點了烤鴨、紅燒鴨翅和煎煮鴨肝，另外叫了青菜豆腐鍋。

「吃精緻、清淡一點。」

菜還沒來，山家叫了一瓶汾酒解渴，且急著喝了兩杯。

「我剛剛差一點被川島芳子搞死，可以說完全被她打敗了。」山家看著香蘭有點漫不經心，「她也把妳扯了進來，聽起來滿恐怖。」

香蘭挺直背脊，看著山家掛滿鬱愁的臉。山家：

「我一個小時前還在憲兵隊，從憲兵隊出來後就到妳家。然後現在在這裡。」

山家有點在賣關子，事實上是在慢慢化解心中的疑懼。青菜豆腐鍋來了，山家舀了一塊溫溫的豆腐，吃下後，再喝一小杯壓驚。

「憲兵隊長官，也是少佐，一直問我和妳的關係，旁邊一位年輕士兵作紀錄。我只好據實以告。大概問了十分鐘。那位少佐才說，有人指控我和妳有男女關係，而且妳從我這兒套取日軍機密情報交給中國政府。」

香蘭簡直不敢相信自己的耳朵，今天之所以會蒙受這種天大的冤枉，就是認識眼前這位人際關係複雜的少佐。山家看著香蘭圓睜睜的杏眼：

「憲兵少佐接著說，『你和滿映李明深刻交往的事，我們很清楚，依我看來，告密的人很可能誤把李香蘭當做李明』。『誰在告密？』，『是匿名信』。我要求看那封信，結果一看，是川島芳子的筆跡。」

川島芳子！妳怎能這樣對我，妳自稱大哥，但小妹一直躲妳，現在終於證明躲妳是對的，如或不然，捲進妳那複雜的是非裡頭，現在不曉得會在什麼地方。香蘭思亂如麻，把山家前面的汾酒抓了過來，給自己倒滿一小杯，一飲而盡。灼流貫穿腸胃，瓦解了一些被背叛的不愉快。山家給她再一小杯，她吃了一點東西後也一口乾掉。

整套烤鴨美食來了，山家率先動筷。香蘭沒有使用麵皮，直接夾取鴨肉食用：

「憲兵隊確認信是川島寫的嗎？」

「他們或許會追查。但後續怎樣，我也不想知道，免得煩心。」

「你有看過你講話的紀錄嗎？」

「他們沒有給我看。」山家看出她心裡的擔憂，「紀錄上沒簽名就表示不是犯罪口供。應該是主官看過就丟，不是正式文件，不會存檔。」

「犯罪」兩字聽來刺耳，香蘭眼尾含怨地瞅著山家。山家：

「別像演電影那樣看我。」

「就因為你一直很照顧我，我才會這麼生氣。」

「胡亂指控一位陸軍少佐和大明星，這等大事，憲兵隊一定會查。川島被查出來的可能性很高。」

「如果被查出來，會受到什麼樣的處罰？」

「重則判刑，輕則限制她的行動，比如不準她到大陸，只能在日本內地活動。」

「那我會有事嗎？」

「妳是被冤枉的，我剛講得很清楚」。山家吃鴨皮吃出心得，讓細嚼後的油汁淌入咽喉，「不過，我要離去前，那位少佐有點諷刺地提醒我，外面有許多不利我的傳聞，要我自己小心點。」

香蘭無法釋懷，腦中開始建構山家被憲兵隊偵訊的場景：

「如果我的嫌疑被澄清了，現在還有一個問題，李明還是有嫌疑啊。」

「要看一段時日，如果憲兵隊不再約談我，表示李明也 safe 了，表示憲兵隊查明一切都是芳子搞的鬼。」

「你還是會疏遠李明？」

「她離開這麼久，一直沒有訊息。即使現在出現了，兩人也回不到從前了。」

香蘭橫眉冷對山家的薄情，話說不出口。山家繼續說：

「反正李明漸漸不會是問題了。」

香蘭聞言更加不悅，她看著山家灑脫中帶點魯莽的處事態度，還是放不太下心，自己或山家、李明剛剛被構陷，難道只是川島一時的衝動，沒有其他人或單位也在獵巫嗎？山家既然有不利於他的傳言，自己的恐怕也不少。這一餐，她吃得有些膽戰心驚。用完餐她要求山家載她回家，結果山家把她載進他位於南池子的家。香蘭不想進去，山家：

「坐一下就好。」

進了門經過幽暗的迴廊到了客廳，燈光亮開後，香蘭一鼻子香甜的味兒。一名 60 開外的婦人一直盯著香蘭。山家：

「吳媽！她是另一個李小姐。朋友的女兒。」

「我想怎麼李明小姐的身子變小了。」

吳媽說著不好意思地走開，再回來沏茶時，那股濃郁的香甜一直拂不開。兩三年前還住義父潘毓桂家時，有時和兩位乾姊服侍賓客吸鴉片，就是這種味道，難道山家叔也染上了這種嗜好。山家講什麼，她都心不在焉，只是用茶沾唇，想早點離去。

21. 準備赴台 父女忙翻

禮拜六下午，李香蘭和弟妹在家討論拜日到那兒玩，這是她休假回來與弟妹共遊的最後一個機會，假期也快結束了。她接到牧野打來的電話嚇了一跳，以為公司要急召她回去。

「這次到台灣的行程，理事長有一個構想，為了酬謝妳長期的辛勞，也為了讓家人分享妳的榮耀，特別破例讓妳的兩名家屬陪同前往，最好其中一位是父親或母親，整個過程預算一個月，由滿映招待。」

「這樣啊！」香蘭一時亂了手腳，「那可以讓誰去？時間很緊急，剩下的一點假期都打亂了。」

「還有，行程只限台灣，不包含妳在東京紀元節的演出。」

「了解。那就這樣，台灣行結束後，陪同的家屬直接從台灣回中國，別再繞道東京。」

「對。這樣最好。」牧野想了一下，「人選還是妳們自己決定。現在問題是有沒有護照？」

「一家人去年搬來北京時，都辦了護照，聽爸說，他們搬來北京時好像沒怎麼看護照，一家人的身分證對照看了幾遍。我們一家的本籍是滿洲國撫順市。」

「到本國時海關比較嚴，一定會叫你出示護照，妳也知道。如果決定誰要去，因為不可能買到機票，馬上就要坐火車啟程前來新京。妳搭飛機回來後，當天如果時間充裕，繞到車站再接妳的親人，那當然最好。……」

香蘭再次確認攜眷只限台灣行後掛掉電話，癱坐在沙發上，直覺同行的家眷首選是父親，但也開始思量他的工作允不允許他遠行。母親在旁聽到電話感染到她的緊張，也大致了解了情況。

「當然我們夫妻不可能同時去，妳爸爸去最適合，一方面慰勞他，一方面喜歡到處走走的他也很久沒遠遊了。既然陪妳去，另一位我看是女孩比較適合。」山口愛看著弘毅，感覺他沒有意見，「我看大妹悅子先輪好了。」

山口愛敲定了人選，取得悅子的默許後，看著愁眉不展的香蘭：

「還有問題啊？」

「期間很長，爸爸如果去，回來時不用再途經東京，直接搭船回上海再坐車到北京，比較省時，但也可能一整個月無法上班。」

「離開台灣後妳就到東京參加紀元節慶演出，你父親不去？」

山口愛說著還是有幾分疑惑，和悅子面面相覷。香蘭：

「我們公司的文化我很清楚。它一直就把我包裝成中國或滿洲姑娘，所以在東京的演出，不會讓家屬跟隨。但允許比較不是新聞焦點的台灣之行破例。我是這麼揣摩。但公司一定會要求所有人一路姿態低調，不要刻意彰顯和同行的親人關係。在新京出發前一定會有更清楚的訓令。」

家屬伴行的事來得太突然，香蘭按捺住心慌，在母親的協助下，讓事情變得有解，但她心頭的大石始終沒落下來。她擔心父親被工作拌住，緊急聯絡上父親，但炭礦辦公室人聲混雜器械聲，香蘭頗費了一把勁才把訊息傳了過去。焦急等待了 40 分鐘，電話鈴響了，父親傳回請假獲准的消息。她趕緊打電話給新京滿映的牧野部長，牧野得知情況後，立即回報甘粕。

大約一個小時後，文雄家電話鈴響了。香蘭趕緊接聽，電話那一頭：

「突然被交付這個任務，雖然只是聯繫，感覺壓力仍然很大。理事長說，一路上，從北京到新京，再到東京、台灣，只要滿映、東京分社或台灣映畫工業社照應得到，食宿就不用愁。妳家人一旦落單，沒有團隊照應，比如從台灣直接回中國、滿洲時，住宿和交通費用憑單憑票申報，餐費按市場估算即可，務必讓妳父親和妹妹這一趟出遊玩得開心、無慮。」

那一頭有牧野照應，她這兒必須加把勁。她本來想跳過山家直接到車站買票，母親擔心她被認出。奉天到新京的短期票取得不易，最後只好商請山家協助。待山家搞定了車票，香蘭又得通知牧野和父親，這時已近黃昏，而父親也已離開辦公室，只好等他回來再說了。

山口文雄一般都搭員工專車，專車從西直門入城後沿著電車路線，逐站放人，方便工人搭其他車子回家，文雄坐到南池子站下車，不用再轉車，但回到家已六點一刻，山家也已在座。山家向文雄報告所取得車次的時間：

「你和淑子都是後天出發，那一天我也得上緊發條，早上送淑子到機場，回來後送你和悅子到車站，在車站取票。到車站取電話訂的票，我一定得親自去。」

「那實在太謝謝你了。」

「這麼大的行程就像喜事一樣，從旁協助也沾了一點喜氣。出發後，淑子當天下午就可到達新京，你和悅子第二天早上八點到新京車站，淑子早起去接你。」山家轉向香蘭，「會不會影響演出？」

「晚上才開始演，演到半夜迎接元旦，然後收場，第二天繼續演。」

「真辛苦。」

「到東京應該是同機吧。」

「已告知牧野部長父親和妹妹確定要去，公司應該會一起訂票。」

在廚房忙的山口愛叫在旁邊幫忙的悅子送來茶水，悅子倒完茶後，就地坐下。山家喝了一口茶：

「文雄兄工作這麼辛苦，公司這麼忙，沒想到還是把假請出來了。」

文雄在職的門頭溝炭礦比起撫順炭礦算是小礦場，他在礦場擔任工安工程師，和另一工安平沼兩人輪值。他以前在這兒擔任顧問時，中國工安是日班夜班輪著來，日軍佔領華北，日本人接手礦場後，他和另一工程師平沼輪流值班，乾脆日班做完接著做夜班，然後休一整天，後來彼此協商的結果，變成一人做滿三天後再換另一人，夜宿辦公室自己找時間睡覺。主管默認，但求不出事。

山口愛煮好了晚餐，文雄也回來了。文雄形色匆匆，喉頭壓不住許多話，一吐為快：

「一下子要離開這麼久，主任也是東問西問，帶著很奇怪的眼神。」

「來得太突然，也提不出證明文件。」山家。

「沒錯。『妳的女兒，滿映的演員，要去台灣表演？她是誰啊？』問了好幾次。我在想，現在滿映對於『李香蘭』是企業秘密這件事似乎開始放鬆了，我也實話實說了。『什麼？李香蘭是令嫒？』我只好把李香蘭的來歷簡單跟他講，但也要求他別張揚。畢竟那還是滿洲國策的一環。」文雄擔心自己的話和長官的話分得不清楚，稍稍放慢語氣。「主任後來把我帶到所長那兒。所長要我回來後提供一路車票、船票的存根、照片，最好有滿映開出來的書面證明，最後同意我預支後年的年假，不夠的由平沼或其他工程師代班，回來後我再慢慢還他們。我們時常代來代去，這次，來不及當面拜託平沼，但下週主管出面說項應無問題。」

「今天晚上你的班呢。」

「副工程師代班，公司會給他一點津貼。」

「看來一切都弄得很圓滿，我有一台德國相機你就拿去用吧。很簡單，明天我再教你們父女怎麼用。」

「那怎麼好意思。」

「不礙事，我那女人到上海去了，所以最近用不上。這台相機好不容易從川島芳子那兒贖回來，你不拿去用，可能明天就變成川島芳子的了。」

舉座笑開。用過餐，山家離去後，父母親和悅子也開始打包，這時才發覺家裡皮箱還真不少，這應是十年不到三次大搬家累積的成果。

接下來的行程非常緊湊，一如山家說的，次日他先送香蘭到機場，然後接文雄夫婦到車站。香蘭飛到新京大房身飛行場後，由鈴木載著直抵東六條通的吉岡官邸。剛踏進宅內，初子夫人表示滿映牧野先生來電。香蘭立刻回電，牧野：

「回來太好了，令尊明天到車站，我也會去接。理事長安排他們父女住大和，所以我看妳回大和住幾天。」

「都已經到期了。」

「暫住幾天，陪你父親和妹妹也好。」

「這樣給公司添很大的麻煩呢。」

「這次勞軍演出，我們申報妳的地址是大和飯店，軍方會派車來那邊接妳。除妳之外，孟虹、鄭曉君、白玫、戴劍秋也參加表演，孟虹、鄭曉君演武術，白玫演一段京戲，戴劍秋表演胡琴，所以鄭曉君也暫時搬進北安路宿舍，軍方來接人的時候，北安路一帶的可以一起接。」

「了解。」

「明天鈴木到吉岡公館接妳的時候，順便把行李：表演時穿的衣服、換洗衣物、化妝品一類的東西帶出來，大概要住個五六天。」

講完電話，香蘭體內還是有些翻騰。在這一片忙亂中，山家前幾天給她招來的被情治單位監控的疑慮，不知覺間消散了。她現在只煩惱一些瑣事。她知道，父親如果住進吉岡宅或許還能適應，但悅子畢竟住不慣別人家，甚至會心懷恐懼。甘粕安排他們住飯店，算是幫了大忙，現在要她回住大和，雖然是很貼心的設計，但搬來吉岡宅沒幾天，就進出好幾次，住相難看，有點玩弄吉岡將軍好意的樣狀。

晚餐時刻，她終於把父親和妹妹來新京和最近的行程和盤托出。

「我們的淑子沒演戲時也很有戲。現在要陪爸爸和妹妹，又有一連串的演出。不會靜靜地待在家裡，總會有個大驚奇。」

吉岡初子說著，吉岡少將呼了一口氣，撐開了鼻孔。

「小蘭果真是四海為家，這次不但要到東京，還要遠征很神秘的台灣，所以我們家是她遊倦歸來休息的港口。」吉岡少將把目光從老婆移向香蘭，「小蘭，我這樣形容好不好？」

香蘭不知如何回話，微笑以對。初子：

「淑子剛找到母港，停泊沒多久，還沒整補好就要出航，如何是好？我看這頓飯吃飽一點吧。」

悠紀子忍不住笑了起來，但眼露欣羨：

「這次小蘭主要是去台灣，台灣一年四季不下雪，冬天去剛剛好。」

已是中學生的和子幾度想講話，總被大人搶先。

「我地理老師說，台灣高砂族有割人頭當紀念品的習俗。」

和子語出驚人，吉岡感覺不吉利，板起臉孔：

「日本人統治這麼久，應該消除了。」

「比太平洋小島的食人族好多了，台灣高砂族不吃人肉的。」

和子把老師的話搬了過來，被媽媽初子瞪了一眼。

「小孩亂講話，小蘭！別聽她的。」

吉岡雖然這樣講，香蘭心有餘悸。這種疑慮一直延伸到 10 餘天後，她親眼看到台灣為止。

朝陽起，奔波了一陣，迎來了父親和妹妹。牧野有要職在身，比較能夠代表滿映，他在大和飯店櫃檯協助文雄父女辦理住房，要求櫃檯把他們和香蘭的住房就近安排一塊，也幫香蘭延住了四天，讓她有兩天的餘裕回吉岡宅整理台灣行的行李。文雄和悅子的住房定著下來後，悅子看著父親和姊姊：

「我們三人不在家，在這兒感覺真奇怪。」

「爸爸這種年紀睡覺可能會打呼，悅子！妳就到我房間睡好了。這次我休假回家，也是和妳同房。」

「當然好。」

悅子說著，牧野笑開。

「理事長交代要好好招待山口大哥父女，要安排行程，我看就交給你這位識途老馬。」牧野從口袋掏出一小疊紙鈔，交給鈴木，「這是我的行政特支，油費、餐費和門票，憑票憑券使用。」

鈴木謹慎領受後，牧野：

「用完中餐，小蘭會去司令部彩排，你就可以帶山口大哥出遊。」

「兩年前我帶山口大哥出遊過。」鈴木喚回舊日的記憶，笑了起來，「那時好像在伊通河繞了一下，然後看看南湖。」

「那好。現在可以先帶大哥看看寬城子俄國人舊社區。」

「新京是新興城市，可以看的地方不多。」香蘭望了牧野一眼，再看看父親，「不像北京，一個月也看不完。」

牧野欣然同意，心裡還是有些煩。忙了幾天，晚上本可以好好休息，但司令部晚會，甘粕要他出席，他不去也不好。他身為觀眾尚且如此，小蘭作為演出人員，更要一連忙個個把月。他想著心裡平復了些：

「鈴木兄，司令部晚會七點開始，早一點，最好一個小時前，配掛我剛剛發的貴賓證進場，招待人員就會引導你們。理事長和我都會去，屆時我再介紹山口大哥父女和理事長認識。」

隨後牧野引領大家到一樓餐廳用餐。偌大餐廳，從天棚垂下的和式廳燈和司令部晚會大廳的廳燈很像。司令部夢幻一般的除夕晚會到了次日日場褪色了許多。節目多重複，貴賓席不再坐滿，文雄看了一夜一日後，驛動之心開始動了。香蘭出演的最後一天，文雄和悅子坐著鈴木的車子遠赴東南郊的靜月潭遊覽。

接下來兩三天沒有演出的日子，香蘭白天陪父親和妹妹，晚上多回吉岡家整理行裝。劉吶鷗老家的地址，她抄了三份，大皮箱各置一份，自己包包也放一份。

香蘭遠赴東京，也不知多少趟了，而且每走一次至少一兩個月，悠紀子看見僕役提著兩件大行李，羨慕之餘也心疼，心想，就像有些人沒有童年那樣，香蘭也太早離開少女時代，兩件大行李實在是她人生的重負，嬌小的美女，馱著一身累，只為求在攝影機前，在舞台上綻放出美麗的花朵。

香蘭每回前往日本都有長官陪同，除了第一次是長官帶著前往外，其餘每一次，長官除了有任務在身外，便是她的工作夥伴。不管怎樣，同機或同船時，都成為她的旅伴。這回有家人作伴，長官就不同行了，反而讓她挑起護送父親和妹妹前往的大樑。搭飛機對文雄和悅子來說，都是第一次，文雄還特地請空中小姐給他們父女三人在登梯口前拍了照。第一次的興奮不時被飛機的急降陡升打亂，但飛了六小時，最後也是有點習慣了。

飛抵機場，提了行李過了海關，香蘭一行進入大廳，茂木、荒木和厚見都來迎接，香蘭介紹家人給他們後，發覺同機的一對中年夫婦也和茂木熟識。來迎接的三人都幫忙提行李。大夥連同那對夫婦隨著荒木步出機場大廳，進入停車場，隨後登上小巴士。茂木要求前頭讓出幾個座位，荒木和厚見，一在車內，一在車門口，兩人拉抬、傳送行李，很快就把空位填滿。

東京對文雄和悅子來說也是第一次。巴士從羽田飛行場往北開，坐最前面的茂木一路給文雄父女做街區導覽，車行至南品川，中年夫婦下車後，車子挺向市中心，茂木每看到顯著的建物都一一介紹。

山口文雄年少離鄉遠赴滿洲，成年後雖曾返回九州佐賀故里，但從不曾來到東京，現在年過半百才戲劇性地親見祖國首都，而且只有一天多的行程，他像吸收新知一樣認真聽，不時發出感慨：

「簡潔的高樓天際線實在是中國的北京或滿洲的奉天看不到

的。……皇居周邊完全現代化，真是越看越有味。」

茂木滿意文雄的回應，解說更加認真。

小巴直駛內幸町滿映分社，還是上班時刻，一行人在茂木的引領下穿過辦公室進入分社長室，有些女職員認出了李香蘭，開始交頭接耳。

文雄父女三人和厚見、荒木在分社長室落座後，女秘書開始奉茶。茂木：

「等一下，我們就在附近用餐，用完餐，荒木送你們到香蘭在乃木坂的小公寓，目前這公寓就是由厚見當管家，香蘭不在時，她不時會去看看。」

「兩床棉背和幾件毛毯昨天運到。」

厚見雅子說著，茂木大大稱讚她的細心和勤勞，隨後話鋒一轉：

「我本來想叫幾位主管作陪，想想還是算了。我們簡單用餐就好。我做滿映人已一年多，深切了解李香蘭做為滿洲國代表或使節，除了她本身的天份和努力外，她出生滿洲，自然是滿洲人，但她的身世難免被人議論，所以滿映長官或一些人的緘默，讓她自己面對、處理各種情況，也是讓她成長的重要因素。」

「小蘭說過，不希望自己的藝名或國籍成為話題。」雅子。

「這個我理解。」茂木無奈地看向雅子和文雄父女，「我差點忘了公司的一些規範。滿映現在的理事長甘粕，山口兄，見過嗎？」

「見過，在新京軍方的勞軍晚會上。」

「他雖然是國家主義者，但他精彩的地方在於方法論。善於運用方法讓他變得不像一般國家論者那麼死硬、可怕。李香蘭別苦著臉。我不是說教，是分析事情。」茂木見大家鬆開笑臉，營造欣賞的氛圍，「他上任後打破很多成規，最近成立了娛民映畫處，就是專拍沒有政治意味的電影。他今天讓李香蘭小姐的父親和妹妹跟隨就是基於這種心情。」

香蘭瞅了茂木一眼：

「你好像很了解他。」

「他也很了解我。我們是在前往歐洲的船上認識的。那時他正孤單，很能接受別人，尤其是我的善意。」茂木笑著面向文雄，「人都有孤單的時候，像令媛，公司把她塑造成『李香蘭』，隱沒自己的名字。這也是一種孤單，這樣她才能捨棄一些現實的欲念，獻身電影、歌唱一類的藝術。」

香蘭對茂木的話不以為然，垂首抿唇，手壓大腿，憋著笑意，但還是笑了出來。

「茂木社長的意思我頗有同感。」文雄斜乜著女兒，稍稍做了一些回思，「打從她小時候在放送局唱歌，我們幾乎不曾到她上班的地方探視她。不管在放送局或電影公司，她都屬於國家。」

「很少在家，至少是犧牲了家庭的溫暖。」

茂木很滿意自己對於文雄話語的註解，但避開香蘭的眼神，隨後開始向文雄討教目前的工作和當年移民滿洲的時空背景。茂木好奇心重，文雄就說得越深入。文雄的故事到底了，茂木開始探詢「李香蘭」的由來。文雄於是開始談愛女七八年前被李際春將軍認養的故事，看著茂木渴望的神情，可說越講越暢快。香蘭覺得自己的事情被講出來，好像皮膚被蝕掉一大塊，忍不住開口了：

「『李香蘭』是塑造出來的，滿映的幹部都不談她的來歷，反正她看起來像中國人或滿洲人就好了。這次甘粕理事長同意爸爸和妹妹陪我到台灣，我很感驚訝。這次來東京前，牧野部長特地說：現在風向有點變了，大家的壓力也比較小了。」

香蘭說得意猶未盡，茂木一直點頭，示意香蘭繼續說：

「甘粕理事長來滿映之前，滿映長官一直把我包裝成滿洲人或中國人，他們是基於對滿洲國策的奉行。甘粕來了之後，就不再對我進行包裝，對我『滿洲人身分』的維護不再那麼小心謹慎。基本上，守著前規，不刻意防範，也不加以宣揚，順其自然而已。」

「滿有意思的。」茂木瞬向文雄再看向香蘭，「甘粕跟我說過滿映的很多規定都被他打破了。他不是那種很遵守規定的人。」

「他這樣做，想來是他過於自信的表現。」

「李小姐說的沒錯。」茂木左眼眼角牽繫著從玻璃門透進來的辦公室的殘影，「妳剛說的風向有點變……」

「這也是牧野部長的揣摩，甘粕悶壞了，想走出一條路。」香蘭轉頭看向茂木，「剛好你給他開了一條南島大道。就我模糊的了解，以前日本接收滿洲，在地的反抗力量早早就撤退到中國內地，但接收台灣，反抗力量無路可退，所以反抗也比較激烈，形成南島比較天高皇帝遠的印象，甘粕社長讓我家人陪我到台灣，大概就是基於南島這種有些天高皇帝遠的氛圍。」

「確實如此。李香蘭是日本人這一事實，不必搞得像軍事機密那樣滴水不漏，全然放在比較曠達的空氣裡自然展現，不用大驚小怪，才是正辦。」

茂木說著，室內空氣緩和了起來。大人講的話，悅子似懂非懂，但文雄像洗三溫暖，心情頗有起伏：不管茂木怎麼說，女兒畢竟還是囚在「李香蘭」名號的靈魂，就好像從土壤中拔起，移植室內的盆花，就讓她在盆內自由生長，不用施加太多的干擾。至於李香蘭，她實在不想跟這些名號的變化，心理有所起伏，順其自然，努力演戲、唱歌，正好忘掉那些名號。

香蘭的行李，表演用的衣物是大宗，簽名後發給影迷的紀念照也有不少。此刻準備前往台灣了，經厚見雅子提醒，她把確定在東京表演用的衣物留置公寓，有些衣物或用品放在雅子和悅子的皮箱內，最後只攜一只皮箱。她和宮川力基樂團在滿映東京分社練了一個白天，晚上隨同茂木社長等人一起趕往車站搭車，大夥夜宿車上，第二天早上抵達神戶。

從三宮車站前往神戶港客輪碼頭，一行人包括行李和樂器，塞滿一輛大巴士，上了萬噸級的豪華郵輪大和丸，大夥心情總算紓解開來。北風呼嘯，冬浪洶湧，對香蘭來說，大和號夠大，比以前搭乘的關釜渡輪大多了，航行還算平穩。香蘭和雅子住頂級艙房，文雄和悅子有時也會來這兒沐浴，如廁。船行的三個晚上，一樓演藝廳的晚會，固定由常駐表演團隊演出大型歌舞、魔術、日本武術、落語，宮川力基樂團和香蘭第二和第三晚獲邀客串演出。第二晚，樂團演奏了兩首，也給香蘭伴奏了兩首，第三晚，同質等量演出，但換了曲目。香蘭視這兩場演出為台灣演出的彩排，雅子認為表演用服要省著用，建議穿平常穿的旗袍即可。雖然著素服，但巨星上場果然不同凡響，掌聲、歡呼雷動，口哨、尖叫四起，安可聲不絕。宮川力基樂團和香蘭之間，由生疏到熱絡。剛開始，樂團成員都以為香蘭或許是中國女孩，同船兩三天，悅子左一聲「姊姊」，右一聲「爸爸」，宮川力基和他的團員始知同行的這三人應是日本人父女，想來香蘭為了迎合台灣民情，才權宜使用中國名字吧。

1941

山口文雄私下和茂木很能聊，但人多的場合，話不多，顯得道貌岸然。主要還是基於對滿映形塑香蘭的尊重，不想干擾女兒演出中國藝人。悅子人小好動，不太理會大人訂的規範，常常顯示和香蘭之間的姊妹關係，不過還是很順服爸爸的點醒。

在海上度過了三個夜晚，晨起，窗外天空懨懨的，香蘭決定小賴床，反正今天沒演出。悅子同樣賴在床上，文雄起床後，趁著人少漱洗過後，披著冬大衣逕自走到上層甲板。甲板上十幾個人，或站或坐，強風有點刺骨。不過這種冬冷對這一批過慣了北地冰天雪地生活的人來說，情況還好。今早船上不供應早餐，文雄昨天在販售部買了一些餅乾，出來前吃了一些，在裂膚的寒風裡，還能感受肚腹傳來的一股溫熱。越來越多天光透過雲層，融入海浪，但還是不見陽光。甲板上，旅客多了起來，兩姊妹和雅子也都上來了。擴音器響起了船不久靠岸，要旅客打包行李，準備下船的呼叫。有幾人下了舷梯，但更多人走向右舷。文雄帶著家人走了過去，舷欄站滿了人，都帶著幾分期待望著台灣北部的海岸線。就像兩三年前，香蘭第一次到日本，在船舷望著灰濛濛的下關海岸一樣，基隆海岸線的迷濛灰綠也牽動著她驛動的心。她到過這麼多地方，即使上海、蘇州，冬天也難免冰封雪覆，蕭瑟多時，南國四季常綠的想像在她心裡暖了開來，腦中不禁浮現新京有時令人絕望的酷寒，而打了一記寒顫。

文雄一家人回去房間做最後的檢查，再度上來時風沒這麼強了，船速似乎也更快了。山形的海岸越來越清晰，港口矗集的屋舍輪廓漸明，像臂彎攬著基隆港，橫在天水之間的蒼翠半島在文雄腦裡抹著一片詩意。

山口文雄已經有 13 年沒坐過客輪了，這艘大和丸又特別大，他很珍惜地從房間觀景窗看著船隻靠岸。從客房裡面出來的旅客和行李塞滿狹窄的通道。隊伍久久動一下，宮川力基小樂團和香蘭對台灣的期待，就在乾等中變成焦躁。船艙內空氣渾濁，香蘭等得身體發熱，有些渴。隊伍終於大幅度移動，看到了艙門，大家好像下坡一般，腳步加快了。

候船廳被木版牆隔成兩半，出境廳有些冷清，入境廳人潮如湧，湧動著上頭書寫著旅客名字的木牌或厚紙牌。茂木領著團隊進來時，南邦映畫工業社負責人本村竹壽和司機兼助手陳進旺迎面而來，茂木概略地介紹同團的隨員，並沒有特別指明文雄和悅子是香蘭的親人。本村確定團隊都到齊後，帶著大家插入出境的隊伍，通道柵欄邊群聚著熱情的年輕女子。

「Li Kou Lan! 李香蘭！ Li Kou Lan! 李香蘭！ Li Kou Lan! 李香蘭！……」

日華語的呼叫和許多紙牌同波浮動。文雄嚇了一跳，出來的旅客這麼多，她們不可能輕易認出香蘭，不知她們這樣盲目地叫了多久。香蘭定神了一下，把手伸向她們。

「Li Kou Lan! 李香蘭！ Li Kou Lan! 李香蘭！ Li Kou Lan! 李香蘭！……」

叫聲更多，更高昂了。香蘭個子小，人牆越堵越高，警察不斷吹口哨，但像水滴澆火，演出團隊提著樂器擠出大廳，影迷像潮湧般追了過來。在本村的指揮下，團隊直奔等待多時的巴士，香蘭優先塞進車內，樂器依序搬進，影迷只能隔著車窗和香蘭交流。

人員全上車，車子開動了，把有些失望的影迷拋遠。大家熱切地議論李香蘭熱時，文雄推想：香蘭電影已經來過台灣，因為人氣高，本村竹壽才動了邀她來台的念頭，看他春風得意的樣狀，顯然押對了寶。宮川力基樂團成員原以為香蘭是一般歌手，至此方知此姝非等閒之輩。

本村竹壽給大家準備了日式飯糰和清水，早餐在車上解決，演藝團直接奔赴台北。車子顯然行經谷地，兩旁山巒綠意起伏，北國訪客心裡徜徉著絲絲暖意。此刻，不管是新京還是東京，即使不下雪，也是寒葉落盡，枝椏密織，一片蕭瑟。香蘭想著小寐片刻，巴士已來到台北。

南邦映畫老闆本村竹壽主持的歡迎午宴在離建成町圓環不遠的蓬萊閣舉行。蓬萊閣是當時台北鬧區大稻埕的四大旗亭之一，文人宴飲酬酢，吟風弄月，藝姐撥弦唱曲，漢文化得以在日本政軍、文化的強勢占領下低迴緩進。香蘭一行人下了車，餐廳圍牆內的前庭又是人山人海，餐廳服務人員努力開道，群眾男女老少都有，他們只是想一睹香蘭，並沒有形成太大的推擠。香蘭一行進入餐廳，香蘭迷，除了少部份在餐廳諸多飯局中作客的，一般都不敢造次，最後只好慢慢散去。

包廂內席開兩桌，文雄刻意帶著悅子和樂團成員同坐次桌，被東道主本村竹壽熱切招呼的茂木、香蘭和樂團團長宮川力基自然坐主桌，同桌的還有提供表演團隊在台首演的大世界館老闆古矢、劇場經理江明和主持人菊子一干人。

躲開了外面的風暴，安坐包廂，香蘭鬆了一口氣，隨即發現不時有人在包廂門口窺探。本村致完歡迎詞，介紹他這一邊的貴賓後，茂木也致上謝詞，同時介紹他從日本帶來的賓客，但沒提到文雄是香蘭的父親，大家觥籌交錯過後，本村：

「這次迎來了貨真價實的李香蘭，台灣民眾果然識貨。」

「別說得這麼粗俗。」

大世界館老闆古矢說著用右手撞了一下本村。茂木：

「曾經有假冒的？」

「去年八月《支那之夜》在台北熱映，號稱『半島李香蘭』的朝鮮女子帶了 30 幾人的團，其中有日本的漫才師和喜劇演員，來台北演出三天。他們大概怕被揭發，來去匆匆，待新聞揭露真相，台灣人才知道受騙了。」

本村說著，收納同桌投射過來的訝異眼神。古矢：

「台灣人被小騙了一次，反而更期待真的李香蘭的出現。我們大世界館不惜重金禮聘李小姐一連演出五天就是要慰藉台灣民眾的渴望。」

「其實那位女歌手也不算是騙。她在廣告表明了：我就是朝鮮來的，不是滿洲來的李香蘭，很多人以為真的李香蘭來了，事後感覺受騙。主要是自己沒有弄清楚狀況。」

主持人菊子以女性的敏銳還給那位朝鮮女子一點公道。古矢帶點責怪的眼神看著菊子：

「妳這樣說也沒錯。但我還是覺得那位韓國女子經過一番精算，認為有些台灣人沒看清楚廣告內容，會糊裡糊塗誤以為她就是滿洲來的李香蘭，等到真相大白後，她人已經回去。她的行為雖然不致明目張膽，但造成觀眾被騙的結果。」

「或許。」

菊子不想爭辯，擔心場面不好看。古矢看向正在慢食的香蘭：

「李香蘭明天就開演，加上台灣中南部的演出，超過半個月，實在辛苦。」

香蘭向古矢舉杯表示感謝，古矢大氣地舉杯，要大家祝香蘭演出成功。本村提醒香蘭看向右前方，菊子隔壁的青年：

「妳也向他敬酒吧，妳幾天後從南部回來，台北最後一場第一劇場的演出就是由他贊助的。」

「哦！是嘛。」香蘭看著這位外貌憨厚的年輕人，再看他剛剛送出的名片：「張先生，謝謝，我敬你。」

「不敢當。請多多指教。」

張武曲華語脫口出，香蘭於是改用華語：

「張武曲先生，開的是張亦泰布莊。」

「是的，希望有一天能夠給您服務。」

「你的中國話說得挺好的。」

「因為常到上海批貨，學了一點華語。」張武曲看著香蘭米色有花樣的旗袍，「很冒昧，妳身上穿的旗袍，料子是錦織的嗎？」

「我不太清楚。料子大概沒這麼好。這是平常穿著用的。」

由於有一點距離，張武曲看不清香蘭旗袍上的花樣是織上去的還是繡上去的：

「李小姐！妳如果不嫌棄的話，妳表演用的旗袍，我們可以提供各種布料，織錦緞、真絲緞、繡花工布……」

同席的日本賓客被華語對話拋在一邊，很是納悶。香蘭把剛剛的對話用日語大概講了一下，張武曲也做了一些說明。本村和茂木對於香蘭有感於台灣民眾的熱情和張老闆的厚愛，決定穿台灣做的禮服表演一事，加以認真討論。

「現在 1 月 11，選料交給師傅做，基本上，應該是趕不上 1 月 16 台北第一階段最後一天的演出。不過……，因為是李香蘭小姐，我們可以一天之內就趕出來。」

張武曲語出驚人，茂木頗感驚詫，但本村從張武曲的衝勁感到一種危險的躁進，他收納了大世界館老闆古矢使出的眼色，決定穩住李香蘭的演出。他環顧了一下同桌，再看向張武曲：

「李小姐明天開始在臺北五天的演出，時間緊湊，我覺得還是不要橫生枝節。但既然張兄這麼熱心，李小姐最後一場的惜別演出，就由你定裝好了。」

「那正好是我的場子。」

「沒錯。」本村樂見自己贏了一回合，反倒有點同情張武曲，「1 月 28 日李小姐在第一劇場惜別演出，26 日從新竹趕回台北，那就 27 日到你張先生的布莊選料製作了。」

張武曲微笑點頭，沒有回話。本村覺得這位台灣人年輕氣盛，希望他真有那份能耐，而非只是想在美女面前賭一把，藉機把日本人的氣焰壓下來。他想著把話題扯開：

「李香蘭小姐，妳說妳在新營有私人的行程，我給妳安排好一天了，演完嘉義場後就過去。」

「謝謝。我這幾天有空會跟對方聯繫。」

劉吶鷗！總感覺他還活著。去年 11 月，她從汪洋那兒聽到他的死訊，汪洋回上海後就沒和她再聯絡，一兩個月過去了，情誼迅速轉淡，汪洋說過的這種同事遭遇死劫的重話，似乎也變輕淡了，好似沒有憑依的傳說。就像她有時幻想自己去年 9 月 3 日在上海派克飯店等他一樣，或許他此刻正在家裡的客廳等著她。一陣喧鬧從外頭傳來，繼之以熱烈的鼓掌。香蘭這才從惘然神往中轉醒過來。

菜似乎上完了，大家等著甜點和水果，有人走出包廂上洗手間，香蘭走到外面，偌大中國風味裝飾的餐廳，幾乎桌桌滿座，她前面有幾個女孩推來擠去，似乎在偷看她。突然一位看起來比她大一點女孩被推了出來：

「李小姐，您來了嘛？」

香蘭有些驚訝：

「是的，今天來到！您什麼地方人？」

「台灣人哪！」女孩。

「嗯！台灣人？怎麼北京話說得這麼漂亮！什麼地方學來的？」

「廈門學來的。」

「廈門人不都說福建話嗎？」

「還是可以學到北京話。我就是從那兒學來的。」女孩看著一旁竊竊私語的同伴，「李小姐！人家都說您是滿洲人，到底是不是？」

「我是北京人。故鄉就在北京哪！」

哦！老天，平常長官教她面對這種最討厭的問題時的制式回答總是說得吞吞吐吐，現在竟一溜煙地脫口而出。看到已經走出包廂的父親的凝視，她更覺困窘。女孩回頭望著靠了過來的同伴。香蘭瞧著她們用閩南話嘰嘰喳喳說個不停，而且不住地掩嘴笑。難道她們識破自己剛剛的故鄉說。香蘭想著說道：

「妳們在笑什麼呀！」

「她們要我代表說，很愛您啊！」

香蘭羞紅了臉，女孩說完不好意思地說再見，然後在同伴的簇擁下離開。父親笑笑地走了過來，但打了誑語後激湧而上的血液再次燒紅了臉頰，她心裡不住地說：「這位姊姊！對不起！但願有一天，妳會了解真相，體諒我的苦衷。」

歡迎午宴結束，全車被拉到車站對面的台灣鐵道飯店，卸下行李，分配到房間，終於獲得休息，但也累極，香蘭和雅子刷牙漱口，倒頭便睡。

醒來還不到五點，香蘭不曉得晚餐會如何解決。她覺得肚子還撐著，不太想吃。雅子幫她把有些衣服掛在衣櫥內，她於是走出房門到斜對面敲父親的房門。

悅子見到了她，猛虧她的名氣。

「沒想到姊姊這麼偉大。看到姊姊被這麼多人歡呼著，我簡直不敢相認，不敢相信這是我姊。」

「我也沒想到自己在從沒想過要來的地方有這麼高的人氣。在新京搭火車，或在東京搭飛機，都有影迷迎送，但沒這麼瘋狂。」

「幾年前妳還是學生，在奉天放送局唱歌的時候，那些長官要求妳用中國人的名字，說是國策，那時總覺得國策對妳來說真是一頂太大的帽子，現在有時覺得像個牢籠，把妳困在裡頭。」

父親文雄的論調還是不出幾天前大家在東京茂木辦公室議論的範圍，香蘭聽了有些意興闌珊：

「用這個名字演出和演唱，習慣了，但有時會很想做真正的自己。」

「中午和那位台灣女孩講了一番話後感到不安嗎？」

「我不知道。」香蘭囁嚅著，「或許吧。」

「我覺得『李香蘭』這三個字很像天狗[1]的隱身蓑衣，燒成灰塗在身上也可以隱身，人一旦隱身就變得很神，到處捉弄人，但當灰慢慢剝落，現出原形，反而會被人捉弄。」

文雄突然側身女兒的演藝生活，對「李香蘭」三字造成的效應很是好奇，嘗試解謎，但越解越迷。

「我確實也有寄生『李香蘭』這個軀殼的感覺，表現慾獲得滿足的同時。對自己的本名還是有些鄉愁。」

香蘭說出了心裡話，也驅退了父親心裡的迷障。文雄：

「依我看，如果妳不演了，滿映會受重傷吧。」

「我沒這麼重要。滿映沒有我，還是會繼續走下去。」

「我在想，那一天，妳不想待在滿映了，換成山口淑子再出發，也只能回到日本和眾多女明星競爭。」

「我想爸爸是多慮了。」

香蘭思前想後，覺得在現有的成果上繼續努力，免生煩惱，比什麼都重要。

簡單的晚餐過後，一行人搭乘原坐巴士前往大和町的日日新報拜會，敲定後天和大後天演出前的慰問傷兵的行程。

第二天天氣好了一些，開場演出前的彩排安排在台北公會堂，多少有著避開影迷的意味。公會堂座椅如海的演藝廳內，文雄和悅子、茂木分社長、古矢老闆，以及這次旅台的東道主本村竹壽社長一行人坐在最前面觀賞香蘭和宮川樂團的彩排演出，想到五天15場可能都看同樣的節目，文雄不免有些憮然。

就在文雄想開個兩三天小差，自費走逛台北城時，香蘭和宮川樂團彩排完一遍，正在後台休息。宮川力基走了過來坐在香蘭旁邊的空椅上：

「妳演戲或演唱時，令尊大概很少跟吧。」

「這是第一次。」香蘭豎起大眼看了宮川一眼才吐出一句話，「他這次跟來算是偶然。就像你們樂團平常都在搞爵士樂……」

「就像替妳的抒情歌曲伴奏是偶然一樣。」宮川搶著替她回答平息了她的一點不愉快，「我也在美國出生。」

香蘭頗感吃驚，顯然宮川已經摸清她的底細，也知道她在滿洲出生。

「真的哦！我都不知道。」

「長大後發覺美國少年對我這種日裔人種有明顯的不愉快。」

「那是日本軍政府在國際間的風評太壞所拖累。」

「妳在戲裡扮演中國女孩，戲外也扮演中國女孩。」

香蘭知道他想藉此刺激她面對自己的身分，覺得他粗魯得一如他搞的美國爵士，為了堵住他的大嘴巴，她臨機應變，自揭底牌：

「我在中國滿洲出生，也在中國受教育，也跟中國同仁相處愉快，一直都覺得自己是中國人。」

宮川被將了一軍，有些悻悻然，轉移話題後心緒才平復開來。

簡單用過中餐，走出公會堂附近的料理店，以李香蘭為首的大世界館演出團隊沿著西三線路往南走。這條打掉城牆後闢建的大馬路像條大河隔開了台北最熱鬧的榮町和西門町，一行人在台灣日日新報社前停了下來等待綠燈，背後報社一樓一二十個拱門連綴而成的騎樓吸引了悅子的目光，18 歲的悅子稚氣未脫地轉身進入騎樓，急步回來，指著騎樓，要香蘭回頭看：

「姊，台灣人的街屋或店面都有這種廊下。而且這條廊下特別長。」

「我們昨晚來過了，不記得了？」

香蘭說著發覺剛剛彩排所在的公會堂一隅還在視線範圍內，感覺這地方既陌生又有點熟悉。另外一夥人循著悅子的視線，回過頭看向橫貼在報社門口的看板。茂木：

「李小姐果然好眼力。」

一行人橫過大馬路。悅子跑步跟上父親後，一連走過三條樹木稀疏的安全島，再跨越鐵道，左邊兩座路環公園形成一個橢圓的小圓環，視野為之開闊了起來。

23. 台北熱演 內幕走光

演出人員有說有笑，過了弘法寺，前面街頭的壅塞，看得更清楚了。一條長長的隊伍碰到大馬路向北彎向築地町，七八名警察分據各路口和巷口，隊伍在巷口斷開，人龍一直往前移動，但巷口的缺口一直存在。大世界館老闆古矢：

「是我們戲院的觀眾。李香蘭的人氣果然變成了門票。」

劇場經理江明看了一下手錶：

「那些人是買第二場三點半的。第一場已經演了一半。」

演出人員越走越近，買票的觀眾看到手持樂器的樂團成員，起了一點小騷動。文雄突然跑到馬路的另一邊，拿起相機瞄準買票隊伍，自然也把高掛戲院大門上面，現場播放的電影《統治者》和舞台演出人員李香蘭、宮川樂團的手繪看板，框入鏡頭。他看著同夥在古矢的指揮下急速奔向戲院入口後，左顧右盼了一下，也奔了過去，和有點慌的悅子快速入內。古矢看到沒有參與演出的文雄父女、茂木久平和本村竹壽都到齊後，叫一位小姐把他們安置在二樓包廂。

包廂位在二樓右前方，剛好有四個座位，包廂後面沒有座位，雖然斜對著銀幕，但距離夠遠，角度不算太大，看電影也不會感覺刺眼，服務小姐把汽水和點心安置座位前面的茶几，四人感到溫馨。老牌影帝愛米爾．強寧斯主演的《統治者》已經演了一半，文雄從茂木和本村口中得知男主角比希特勒大五歲。這位男主角在交際應酬當中不斷稱頌希特勒。德國軍民大會，年輕人崇拜領袖的狂熱響徹雲宵，影片選擇老一輩的演員擔任要角，由他們發聲歌功頌德，大概是希望眾多頑固的老人去舔偉大領袖的屁股。歐洲德國、義大利、西班牙相繼出現偉大的天才，戰火蔓延全歐，甚至非洲，日本年輕的天皇更是人神，中國的戰火也不輸歐陸。文雄有時閉目胡思，沒看銀幕，終於等到電影結束。

戲院燈亮，舞台的布幕放了下來，中場休息十分鐘，大多數人憋了兩個多小時，才離座前往廁所，場面大而混亂，等到觀眾大致回座，休息間被拉長到 20 分鐘。小樂團的喇叭聲響起後，舞台布幕緩緩升起，主持人菊子講了幾句場面話，把宮川樂團和李香蘭簡單介紹過後宣布特別節目開始。

宮川樂團先後演奏爵士名曲〈蘋果樹蔭下〉、〈瀟灑的你〉，宮川力基也都短暫出場伴唱，司儀宣稱香蘭出場時，掌聲和歡呼淹沒了現場，看到渴望的人兒上了舞台，聲音迅速退潮。轉為伴奏的宮川樂團的兩只喇叭也換成小提琴。為了回報去年八月《支那之夜》在台北的熱映，香蘭唱了此片的〈支那之夜〉和〈蘇州夜曲〉兩首主題曲。

小提琴拉完前奏，歌聲揚起時，全場鴉雀無聲，剛剛的雷動好像都被她的歌聲吸收了一般，銀絲一般柔軟的聲音波浪起伏時牽動著亮片似的伴奏音符，歌聲幾度迴旋，揚起後低迴、呢喃，消失在熱鬧的間奏當中，間奏漸弱，歌聲再度揚起……。

文雄從不對自己女兒的歌聲做太多的體味，是為了避免對歌聲產生情愫，他在意的是熱切的，經久不息的掌聲、歡呼。兩曲唱罷，掌聲雷動後的安可聲伴隨著口哨聲，四處亮開。香蘭按計畫唱了旋律優美的〈紅色的睡蓮〉，觀眾一直沉醉在夢一般的美感中，曲罷安可再起，宮川力基用黑管起音，帶動樂團演奏一首爵士，澆息了觀眾的狂熱。

半小時的特別節目結束了，觀眾紛紛散去，文雄這才發現本村已然不在，或許上廁所吧，想著還是和女兒、茂木坐著，等待第二場開演。文雄一直擔心香蘭過於勞累，看見這半小時的特別節目對她來說十分輕鬆，始放下心來。

對香蘭來說，一天三場演出，可謂十分勞累。一場半個小時，唱個三五首歌，很快就過去，問題是唱完午場，還有下午場、晚場，整個人被節目卡得動彈不得，再說，唱的曲子一再重複，不免生厭。本來早上還可以晚起，慵懶一下，但接下來這兩天，一早起來就要到台北衛戍病院或圓山分院慰勞傷兵，等於一天演出四場。

招待李香蘭一行的台北東道主本村竹壽見茂木久平和山口文雄父女在大世界館蹲了一整天，主動找了一部車，想請司機帶他們在台北一帶景點小遊，自己則在戲院和南邦映畫之間兩頭跑。下午，本村接獲總督府打來要求引介李香蘭給台中聞人林獻堂的電話，著實嚇了一跳，撥電話到大東信託公司，直到傍晚時分才聯絡到林獻堂。

這一天早餐過後，山口文雄和茂木久平暫不搭車出遊，演出團隊也不練習，大夥在本村竹壽的帶領下，在鐵道飯店附近走了一趟，還能感受幾分異國風情，看過台北車站後，大家一路往南走，準備走到他們這幾天演出的大世界館一帶的西門町，再往北走。冬陽不像昨天，沒有露臉，但大家越走越暖，文雄父女想著此刻已是冰天雪地的北京和新京，不覺心暖意暢。文雄：

「悅子！台灣的冬天還好吧。」

「好太多了，我如果在這兒，冬天就儘量在外活動。」

文雄看向穿著學生服的悅子，再望向在花樣旗袍外套著一件半身大衣，周旋在茂木、本村和宮川等人之間的香蘭。大家一路走，總督府的塔樓總在他們前方，但露出的部份越來越多，但走進一條兩三樓商店密集，人來車往的街道後，總督府已不見蹤影。本村：

「這是榮町通，這一帶就是榮町。」

「比我們這幾天演出的那條街熱鬧。」香蘭。

「可以這麼說。這兩條街剛好隔著西三線道相對，西三線道就是我們前幾天彩排後走過的夾著鐵道的那一條。」本村看看一整排頂樓山形牆面雕砌精美，巴洛克式的三層樓街屋一眼，「這條街，大家通稱為台北的銀座。」

走出榮町，視覺豁然開朗，整個龐然的總督府又在眼前了。原來榮町通是一條熱鬧到可以把總督府全然遮蔽的街道。香蘭心存這種意象，思前想後，整合這幾天的印象，對於這兒台北精華區的街道有一個粗略的認識。

大家敬畏地背對警備森嚴的總督府，走進林木稀疏，欠缺舊樓古剎的新公園。平淡地走過，看到希臘神廟式的台灣博物館，目光被吸了過去。大家拾級而上，走馬看花地把台灣的動植物和風土民情瀏覽一遍。走出新公園，本村看了一下手錶，剛好是十點半，他帶著一行人拐了幾個彎進入太平通，問大家累不累。

「這兩天坐軍車到病院，再到大世界，我感覺路程都不遠，或許走快一點，也不會比搭車慢多少。」宮川力基看了一下樂團成員，再看向本村，「我們是往南走？」

「沒有錯，走到公會堂再走到大世界，彎來拐去，基本上是西南向。」本村邊走邊說，望了一下後面的團員。「台北其實很小，我們走來繞去，很快就會碰到不久前來過的地方。」

「叭啊！衝！衝！衝！衝！」

果然是大家熟悉的聲音，聲音由遠而近，當列車在他們眼前消失，衝聲又遠去時，他們已來到西三線路了。走在這條車道和綠地相倚，視野遼闊，有點像公園的寬大馬路，香蘭有種回到新京的感覺。一行人在公會堂和日日新報附近的環路小公園小憩一下，繼續往北走，在北門轉入有名的太平町通。

本村把台北市有名的太平町通簡單介紹一下後不再說明，大家一路往北走，沿路欣賞建築物的山牆和門窗的雕飾。不久，本村帶著大夥進入小巷，直說前幾天用餐的蓬萊閣快到了，走得有點累的雙腳重拾精力，走出小巷，蓬萊閣兩側淡橙淺灰相間的塔樓已在眼前。

蓬萊閣外面庭院這回沒有多少人，顯然餐廳這兒沒有洩露李香蘭參訪團要來用餐的消息。一夥人穿越馬路進入餐廳圍牆內時，餐廳門口一人閃身入內，一行人登階而上時，一名英國紳士裝扮的長者和兩三位隨員已在門口相迎。為了因應演出人員下午的出場，午宴提前半個小時，一行人被延攬進人包廂，也才 11 點 20 分。

包廂內席開兩桌，文雄、悅子父女和樂隊成員依例坐次桌，被東道主林獻堂熱切招呼的茂木和香蘭自然在林的身邊坐下。除了碗盤外，每人桌上都放著一本薄薄的中文雜誌《風月報》，有人先看內頁，有人先看封面，也有人沒看。

「封面是李香蘭。」

樂隊成員這麼一說，文雄再次細看封面，果然是愛女在《鐵血慧心》的劇情照。一方面照得不太好，另方面也印得不好，封面中的香蘭和本人確有落差，怪不得自己一時沒看出來。再看看封面，「風月報」三個大字的下面，註明「第九十八期 十一月號」，顯然已經發行了兩個月，文雄翻了一下，雜誌開頭的〈卷頭語〉寫著「李香蘭女士主演的『鐵血慧心』快要在本島公映了！……李香蘭女士的藝術、麗質和歌聲，是大有驚人的地方；『鐵血慧心』這一劇，尤其是她最得意之作……」。都是肯定、讚美之詞。文雄望向另一桌的香蘭，她顯然已看過雜誌，臉孔通紅。大世界館老闆古矢、劇場經理江明和主持菊子來了後，茂木和本村的司機也來了。兩位司機自然被安排在次桌。

款待茂木和香蘭是嚴肅的事，林獻堂沒請藝妲進來，對於餐宴干擾到演出團隊的演出表示歉意，表示整個團隊兩天後在台中演出後，「希望能到霧峰寒舍作客。」

用完大餐再趕赴演出對香蘭來說還算 OK。她認為在演出戰場歷練久了，自然要有這種快速反應能力。去年《支那之夜》在上海開拍時，長谷川不是常在勞軍舞台和外景拍攝地兩頭跑，臉不紅氣不喘嗎？接下來中南部的演出，每一地多只安排一兩天，幾乎每天都在趕行程，每到一地陪著長官拜會時，一定得記掛演唱的事，和樂團成員多培養默契，以便演出時，快速進入狀況。

台北演出結束後第二天，香蘭一如林獻堂所願，和他搭同一列車，但不同車廂，共赴台中。林獻堂主持的《台灣新民報》刊出李香蘭的行程，林獻堂和香蘭在不同車廂下車，都被車站爭睹李香蘭的洶湧人潮嚇到。林獻堂擠出人群出了站，倚在自己的座車前，看著被影迷圍著的香蘭不斷送出自己的照片，或給影迷簽名，心裡笑了起來，真是扶桑解語花，想著一首詩已在心中有了端緒。

香蘭忙著發送照片、簽名，最後揮動空空的兩手，藉口照片發完，在樂團成員的開道下，慌張地跑進小巴士。台中座的老闆把車子開過來，只是用來阻隔群眾。其實香蘭住宿的鐵道飯店和演出的台中座都在附近。一夥人在鐵道飯店用午餐，餐後到隔了幾條街的中之島公園，行禮如儀地參拜神社，才回飯店休息。

台中座設備雖好，但叫好不叫座，獲准放映的電影或演出團體不時青黃不接，戲院難得滿檔，香蘭和宮川力基樂團晚餐後便利用戲院彩排。事實上也非很扎實的演練一遍，好像考前重點複習，時虛時實地走完整個程序。

演練完畢，大夥相偕回到鐵道飯店，本村竹壽和助手陳進旺大剌剌地坐在大廳的沙發上，好像專程等彩排人員回來一般：

「宮川兄，練得怎樣？」

「主要是看看場地。應該還 ok.」

「我找到一位贊助人，你們樂團明天的出場費，他會出。」

「這樣啊！那一位仁人義士啊？」

「就是今天中午請我們吃大餐的那位林先生。他明天早上也會帶我們到陸軍病院慰勞一下。明天中午、下午演兩場，晚場就不用了。他會派車子接我們到他家作客。」

「那晚場的票應該會降下來。」茂木。

「聽他的語氣，應該會給戲院一點補償。」

「這位台灣人也真豪氣，跟我們的張君一樣。」

茂木說完微微笑著看了張武曲一眼，本村點點頭：

「中午用餐時，他還說過那幾年沒有戰爭的年代還和兒子環遊世界一周，看來所言不假。」

哦！他們都是台灣人。香蘭像觸電了一樣，從張武曲想到劉吶鷗，再折回來想到林獻堂，林獻堂的年歲賽過她父親，吶鷗比她大15歲，張武曲看起來只大她七八歲。她的台灣經驗這麼少，但這三位年齡各異的人，雖然不能說對她一往情深，但有著超乎常人的欣賞和包容。其中吶鷗流露出了一點慾念，而失了一點分。不僅僅這三人，她直覺和台灣似乎有一些不解之緣，來到這裡演歌才會受到比在新京和東京更熱情的歡迎。茂木若有所思：

「看來台灣人比較熱情，也比較慷慨。李香蘭在這裡演出，門票比日本貴，還是場場爆滿。」

「是啊！張兄幫了我一場。」本村的眼神從武曲轉向大家，「現在林獻堂先生又幫了我一場。讓我壓力大減……」

本村欲語還休，心裡暗喜可以賺更多時，茂木：

「你應該感謝李香蘭，若不是阿蘭……他們也不會這麼慷慨，那些台灣的大老闆和小老百姓也不會這樣……」

「所以你要多邀李香蘭來幾次，多賺幾筆。」

宮川接著茂木的話脫口而出，大家笑得十分熱烈。香蘭發覺自己被當成搖錢樹，笑不出來。本村擔心這樣鬧下去，會變成小丑，趕緊轉開話題。事實上，每個人都累了，待沒多久，便紛紛上樓回房休息。

香蘭把皮包一丟便躺在床上，雅子把椅子拉了過來坐下：

「本村竹壽講那些話幹嘛！」

「的確，那些台面下金錢的事不應該在演出人的面前講出來。」香蘭把頭轉向雅子，「以前演出的時候，演完就回自己的房間，跟贊助單位不太有接觸。現在大家在一起旅行，以後還是離他們遠一點。」

「一般社會或民眾還是不太能夠接受所謂的商業演出。」

「 我們演出人員也不喜歡沾上那一塊。像這次演出，茂木算是我們的經紀人，演出的行程、費用，他和本村、古矢那些老闆商定就好了。我和樂團只負責演出，屆時領取一些演出費用。」

香蘭說著起身，準備睡前的盥洗，看著在矮桌上書寫今天記事的雅子，腦中浮現這一路走來，台灣影迷、歌迷的熱情，也希望雅子別把剛剛本村抖出的銅臭味寫進去。沒錯，影人或歌人就是要活在眾人的掌聲和簇擁間。出道以來，記者對她的追縱報導，或深度訪談，雖有不少，但若有詩人將她入詩，或像小林多喜二，被山梨稔的岳父畫入畫中，那就更美好了。

註 1：天狗（日語てんぐ），是日本傳說中的妖怪，住在深山，背後長著雙翼，身材高大，臉紅，鼻子高又紅，手持團扇、羽扇或寶槌，隨身帶著蓑衣以便隨時把自己隱藏起來，具有令人難以想像的怪力和神通。

24. 獻堂設宴 蘭祭吶鷗

次日，香蘭在林獻堂的帶領下，和宮川樂團同赴台中陸軍醫院，以演唱的方式慰問傷患，隨後趕赴台中座演出。這時，霧峰林家上上下下也都開始準備晚宴，主客還沒到，比較閒散的親朋已先來湊熱鬧，戲班也已開始唱戲。香蘭要赴林家宴，台中座臨時取消晚場的特別節目，票價回復一般水平，但還是讓很多蘭迷跳腳，部份比較狂熱的蘭迷只好準備遠征嘉義了。

霧峰林家莊園地處偏鄉，佔地寬廣，形成一個村莊，面積逾滿映廠辦的三成，坐擁近 150 個房間，自然非北京潘毓桂府所能比擬。歡迎宴在下厝的大花廳舉行，席開十幾桌，廳堂擺不下，外面的戲台前也擺了幾桌。原先在戲台演戲娛賓的戲班也都下來成為賓客了。

林獻堂留學日本的次子猶龍十分理解父親對香蘭的追逐，純粹在詩趣品賞的範圍，他看看同桌的香蘭和幾位日籍長官，用華語開口了。

「李香蘭訪問台灣實在是近幾年難得的盛事，實在不輸昭和太子來台灣的訪問。」林猶龍接收父親傳過來的警示，改用日語，「現在台北，想來各地也一樣，人們的問候語都是你看過李香蘭沒有？意思是你看過她的電影沒有？」

「可不是嗎？現在有關李香蘭的傳說開始出現了。」一路跟著過來的張亦泰布莊老闆張武曲望向林猶龍，「最近看過一則描述李香蘭出生的漫畫。漫畫說一位李姓婦人拾獲一隻被獵人射死的黃鶯，結果那黃鶯復活飛進婦人的嘴裡，不久那婦人懷孕生了一個女兒。這時正是蘭花盛開的季節，婦人就給新生女兒取名香蘭。不久香蘭被一位很怪的老太婆帶走，說什麼，『妳本來是我的女兒，不小心被獵人射死了，幸李夫人厚意，才投身李家。』於是她就在有梅香的國度裡學會唱歌跳舞，經過五年才回到李家。」

「講得像日本的怪談。那！那位老太婆就是黃鶯精了？」

茂木故意用怪談來加味，事實上，張武曲口中說的早就在賓客的酒浪笑波間浪漫開來，大家都覺得傳奇李香蘭值得配上這個現代童話。

「我觀察過一段時間。自從李香蘭的電影來台灣放映後，台灣不少女孩為了表示跟得上時代，學她講話的樣子，學她的穿著。」本村看著有些困窘的話題女王香蘭，「我不知道這種流行風會不會吹到日本。」

香蘭還在演出期間，不敢喝太多，但多數賓客，包括她父親常開懷暢飲，喝得牆傾柱斜，人晃神離；看著每個人影都搖晃在話浪裡，頭兒都有些暈醉了。大家你一言我一語之時，一紙署名「灌園先生」，題「李香蘭」的仿古漢詩的抄本開始傳閱。傳到香蘭手中了，她看了一下，

「曾經蘇州夜曲歌。餘音似訴舊山河。都門此夕人如海。獨對秋風感慨多。蓬萊閣上喜重逢。談笑毫無芥蒂胸。連日春風歌舞倦。嬌姿不改舊時容。」

果然是好詩，古意盎然，且文左還有日文譯文，足見作者的貼心。她想「灌園先生」應該就是林獻堂，此刻同席中懂中文且出席過蓬萊閣盛宴的，除了林獻堂父子外，便是張武曲。他們三人都受過現代知識的洗禮，外表時尚，站在時代的浪頭上。在這種外表裡層，年紀最長的林獻堂對於中國古文化的浸潤頗深，他的言行頗堪玩味。前幾天的午宴，撇開時事暢談唐詩、古文風雅和中國山水的長輩林獻堂，看起來就有些仙風道骨。此刻，林獻堂站了起來：

「剛剛聽到諸君談到李香蘭現象，出口成章，細究起來都是道聽塗說，沒有主見。小弟根據這兩天的體會寫了一首舊體詩，是發出內心的真正創作，想必剛剛大家都傳閱過了。」

林獻堂用創作抗衡傳說，也用日語夾雜華閩語說出心裡話，本村發出讚嘆聲後，舉座皆隨聲附和。林獻堂看著低眉淺食的香蘭：

「李小姐，把妳寫成詩，若有冒犯處，請包涵。」

「平常拍電影唱歌，都是拋頭露面，出了鋒頭，免不了被人拿去做文章，但作成詩的，您還是創舉，實在是人生難遇。」

香蘭向林獻堂舉杯，獻堂大喜，舉杯回敬：

「老朽不材，只是好吟花弄月，附庸風雅，難登大雅之堂。」

「林伯伯的大人大量才是小妹最該學習的。」

香蘭語出豪情，回響熱烈，大家相互舉杯，興味更濃。本村笑呵呵，把香蘭看得低下頭來：

「我和林獻堂先生相處了這麼久才知道他大人大量，李香蘭小姐一眼就看出。就像林先生一面之緣就能給李小姐寫出一首詩一樣。看來你們兩位人中龍鳳今晚忘年相會擦出了異樣火花。」

遠近一片鬧哄哄，林獻堂耳尖，聽到本村向香蘭講的話。

「本村兄過獎了。」

林獻堂說著把話題引開，詢問南邦映畫的業務。本村：

「總督府現在整合各州廳的電影團體和巡迴上映隊，這樣可以省下很多人事成本和行政資源，經費充裕後，總督府有意結合臺灣教育會的巡迴上映隊，共同成立臺灣映畫協會。如果真成立了，對本公司就是一大利多。」

「那很好。」

「林先生！想請教一下」

林獻堂抬頭一看，鄰桌頭戴黑框眼鏡，鼻下留著短髭的紳士拿著詩稿站了起來。他真的會是香蘭的父親嗎？昨兒大夥到陸軍醫院慰問，就獨獨他沒有下車，聽本村說，這位紳士還是李香蘭的父親，詢以香蘭父親何以看似不樂時，茂木答以公司政策如此，山口文雄低調行事恰如其份，林獻堂始有所領悟。文雄看著詩稿：

「先生的詩裡寫道：蓬萊閣上喜重逢。依我推測，您跟李香蘭小姐在前幾天的蓬萊閣餐會應該是第一次見面，為何說重逢？」

「山口先生！請坐。請坐。」林獻堂側著頭以便看得到山口文雄，「去年《支那之夜》在台北國際館放映，我去看了。個人非常珍惜這段難得的經驗，總感覺和李香蘭小姐在戲院裡見面了。」

「先生真不愧是詩人。詩人以心眼取象，常人以肉眼視物，故經驗常有侷限，不若詩人可以無窮也。」

文雄這番話有如醍醐灌頂，會場雖然還很吵，這兩桌稍稍安靜了下來，大家總覺得做為香蘭的父親，肚子還是有些墨水。林獻堂感謝文雄的理解，還特地站起來，領導大家向文雄敬酒。坐在主桌的一位櫟社同好開口閩語：

「這個李香蘭詩前四句和後四句不同韻，所以是兩首七絕。」

「沒錯！」

「灌園兄！同樣的題材還會再寫嗎？」

「詩路有時會中斷，但詩想一直延續著，剛剛特別澎湃，有幾個句子正呼之欲出。」

舉座都不知他們談些什麼。香蘭也聽不懂，但感謝在座林獻堂、張武曲的一路相挺相隨，也感謝眾多台灣影迷的無任熱情。過兩天，嘉義場演完後，她便懷著對台灣人十分親切的感受前往新營探視劉吶鷗的老母和遺孀，感受一個台灣大家庭喪失中堅份子的那種哀傷和鬱愁。

高雄氣候的溫暖頗讓香蘭驚艷，在台南演出時，感覺還有點冷，那知往南一兩個小時車程的高雄竟暖如仲春，她穿著短袖旗袍演出都感覺有點熱，難道是南邊海洋吹過來的熱風使然。不過，不論在那個地方演出，觀眾都爆出爆炸似的熱情。這種熱情支撐著她，再大的疲累很快就被蒸融掉。在新竹新世界館登台時，爭睹女歌手的民眾竟然擠垮了圍牆，把警察的佩刀也擠壓成彎刀。是自己的歌好聽嗎？宮川的演奏和伴奏動人？一種聲音在她心底喚起，群眾的聲音，從基隆開始，再從高雄折回台北，場外的亂哄哄到場內的掌聲，一波又一波，被她的感激情編成一部連綿起伏的交響曲。這部交響曲，每段都有張武曲的音符。她在台灣演出的任何一場，他都沒有缺席。作為她的頭號粉絲，張武曲最大的心願就是她賞臉光顧他的布莊。

一行人搭乘早班快車從新竹回到台北，張武曲隨即趕回太平通的布莊，香蘭一行和樂隊在台灣鐵道飯店休息半個時辰，開始用中餐。

餐後，香蘭謝絕回房休息的建議，在本村的引導下，和雅子、第一劇場經理小宋進入停在飯店外面的南邦映畫的車子，本村開車駛離飯店後進入北門町，繞行建成町圓環後進入太平通，過了兩三條街便看見張亦泰布莊的招牌，布莊前後五六個店面的騎樓外停滿了汽車，騎樓裡面都是人，車子只能停在稍遠一點的地方。本村：

「一定是來看李香蘭的。我們這廂保密，他們就大肆宣傳。」

「我去看一下。」小宋下了車，不一會兒回來，「確實是來看李小姐的。不過店員已經在店門口開了一條小路。」

一行四人下了車直驅店門，擠進小小人海中間的小通道時，「Li Kou Lan! 李香蘭！Li Kou Lan! 李香蘭！Li Kou Lan! 李香蘭！……」日台語的呼叫在小小人海的峰浪上翻滾了一陣。李香蘭一行四人在店員的護持下進入店內後，快要關閉的店門被人群擠得半開，留在店外的店員連勸帶推，總算把比較激動的一小撮群眾推散，店門好不容易關上。

店東張武曲早就在店裡等著，見香蘭安全駕到，十分高興，除了茶點招待外，也備了厚禮。

「實在是非常抱歉，可能是員工一時興奮放出消息，才給各位招來這麼大的困擾，十分抱歉。」

「會講出去也是人之常情。這裡畢竟不是軍隊。」

本村說著大家笑了起來。本村知道張武曲把香蘭當成活廣告，香蘭不盡然這樣想，在巡迴演唱的這些天，張武曲不在的場合，本村在商言商，總認為這位年輕的布商敢投資，很會做生意，但香蘭心裡還是替張武曲抱屈，認為會做生意，賺最多的是本村，而張武曲繼承布商家業，身有餘錢，基於欣賞、仰慕，贊助她演出的成份居多。從外表看，本村伶牙利嘴，張武曲斯文不多言，本村實在不必把他類比成自己的同類。再說，香蘭自知再次來台灣的機會不多，張武曲說不定往後發現其他投緣的明星，也會這樣無所求不患失的追星呢。

賓主聊了十來分鐘，小宋看了一下手錶：

「我看李香蘭小姐還要回去休息，現在就開始選一些布料吧。」

「你們繼續聊，我自個兒去看就可。」

香蘭說著逕自走開。店內布料有的直直地擺在靠牆的高架上，有的橫躺在店中間比較矮的架子上，張武曲手持長棍，領著香蘭走過紳士區，開始選料，香蘭手指著中意的布料，張武曲用棍子加以確認後，跟著的女店員開始筆錄，並註明現做或攜回。選了半小時，香蘭腳痠脖子痛，在布莊工作的裁縫師開始給她量身。

香蘭一行四人離去時，張武曲自然親自送出門，店外的群眾少了一半，驚鴻一瞥看見香蘭的機會大增。香蘭一夥人車回到台灣鐵道飯店，雖然開始休息了，但她還是期待最後一天的演出趕快到來。

最後一天了，香蘭部份意念已經在回家的途中，唱起來隨心所欲，更加從容自在，但對張武曲來說，才是壓力的開始。早場、午場順利過去了，張武曲的壓力和香蘭漸趨一致。香蘭最後一場也是換穿昨兒布莊趕工完成的旗袍。隨著她的歌聲緩緩擺動的深藍色衣服湧動著淺藍和白色相間的玫瑰花瓣，好像預示她返回東京的征程。

長達 19 天的台灣之旅終於告一段落。香蘭和父親文雄、妹妹悅子同一個早上，搭不同船班離開基隆。旅居台灣漫漫長日，雖然行程多被團隊綁住，但父親和悅子還是覺得不虛此行。香蘭、雅子和茂木、宮川樂團這回搭乘比較小的高千穗號前往神戶，同樣獲很多影迷相送。文雄晚香蘭兩小時搭乘前往上海的郵輪，前來送行的本村表示會在候船室陪文雄直到他們父女上船，香蘭放心了不少。張武曲也來送行，候船大廳滿是人，擴音機發出準備登船的聲音，閘門還沒開，隊伍漸漸成形，宮川樂團和香蘭也站了起來。張武曲：

「歡迎李小姐再度光臨台灣。」

「這一陣子都被演出沖昏頭了。昨晚想了一下，世局還是沒變。贏得這麼多掌聲，有點不敢消受。」香蘭看著張武曲，「能不能再來台灣，不太有把握。」

「不管怎樣，這一趟就很值得了。」

「我也這麼認為。」

「至少我贏得了護花、惜花的美名。」

「那以後你也就花名在外了。」

張武曲聞言大笑，香蘭接著把他的話和她回應的玩笑話翻成日語，茂木和樂團成員也都笑著稱許這位年輕布商的單純。

登船的隊伍開始移動，到閘門時，驗票，檢查護照、身分，旅客一個個進入碼頭。香蘭一行人上了船，找到自己的船艙，放好行李後走了出來，站在船舷上的人越來越多，客輪的汽笛鳴了兩聲，船梯收了起來。香蘭看著從候船大廳湧入碼頭的送行群眾。茂木：

「沒有票，被擋在候船廳外的人好像也都放行進入碼頭送行。」

香蘭看不見一個時辰前，企圖給她送行，但被擋在候船大廳外面的那群年輕女孩，大概失望地先回去了，或許被群眾稀釋了。茂木：

「李香蘭熱，以前在東京沒有很明顯，現在在台灣正式成形，會不會延燒到東京？」

香蘭沒有回答，看見似乎有一些人向她揮手，她也順勢揮動小手：

「這次在船上有安排演出嗎？」

「還沒有向船主接洽，船開動後，船方可能會根據房間號碼找人。」

「不管怎樣實在不想上台。」

「宮川樂團也不想。我也很想沒事一身輕，不管怎樣我都會拒絕。或許乾脆就遠離演藝廳。」

茂木說得有理，這天午晚兩餐，她都沒上餐聽，由雅子打飯送了過來，主僕兩人在房間看著海景用餐，別有一番情味。李香蘭在台灣演出的報導，雅子收集了不少，貼滿了半本剪貼薄外，還得用註記的方式更正錯誤的報導。香蘭每天的行事，雅子都有記錄，飯後，她審視那些紀錄，和香蘭略做討論，並提出一些問題：

「我看我重新謄寫，整理成比較乾淨的一份，原稿當然也要保留。」

「那太難為妳了。」

「反正現在沒事。」

厚見雅子有著不輸香蘭的學歷，她是懷著十分仰慕的心情前來當香蘭的助理。很多事情，她覺有益無礙，就直接去做，遇到牽連較多的事情才找香蘭商量。香蘭很放心把身邊的事交給她，有時還能在她的工作裡頭看出一點小小的創意。

再過兩天就是冬寒最熾的二月，透過船艙的玻璃，還是可以看到海面上的浪湧，雅子埋首寫字、梳妝兩用的小桌子，像是寫作業的小學生。雅子：

「想一下再寫。」

「妳家鄉在千葉，當然來過東京，那妳有沒有去過其他大城？」

「好像沒有。」雅子頗思索了一下，「名古屋？名古屋只搭火車路過，沒有下來……」

「台灣人也應該一樣，住台北附近的鄉下人，可能一輩子只來過台北或另外一兩個城市，但妳一位外人，一次就把台灣最大的七個城市走過了。」

「還不是託妳的福。」

雅子說著面向香蘭打了一個響指，香蘭收納了她的得意情走到自己的鋪位躺下，雅子也躺了下來。看著雅子橫躺的模樣，香蘭腦海漸漸被台灣的憶景佔滿。幾經浮光掠影，她腦海開始喧囂著熱鬧的場景。

那天，一夥人到了新營車站，確實夠狼狽。劉吶鷗家族男丁舉著的「歡迎李香蘭女士和宮川樂團」的牌子更加證明李香蘭要來新營的傳言不假。車站人群越聚越多。因為事先沒有聯繫好，劉家人以為客人很多，不曉得怎麼叫車，待接到人，文雄父女和宮川樂團覺得前往有些冒昧，早就決定不去。最後由本村竹壽陪同香蘭前往。其餘人中午共餐，然後在新營車站等香蘭回來再一起前往台南，夜宿預定的旅店。好了，現在客人只剩兩人，叫車容易了，但被人潮團團圍住，香蘭和本村乾脆隨著劉家人步行前往劉宅。走了五六分鐘，看過李香蘭的人開始離去，人潮漸漸走弱，香蘭裹在大衣裡頭的身體也開始冒汗。

兩層樓，有著很時髦的馬薩式屋頂的小洋樓，雖比不上劉吶鷗在上海福州路租住的三層洋樓豪華，但仍像劉吶鷗君臨眾人一樣，睥睨著周遭低矮的三合院。路上散逸的人潮又再度在這間豪宅的圍牆外聚攏。大概是被日本警察管怕了，沒有人衝進庭院，有人從圍牆上掉了下來，隨即被人拉上矮牆。

香蘭拜見了劉母和吶鷗嫂後，行程很緊湊。吶鷗嫂黃素貞的牲儀已準備妥當，出乎香蘭預料的是，吶鷗弟妹也備妥牲儀，要一起前往墳場。原來去年九月初吶鷗在上海被刺殺後，吶鷗久為肺結核所苦的大弟櫻津也撐不下去。一家人都靠女性撐持，昨兒還在嘉義演出的高昂氣勢到這兒變得低調落寞，戰爭帶來的困難在這富甲一方的家庭表露無遺。在二樓的公廳上，祖父母和父親遺像下緣擺著兩兄弟的肖像，看來格外悽寒。

新營郡是台南的一個小鎮，這兒柳營又是鎮郊，觀看李香蘭的熱潮不耐久候，慢慢消退。幾輛人力車經過大門進入圍牆內的庭院時，還沒退散的人群，部份隨著車子進入庭院，未見劉家人驅趕，更加期待即將來到的一幕。一身冬大衣，披著頭巾的香蘭走出豪宅大門，人群迅速靠攏。

在劉吶鷗一位堂弟的帶領下，小小的掃墓隊伍順利出發，堅守到最後的民眾也滿足地離開。新營已夠偏遠，柳營更見荒涼，還沒見村落，已至墳場。墳場蔓生的雜草被冬寒遏止了一些，相較於一旁背靠著一坨土，前擁一小片天空的劉吶鷗墳，劉櫻津的墳墓只是一個飽受風雨剝蝕，石塊盡露，覆著一點草皮的土堆。兩妯娌擺放祭品時，吶鷗的堂弟向香蘭解釋台灣人死後五六年還要開棺撿骨進行二次葬的習俗：

「吶鷗橫死在外，他在上海的朋友給他進行火化後把骨灰運回，就沒有撿骨的必要，把骨灰下葬後直接做成風水，後面土丘植有草皮，前面做個小庭，算是很體面的『家』，櫻津還沒撿骨，所以『家』還沒整理，看來很寒酸，應該會時常到他哥哥的家走動。」

祭拜開始，四人兩邊都拜。黃素貞：

「吶鷗，你啊荒唐一世，糊塗沒完了，現在你那電影事業的夥伴專程來看你了。託你的福，她的人氣是這麼旺，福氣也罩著我們家，給家裡帶來了難以言說的活力。小孩今天也特別高興……」

黃素貞禱念時，香蘭雙手合十佇立在後，想起那晚共餐時，劉吶鷗對老婆的抱怨：「沒有知識，教她讀書，她也沒耐心，只會把我往外推……」好個知識份子的理所當然、知識人的臭屁。吶鷗！吶鷗！你地下有知，收回你講過的那些話，你走了四五個月，除了卑微的家人，誰還惦著你，家人的卑微才是你人生最好的依靠。你的人生熄了燈，繁華已逝，現在不也卑微，應該更能體會那卑微的妻子對你的好處了吧。

焚燒紙錢和銀紙時，櫻津妻移了過來，兩妯娌一起燒。黃素貞瞇著眼，隔層煙灰看向香蘭：

「吶鷗生前慷慨，現在拿到弟弟的錢也會分給他的。」

經由一番火烤煙燻，三位女子眼角的淚水乾了，內心的傷感也蒸發了一些。黃素貞：

「他生前最討厭傳統葬禮的繁文褥節，沒想到他年紀輕輕的就變成古人，我們只能經由他最討厭的燒香祭拜來和他溝通。」

香蘭不知該說什麼，只能看著火勢越來越小的銀紙堆。

南國雜亂的墳場從她腦裡淡出，船艙玻璃窗外的黑浪湧了起來，雅子坐了起來，從床鋪走向小桌子，坐下後繼續文字的整理工作。

25. 茂木發飆 兒玉報到

李香蘭在台灣演出的成功讓茂木對於旬日後她在東京紀元節的演出深具信心，在船上共餐時，茂木：

「回去東京後我再和甘粕研究看看，找一個人來設計妳的節目，務必讓演出大大成功。」

「我在日劇的演出，理事長不是已經給東寶規劃了嗎？」

「有這一回事？妳在台灣的表演給了我很多想法，找日劇的三神良三討論一下，一天之內我就可以把妳的節目搞定。」

香蘭沒有回答，茂木顯然還不知道，早在她剛進入滿映的時候，山梨稔部長就已經將她在日本演出的經紀權簽給東寶。茂木見她沉著臉吃飯，知道事情有些複雜，開始談論和甘粕認識的經過，希望他的甘粕牌能夠排除一切阻力：

「14 年前我還是市議員，那年夏天我和議會同仁坐船到歐洲考察，一天在餐廳用餐時，發現甘粕和他老婆也在座，大家都躲著他。你知道，大杉榮事件讓他出了名，但大家看見他就像看見鬼，總是敬而遠之。我和甘粕同一桌，但我對鄰桌的議會同仁說，大家在同一條船上，都是好朋友，不要抱持什麼偏見。……」

「你的好意可能沒有說服任何一個人。」宮川。

「當然還是沒有人跟他做朋友，但氣氛好了一點，看到他都會打個招呼。」茂木看著宮川眨了一眼，想了一下，「過了兩天他來敲我的房門，我們聊了一陣，離去時他丟下一句話：日後需要我替你效勞的話，別客氣，講一聲，小弟一定盡力而為。」

「他好像胸有成竹，預知自己日後會大有作為。」

香蘭的話閃了進來，宮川腦子豁然開通：

「殺了這麼多人，關了兩年就放出來，然後又被軍部送去法國留學，這當中一定有交換條件，軍方一定給了他很多承諾，他才敢拍胸脯應許你。」

「或許是吧。」

茂木笑得有點尷尬。宮川：

「聽說你以前偷偷跑到蘇聯，從列寧那兒騙了一筆錢。」

茂木被宮川這麼一問，有些錯愕，但立馬發覺這個話題可能帶來的能量：

「好幾萬盧布，我跟他說要用來在日本發展共產黨，結果我帶了一位俄籍猶太人參加了在莫斯科和伊爾庫茨克舉行的遠東革命人民第一次代表大會。用這個行動作掩護，我把錢偷偷帶回日本，用來資助國家主義。」

「你也太大膽了。」

「好在列寧他老人家死得早，可能那件事也沒有列入官方紀錄，不然蘇聯要是追究起來，九條命都不夠逃。」

茂木了無顧忌，侃侃道出當年勇，當年他的冒險故事比間諜小說還精彩，參訪團同行沉湎其中，茂木也為自己的膽識感到自豪。

四天三夜的航行過後是一整天的火車之旅，到了東京已是晚上九點多，香蘭和雅子癱著身子參加滿映分社迎接人員的洗塵宴，一陣天昏地暗回到乃木坂公寓，已是半夜。雅子從信箱取出幾封信，香蘭拆開甘粕寄來的信，信裡的幾行字，除了祝賀她在台灣演出成功之外，交代她回到東京後打電話給東寶映畫企劃部長吉永洋次，吉永會安排她住進帝國飯店。她把信交給雅子，倦極中梳洗完後便入睡。

第二天是禮拜天，香蘭直覺心裡很不踏實，畢竟整整一個月沒有公司，尤其是甘粕的消息。她考慮了一下打了一通電話到新京大和飯店，經總機轉接後接通甘粕。香蘭表示收到信後，電話另一端的甘粕十分驚喜：

「妳這次從台灣回來可說是身價百倍。」

「這樣啊 ？」

「滿洲新聞每天都會轉載台灣報紙對妳的報導，滿洲的光榮在台灣發光發熱，包括我本人在內，每個人都想像不到。」

「我也沒想到台灣人這麼熱情，大概他們吸收的太陽光比較多吧。」

「哈哈！或許，記得明天一早打電話給吉永洋次。」

吉永部長是很貼心的長官，和香蘭打過幾次照面，由他帶著拜會東寶高層，似乎沒有多大意義，香蘭和東寶合作這麼久，自然認識副社長和一些董事。由吉永帶著走一遭，只不過讓那些長官了解香蘭的近況，看看這位剛剛震動台灣的明星有沒有什麼不一樣。拜會的最後一站，他還特地安排她到世田谷區的攝影所「拜會」山梨稔。山梨從滿映回東寶後走了一段辛苦路，好不容易才回任製作部次長兼攝影所所長。香蘭飲水思源，欣見山梨重新在東寶站穩腳跟，彼此相知相惜，談得甚是愉快。

第二天彩排前，貴為工商大臣，與香蘭尚未謀面的老社長小林一三特地回到東寶總公司接見她，對香蘭來說，算是一場真正的拜會。在牆上掛著的字畫流露出幾許中國風的辦公室裡，小林打量了眼前這位嬌小的明星：

「感謝妳和東寶合作演出這麼多電影，東寶託妳的福，在台灣的名氣更響亮了。」

「那裡，那裡，我是搭東寶映畫的順風車，才在台灣獲得了一點掌聲。」

「我也希望那一天我的電車能在台北或高雄上路。」小林滿意地看著香蘭，再望向吉永，「李香蘭小姐這次風靡台灣，依你看是什麼原因？」

「東寶的電影《支那之夜》、《白蘭之歌》當然有很大的關係。有一點我覺得很重要的是，台灣人也還在用中國人的名字。」

「我也有中國人的名字，我別號逸翁、靄溪學人、靄溪山人。我寫文章，寫書法都用這些字號署名。吉永君，你平常有沒有寫些文章啊？」

「目前沒有。」

「我的意思是，將來如果你想從事寫作的話，也可取個中國的筆名。」

香蘭想到小林社長剛剛講的：「東寶託妳的福，在台灣的名氣更響亮了」這句話，但她覺得《支那之夜》在台灣熱映，只是僥倖，一部電影也不致讓東寶在台灣改變多少。她隨即想到自己在台灣人氣陡漲，這種漲勢可能一舉撐高《支那之夜》背後的東寶。或許小林社長的著眼點就在此。小林一直站在東寶的角度感謝香蘭，她頗覺意外。出道兩年多以來，到東京拍片或演唱，東寶團隊或人員都緊隨在後，不久前南下台灣演出，主要是宮川樂團陪同，東寶一個人也沒來。大概是終於擺脫了東寶的心理作祟，那一段期間，幾乎不曾想到東寶，如今見識小林社長的宏觀，她也深覺身為藝人實在不用太耽溺在自身角色的自戀中。小林看著臉紅起來的香蘭，繼續說：

「妳做為和平使者來東京歌唱，確實很好。但日本政府也不應該左手派出和平使者，右手還在搞戰爭。」小林望向右前方牆上掛著的以中國山水渲染法畫成的佐世保九十九島大幅畫作。「以產業發展的角度來看，政府發動對華戰爭可說是大錯特錯。」

聽見當今內閣大員批評政府，兩位客人都有些驚愕，但吉永體察出上官的苦悶：

「這樣一來，您的東京電鐵就沒辦法搬到上海或北京了，阪急百貨也不能在中國開店，寶塚也無法前往演出了。」

「確實，推動那些計畫必須在和平的大環境下，實業家的世界觀和政客、軍閥的世界觀是大不一樣的。」小林體內的警示感測到自己的談話有點過熱，「李小姐，這次到台灣演唱有沒有造型師相隨。」

「沒有，當地劇場的小姐幫忙做點化妝就上台。」

「這次聽說寶塚的白井鐵造做妳紀元節要在日本劇場演出的編導，他拿手的是造型，所以妳的造型他也會用心做。」

「他在這方面的點子很多。」吉永。

「當年我派他留學巴黎，他也很用心學，現在時局搞成這個樣子，要去法國或美國學，有可能嗎？」

「事實上法國被德國佔領也有八個月了。」

吉永一句話打醒夢中人。小林：

「我幾乎忘了。抱歉！過沒多久，我們日本便要和德國、義大利結盟了。看樣子，國與國間打群架是免不了了。」小林乾笑幾聲，兩眼眨了幾下，「李小姐！時局越是艱困，妳就越是和平使者，儘管開嗓唱，儘管改變不了時局，但至少能撫慰人心。」

香蘭和吉永滿懷感激步出東寶大樓，走了四五百米到了哥倫比亞唱片公司彩排室時，東寶管弦樂團和東寶聲樂隊部份成員正在白井鐵造的指導下演練。這次演出，聲樂隊只出了小部份隊員，全程由白井指揮。管弦樂團最後會全團上陣，早期的彩排只部份出席，也暫時交由白井指導。他們知道李香蘭蒙老社長召見，更加不敢懈怠，持續演練。

久聞白井鐵造的大名，但始終未能得見，她心中產生了其人好似鑄鐵廠，專思改造人的印象。見了面才知道是面容清瘦，頭戴眼鏡，一副學者模樣的長輩。

「可愛可愛，怎麼看都可愛。」

幾句讚美的話卸下她心防。白井繼續說：

「李小姐，紀元節那一天，妳一出場第一首歌便是《滿洲國國歌》，為了讓這首旋律簡單，歌詞生硬，最不適合演出的歌曲一開場便抓住觀眾的心，決定在舞台上弄個舞群伴妳歌唱。」

八名伴舞由東寶聲樂隊挑出，為了搭配香蘭體型，身高都不高。白井一聲令下，樂隊開始演奏，舞群圍著代唱的歌手舞了半分鐘後，在後面排成兩排後分別向不同方向側翻，然後從布幕取出一枝蘭花，再度舞向舞台中央。白井：

「側翻的動作代表歌詞『頂天立地，無苦無憂，……只有親愛無怨仇』。觀眾看到伴舞側翻，會把眼光從妳身上移走，不過也沒關係，妳的吸引力還是會失而復得。」

香蘭實際演唱時，確實因背後舞群的翻滾分了一點心，但隨即把自己拉回。一首歌唱兩遍，歌畢，白井：

「李小姐特殊的音質和聲腔把這種歌唱得優美，有感情，加上舞群的熱情演出，一定會把演奏會最難打的第一砲打響。」

在樂團的伴奏下，香蘭演練〈那顆可愛的星星〉、〈蘇州夜曲〉……直到中飯時刻。

用完餐，吉永表明須回辦公室，陪香蘭和雅子到帝國飯店後自行離去。香蘭在飯店大廳沙發組坐下，雅子：

「回房間可以睡一個午覺呢。」

「還是出去走走好了，怕一休息又懶了起來。」

「白井說日本劇場的橫幅海報已經掛出來了，不如就去看看。」

「也好。」

兩人走出帝國飯店後院，穿越高架鐵道，沿著鐵道直走，馬蹄形的日本劇場入口處圓弧狀的那一面已然入目。懸在劇場二樓的海報越看越清楚，髮上結著一朵花的李香蘭畫像也浮現了出來。雅子：

「比現在正在演的電影海報還大呢。」

「那當然，因為有三個節目和影片一起演。」

海報上的幾個大字，除了「十一日建國劇」、「歌唱的李香蘭」之外，還有「蘭印探訪記」、「島嶼夕照」。

「有沒有看到，門票一人才 80 錢，在左邊，《島嶼夕照》的廣告裡面。」

香蘭站住，定睛看了一下：

「確實太便宜了，和台北比起來，這次節目的質量好多了，結果台北的是一圓 30 錢，東京這兒等於是半價。台北大世界館的《統治者》和這兒的《島嶼夕照》同樣是劇情片，但新聞片遠不如這兒的《蘭印探訪記》。」

「《蘭印探訪記》是什麼片子？」

「探訪荷蘭殖民地印度尼西亞的紀錄片，可能帶點冒險性質，也比一般的新聞片強多了。」

「說的也是，妳現在的演出可說是大餐伺候，比較起來，台灣的還只是小菜，再說東寶大樂團也遠勝宮川的五人組。」

「大餐、大樂團反而便宜多多，會不會我們看錯了？」

兩人急急地走向門口，雅子把頭探向售票口，小姐不在，後面傳來急急的腳步聲，香蘭回頭一看是劇場主任三神良三：

「三神主任！三神主任！」

戴著眼鏡的三神主任看到香蘭有些詫異：

「妳不是正在彩排嗎？」

「下午兩點才開始，還剩不到一個小時。」

「那就先上來坐坐吧。」

劇場辦公室在劇場旁邊的廂房，十分狹窄，七組辦公桌椅一路到底，三神主任的座位在最裡頭，四個櫥櫃也是從門口一路靠牆擺著過去，連接三神主任座位旁的一組沙發，另一邊牆上掛著比較具代表性的電影劇照和表演團隊的合照。三神叫一位小姐到茶水間準備茶水後，在座的三位職員立刻離座到外面。這個動作似乎是這兒辦公室的文化，香蘭覺得怪異，但不好問。雅子詢以票價的事，三神：

「這樣說來，台灣確實貴了些，我們日劇這次一場不只一部電影，加料這麼多，還是維持一貫的票價，像是年終大拍賣，沒抬高價格，但贈品多，算是回饋市民這一年來的支持，讓大家開心過紀元節。」三神把話題轉到台灣，知道茂木久平也去，感到好奇，「看到妳人氣這麼高，他大概也就威不起來了。」

「他沒耍老大，一直很照顧我們。」

門沒關，小姐開始泡茶時，東寶常務董事秦豐吉直接走了進來。三神把香蘭和助理介紹給他。秦豐吉：

「久仰久仰！今天下午本就預定去哥倫比亞看妳的彩排，沒想到在這裡先見了。」

大夥持續聊台灣，秦豐吉和三神良三都說很想去。

「基本上，在那兒日本話是通的。」

香蘭說著，一人闖了進來。

「茂木兄。」

三神才一出口，茂木久平閃了出去，門被重重關上。

「李香蘭！李香蘭！」

門外連呼兩聲，香蘭有些心驚，不知得罪了茂木什麼，但也只好硬著頭皮開門出去。

「妳身為滿映人，結果跳過東京分社直接和東寶談演出的事，簡直沒把我放在眼裡。我要報告甘粕，我看妳也不要演了。」

三神主任和秦豐吉一向知道茂木是道上大哥型的人物，但沒想到他的情緒商數這麼差。雅子在三神的指示下把香蘭拉了進來，茂木也怒氣衝天地大步跨進來，聽到三神的安慰聲，火氣更大，拍了一下職員的桌面，怒視香蘭：

「我不惜找來黑道也要阻止妳在日本劇場的演出。」

香蘭看見兩位長官面面相覷，不知所措，心裡一橫：

「我這樣做是遵行滿映總社的決策，這當然是甘粕理事長的命令，再怎麼挨罵，也不能取消演出。」

茂木有些吃軟不吃硬，他發覺一時情緒失控，連帶把三神和秦常董都開罪了，另一方面，李香蘭過幾天要到日劇演唱，當然早經甘粕核可，自己情緒過於膨脹，才會暫時性失智，認為香蘭擅自主張。茂木看清情勢後氣勢弱了下來。

「好！妳這女孩很有趣。」茂木擠出了掩飾自己無狀的笑容，「那妳就去演吧。雖然東寶很混蛋，但因為妳是李香蘭，特別通融。」

茂木像鬥敗的公雞，滿臉通紅地離去。

「在台灣，大家都很愉快，結果現在變臉了。」

香蘭才說完，雅子：

「趕快追出去！快點！」

香蘭三步併作兩腳跑了出去，步下階梯左顧右盼，看到茂木正站在一輛車子旁，她急急跑了過去，彎著腰正要鑽進車子的茂木看見了她，打直腰幹，理一理領帶：

「剛剛很抱歉。」

香蘭一肚子火熱和急促，忘了回應他的致歉，吐了一口氣，定睛看了一下長官。

「我十分不理解。」香蘭喘了一口氣，「替我介紹三浦老師的是你，介紹助理、公寓給我的也是你。這次到台灣，非常照顧我的也是你。結果說翻臉就翻臉……」

「我剛剛急了一點。」茂木笑了起來，「這事跟妳無關，既然是總公司的決定，東寶在談的過程，應該徵詢我的意見，尤其是事情定調後，更應該知會我。不管怎樣，東寶欠我一個解釋。」

茂木鑽進汽車時，瞥見香蘭身後的雅子。

香蘭和雅子回到日劇主任室，三神正在講電話，顯然正和東寶總公司談這件事。三神掛了電話，看向等了片刻的香蘭：

「事情化解了？」

「他的氣平息下來了。」

「跟他見面的機會不多，聽過他的脾氣，但沒見識過。打打乾雷，才會這麼響。」

三神說著，秦豐吉笑了起來：

「不會下雨？」

「不會。」

三神這樣說了，擔心茂木餘怒發作，還是電話白井，要他多少防備一些。香蘭主僕兩人隨後後搭乘秦豐吉的座車前往哥倫比亞。白井鐵造知道香蘭受驚，把她撫慰一番後才開始彩排。

第二天起香蘭在哥倫比亞的工作又多了一項，公司選了十首歌要她錄音以便灌錄唱片。這一天，她從錄音室出來，一位事務小姐遞了一張字條給她。原來三神主任來電，她於是在休息室回電。三神：

「茂木久平的事，總公司不太放心，決定派一個保鏢保護妳。」

「沒這麼嚴重吧。」

「他昨天下午還是打電話到我們東寶總公司找社長討公道。雖然沒有像昨天這樣咆哮，但不滿的情緒還是很大，我們擔心他一時發作把妳架走。」

香蘭頗感驚悚，但這種感覺和茂木長久給她的印象格格不入：

「他不是那種人。」

「說綁架太難聽了。他可以用保護滿映員工的名義把妳帶到遠遠的，直到紀元節結束。今天妳的助理有陪妳嗎？」

「她今天留守飯店。」

「妳幾點下班？」

「五點。」

「那好，我剛說的保鏢，叫做男助理還比較適合，他會在妳下班前半小時到妳彩排的休息室等妳。這位年輕的助理叫兒玉英水，是東寶文藝部的職員，高大，帥氣，皮膚有點黑，但長相斯文，妳明天要上班時，他也會到帝國接妳。記住，從現在開始一直到演出結束，甚至到妳離開日本，妳一定要他陪著才能離開飯店、哥倫比亞或日本劇場。」

香蘭掛掉電話，吐了一口氣，一個男子緊緊跟在身邊，這種保護不就是三神擔心的茂木式的「保護」。不過她實在太累了，不想想太多，只想：看到人再說吧。

下班了，夜暮已然低垂，合唱團和樂隊成員陸續離去，但不見要來接她的年輕人。她兀自待在休息室，遠遠地看著白井鐵造和樂隊指揮上野勝教下班走了，空蕩蕩的休息室只剩她和一位始終背對著她，看著窗外的年輕人。她想，這應該是哥倫比亞公司的職員，但看起來和三神形容的那位保鏢有些神似。如果真是他的話，只會站著像木頭人，也真太蠢了。那就直接回飯店吧。身體還沒站起來，心裡又躊躇了起來，萬一出了事，個人安全事小，整個大團隊的停擺，日劇經濟和商譽的損失，實在不是自己擔待得起。她忿忿地拿起電話撥了出去：

「主任哪！我等不到你說的那位保鏢。」

「奇怪！他早就去了，個子很高，叫做兒玉，沒有嗎？」

電話另一端的三神話剛講完，站在窗邊的年輕人突然走了過來：

「我要接的人就是妳嗎？我也等了很久。」

香蘭仰頭看了年輕人一眼，他確實長得不賴，但不主動打招呼，搞清楚情況，讓她等了這麼久，或許他不是很情願做這檔差事，故意讓她久等，或許自己臉色太難看，讓他怯步，但動作如此不積極，光是個兒高能嚇倒壞人嗎？

「你在等誰？」

「一位叫李……」

「沒錯，我就是李香蘭。」

香蘭說著拔腿就走，兒玉跟上。兩人離開辦公樓投入燈火熠熠，人影幢幢，但冷冽的街道。兒玉：

「李小姐要回帝國飯店。」

「沒錯。」

兒玉人高腳快，一般的外套裹身，似乎不是很冷，香蘭頭覆頭巾，羽絨棉服裹著旗袍，冷得直哆嗦，只希望趕快回到飯店享用雅子準備的熱食。

為了減少與這位讓人不快的保鏢的接觸面，新的一天，香蘭把雅子推了出來。兩人像姊妹一樣並肩行走，讓兒玉一人走在前面。到了哥倫比亞唱片二樓，香蘭進彩排室，雅子和兒玉各自坐在休息室的一隅，兒玉帶著一本書，但不時憑窗眺望，雅子隨便就書架取書閱讀。香蘭美麗的歌聲不時從彩排室流洩出來。雅子見有人進入彩排室，試著進去聆賞，不久三神良三也進來了。香蘭接連唱了〈荒城之月〉和〈支那之夜〉後，彩排告一段落。香蘭進錄音室之前，和三神聊了一陣。三神和雅子雙雙走出採排室，進入休息室後，兒玉也靠了過來。三神：

「怎麼樣啊？」

「她的歌聲確實很奪人心魂，這次公演大概是名音樂人集體推薦的。」

「這個我就不清楚。我覺得你做這個工作是委屈你。」三神停頓了一下，看了兒玉一眼，「會不會太無聊。事實上你不用整天坐在這裡等她。基本上你只要把她安全送到這裡，責任就告一段落，等她需要外出時，適時出現就好。」

「但如果真有壞人闖了進來，兒玉先生在場還是比較好。」

「雅子說的也是。但也不用死守在這兒，自己要辦的私事可以斟酌情況去辦。」

「既然主任這樣說了，我想到電信分局打一通長途電話。」

三神看著兒玉推門出去，回頭看向雅子：

「這位兒玉，李香蘭滿意嗎？」

「他們可能有點誤會，我也不好幫腔。」

「李香蘭怎說？」

「感覺他好像不太情願。兩人都被告知在休息室等候，超過下班十幾分鐘了，休息室就只有他們兩人，任誰都知道，除了對方之外還有誰？但前來接人的人不出面，需要保護的人也不好問，等李香蘭焦急地打電話，兒玉才前來表態。」

「這裡頭有文章。」三神說著把兒玉的新戲被「歌唱李香蘭」的節目取代的事講了出來，「這就像中國人講的『不是冤家不聚頭』。」

這種嬉謔式的湊合，是故意，還是無意間促成，雅子覺得不重要，年輕人有自己的方式，經由互動一舉衝破中老年人設定的框架是遲早的事。三神一直逗留到中午，自然請大家用餐。兒玉和香蘭之間雖然有點冷淡，但和三神像哥兒倆，喝了不少解悶酒，最後對香蘭的歌藝誇了幾句，她總算稍稍釋懷。

為了讓香蘭大大釋懷，雅子苦等下班的到來。晚上共餐過後，兒玉送香蘭和雅子回飯店後，彼此互道再見。

香蘭和雅子回到房間，雅子坐在自己的床鋪：

「兒玉對妳好多了，看來妳的歌聲讓他很有感覺。」

「我也對他很好。再說我是他保護的對象，不管一開始有什麼誤會，他一定會調整自己的態度。」

「就我所知，妳還在台灣，甚至還在滿洲的時候，他就在保護妳了。」

雅子說著躺在床上，香蘭的身子和眼神追了過來：

「好姊姊，妳在說什麼夢話 ？」

「妳是大明星，他把日劇的檔期讓給了妳。」

「什麼？」

聽到香蘭的驚呼，雅子坐了起來：

「他是年輕有為的劇作家，去年完成了音樂歌舞劇《日向》，這齣日本建國神話的故事本來預定在紀元節演出，結果被歌唱的李香蘭取代了。」

「有這一回事？」

「三神跟我講的。」

「我取代了他，結果他反而成為我的保鏢。」

「日本人常常自願或逼迫人家把看似矛盾的東西攪在一起，增加戲劇性，譬如同時追求死亡和美。」

「他應該是被迫接受這種結果，怪不得那天，他一副不作為，很不情願的樣子，那我們該怎麼辦？」

「補償他，給他溫暖。」雅子動了一個念頭，「請他吃飯，而且就在這裡。昨天看他和三神喝酒的樣子，相信他一定很悶，我們當然請他喝一杯。」

「飯店有餐廳。」

「我們叫他們把菜送上來。多叫幾樣菜。」

「這樣也好。如果飯店同意的話。」香蘭想了一下，覺得應該行得通，「那明天就麻煩妳先回來備辦酒菜。」

為了演好一齣讓兒玉驚喜的戲，兩人第二天都不動聲色，還是一樣的心情對待兒玉，好不容易又是下班時刻，香蘭領著兒玉走向飯店：

「先回飯店把雅子叫出來一起用餐。」

話說在前，但推開房門後，雅子一身漂亮的迎賓手勢，兒玉才知道上當。小圓桌上的食品一直沿伸到梳妝檯，梳妝檯上還擺著三得利和紅酒各一瓶。

「你們要慶祝什麼？」

「是要慰勞你。」

雅子說著，香蘭向兒玉深深一鞠躬：

「謝謝你的歌舞劇《日向》讓路，我的歌唱節目才得以上檔。」

「原來是這個嘛！這個說來也話長，也謝謝妳們給我這個機會暢談這個神話故事和我的戲劇。」

26. 扛進爬出 歌會嗨翻

讓人期待的一餐很快就開始，由於桌子實在太小，香蘭身體倚在梳妝台邊，雅子把酒杯放在一個矮凳上。香蘭一直強調三得利威士忌專屬兒玉，兒玉彷彿是久未澆灌的荒土，半杯下肚，開始有些醺醺然：

「我去年進入東寶日本劇場文藝部，去年剛好是紀元 2600 年，三神主任認為我對音樂戲有興趣，老家剛好是日本神話故鄉的宮崎，雖然 2 月 11 日第一代神武天皇建國的紀念日已經過去，但他認為整個年度還在，鼓勵我製作這方面的戲劇，於是我帶著文藝部的幾位同仁前往宮崎採集民謠和地方民藝，編成五幕歌舞劇，歌舞和音樂由東寶歌舞團和大樂隊擔綱，結果去年 11 月盛大演出，一連演了一個月，總計有 17 萬人看過。」

「我還以為完全胎死腹中呢。」

兒玉看著香蘭驚異的眼神：

「妳們一定聽三神主任說的，他只說了一部份。」

「我也希望過幾天李香蘭演出時觀看表演的人潮，就像在台灣一樣澎湃，這樣和兒玉先生的成績並列，就雙贏了。」

雅子說著，香蘭回神過來：

「聽兒玉先生這樣說，我實在非常高興，我本來是很傷心的。」

「說來也是我的一念之貪。本來 2600 年舉辦過了也就行了。但現在時局緊張，當局決定再複製一次 2600，用來鼓舞軍民士氣，所以今年 2601 年的慶典一樣盛大舉行。一開始東寶高層想到去年錯過建國日的《日向》，決定今年建國日再推出來彰顯建國精神，但後來可能想到才剛演過不久，才決定由李香蘭妳的歌唱取代。」

「那實在很抱歉。」

「沒事，沒事。當初因為對第二次演出有些期待，期待落空後有些沮喪，並不是生妳的氣。」

「好！大家乾了。」

雅子說著，另兩位跟著盡興，甚感酣暢。兒玉：

「現在我反而開始期待妳的演出。」

香蘭和雅子不僅陶醉在情誼、酒意交融的舒暢中，也隨著兒玉的敘述，神情從日劇虛擬的舞台遊向南方日本神話發祥地－高千穗高原，彷彿看見了原始神祇詭譎離奇的形成過程。

「原始男神清洗左眼時出現光輝，結果生成天照大神，清洗右眼時生成月讀神……天照大神就是太陽神，全世界每個民族都有。」

「古人還真有想像力。」香蘭。

「不只有想像力，而且也符合人類的經驗邏輯。現在有人研究，一般人左眼視力都比右眼好。」

「真的嗎？」

兩女同時驚呼，眨了眨眼，似乎想從中感覺那隻眼睛比較靈敏。

話題在天照大神的失蹤和復出中告一段落，三人挺著餘興談論演出的事時也已杯盤狼藉了。

對香蘭來說，兒玉不僅是保鏢，也是劇作家。兒玉不愧文采斐然，他希望用護衛取代保鏢的稱呼，雅子也教他有時用小蘭稱呼李香蘭。彩排期間沒有人提到茂木久平，他也沒有要求撤走雅子，顯然他的憤怒已然消失。演唱會緊鑼密鼓，早上的彩排也從哥倫比亞唱片移師電影開演前的日本劇場，兒玉沒有地方躲，只好坐在觀眾席看她的練習演出。正式演出前兩天是拜日，香蘭一大早起來趕搭早班車，一人頂著冬寒獨自前往神奈川縣小田園，再轉車到山中湖接受三浦環老師的指點。晚上回到飯店夜已深沉。在這天寒地凍的時節，一人走遠夜歸，她怕兒玉知道了會生氣，雅子答應不講。

紀元節終於到來，香蘭一早起來信心滿滿。兒玉九點前來接她還借了一下廁所。

「外面很冷。非常冷。」

香蘭很聽兒玉的話，一身棉衣棉褲，外加毛皮大衣、圍巾、小沿帽和防寒口罩，可說是全副武裝。兒玉：

「會不會緊張？」

「這種場面在心裡預演很久了，還是有點緊張。兩三年前從滿洲趕來，也是在日劇演出，心裡沒有準備，一下子便面對黑壓壓的觀眾，反而不知道害怕。」

「好像是初生之犢不畏虎。開演了吧？」兒玉。

「九點半先放新聞片。」

「現在進去剛好。」

「先演兩部片子，11 點才輪到我。」

「還有緩衝。那好。」

一行人走出房間步下樓梯，香蘭心裡想著白井老師的叮嚀：「站在舞台上，看不清楚黑壓壓的觀眾，妳就當做底下沒有什麼人，就可以像彩排時自由發揮。」就當觀眾是一片沙灘、荒原吧。

三人離開帝國飯店，穿越高架鐵道，日劇圓筒的那一面已然在望。圓筒下面，很明顯地有一群人在蠕動。三人加快腳步，兒玉：

「看起來好像進場的觀眾和買票的人混在一起了。」

劇場三個入口都在售票窗口旁，但擠在窗口的人群把入口掩埋了。兒玉指著有樂町車站的方向：

「我們往那兒走，從後台進去。」

包覆著龐然劇場，厚厚的人潮不斷湧動，兒玉領著兩位女孩奮力切入，但都被擠了出來。這兒的人海更厚更廣，劇場買票的人潮和等車的人潮似乎混成一團。建國日出入皇居，從東京車站出來的人群，和劇場的人龍在此交會、推擠，亂成一團，讓想要在有樂町車站轉車的市民更加寸步難移。

「東京的人怎麼這麼多？」

香蘭的抱怨幾乎被群眾的喧囂淹沒，兒玉神情緊張，作為一個保鏢或護衛，他第一次碰到狀況，但他面對的不是暴徒，而是一場混亂，一場醞釀中的暴亂。眼看要讓香蘭進去，機會越發渺茫，如真的演不成，裡頭的觀眾開始起哄，怒火點燃外面亂成一團的群眾，後果不堪設想。他抓住香蘭的手臂奮力向前擠：

「拜託！借過！讓我們過去……」

兒玉一連叫了幾次，頻遭白眼。

「我們是在排隊，早買好票了。你們要買票，到前面去……」

「不要插隊，拜託！找隊尾去排隊……」

「怎麼可以這樣插隊！亂來！」

他們越是努力越被打臉，招來不屑的眼光。

「不讓這位小姐進去，今天就不必演了。」

兒玉情急下吼了出來，沒有回應。但也不能讓這些人知道主演的人在這裡，否則一定會更亂。兒玉想著一鼓作氣，像推土機般犁向人群，但還是動搖不了銅牆鐵壁。

「妳們稍稍離開人群，就在這裡等我！不要亂動！」

兒玉說著走開。香蘭暗自禱告，焦急地等候奇蹟出現。兒玉回來了，後面跟著五六位劇場警衛。

「現在可以了？」

一名警衛問兒玉，獲得首肯後，其他警衛開始擠進群眾，群眾看見警衛儘可能讓路。六名警衛每隔一米站定後，兒玉突然抬起香蘭，把她交給最近的警衛，香蘭在空中順利移動後，兒玉也把雅子抬了起來。排隊的觀眾看到這一幕，有點傻眼，但也飽了眼福。他們知道，既然警衛出面，被抬進去的兩人一定是劇場的工作人員。

看見香蘭被抬了進來，劇場人員鬆了一口氣，有人鼓掌打氣。

「太恐怖了，人潮已經圍了劇場三圈半了。」

一名劇場職員說完，幾個人擠著過來，四處張望的人眼角緊張猶存。樂團指揮上野勝教擠了過來：

「早知如此，就該早點來。」

香蘭理了一下被扯亂的衣著，看著上野勝教，餘悸猶存：

「老師，你的團員都進來了吧？」

「進來有半個鐘頭了，那時人潮還沒這麼多，我一再強調是東寶管弦樂團的，他們還聽得進去。不管怎樣，看來妳在台灣造成的旋風，在東京吹得更大了。」

上野勝教說著時兒玉狼狽地被拉了進來。兒玉驚魂甫定，兩眼在香蘭和雅子之間游移。編舞指導白井鐵造兩眼攫住兒玉的眼神：

「是你想出來的點子？」

「被逼急了，靈機一動，大概和當過兵有關吧。」兒玉喘了一口氣，「我布置好的警衛一個個接力把我拉進來。如果硬擠，我可以擠進來，但可能會受傷，就怕小蘭跟著擠，跌倒了，被群眾踩踏，那就糟了。」

「沒有錯。」白井回想以前的經驗，「即使受的傷不重，但受到驚嚇也會大大影響演出。」

兒玉看著迎面而來的香蘭：

「妳還好吧？」

「是有一點緊張，尤其想到剛剛那一幕。」

「別想它就好。」

白井鐵造再次清點聲樂隊人數，帶著大家走到後台演練區，管弦樂團已經在那兒排好陣勢。白井帶著大家把整個過程再演練一次，特別注意香蘭邊歌邊舞時的走位，好在香蘭的舞步多已到位，白井的心情寬鬆了不少。

香蘭坐上化妝台，小姐給她做造型時，她越是期許自己好好表現，剛剛被抬進場的刺激畫面就越橫諸腦際，久久不去。她循著節目的次序回想該說的台詞、每一首歌的歌詞，心情漸漸平穩。化妝小姐工作告一段落，要她看化妝結果，她面對鏡子，自己補了一點妝。

演出倒數，她站在後台下方，聽到司儀小姐呼叫後，兒玉依著她的吩咐用手輕拍她背部，同時把她推了出去。

香蘭上了台，雷鳴般的掌聲過後，首先自我介紹，表示自己是滿洲國歌唱使節，這次是第二次踏上這個演藝界的最高殿堂，希望自己的歌聲能帶給東京市民快樂和幸福。

舞台沉默了瞬刻，上野勝教環顧整個樂團，向香蘭示意過後，開始揮動指揮棒，伴舞開始起舞，〈滿洲國國歌〉唱得十分順利，但好戲還在後頭。

國歌唱畢，布幕再度垂下，香蘭退回後台時，布景工作人員開始忙碌。片刻，香蘭回到等候區，背部再次被兒玉拍了一下，也被驅策出去後，心神鎮定了不少。〈那顆可愛的星星〉前奏響起，她走在幽暗的舞台中央，坐上銀色的「馬車」，馬車前面剛好是麥克風。鋼琴配合鼓聲擊出的馬蹄聲彷彿正在拉動這輛裝飾性的馬車。前奏即將結束，布幕徐徐拉上，香蘭站了起來，四方的聚光燈同時射出，從香蘭亮麗的衣服反射出去，香蘭頓時成為劇場龐然暗黑中斑爛四射的光點，掌聲轟然炸向劇場高聳的穹頂。香蘭步下馬車站在麥克風前，舞台鈴聲響起，「馬車跑啊跑啊！蹄在晚風裡。……」香蘭笑盈盈地開嗓，身上紫色天鵝絨旗袍和白色披肩緩緩地搖動，像是兩種顏色在明晃晃亮光下的伴奏。每逢前奏或間奏，她暫時封嗓時，她的一舉手一投足還是引發觀眾的歡呼或尖叫。觀眾太亢奮了，她腦筋一片空白，似乎是深藏的記憶讓她很快地唱完三段歌詞。樂曲最後一輪的間奏響起，香蘭走到舞台前緣，浴在如狂的掌聲中，隨後回到麥克風前，最後一輪歌詞啟唱時，開頭幾個音還淹在掌聲裡。香蘭唱完最後一詞，鈴聲明顯轉弱，管弦樂團伴奏的樂音起伏越來越小，香蘭低下頭，又浴在熱情的聲浪中。

舞台轉暗，布幕垂下，掌聲止歇後寧靜異常。香蘭火速奔向後台換裝，布幕緩緩拉起後，暗黑的舞台中間多了一株芭蕉樹。片刻，香蘭回到舞台的芭蕉樹下，用一支巨大的羽扇遮臉。胡琴聲在暗黑中嗚咽，引出了樂團樂音的交響，〈蘇州夜曲〉前奏起奏後，聚光燈再度傾瀉，照亮了芭蕉樹下的羽扇。「投君懷抱裡，聽那船歌如夢……」香蘭的歌聲和美顏慢慢從芭蕉扇後面往前探，歡聲再度雷動，但隨即收斂在美麗的歌聲裡。香蘭搖著羽扇不斷變換姿勢，每一轉折都揚起了歡呼和掌聲。曲罷回到舞台邊，歡聲和掌聲像群鴿迴飛，掠過座位上光影斑駁、晃動的人海、手浪。

紅色的布幕再度緩緩升起，舞台上美麗港都夜景的布景讓觀眾嘆了一口氣，「呯」的一聲，一位女子被快如閃電的男人的腿踢進舞台，台下的觀眾驚呼了起來，叮叮咚咚的鋼琴聲主導的〈支那之夜〉的前奏響起，女子俯臥地板，用華語咒罵已經消失在布幕後的日本人，隨後站起來，觀眾看出香蘭衣衫藍褸，一副中國女子的打扮，嘆息取代了掌聲。「支那之夜，支那之夜，港灣燈火映在紫色夜幕裡……」歌聲、神情、衣衫和三位聲樂隊女生的句尾和聲蕩漾出哀人心弦的夜曲。

幕落人兒離去，小提琴手繼續演奏〈支那之夜〉，優雅的樂音延續著會場氣氛。片刻，香蘭再度上場，綴滿紅色花朵的華麗旗袍和蓮花田的布景相映成趣。〈紅色的睡蓮〉樂音響起，香蘭開嗓時，身體款擺有致，衣服上的紅花好似隨風搖曳。間奏開始後，她稍稍離開麥克風，簡單舞出帶有吉露巴舞步風味的中國舞，藉由這種舞姿和落在身上的繽紛光影共構一席夢幻。

法國情歌〈對我傾訴愛語〉正式上場。演出到此，演唱會已進入尾聲，香蘭壓力大減，她換上白色的歐式晚禮服，站在黑色的大鋼琴旁，和鋼琴手一搭一唱，好像把琴鍵當做傾訴的對象，用法語輕鬆唱出「Parlez-moi d' amour，Redites-moi des choses tendres.Votre beau discours……」。

曲罷，鋼琴師再彈一遍。前奏開始了，她離開鋼琴走向觀眾，有點撒嬌地問「為什麼沉默不語？為什麼什麼話都不跟我講？」觀眾一時不知所措，也都不知如何回答。香蘭於是用日語把〈對我傾訴愛語〉再高歌一遍。

「對我傾訴愛語，再對我說些溫柔的事。您那美麗的的話語……」

剩最後一首歌了，她在後台換上葡萄紅的晚禮服時，看見白井終於展露的笑容，稍稍鬆了一口氣。在兒玉的推動下，香蘭再度站上舞台時，東寶聲樂隊成員已呈三排地站在舞台後方。掌聲落下，三支小喇叭吹出歌劇《茶花女》第一幕唱曲〈飲酒歌〉的序曲，待小提琴接手主弦律，她開始搖動身子唱將起來，唱到「為了那回不去的日子，舉起酒杯」時，她張開手臂擁抱了滿場歡呼。小喇叭的前奏再度響起，稍後東寶聲樂隊開嗓合唱時，台下觀眾全都手牽手站了起來，台上台下大合唱震撼劇場，香蘭覺得自己的聲音全然被淹沒，自己不再是焦點，但內心愉快無比。

大合唱唱畢，三浦環的幾位少女學生一起上台給香蘭和白井、上野獻花，幾名拿相機的民眾和記者紛紛向台上搶鏡。幾名伴舞女生快速從幕後走出，站在香蘭、樂隊指揮上野勝教和白井老師的兩邊。在司儀小姐的呼喚下，東寶聲樂隊成員全部走下階梯在舞台前面排成兩排，東寶管弦樂團成員還是固守在演出位置。全部演出人員在司儀的呼喚下向台下鞠躬謝幕，會場歡聲雷動，東寶映畫、寶塚歌舞團新星、寶塚音樂學校學生連袂上台獻花，各大報、雜誌社攝影記者奔走台上台下拍照。聲樂隊和管弦樂團成員開始離去，但攝影記者還盯著香蘭、白井鐵造、上野勝教和舞群取鏡，聲樂隊和管弦樂團部份成員陪同撐場面。香蘭知道此刻的熱鬧是首場效應使然，一直耐下心來接受拍照。聲樂隊和樂團陪拍成員跟著指揮離去後，不少年輕歌迷要求和香蘭合照，香蘭只好一一配合。

舞台布幕緩緩垂降，台上的歌迷、記者紛紛下台，香蘭走向舞台邊小樓梯時，兒玉趕緊過來攙扶。香蘭下了樓走進後台，發現這兒除了日本劇場和東寶的相關工作人員外，還有不少警察，現場擁擠不堪，站著的人比坐著的多。兒玉幫她找到一個位子坐下，白井走了過來：

「外面很亂，好像戰場，休息時間也不要出去，大家只能困在後台，等第三場演完再說。哦！三神兄，你也在這裡。」

「我看完了一整場，不曉得要怎麼離場。我看見消防車噴水，警察騎著馬趕群眾，想還是暫時先別出去，在這兒躲一下再說。」三神笑著看香蘭一眼，「群眾之間的衝突是多方面的。排好的隊伍被打亂後大家都恐慌成一團。現在看完戲要回家的市民恐怕又要和圍在外面買不到票的群眾起衝突。不過李小姐，妳儘管唱歌，別想太多。」

永吉洋次部長帶著一位董事向香蘭打過招呼後，和三神主任、指揮上野等一些幹部、職員在休息室短暫議事。上野勝教和聲樂隊隊長受命後回去安撫自己的隊員，保鏢兒玉和雅子新的護衛任務是：守著香蘭，儘量不要讓她接觸外面混亂，擾亂人心，且有殺傷力的訊息。

第三場演過後已經晚上七點多。香蘭疲累已極，胃口盡失，只想回飯店躺下休息。香蘭披上外套，戴上小帽，圍好圍巾，示意兒玉可以走了。

「還不能走，現在出去一定會被歌迷踩死。再說，現在也要躲記者。」

「躲記者？」

「我的護衛工作又多了一項。看來三神主任給妳找來一名護衛，功用是越來越多了。」

香蘭對兒玉的諷意是苦笑以對。擠在一起，一直注視香蘭的聲樂隊、樂團成員，尤其是女隊員，聽到這段對話，都噗哧地笑了起來。外頭的消防車噴水柱開了一條路把好幾箱便當和飲用水送了過來，引發一陣歡呼，聲樂隊和樂團成員開始往觀眾席移動，想先在那兒用餐、休息，再看情況行事。三神：

「一起走吧。」

「主任，你先去，我待會再出去。」

兒玉說著在突然空曠許多的休息室一隅坐了下來，香蘭和雅子跟著過去。兒玉：

「一整個下午不斷有消息進來，朝日新聞社好幾部公務車被群眾破壞，向東寶總公司抗議，說要獨家採訪妳，拆穿妳是日本人的真相。」兒玉停頓了一下，看著香蘭，「報社那些人認為事情因妳而起，帳要算在妳頭上。總公司的大橋副社長親自打電話過來，要求妳避開記者，當然擋記者的任務也落在我身上了。」

香蘭苦練了一旬，成果初現，也贏得了光彩，意興正高，突然被潑了冷水，心裡有些不解。雅子：

「朝日新聞長官的想法真怪，他們的車子被推倒，被砸壞，干小蘭何事？」

雅子替她講話，香蘭心裡稍稍舒坦了一些。

「有了，我想到了。」

兒玉說著把剛剛領到的，用紙袋包好的三個人的便當交給雅子，從衣櫃取出一件有點髒的外套，直接套在香蘭頭上，雅子看著香蘭的狼狽樣：

「小蘭又要演出了。」

「大家一起演。跟著我來。」

三人走出休息室來到通往舞台的小樓梯，小樓梯旁邊有個鐵製、垂直的逃生梯。

「後台另一邊有逃生口，但通道完全封死了，爬這個逃生梯上去也能到達，可說是設計不良。」

香蘭看到這麼陡的梯子兩腳發軟，兒玉只好把她抱著爬上去，上去後，香蘭才發覺原來後台和舞台之間有兩米高，足以讓人行走的寬隙，支撐舞台的巨大鋼筋水泥柱有的還被包覆在後台房屋組合裡。三人走過後台的屋頂，到了另一邊又必須爬另一道逃生梯下去。雅子順利地攀下去，兒玉抱著便當下到一半，香蘭覺得右腳難以踏牢，哀叫了幾下，經兒玉一再打氣，終於落地。這兒是劇場高牆和後台矮牆之間的彈丸地，內有儲藏室樣的小木屋，兒玉開門點燈，兩人跟著進去，才知道是地下秘道。三人在地道走了一陣，撥開樹叢出來時，高架鐵道已被拋在後頭，群眾的喧鬧也已變遠。

27. 香蘭補證 風波又起

逃回帝國飯店的途中，日劇周邊的人潮依舊亂湧，警察的喊話、警車的哀鳴和群眾的喧囂不絕於耳。五六分鐘就走到帝國飯店，和去時一樣，他們從側門進去，馬上在櫃檯換房間，櫃檯小姐欲語還休，似乎很想問香蘭什麼原因，但基於對顧客隱私的尊重，最後選擇不說。兒玉幫她們搬東西，換好房後，三人就在房間使用帶回來的便當。

三人雖累，尤其是香蘭，但都有一堆話不吐不快。兒玉：

「看見妳攀爬逃命梯這麼害怕，我也有點後悔帶妳這樣出來。如果妳受了傷，那後果嚴重。」

「再害怕我還是會牢牢抓住，不會讓自己受傷。」

「小蘭沒有見識過這種場面，才會這樣手足無措。」

雅子說著回想香蘭不久前說過的拍電影時，騎馬刮刮叫，把男演員都比下去的話。兒玉很滿意自己早上和晚上臨危不亂的演出：

「小蘭既然當演員，這種攀爬功夫還是要學。」

雅子取來上次喝剩的三得利和紅酒，兒玉倦意大消，香蘭把便當裡頭的壽司分一半給兒玉，勸雅子也喝一點壓壓驚：

「我還要唱好幾天，怕傷喉，暫時不喝。」

「小蘭待在飯店絕對不要出去。」兒玉給雅子斟酒，「吃飯也在這裡或樓下餐廳解決，有事打電話連絡。用完餐就早點休息。」

「這是命令？」香蘭。

「當然是。我現在是護衛官了，妳們兩個都在我的保護傘下。」

三人笑開，開始食用便當裡頭的鮪魚壽司。兒玉看向香蘭：

「今天我看不到妳的演出，但根據前幾天看的彩排。〈支那之夜〉和〈紅色的睡蓮〉兩首歌串連一塊，但氣氛不同，白井勝造老師想表達什麼？」

「很簡單，〈支那之夜〉表達中國和日本之間有衝突，但整個氣氛往上迴升，到了〈紅色的睡蓮〉，不但兩國和睦，甚至帶來亞洲的統一和繁榮。」

「用歌曲或小型歌劇來包裝政治，也算是一種藝術，可以把政治的傷害降到最低。我對戲劇有興趣就是基於這一點。」兒玉喝了一小杯，體內起了戲劇性的變化，「那就像軍歌或戰爭戲取代了戰爭，不是很好嗎？」

「用戰爭戲來取代戰爭，太理想化了。那你如何處理或看待政治？」

被香蘭這一問，兒玉心中的苦悶一股腦兒脫口而出：

「政客都是演員，所以政治隱含太多的虛假和荒謬，把政治場景變成諷刺戲是最適合的了。如果政客看不破權力，我們的生殺與奪都在他們手上，如果他們看破了權位，變成演員就可以娛樂我們。」

兒玉的觀點，香蘭似曾相識，她以前曾經想過，現在她既為演員，不禁作了反向思考。父親當年希望她成學成後為政治家秘書，就是隱含未來女性從政的可能。果如是，自己會是怎樣的政治人物。雅子也陷入胡思，想不通只好轉移話題：

「兒玉兄，你剛剛說，朝日新聞想派記者採訪小蘭，目的是打擊她，這也是太諷刺了吧。」

「我感覺好像報社在『通緝』一個明星，派記者四出去『追殺』明星，因為他問的問題會置明星於死地。這種題材在我腦裡剛剛成形，記者像殺手也真是夠諷刺了。」

聽見兒玉又把話題做大，香蘭有點不堪承受，疲憊地看著兒玉：

「對了，大作《日向》那天借我拜讀一下。」

「等妳演完再給妳一份。現在不能讓妳太分心。」

彼此沉默著時，肚飢特別明顯，三人開始專心進食。香蘭：

「今天唱到最後的〈飲酒歌〉時，全體觀眾大合唱讓我嚇了一跳。」

「兩年前加拿大少女歌手迪安娜．竇萍主演的《管弦樂團和少女》[1]在東京上映，轟動一時，最後那群失業的樂人組成的管弦樂團伴奏，少女歌手演唱的就是〈飲酒歌〉。」

雅子對於電影、戲劇或唱歌並沒有特殊的才能和興趣，但對於〈飲酒歌〉賦與國人喝酒的正當性，印象深刻。她記憶所及，這首歌老隨著電影、戲劇的演出在人們心裡深處被喚起，如今在演唱會中復甦，一點也不意外。雅子想著，酒趣添加了幾分，自然勸兒玉多喝一些。

「白井老師有提到。但沒想到很多人都會唱，有可能那部電影或那首歌真的深入人心。」

香蘭說著，兒玉笑開：

「或許只是反映日本男性的苦悶，壓力大，喜歡喝一杯的事實，和音樂欣賞關係不大。不過今天的事明天報紙一定登很大。」

報紙確實登很大。次日一早，雅子到外頭買了朝日新聞、讀賣新聞和都新聞：

「全都是日本劇場和妳的新聞。」

香蘭拿起報紙，看到朝日新聞的標題「佳節蒙羞 觀眾醜態畢露」，心頭打了個寒顫，再看看內容：

「……數千名觀眾瘋狂湧向僅有的三個售票口，爭先恐後，彼此推擠，甚至演變成械鬥，有人因此受傷，尖叫聲四起。……廣場上，好幾輛汽車被群眾推來推去，不堪擠壓的女孩和小孩只好爬上汽車躲避……」

「小蘭，妳看都新聞的描述。」

香蘭取來報紙，從雅子手指的地方看下去。

「……即將開演了，高架鐵道的東側，朝日新聞總社到數寄屋橋，乃至於讀賣新聞的方向，都擠滿了密密麻麻的觀眾，買票的民眾圍著劇場圍了七八圈。另一方面，人潮也從有樂町車站往西穿過高架鐵道，往東京日日新聞的方向蔓延，好像決堤的洪水，四處氾濫，摧枯拉朽，擠亂買票的民眾，所有人亂成好幾團，朝日新聞的四輛公務車就這樣被推倒，在車頂上避難的女子驚聲尖叫……。」

香蘭把報紙摺了一下放在小圓桌上，身體仰向椅背，閉目思索。雅子：

「小蘭別難過，應該只是失序，還沒到暴亂的地步，至少沒有人重傷或身亡。」

香蘭門沒關緊，提早來到的兒玉敲了一下門，探著頭直接進來：

「妳們也買了這麼多報紙。」

兒玉翻了一下手上的報紙：

「小蘭的人氣真是不得了。昨天大爆滿，剛剛來的時候，遠遠望過去，也是密密麻麻的人群。真是恭喜了。」

「政府緊縮娛樂設施和演藝團體，舞廳、劇場一家家關，東京市民只好擠向日劇這道窄門。我的理解是這樣。」香蘭在成功的滿足中難掩沮喪，「演唱會演變成這種場面，我有些不安。」

「別想太多。最重要的是：生日快樂。」

香蘭幾乎忘了生日，經兒玉提醒，才體會到，紀元節一陣混亂，第二天醒來已是一顆更加耀眼的明星。不僅在滿洲、台灣，在眾星爭輝的日本，也已閃亮出塵。就如英國詩人拜倫所說的，「一覺醒來已成名」，她在上國日本不再只是小有名氣，或許碰巧今天是她生日的意義就在此。她昨兒演出的璀璨輻射出來的名氣和日劇周遭同時似乎永遠平息不下來的混亂，並置在她記憶深處，久久不散。香蘭開始上妝，雅子看向兒玉：

「我和李香蘭剛剛在探討事件發生的背景。」

兒玉剛好站在香蘭和雅子的中間，乾脆坐在床沿：

「兩個原因：對現狀的不滿和對滿洲新希望的期待。我國自從加入軸心國陣營後，政府在精神上和物質上加緊對民眾的控制，市面上買不到沙糖和米，自從滿洲皇帝來日本訪問後，民眾對那地大物博的滿洲是更加嚮往，看見小蘭就像看到新希望。但是心懷期望也抱著憤恨，破壞劇場、報社和他們的車輛，就是發洩對政府的不滿。」

「今天應該會比較好。」雅子。

「報上說，會加派警力，務必維持出入口的暢通。」兒玉把報紙折小，好讓兩位女生視覺集中，「看！這則報導還滿有趣。念給妳們聽好了。丸之內警察署長金澤勇跑到劇場入口的二樓陽台用喇叭向群眾上了一堂課。他對台下群眾一直吼：我們的國家正為建設東亞新秩序奮鬥不懈，忠勇的將士更是血濺遼闊的中國大陸，想到後方的各位是如此模樣，如何對得起在前線作戰的將士。請各位立刻解散，在警方實施鎮壓之前趕快回家，過個有意義的紀元節。」

「希望署長的訓誡有效。我們走吧。」

香蘭說完提著皮包站了起來。

這一天劇場外還是有排隊買票的人龍，但秩序還好，沒有嚴重的推擠，也沒有車輛被推倒，警察雖然出動了消防車，但沒有動用。香蘭在場內的演出一樣成功。外界透過媒體反映出來的風風雨雨，似乎不敵現場觀眾的熱烈。她懷著愉快的心情回到住處，再次瀏覽還沒看完的新聞。雅子：

「有人把妳形容成豬女兒。」

「拿來我看看。」

香蘭看了報紙一小塊專欄的一隅。雅子指著報紙一隅讓香蘭落眼：

「他們這樣罵，什麼意思？」

「豬就是中國，這是西方對中國的蔑稱。文章的意思是：中國女子像掃把星，總是帶來禍患。」香蘭。

「那，大和民族的優越感……。」

這個民族得意忘形的民族歧視，香蘭經歷太多，也實在懶得再想，只盼演唱會順利進行，趕快結束。

第二天，香蘭和雅子在兒玉的護衛下來到日本劇場後台，一進門赫見茂木分社長。茂木看著兒玉：

「你就是東寶派給李香蘭的保鏢？」

「分社長這麼早就來逮人啦？」

比起兒玉，茂木個頭小得多，但兒玉還是像母雞看見老鷹一般地撐開肩膀。茂木：

「好一個稱職的保鏢。」

「不是保鏢，是護衛。」

茂木有點不屑地收納兒玉帶著抗議的神情：

「我現在要帶李小姐到警視廳，有些事情要弄清楚。」

見兒玉升高警戒，茂木故作輕鬆，睇了香蘭一眼繼續說：

「李香蘭，忘了先恭喜妳演出這麼成功。事實上是，甘粕理事長要我負責協助妳把演員許可證申請下來。」

「在日本演出這麼久了，不是不用什麼許可證嗎？」

面對香蘭的質疑，茂木氣定神閒，感覺和香蘭之間的芥蒂已消掉了大半：

「李小姐，妳以前來日本演出應該是政治上的處理，特別通融。現在妳演出的場面發生問題，大家檢討責任歸屬，只好回歸法制面。另外，為了因應時局的變化，凡事依法辦理，才能走得長久。警事廳的意思如此，表示只要到表町署申請即可。我看妳還是走一趟，我們專車接送，不會影響妳的演出。」

兒玉擔心茂木調虎離山，破壞香蘭的演唱，香蘭一時也懷疑他故態復萌，找一個莫名的藉口把她拐走，遂行他破壞她演出的初衷。山梨稔和三神良三進來了。看見山梨稔，香蘭嚇了一跳。山梨對香蘭的表現大大地祝賀：

「警視廳表示要了解妳在滿映和日本演出的過程，東寶高層認為在調查過程中，我可以做佐證，希望我可以幫忙。」

香蘭見山梨稔出面，用他的話檢視茂木剛剛說的，對茂木的疑心大減。兒玉見東寶的長官似乎很得香蘭的信賴，也放心了不少。

包含兒玉在內的五人趕緊上三神的車。車子開動了，山梨稔看向坐在旁邊的三神：

「本來滿映的演員都是通過考試進來的。李小姐免試進入滿映，和考試取得的資格一樣。既然是滿洲國的合格演員，來到日本自然可以演出，以前都沒有問題，現在就有問題。」

「說得沒錯。小蘭算是外國演員，就像美國演員來到日本，必須就地取得日本演出證才能表演一樣荒謬。如果這樣，立刻會引發外交紛爭。」三神看著前方的高架鐵道，「看來是日本劇場事件惹火了警視廳，想藉此懲罰李小姐。」

車子潛入高架鐵道下，兒玉：

「小蘭只是在舞台上唱歌，為何要演出證？」

「我也想不通。反正現在警視廳說了算。」山梨看向後座的香蘭，「日本的電影法規，演員、導演、編劇和攝影師都要經由考試取得許可證，剛好現在二月開始筆試，而且加重政治和歷史題，歷史人物藤原鎌足、名和長年和近代的大久保利通的事蹟都在考試範圍內。」

政府管這麼多，香蘭有點不相信，也不想聽長官講的話，只希望趕快到警視廳。車子進入皇居外苑和日比谷公園連成的綠帶。坐後座的茂木把頭向前探：

「要李香蘭申請演出許可，怎麼都說不過去，基本上已經把她當成本國公民了，也就是說，把滿洲國當成像北海道一樣的特別行政區。」

香蘭心中喚起了以前在翊教上中國歷史課時，老師對於藩屬國的敘述。大家不再講話，三層紅磚大樓的警視廳已在眼前。和附近樓房比起來顯得矮小的警視廳很謙卑地窩在皇居綠海的對面，三神爭分搶秒，把車子開上斜坡道，在大門口把四人放下後，再開到路旁泊車。

警視廳次官德永在會客室親自接待李香蘭一行，向山梨等人寒暄過後，面向李香蘭：

「我知道李小姐在日本的演出經驗豐富，不管是拍電影，或是演唱都一樣。我記得李小姐第一次來日本演唱，是以親善使節的身分前來，自然有豁免權，後來來拍片或演出，也都是掛在東寶公司的名下，算是政治處理。但前天事情鬧大了，我們上百名警察筋疲力盡，有不少人受傷，昨天情況也很糟，丸之內警署調查的結果，妳並沒有演出許可，如果記者就這一點窮追猛打，又會是另一場風暴，待會我們同仁對妳的經驗做一個簡單的認證，然後到表町署辦理，就可以當場取證。……」

次長離去後，一名警官和兩名助理請香蘭一行人到一間小型會議室，警官問到她在滿映出道的過程時，她簡單帶過，山梨做了補充，但都避開敏感問題，被問到這兩三年來東京拍片和演出的過程，香蘭都據實以告，山梨稔也都從任職滿映或東寶，就近觀照或遙遙掌控的角度加以佐證。當然其他人也都就自己參與或了解香蘭演藝的過程，做了一些見證。問訊結束，速記員的筆錄隨即呈給警官過目。香蘭一行在筆錄上簽過名後帶著次長的特許狀，趕著離開警視廳時已是十點十分。他們在警視廳耗了 50 分鐘，距離香蘭的演出只剩 50 分鐘。

五人鑽進汽車，短短的行程好像漫無止境，沒有人講話，空氣如凝。香蘭沒看錶，心裡盤算每一階段所費的分秒，進入表町警察署外事科的小辦公室時，發現所費時間比自己估計的多了兩分鐘。

表町署坐落電車半藏門站對面，是建築風格類似車站的兩層磚造小樓房。五位客人被安排坐在靠牆的一排座椅上，科長從茂木手中接過特許狀後請一位職員送給署長，然後客氣地請大家等一下。他的等一下讓香蘭心急如焚。署長進來了，對香蘭講了恭維話後和客人一一握手，發送名片，要求屬下快速辦理李香蘭申請案後離去。

承辦員把香蘭叫到跟前時，科長立刻把一張座椅挪了過去。香蘭坐下後，承辦員請她出示身分證，隨即看到身分證的登記欄：

「山口淑子？在北京出生？國籍滿洲，本籍日本佐賀縣！原來是日本人，怪不得妳的日語講得這麼好。」

聽承辦員這麼一說，科長也把她的身分證明拿來看了一下。這個身分是滿洲國民政部發給的，那年她父親文雄攜家眷搬到北京落戶時，也是據此向戶政機關登錄。

剛剛還獻殷勤的科長，像小學教員一樣，板起了臉孔：

「何不用本名，一個假名把大家弄得團團轉，大家以為妳是中國人，如果這種訊息在前天這種混亂的場面散播，恐怕會釀成動亂……」

山梨、茂木一些人坐立不安，香蘭看了科長一眼，決定不加以辯解，不扯上滿映的政策，免得甘粕忙著越洋解釋。

「我因為某種機緣，在偶然的情況下取了李香蘭這個藝名，並沒有故意隱瞞自己是日本人的事實，如果因為這樣造成很多人的困擾，造成前天的大混亂，實在很抱歉。」

演員證很快辦好，茂木再三拜託警官別向新聞界洩露這件事。警官同意後，一行人趕緊跑到路邊上車。茂木：

「感謝李香蘭小姐沒有把公司政策的機密講出去，不然公司的危機處理要大費周章。」

「危機處理，去年四月就有過。我和長谷川要搭飛機前往上海出《支那之夜》外景，在福岡機場出關時出示護照，結果本名被福岡日日新聞的記者看到。新聞見報後，東寶和滿映立刻和日日新聞聯繫，要求報社消音，承諾刊登大量廣告，事情才沒有擴散開來。」

香蘭此話脫口出，車內人再次鬆口氣，有人心裡抱怨香蘭為何不早說。

「李香蘭在滿映成長的過程，我最了解，一開始就沿襲奉天放送局的做法，隱掉她的本名，做為公司政策，公司高層都知道李小姐的本名，都不講。但現在在警察署有了記錄，恐怕遲早會被公諸於世。」

「現在是……報社記者常到警察署套消息，如果東寶長官不再次叮嚀表町署的話，事情很快就會傳出去。」

兒玉接續山梨的話提出警訊後，山梨允諾待會趕緊處理此事，沒多久車子抵達日本劇場。這時離香蘭登場還有 15 分鐘，香蘭自己做妝，趁小姐為她梳頭髮時，迅速調整心情，隨後從容上場演唱。

山梨稔允諾請上級關心香蘭日籍身分被表町警察署知曉一事，兒玉基於護衛的機敏，第二天提早出門，買了大報小報，坐在路邊椅攤開都新聞，結果在第三版看到一篇標題為「李香蘭是藝名 並非滿洲人 而是佐賀人」的小邊欄。

「被指為豬女兒的滿映紅星李香蘭沒有演員許可證……被請到警視廳製做筆錄，……再前往表町署申請演員許可證，但意外地證實李香蘭並非滿洲國人，李香蘭不過是藝名，本名是山口俊子……誕生於北京，本籍在佐賀縣……」

這種描述，記者簡直就在現場，而且從警視廳一直跟到表町警察署，只是一時不察，把香蘭的名字淑子寫成俊子。兒玉邊走邊想，很可能兩處警察機關都有人出賣訊息，也可能只是一處洩密，但提供另一處的行程，讓記者追查後拼出事情全貌。山梨到底有沒有請長官向表町署施壓，已沒有求證的必要。兒玉腦筋轉了一彎，還有一種情況，昨兒表町署那位科長訓斥香蘭時，周邊警察同仁或事務小姐都耳聞此事，處理此事的警官固然可能謹守公務員保護個人隱私的職責，但旁邊的職員可能道聽塗說，把事情洩露給記者……。

兒玉一路漫天猜想，直奔帝國飯店，攤開手中的讀賣新聞，赫然瞧見同樣的新聞。雅子：

「有沒有什麼新聞？」

「沒什麼。」

兒玉說著整理報紙，把那兩份報紙致命的幾頁折好放在一堆舊報紙的底下。

香蘭照常演唱，紛擾不再。但另一方面，滿映、東寶兩公司和兩報的折衝一直風急浪高，甘粕最後亮出李香蘭是滿洲國策命名的底牌，讀賣高層基於日滿兩國共同利益，最後同意不再報導。都新聞這邊，態度比較頑強，最後提出交換條件。下午六點半，香蘭正在演唱時，茂木偕同東寶企劃部長吉永洋次前來日本劇場後台。

休息室只有三四人，正在看書的雅子看見茂木和吉永微笑點頭示意。茂木坐在雅子對面：

「那位護衛呢？」

「剛出去，接李小姐下來，馬上又要送她上去登台。」

「真是幸運的小伙子，李香蘭萬人迷，人家想見她都看不到，結果他跟她形影不離。」

「近水樓台啊。」

雅子再度笑開，兒玉進來了。兒玉看見茂木和吉永，頓了一下腳步，知道他們是為香蘭的事而來，一定也與今天報紙的報導有關。茂木請兒玉坐在旁邊：

「今天報紙看了沒？」

「看了。」

「有什麼感想？」

「你們公司高層一定忙著消毒。」

「貴公司也一樣，現在吉永部長也來了。」茂木看向投出詫異眼神的雅子，再把視線收回，「她知道嗎？」

「怕影響她的演出，不敢講。」

「那好，不愧是機敏的護衛。等一下一起用晚餐。上面需要我們配合，李香蘭出來後大家再商量。」

茂木把話題打住後轉而和吉永有說有笑。雅子急切、渴望的眼睛骨碌碌地向著兒玉轉動，兒玉走了過去，坐在她旁邊：

「等小蘭唱完後再講。」

兒玉看了一下手錶，再望著交談熱絡的兩位長官，茂木有時行事莽撞，但豪爽講義氣，口口聲聲東寶混蛋，但私底下跟東寶的幹部還滿有交情。兒玉想著趕到後台布幕後等著接香蘭下來。茂木：

「雅子小姐，他去那？」

「接香蘭小姐下樓。大概再唱三首就結束了。」

「還真貼心。她自己下來不就好。」

「怕她摔倒。演出的人太累了，從樓梯上摔下來是有過的。」

好不容易又演完一天，風光地接受歡呼，待舞台布幕緩緩落下，香蘭在兒玉的陪同下步下樓梯，驚訝地看到茂木和吉永。

茂木把兩報的報導和兩公司的上級處置向香蘭報告過後，邀她到餐廳共謀良策。她前此對茂木還有點依賴，半個月前和他的共餐，感覺似乎是很久以前的事。他那一天的無理取鬧所造成的破壞，確實不可小覷。茂木：

「甘粕和讀賣老闆正力松太郎溝通的結果，正力社長對於把北京出生，滿洲長大的日裔視為滿洲人，可以理解，也認同滿映國策電影和明星的說法。但小報都新聞就不這麼想，它把藝人的新聞當成國家大事，絕不放棄李香蘭的秘聞，不過東寶和滿映聯合施壓的結果，提出一個條件。」

香蘭凝著茂木時，她的拉麵也來了。她吃不下太多，其他人點菜，期盼用美食餵飽轆轆飢腸。

「他們希望專訪妳，越快越好，最好是明天。」

「演唱會過後不行嗎？」

「他們希望訪問稿能夠在妳演出結束前，在新聞還熱之時見報。」

「要訪問我什麼？」

「他們說要了解事情真相。」

「真相？不就被他們揭露出來了嗎？真相就是一個日本女孩冒充中國女孩在東京演唱。那還有什麼好問？」

「大概是要妳交代妳在現實生活和電影中演出一位中國女子的心路歷程。」

她的心歷路程並沒有很快交付出去。她受夠了朝日新聞一再的凌虐，認為報社既然有求於她，就不該是吃人的巨獸，於情於理不應該干擾她的演出。茂木和吉永折衝的結果，都新聞同意香蘭最後一天演出後再進行採訪。

演唱會結束當晚七點多的餐會，都新聞只同意滿映和東寶的代表茂木和吉永陪同。香蘭一邊用餐一邊受訪，雅子和兒玉只能在住處乾等。

第二天，兒玉沒到帝國報到，而是回到連續一週過門而不入的日本劇場辦公室向三神主任交差。三神認為香蘭不會立刻回滿洲，希望兒玉繼續提供服務，還準備給他申請一部車：

「對李香蘭來說，茂木只是一名家長，東寶才是讓她伸展拳腳的地方，我們要給她開方便門，如果她有行程上的需要的話，你既然是她的護衛，有時兼個司機也可以。」

「那當然。」

兒玉說著退回自己的座位，把壓在一本書下面的都新聞再次攤開來看。

「一名中國或滿洲女孩在日本造成颶風，也造成許多傷害，最後這位滿洲姑娘卸下外衣，卸下心防，變回日本小姐後，又衍生出許多風波，招來更多的不諒和責備，……『……實在非常抱歉我並沒有故意隱瞞自己是日本人的事實，但仍然造成許多人的誤解，甚至在劇場前被觀眾不諒地責備。此外，我的演出生涯短暫，風波多多，一週內發生這麼多事情，實在是始料未及。……』……」

看著李香蘭的專訪，腦筋浮起她在戲裡戲外，台上台下不停演出的可愛面影。這幾天跟她如影隨形，現在放她回飯店休息，倒有點想念她，希望今晚的慶功宴快點到來，再次親炙她的丰采。

註 1：《管弦樂團和少女》，"One Hundred Men and a Girl"，1937 年，亨利・科斯特（Henry Koster）執導的美國音樂喜劇電影，由狄安娜・竇萍（Deanna Durbin）和指揮家李奧波德・斯托科夫斯基（Leopold Stokowski）主演。中國譯為《丹鳳還陽》。影片描述一名和環境苦鬥的音樂家約翰・卡德威爾和他失業的朋友組成了一個交響樂團，卡德威爾的女高音女儿派翠夏努力從中撮和，終於得到斯托科夫斯基的認同，指揮該樂團。李奧波德・斯托科夫斯基在劇中演自己。

28. 公子來信 甄亭共餐

三浦環演唱的《蝴蝶夫人》部份片段唱盤轉個不停，但音量很小，不影響香蘭和雅子閱覽最近兒玉買的報紙。等了快半小時，兒玉還沒出現。雅子：

「打個電話吧。」

「不用，再等一下。」

香蘭的隔夜醉還沒完全醒來，看著自己的兩個大行李箱和雅子的柳條箱，眼皮還是有些重。門鈴響了，香蘭前去開門，果然是兒玉。兒玉：

「公司的車子不多，都有人在用，好不容易回來了一部。」

「先坐一下。」

雅子給兒玉沏了一杯茶，然後去收拾報紙和唱盤。兒玉看向香蘭有些浮腫的臉：

「昨晚喝茫了沒？」

「還好，邊喝邊自我控制。」

「我們小蘭憋了兩個多禮拜，慶功宴又是主角，全部的酒杯都攻向她，她實在是不喝無法向所有演唱會的工作人員交代。」

雅子說著把裝有報紙、唱盤和一些瑣碎物品的布袋拉近了一些，香蘭看著兒玉：

「以為你的任務，演唱會結束後就了了。」

「一開始上面都沒有講明白，我也以為演唱會結束，我就歸建了。三神主任叫我繼續提供服務，還要為我向東寶總公司申請一輛車子。」兒玉啜了一口茶，「我感覺東寶也是想利用我來測試茂木的底線。」

「這我有點不懂。」

「妳演出期間，茂木都沒鬧事，甚至還幫了不少忙，表示他有相當程度的看開，接受東寶對妳的安排。如果我繼續給妳服務，茂木又沒什麼意見的話，表示對妳而言，東寶和滿映分公司的角色已經定位成功。那我們走吧。」

兒玉喝完最後一口茶站了起來，窗外蓮花池有些莖頹葉殘的景象映入眼簾。他提起兩只大皮箱，雅子提起柳條箱，香蘭提著布袋，相繼走出房間。走下大廳，香蘭交還房間鑰匙，和櫃檯小姐互道珍重後，走出飯店大廳。兒玉：

「退房手續辦好了？」

「昨晚吉永部長已經先辦了。」

雅子和香蘭向帝國飯店投下離別的一瞥後進入車內，兒玉把香蘭的兩只大皮箱塞進後車箱，把柳條箱放在後座與它的主人相伴。香蘭坐前座，車子開動了：

「我們現在前往乃木坂？」

「是。」

香蘭把地址報了出去。兒玉：

「那公寓是茂木給妳找的？」

「不錯。雅子也是他物色給我的。」

「這樣啊？他最火大的時候有沒有要妳搬出去，或要把雅子撤走？」

「從沒提過。」

「這就對了！我想關鍵在於他終於了解妳在甘粕理事長心目中的份量，所以願意接受這種父兄的角色，對於妳的專業部份不再過問。」

「我本來就認為他應該是大人有大量的。」

「小蘭！什麼時候回滿洲？」

「昨天跟甘粕理事長通過電話，他說滿洲實在太冷了，東京好一點。他說如果東寶有安排的話，三月中再回去也可以。」

「三神主任跟我說過，以東寶明星和哥倫比亞專屬歌手組成的勞軍團可能會把妳納入，大家分組到處勞軍。」

如兒玉說的，第二天，東寶吉永部長就向她徵詢加入勞軍團的事，她沒多作考慮便答應了。

勞軍的第一站在麴町區代官町本鄉聯隊，短短的車程，很快就到了。雅子沒有受邀自然沒去，即使兒玉也只能待在車子裡，等著她演完出來。見過了大陣仗，部隊裡的聽眾雖然多，但她覺得輕鬆。不用彩排，即使沒有伴奏，清唱更好。替藤山一郎和宮野照子伴奏的古賀政男，臨時決定替她伴奏，幾首歌下來，他們婉謝晚餐的招待，決定先行離開。看見香蘭出來了，兒玉鬆了一口氣，因為跟著香蘭出來的人來頭都不小，兒玉還是鄭重地向他們行禮打招呼。古賀打量了一下高大斯文的兒玉：

「男朋友嗎？東寶新演員嗎？」

「是護衛。」

「護衛？」

「這次日本劇場演出，場面亂，東寶派他……」

香蘭解釋時，藤山一郎和宮野照子都仔細聽。

「那也是秘書了。」

古賀政男只差沒說出司機。香蘭：

「他也是新進劇作家，他的新作《日向》去年剛在日本劇場造成轟動。」

「《日向》我知道，原來作者是你，幸會。」

古賀說著再度和兒玉握手。五六米外的藤山和宮野微笑地向兒玉點頭後鑽進車子裡面，古賀走向座車時，把香蘭招了過來小聲說：

「妳的兒玉先生看來丰采翩翩，連男子都會被他迷住呢。妳要小心點。」

香蘭哭笑不得，瞋了古賀一眼，想他年紀一大把了還不結婚，莫非是同性戀。

兒玉載著香蘭回到了乃木坂，被延進公寓小坐。雅子：

「三封信放在妳桌上。」

香蘭走進房間，放下皮包，望向桌面，兩張名信片都是影迷寫來的，都寫著簡單的問候語，一個加問「妳真的是日本人嗎？不過我還是喜歡李香蘭這個名字，妳也很難割捨吧」。另一封是從帝國飯店轉寄過來的信，還真厚。她用剪刀把信剪開，足足寫了五張。信末署名「大學生 松岡謙一郎」，看看這位大學生寫什麼：

「……妳在日本劇場的表演我看了，被捲入意外的暴動，我想妳應該很難受。對此，我深表同情……然而……」

然而，兒玉還在外面，不能把他一人晾在那。她走了出去，雅子正在二樓小客廳和兒玉閒話。香蘭坐下後，把信分了出去，繼續看第一頁：

「然而一個人是否有價值，重點不是他是否有名氣，是否受到社會矚目，或他的外在表現。」

香蘭直覺這段文字似乎在警惕自己不要因為暴紅，有了名氣而自得意滿，從行文的語氣看，寫信的似乎是認識的人，故意隱身文字後想達到促狹的效果。她看完一頁，取來另一頁：

「之前我也出席了在滿鐵分社大樓舉行的《白蘭之歌》發片記者會，目前正就讀大學……關於報社質疑妳並不是中國人一事，你可以接受記者訪談，辯解是在某種機緣下，偶然選擇李香蘭為藝名。我想此事錯不在妳，妳只是身不由己……」

信中說的發片記者會會是誤指前年九月舉行的開拍記者會？她想了一下，松岡參加的確應是她沒出席的年末發片記者會，因為沒見過她，他的信才沒有帶出她的一些印象。她看向兒玉看過的那一頁。

「不管外在的環境如何，妳還是該珍惜自己。現在是個人價值被輕忽操弄的時代，但也因為如此，我們都得好好站穩腳步，不可受國家或時局擺布，這是我給妳的唯一建議。我認為妳是充滿熱情的人，希望妳永遠保持這個優點……」

因為兒玉和雅子在旁，她無法很仔細地把信從頭到尾讀一遍，但即使片段片段讀，感受已很多。「不可受國家或時局擺布」不正是在說她嗎？他的穿透力把台上風光的她打回被時局擺布的原形。她有種解脫感。這些年來，她被滿映包裝、束縛得理所當然，他似乎是專程來給她解開枷鎖，在他面前，她也毋須隱瞞什麼了。香蘭看向兒玉：

「你看如何？」

「妳是指信的內容，還是指寫信的大學生？」

「都一樣。」

「寫信的人知識水準很高，應非泛泛之輩，而且充滿諒解，很能體諒別人，和時代氛圍格格不入。」

「和時代不合⋯⋯」

香蘭喃著笑了起來。

「現在是刻薄寡恩的年代，妳有很多歌迷影迷，但這些湧向街頭的妳的支持者和全體國民比起來還只是少數。」

兒玉對這幾句頗為契入，念將起來，發覺文章的思路有點脫軌，停頓了一下，繼續念：

「想想看朝日新聞一直對妳的敵意，⋯⋯。」

「對了小蘭。妳回信的時候可以把朝日對妳的批判帶進去，凸顯大時代氛圍下個人的無奈。」

雅子的話點醒了她，確實如此，來信既然都以時局論人，回函也該如此。兒玉回去時，兩女送別。上了二樓，雅子：

「這種信，妳應該一個人關起門來慢慢讀。」

「正合我意。」

「雖然是第一封，那位大學生是對妳訴衷情。」

「妳這什麼話嘛！」

香蘭瞅了雅子一眼，笑著把她推開。回到房間，她躺著把信從頭到尾再讀一遍，頗思量了一會才坐在案前執筆：

「感謝您的來信，在這普世價值幻滅的年代，感覺這封信不是一個人寫的，而是少數對未來還抱持一份希望的一群人的心聲。如您所提的，讀賣和都新聞對我的質疑，我覺得還算小事一樁，朝日新聞以我為敵的凌厲功勢才讓我自覺是手無寸鐵的弱女子。當然我知道朝日只是企業巨人，它底下的員工很多是我的歌友，我也如您所說的，鼓勵自己站穩腳跟⋯⋯」

根據大學生提出的問題和內容作答覆式的書寫，很快就寫滿兩頁信紙。對於他提到的無政府，她翻過手邊的辭典，得不到答案，想當然爾地認為是站在軍國集權政府的對立面。她以此回覆，感覺言之有物，非常滿意。她知道，基於禮貌，回信的字數不能超過對方，但也不能太少。她想到自我介紹，但要避開出生，瞄了一下雅子幫她整理的，包含剪報和她出訪日記的好幾冊資料，想，隨便一段都足以填滿剩下的兩頁。沒多久，四頁多的信已寫好。

香蘭寫完了長信，雅子也鬆了一口氣。香蘭這才發現要寫一封長信絕非難事，自己過去的經歷、日記，只要摘取片段，便是一封引人入勝的信。

過後一段時日，大概都想一窺對方的廬山真面目，兩人的信都寫得很勤，大學生松岡的信和從東寶或滿映分公司轉過來的軍方邀約函交錯進來。

這一天，為了載香蘭到皇居北邊的近衛野砲兵第三聯隊勞軍，兒玉前來香蘭公寓。在小客廳看著打扮得十分嬌媚的香蘭，兒玉：

「那位大學生有再來信嗎？」

「來了兩封。赤坂瓢亭你聽過嗎？」

「在京都很有名，東京也有？」兒玉在腦中整理了一下相關地點的地理邏輯，「在赤坂御用地南側，應該是京都本店的分店。」

「大學生明天中午約小蘭在那裡吃飯。」

雅子幫香蘭說出。兒玉：

「紅花終究要綠葉配，我明天載妳過去好了。」

「路程不遠，我走路過去就可以了。」

「妳跟陌生學生第一次用餐，還是護衛官在旁保護比較好。」雅子。

「我就把兒玉介紹給他，說這是我的護衛。」

香蘭說完，兒玉看香蘭的神情，知道她在開玩笑，他也知道如果香蘭帶著他赴約，那這樁好事就告吹了，於是說：

「古代的衛士都隱在暗處，主人有危險才現身。」

香蘭體會了兒玉的好意，腦筋一轉：

「你載我去，然後把你一人晾在一邊？讓你一人餓肚子？」

「沒關係，我自己隨便解決。」

「雅子也來好了，妳陪兒玉用餐，不能讓他出錢。」

雅子欣然領命。她的薪資由滿映分社支付，這個兩人小家庭的生活或一般雜支，自然由香蘭支付。香蘭每個月給雅子 50 圓作為生活基金，雅子把帳目作清楚，基本上會有結餘，然後轉至下個月，有重大支出，再由香蘭直接支應。現在請兒玉吃飯，用平常生活費支付就可。香蘭：

「那就這樣說定了。我們四個人在瓢亭分開吃。」

「我和雅子到附近小吃館就可，同在一處不好，會讓他有被監視的感覺。」兒玉。

「好！那我們走吧。」

香蘭說著走向兒玉的座車，上了車。兒玉：

「妳和那位大學生用餐，最好低調一點，可以要求隱秘一點的房間或角落，引起注意恐怕會變成騷動。」

「我懂。」

車子往營區邁進，她的心思全在第二天瓢亭的約會。車窗外的景物不斷在她眼前流逝，她腦裡也開始描繪那位大學生的可能姿影。如果不被滿映相中，她的求學生涯順遂，現在正是讀大學的年紀。那位大學生或許比自己年輕，不過從他文采不凡，思想前進的情形看來，應該是高年級學生，不管怎樣，希望他年紀比自己大一些。

約會這一天近午，兒玉在瓢亭左前方 30 米一柱電線桿旁把香蘭放了下來，瓢亭門口一如信中說的，站著一位身著藏青色校服的男子。這位男生雙目迎著李香蘭，隨後兩人看對了眼，相互鞠躬。

兒玉見香蘭找到了那位大學生，於是載著雅子在附近兜了一下，找到一家小吃店吃將起來。另一邊，香蘭跟著松岡謙一郎進入餐廳。

「好在沒等很久。」老闆娘看著香蘭身上的旗袍和嬌小的身軀，「妳，李……」

「別聲張。」

松岡說著看了一眼大廳還不是很滿的食客。老闆娘看著香蘭：

「妳比舞台上美太多了。在東京只有一個女孩會穿中國旗袍。」

松岡看著羞紅臉的香蘭笑了起來。老闆娘繼續說：

「房間，我幫你找了一間，跟我來。」

松岡和香蘭一前一後跟著老闆娘走出大廳側門，踩上飛石小徑，老闆娘回過頭：

「看報紙知道令尊前往歐洲了。」

「是，搭船去，是個漫長的旅程。」

「令尊在外交上的貢獻有目共睹。」

「嘿！是。」

松岡淡淡地回應，似乎希望老闆娘別聲張，香蘭看著在小徑旁邊小溪悠游的錦鯉，細細尋思老闆娘的話，猜想謙一郎的父親應該是知名的外交官。老闆娘頻頻回頭關切他們的腳步。香蘭邊走邊看，小徑的溪畔或石隙，長了不少不知是種的，還是自然冒出的花草，老闆娘走得嫻熟，她還得小心，免得踩進小溪或另一邊的苔坡上。經過一排對外封閉的房間，終於看見了從房間伸出的小階梯。老闆娘看著松岡：

「用完餐，你們如果不想從前門離開的話。這兒一直走下去，很快就到餐廳的後門。那，你要的古典音樂的唱盤也已準備好了。你剛剛說過的，菜色我們幫你們配。」

「對。」

兩人謝過了老闆娘，望著她的背影登上階梯，然後脫鞋入室。兩人圍著茶几盤腿坐著，松岡鬆了一口氣，猜想她心裡想什麼，閒話了幾句後：

「家父是外交官，我從小就跟著他美國、中國、滿洲、歐洲到處跑，課業上的銜接不是很順，六年前他到滿鐵任職，我那時早該上大學了，但大連沒有適合的學校，甘脆跟著他到滿鐵實習，過了一年才回東京考上帝國大學。」

香蘭仔細聆聽，她尊敬每一個人的傳奇。松岡再次開口：

「我這個年紀，有人已經是帝國大學的講師了。不過，好在再一個月就畢業了。」

「你看起來還是很年輕啊。」

兩人都笑了。松岡急著把自己的部份坦誠開來，把自己出生於華盛頓的事也講了出來。

「根據美國憲法，我就是美國人了。」

「那我不也就是滿洲人？」

香蘭也把父母親分別來自佐賀和福岡，自己出生奉天近郊的事講了出來。兩相比較，松岡長她六歲，還好。松岡：

「印象中報紙說妳出生北京。」

「那是滿映政策的宣傳，而且被說成是中國人。」

「正如我在信裡面說的個人被時代操弄、擺布。」

「被操弄擺布的還不止這一些呢。」

看著松岡飢渴的眼神，她把自己當年被形塑成滿洲歌手、影星的過程簡單地交代出來：

「我以滿洲國親善兼歌唱大使的身分前來日本就有三次，不久前在日劇演出的是第三次。」

「那妳和東寶合作的三部影片也是？」

「對，那是所謂的大陸三部曲。應該是配合日本的大陸政策演出的電影。」

「妳應該深刻體會到世局棋盤下個人的角色。」

松岡說著，房間朝裡側的門打開了，他熟知的阿時端來湯汁和拼盤。阿時擺好了菜：

「這裡不錯吧。」

「很好。」

阿時走後，松岡：

「我以前來這兒都是跟同學，也就是男性友人來，房間隨便，或是直接在大廳。」

「老闆娘今天特地給你挑房間。」

香蘭說著雙頰赧然，心跳怦怦。

「對不起，忘了。」

松岡說著眼睛在房間搜尋了一下，看見角落的留聲機和擺放一旁幾張豎立的唱盤。他挑了一下，放下唱盤，貝多芬第九交響曲合唱部份樂音響起，隨後他把聲音調低，搭配室內氣氛。兩人喝了湯，吃了一點生魚片：

「折騰了一陣，妳剛剛那席話給我的感動還在，像這湯汁這麼濃。」松岡夾了一塊炸四季豆，「那種感受是，儘管有國策的約束，但個人的努力是更強烈，遲早會突破那種框框。」

「想不到依你嚴格的標準，在政府的壓抑下，還有個人價值的空間。」

香蘭說著細嚼剛剛松岡話裡頭的人文情懷，再次有了釋放的感受。

「妳努力地演出，結果場外一場混亂，報紙把一切責任推給妳，說妳是暴動的始作俑者。不管報社怎麼攻擊，但妳還是一派優雅，一個只是面對麥克風的歌手。若是一般演員，早就一狀告上去了，若再自恃有國策在背後支撐，一定會援引資源，跟對方沒完沒了。但妳還是堅守妳歌手的藝術角色。」

香蘭很高興松岡體察她的心境，她向來就覺得自己是個單純的藝人，從來就無感於國策，演出渾然忘我之際，從來就感受不到國策的威權在背後支撐。

「你在東京帝國大學讀的是？」

「讀的是法學，很枯燥的一門學問。我後來想想，是有點兒想讀海軍兵學校。」

「你想當軍人？」

「我說是有點兒想，現在好戰的海軍不是我心目中的海軍。小時候的夢想畢竟不能成真。巨大的戰艦像神一樣讓我肅然起敬，既然是神就不是用來殺人，毀人城市的武器。它只要在一個港口靠岸就會讓很多人感動。平常它巡曳海洋，壯盛的軍艦變渺小，帶出浩瀚的海洋。艦隊，可能十來艘軍艦排列在海洋中，像一首詩，一首進行曲，最後和海洋融為一體。但不能有戰爭，一有戰鬥，這種美感就不見了。」

「好浪漫，如果『貴國』的軍人都這樣的話……」

「我很希望妳真的是中國人或滿洲人呢。這樣聊起來會更有趣。」

蛋黃半熟，切成一半的白煮蛋和塗上一層糖膏的烤雞腿先後端了進來。甜肉入口，松岡對海軍的幻想是更加熾熱：

「根據華盛頓海軍條約，日本的主力艦總噸數不得超過 31.5 萬噸，但我看來，日本的艦隊早就超過了美國和英國標準的 52.5 萬噸了。」

「那就是說，條約像紙一樣沒有約束力？」香蘭。

「那是強國關起門來自己玩的遊戲。像德國是第一次世界大戰的戰敗國，沒有資格簽這個條約，結果人家現在滅了法國。……我談這些，妳會感覺無趣吧！」

「還好，只是隨便聊聊。」

見香蘭反應冷淡，松岡有點懊惱。松岡不喜歡談政治現況，尤其是和父親有關的外交，談政治學說，感覺和香蘭格格不入，海洋或軍艦的浪漫思維或許可以派上用場，但他感知有限，只好訴諸兵力的比較。香蘭：

「還好。你剛剛說的戰艦浪漫說還滿有詩意的。詩人或許也會吟詠戰艦吧。」

「確實。海戰是新型態的戰爭，我想日本這樣，中國也一樣。以前詩人詠嘆的戰爭都是陸戰，日本以前所謂的海戰都是在瀨戶內海打，這個海對中國來說，好像是長江或黃河，是陸地的直接延伸。」

「日本真正的海戰，好像最近打了不少。」

松岡欣見香蘭有所反應：

「日本是海島國，明治開放了以後，和世界各國的衝突，除了借用中國的土地，就在海域，和中國的黃海戰爭、和俄國的對馬海峽戰爭就是最顯著的例子。戰後也給詩人和音樂家提供新鮮的創作題材。」

「是嗎？」

「日本人寫的漢詩〈日本海大戰圖〉，很長，很難懂，後來看到譯文，就看懂了一點。另外，和清國在黃海一戰勝利後，日本海軍士氣大振，〈軍艦行進曲〉把連續兩次大規模海戰戰勝的士氣拉到最高點。」

「是麼？」

香蘭簡單地回應，俯視桌面，沒有動箸。松岡察覺這兒並非宣揚戰勝的場合，事實上，他根本就無意宣揚戰勝。和上世紀末，兩場海戰的大勝相較，我國現在出兵中國，反而陷入泥淖，自己不久就要畢業，不安的氣氛在同學之間蔓延，有人擔心被徵召當兵，且開赴中國前線。知識份子對於時局和戰爭有自己的判斷和分析，不像一般民眾被洗腦後常被煽動成一股盲流。同學都知曉，我國軍隊雖然佔領黃河和長江下游，但在黃河中游山區和長江中游丘陵地帶遭遇到頑強的抵抗，大部隊一路南下、西進，攻城略地，一個師團或旅團大致完整地，威風地進城的時機過去了，現在如果不幸被徵調過去，那就等著被無情的戰火吞噬，淹沒在中國廣袤的荒野中。

在這短暫的沉默裡，〈歡樂頌〉的合唱像遠處的波濤，從唱盤流洩出來輕敲耳膜，男聲、女聲相互激蕩，由於音量低，幾乎聽不見伴奏的琴音。松岡：

「妳聽唱片的歌聲，音量放大的話會很雄渾。這麼多人合唱讓我想起郵輪啟航前，船舷上、甲板上相互揮手、呼喚的人群，或者軍艦靠港，所有官兵一字排開站在甲板上的壯盛景象。這和軍艦開砲，投入戰爭，是完全不同的概念。」

「這，我懂，你一直強調這個觀念。」香蘭看著松岡認真的眼神，「你好像把它藝術化了……」

「對。我看到的，重視的是軍艦美學，而非它的力學、它的戰爭面相。」

「你這種對軍艦的憧憬應該源於你童年時候的感情或想法。」

「好像是……沒錯。」松岡的思路停頓了一下，「當時主要是追逐那兩次海戰的勝利。讀了大學後，心裡逐漸摒棄戰勝或戰爭的概念，只剩對軍艦的渴慕。」

「不過不管喜歡或不喜歡，被徵召服役是免不了的。」香蘭夾了一小塊蜜汁雞肉，「我弟弟快 20 歲了，也擔心被徵調。」

松岡向香蘭詢問她弟弟的情況後，品嚐一口蜜汁雞腿：

「如果被徵調，會先到軍營報到接受訓練，幾個月後才會開赴戰場。我國軍隊的訓練貴在速戰速決，但中國戰線太長，戰事拖太久，兵老師疲，損人不利己。講來講去還是戰爭。」

松岡說著無奈地笑開，拘謹鬆開了一些。

「反正遲早都要面對，就談戰爭方面的事吧。再說，你是反戰的，再談也不會頌揚戰爭嘛。」香蘭放鬆心情，語氣平緩了許多。「看到大的船艦會肅然起敬也是人的天性。我第一次來日本，是搭渡輪來的，看到這麼大的連絡船，心裡確實很興奮。」

「是啊！看的人興奮，造船艦的也很興奮。現在每個重要的國家都在造艦上突破格局。像華盛頓條約規定航母不得超過三萬噸，日本的加賀號就多出了八千噸。軍艦在高度、寬度向上，向左右發展，都在拉升人們的感受力。」

「確實如此，遠行如果搭船的話，乍看那高大的輪船，旅遊的心情就更加豪邁了。你不是說令尊前往歐洲是搭輪船的嗎？」

「是的。他每到一個港口就會寄當地名信片回來，媽媽還幫忙貼在一本簿子上，加上註記。」

香蘭聞言想，現在政要、富商尚可旅遊世界各地，國際郵件可以寄達，但藝術家，像老師三浦的歐美演出就已經不可能了，不禁嘆道：

「令尊航行途中還好，但一到歐洲就危險了。」

「會擔心被交戰雙方的魚雷或砲彈擊中。德國和我國同盟，英國和我們關係緊張，但還不是交戰國。怕就怕砲彈不長眼。當然最怕的是潛艇，擔心它誤判。」

松岡心生警覺，想父親還在航行途中，決定不再說這種不祥的話，稍稍轉換話題繼續說：

「德國的戰艦俾斯麥號縱橫歐洲外海，被稱為是人類艦造史的最高峰，日本的長門號差可比擬。不過日本最近建造了比俾斯麥號各方面都大一號的大和號。這艘戰艦去年八月在廣島下水的時候父親有去參觀。」

「西方國家會嚇一大跳。」

「目前還在試航行，還在半保密階段，當然美國情報機構應該早知道了。……」

竹葉包裹的生魚片壽司，和切成一片片，鮮嫩欲滴的柿子端進來了。松岡這才發現音樂早停了。他把唱盤換成莫扎特的〈土耳其進行曲〉。如鋼珠跳動的旋律催促他們的食慾。香蘭：

「你在信中談到無政府主義，我回信的答覆可以嗎？」

「現在任何政治主張都是一種偏見，各人有各人的解釋，誰都不服誰。妳用自己的方式理解就可以了。任何政治主張都是一種理想，一種藥物。無政府主義就是一種藥，沒有人靠吃藥存活，所以世界上不可能沒有政府，吃了無政府主義這種藥，希特勒政權可能會寬鬆一點，歐洲愛爾蘭政府吃了這種藥，可能會接近中國的無為而治……　」

近兩個小時的午宴接近尾聲。松岡到櫃檯買完單，回到房間和香蘭小敘，約定下次會面的時間後，兩人從側門走下階梯後走了一小段路，從後門出去後再繞回大馬路，回到餐廳前面。松岡躍上單車後，揮別香蘭急馳而去。香蘭看著松岡離去的背影，往前走了一小段路看見兒玉的車子，開門坐進車內：

「不好意思讓你們在這兒久等。」

「我們在附近一家餐廳用餐，隨後就把車子開回來在車內聊天，我不能把車子擺在另一家餐廳太久，免得妳用完餐找不到人。」

「今天談的還算滿投機的，不過感覺他好像來頭滿大的。」

車子開動了，和雅子同坐後座的香蘭把那位老大學生的情況報告出來。兒玉：

「他父親是外交官，是他自己說的？」

「是老闆娘帶出話題的。」

「他叫什麼名字？」

「松岡謙一郎。」

兒玉英水心頭一震，該不會吧，但對方是李香蘭，誰敢說不可能。他像抛出燈謎似地頭往後一甩：

「現在的外交大臣叫什麼？」

「叫什麼有田八郎的。」雅子。

「去年就已經換了。現任的是松岡洋右。他就是去年到歐洲簽定日本、德國、義大利三國同盟的。」

香蘭心頭一震，日德義三國同盟她聽人講過，但不清楚日方的代表是誰。但剛剛聽老闆娘說，謙一郎的父親正在歐洲：

「松岡說他父親在滿鐵服務過。」

「沒有錯。松岡洋右不久前還是滿鐵總裁。」兒玉把車子轉向新坂町，細細思量香蘭講過的話，「看來我們的小蘭又遇上貴人了。瓢亭這種名店可不是一般人吃得起的。」

「兒玉兄確定大學生的父親就是外相。」雅子。

「答案是呼之欲出了。」

「那我該怎麼辦？」

「繼續交往啊。」兒玉把車子轉向乃木坂，沒想到這麼快就到了，「至少把謎底找出來。」

「如果是的話，我會不會高攀不起？」

「是他在高攀妳。妳可是名震日本和滿洲的大明星哪！」

兒玉說得斬釘截鐵，雅子也笑著表示同意。其實，香蘭也沒想得這麼遠。她隨身攜帶雅子寫好的行事曆，知曉三天後沒有勞軍活動後，答應松岡當天的晚餐邀約。松岡既然說會開車到公寓來載她，她也就不必勞動兒玉，也沒向他提起松岡再約她的事了。

有些苦等，但不知覺間，和松岡晚宴的日子到了。門鈴響了，雅子送香蘭出門，特地看向站在車門外替香蘭開門，極可是外相公子的松岡。

漂亮的福特汽車在住宅區間滑動，松岡談起十天後的畢業典禮：

「年紀比一般同學大了一截，感覺早就出了社會，對於畢業也真是無感。」

「沒有很歡欣的感覺。」

「其實同學也沒有，他們畢業後面臨徵集令，表面高興，心裡實際恐慌。」

「畢業後有什麼打算？」

「預定到同盟通信社。」

「通信社？」

「和報社一樣，也有記者、編輯和翻譯，用電訊的方式供應各報社或放送局新聞。比如一則重大的走私案，朝日沒有採訪到，或是新聞的角度不夠週延，通信社餵給它的新聞稿就可以拿來用。當然日本這家通信社和外國的路透社、美聯社也有合作，比如美國發生大地震，我們把美聯社發出的新聞快速譯出來供應國內各報社，第二天每家報社刊出的新聞就更有臨場感了。」

「我是一知半解。」

「妳的演唱和演出事業，我們看了才目眩神離呢！好像變魔術。」

瓢亭到了，松岡把車子停在靠近瓢亭後門的巷子裡，兩人再徒步到餐廳大門。餐廳大廳客人很多，松岡電話預定的是三天前和香蘭共餐的房間，晚上他們不走外面的石子路，依著櫃檯小姐的指示走了一會碰到阿時，阿時馬上把他們引到房間。

松岡把英雄交響曲第一樂章唱盤放進留聲機後，繼續剛剛的話題。木門傳來輕輕的敲門聲，松岡一聲請進後，原來是老闆娘，她和松岡客套一番，恭維香蘭幾句後始離去。香蘭：

「你都沒有點菜。」

「不講的話，便由她配。」

「有一件事想問你。」

「請說。」

「令尊是否就是松岡洋右，當今外相。」

「沒錯。」松岡仰躺在榻榻米上隨即把腰桿打直，「他現在再去歐洲，就是要鞏固德意日同盟，這個同盟簽署了不到半年，但世界局勢動蕩不安，父親再去就是要向德國和義大利保證日本會信守承諾。」

「我的歌唱老師三浦環，你知道，痛恨世界強國這種政治軍事上的結盟。這斷送了她的歌劇在世界演出的路。」

「我也不讚成父親這種做法。德國是很邪惡的國家，日本和它做朋友，只有更加惡名昭彰。」

阿時端來了生魚片，緩和了一下氣氛。

「我雖然反對父親這樣做，但換成別人，也會這樣做。日本在中國擴張，德國在歐洲擴張，法國被滅了，英國開始緊張，所以日本要和英國同盟根本就不可能，東西方這一對強悍的活寶相結合乃勢所必然。」

松岡敘述、分析歐亞的動亂的過程和未來的走向，頭頭是道，香蘭開了眼界。音樂停了許久，松岡去換唱盤時，油炸南瓜和蜜汁雞也來了。樂音響起，兩人專心動筷，良久，松岡：

「妳知道我最怕的是什麼嗎」

「？」

「美國參戰，也就是說和美國打起來。」松岡喝了一口清水，「現在軍隊演訓一直以美國為假想敵，是否向美國開戰，內閣也分成兩派，不幸的，父親在主張開戰的那一派。」

「那些大人都瘋狂了。」

「美國國內主張對日本禁運石油的呼聲越來越高，這可能是一個引爆點。一方面，美國和英國是盟邦，介入歐洲戰局的結果，對德國的牽制越來越大，希特勒為了扭轉這種情勢，也可能要求日本向美宣戰……如果他提出這個要求，日本能拒絕嗎？」

香蘭的臉顏沉了下來。她一年到頭忙著拍片、演出，東奔西跑，現在又加上勞軍，不太有時間看報，但對中國的戰局還是有個模糊的了解，日本出兵以來，中國軍隊一路急撤、防守，回擊能力有限，把滿洲和華中、華北的東陲變成日軍的後方，自己才能在新京、北京或上海拍片，如果日本惹毛了美國，美國一旦開戰，不要說中國沿海各省，日本本土都可能立刻變成前線，所有演出變成不可能，大弟弘毅更可能被徵召。為了躲避戰禍，一家人四處離散……。香蘭邊想邊吃，嚥下了美食，但感慨萬千。松岡察覺到了她的憂鬱：

「政府太強，不斷擴軍，就作惡多端。這就是為什麼我越讀法律，越覺得法律也是幫助政府作惡，想法越是傾向無政府主義的緣故。」

「和令尊剛好相反。」

「他是國家主義者，作風鷹派，妳可能想像不到。」

「你的意思是，令尊很慓悍？」

「不錯。他除了主張對美強硬外，最有名的主張便是，滿蒙是日本的命脈。這種主張讓他當上滿鐵總裁，也當上外相，對外延續強硬政策。」

「我一直以為他是很理性的官員。」

「在我國目前這種政治環境裡，若沒有一點侵略性，只能做一般文官，當不上主官。父親能當上外相，自然有他的手腕。當然，我也毋須跟妳說我們父子吵過多少次了。他一路當官，自然很難自外於國家的想法。我們不一樣，我們都是被支配者，時常面臨生活上的難題，很難把自己和國家綁在一起。」松岡越講越覺得自己面目可憎，很想趕快結束這個話題。「我想，政府再壞，能掌控大局還好，一旦失控了，比如大大戰敗了，民眾的噩運來到了，那比內閣閣員或司令官變成囚虜更悲慘。」

又來了一道新菜，松岡體貼地詢問她拍片的過往，聽她侃侃而談，也欣賞她話音的美。

「和長谷川一夫演出這麼多電影，是否會繼續合作？」

「感覺消失了，應該不會。這三部大陸連作，幾乎都是上級指定好角色，再去寫劇本，然後再找導演，不是導演選好劇本再找演員。這就好像相親一樣，缺少自由戀愛的那種浪漫。」

「有沒有被他電到？聽說他的魅力無法擋。」

「演第一部片的時候，有點怕他，第二部的時候，自然一些，但一直感覺彼此差距滿大，把他當師傅，從來就沒有那種很浪漫的感覺。演第三部的時候，他的態度迅速冷淡，我也很放得開，所以我看再合作的機率很小，別說那種男女之間的事了。」

「班上女同學都特別迷他，結果妳演他的情人，女同學還說那位中國女演員憑什麼？」

松岡說著笑開，香蘭也覺得好笑：

「他演現代劇，感覺是來錯了時代。我演現代戲，戲裡有我歌唱的空間。他現在也回頭演古裝戲了。畢竟古裝戲有他起舞的空間，不管是舞劍，或在電影裡面的戲台舞出歌舞伎……」

松岡放棄對話題的主導，附和著香蘭暢談演藝事，香蘭由是歡喜，被問到最近的拍片計畫時，香蘭覺得松岡有點像記者：

「記者時常這樣問我，當然他們也知道拍片計畫都是上面安排的。最近有一個聲音，是別人傳到我耳裡的，那也只是滿映製作部長私下聊天所說的，還沒提到社裡討論。」

「是的，我在聽。」

「那位部長說過去都是日滿合作，滿映只出一個或幾位演員，影片製程都是日本方主導。現在應該改為滿日合作，以我為中心拍一些純滿映的電影，不再掛日本大公司的名字，但還是會招一些日本明星以個人名義來滿映一起拍戲。」

「這樣也好，表示滿映長大了，強調自我意識。」

餐畢，他們還是從後門離開，在路燈的指引下小心翼翼地走過一小段溪畔路，踏上草地，進入巷子上了車，松岡看了一下手錶：

「時間還早，找一家咖啡館歇一會。」

香蘭點頭，但松岡遲遲沒有發動汽車，繼續剛剛的話題：

「靠近一點。」

香蘭依言靠了過去，手臂緊貼著松岡的身側，松岡放在椅背上的左手開始環抱她的肩膀，就像去年上海劉吶鷗在車上摟著她一樣，但她說服自己欣然承受。一種奇怪的想法從她腦底升起：如果去年那一刻，她心裡沒有抗拒的話，劉吶鷗可能還活得好好的。相對於於兩人的沉默，夜晚的市聲浮現了，良久，她把臉翻上擠出笑臉看向他，他的微笑燦開後，她也笑得渾身發顫，剛剛的尷尬一去無痕。他們沒去喝咖啡，他認為見好就收，直接載她回家，她也帶著幾分滿足踏出車門。

兩人畢業或返回滿洲的日子開始逼近，約會的興致越來越濃。

在這種氛圍中，茂木打來電話。香蘭從外頭回來，滿懷不詳地撥回去。寒暄了幾句後，茂木：

「有一個人想見妳。」

「誰？」

「岩崎昶。他知道妳要回滿洲了，希望在妳回去前……」

香蘭心頭一震，他不是去年初被關的嗎？才一年就出來了。以前他常在《電影旬報》發表文章，影評的水準和公信力，大家有口皆碑，她知道自己拍的國策電影不太見容於他那勞動人民的電影觀，但還是希望能獲得他客觀的評論。跟他不過是一面之緣，如今竟然獲得他的垂青求見，她驚喜中難掩怯意：

「他出來了？」

「剛剛出來，根岸理事推薦他來我這兒工作，理事長也同意了。」

香蘭懷疑自己聽錯了，甘粕，極右的國家主義者，怎可能任用一個左派的影評人。

「我今天下午勞軍，明天好嗎？」

「那……明天下午兩點半，把妳的東寶保鏢也帶過來吧，上次沒有機會好好聊，帶來大家熟識一下。」

對於這次會面，兒玉欣然赴約。事實上，他也很想認識滿映的新朋友。在茂木寬敞的辦公室裡，彼此交換了名片，香蘭糾正茂木，要他稱兒玉護衛，而非保鏢。四人好整以暇地互看了一眼，香蘭和岩崎相視而笑：

「你好像又瘦了一點。」

「還好只瘦了一點。」

「在牢裡表現良好。」

兒玉說完，大家笑開。岩崎：

「這位護衛先生真有意思。再度被收押後，我也就嚴肅地思考這個問題：活下去，還是被毀。真的如果『表現不好』的話，可能就直著進來，橫著出去。」

「老師什麼原因被……」兒玉。

「唯物論研究會事件，你聽過吧？被依治安維持法送辦。印象中是參加李小姐主演的《白蘭之歌》開拍記者會後沒幾個月就被抓。」

「《白蘭之歌》，老師看了沒有？」

香蘭覺得問得有點唐突。岩崎：

「看了。」

「既然這樣，就給個意見吧。」

「這個有空我再慢慢跟妳說，或者妳慢慢就能體會。」岩崎知道自己刺猬的性情，現在只想把刺綣縮起來休息，看著在座的三人。「我先講我在拘留所一天晚上的意外發現。在牢房裡，一天晚上，不知是從那裡傳來的收音機的歌聲，或許是附近人家，或許是拘留所外面的警察辦公室。甜美、紓緩，不像是人間的歌聲，歌聲像絲線拉到頂時，另一句歌聲又起，峰迴路轉地唱下去。我第一次聽到這首曲子。牢房裡面的同監跟我一樣豎起耳朵傾聽。」

茂木感覺好笑，香蘭和兒玉認真地看著彷彿被催眠，兩眼瞇成縫的那張臉。岩崎繼續說：

「歌曲的抑揚頓挫頗有中國味，你知道。這時平常橫眉豎目，滿臉鬍渣的兇神惡煞，個個閉上眼睛，甚至淚流滿面，優美的歌聲彷彿把他們洗過一遍那樣，也好像熨斗一樣，把他們燙得服服貼貼。我在想，歌聲觸動了他們久埋胸臆，早已遺忘的記憶，和曾經有過的對世界美麗的憧憬，於是酸甜苦澀全湧上心頭。歌聲結束，大家久久不語，不願打破那美好的甜美的靜默。」

「我好像聽到了那首歌。」兒玉。

「這是我第一次聽到〈蘇州夜曲〉。」

「你聽到的應該是渡邊浜子唱的。因為她有灌唱片。」香蘭。

「同監說是李香蘭妳唱的。」岩崎濃眉羽翼下雙眼的明銳給自己剛剛講過的話作了背書。「出獄後我特地買了渡邊的唱片聽了一下，唱片的伴奏多而熱鬧，牢房裡聽到的，伴奏少，和歌聲一樣，像行雲流水。應該是從電影《支那之夜》截取下來的，或是還沒剪進電影裡頭的原始錄音檔。」

「當然，除非到歌曲播放的現場當場證明歌是誰唱的，否則這裡頭會有爭議，渡邊的歌迷一定會向你抗議。」茂木看著低頭垂臉的香蘭，再看向岩崎，「你聽到那首歌應該是半年前的事。從李香蘭傳奇來看，〈蘇州夜曲〉在拘留所造成的小小波動算是一個預言或預兆。因為幾個月後李小姐在台灣造成了極大的轟動，接著這種瘋狂又蔓延到東京。這種煽動性是一脈相承的，應該是李小姐唱的。渡邊唱了這麼久，有掌聲，但好像不曾引發什麼風潮。不過你是影評人，李小姐應該很想聽聽你對她演出的看法。」

「我剛剛說過，談到電影，我像刺猬。我的刺往往避開導演、編劇，直接刺在演員身上。」岩崎避開香蘭無辜的臉，皺了一下眉頭，「普天之下，有天生的歌手，但沒有天生的演員。歌手一旦開竅，別人很難超越，自己也很難有太大的進步。但演員是一點一滴累積而成，多拍一部電影，演技就多一份磨練。再來就西方的觀點，電影是導演的作品，比如，我不喜歡《支那之夜》，表示我不肯定伏水修，男女主角的表現還在其次。至於演技方面，也是一樣，一時的評論沒有多大的意義，不用太在意。只要繼續演，演技一定一次比一次進步。所以一直演下去才是重點。」

「不愧是大師，我只是幫李小姐問一下，你就扯出一堆。」茂木有點不耐煩，開始顯露霸氣，「你看過《白蘭之歌》，說說看。」

「政治和軍部介入的電影，我評價不高。李小姐的女僕騎著騾送別李小姐，在路上停下來對話，後來在車站分別的那一段，我還滿喜歡。在這個片段，李小姐不太像富家女。好像是兩個境遇不是很好的姊妹要分離，很有中國庶民生活的況味。」岩崎停了一下，「不過看到後來，就看不太下去了。長谷川和弟婦山根壽子天天處在一個屋簷下，山根也不避嫌，伏在長谷川身上哭泣。日本人太有錢了？高人一等？凡事都可以亂來？如果是我，一定要求改劇本。不知道我這樣說，李小姐滿意了嗎？」

香蘭低頭臉紅，不知該說什麼。兒玉：

「老師的意思是：一時的批評別放在心上，繼續演才是王道。李香蘭小姐顯然是理解的。」

「真不愧是貼心護衛。」

茂木說著，大家都笑了起來。茂木看著香蘭這位高大斯文的護衛，越看越有趣，隨後他請一干人到餐廳小聚。用餐時，岩崎談到時局，還是疾言厲色，但談到滿映和甘粕時，調子放軟了許多。

「國家主義者還是懂得一點政治手腕，軍國主義者赤裸裸地，連那塊遮羞布也不要了。」

岩崎這句話，兒玉牢記在心。小餐會結束了，香蘭上了車，兒玉：「看來今天妳也不虛此行。」

「怎說？」

「他一開始對妳歌藝的讚美。」

「他講出來就像寫文章一樣，文詞優美。」香蘭望著車窗外澀縮在街頭夜冷中的行人，「大家很在意他的批評就在於，即使觀點不一樣，給出的評價不如當事人預期，但他寫來深刻，文章擲地有聲，不像一般瞎捧的文章。」

「是的。妳和那位大學生的情況怎樣了？」

「如大家推想的，他確實就是松岡外相的公子。」

「不意外。」

「過兩天他會開車來載我，現在改吃晚飯。」

「那很好嘛！」

「你覺得我該繼續跟他交往嗎？」

「這種事怎麼問我。他和剛剛那位岩崎昶一樣，都是有文采的人。即使想法南轅北轍，但為了包裝自己的想法，都會修練自己的文字。」

「你這番話真有意思，讓我玩味再三。」

「修練文字就是修身，男子有了文采，人品自然好，也就成了女子的庇護所。」

「兒玉兄，看來也是此道中人。下次來的時候，記得把你寫的劇本借我看一下。」

文采可以內化為人品，香蘭還是第一次聽到。收納了兒玉的見地，她盼望松岡約她的日子趕快到來。

於是同樣的餐廳，同一個房間，香蘭把一枝高級自來水筆送給松岡，作為他的畢業禮物。

「謝謝妳的禮物，妳回滿洲後，我就用這枝筆給妳寫信。」

松岡這樣說了，但此刻他心裡想的是他真正要的禮物。再過一兩天，兩人分別要畢業和離開東京，香蘭推掉了一切勞軍的邀約。松岡特別叫了一瓶清酒，希望藉由酒意讓兩人相互祝賀畢業和惜別時，距離拉得更近 。

「我在想如果我明天參加你的畢業典禮。」

「家人會來。」

香蘭知道他們的交往尚淺，松岡才不時祭出家人當擋箭牌。阿時進來了，帶來了兩份糯米飯和雞湯。松岡：

「明天這麼多學生和家長，如果知道妳來了，會像日劇一樣引發暴動，大家都不用畢業了。」

香蘭咭咭笑了起來：

「我忘了自己是誰了。」

香蘭略顯輕佻、玩笑的心情頓時端肅了起來。是啊！凡事要謹慎，如果再有一次風波，會被認為是故意招蜂惹蝶，引來更多的不諒。隨後彼此把話題轉向學校生活、兄弟姊妹，謙一郎是獨生子，頗讓香蘭意外。由於話題尋常、輕鬆，時而互開玩笑，加上酒精的催化，兩人快速熟稔起來，香蘭嬌媚地眼露蜜意，被他貪婪的眼神鎖注了。松岡：

「湯喝完了，好，坐過來一下。」

松岡示意坐在對面的她移步到他右邊坐下。

「喝一點吧。」

松岡摟著香蘭互飲，她的醺然在他眼前擴大。香蘭的脖子被勾住，感覺他的嘴唇越來越近。她拍電影這麼久，還沒被導演要求演這種動作：

「等一下阿時撞進來可好？」

「她剛走開，一時不會進來。」

松岡右手從香蘭脖子移向腰部，把她拉得更近了。當四片嘴唇膠合一塊時，他稍稍把她推開：

「嘴唇放輕鬆，牙齒微張。」

他像導演那樣下達指令，也像男主角那樣引導她，於是四片嘴唇互相吸吮，香蘭的舌頭在抵禦中學到和另一個舌頭攪動融合的快感。

「這是妳的初吻？」

「嗯。」

香蘭稍稍整理一下衣服，退回原來的座位。很想說「你的經驗很豐富哦」！但始終沒開口。為了儘快擺脫剛剛親嘴的尷尬，松岡燦出笑臉大談英德兩國的海軍：

「後天我送妳到機場。」

「兒玉會送我去。講好了。」

香蘭微微頷首表示歉意。阿時適時端進蜜汁雞，隨即離去。兩人吃了一口，松岡又把香蘭拉到身邊。松岡的吻攻更加激烈，香蘭的抵禦漸漸轉弱，幾乎被他壓在榻榻米上。松岡把她扶正後，開始吻她的下巴、香頸，右手也開始在她胸前的柔軟游動。

她從沒感覺自己的胸部如此柔軟，就是洗澡施皂時也沒這種感受，而現在竟然像被征服了一般。松岡就像時下的青年一樣，不敢太耽於逸樂，見好就收地放開香蘭，香蘭遲來的抗拒意識敦促自己趕快整理服裝，然後退回原來的位子。松岡看著矮几另一邊的香蘭：

「剛剛對不起。」

香蘭羞得躲開他的目光，笑看碗中的糯米飯，夾了一點放進嘴裡，咀嚼中剛剛熱吻的餘味又重上心頭。

和女子親嘴，對松岡來說，香蘭並非第一位，但和這種大明星的親密，恐怕是空前絕後，他帶著這種特別禮物參加畢業典禮。對香蘭來說，在戲裡屢被挑起的情意終於在松岡身上安泊了下來。這種幸福感剛上身，她心裡起了警覺，這會影響自己日後的演出嗎？看來自己並非松岡的第一位，如果他真是情場老手，自己也不用太投入，陪著他演出也就行了。或許不用對他分析太多，當那種甜吻的回味充滿她腦中時，一切憂思都退得遠遠地。她心裡不禁吶喊：甜吻萬歲！世界如此簡化後，一切都是多餘的。

香蘭就這樣沉浸在初吻的蜜汁中奔赴機場，以致兒玉說話時，她都有點恍神。到了羽田機場大廳，她赫然發現茂木也在裡頭，他身邊坐著一票女孩，她覺得有些面熟，而且向她嗨地揮手，原來是他帶過來的滿映分社的職員。香蘭：

「社長前來迎接還是送別誰啊？」

「叫分社長。這樣呼我，別讓甘粕聽到。」

「分社長尊稱為社長，剛好。甘粕是理事長，不相衝突。再說分社長念起來拗口。」

「嘴巴越來越甜了。」茂木環視了隨同前來的女職員，再回看香蘭，「她們就是專程來送妳的。」

「好感動……」

香蘭說著親切地向女職員致意。茂木：

「還有上次對妳嚷叫，阻止妳演出的事，在這裡鄭重向妳道歉。」

「社長先生啊！我們之前都見過好幾次面，不是都在無形中化解了嗎？」

「這還不夠，當眾在李香蘭面前撒野，情節嚴重，還是要自掌兩巴掌才能夠平息天怒人怨。」

香蘭笑得彎下腰，抬起頭時，發現東寶企劃部吉永部長也出現在雅子的旁邊，她平下心對茂木說：

「你一直都很照顧我，時常都替我設想。」

茂木聞言心喜，轉向雅子：

「這次妳跟著過去，代我好好照顧李香蘭小姐。」

「是。」

茂木感覺一切順心，拿著相機請公司一位小姐幫忙給大家拍一張大合照後，也和香蘭合拍一張。大家都搶著和香蘭合照後，時間差不多了，香蘭和雅子只好在眾人的協助下前去櫃檯寄掛大行李，隨後通關。

30. 生活上軌 傳聞驚夢

初吻的甜蜜回味被茂木攪亂後變成淡淡的喜悅伴著她前往新京。飛機抵達新京大房身飛行場時，已是下午四點多，天色昏暗。香蘭有兩件大行李，雅子一件。出關時，雅子勇提兩件，香蘭一件，見到牧野和鈴木，喜形於色。那一段時日，牧野腦海累積的香蘭風靡台灣和東京的報導、報章的轉載，見本尊現身，開始激蕩，澎湃成當時壯闊的場景。鈴木出門前先把車後行李箱整理過，現在三件行李放下去剛剛好。四人上了車，兩男在前，兩女在後。香蘭把頭伸向鈴木和牧野中間：

「牧野部長，吉岡少將知道你和鈴木會來接我，希望你和鈴木能到他家做客。」

「他也向我說過了。既然他出面邀請，我也就不好拒絕。認識這麼久了，也應該拜會他了。」

牧野開始和後頭兩位女子聊開，鈴木滿目荒涼，開車急馳，希望趕緊脫離荒郊野外。牧野除了對雅子的身家關切外，聊得最多的自然是香蘭精彩的演出點滴和日本劇場外用人潮堆砌起來的都市神話。鈴木的車子排開路旁蓊蔚森然的村屋，意念跟著車內話題奔馳，好似駛入車水馬龍的日本劇場周遭。

對雅子來說，新京這座舉目遼闊的城市好像一座大公園。興仁大路是康莊大道，路樹還嫌稚嫩，路旁新整的建地，紅土還沒乾。寬鬆配置的政府機關大樓，在樹木的掩映下，一棟一棟在她眼前閃過。車子轉進一條看來樓宇更挺拔，車子更多的大道。詢問香蘭，才知道是早從她那兒聽聞的大同大街。她也知道到了這兒離吉岡公館也不會太遠了。

車子抵達吉岡長條式的俄式豪宅。香蘭這次出遠門沒帶鑰匙，按了門鈴後不久，門開了，三名僕役率先趕到從鈴木和牧野手中接下行李，一身西裝的吉岡和夫人初子、女兒悠紀子也趕了下來。吉岡初子滿臉驚異地看著香蘭：

「簡直是不可思議，妳的演出。……這位就是妳說過的雅子小姐。」

雅子和夫人相互鞠躬後，和牧野、鈴木握完手的吉岡也回過頭來和雅子握手。五個人忙著相互認識，擋掉了不少原本要向香蘭進貢的恭維。初子：

「悠紀子，妳帶雅子小姐到她房間。」

香蘭跟著走了兩步時被吉岡叫住了。吉岡：

「待會下來陪牧野部長一下。」

香蘭點頭應允，上了樓，發現原本在悠紀子房間的鋼琴已搬到樓梯旁的梯廳一隅。雅子的房間在香蘭隔壁，和悠紀子姊妹房間正相對。三位女子把放在房門外的行李般進房間後，雅子打開柳條行李開始整理物品，悠紀子一邊幫忙一邊給意見。香蘭見兩人情況良好，說了一聲要下去作陪後走著下樓，走到門口的客廳，坐在鈴木旁邊。牧野臉顏朝著吉岡：

「你說你在關東軍和皇帝之間左右為難，你不說，大家也都會這樣猜。」

香蘭印象中，滿映那些幹部一般都稱溥儀為康德。大概為了順應吉岡「皇上長，陛下短」的談話氛圍，牧野才用皇帝稱呼溥儀吧。

「我想主要還是信任的問題，他弟弟溥傑就很相信我。」吉岡稍稍想了一下，「這主要是溥傑有他自己的生活圈子、自己的社會關係。」

吉岡的話語突然停頓，聽者只能意會。和皇弟溥傑相比，香蘭和牧野對溥儀都有類似的概念：生活在深宮中，被一撮小人圍繞，沒什麼朋友，性喜猜疑。香蘭也知道，吉岡發覺自己快要對主子提出嚴厲批評時趕緊煞車。吉岡初子起身，表示要到廚房走一趟後，吉岡：

「六七年前，我剛服侍陛下的時候，他說，『你們日本人一向輕視中國人，說什麼清國奴，事實上，現在中國人也很怕日本人，你又何苦降低你的尊榮來做我的秘書』。我說，『陛下不用自卑，以前滿清還在滿洲的時候是很強悍的，進入中國和中國人合流後才開始弱化。現在滿洲自己當家做主，找到對的國家合作，恢復強盛是可以預期的』。」

「你像長輩一樣教他。」

「我確實長他十幾歲，見過的世面比他多，再說，關東軍也希望把他塑造成像英國那種有尊榮但沒有權力的國王，說來陛下也是滿可憐的。所以，我有時像兄長那樣教他，有時也安慰他：『陛下和我雖說不能以手足－兄弟相論，也算是手指和足指的關係，咱們是準家族關係呀！』」

「相處久了，漸漸有了感情。」

「確實如此，以前讀歷史時，那種對滿清的輕視現在已經沒有了，有時承受關東軍的指示，我會對他說教，但站在君臣的體系上，他也會對我不假辭色，也就是責罵。不過權力之外的君臣體系建立起來後，我是替他高興。」

吉岡說完，牧野不再提問。他知道宮廷裡頭有太多是非。吉岡夾在康德和關東軍之間，一定有著太多的爾虞我詐、文過飾非。再談下去，恐怕會在絲纏線繞的迷霧中失去真相。吉岡見大家意興闌珊，帶領客人到隔壁的大畫室：

「有幾幅畫，想就教於諸君。」

大夥隨著吉岡進去後，也都驚艷於掛滿牆上的水墨畫。這些呈現水墨流動的畫，有橫幅也有立軸。吉岡沒有停下腳步說明，大家浮光掠影地走過牆上的畫。寬敞的廊道走到底，牆上釘著一幅榻榻米大小的橫幅，乍看一下，巨幅水墨山水的印象映入每一人的心底。

「這一幅畫是想像中的長江圖。我把攤在地板上的畫紙上下邊打濕後，用超大毫筆在上邊拉出山形，下邊拉出地色，中間江水部份反而無水也無墨。不過還是用乾筆拉出一些水痕。」吉岡看了一下客人再指著畫的上半部，「雖然畫的是山，但快筆刷過，留下的卻是水的流動感，下面的土地也是一樣，基本上有形無色的河流，被上面山的流動和下面地表的流動帶動後，也好像在流動。各位覺得怎樣？」

「左上角黑色系和白色系的交戰，兩種色系的色塊互相交疊，看起來很像激浪和巨石的搏鬥。」牧野。

「沒有錯，河水從岩石區的激流下來後奔赴原野。這裡就是市鎮。」吉岡指著畫面左下角橫豎線條的構築，「我畫畫就像書道一樣，向來只講究氣勢，不落入形貌，但這幅畫要送出去，考慮到收畫者和畫者之間的交流，還是讓它有個形象的歸依。像這些橫豎線條的構造，加上幾撇斜斜的色塊，就形成街屋。」

香蘭站在稍遠處看了一下又走了回來：

「基本上將軍的畫，因為快速落筆，一直是氣勝於形，這幅畫雖然遠觀時找回了不少形貌，但近看，這些形貌還是呈解體、解構的狀態，比如山變成流水，水流沖激岩石的畫面變成兩種色塊的纏鬥，平野上的街鎮看來像一片枯樹林，或直接還原成線條。」

三個大男人聽香蘭開講，好像聽她唱歌一樣專神。香蘭語畢，吉岡感覺窩心：

「李香蘭小姐也不過才在我這兒住了幾天，對我的畫風就有一定的了解，在這兒畫畫，就近就有人欣賞，讓人欣慰。」

「看一般人作畫都在細節上雕琢，將軍大筆一揮就搞定，將軍統率軍隊作戰一定是常勝軍。」

牧野的恭維讓將軍有些啞然失笑。吉岡想到盧溝橋事變後難得上戰場的往事：帶領部隊隨著東條英機中將的察哈爾兵團進攻中國內蒙古沙漠地帶，好在中國部隊的基本方針是撤退保存實力，自己的部隊一路在戰車的掩護下閃電攻擊，好像已往在軍校帶著學生軍演訓一樣，沒有遭到太大的抵抗，順利鳴金收兵。吉岡：

「牧野部長過獎了。統率軍隊我是不敢，打仗是傷感情的事。再說迷上繪畫之後，就更加怠惰，不問軍務，在宮廷裡面走走還可以。」

「您剛說這幅畫要送給人。」

「是，想送給當今天皇。但送去前想請康德陛下和張景惠總理題字。當然題什麼詞，我這兒也要幫忙想。」

「如此聲勢，天皇一定會悅納你的〈長江〉。」

牧野說著，綜合近幾年零星讀到的新聞，也稍稍理解中國的戰略布局。盧溝橋事件後沒多久，日軍便來到長江，大概第二年就攻下武漢一帶的平原，但之後呢，一再被部署山區的中國兵團圍剿，四五年過去了，還是困守在武漢一帶的布袋裡面。當初得到了滿洲，見好就收，我國上百萬軍人也不必離鄉背景，陷入這泥淖裡面，生死不由人了。希望今上天皇收到吉岡的〈長江〉後能思量我們的國家是否真正得到中國的長江，或是否有必要奪取中國的長江流域。

已經六點多一點了，三男一女正走出大畫室時，悠紀子和雅子走了過來催促大家上樓用餐。

平常有少許客人來，吉岡家都會改在二樓梯廳用餐，以便在較久的用餐時間裡不致被僕役的喧聲打擾。香蘭上了樓，只見鋼琴旁擺好了大圓桌，而開胃冷盤也已上桌。開胃菜吃了泰半後，吉岡初子給每人酌上一杯月桂冠。

「每次到東京都引起騷動，這次到台灣、東京更是引發大震。」吉岡看著每一人的眼光都往香蘭集中，「這樣的李香蘭小姐⋯⋯」

「叫小蘭。」

吉岡在大家的笑聲中聽從大女兒的建議：

「是，這樣的小蘭竟穿著拖鞋在我們家走動。想不到吧。」

吉岡的話逗得大家再次笑開。在吉岡的引導下，舉桌齊向香蘭舉杯後，兩盤香蔥點點的油炸豆腐進來了。每人一大塊還有剩。吉岡向每個人舉杯後面向牧野再一杯：

「聽說小蘭每次出遠門都是你負責接送。」

「大部份如此。沒有人規定，幾年下來自然形成的。」牧野看著吉岡希望他繼續講下去的眼神，「她雖然是演出課的一員，表面上上面有課長、部長，但實際上是超越制度存在著的。……」

香蘭低著頭希望牧野別講下去，但他連香蘭是理事長之外唯一擁有專屬司機的事也講了出來。

牧野的報告漸漸擴及於滿映和一般演藝圈，聽取他的報告，是賓客的樂趣，尤其是雅子。香蘭擔心生平第一次離開日本的雅子會不習慣，好在吉岡一家對她十分敬重且客氣，她很快便適應了下來。

香蘭偕雅子在春暖還寒時節來到或者說是返回新京，隨後同赴北京家裡休假，見過山家，從北京回來後，春天也差不多結束了。她向牧野提出讓雅子正式上班一事，牧野才恍然承認疏失。香蘭辦公桌左後方有一個空位，就安排雅子坐那兒，呈報上去，自然獲准。

夏季接續著春天，滿映的機關雜誌《滿洲映畫》正式改名為《電影畫報》，由滿映子公司《滿洲雜誌》負責編排。這個雜誌社比較專業，編出來的畫面也比較活潑生動。

香蘭的勞軍演出一直沒有中斷，還曾經專程飛到北京和天津演出，但她總算有一段比較完整的幾個月的新京歲月，除了讓自己和雅子在吉岡家享受家庭溫暖外，也讓自身比較完整地置入滿映的運作當中。

就在香蘭生活比較安定，比較有滿映人的實感的時候，她在餐廳用餐，依稀從鄰桌日籍同仁口中聽見中華電影川喜多長政面臨暗殺的談話，傍晚回家時，她也從司機鈴木口中印證這種傳聞。她驚駭莫名，難道劉吶鷗的悲劇又要應驗在他身上。劉吶鷗據信是死於重慶特務，但川喜多是日本人，當不會被重慶視為叛徒，難道他會像他父親一樣被視為叛國而被日本憲兵殺害嗎？川喜多的父親是已經歸化為中國人的日籍教官，立志幫助中國陸軍，才會大意「洩露」軍機，但川喜多並非軍人，日籍電影人在上海日佔區也不安全嗎？她想到了半年前，川喜多在滿映盛宴席上和甘粕因雙方業務矛盾而鬥酒的事，但甘粕也不至於因此而埋下殺機吧。

禮拜六中午，鈴木公出一時回不來，牧野載香蘭回吉岡宅。上了牧野的車，香蘭幾度猶豫，車行至大同大街後，她終於提到這個問題。牧野：

「很多人都聽到了。任令傳言流傳對公司的形象也不好。」

「和公司有關？」

「終究是傳言，我看當事人應該只是憤怒，不至於真的動刀使槍。」

牧野似有難言之癮，香蘭不便多說。牧野繼續說：

「妳也該知道，真的想暗殺某人，總是秘而不宣的，變成流言蜚語，會變得想殺也殺不成，或者根本就不想幹了，剩下的是如何把憤怒發洩出去。」

香蘭點頭稱是，她所認知的發生在任何國家任何朝代的暗殺皆讓人猝不及防，失去了隱匿性，就變成鬥氣或鬥心機而已。牧野見她寬心了不少，顧左右而言他：

「我覺得拍拍電影，唱唱歌是可以很單純地過日子，不要有太多政治的分別心或心機。」

「對。」

「依妳看，日滿比較親，還是日華比較親，我的意思是指日本和中國的南京國民政府。」

「應該是日滿吧。」

「怎麼說？」

「滿洲融入比較早，現在反抗比較小，日本政府下的功夫也比較深，還為滿洲辦了兩次博覽會。」

「妳自己親身體會的。」牧野不太想說，但還是說了，「所以有些人就認為滿人比較馴服了，日滿一體有影了，日人對滿人持有的善意不能全然用在華人身上，還是要有差別待遇。」

「我從來沒想到這樣的問題。」

「我們的理事長就抱持這種態度。比如，跟你們家走得很近的山家亨對中國女子過於親近，他就認為不妥，遲早會惹禍上身。」

「山家一向就是這樣。」

「你們還有見面嗎？」

「他現在在北京的住家離家父家很近，我每次回北京休假，總會碰見他。」

「這樣啊！」牧野沉吟了一下，「像川喜多這樣把公司的經營都下放給中國人，甘粕更認為不妥，也希望軍方能夠阻止。不過軍方也有人支持川喜多，因為他們需要川喜多這樣的電影人才。」

「上海電影界真是繁花盛開，我們滿映和他們比起來，好像是才剛剛開墾的田園。」

「確實如此，不輸東京的電影氣氛。所以理事長也很有興趣這一塊。」

關東軍司令部帝冠狀的屋頂在眼前晃過，車子轉入新發路，牧野繼續說：

「要掌握上海電影界，就要掌握川喜多的中華電影。我們理事長的機會來了。」

車子在十字路口停了下來。牧野的話斷斷續續：

「做過陸軍大臣的板垣征四郎派任南京中國派遣軍參謀長，甘粕和他的關係很好，於是上海的川喜多被傳喚到南京，被要求改變中華電影的經營方針。」

「甘粕告訴你的？」

「他在某些場合透露一點，再加上一些二手傳播，我就這樣把事件慢慢拼湊完成。川喜多假裝答應，脫身回到上海，第二天一早就趕往東京求援。這就惹火了甘粕。」

香蘭頻頻點頭表示理解，但基本上還是印象式的理解。這一陣子讓她感覺還好的甘粕隨著牧野的話，形象又有些崩壞了。香蘭：

「我難得連續兩三個月待在滿映，但很少看見理事長，難道他又隱身起來玩弄權術了？」

「他應該很忙，一方面也不想出來見人。陷入權力漩渦的人向來就面目可憎，他可能因此不想見人，也不想公然露面。不過說實在的，妳也夠忙的，扣掉勞軍，妳待在辦公室的時間實在不多。」牧野望向眉頭不展的香蘭，「別難過，不會有事的。就如同我剛剛說過的，一直放話出來，就像會吠的狗不會咬人，一聲不響，那才可怕。」

車子進入日本橋通，車速放緩，熙來攘往的人車、街上的熱鬧弄亂了她的思維：

「他們兩個真槓上了。」

「嚴格說來，是我們的理事長惹起來的，川喜多挨打，忙著躲閃。」牧野無法搞清楚每一個環節，顯得心浮氣躁，「兩人相隔千里，只是不斷有話放出來，我看理事長也回不到當年關東大地震時的狠勁了。」

牧野點出了甘粕的夢魘，香蘭想起了以前看過的甘粕在滿洲國成立前在吉林、哈爾濱進行破壞行動的報導。作為滿映人，香蘭實在不想再去挖理事長的黑歷史，有時還會用年少輕狂替他的過往開脫：

「和年紀有關？」

「他以前是有點像道上人物，隱身在幕後，有從上頭來的獎勵，但沒有從下面來的掌聲。自從有了一官半職，尤其是當了理事長後，算是有點漂白，有掌聲了。妳是明星，他也就沾上了明星的光環。他應該會珍惜好不容易得來的掌聲、光環，倒轉回以前黑街爭鬥的日子，我深覺可能性不大。」

「看到你對他這麼有信心，我也就放心了不少。」

「他們也都認識這麼久了，鬥酒也鬥出了一點感情，所以不至於到那種地步。」

半年前大和飯店那場甘粕的火氣終究被酒氣化解的酒宴重回香蘭腦際，她因此對牧野的話更有信心。牧野：

「有機會我會勸他消消氣。」

「這種事情要怎麼勸，他根本就沒有說出來他要對川喜多怎樣。」

「有時見面就聊川喜多，說他是人才，日本電影需要他，然後就把話題轉開。如果他繼續談，露出兇焰，就直接滅火。現在事情已經變成滅火的問題，而不是令人措手不及的爆炸性的問題。」

香蘭回到吉岡宅，躺在床上細細思量牧野講的話，覺得那個可怕的傳聞終究會湮滅。事情起於兩個電影界龍頭的恩怨，而非深仇或大恨，甘粕放話洩憤造成震撼，但他終究不會承認傳聞跟他有關聯，牧野或其他人也都會在不點破的情況下，悄悄地化解。至於川喜多，飽受驚嚇之餘，待事情淡化，一定不會再提這件事。事情終究只是一個傳說。

吉岡家庭的溫馨讓她遠離那個傳聞一兩天，禮拜一再上班時，就不太聽到同仁談起那件事，彷彿那團火就真的慢慢滅了。沒多久，滿映東京分社顧問岩崎昶被調來總社當顧問，香蘭憂多於喜，知道自己演的角色更難逃他的鷹眼了。

被傳言所擾，香蘭有時想想還是滿愚蠢的，她該在意的還是松岡謙一郎的來信。三個月前從東京回到新京沒多久，她便接到松岡的信，只要見到來信，她幾乎立刻覆信，寫信的勢頭收不回來時，連家書一起寫。通了幾封信，她得知松岡確實在同盟通信社任職，也從他那滿是知性的書寫內容感知他不是那種容易陷入情慾或情緒漩渦的人。

她接到松岡轉入海軍經理學校的信後不久，看到日本近衛文麿內閣改組，外相松岡洋右是唯一未獲留任的新聞。幾天後，松岡謙一郎的來信表示胸口掉下一顆大石，「首相主張和美國繼續談判，父親主張對美強硬，一山不容二虎，父親只好去職。這樣也好，沒有了職務，父親正可以養病，徹底去除肺結核病菌……」

名作家大佛次郎以文藝家後方運動講師的身分來滿洲各大城的大學巡迴演講，在新京法政大學演講過後，被滿映研修所所長近藤伊與吉請到設在第五攝影棚的大養成所給學員和滿映演職員上課。

大養成所是滿映草創時期的研修所學制化擴大的結果，像短期大學一樣，設有五科，開了不少專門課程，除了提供公司職員進修管道之外，也對外招收滿籍，甚至日籍學生，修習一年就畢業。滿映的演員或相關技術人員已相當充份，養成所畢業的學員，到別處的電影相關公司就職，或拿到一紙文憑，從事其他行業的也不少。這些學員畢業後，就像種子一樣，四處傳播，滿映得以以另一種方式散布其文化和影響力。

香蘭飄萍轉蓬似的演出生活，對於公司人事的更迭或制度的變革，常是後知後覺。大養成所，她不久前下班坐鈴木的車子回家時，聽鈴木提過，但鈴木說得不具體，她也不很在意，隨即淡忘。直到此刻隨著大佛到第五攝影棚聽課，才對大養成所有了較具體的了解。但這時，大養成所已成立快三季了。

大佛次郎上完課，免不了又被甘粕宴請一番。晚宴在日本橋通的菊屋料理店進行，天氣有點熱，大家都喝啤酒，隨著甘粕的鬥酒姿態，氣氛很快熱起來。香蘭和大佛之間隔了三個人，由於一直淺酌，不太和他碰杯。她沒讀過他的作品，希望此刻彼此不要有太多的交流。沒想到，宴尾他提出想到哈爾濱觀賞歌劇《黑桃女王》一事，甘粕快速克服酒意，要求岩崎昶和香蘭陪同前往：

「岩崎兄以影評之眼看劇，同樣深刻，小蘭以花腔女高音的角度看歌劇，自然比一般人深刻。」

為了讓香蘭有伴，雅子也跟著前往。於是第二天，四人同車前往哈爾濱，這時她才知道大佛是為即將在滿洲新聞連載的小說《薔薇少女》取材。

「《黑桃女王》的描述放在故事的很後面，及時補上去，不致對小說的連載造成干擾。」

「《薔薇少女》是在寫什麼？」岩崎昶。

「是哈爾濱一位歌女的故事。……」

大家一路聽大佛述說，當晚便在哈城鐵道俱樂部觀賞《黑桃女王》。柴可夫斯基編寫的這個三幕劇，全由俄籍演員擔綱演出，香蘭不懂俄語，無法融入劇情，不過女主角高歌悲鳴時，她會把自己投射進去。棄影從劇，同樣是演出，或許比較寂寞，但崇高感更多。走出劇院，她還是深覺，除非有一股強大力量的推動，她此生恐怕很難放棄電影。

四人就近在鐵道俱樂部住了一晚，由滿映買單。次日，大佛開始哈爾濱的教學行程，岩崎和香蘭她們在街區小逛，午後搭列車返回新京。

香蘭剛進滿映時和演出課同仁葉苓互動熱絡，但自從她和徐聰換了座位，坐在後排後，香蘭忙著在東京、上海和熱河拍片、演出，甚至勞軍，兩人變得鮮少互動，但熟悉感還在。葉苓比香蘭小五歲，哈爾濱人，身材高，雖然才 16 歲，但臉上童稚味已消，比她還高出一個頭，這一兩年開始在滿映演出成年人的角色，且頻挑大樑。香蘭接到兩本從日本東京松竹映畫寄過來的劇本後，滿映和松竹合作拍片的事開始在公司內部傳開，大家都在想，除了香蘭之外還有誰。事實上還有一個人，牧野私下向香蘭透露，公司推薦葉苓，但還要松竹編導驗收。香蘭知道事情還沒成熟，自然沒有說出。

這一天，香蘭、雅子和牧野被叫進理事長室。甘粕看向香蘭：

「兩本劇本看過沒？」

「大致看了一下。兩部片的檔期有些重疊，而且拍攝地點又是南轅北轍。《你和我》這部戲，我只演出一點，或許可以放棄。」

「倒不用，妳在《蘇州之夜》這部戲出任女主角，女配角也要我們滿映出，松竹這部戲的編導大概過一個禮拜就要來這兒選角，所以在這之前先把《你和我》的角色解決。」甘粕從卷宗夾取出兩只信封，「這是妳和雅子小姐後天飛往朝鮮京城的機票，我和朝鮮軍司令部聯絡過了，軍部或者導演日夏英太郎會派人接機。導演預計一天就把妳的外景戲拍完。至於棚內戲，等妳在鎌倉大船拍《蘇州之夜》棚內戲時順便拍攝。」

「有點複雜。」

「沒什麼事難得倒妳李香蘭的，妳勞軍東奔西跑，從來沒有亂過陣腳。」

甘粕說著停頓一下時，牧野補了一句：

「小蘭時常到了演出地才看到節目單，不管什麼歌，沒有準備也唱得得心應手。」

「真的是實力雄厚，才會震動東瀛、南瀛。」

「南瀛？」

牧野剛問，電話鈴聲響起，甘粕從沙發站了起來再轉身向牧野：

「就是指台灣。」

甘粕回到辦公桌座位，拿起聽筒面向側牆有說有笑。牧野向香蘭使出了一個眼色。自從兩個月前，在牧野車上共話川喜多以來，香蘭和牧野沒在一起過，更遑論再談「暗殺」一事。她的雙目和牧野長官傳過來的眼神相會，隨即看著甘粕講電話笑容燦開的神情，理解那是不再為暗殺陰霾所困的臉。

甘粕回到沙發座，面向手上還拿著機票的香蘭：

「是不是去時 8 月 18 號，回程是 8 月 21 日，時間是綽綽有餘。有空可以在京城走走，輕鬆一下。」

香蘭和雅子把機票再看了一下，放回信封後，甘粕：

「牧野部長，李香蘭來去機場還是由你接送，辛苦你了。」

「這是我的榮耀。」

「這幾年我一直疏忽了，你下面一位次長還不夠替你分憂，你提報一位上來，我就任命。」甘粕收起了笑容，露出一點倦態，「《蘇州之夜》的導演野村浩將和編劇齋藤良輔 23 號來新京。」

「沒錯。我估計他們 26 號和李香蘭離開這兒前往上海。劇組大部份人，包括主角佐野周二、攝影組也都會在那兩天分批從福岡飛到上海，和李香蘭他們會合。」

「現在機位很緊張呢。」

「不錯。我爭取到滿洲航空 26 日一個航班，五個人在北京轉機，一天就到上海。」

「那就要從早飛到晚囉。」

「對。」

「接下來幾天李香蘭的勞軍演出，該取消的就麻煩你跟對方聯絡，或安排時間補償。……不對，不用補償了，小蘭接著朝鮮、上海和東京的行程，完全沒時間了。」

牧野領命離開，香蘭和雅子也跟著離開理事長室。

香蘭在《你和我》中飾演一位朝鮮入伍新兵的女朋友，在男朋友入伍前自有一番繾綣，拍完了外景戲，帶著戲裡戲外朝鮮人趕著加入帝國志願兵的印象從京城趕回新京，她還參加了兩場勞軍，再度進入理事長室時，除了《蘇州之夜》的編導齋藤良輔和野村浩將外，葉玲也赫然在座。

葉苓憑著她那咬字清楚，但語調緩慢的日語和理事長、編導對話，大出風頭。葉苓長得並不美，但左唇明顯的小暴牙有點可愛，似乎因此在編導面前加了一點分。香蘭聽說日本男子特別喜歡小暴牙的女孩，主要是因為接吻時又多了一個可以探索的秘境，不知道是否真如此。齋藤良輔：

「像葉小姐這種慢半拍的日語，原汁原味地在電影中出現會更吸引人。」

大家笑開後，甘粕也眯著眼：

「才 16 歲就要演出成人保育員，有點顛倒。現在女演員一般都是大演小，20 幾歲的演中學生」

「不錯！不錯！」野村浩將笑了起來，「故事的背景是孤兒院。中華電影會支援一些小朋友。我們的葉小姐當保育員剛好當孩子王。」

葉苓再度成為視覺焦點，臉紅了起來：

「這部電影，我真的是滿期待的。最重要的是和我景仰的李香蘭小姐合演。我和香蘭姊在這兒是同事，在電影裡也是同事。實在要請她多多指教。」

眾人的眼神終於落在香蘭身上。香蘭看向葉苓：

「妳 15 歲就開始演大人的角色，實在了不起，或許該討教的是我呢。再說，妳那慢半拍的日語實在好聽，好像小學初級生念課文，非常可愛。」

兩人互相恭維一番後，不久和牧野一起離開理事長室，準備下班後共同出席理事長宴。

兩天後，香蘭、葉苓和雅子終究和松竹編導一行搭乘清早航班飛往北京，再轉機勇赴上海。次日開始拍攝外景。和去年的《支那之夜》相較，這次的外景，水景多了起來，男主角佐野周二拍攝從蘇州搭江輪到上海，再從上海搭巨輪返日的戲，黃浦江外灘景色全入鏡。香蘭和高倉章扮演的中國未婚夫在蘇州遊河談判，導演野村浩將都覺得拍得很經典。至此，兩城的風味表露無遺。

工餘時刻，雅子做資料，香蘭也都把拍攝過程的重點和心得寫在信紙上，童星李琴瑛的落水戲，她還特別加注，琴瑛實際上是學校游泳健將，落水求援的畫面拍得像在跳水上芭蕾。男主角佐野周二奮勇跳下救援，力搏深河的泳技固然很震撼，不過事後大家笑他：他最大的勇氣是力搏水裡面可能有的穢物，畢竟排泄物倒進河裡是社會普遍的習慣。至於戀愛戲，日本還差西方一大截，以前和長谷川還會應導演的要求，在戲裡抱一下，現在感情戲更少更淡了，和佐野兩人在高大的白楊樹下拉開一點距離散步，然後小跑步，手也沒碰一下，「兩人已經是情侶了，觀眾一看就知道。」導演這樣說，真是很柏拉圖。……

香蘭寫完一封，思濤依舊如湧，乾脆另寫一信。她在信中表示，男主角佐野是現實中常見的忙著工作：在醫院顧病患，也到孤兒院看診，或到鄉下巡迴看診，沒有心思談戀愛的人，收到父母的催婚信回到日本後，婚事也是不了了之，折返蘇州，被情敵－女主角的未婚夫槍擊但沒受傷後，留下一封斷念的信後毅然退出三人的感情糾葛，再次離開蘇州。在一場落花流水的中國婚宴上，槍擊過主角的新郎久等不到新娘回座，新娘情意無所歸，只能呆立喜宴廳一隅，最後是三方皆空的無言結局。她用這種思維構成第二封信的主要內容，用銀幕中的自己－兩頭空的新娘，尋求松岡的安心，讓他覺得她在戲裡戲外的演出或際遇，都因他而讓路或轉彎。她現在在外拍戲不太可能收到松岡的來信，他也不太可能寫信。她在信中表示，等她到了位在東京南邊鎌倉的松竹大船攝影所拍攝棚內戲時再設法見面。

兩封信都寫好，她也寫了兩個信封，一封寄東京千駄谷松岡宅，一封寄東京海軍經理學校，親自封好後再交給雅子。雅子：

「妳把信再抄寫一份，分兩邊寄？」

「兩封信內容不同。期望他兩封信都收到，合起來一起讀。」

「好奇怪哦！好像是電影的情節。」

「都是外景拍攝的過程和劇情的描述。」

「妳也夠聰明，好像蓋飯一樣，劇情像熟飯，妳想對妳的謙一郎吐露的心事像生魚片、紅燒牛肉覆在上面，信容易寫，內容又豐富。高明。」

「姊姊過獎了。」

同樣拍外景，同樣在中國江南這兩座城市，這次拍攝的規模比《支那之夜》小了一些，而且隨著香蘭信的寄出，拍攝的範圍越來越小，攝影組最後把大場飛行場周遭象徵性地拍了一下，便把攝影機裝好交運。

近 30 人的劇組人員分三批，經由轉機返回東京。從福岡飛往東京，香蘭、雅子和葉苓同班機。在飛機上，隔著一條小走道，雅子：

「妳終於可以和松岡見面了。」

「回到東京後，又得離開東京到遠地工作，一方面要工作，一方面和他兩地相隔，凡事還是綁手綁腳，我昨天晚上就一直苦思這個問題。」

飛機奔馳跑道，香蘭在隆隆的引擎聲中靜默著，待飛機升空，香蘭：

「咱們可能不住大船員工宿舍，如果兒玉願意載的話，還是住乃木坂公寓。」

「妳的意思是說，每天坐兒玉的車到攝影棚，拍完後坐他的車回家？」雅子十分不解地看著香蘭，「這樣，妳、我，還有兒玉會累死哦！導演也不會答應。」

香蘭恍然覺得雅子一定看穿她最近的精神不濟和有些依賴性。

香蘭：

「好不容易可以和謙一郎見面了，我一直希望兒玉可以載我到他的軍校或他家裡。」

「鎌倉距離東京 60 公里，開車要一個小時半，碰到堵車，甚至要兩小時，再說兒玉是東寶公司的，妳現在和松竹合作，他應該不可能再來給我們服務。」

香蘭抓了一下頭髮，雅子繼續說：

「松岡在經理學校受訓，除非禮拜天，他也不可能出來和妳見面。我看我們還是住在大船的演員宿舍，拜六再回乃木坂想法子見面。」

「不好意思，大概是平常被人牽就慣了，凡事都想得太好。我下意識地以為鎌倉會牽就我北移 30 公里。」香蘭噗哧笑了起來，「如果我們失去了兒玉，那就自己想辦法吧。」

「當然囉，想來想替妳服務的男士一籮筐，只要茂木出面，很快就會找到人。」

「我實在想不通。像海軍經理學校這種軍校應該擺在鄉下的，結果在東京市中心，松竹攝影所應該設在城裡的，結果擺在鄉下，離東京這麼遠。當然拍攝棚內戲時，只好住當地的宿舍了。」

「妳有沒有注意到松竹總公司就在築地，如果攝影所也設在那裡的話，妳和松岡豈不變成鄰居了。」

「這樣啊！我對東京的地理還得下一番功夫呢。」

香蘭畢竟是東京的過客，對於日本或東京的地名，常生出印象式的偏差。已經很明確地知道大船是鎌倉的一個地名，每次聽到大船攝影所時，腦中總是浮現巨船浮著攝影棚的影像。

飛機飛抵羽田機場，劇組人員上了巴士，經過川崎、橫濱抵達鎌倉時，香蘭感覺就像來到東京的住宅區一般，而且古老了一些。到了宿舍區，香蘭、雅子、葉苓和童星李琴瑛合住日本傳統住宅一戶，算是十分好的安排。

安置好自己的物品，大家開始整理居住環境，待傍晚時分，第三批人員抵達後，劇組人員共進晚餐。

餐會在員工餐廳進行，酒過三巡，導演日夏英太郎聞風而至，當場敲定香蘭次日補拍《你與我》的棚內戲。由於補戲不到一天就可完成，乾脆莉落，香蘭心情大好，《蘇州之夜》還沒上戲，心中的石頭便已落下一顆。

第三天一早相關人員搭乘巴士前往附近的孤兒院拍《蘇州之夜》內景戲，用中餐時，香蘭向店家借電話，終於和兒玉聯絡上，兒玉直覺香蘭回到了東京，第一句話便是「希望能為妳再次效勞」：

「什麼？妳現在在松竹大船攝影所，妳每天通勤去拍戲？」

「沒有，就住在這裡。明天拜六中午有交通車回東京。」

「那太好了。妳和外相公子松岡謙什麼的，還有聯絡嗎？」

「他現在在海軍經理學校受訓，希望禮拜天能見到他。……」

「受訓就失去了人身自由，妳又在遠地。他如果見到妳一定非常高興。妳說的事我會全力協助。」

………………

童星李琴瑛坐上了前往東京的交通巴士十分高興，看到特殊景物不時問東問西，香蘭不斷用中文解說。事實上，她的戲份在蘇州已拍得差不多，導演希望她在開拍記者會露面，也就隨著劇組前來日本。

巴士在東京車站南口放下大部份演員和職工後，折向築地地區，李香蘭「一家」四口在終點站－松竹總公司下車。坐在松竹公司外面花圃矮牆上等候多時的兒玉很快就發現他們。

香蘭給雙方作個簡單的介紹後，兒玉領著香蘭一行走向他的車子，香蘭被拱著坐前座。車子開動了，香蘭向兒玉報告近況，後排靠窗坐的李琴瑛在擁擠的車內，不時東張西望，要求說明，但葉苓初來乍到，完全不懂琴瑛所指的景物所為何來，實在幫不上忙。

「琴瑛！用看的就可以。以後有時間會跟妳說。」

葉苓說著時，車子滑向車道，香蘭右眼瞬了兒玉一下：

「我覺得自己在強你所難，非常不好意思。」

「妳做了非常正確的事。我向三神主任報告後，他也認為護衛計畫還是繼續施行。他說：『讓她在街上隨便叫車，如果被認出，引起騷動事小，如果被壞的運將認出了，那就麻煩了。』」

「但我現在替松竹拍片，你是東寶員工，總覺得……」

「三神主任很堅持這一點，當初我這個護衛是他指派的，他認為護衛的功能還是有再發揮的空間。他的解釋是，妳不只屬於滿映或東寶，而是屬國民全體，再說，妳和東寶的合作關係依舊存在，萬一妳出了事，東寶會承受不起。這是他主觀的想法。」

「你的意思是……」

「我繼續當妳的護衛，三神並沒有向總公司報備，他自己承擔下來，他打算月末把我薪資所有的雜項通通據實呈報上去，比如勤務加給、汽車油料津貼，言明服務小蘭，載運小蘭。測試看看總公司有沒有意見。」

香蘭閉目沉思了一會，明瞭東寶如果撤掉護衛兒玉也是合情合理，對於三神良三主任對她的護航，自然銘感五內，心情也舒坦了一些。車子繼續行進。

「快到了，讓妳看一下。」

香蘭不曉得兒玉說什麼，順著他的眼神往左邊看過去，兩旁有衛兵看守的寬敞大門內，一排排兩層紅磚建築讓她驚鴻一瞥後沒入高大的圍牆裡面。兒玉繼續說：

「剛剛看到的就是海軍經理學校。」

「我也看到了門牌上的經理學校幾個字。」

「如果需要的話，明天我就載妳來這邊。」

「那謝謝你了。」

車子駛進她所熟悉的外堀通，滿映和滿鐵東京分社大樓、國會議事堂分別在大道的兩側逸去。兒玉沉默了許久，似乎有些心事，香蘭很想知道他在想什麼。車子從山王飯店茂密的林木旁邊左轉後，兒玉：

「妳和謙一郎聯繫得怎樣？」

「太多不確定。接到他進入經理學校就讀的信後，我正要前往蘇州拍戲，給他去了信，表示這一陣子人應該會回到東京，也會利用週日早上探望他。但在蘇州逗留時間不夠長，接不到他的回信。」

「確實有點傷腦筋。如果他還在受訓階段，禮拜天必須在學校宿舍休假，但可以會客。如果他訓練期滿，禮拜天可能在家休息。」兒玉知道香蘭心裡忐忑，希望替她分憂，「那先到學校碰碰運氣，再到他的公館。」

香蘭、雅子帶著葉苓和琴瑛回到乃木坂住處，先測試水電和一些電器，所有人開始擦拭地板，兒玉把一只停擺的電扇弄到會轉，隨後開車到附近轉了一圈，買了一隻新電扇和一些生活器具回來。香蘭：

「不好意思讓你做這些事。」

「別在意。雖然說是護衛，實際上也是朋友。」

這樣臨時湊合起來的一個家，由兒玉載著到附近餐館用晚餐時，還真像是一家人。第二天早上，在香蘭期待已久的約會時刻，這「一家人」也出現了。香蘭八點半不到就到海軍經理學校大門守候。

32. 密集約會 感情走味

海軍經理學校好像舉辦節慶一般，穿著軍服的學生在校門口進進出出，學生家屬如織，不少人落座臨時搭設的帳蓬裡面，帳蓬前面設有服務台，一排桌子前坐著辦理會客的士官。桌子一隅，一名面容姣好的女子不時透過麥克風指名道姓地向宿舍區廣播家屬來會面的訊息。

香蘭以山口淑子的名義在服務台申請呼喚謙一郎，沒多久也聽到廣播小姐的傳呼。穿著整齊的學員兵不斷從經理學校校門口出來迎向前來探視的親友。十分鐘過去了，出來的學員兵一直不是謙一郎，香蘭的失望轉為焦急。兒玉：

「叫小姐再呼叫一次。」

「恐怕要重新登記……等九點還看不到人再說。」

九點不到，穿著海軍軍服的松岡翩然來到，見到兒玉身旁四位大大小小的女生有些慌亂地向他鞠躬，嚇了一跳，但還是笑容滿面地回禮。香蘭把兒玉、葉苓和琴瑛介紹給松岡後，把松岡拉到一旁：

「他們待會就走。」

松岡左手支頤想了一下，向兒玉招手。

「這位大哥辛苦了。小蘭跟我提過你的英勇事蹟。」

兒玉略嫌拘謹地點頭回應，望向松岡手指的方向。松岡繼續說：

「那邊春日茶屋，待會我和小蘭就在裡頭聊天。中午 12 點我們會移到對面的海樂天用餐，屆時你們都一起來。不要客氣。」

「了解。謝謝，好好保護她。」

兒玉也希望趕快離開，好帶著雅子和中國演員進行城區觀光。

他領著三姝向這對佳偶揮手道別後趕緊上車。

春日茶屋前庭花木扶疏，長條形或L形的榻榻米座椅錯落有秩地擺放在樹蔭下。食客不多，有的乾脆躺在榻榻米椅上抽煙，屋子裡的中堂，桌椅形式的茶座客人比較多，也有三四位穿著軍服的軍校學生。松岡小心翼翼地領著香蘭進入中堂向櫃檯報到，隨後櫃檯小姐領著他們進入一個榻榻米房間。

松岡關上門後，一把把香蘭拉到房角，摟著她，紙糊門又開了，松岡趕緊推開香蘭。女侍鞠過躬後指著茶几上的菜單：

「最好看一看再點一下茶點，待會我會來收取。」

這兒的茶几下面挖空，香蘭坐在榻榻米上後，兩腳舒適地向下伸展。松岡：

「謝謝妳寫這麼多信給我。」

「我居無定所，你寫信給我不方便，我就只好多寫了。像密集轟炸一樣。」

「書信攻勢向來是很有效的。」松岡看了一下菜單，勾了好幾項，「我是說男女之間。」

「學校今天放假？」

「早上八點可以外出，八點回宿舍。跟家屬或朋友約好的，或確定不會有親友來探視的，一早就出去了。沒有約好的，但知道親友會來的，就待在宿舍，等候服務台的廣播通知再出來會客。」

女侍進來取走了菜單：

「茶可能會慢一點。」

「沒關係。」

女侍退出房間關好房門後，松岡兩眼意味深長地看著香蘭，右手指著身旁的空位，香蘭立刻起身移坐他右側。松岡的吻注入了半年的飢渴，激烈而忘情。香蘭陶醉在兩人舌頭攪動的渦流中，但右手還是護衛著自己的胸部，他手侵入的力道不強，人似乎很疲倦，遇到阻力就放棄了，而他唇舌的攪動力道也趨緩了。鈍重的腳步聲傳了過來，香蘭一把推開松岡，趁著松岡有些茫然時回到自己的座位。她期待在夠安全的地方享受慾樂，蓄勢已久的情慾徐徐地在隱密的環境中釋放開來時，才能泅游在歡悅的渦流裡頭，但可惜男子的快感常常建築在掠奪感上，親嘴、撫摸，像比賽搶分一樣，往往刺激女性退向冷感。

腳步聲不見了，不再出現，松岡發出意猶未盡，帶點歉意的微笑：

「看到妳的信才知道松竹的攝影棚在鎌倉，太遠了。」

「老早以前是在東京。」

「一回來就到攝影棚，沒有休息，真辛苦。」

「明天在總公司要開開拍記者會。」

「這樣啊？這兩天在拍什麼？」

「到孤兒院給小朋友洗澡，給他們上課，做一些照顧的動作，都是點到為止。」

「和男主角的互動怎樣？我是說在戲裡的。」

「我在信中也跟你提過，和以前拍的電影比起來，是淡了很多，所以才會造成無言的結局。」

「這樣啊？」松岡狡黠地笑了起來，「局勢緊張，大家栖栖遑遑，夫妻或男女朋友間常感焦慮，就比較沒有閒情風花雪夜了。」

茶壺端了進來，女侍給兩人沏茶時，點心由另一位女侍捧了進來。

「昨天和男主角拍衝突的戲。」香蘭垂首用湯匙挑動有點像布丁的甜點，「一開始你知道，我都是扮演討厭日本人的中國女子，我知道有日本醫師到孤兒院給院童看病後十分生氣，戲裡這位醫生－男主角也來給小朋友看病了，我就在他旁邊用中國話罵，但怎麼也趕不走，我改用日語趕，說中國小孩的事和你們日本人無關。他瞪了我幾眼還是無動於衷。結果我就站在門口⋯⋯」

「站在門口！趕人到了這種地步，表示很堅決，但也不算太粗魯。」

「對。劇本沒寫得這麼細，我是依導演的教示這麼做。結果你知道他用手一撥就把我推到門外，然後把門關上開始向我的同事－早上那一位中國女孩，你看過的，向她交代給病童服藥該注意的事項。」

「真有意思。」

「我覺得他那一撥實在很有權威，所以我就呆站在門外，沒有再進來。」香蘭啜飲一口甜點，再喝半口茶，「導演也覺得我一直站在外面給人感覺非常淑女。」

「到後來這種偏見一定會消除。」松岡舉起茶杯，聞了一下茶香，「外景戲中國、日本兩頭拍，妳說的那家孤兒院的小朋友可能不曉得自己在演中國的孤兒。」

「當然，沒有說，拍攝時間很短，也要求他們不要講話。」香蘭喝了一點茶，「你也談談你們學校的故事吧。」

「學員都是大學名校畢業，上的課也是主計專業課程：數學、會計、財稅或薪資、被服管理居多，戰鬥或出操課程較少，有點像是溫室裡的花朵。專業課程，有的請大學教授開課，有的由海軍兵學校教官授課。教官喜歡講他們一知半解的海戰，不過大家都喜歡聽。」

「訓練多久？」

「五個月，剛好過了一半。結業後會分發到各艦隊或司令部當主計官。」

和菓子端進來了，香蘭用竹籤挑了一塊星形的含在嘴裡。在片刻的沉默裡，松岡藉由茶水融化口中的和菓子，暗自思量：不久就要畢業，不安的氣氛在同學之間蔓延，大家都期望僥倖派赴海軍省、軍令部、各級海校、軍需工廠或各港基地。大家都知道派赴各艦隊的可性最高，有人擔心登艦後直接開赴中國前線，駐紮佔領區的港口或深入長江各口岸進行攻防，一旦陷入戰鬥，就沒有所謂事務官了。香蘭針對現在進行中的中日戰爭，就自己所知開口了：

「好在現在接戰的部隊多為陸軍或航空兵。海軍比較沒事。」

「海軍還是有戰鬥，戰爭一開始，日本艦隊還是攻佔了中國東南沿海各港口，只是抵抗比較小，沒有形成視覺焦點。我們同學都在開玩笑，擔心結業後被派到中國佔領區的單位，華北還好，最怕被分發到長江的漢口江防司令部、陸戰隊，或駐在當地的艦隊。我國軍隊的訓練貴在速戰速決，但中國戰線太長，海軍可能會被深深拖進去，到時候兵老師疲，士氣渙散，反而被中國軍隊譏笑。」

「你還是希望被派到大型戰艦，比如太平洋艦隊？實踐巨艦給你帶來詩一般的感動。」

「這個嘛。」松岡困惑地用手掌觸額，「以前是這樣想，進入大艦隊，把艦當成神。現在世界情勢大變，戰爭的急迫吃掉了詩興的從容。進入艦隊，萬一和美艦發生衝突，情況就不妙了。上課時，教官對假想敵美國講論甚多，談到美國尼米茲、金恩……一些海將時，都認為不會像前兩次在中國海域發生的海戰，對方指揮官羅傑斯特文斯基和丁汝昌這麼好對付了。」

女侍端來花枝丸，松岡淺嚐了一口，香蘭沒有胃口，等著他把話說清楚。松岡繼續說：

「美國人正勒住日本的咽喉，他開出一個條件，『要我把你的喉嚨鬆開，很簡單，退出中國！』但妳看日本可能退出中國嗎？」

香蘭搖搖頭，開始吃一點食物。

「日本石油百分之 85 從美國進口，現在美國羅斯福不但凍結日本在美國的全部資產，也幾乎對日本實施石油禁運，我聽教官講，日本開始消耗戰備石油，這樣持續下去，陸軍一年內就沒油可用，海軍可能還可以拖一點時間，近衛文麿的大東亞共榮圈豈不成夢幻泡影。」

「看來除非日本退出中國，美國是不會罷手的。」

「當然，我們老百姓都不希望戰爭，父親也一樣，沒官做了，在家裡和病魔戰鬥，想法也和平一些了。但戰爭已經變流行了，歐洲，德國更是征服各國，日本進軍中國四年了，騎虎難下，那些首相、大將好像過河卒子，只好繼續衝了。」

「那美國和日本終究會打起來？」

「美國國力固然強，但日本背著華盛頓軍事公約全力發展海軍的結果，擁有航母十艘，美國才三艘，日本海軍長官會想，有著這種優勢，為什麼不能奮力一搏。」

日本向美國宣戰？香蘭根本就不敢想，在中國戰場打得焦頭爛額，始終跨不過大巴山，還要橫越太平洋開闢更大的戰場，她只覺得悲哀、憤怒。

「我發覺你和很多知識份子一樣，提到自己的國家，都不稱我國，而是很見外地稱日本。」

「妳我都是日本人，但妳的國籍在滿洲，這種距離感讓妳對日本人能夠做比較深入的觀察。一個國家，政府像父母一樣照顧老百姓，人民自由安樂，人民就會覺得這個國家是『我國』，像現在的美國。但有些國家，政府一天到晚製造狀況，民眾疲於奔命，惶惶不可終日，壓力特大，感覺這個政府只是……， 講好聽一點，管理者，講不好聽，壓迫者，好像外人……」

松岡說著意興闌珊了起來。香蘭：

「會不會像是黑社會組織？」

「妳這樣說，是很貼近了。我一向強調無政府主義，在這種情況下，個人和國家膚肉相連，關係密切。但如妳說的那種黑道，人們可以說是被迫對國家服從，盡義務，將官作戰失敗，不只是切指頭，小命都不保。」松岡眼神閃鑠，有點輕浮，急著擺脫嚴肅的思維，「我出去櫃檯打個電話。」

松岡走了出去，陪伴香蘭的依舊是日美開戰的夢魘。香蘭思緒有點亂，但美日兩國軍力根本就不成比例。在中國戰場上，中國容或無力反攻，但美日一旦開戰，美國絕對有能力侵門踏戶踩扁日本。松岡回來了：

「我打電話給兩個朋友，請他們中午一起來用餐。待會我們人多，又有中國女孩，兒女情長擺一邊，聽聽我朋友談一下現在緊張的局勢也不壞。」

香蘭聳聳肩，想不通松岡會有這種想法。好不容易見了一面，香蘭當然希望從頭到尾就是兩個人的時間。他邀請雅子、葉苓一些人共用中餐，香蘭還能接受，畢竟葉苓、兒玉是她的朋友，但未經商議便邀來兩個陌生人，輕佻、魯莽而殺風景。香蘭甚是不悅，難道是剛剛拒絕他的撫胸，而招致反彈嗎？為了自尊，她還是掩飾自己的不愉快：

「如你所說的大國都在擴張軍備，個人的空間是越來越小，一切都是往壞的方向前進。」

「壞的部份都由我們男子承受。」松岡笑了起來，「是我太烏鴉嘴，天下本無事，妳還是可以繼續演戲唱歌。尤其是電影，已經是國家戰略的一部份，重要性不言可喻。」

「這樣啊？」

「這是我的看法。情勢最緊張時，歌唱不會被鼓勵，但電影會和軍火工業一樣暢旺。」

松岡的一些新想法轉移了香蘭心裡的部份不快，或許他一時腦筋不清楚，做了糊塗事。她一念寬仁，步入海樂天餐廳時，心情舒暢了一些。用餐時，松岡的朋友松代和伊藤也來了。在朋友面前，松岡如魚得水，對時局的憂慮助長他的豪情，也和朋友喝了不少酒。香蘭和兒玉、雅子自成一個談話組，有時支援葉苓、琴瑛的華語組，或應付從松岡來的問題。小倆口共餐變成有點雜亂的聚餐，香蘭心中難免唏噓、厭倦。用完餐，松岡坐朋友的車回家探視，準備晚上歸營，香蘭這「一家子」隨著兒玉在皇居周邊的東京鬧區走馬看花。對於香蘭被松岡冷落，雅子和兒玉都很關切她神情的變化，但都不說破，即使飯後出遊時，也都不提此事。到了家，雅子見香蘭神態自若，自然不會去戳破她心內的傷痕。

第二天，總公司召開《蘇州之夜》開拍記者會，大家都參加，會後還是繼續市區觀光，兒玉和雅子輪番解說，香蘭通譯，葉苓和琴瑛不虛此行，對東京半生不熟的香蘭也獲得不少新知。接下來的假日，葉苓和琴瑛留在鎌倉走逛，自然有人帶路。兒玉協助香蘭把松岡從軍校接出來後直奔赤坂瓢亭，四人分頭用過中餐。餐後，兒玉把松岡在他家宅附近放下，載著香蘭和雅子回公寓休息。

《蘇州之夜》棚內戲和鎌倉外景戲大底依劇情的先後順序拍攝，第二女主角水戶光子憋了許久，好不容易等到男主角佐野周二回日本探親，和她見面的戲上戲，才新妝入鏡。她和男主角雖然也是無言的結局，共戲短暫，香蘭還是替她高興。

香蘭、葉苓站在導演後面，看著佐野周二面向水戶光子跪坐在榻榻米上暢談他在上海的一些記憶時，肩膀被輕拍了一下，回頭一看是攝影棚主任拿著捲起的報紙敲她。

「有妳的電話。」

香蘭跟著主任走進他的辦公室，拿起聽筒：

「小蘭，是我。」

「謙一郎？」

「是，我在攝影棚外，他們要我在外面等。」

「你來到這裡了？」

「是。」

香蘭趕緊抓起旗袍裙角快步走了出去，經過 L 形走道直奔大門口的守衛室，迎來松岡的笑臉。香蘭在他旁邊坐下：

「今天沒上課？」

「今天休假，秋分。」

香蘭讀中學時，中國沒有這個節日，出了社會後舟車勞頓，不斷穿梭有若無的國界，出入戲棚、舞台，現實生活像過客，習俗或世俗的規定霧化了一般，除了較大的國定假日、週休固定休息外，一般假日，有時依然上戲。小時候上學秋分放假的往事對香蘭來說已非常遙遠。香蘭想著要怎樣招待他時，松岡繼續說：

「妳前天說，最近拍戲會輪空，所以自己開車過來，希望沒給妳太大的困擾。」

「這兩天沒我的戲份，但最好不要隨便離開現場。這樣好了，我先到裡面說一聲。」

松岡等了片刻，香蘭回來了：

「現在 11 點不到，到我的宿舍坐一下好了。」

「沒問題吧？」

「我跟那位中國女演員說，如有人問就說我身體不舒服，回宿舍一下。」香蘭站了起來，「你的車子也開過去好了。」

松岡跟著出去，兩人上了車，車子向前滑了三四百米到了宿舍區。演員和員工宿舍是日式傳統木屋，一戶住四到六人，香蘭端了兩杯清水過來後，兩人在客廳木板盤腿坐著。香蘭：

「離開現場也要讓劇組容易找到，怕萬一有什麼事情，到了 12 點吃飯就不用顧忌這麼多了。」

「我在附近看到一家餐廳，待會我們再過去。」

「吃到下午 1 點 40，我回拍攝現場露個面，再到我宿舍聊一下。」

「那也好。」

大概是前晚在瓢亭繾綣夠了，也由於客廳門戶開著，松岡的慾壑和軍憂無波，大談無政府主義的政治理想。

「無政府主義並不是指一個國家沒人管理，任它混亂，它強調自由和民主。權力不見了，也不需要權力，集團內每一人善盡自己的權利和義務，彼此通力合作。」

「那要每個人的水準都很高吧。」

「這種理論還沒有實地驗證過，建構的過程從小團體出發，為了含蓋更多人，推論的過程常會出現管理的概念，有了管理就有權力，也就要試著去化解，找出取代管理的最好方法。」

「那真辛苦。不要說一個國家，一個城市要像一個家一樣，那真的是太遙遠的理想了。」香蘭從高遠思想的攀爬中跌落下來，腦中突然閃現一個華麗的景象，「一個成熟的管弦樂團就是很好的無政府主義？」

「嗯！確實如此。」松岡開始凝聚思想，「樂團雖然有人管理，但實際它不需要管理，沒有人遲到，可以沒有指揮，有人起音後，每一個人都按節拍吹奏出最好的音……」

「一個大團體裡面的人都是藝術家的話就好辦了。」

「沒錯。」松岡頗思量了一會，「談到日本的無政府主義，就必須提到一個人，一個妳應該很不希望被提到人。」

「哦！」

「妳的理事長，他曾經是殺人兇手。」

「這是老故事了。他殺了一對無政府，還是共產黨員夫妻？」

「無政府主義的大杉榮兩夫妻和一位小孩。」

香蘭這一兩年不太想甘粕的過去，她對甘粕的印象有了相當程度的轉變。她泰半時間在外，在公司有限日子裡拼出來的印象，先是喜歡調整組織、幹部的權謀甘粕蓋住了早期跋扈、征服者的甘粕，接下來，對日籍員工的氣焰多一份抑制，對滿籍職工多一份鼓勵，拉近滿日差距的管理者甘粕又多少蓋過權謀的甘粕。記憶所及，要求日籍幹部對滿籍女演員施以紳士之禮的他，和傳聞中在敵後搞破壞的他相較，確實在進化，今日的他和過去的他，確實不可同日語。甘粕的醜陋舊事，對她來說已經餿了，但松岡和許多人一樣，一直念念不忘，她覺得松岡的意念也很餿，但不願回應。

「無政府主義和共產主義，時常有人搞混。因為這兩種人，日本政府都一視同仁地討厭。」松岡輕輕吐了一口氣，「不過沒親眼看見，真的不太相信他一下就殺了這麼多人。他年輕時候的照片，看起來還有幾分傻氣。」

「當時一定沒有人料得到他讓滿映撐起一片天。」

「有人說，他犯下的殺人案只是替軍方揹黑鍋。入獄後的早早釋放、被派去留學法國、仕途順利都被認為是軍方對他的補償。」

香蘭希望松岡早點跳出這個話題，松岡也看出香蘭的不耐，開始詢問甘粕在公司裡的點點滴滴。香蘭為他揭開甘粕的神秘面紗，他對甘粕家長式的管理滿映，開始感到興趣：

「確實時間和環境會改變一個人。就像家父現在被肺結核所苦，一個病懨懨的老人，對於一年前簽訂的日德義三國同盟，幾個月前簽訂的日蘇中立條約，開始心生動搖了。」

「他老人家現在怎樣了？」

「目前由家母和妹妹照顧。持續服藥幾個月後就比較不具傳染力了。」

松岡說著繼續談滿映，但他對滿映所知不多，很快便從言詞的蹇塞中脫出，開始談他熟悉的日本軍政領域。在這充斥軍國主義強制性或政治詭詐的語言世界裡，松岡的分析合情合理，有時帶點洞燭。軍國帶來毀滅，乃無庸置疑。這回他不再談香蘭難以理解的無政府，很知性地談以選舉為基礎的民主政治。香蘭充份理解他話語裡頭含攝的希望，也就在這種希望中持續和他會面了三次，但深感松岡並沒有給她太多承諾，乃消極地應付他的情慾攻勢。這期間，葉苓的戲份已拍完，香蘭的戲也進入尾聲。戲裡的戀情變成無言的結局，戲外的戀情，情慾也已退潮。

戲拍完了，劇組在東京有樂町一家餐廳慶祝，一直不怎麼露面的《蘇州之夜》原著作者川口松太郎來了，還帶來一位女作家黑木。黑木和川口一樣，長得瘦高、秀氣，但敏銳的眼神和口齒讓她看起來像記者，她對香蘭很有興趣，一直問個不停：

「以前的外相松岡洋右，妳知道？」

「知道。」

「他的長公子松岡謙一郎似乎很關心妳，常和我談到妳。」

香蘭嚇了一跳，腦筋隨即轉了一下：他這名門子弟必然有很多朋友，異性友人也不在少數吧，只是不知道他如何在別的女孩面前談論自己。香蘭：

「他父親是國家棟樑，他本身，我是指謙一郎也很有才氣。」

「不錯，他的思想和新觀念也給了我不少啟示。」黑木烏溜溜的眼眸向香蘭眨了一下，「他昨天請我到他的公館用餐呢。」

「在千駄谷的家？」

「對。」

「他不久要調到越南西貢，特地向我辭行，我們兩人在客廳壁爐前聊了很久。」

香蘭內心不能不淌血，她從沒被松岡這樣邀請過，以前一直以為是他的唯一，現在才知道可能只是他心中的第三、第四，名次或者更後。她知道松岡還要半個月才結業，外調自然是結業後的事，松岡也只跟她說過可能會調往越南，如今他另一個更親密的朋友告知更確定的消息。他昨天向軍中請假，瞞著她私會別的女孩，她越想心情越發失落，但還是得強忍歡笑，和黑木周旋下去。會後，香蘭和雅子回到公寓後，只得在房間裡暗自落淚。

《蘇州之夜》的殺青記者會過後，香蘭準備返回新京。離別前夕，香蘭和雅子忙著打包，想到和松岡聚少離多情難守，她想趁著這次分離重新思考和松岡的關係，或者重新思考兩人在大時局裡的擺蕩曲線。她這幾年都在日本、滿洲和華中、華北流轉，松岡即將被調往越南，將來可能調回日本，或調往中國、太平洋各地，就像天體運行一樣，兩人最有可能的交集還是在日本東京一帶。既然被時局如此擺布，彼此之間也就沒有太多的要求和約束，將來久別重逢，感覺見個面勝似一切也就夠了。電話鈴響了，香蘭從雅子手中接過電話：

「謙一郎啊！」

「什麼時候回滿洲？」

「明天早上九點的飛機。那你什麼時候去越南？」

「不談這個。有什麼變化，我會寫信給妳。」

「你自個保重。」

「妳也是。」

電話掛了，兩人繼續收拾行裝，好像什麼事都沒發生。

33. 山家秘辛 對美開戰

每回香蘭從東京回到新京，甘粕都會設宴給她洗塵，然後給她慰勞假，這次也不例外。她辦公桌上擺著兩封貴華寫的信，她立刻給她短短的覆信，表示不久會去看她。

香蘭一個人返回北京去看她時，她抱怨一直接不到信，作態逼香蘭招供，香蘭突然承認有了男友，但隨即反悔：

「是愛好和平的無政府主義的年輕人。但沒什麼，情況不穩定，別談了。」

香蘭這樣回覆，沒提到松岡的家世，貴華噘嘴表示無政府主義無濟於事後，還是給她打氣，希望她把握機會。

此外，和山家共餐也是她回北京的例行行事。她有許久沒有大哥川島的消息，沒聽人提她，也沒在報章雜誌看到她的動靜。她擔心川島因為誣告，被法院判刑，甚至已被關押。至於山家，雖然常在報紙看到香蘭演出的消息，但久沒看到她，拄著拐仗到文雄家走動時，自然也希望碰到返回的她。

共餐地點還是金魚胡同內靠近王府井大街的東來順。兩人坐定後，山家：

「天氣這麼冷，還是很想念這裡的涮羊肉？」

「李明有沒有消息？」

「一直沒有消息，反倒是跟她同時出道的白光找過我好幾次。」

「白光？會唱歌的？」

「妳認識她？」

「如果你說的沒錯，就是和我同樣在日本向三浦環學聲樂的那位。」香蘭看著山家詫異的眼光，「不過我和她很少碰面，我們練習的時間錯開，好像只有一次見了面。另外，三浦老師住鄉下，我也不常去。」

女侍端來火鍋，同時加入熱湯，隨後一瓶白酒送了過來。山家給自己酌了一杯：

「世界還真小，她在日本和妳見了面，可能不久後就會到我這裡。」

「我和她都在演藝圈，也在歌唱界，你又是日本軍方掌管電影、藝術的報導部的軍官。大概是這種緣份，難逃你的掌控。」

「四年前川喜多長政為了拍宣傳片《東亞和平之道》，選了幾個角色，李明和白光就是其中兩位。」

「這個我知道。」

「看見李明拍電影有點成就，她也想繼續拍，希望我幫她找門路。我說，那就滿映啦。她立刻搖頭。我感覺她想避開妳。」

「想太多了。」

火鍋料來了，山家一邊夾菜進鍋裡，一邊說：

「李明就是因為想太多了，才會離開，落得現在兩頭空。」

「白光在東京女子大學讀過書，若到日本發展，條件也很好。」

「說來容易。不過，做為一位演員，她的條件遠比李明強多了。四肢健康，有歌藝，學歷又好。」

「因此你絕不能放棄李明。這一段期間，李明雖然不在，但你絕對不能交新的女朋友。」

「我反而覺得是她放棄了我。她明明知道新民會劇團美女如雲，一直圍繞著我，結果她到了上海，事業發展不順就不跟我連絡。」

「這種話你也說得出口。」

「但我守身如玉，同情她的孤單，一直沒有換女伴。」山家大口吃肉，一口飲盡杯中物，用來掩飾滿口心虛。「現在更扯的是，前門大街一家中國報業老闆為了取得更多的紙張配額，說要為我舉辦前門大街選美，選出來的小姐由我加冕。」

香蘭有點不敢相信地看向滿面酒紅的山家。北京選美！是一種怎樣的場景，她想起清朝穿戴繁複的嬪妃，莫非是一場中國宮廷市場化的鬧劇：

「選出來的美女要進獻給你。」

「哈！哈！」山家笑得手中的酒杯亂顫，「別一直認為我拈花惹草，女性，我是怕到了，尤其是中國的女子。」

香蘭凝著山家，沒有說話。山家：

「川島芳子，算是中國人吧。她惹了一堆麻煩，也惹惱了她剛分開的情人－華北派遣軍司令多田駿，大約半年前，一名中佐到我的武德報辦公室遞了一封密封的信給我。我拆開看，竟然是多田駿的手諭，有簽名，要我用一切手段讓川島芳子消失。中佐在旁監視，但不看信的內容。他叫我再看一遍，然後拿一個打火機給我，要我把信連同信封當場燒掉。」

香蘭感覺心寒。這種冷寒迅速滲透全身。川島芳子！香蘭有點討厭她，常躲著她，也認為她要深切檢點自身的言行，但她生命陷於危急，自己豈能坐視。香蘭回想過往，川島要求自己稱她大哥時，確實情意懇切，她雖然有些壞，但彼此之間確有手足相連之感。她把空酒杯推到山家前面，示意他斟酒。

「哈！哈！看來妳是嚇壞了，還是擔心、憐惜川島。但這種酒不適合妳。」

山家說著走開，不久提著一瓶已經開好的葡萄酒過來。

香蘭把一個中杯的葡萄酒一飲而盡，山家迅速給她添酒。

「我當初也是嚇壞了，天天喝。她新近的老相好不忍心殺她，想假手我這個老情人。實在夠恐怖。但我也不能通知她。」

「你如果通知她，事情可能更加不可收拾，也會危及你自己。」

「所以我選擇什麼都不做，提心吊膽過了一個月，多田晉升大將，但馬上調離現職，返回東京擔任軍事參議，我才稍稍鬆了一口氣。」

「他現在怎樣了？我是指多田。」

「當了兩個月現役大將便被編入預備役。」山家舉起杯子和香蘭碰杯，「不過想來，多田駿慢升大將，快速失勢，應該跟川島的搗亂有關。他應該警覺到川島危及他的前途才會急著要處理她。這種事情，我當然不能向別人詢問，也只能根據事情的變化加以揣摩，作為行事的指南。」

「哦。」

「我觀察的結果是：這個命令是多田自己發出來的。他擔任司令官肯定不開心，久佔大將缺，等到被撤職時才晉升。罷官後一定這樣想：既然官位已經沒有了，殺她何益？他現在當了農夫，很刻意讓記者知道，應該表示他已經放下了。」

「如果是上級要求他這樣做的呢？」

「果真這樣的話，新任派遣軍司令官岡村寧次大將一定會持續追蹤，甚至不須假手他人，直接把她處理掉。」

「人家還沒上任就是大將，多田是要離開職務了才晉升，想來一定是很鬱卒。」香蘭整理思緒，不無感慨，「不管怎樣，芳子是非多，應該不再風光了。」

「她總是有辦法。聽說她攀上了新科首相東條英機的夫人，沒事就寫信給她。最後乾脆直接寫給東條，批判日軍在中國策略錯誤，認為日本應該和蔣介石握手言和。多田長久不理她，她也就在信裡大力攻擊多田。我在想，一定是東條要求多田管教川島，多田感覺被期別比他低的東條教訓才惱羞成怒地發出那種絕決的命令。再說，她還管在妳頭上哩！」

「哦？」

「年初妳在東京火紅。她逮到機會便大肆宣傳說，李香蘭那傢伙竟然背叛我，枉費我在她還是學生的時候這麼疼她。以前我買鋼琴給她，幫她蓋房子，成為大明星後就把我丟到一邊，不來找我。她說是她拜託我讓妳進入滿映，說妳明明知道她和我的關係，還跟我有一腿，『真是忘恩負義，好心沒好報，就當做被自己的狗咬一口。』她一直以為我身邊的李明就是妳，胡亂講出來的話都廣為流傳。」

「去年這時候你就提過她可能因此挾怨密告我，難道她懷疑我和你山家叔，持續了一整年？」

「有可能。事情沒有獲得相關當事人澄清，她就這樣一直懷疑，也一直錯下去。」

「事實上，我只收過她送的兩件旗袍。買鋼琴，蓋房子的事，實在太扯。她越是失意，講的話就越離譜。」

「不過，害妳被她這樣誤會，我還是得向妳道歉。」

「你沒錯。是她自己愚蠢。」香蘭悠悠地攪動碗裡的菜，好似撥開雲霧見到往事。「當年她確實很疼我。我和她第一次見面時，還只是一名高中生，她，一位顯赫的大人物。大概真有緣份吧，她放下身段曲意逢迎我。隨後還特意邀我到她的東興樓。她知道我是奉天放送局的歌手後更加珍視我。大概就是這樣吧。」

「一開始時是很美好的，而她也押中了寶，如果她的王朝還在，妳就是那王朝裡一顆最亮的明星。可惜她一路走下坡，行事越來越乖張。」

「雖然不得不躲她，但還是有點懷念她。雖然被她中傷，但不會怨她。」

香蘭說出別人難以領會的對川島特殊的情愫時，火鍋內的菜餚所剩無多。

事實上，假期所剩無多，天氣又冷。這一天晚飯後她在悅子和誠子的房間聊天取暖，母親探頭進來：

「待會山家會來，剛剛打電話過來。」

已經八點多了，不知他有何貴幹，前天中午才一起用餐，香蘭感覺有些討厭。山家知道自己受文雄的歡迎，每隔七八天會來一趟，有時山家打電話預約來訪，山口愛會先虛掩著大門讓他自行進來。一般說來，如果沒有重要的事情，山家會像蜻蜓點水，沙發沒坐暖便走人。這回，香蘭感覺受擾，決定不見他。

另一邊的緣廊傳來拐仗著地的喀喀聲，宣示山家的到來。香蘭沒有理會，但不久還是被母親叫了過去。

客廳裡，父親和大弟弘毅似乎都在看報紙。父親把報紙交給她後：

「打起來了，怎麼辦？」

香蘭接下武德報的大樣，瞄了一下頭題，「我機奇襲 / 美珍珠灣重創 兩波攻擊 / 爆沉十餘戰艦 ……」，日本和美國打起來了？真的嗎？文雄：

「日本打中國，一路壓著打，但偷襲真珠灣，打完後馬上逃。這是那門子的打法？」

「其實我對戰爭是大外行。」山家望向隔座的香蘭，「妳看的只是大樣，明天才會見報。」

「山家先生一向被中國女孩子包圍著，進行的是另一種戰爭吧。」

被山口愛開了一個玩笑，山家笑了一下：

「軍部關心報紙的編排，派了兩名長官來督導。我從他們口中得知，日本的大戰略是摧毀美國的太平洋艦隊，至少讓美國無力兼顧西太平洋，等日本席捲東南亞，取得荷蘭東印度的石油、馬來亞的橡膠，實力強大後再跟美國談判。」

「這是軍部的想法。山家兄，你的看法呢？」文雄。

「美國人不可能會談判。偷襲人家先天就輸人一截。再說，我國海軍之所以冒這個險，主要是國內資源缺乏，美國人禁運鋼鐵和石油後，海軍只好殺出一條血路奪取東南亞，問題是東南亞的資源也沒有美國多。」

「至少近衛文麿的大東亞共榮圈有個影了。」

「不過是打造一個速成版的大英帝國。大英帝國的形成是一步一步來，解體也慢。可以預見的，共榮圈會來的快，去的也快。」

山家對於自己的這番論調頗感自豪，文雄也十分欣賞。

「你大概不敢在辦公室這樣講吧。」

文雄說著手撫下巴的短髭，香蘭胡亂看過主新聞，瞄了裡頭聯合艦隊和司令官山本五十六的簡介後，把報紙折成一半放在茶几上。

「日本和中國打了這麼久，戰場遠在天邊，我們還能過日子。」山口愛向右瞄了愛兒弘毅一眼，再看向山家，「但也擔心弘毅被徵去當兵，現在既然和美國打了起來，美國打過來也容易，戰場一定不會這麼遠了。」

山家看著有點黑壯的弘毅。近十年來，他的目光都集中在淑子身上，現在淑子變身李香蘭，文雄家唯一的命根子也由兒童長大成人，但他從不認真察覺。山家：

「弘毅現在幾歲了？」

「20 歲了。」

文雄這句話刺痛了山口愛，也讓弘毅心裡驚慌。致命的 20 歲凍結了一室的空氣，連中途端著凳子進來的悅子也立刻陷進這種沉寂中。山家：

「既然這樣，很多想法都要改變。我國海域，美國潛艇的活動一定會更多，搭船從上海到神戶就有風險，客輪可能會被誤判為軍艦，或是它認為這艘客輪有軍事意圖也會加以攻擊。」

過兩天女兒就要搭機回新京了，山口愛有點想問搭機的風險，但終究沒說出口。文雄：

「我看你的武德報越編越好，內容越來越豐富了。」

「主要是有人，記者和編輯的陣容建立起來了。目前三大張已經回復以前華北日報的規模。」

「訂戶增加不少吧？」

「自從你訂了後，訂戶大大地增加。」

「山家兄，別取笑我了。當初沒想到要訂，習慣看你每次帶來的舊報。」

「你現在還是三天輪一次？」

「你指工作？沒錯。這一週下半做全天。」

「我每次來都要算一下你是否在家。」

「我不在家也沒關係，你可以跟弘毅聊聊，他也應該汲取一些社會經驗了。」

山家繼續聊，因為要看另外版面的大樣，不久離去。子女退下後，文雄兩夫妻繼續談，回到房間後也在談，彷彿要談到戰爭決定不打才罷休。

過了兩天，父親文雄和山家送香蘭到南苑機場，車子開動後，三人久久不發一言。山家：

「日本軍隊開始攻佔馬來半島了。」

文雄「哦」了一聲，沒有接腔，但昨晚的思濤開始湧了回來……。然後泰國、緬甸、印尼……，東亞共榮就這樣形成，再就是一起抗美，好像是上帝計畫好的。但是上帝都不會這麼瘋狂，何況是人類。文雄越想心裡越火，亞太地區這麼大，他看不到祖國四處點燃的戰火，但可以想像一個糟老頭四處縱火，但沒人制止，景況惡劣。

上了飛機，香蘭迫切地希望飛機趕快離陸。客機升空了，她這才發現以前對未來還抱持一點希望，主要是太平洋這邊平靜無事。現在松岡謙一郎最擔心的事情發生了，不只是弘毅，她認識的幾位小伙子，像給她開過車的鈴木、荒木、兒玉都可能被徵調，松岡既然已經在軍校受訓，自然逃不了，至於早被徵召的田村泰次郎可能早就上戰場了。

為什麼要跟美國作戰，美國對她來說是夢的國度，好萊塢更是她嚮往的拍戲殿堂，她曾經多麼希望在那兒軋一腳，然後站穩腳跟，也曾經想像站在紐約大都會歌劇院的舞台，然而如今一切都成泡影。太多的失落一齊湧來，她不禁熱淚盈眶，看著窗外的浮雲，淚水漸漸乾了。

牧野部長到機場接她，香蘭上了車，牧野：

「我叫鈴木休息，我來就夠了。」

「實在太謝謝你了。」

「新聞看了沒？」

「看了。看不太下去。反正知道就是了。公司會不會很緊張？」

「我以為甘粕會召開全體員工大會，結果他只召集幹部聊聊。」

「他有什麼指示？」

「開會時大家都很緊張，但他態度輕鬆。他說，別隨便遷移，也別結婚，結了婚的暫時忍住，別生小孩。還有別跟人結怨，別向人借錢，欠錢的趕快還。」

香蘭淺笑了一下，牧野繼續說：

「他說的很有道理。他說，國與國的怨越結越深，人與人之間就不用再火上加油了，心胸放寬，日子也比較好過。他認為天下大亂，但滿洲還比較安穩。北邊的蘇聯被德國牽制住，無力南下，現在火燄向東向南延燒，將來美軍如果要反攻，也會從東南來，滿洲剛好離他們最遠，也許美軍還在很遠的地方便被擋住，所以他希望大家待在家園，不要隨便搬離。」

「沒說什麼教條，聽起來很受用。」

牧野把香蘭載到公司，沒多久下班時間到，再由鈴木載回吉岡家。

從漫長的演出、拍戲日子回歸辦公室生活，香蘭當下有些調適不來，在辦公時間，低調地和同事聊開，用餐時熱情互動，她又找回上班的感覺了。

34. 新戲開拍 場外論辯

公司不反對員工上班時間閱報，這幾天午休前的報架上，中文報或雜誌少了一點，不少滿籍演員已能看日文報，顯示日語水準已大有進步。隨著日軍在東南亞到處點火，同仁的話題也多了起來。日軍進攻，進而登陸馬來半島，轟炸菲律賓，擊沉英國駐新加坡的威爾斯親王號和反擊號……，像連續劇般，在員工的口耳間流動。滿籍演員談論時事的同時，對於日軍到處點火的作戰方式，表面憂於色，實則譏在心。造成日籍員工焦慮的東亞共榮，到了滿籍演員調侃的嘴裡就變成東亞共戎了。沒有人看見理事長上班，有點蕩漾的滿映內部平添了幾分詭異。

這天早上，牧野來找香蘭，兩人進入理事長室時，新進導演朱文順已在座，理事長甘粕看了他們一眼，由女秘書給他們安排坐在沙發的一邊。甘粕：

「有兩位還沒來，請稍等一下。」

不久，攝影藤井春美和導演大谷俊夫也來了。沙發座呈 L 形，甘粕落座後，牧野和香蘭剛好在他的右手邊，其他人在他左手邊。

「我這兩天忙著到軍部和國務院開會，整個亞洲態勢越來越明朗。軍部全力南向已經非常明顯，而且無法逆轉。國務院總務廳新聞處長說，松竹有一個主要以奉天為背景的劇本，可以說是為滿映量身打造的劇本，快寫好了，但為了配合南向政策，可能要做一點修改，屆時會寄過來。還要請各位幫忙選角。」

「選角？」

甘粕看了朱文順一眼，繼續說：

「我在國務院打電話給松竹的編劇。他說，劇裡面滿洲當地人的角色很多，基本上，棚內戲在滿映開拍都可以。滿映和內地電影公司合作這麼久，看來這是第一部滿映佔的份量比較重的一部。」

「導演還是松竹那邊派的吧？」牧野。

「沒錯。或許是清水宏，或許是佐佐木康。當然男主角、第二女主角都由松竹派出。」甘粕看著香蘭笑了起來，「第一女主角捨我其誰，是嗎？」

香蘭笑得臉顏羞向自己鬆垂的左臂。甘粕：

「所以希望劇本寄來後，各位先選角，等導演和攝影來後由他們親自試鏡。」

「每個角色要不要找個備胎？」牧野。

「心裡可以有腹案，但不要公開。選出來的人選如果不被滿意再說。我請三位來選角，也做了多方面的考量。朱文順是本地人，還有女性。」甘粕看向藤井春美，「妳雖然不是導演，但識人很多，也差不多可以導電影了。有一點很想請教妳，就是現在日美已開戰，我們皇軍開始用武力建構東亞共榮圈。妳以一個電影人的身分，認為怎樣？」

「這個教我怎麼說？我們女性都不喜歡戰爭，我們也都希望有個很好的拍電影的環境。」藤井春美眼角向甘粕乜了一下，「戰爭破壞環境，打個比方吧。做生意本錢不夠，但到處融資、借錢，生意越做越大，但收入的錢還不夠付利息……」

舉座憋著氣不敢笑，秘書剛好端著茶盤走了過來，分杯倒茶頗費了一點功夫。秘書走後，甘粕抿唇淡淡笑開：

「這也是無可奈何的事。本來我擔心蘇聯會從北方過來，但松岡洋右簽訂了日蘇中立條約後，蘇聯苦戰德國，無暇東顧，我們就可以好好發展國策電影。但那知國策會如此大幅度變動。大谷，你看呢？」

「我和春美一樣，只想好好拍電影，滿洲國策電影是很好的構想，也是我們努力的目標。前提是環境要安定，把戰線擴大到中國、亞洲和美國，會讓滿映發展電影的環境增加變數，增加抗拒。」

「嗯！抗拒！我理解你的意思。」

甘粕腦筋轉了一下，沒錯，他們都在抗拒，都用自己的專業或職業來抗拒他提出的挑戰性問題。大谷俊夫以為甘粕不滿意他的見解，試著把剛剛的話圓一下：

「我想滿映拍電影的主要目的就是要爭取認同，消除抗拒。滿洲人雖然現況有些抗拒，但滿映也是年輕人嚮往的目標，以前招收演員，報名都有四五百人，現在演員日語水準提高了，甚至可以在演出時用上，而他們演出的電影，看的人也漸漸多了。尤其是古裝戲，像《龍爭虎鬥》、《鏡花水月》都很受民眾歡迎。但太過於擴張的戰局不利於這種成果。」

「講的都很有道理，也很含蓄。只是我出這個題目，大家都不好回答。」

甘粕說著看著神情放鬆一些的大谷，但不想問朱文順，免得他尷尬。他喝了一口茶，屬下也跟著持杯，希望化解一點凝結的氣氛。他想：屬下都不願意正面回答他的問題，大打外交辭令，或許是好現象，表示自己的領導並未太威權，還是給了他們一點空間。他頭擺向右邊：

「李香蘭小姐，一直沒讓妳演出真正的娛民電影，實在很抱歉，年輕的時候，我到巴黎學藝術，對歐洲美術是有一點了解。兩三百年前，西班牙有兩位宮廷畫家……」

甘粕開始侃侃而談，西班牙哈布斯堡畫家委拉士貴茲首度進入香蘭的腦海，至於波旁王朝的哥雅，三浦環跟她提過，她還有點印象。在馬不停蹄的演藝生涯裡，她倒希望找些時間把東西方美術瀏覽一番。甘粕：

「委拉士貴茲雖然遊歷過歐洲各國，但是宮廷畫家做到底，他作畫構圖嚴謹，善於處理空間和光線，筆觸飄逸，是巴洛克時期代表性的畫家。另一個哥雅，雖然是首席宮廷畫家，但晚年畫風大變，把國王畫得像雜貨商，拿破崙入主西班牙後，畫了許多有關戰爭、死亡、疾病的畫，構圖大膽，開啟了浪漫主義時代。」

「理事長的意思是把國策電影比喻成委拉士貴茲？」香蘭。

「沒錯。演出國策電影是有束縛的，但如果發揮演技，電影藝術的空間仍然很大。」甘粕停頓了一下，環視眾人，笑得很大，「這是我的見解，不知各位以為如何？」

沒有人回答，但都笑了起來，看見甘粕拱手表示會面結束後，大家喝完杯中茶起身離座，但香蘭被甘粕叫住，牧野也跟著留步。香蘭從甘粕手中接過厚厚一本西洋美術史譯本後，演藝心下的求知慾開始湧動。她回到座位開始翻閱，三天後她把附上一紙讀書心得的書託樓上理事長室外的秘書還給甘粕。

聽不見聖誕鈴聲，〈平安夜〉的歌聲也弱不可聞的聖誕季，《迎春花》日本松竹映畫劇組人員在導演佐佐木康、編劇長瀨喜伴的帶領下翩翩來到新京。他們對滿映電影養成所的上課情形讚不絕口，對於攝影棚現代化格局和後製設備的新穎也覺得大開眼界。甘粕收納這些稱誦，自然非常高興。大谷俊夫等人選出的角色，佐佐木試鏡後大體採納。演前讀劇本、演員對戲在二樓會議室展開，甘粕進來看了一下，和佐佐木交換一下意見後便走開。

重要的角色，如男女主角、配角，集中在一個角落，由編導督導一幕幕對戲，次要角色，如滿映多數演員，在劇中多與香蘭互動，因香蘭不克分身，多自言自語自行練習，或由導演央請另一演員扮演香蘭，完成對戲的演練。因為多數是閒散的角色，對過幾次戲覺得乏味，不是讀劇本，便是漸漸聊開，編導無暇顧及，也不便干涉。

香蘭終於有空，領著編導走了過來，開始和浦克、張敏、周凋幾位老同事一一對戲。對戲告一段落，導演佐佐木要求大家休息一下，然後偕同編劇長瀨喜伴、男主角近衛敏明、第二女主角木暮實千代同赴理事長室小憩。留下的日籍演員和扮演香蘭父親的那威坐在原地閒聊，滿籍演員也分成兩批人馬聊開。浦克：

「等了這麼久，終於等到和香蘭同戲。」

「大家都等了很久，沒想到這部戲會在滿洲開拍。新電影要拍，牧野找上我時，我就知道要我演媽媽的角色了。」張敏揚起柳眉，鬆開有些浮腫的臉，「結果果然當了香蘭的媽。」

「真不好意思！我還真希望真正的媽永遠像妳這樣年輕美麗。」

香蘭說著，張敏搖頭甩手，希望大家別把她當話題。周凋：

「很多人都希望有一個看起來年輕的媽媽，尤其是男孩子。」

「妳一直演媽媽，塑造一個年輕母親的形象，深植人心，就成功了。」浦克眼神從窗外收回，「不一定非演旦角不可。」

「這就是為什麼民間崇拜的觀音菩薩永遠這麼年輕。」

周凋說著，大家都對張敏投以慰藉的眼光。

「說到那兒了，記得第一部電影《壯志燭天》開拍的時候，我就是演媽媽，心裡特別扭。站在一旁的進藤伊與吉老師就透過通譯大聲對我說：『你現在演的是人物，不是你自己。不要想當明星，要做演員。』」張敏想著三年前的往事，好像已經過了很久，「那時導演讓人在我的臉上塗了很多黑色的顏料，一塊塊的，難看極了。看到和我年紀差不多的王福春演我的兒子，心裡滋味真是不好受。他叫一聲『媽』，我就臊得臉上發燒了。被老師這樣一罵我就想，那就設法讓自己消失，於是硬著頭皮，硬生生的扮演了母親。」

「那位留著八字鬍，穿著馬褂的，沒看過。」王宇培眼光投向和兩名日籍演員聊天的男子，「他好像不是學員出身。」

香蘭順著王宇培的眼光看過去：

「他叫那威，留學日本的，但已經在日本定居，這次跟著導演一起過來，演我的父親。不過我還是在這兒透了一點小秘密。昨兒牧野部長跟我說，本來王宇培大哥是內定做我的父親，既然導演自己帶來特定人選，王大哥只好去演哈爾濱一家公司的外勤了。」

大夥笑開，王宇培也尷尬地笑了。張敏看著王宇培：

「你演香蘭的父親剛剛好。你不也演過嗎？」

「是的，在《白蘭之歌》演過，但要再做香蘭的父親，可沒這麼容易，再努力，下次看看。」

大夥笑開，飾演大戶人家楊大人的戴劍秋和演她家人的幾位演員也移了過來，好像開同樂會，大家聊得更起勁。

下午繼續演練，接近尾聲時，岩昶崎終於在牧野的陪同下，帶著四位日籍女演員來到現場。她們顯然剛剛到達新京。第二女主角木暮實千代和四位女配角對戲時，牧野帶著岩崎走向另一邊養成所的大教室。

這次松竹的完全配合，甘粕龍心大悅，在大和飯店席開六桌宴請日滿演出人員、工作人員和公司幹部。香蘭和岩崎同坐主桌，雖然距甘粕不遠，但岩崎言談還是不忘一貫的立場，強調電影要反映後街的窮困人生。香蘭很怕碰到他批判性的鷹眼，只好喝些酒紓壓。好在岩崎周旋在編導和日籍演員間，並沒和她交談，遑論說教。

一般電影「製作」都只是掛名，但岩崎堅持一路參與，給劇組帶來不小壓力。第三天，劇組登上快車準備前往奉天時，再過幾天就是聖誕了。遲些上車的岩崎祇看見和雅子坐在一起的香蘭，也只說出「看見妳參加演出非常高興」這句話。

在奉天拍外景的場景不多，導演氣氛式的拍法，反而讓大家感到輕鬆。

整部車的劇組人員在瀋陽路中段被放下後，兩台攝影機分別領著李香蘭和近衛明敏在街東和街中隨機拍攝。攝影機走入巷內，一身西裝筆挺，頭戴紳士帽，飾演才剛到公司報到的村川武雄的近衛跟著進去漫步，看小朋友踢毽子，也露了一腿踢個空，走出人來人往的巷子回到車水馬龍的大街，被一個滿車牛頭、羊肉、禽鳥的攤車迷惑住了。身著連帽棉襖的香蘭扮演建設公司女職員白麗，一路走來沒有很在意，她已被告知這一段路的拍攝只是輔助性質。在故宮前面，她點個頭和村川擦身而過。香蘭覺得劇本這樣安排非常適切。兩人才一面之緣，中午休息時間在外頭碰面，依中國人的習慣，點個頭剛好。

白麗的腳程很快，村川追上來問那兒有房子出租時，她已到大西門前了。在攝影機前，白麗有些不耐，咕噥了兩下走開，但隨即因村川的求助停下腳步。村川向她請教「這裡有沒有出租的房子」，中文怎說。

白麗教他「這兒有住房沒有？」強調「這」要捲舌，後來乾脆簡化成「這，住房沒有？」

村川看見三輪車車伕，當場鸚鵡學舌向他一連比畫兩次，車伕要他上車，但被他拒絕了。白麗在街角停下腳步看著這一幕。車伕不是臨演，無意中闖入戲裡，或許聽懂村川的意思，要載他去找房，但村川認為車伕誤解他的意思，而不敢上車。白麗走了回來解困，同時表示認識一位想出租房間的人家，且願意帶他去看。於是兩台攝影機一前一後，拍攝兩人在住屋屋頂和庭樹殘雪渙漫的巷子裡漫步， 邊聊邊找那個人家的過程。

香蘭想：戲裡的自己折騰了許久，才帶著村川去看房，人情義理似乎說不過去。不知劇本為何要如此表達，或許是向日本觀眾表達：只有到達熟識的地步，中國人才會敞開心房幫忙別人的民族習性。

拍攝告一段落，劇組趕忙縮進附近一家茶房啜飲熱茶取暖。岩崎：

「我這兩天在滿映觀察的結果，包括現在拍片的場景，在日滿和諧上，他們確實有相當程度做到了。」

「日滿和諧不就是這部電影的主題嗎？」佐佐木。

「滿映確實在這方面做得漂亮，他們拍這種電影，也沒有辜負他們自己的立場。」岩崎濃眉深鎖，但眼光炯炯，「像國內勞工老被資本家壓榨，滿洲民眾也應廣受日本人壓榨，尤其是勞工、礦工，甚至處在生命危險的邊緣，電影人就應該走出松竹、滿映去觀照他們，反映他們的生活。」

「岩崎兄的理想，我一向嘆服。有理想，但也要兼顧現實。」佐佐木的眼神從編劇長瀨喜伴那兒收了回來，「給我一筆資金、一個劇本，譬如岩崎兄理想的劇本，我會想辦法。導演的天職是：有好的劇本就會想去拍。」

岩崎有些忸愧，自己向現實妥協，卻又要求別人向理想邁進。但他就是按捺不住習慣性的心直口快。長瀨喜伴看向岩崎：

「當初執筆這個劇本的時候，就是把日本人和滿洲人和諧相處的情形當做一個理想來寫，是一個官方和民間可以共同追求的一個理想。」

「當然，電影可以陳述理想，但也可以反映現實。」岩崎啜了一口茶，皺了一下眉頭，「反映現實比較實在，有說服力，理想說常會被人當做工具，尤其是掌控電影的人站在權力那一邊的時候。」

三人沉默了下來，其實心裡還是很喧嘩。

「李香蘭，妳覺得怎樣？」佐佐木康脫下帽子，放在大腿上，「妳喜歡妳的角色嗎？」

「劇本看了兩三遍，感覺很平淡，男女間的感情平淡，即使是情敵。」香蘭特別向一直看著她的木暮實千代使了個眼色，「也像朋友相互關懷、禮讓，心裡的糾葛不多，也不表現出來，所以最後感情能夠輕輕放下，沒有西洋電影常見的愛恨強烈的場面，或許該說是日本或中國風格吧。」

岩崎昶點頭笑開，佐佐木康、長瀨喜伴和第二女主角木暮實千代也笑了起來。木暮實千代飾演一向心儀表哥村川武雄的河島八重，和近衛明敏的對手戲不輸男女主角。外景持續拍攝，村川向河島表明心跡的戲在北陵取景，白麗和村川分手的戲碼在大和飯店所在的大廣場拍攝。

拍電影四處出外景，香蘭難得有機會到奉天，她蓄意找機會拜訪波多列索夫夫人。兩三年前，拍《白蘭之歌》時也曾到奉天出外景，但導演性急，她初次和內地電影公司合作，主要對手又是令人生畏的長谷川一夫，所以在很緊湊的時間裡不敢造次。這次奉天行程結束後回新京，時間比較寬裕，徵得佐佐木導演的同意，她在同仁戴劍秋的陪同下，前往木曾町波多列索夫音樂教室。

夫人看見她嚇了一跳，她乍見夫人的獨子維奇以為是親友的男孩。從他和夫人的互動，和她自己的揣摩，才知曉多年不見，當年八歲的維奇已經長得和他父親同高了。午飯後的下午茶，不是很寬敞的客廳拆成兩攤，波多列索夫和維奇父子周旋三位親友，夫人接待香蘭和戴老師。她和香蘭首先談到柳芭一家，都不知道他們的下落。夫人隨後把話題轉到她目前教的學生和去年秋天的演唱會。最後胡琴老師戴劍秋在夫人的指點下摸索 Y 形的巴拉萊卡琴助興，結束了近兩個小時的拜訪。

1942

劇組返回新京滿洲映畫，香蘭在辦公桌上看到松岡謙一郎寫來的信，她看著有些怪異的郵票，再看看寄信地址，竟是印度支那越南西貢。拆開看，只有幾行字。她感覺寫信的謙一郎不再爽朗健談，而變得沉鬱寡言。她在信中得知松岡從經理學校畢業後便被派往西貢司令部。「剛剛到任，對當地的風土民情不是很了解，不便多談。」這個「不便多談」似乎更指不便多談職務和工作的情形。「……除非有特殊殊況，應該會在此待上一段長時間，如果有假期，妳剛好也在東京的話，或許可以見一面。……」她知道短時間內要再見面不太容易，猛然想：自己也可以搭機去找他。但這種想法太瘋狂，也幾乎不可能，除非被派去勞軍。她想著隨即斷了這個想頭。

「既然各在天一方，妳也可以專心拍戲、唱歌，不勞掛念。」短信用這些話作結，她立刻給他回信，鼓勵他努力工作，凡事存一份希望。對於新片出外景的事，她只做簡略的報告，以免寫太多，變成他覆信的負擔。信寫完，要註記日期時，她才想起，聖誕已過了兩天。

劇組人員首先上一堂滑冰課。劇情所需的冰上曲棍球練習假公司大樓和攝影棚之間的滑冰場進行。平常只在休息時間開放員工滑動的滑冰場，這個早上特別讓員工自由進場充當臨演。香蘭、浦克、近衛和木暮的冰上曲棍球戲分段在員工穿梭滑動中完成。棚內戲首先在第一攝影棚中國式的客廳進行，白麗帶著村川進入戴劍秋、袁敏扮演的楊氏夫妻的家裡協商租屋事宜，商議的過程由白麗當翻譯，已通日語，扮演楊家千金美玲的曹佩箴聽到近衛說出「我很能吃，菜不好沒關係，足夠就行了」時，捧腹笑了起來，她弟弟笑開後，她更笑得花枝亂顫，讓這幕戲收在歡樂的高點。

導演佐佐木直誇曹佩箴可愛，香蘭也有同感，很少見到 15 歲的女孩笑得如此爛漫，回想佩箴剛剛爆出的倩笑覺得餘味無窮。

劇組接著往另一房間移動，頭覆濃密劉海，後面梳出兩條辮子的曹佩箴和近衛敏明分坐桌子的一邊，佐佐木一聲令下，村川武雄看著楊美玲手寫的字：

「一本，力本。」

「錯了！」美玲伸出舌頭，再含在嘴裡捲起，「日！日！日本。」

村川跟著念，隨後站起離座走到右前方小櫥櫃上面拿起鏡子，伸出舌頭練習「日本！日本！」一番。

「對！挺好。」美玲一手持毛筆，一邊笑盈盈地看村川，「再讀一下。」

村川手指在桌上「我是日本人 您是滿洲人」的字條上逐字移動：

「我是日本人，你是滿洲人。」

村川念對了七八成音，美玲還是給他很大的鼓勵。村川手指美玲再指向自己，用日語說：

「我和妳是好朋友，要怎麼講？」

「我和您是好朋友！」

美玲說著，村川跟著念了七八成。美玲：

「我和。」

「我或。」村川。

美玲覺得不好再次糾正，村川再發一次音，美玲還是不滿意，左手虎口張口表示嘴巴要張開後，村川急了，更加走音，「我鶴，偶鶴」了兩遍，竟有點咳了起來。美玲再糾正一次，村川終於用九成音準念出那句話。

「挺好！挺好！」

美玲說著，香蘭陶醉在這位小女生的演出當中，她身旁的木暮也有這種神情，大概覺得一直盯看別人的演出不太好，木暮走開後，香蘭也跟著走到大門口外。兩人分據大門的左右邊，木暮背靠牆壁：

「好可愛哦！」

「我也是最近才比較認識她。以前只是遠遠地看過她。好像她以前也演得很少，還很年輕，才 15 歲。」

「怪不得，以後一定會受重視。」木暮仰望天空，「中國少女額覆劉海，髮後垂著兩條小辮子的形象確實很迷人。」

「身裁修長纖細的更是好看，也讓人羨慕呢。」

「不過，妳的歌聲更迷人，更讓人羨艷呢。」

「那兒的話。」

香蘭說著含羞地轉個身回到棚內，曹佩箴和近衛敏明剛好演完下戲。

在劇中飾演建設公司同事的男女主角天天上戲，龐然的劇情一枝一葉地填滿，男女主角的感情不必藉由你儂我儂來深化，村川受邀到白麗家下棋，吃中飯，飯後在女方閨房閒聊，觀眾一看就知，女方信賴男方，已有託付之意。劇中的吃飯是省掉了，但戲棚的閨房閒聊戲剛好在午飯後進行。

香蘭和近衛雙雙進入拍攝現場，近衛一眼就對中國一般富裕家庭的房間陳設有了些許印象。佐佐木一聲令下，香蘭轉身變白麗，開始放唱盤，〈迎春花〉歌聲響起時，近衛落座成村川。村川耳聆美聲伸懶腰，拍腹踱步後，鬆開衣扣做簡單的飯後操時，發現唱盤發出的歌聲是女友唱的，不禁讚美：

「現在聽到了，很好聽呢。」

「沒有啦。」

白麗說著手持唱盤，嬌羞地轉頭迴避村川的眼光。村川向前移動一步，白麗再次用唱盤遮臉。村川：

「真好聽，唱一次吧。……妳唱完，我也唱一首。」

「真的。」白麗雙手握胸前凝著村川，「那閉起雙眼。」

戴著眼鏡的村川瞇著雙眼，但還是笑著望向走開的白麗的背影。白麗停下腳步轉身發現他偷看，立刻把他的身體扳回去面對窗外。

「我唱滿洲歌曲。」

白麗說著轉身背著村川，走了兩步扶著區隔床鋪的鏤空門欄的柱子唱了開來，隨後登上床台，背倚欄柱繼續唱：

「一朵開來，艷陽天。兩朵開來，小鳥兒唱。」

白麗陶醉在自己的歌聲裡，唱到這兒時，村川悄悄走了過來。

「滿洲春天，好春天。行人襟上，迎春花。」

白麗唱完，俯首低眉，從歌唱的醉意中抬起頭時發現村川就在眼前，嚇了一跳，村川反而大笑。白麗瞅了村川一眼，臉顏嬌怯地轉開，然後從床台上走了下來。

「實在很好聽，很好聽。」

讚美從背後傳來，白麗回望村川瞬刻又嬌羞地笑著走到留聲機前。……

這種羞怯，這種不談情，但情自在其中的演技正是導演佐佐木康所要的，待香蘭下戲後忍不住誇她幾句。岩崎：

「妳真的是很喜歡這個角色？」

「我也覺得跟以前演出的情境不一樣，以前是用比較親密的動作或約會來表達感情，現在是藉著生活的細節，比如剛剛的那一幕或共同練溜冰來表達。我想跟演出對手也有關係吧。」

近衛聞言頗有感覺：

「以前和妳合作過的長谷川一夫或佐野周二，個性都比較強，我個性就比較溫吞。」

聽了近衛的話，大家會心一笑，一時之間，對他的喜愛遠超過鋒芒畢露的長谷川一夫。佐佐木：

「近衛兄講得沒錯。如果換作長谷川的話，他有時可能凌駕劇本或是導演，帶著女主角演出。李小姐，我只是比喻，不是說實情。」

「長谷川都在戲外教我，戲內是很聽導演的話的。」

香蘭怕大家的閒談變成流言，趕緊滅火。好在她這句話拋出後，大家都收起話匣子，準備另一場戲的開拍。

1942 年元旦過後，棚內戲繼續開拍的同時，劇組開始討論赴哈爾濱拍外景的事，香蘭這才知道東正教的聖誕在元月七日，哈爾濱的俄裔教徒會在這一天大肆慶祝，劇組配合劇情，會在這一天前往哈爾濱拍外景。

劇組趕到哈爾濱時，是節慶前兩天的晚上。和南方城市不一樣，這兒的聖誕氣氛很濃，宏偉的聖索菲亞大教堂沐浴在繽紛而冷冽的燈火中，躲在暖和的飯店看出去，教堂才在繽紛燈火的暖亮中示現丰采。

三位男女主角在旅館小憩，漫遊街頭的戲一上午拍完，還有餘閒，街頭很冷，三人樂得和其他演出人員逛大街。大家吸飽了異國風情後特地到俄式餐廳用午餐。餐後大家湧入道里公園看冰雕，再到松花江坐雪橇，攝影小組隨機取景，既拍松花江風情，拍三位男女主角，也拍其他人員賞景的情形。

節慶早上，教堂的鐘聲響起，劇組人員步出飯店，還在劇情狀態的近衛、香蘭和木暮緊跟著導演和攝影機，其他人以觀覽的心情跟著岩崎走。一波波人潮從四面道路湧向廣場，多是俄羅斯人。看著巨大洋蔥頂的紅色俄式建築，香蘭好像來到了俄國，而俄國的冬寒此刻正在剝蝕她的體溫。

劇組隨著眾人登上階梯，進入陰暗的教堂，中殿兩旁的座位已坐滿七八成，陽光穿過高牆上的五彩玻璃投射出來的彩光完全沒入殿內低層的幽暗中，中殿兩旁的牆壁點滿燭火。香蘭一夥人兩耳充塞眾多信徒濃濁的讀經聲進入圓頂下的中堂，中堂的最高處是聖壇。頭頂洋蔥帽，身著白袍的俄籍主教正帶領大家誦經，聖壇兩邊的圓弧站滿了身著黑衣的信眾和神職人員，聖壇前面沒有人，好像閒置空間，攝影小組不敢貿然闖入，只好擠在信眾之間拍攝圓頂、主教，和從圓頂下的巨窗投射下來的光柱。

嗡嗡的讀經聲變成禱告聲，聲音的情緒也激昂了一些，上帝彷彿也降臨這兒。牆邊好幾組燭火匯集的蠟燭池大放光明，從穹頂垂下來的巨大吊燈更是輝煌奪目，消融了從上面投下的窗光。這座神殿窗戶緊閉，滿堂光熱和眾多信徒的體溫開始悶燒，香蘭感覺燠熱，索性脫下頭巾，放進皮包裡面。

聖樂響起，主教領著旗隊走出教堂，信徒跟著走出去，導演和攝影要照顧三位男女主角，很快便失去了隊伍的龍頭。隊伍走出教堂，守候在外的信徒隨即跟上，香蘭跟著出去，燠熱瞬刻轉成舒適的沁涼，但隨即還原成原來的酷寒。信徒的手都沒閒著，不是捧著聖像，便是舉著旗幡，巨大的人潮在街上像冰川緩緩移動。

三位男女主角看見兩台攝影機定點拍攝遊街場面，也跟著站立街頭，化身為觀眾觀看以俄人為主的遊街隊伍。隊伍在市區繞行一圈，人潮漸漸散去，最後進入松花江冰面時，好似殘兵游勇。主教隨後糾集殘部，在拜占庭十字架冰雕前禱告一番，遊行總算告一段落。

主教和隨行人員退去後，留下的俄國人暫時拋開禮拜的沉悶，縱身松花江的冰雪。見一群俄國人圍在一起鼓噪，劇組人員走近觀看，一名大漢手持大鑽不斷撞擊冰面，灰色的冰面已經被鑿出一個白花花的坑，白坑貫穿成洞後，隨著江水從冰洞出來，圍觀的男女一片歡呼。兩名壯漢拿著圓鍬不斷敲打洞緣，冰洞很快變成冰池。一名肥胖的俄羅斯婦人首先脫卸衣物縱身跳進冰池，接著俄羅斯少男、少女、年輕人相繼跳入，三位男女主角、其他劇組人員和攝影機一樣都在看，終於看見一位東方面孔，應該是滿洲大漢吧，穿著短褲準備躍入已經變得很寬的冰池。

中午在外頭用餐，天氣太冷了，大家都酒足飯飽，回飯店途中經過水果攤，有人買凍蘋果、凍梨，岩崎昶買了一大袋凍柿。回到飯店，香蘭和雅子都睡了一下，醒來後，精神好了許多，但一想到外頭的冷冽，還是有點暈眩。

有人敲門，雅子開了門，是攝影師野村昊。野村把香蘭帶進他和岩崎昶合住的房間時，導演佐佐木康和編劇長瀨喜伴正坐在近窗的床鋪大口吃紅柿，香蘭被引導到床前小圓桌的靠背椅落座，小圓桌上的盤子上放著一只碩大的紅柿，另一邊的盤子上也有一顆紅柿，香蘭猜，一定是給另一女主角木暮實千代的。果然不久木暮進來了，就被安排坐那兒。近衛敏明和編導一樣坐在床鋪上，岩崎和野村分別坐在床頭床尾的凳子上。

「這些紅柿已經解凍了，特別好吃，所以很會挑人，數量實在有限，只有在座各位有得吃。我另外叫服務生送來兩個盤子給兩位女士使用。」岩崎望向近衛，「男士就大口吃，弄髒地板也沒關係。」

看著香蘭和木暮一匙一匙地挖著紅柿，一口一口地慢慢吃，岩崎十分滿意：

「兩位小姐，很對味吧。」

「確實很好吃，一下子就融進食道裡了。」

木暮說著時，香蘭不忍釋口，用笑意代替回答。她的笑帶點弦外音，岩崎兄評電影，看待她的演出有這麼貼心就好了。岩崎看著每一位男士吃得謹慎又忙碌，還是把臉擺向香蘭和木暮：

「兩位這兩天拍片辛苦吧？」

「好像沒怎麼拍到，」香蘭用手紙把嘴唇抹了一下，「辛苦的是和天氣對抗。」

「我們好像是配角，攝影機都聚焦在眾多俄國人的臨演上。」

木暮說著，大家都笑了起來。攝影師野村昊：

「根據劇本，我們確實像在拍俄國風情的紀錄片，三位主角入鏡時像是看熱鬧民眾的特寫。」

香蘭想，以前滿鐵拍的《秘境熱河》、《娘娘廟會》大概就是這樣的紀錄片。長瀨喜伴吃完一整顆柿子：

「當初創作這個劇本的時候是有想到五族協和，但是滿洲，朝鮮人和蒙古人很少，後來想到哈爾濱的俄羅斯人自成一個社會體系，就增加哈爾濱的情節。」

「有些事情不好說，但可以做。和俄羅斯人相處就要這樣，在電影或小說可以描述，但不能硬生生地把他們當做五族協和之外的第六族。」佐佐木康帶著幾分政客的敏銳，「這會讓蘇聯誤以為日本對它有領土、主權的野心。」

滿映並非岩崎寄託理想，只是他餬口的地方，只要並非和他的理想完全扞格不入，他還是得提出自己的想法，好讓工作、和同仁之間的關係得以維持。岩崎：

「電影表達的意念，每人有每人的堅持，但它畢竟是視覺藝術，劇本的題材、演出的角色一再重複，觀眾也會厭倦，也會累。這部電影牽引出俄羅斯人，這是實際的問題。日俄民間的互動，或滿俄，甚或日本、滿洲和蘇聯人民之間互動的小說或劇本，不久就會產生吧。」

「日本文學是世界文學的一部份，世紀初歐洲戰爭過後，歐洲文學大興，各種流派傳到國內，名家輩出，現在不幸歐洲戰亂，亞洲也動蕩不安，日本不幸和德國站在同一邊，視文人如寇仇，逆我者亡，順我者也不昌。很多作家即使想創作，也會壓抑下來，寫作餬不了口，為了生活，只好另謀出路。」

編劇長瀨的一番話，岩崎頗有同感，事實上長瀨的話還觸痛了他的傷口，他最愛論述的唯物主義，現在只能偷偷書寫，那勞動產生文明的觀點在電影界已使不上力，只好寄生滿映苟活。小林多喜二的痛苦掠過腦海後，他想起了和自己同時吃過牢飯的龜井文夫。龜井比他還前進，還真槍實彈，導出的反戰紀錄片一部接一部，反映農民艱難生活的紀錄片正是好電影的素材，結果因此被抓，可能還在吃牢飯。岩崎為自己的苟活感覺羞恥，除了讚揚長瀨的見解外，對自己過去的堅持也不願多談。岩崎想了一下，把話題叉開：

「女主角奉天的家拍得太華麗，看起來很刺眼。」

「我是根據劇本在滿映攝影棚找到比較接近的房間拍攝的。」

佐佐木說完，長瀨喜伴：

「當初寫劇本時是根據滿映社會的實情設計，基本上現在滿洲國內有機會和日本官商打交道的都是上層家庭。」

「對不起，或許我太挑剔了。」岩崎對剛剛造成的緊張，感覺歉意，「這部戲我很感興趣的是兩位女主角是情敵，但相處像姊妹，勝利的一方不忍對方難過還給她製造機會，失敗的一方反而催促對方加把勁，讓好事趕快有結果。這是比較平民的風格，不像上層社會男女關係複雜，多爭鬥。」

「這還不簡單，兩個都不怎麼愛我。」

岩崎方才評論兩位女主角的角色時，大家都會心一笑，待男主角近衛爆出這番話，大家更是哄然大笑。木暮和香蘭好像對近衛有虧欠一般，低頭紅著臉。岩崎：

「近衛兄說的也有幾分道理。長瀨兄寫這劇本時大概也有這種意思。」

「當初沒想到這麼多。」長瀨沉吟了一下，「我設計劇本的結局是男主角最後兩頭空，為了達成這種結局，男女主角的感情、情節的布局自然就沒這麼強烈。」

「確實，看過劇本，好像冥冥之中就有指引。也沒想太多，自然就選擇老實的近衛兄當男主角。」

近衛敏明被導演佐佐木康點了名，剛剛浮現腦海的過往經歷和演出經驗，迅速在腦中形成觀點。

「男女的感情就是這樣，愛得太強烈反而要命。殺了對方，再取自己的命，甚至波及無辜。因此這檔戲呈現在我們眼前的這種淡淡的、溫和的感情，是更加珍貴，當它還只是劇本文字的時候，感覺很抽象，是一種境界，現在經由兩位女主角演出來，直覺人間確實存在這種情境。……」

近衛的話，香蘭頗有感。其實她被緊張的時局帶動出來的心裡，自有自己屬意的經典劇本。她不時想到：在驚心動魄的大時代裡，一個愛恨強烈的激情故事。過去演出的大陸三部曲，背景不夠動蕩，現在的《迎春花》又太小兒女。她有時想動筆，但心有旁騖，起心動念間，還是寄望有些劇作家完成她心目中的劇本。

「人間即使有這種情境，但現在我國和美國畢竟開打了。」木暮看了長瀨一眼，「戲裡關操扮演的安藤課長對男主角說：北方現在很重要，現在日本人忙著南進，當然南方也很重要。不過首先要在北方打下基礎。南方提供資源，北方提供人才。……這位課長突然冒出這段話，感覺很奇怪。」

「木暮小姐不愧慧眼，這段話本來是課長對男主角的工作提示，為了配合南進政策，臨時改成這樣，好像是內閣或大本營會議裡頭要員講的話。軍部認為可以，我也就懶得修飾。」

長瀨喜伴說完，木暮有些不好意思，帶著香蘭開始收拾每人身邊的柿子殘渣。

「剛剛木暮小姐提到的這段話確實像是囫圇吞下，梗在喉頭一樣。」岩崎咧嘴笑開，藉以緩和氣氛，「長瀨兄故意不把這段話消化整理，把軍方的劣跡保留給世人看。」

岩崎的評論，劇組同仁多已習慣，對編導拍戲來說，只不過是多了一張嘴。劇組回到新京滿映，陸續拍了幾場戲，後製快馬加鞭，片子很快殺青，決定在東京舉辦新片發表會。出席新片發表會，滿映要有兩人隨編導到東京，除了香蘭，男的，浦克、戴劍秋二選一，最後由胡琴名家戴劍秋出線，以便臨時需要表演或勞軍時，可以臨機應變。停留東京的兩個禮拜，香蘭寄望奇蹟，但終究沒見到松岡，不過她和兒玉之間的伙伴關係變得更加穩定；雖然合作的重心轉向松竹，但東寶還是讓兒玉繼續保護她，松竹對於她和兒玉之間的特殊關係也不橫加干涉，微妙的狀態一直持續下去。

36. 閒話滿宮 一唱三嘆

自從前年 12 月入住以來，吉岡家對香蘭來說，一直是席不暇暖。好不容易《迎春花》在滿洲開拍，在奉天哈爾濱出外景就佔了 10 來天，這回她出席東京的發片記者會回來後，正是中國農曆開春的日子，滿洲建國十週年慶的氣氛正夯。為了迎接慶典，各級學校機關團體都要組成遊行隊伍，製作標語，吉岡也顯得比較忙碌，有時晚上還要到新發路關東軍司令部開會，商議溥儀主持慶典和閱兵時的一些細節。這時吉岡發覺自己要學習的事情也很多，義大利、德國、蘇聯、日本，甚至汪精衛的中華民國政府祝賀代表陸續要來，身為滿洲國皇帝侍從官的他也不得不找人惡補國際禮儀。至於要不要舉行演唱活動，關東軍一開始傾向不舉辦，待與國務院討論過後，再次強調戰時體制，避免東京日劇事件在滿洲重演，而被潛伏的敵人利用。

滿映甘粕確認演藝系列活動損龜，有鑑於香蘭拍片、勞軍過勞決定讓她回北京休息。香蘭躲開了新京大而無當的建國十周年慶，滿洲國雖已成立十年，但香蘭一直沒感受到這個國家的實質存在，有時覺得它仍是中國的一部份，有時覺得它是日本的延伸。避開了熱鬧、華麗，但空洞得讓人難過的十周年國慶，她反而覺得舒坦。

十周年慶結束，她回到新京開始了一段比較安定的日子。所謂比較安定，主要還是指不用外宿。在附近的軍營勞軍還好，有時軍營比較遠，靠近山區，還能感受到戰爭的氣氛。營本部除了會指派一個小隊負責她和滿映演員的安全外，小隊長還會向他們提示應變的方式和逃離路線。雖然一直都沒事，但被留下來用餐，回到家時也已到了熄燈就寢的時刻。吉岡家常宴請達官貴人吃飯，香蘭因此推掉一些勞軍活動，甘粕也十分支持。他知道香蘭和那些貴人吃飯，也不會閒著，和勞軍一樣唱幾首歌是免不了的。隨著天氣回暖，甚至開始發熱，香蘭勞軍行程少了，和悠紀子相處的時間也多了。

悠紀子最喜歡談的是溥儀，以及父親和他的關係。

「父親常說溥儀可憐，應該是發自內心的。」

「我也聽過。」

「如果康德是一位強勢的皇帝，父親擔任這種職務，或許會很累，但不會有這麼多矛盾。父親說他可憐，其實這可憐，越往裡頭挖就越多秘辛。」悠紀子看著躺在床上的香蘭，實在希望她隨時都可以獲得充份的休息。「我也不用說得太難聽。康德是有他人格的缺陷，對事不太容易做出正確的判斷。他說我父親監視他，也算是他判斷錯誤。他只是被拱出來的一個偶像，沒有權力，命運被別人支配。但是他想突破這種局面，父親就變成不受歡迎的管教者了。」

香蘭稍稍爬起，用右手支撐臉頰，期待悠紀子繼續講下去。

「譬如他想對吉林省警備軍做出動作，父親就會勸阻他，他實在是聲色俱厲時，父親只好抬出關東軍。『我是大元帥，我為什麼……。』他講到氣結時，才會稍稍轉醒一些。他這個皇帝、這個大元帥本來就是關東軍給的，他的政令、軍令不出宮內府，他也早就知道。只不過他有時會忘了自己是誰，會像小孩子一樣吵著要糖吃。」悠紀子嘴角擠出無奈又滑稽的神情，「他這個大元帥工作很簡單，比如軍校畢業典禮，或某個軍、師舉行閱兵，他可以穿得很神氣地出席，關東軍、國務院長官恭恭敬敬站在他身旁，表面是去主持，實際上是關東軍邀請他出來的。」

「我想關東軍要他做的就是像中國道家所謂的無為而治。」香蘭下了床站了起來，伸出兩手，「就這樣拱起雙手，像中國人行禮一樣，衣袖是很寬的，讓它下垂。他只要這樣站著，天下就太平了。因為所有事，下面的人會幫他處理。」

「就是這樣，讓他行禮如儀。當然父親也不能像我們這樣，可以直接說他是傀儡，父親私下也不敢這樣講。康德罵他是關東軍的狗，他也只能忍氣吞聲。」

「他們吵過架沒有？」

「應該沒有。父親勸阻他時有時會說重話，像長輩教訓晚輩一樣，但碰到他發脾氣，就乖乖被刮。父親這個位子真的很不好做。有一次康德有感於日本人移民太多，導致當地華人或滿人失去土地，硬是要到東洋拓殖會社了解，父親勸了很久，才打消他的堅持。」

「那也沒辦法。滿人就是要吃虧啊。」

「康德後來也冷靜下來，他一定想到，如果他真的到拓殖會社理論，父親可能會被撤換，換來一個更難纏的，日子更難過。父親是畫家，畢竟是有內涵的人。」

香蘭點頭表示同意。這一年來，雖然多數時間在外闖蕩，她還是深深感受吉岡少將對她的疼愛。悠紀子繼續說：

「父親為了避免他衝撞關東軍，費盡了心力，他應該看得見。」

「他如果衝撞軍方會怎樣？」

「可能皇帝的虛位就不保了，讓他再退位一次，給他一點禮遇。日本軍方或國民是比較喜歡他弟弟溥傑。康德是民族主義者，念念不忘復興滿清的光榮。他弟弟比較識時務，是可以接受日滿融合的人，他本身的婚姻就是最好的例子。」

「滿洲這個國家，國家的意志不強，康德即使不被廢掉，似乎前途也不亮。」

香蘭講出心底話，悠紀子倒希望她別再說了。反正就是一個附庸國，而且家諭戶曉。

「這個嘛！」悠紀子嘆了一口氣，「現在太平洋戰爭爆發了。爆發以前，普遍認為，如果日本順利拿下中國，就會把中國滿洲化，然後滿洲就直接併入日本。現在和美國開打了，普遍對戰事的看法傾向保守。很多人想，如果日本撐不住了，可能會用撤出中國，放棄滿洲，用來交換停火。不管怎樣，滿洲國最後都會消失。」

「這個國家一開始就不被看好。成立不過十年就滿是幻滅感了。」

「最主要的原因還是康德本身。大概是祖先製造了太多太監，康德也是太監身，讓老婆獨守空閨。他原來有兩個老婆的。」

「婉容和譚貴人？」

「譚貴人是後來的。康德還沒來新京前，除了婉容外，還有一個文繡。文繡是蒙古人，和婉容同時進宮，一張大臉，被貶作二房，但喜與婉容爭寵。她難耐空閨寂寂，加上常被婉容罵，竟然透過律師提請離婚。事情鬧上了法院，也上了報紙，康德的自尊大受打擊。」

「那不難理解。是她休了皇帝，不是皇帝休了她。」香蘭笑著舌頭有些打結，「那時他來到滿洲沒？」

「應該還沒。」

「那時康德算是遜帝。退了位的皇帝還是不能隨便休的。」

香蘭說著把身子坐正，棉被半裹著身體，也要求悠紀子把椅子移近，兩腳伸向床上，和她的腳同樣包覆在被窩裡。香蘭看著有點仰躺的悠紀子：

「這樣比較舒服了？」

「對。坐太久背也痠了。」悠紀子眼側瞬了香蘭一下，「我說這個文繡人醜心也醜。她和康德相處了五年，沒侍寢過，知道婉容的情況也好不到那裡，於是公開說，她還是老處女，康德不能人道。」

香蘭笑到身子折向棉被，悠紀子硬是抑制到口的笑意，徐徐說：

「實際上她那年 22 歲，跟我們一樣。但是她罔顧康德還她自由身，也給了她大筆贍養費的恩義，把男子最不堪的事抖了出來，讓她的前夫成了全中國的笑柄。」

香蘭眼神投向半開的門，看見雅子還停在門邊的身影，呼喚了一下。雅子走了進來，香蘭乾脆從床上下來，三人移椅窗邊承受春天的陽光。雅子坐定後：

「不好意思，我在外面走過聽到悠紀子講康德的妻妾，和我讀過的報導不太一樣，所以停下來想了一下。」

雅子把話打住承受悠紀子的注目後，繼續說：

「以前還在日本時，看過雜誌，和康德離婚的那一位，好像是一開始康德不答應離婚，那個女子才抖出康德的隱疾。康德擔心事情鬧大，才答應離婚。」

「那位女子叫文繡。」悠紀子用口語把「文繡」兩個字解說一番，「雅子姊講的應該沒錯。我講的都是聽來的。」

香蘭看向窗外四五株披著幾抹新綠的白楊，再回望室內：

「他應該去看醫生的。」

「問題是這種病難醫。文繡知難而退，婉容表面上贏了，但贏了面子，輸了裡子。在那個小宮廷內，婉容排斥文繡，想也知道。大出洋相的溥儀自然把全部氣發在婉容身上，以前沒有同床共枕，現在連話都不講了。一個禮拜，一個月不講話是冷戰，但一年，甚至十年不講話，就是精神虐待了。」

「康德確實非正常人。生理有缺陷，心理也不正常。」雅子兩臂交胸，徐徐吐出一口氣，「我讀的那篇文章，他之所以討厭文繡，她勸他別跟日本人合作也是一大原因。」

「我們雖然是日本人，相信大家都不讚同康德投靠日本，尤其是日本軍人。」悠紀子流露幾許認知祖國長期強佔豪奪產生的原罪，「我父親也說過，康德的老爸也反對他離開北京到滿洲做日本人的兒皇帝。」

香蘭很少聽秘聞，而今聽到的，當事人都還在世，一種偷窺感讓她有些心虛，於是離座把門關了，同時打開熱水瓶沏了一小壺茶，雅子幫忙取杯倒茶。悠紀子取來紙筆，寫出康德老爸載灃的名字和日語發音，香蘭和雅子看了，都說第一次見到這個名字。悠紀子：

「這位皇族也是很有個性的，他老人家現在還住在北京。康德交代每個月都要寄錢過去，爸爸很關注這件事，每次總要確認一番，如屬下疏漏，馬上補寄。一年他老人家來新京，家父勸他長住，他死也不肯，不久還是回北京，且護住一些兒女，不讓他們到新京。」

「他這樣做也對。如果一家人都在關東軍手裡，康德也難堪。」

雅子的話尾隨著目光投射過來，香蘭微微吃驚。她沒想到雅子用這題來考她，於是憑著直覺：

「沒錯。如果一家人都來住，康德會很不自在，會感覺所有一切都被關東軍把持，不和睦的夫妻關係、不平衡的妻妾狀態，被父親看在眼裡也難過。尤其是萬一他老爸看見他被將軍斥責，那更難堪。」

「哦！小蘭別誤會。我爸絕不會罵康德，只有被他罵的份。爸爸跟他近身接觸，深切體會到他的痛苦，時常感嘆康德太寂寞，太可憐了。他說皇上人這麼好，結果皇后常年吸食鴉片，精神狀況不好。這樣對皇上太不公平了。」

悠紀子說完，大家沉默了一下，開始品茗。香蘭也在腦中建構吉岡少將講這些話的神情，想來應該是真誠無偽吧。雅子看向悠紀子：

「令尊也兼關東軍參謀，會不會在傳達關東軍的意見或主張時，雙方弄得不愉快。」

「爸爸不太常把公事帶回家講。但畢竟康德在一些事情上，權力是被剝奪的，我有時會揣摩，可能有一些事情無法迴避，非正面處理不可的時候，爸爸會用長輩的口吻開導他。關東軍的將官對康德家族一定有很強的種族歧視，我父親不會。畢竟相處久了，有了感情，很多日本將官做不到的，爸爸做到了。」

「我們三個都是女性。在國內女性被壓抑，有性別歧視的地方，種族歧視的情況往往很嚴重。這兩種歧視是兄弟，也像夫妻。我覺得我們在這種事情要有女性的觀點。用女性的觀點去透視，會看得更清楚。」雅子一本正經地道出了年長的權威，「我過去在東京的跡見女校就讀。這所女校也有它的女性觀點。……」

經由雅子的敘述，悠紀子和香蘭得知跡見女校早明治時代好幾年創立，那個年代，清國大而不亢，日本小而不卑，兩國和平相處，女校創辦人跡見花蹊是教育家，更是女流書畫家，還畫了一幅畫要獻給清國皇帝。明治掀起了砲猛艦威、窮民強兵的風潮，跡見還是專注漢學、書道、茶道、女德的培育。悠紀子有些不以為然：

「那當然啊，女孩兒就是要學一些家政。難道要她們去學造船、造飛機？」

「那時是這樣子。明治硬要把中國比下去，比軍艦的噸位、艦砲砲管的直徑和軍隊人數多少，男權大盛，戰爭開打，我國大勝，男權馬上轉為種族優越感，視清國人或中國為奴，……　」

香蘭聽雅子的訴說心有戚戚焉，她在北京求學的過往又被呼喚回來，中國人備受欺凌，這種壓抑經由年輕學子的熱血噴發出來，奇怪的是日本當局或軍頭都沒有感覺，就像雅子暗喻的，男權極度伸張，變得盲目了。

「日本男權藉著武力無限擴張，欺壓其他國家和國民，確實醜陋。」悠紀子喝了一口茶，把其他茶杯倒滿，「妳們學校有沒有涉足女權運動。像我們可愛的李香蘭能拍電影，多少是女權的果。」

「我們學校強調女德，創辦人跡見花蹊，我入學前幾年過世，她就活得像中國人，文章直接用中文書寫，喜歡畫竹梅，她的畫風、落款和用印，一派中國風，是小蘭曾祖父一輩的人。」雅子瞬向香蘭一眼，儘量壓低講話的氣焰，「雖然沒有來過中國，應該比小蘭的父親還中國。」

「看來我爸爸是不孤單了。」

香蘭喟然輕嘆，隨即和悠紀子一樣泅游在思緒的汪洋裡。雅子話不是很多，說到跡見學風只是點到為止，其他的要由聽者用自己的思維補足。她們知道在這擴音器大吹大擂，軍政思維僭越現代思潮的時代裡，跡見學園靜靜地守住傳統，沒有偏見、歧視的小世界，跡見花蹊也一樣，雖然從不宣揚中國，然而除了書簡，藝術世界全然是中國情境；被她的精神感染，人兒自然雍容和穆，不隨愚人起舞。雅子看大家都不開口：

「看來我打擾妳們了。」

「好姊姊再待一下。妳一走茶就走味了。」

被悠紀子留下的雅子看著悠紀子：

「現在康德喜歡的那位貴人，看過沒有？」

「倒沒有。她被康德關在鳥籠裡。康德自己這樣講的。她叫譚玉齡，長相還好，比我和小蘭都小一點。但我還是比較同情婉容。」

「婉容照片我看過了，如果不是被鴉片毀了，我也會見了猶憐。」

雅子說著輕嘆於心，跡見的流金歲月還在腦裡流淌。

「婉容是紅顏薄命。她難堪的事還不止這一樁呢。」悠紀子心裡十分難過，還是說了，「康德不理她，她是這麼孤單，竟致與侍衛有染，甚至懷孕生女，惹火了康德。」

香蘭直覺這是宮闈謠諑，看悠紀子神情認真，也就暫卻疑心了：

「她生下的女兒呢？」

「不知道。有人說一生下就死了，有人說被她哥哥拿到外面養。好幾年前的事了。」

「妳怎麼知道這麼多？」香蘭。

「我媽媽跟我講的。康德的皇宮也雇用了一些日本人。」

談了這麼多康德，雅子是有些惱火，聽到他的名字，她心裡頭的另一邊是跡見花蹊。兩相對照，更見康德的不堪。她稍稍想到了女權，但她對於這種業已在西方萌芽的運動能否在專制日本生根不抱持太大的希望，只是覺得婉容應該捍衛自己的尊嚴：

「她應該離婚的，如果她夠聰明的話。」

「一開始她捨不得皇后的稱號，再來是，溥儀戴綠帽後，更不可能輕易放過她。嚴格講，溥儀像是被關東軍關在宮內府的動物，而婉容也像是被他圈養在宮內府內廷的小昆蟲。好好一個琴棋書畫皆會，甜美可人的美女最後只好與鴉片為伍，以致精神有些錯亂了。」

悠紀子的回覆，雅子聽來有點道聽塗說，了無新意。事實上，她覺得談太多對婉容是一大傷害，自己也覺得累了。

春氣正旺的此刻，一室蕭瑟，好像秋涼剛剛拂過。一股冷冽的深宮怨襲來，香蘭深覺自己的演藝事業難免幻滅。如真有那一天，她寧可瀟灑地離去，而不是狼狽地被遺棄。

37. 皇戚作客 談宮闈事

天氣漸熱，香蘭的勞軍行程緩了下來，吉岡安直十分高興。一天，滿洲國總理張景惠到宮內府見溥儀，聞知李香蘭住吉岡那兒，直說很想見識她一番。吉岡確認第三天香蘭不會有其他行程後，開始聯絡溥儀的家族和總理。溥儀的親人，有些不克前來，但張景惠總理表示一定來。香蘭好不容易暫時走出演出、拍戲的日子，重拾正常生活，和雅子、悠紀子一同用夾子拔除燕窩上的羽毛。燕窩由馬來亞戰地司令官山下奉文寄來，一盒30幾片，三位女子認真勞作，不多久就完成燕窩的去羽。這些燕窩一向是用來宴客，這次張總理和溥傑要來，正好派上用場。

晚宴這一天，溥傑和潤麒夫婦比較早來，香蘭被叫出來，和他們在二樓梯廳的小客廳見了面，聊了一下時，僕役通報張景惠來了。吉岡站了起來，向兩對年輕夫婦瞬了一眼，潤麒妻－三格格金韞穎挽著嫂子嵯峨浩的手臂，看著哥哥和丈夫：

「我們姊妹到房間聊一會，你們下去迎接吧。」

吉岡領著溥傑和潤琪下樓後，香蘭便回房休息，久久才聽到有人上樓的聲響。她知道吉岡一定先領著張景惠慢慢流覽他的作品，隨後才上樓。張景惠上了樓，香蘭聽到吉岡的呼喚，馬上出去相見。矮胖、老態的張總理頂著碩大的禿顱，和旁邊精明幹練，目光有神的七夫人不太相稱，不過想到他的權勢和地位，相稱感就慢慢回來了。張景惠眼袋深垂，視力看起來不好，坐在沙發上，兩眼逼近香蘭，好像要吞了她似的：

「幸會！實在幸會。李香蘭小姐！年輕比什麼都好。」

吉岡看著這一幕，想這位老色鬼該不會又打香蘭的主意，要娶她做八夫人吧。年紀差了近 50 歲，依中國的官場習俗，這事似乎尋常見。相對於吉岡妄直的胡思，七夫人徐芷卿倒十分淡定，她就不相信眼前這老頭和小妮子有什麼能耐，若被惹火了，索性擂動風雲，把人間世變成舞台，像趙子龍大戰長坂坡一樣，提刀跨馬殺進殺出，把曹營五將殺得落花流水，這一老一少又算什麼。

幾個男士東南西北聊了起來，待僕役到梯廳小客廳架設宴客桌時，吉岡把張景惠夫婦帶到客房休息，香蘭回到房間後，悠紀子再度向她確認要唱的歌曲，隨後把歌譜擺在二樓梯廳的鋼琴上。

和往常一樣，吉岡家單桌宴客都改在二樓梯廳，不和僕役在一塊。一桌坐滿 12 人剛好。大家普遍用日語交談，即使日語程度最差的張景惠夫婦，經過這些年的學習，也已能應付這種場面。不過他們夫婦、潤麒、韞穎小倆口，或香蘭和韞穎之間有時還是用華語輕聲交談。

吉岡剛剛經歷了擔任宮內總管八年以來最忙碌的一段時日，一向不多話的他，除了啟動話題，也說了不少。嵯峨浩：

「這次建國十週年來了這麼多使節，一般都著西裝，就是德國派了軍人，穿著硬綁綁的軍服，感覺不太得體。」

「豈止不得體，他們向陛下敬禮時，還是舉手『希特勒萬歲』。這是非常失禮的，或許他們非這樣做不可，或許是故意的。我們也就不加以過問，隨他們了。」

吉岡說完，三格格金韞穎：

「聽潤麒講，他們是來刺探日本軍情的。」

「這還談不上，日本軍情，他們駐日本大使了解得更多，他們主要是想了解日本用兵的情況。這兩位代表，一個中將，一位大佐。他們是有點謙虛地表示：德國在歐戰吃虧，起步較晚，日本得天獨厚，有能力在太平洋建立據點，大西洋對他們來說，還是茫茫一片。」

吉岡少將以高階軍官之尊發抒高論，自然一言九鼎。潤麒適時給予補充：

「這主要還是太平洋小島多，大西洋很難找到據點。」

「他們進攻蘇聯用兵神速，似乎想趕上日本對中國的攻略。」吉岡吃了一塊炸豆腐，「德國將校說，他們剛剛扶持了法國維琪政權，但遠不如日本對滿洲國的控制。」

潤麒夫婦、溥傑，甚至嵯峨浩，都有些不自在地低下頭來。吉岡驚覺自己碰觸了敏感話題，不再言語，而潤麒、溥傑也很快走出心頭的尷尬。溥傑想：事情本來就是這樣，就像父親載灃說的，哥哥溥儀本來就是日本人的兒皇帝。今天自己還在哥哥身邊當侍從官，主要是不想置身事外，想陪哥哥度過一切。滿洲這條船，如果遇險，自己能救多少算多少，如果有了轉機，不勞哥哥費心，自己可以及時跳下，像戰國時代的范蠡，帶著妻女寄居偏鄉，不問世事。他兩眼拂過拘謹的潤麒夫婦，望向鄰座的香蘭，不覺笑了起來：

「滿洲國十週年慶，妳們理事長似乎不快樂。」

「哦？」

「他從日本內地請了一堆文化、電影界人士來滿映參訪。」

「這我不曉得耶。」

「久保田萬太郎、北條秀司、金子洋文……這一些人妳知道吧？」

「知道一些。但了解不多。」

「我一位朋友也參加了這次參訪。是他轉告我知曉的。」溥傑發覺舉座都瞧著香蘭，好像他正談論她似的，「這些日本來的客人說要拜見李香蘭。『對不起，她休假，人回北京了。不過讓你們看一場她剛拍完的電影也一樣。她是主角，有唱歌。再說這部電影是滿映和內地公司合作，唯一由滿映主導，演員多屬滿映的一部。剛好都是日語發音』。客人就這樣被甘粕帶到放映室。」

「電影叫《迎春花》？」悠紀子。

「不錯。」嵯峨。

「甘粕到了放映室還是對那些作家訓勉一番。說什麼『迎春』就是迎接春天，現在剛好是春天。『希望大家開春順利，建國萬歲』。那知道電影一放完，大部份人都打盹，東歪西倒。甘粕開始有點控制不了自己。」

大家知道溥傑的話無意間刺向香蘭，也都避開她的神情。

「演得不好，害大家睡覺、挨罵。」

香蘭說完，眾人笑開。溥傑：

「甘粕開始鐵青著臉訓話，『到別人家的公務機關作客，就要有作客的樣子，睡成這樣，難不成要我設個鴉片榻給你們躺？』說完就走開。作陪的部長趕緊安撫客人，深怕他們缺席隨後舉行的晚宴。」

「我相當了解甘粕的脾氣，我也知道只要我們的李香蘭在，那些客人是不會睡覺的。」吉岡向大家舉杯，把場面再圓一下，「啊！對了，我們就請小蘭唱一首吧。」

香蘭表示要唱新歌〈迎春花〉時，悠紀子隨即坐到旁邊的鋼琴旁。香蘭走到鋼琴旁，先故做嬌羞背對著大家，舉座笑了起來。前奏響起，香蘭隨後唱了兩句才慢慢轉身，面對大家。她先唱日語，再唱華語，歌聲依舊清麗，唱到「旅人襟上，迎春花」快要收音時，三格格韞穎但覺一股感動上湧，有些泫然欲泣。另一方面，總理張景惠是第一次聽到香蘭唱歌，皺紋深重的大臉爬滿了憂思。他想到自己半生戎馬，如今撈到了傀儡總理的名位，多少應驗了古人所謂的出將入相，但壞事、醜事做了不少，也想到了被自己派人秘密處決的四太太。放她一條生路不很好嗎？不就成就人生的一首歌了嗎？當初氣炸了才這樣做，但氣消了，神經鬆弛了，後悔就像鬼魅一樣，永遠跟著不放。

恢復元氣的吉岡領著大家向張景惠總理舉杯，張總理才從惱人的憂思中轉醒過來。張景惠雖然是中國人，權力有限，但貴為總理，如今光臨，吉岡還是覺得顏面有光。一碗一碗像是粉絲，白裡點點紅的熱湯端了過來。這是燕窩湯，香蘭喝過一次，雖然不喜歡那種腥味，但聽說喝了可以養顏也就吃了。吉岡：

「這燕窩是駐馬來亞的山下奉文中將寄過來的，陛下那兒，他也寄了不少。」

聞知碗中物大有來頭，大家的啜飲添加了幾分謹慎。吉岡繼續說：

「那些士兵也可憐，好好的日子突然沒有了，硬是拉到五六千公里外的叢林作戰。」

「以前跟著雨亭，也就是張大帥，他帶兵作戰的時候，政局常變化，軍隊也就時常改組，部隊一重編，有的人吃不了苦，領了錢就走人。當時軍紀也不嚴，領了錢，前腳走了人，後腳就到敵營報到。」

張景惠輩份高，官做得也大，日語講得很慢，大家只好洗耳恭聽。張景惠親日早為人知，所以在日人面前談起被日軍炸死的張作霖，一點兒也沒有疙瘩。吉岡誇他觀察入微後，他繼續說：

「日本軍隊嚴格，軍紀嚴，一旦被徵召進去，只有拚命向前了。就拿山下奉文將軍來說，不管是他自己還是部屬，現在派到這麼遠的地方，自然很苦，但更要堅守崗位。」

「我除了前幾年加入察哈爾兵團奉命到內蒙古打了幾個月的仗外，一直就沒有指揮權。跟戰爭沒緣也好，免得陷入裡頭，對戰爭又怕又愛，想求取戰功，又怕部下死太多……」吉岡停頓了一下看向潤麒，「你在日本軍校待過這麼久，你對日本遠征軍有什麼看法？」

「因為訓練有素，派到戰場，一開始會很順，所以山下的軍隊兩個月就拿下馬來亞。但兵老師疲。」潤麒把這句中國成語用日語解釋了一下，「等到那時候，對方的戰力成熟了，那就慘了。像中國長江中游長沙一連好幾次對戰，一次雙方都死了好幾萬。一次好幾萬，加總起來是十幾廿幾萬家庭的破碎，好幾十萬母親的痛心絕望。」

潤麒以華語述說，輔以日語，說得欲罷不能。語畢，知道自己說過頭了，在短暫的沉默裡，大家主動在體內滅火，切斷戰事敘述在心頭的回音。菜繼續上桌，吉岡有些尷尬，只好向大家舉杯。他深覺日本當初見好就收，守著滿洲好好建設，他的溥儀自然會做得自在一些。他即使仍然是一個形式上的皇帝，但隨著人民生活過得好，漸漸就會有一些實權。20 幾年前歐洲大戰，日本趁勢崛起，現在希特勒攪亂歐洲，不就給日本再次崛起的機會。可惜上了車，不知道下車，現在戰事從中國延伸到東南亞，和美國也卯上，不就走上了 20 幾年前，發動、擴大歐洲戰爭的德國最後回不了頭，只能失敗收場的老路嗎？

「山下奉文還是少數幾位對陛下有感情的日本將領的一位。」溥傑所指的陛下自然就是他哥哥溥儀，「去年 12 月他調離滿洲，特地向陛下辭行，還滿感傷的。」

吉岡點頭表示同意，三格格韞穎直視溥傑：

「哥！別忘了他在盧溝橋事變後，在北京城南也殺了不少中國軍民。對日本的政治人物和軍人，不要有什麼評論。」

溥傑本來想說，戰爭就是這樣，為免陷入爭執，不再開口。吉岡聽不懂華語，不知她說些什麼，但知道她對溥傑的話有意見。相處了這麼久，他知道溥傑和他諸多妹妹，只要一方挑起了異見，另一方一定淡然處之。他們一方面不想讓別人，尤其是日本人看笑話，一方面在溥儀託身日本軍人的江湖無奈中，對許多敏感的事務或話題，還是相當謹小慎微。

吉岡看著秘書小張從樓梯口出現，隨即快步走過去。小張：

「報告吉岡參謀，宮內府來電。」

「好，我去房間接。」

吉岡走後，吉岡初子也跟著過去。潤麒看著舅子溥傑，用華語說：

「你想進建國大學大學院的事怎樣了？」

「陛下是同意了，但他反對。」溥傑指著吉岡的座位，「他認為那所大學學風還沒清洗乾淨。」

張景惠皺了一下眉頭，他想到還在日本早稻田大學讀書的愛子，擔心他也會走上這條路。他去日本前喜歡讀中國左翼作家寫的小說，小小年紀就學會了俄語，也喜歡讀布爾什維克作家寫的作品，到日本讀了三四年，思想似乎有比較淨化些，他看著身邊的老婆徐芷卿：

「紹紀的春假快到了。」

「可能再過三四天就回來。這次還是叫他到你辦公室實習？」

「當然，過去春假或暑假，他來我那兒當俄文翻譯，成績都不錯。」

「是啊，日文也可以請他幫忙。」

「國務院通中日文的年輕人不少，他的俄文才能才顯得珍貴。」

總理和夫人聊起的同時，潤麒想起去年年尾一批建國大學學生涉嫌反日或加入共產黨被捕的事，想，溥傑剛剛提到的學風還沒清洗乾淨一事應該就是指這種學生還殘存校園吧。溥傑：

「吉岡認為要繼續深造不如回日本陸軍大學研究部。」

「已經決定了？」

「今年已經來不及了，到底要讀那一科，明年再決定。」

「既然吉岡將軍這樣說了，就照他的意思。」韞穎不快的眼神從哥哥溥傑拉回後笑著小聲對著鄰座的香蘭：「凡事都是將軍說的算。」

香蘭別有會心，把這句話直接套在吉岡常說的「陛下可憐」這句話，直覺吉岡說話語帶權威，康德常須領受他父權式的教誨，才顯得可憐。吉岡在妻子初子的陪同下走了出來。大家眼睛一亮，剛剛厚毛上衣、背心的裝束突然變成絹製的長袍馬褂。

「陛下召見，恕招待不週。進宮服務最累了。」吉岡看著大家投射過來的目光，「這件馬褂是陛下賞賜的，說晚上晉見不必太拘束，穿這件比較舒服。」

吉岡下樓走了，剛剛大家討論的大學經還在吉岡初子腦裡盤旋，她憐惜地看著正安靜吃東西的悠紀子：

「我這寶貝女兒在家裡閒了三四年，最近要回學校了。」

大家同感吃驚，香蘭也沒聽她提過，看著她噘嘴繃臉的模樣，知道她不想讓人知道。嵯峨浩親切地俯向她：

「建國大學？」

悠紀子淺笑搖頭。

「新京法政大學文學科。」吉岡初子代為回答，「她不想讀政治或法律，就讀文學科，以後傾向於做政治人物的秘書一類的。但畢竟是慢了三四年，她心裡很矛盾，禁不起她爸爸的催促……」

悠紀子自認的糗事被媽媽攤了開來，承受的壓力大減，臉孔抬起來後向在座賓客擠出有些困窘的笑容，眾賓客見她神色恢復得很快，紛紛報以鼓勵性的微笑和加油聲。

「上一任的日本外務大臣松岡洋右……」香蘭一語既出，立刻吸住大家的耳朵，「他的公子也是慢了三四年才讀大學，現在已經畢業了。」

「是嗎？他讀什麼學校？」

「東京帝大法學部。」

「那不錯嘛！」

隨著初子的輕嘆，大家開始討論日本當今的外相，有人不曉得豐田貞次郎只幹了三個月，早由東鄉茂德接手了。女賓比較關心松岡洋右的子嗣，但所知有限，討論也不多。悠紀子常聽香蘭談到松岡謙一郎，但知道他們聚少離多，感情才剛有些發酵便停滯了，所以從沒向父母提及此事。

吉岡初子見許久沒上菜了，桌上湯冷菜殘，於是叫悠紀子到廚房一趟，待悠紀子回來，女侍也提著一大盅人參雞湯來了。大夥喝了一點雞湯，韞穎開始向香蘭探詢拍電影的事，擔心吉岡初子母女聽不懂，感覺被排斥，香蘭努力把語言導回日語：

「接連和東寶、松竹合作，故事的背景又拉得很遠，這幾年一年都只拍兩部，有時客串一部，滿映同仁一年拍五六部的大有人在。」

「他們都是速戰速決。」韞穎。

「對。好像工廠一樣，有時同時軋兩部戲，第一攝影棚拍完馬上趕到第三攝影棚。對滿洲電影來說，這也是一個榮景，表示滿洲社會到目前為止還算穩定。」

韞穎領會了香蘭的話中話，她知道任意擴大的戰爭遲早會反噬回來，只是現在說什麼也不是：

「最近有什麼拍片計畫？」

「理事長甘粕希望我拍一部滿映自己編導，全是滿映演員的電影。這是個方向，當然劇本還沒有著落。」

「實在很期待呢。」

韞穎說著敦請香蘭唱歌。在悠紀子的伴奏下，香蘭唱日文歌曲〈旅愁〉，歌畢，同樣的旋律，香蘭改唱李叔同作詞的〈送別〉：

「……天之涯，地之角，知交半零落。一瓢濁酒盡餘歡，今宵別夢寒。」

香蘭歌畢，旋律和詞意仍在每人，尤其是女士心中迴蕩，而懇請再唱一遍。香蘭於是把日中文歌曲再唱一遍，歌聲再次觸動每個人悲歡離合的經驗，每人都耽在離愁當中，感受愁緒漸漸轉成對和平的呼喚，尤其是溥傑、嵯峨浩和潤麒、韞穎這兩對夫妻，想到自己的稚兒，想到那無人能撼動的戰爭機器，想著那無分貧賤富貴，都將隨之玉石俱焚的戰亂，也只能無語問蒼天。大家持續聊天，香蘭再獻唱一首，接近尾聲的宴席見主人回來了，又振奮了起來。吉岡一派輕鬆地向大家敬酒，連聲向張景惠總理夫婦說抱歉，表達對突然離席的歉意。張景惠：

「既然皇上召見那就去了。他性子急，我們都知道。」

吉岡把溥儀的話轉達給張景惠，兩人就皇宮和內閣一些問題交換意見。同桌賓客自然和鄰座小聲聊開，避免給人傾聽國政的感覺。張景惠：

「上回面聖沒有談得很盡興。很希望再次進宮給皇上打氣。」

「這個我來安排。」吉岡隨即面向大家，「剛剛陛下召見，原來是要我吟幾首詩給他聽。但我不學無術，沒有好好記下幾首詩，只好獻唱一首軍歌，但也只能唱一段。要不要我唱一段給大家助興。」

大家鼓掌表示歡迎，少將也就慷慨赴義般地唱將起來：

「既是男子漢，有何留戀，且看我敞開胸懷，不必流淚。既是男子漢，我將馳騁天際，盡情遨遊……就像那櫻花飄落，灑脫自在……」

唱完大家叫好。在座眾人中，香蘭唯一沒正式和溥儀見過面，但對他的傳聞聽了不少，她很好奇有點木頭人的他聽到這首歌時會有什麼反應。

「這兒的櫻花飄落是指軍人的陣亡。我覺得不用在這方面多作文章了。好像我們國家的軍人死不完一樣。這首歌調子很雄壯，很有精神，歌詞大致不錯。但不必然非用在戰場上不可，歌詞稍做修改，用來鼓舞初出社會的人，提振學生的精神，也非常好。」

嵯峨浩說完，吉岡擊節稱賞。這些年來，他和這些皇族貴胄建立了關係，絕不允許戰爭的煙火走上宴桌，只要發現火苗，立刻撲滅。他也不能敵視中國，這樣做也會間接傷了滿族貴客的心。經過這幾年的調教，他自覺早已厭戰，他也相信老友，國家主義者甘粕，經營電影事業久了，也已走上厭戰這條路。

「歌就是歌，也不用想得這麼複雜，不用做太多的聯想。剛剛將軍唱的〈既是男子漢〉是非常快意恩仇的歌。我認為我們中國最典型的這方面的詩歌不在唐宋，而在現代。」溥傑眼神從妻子嵯峨浩移向妹妹韞穎，「妳還記得嗎？現在南京的汪兆銘主席在他的民國前兩年刺殺咱們的父親失敗被抓，在牢裡寫了一首長詩，其中四句最有名：慷慨歌燕市，從容作楚囚……」

「飲刀……不對，引刀成一快，不負少年頭。」

韞穎知道哥哥保留後兩句要她說出，她稍有遲疑說出後打開了塵封的記憶。她印象中汪兆銘的口供是：原來是要刺殺內閣總理奕劻的，但沒有機會才改打他父親攝政王載灃的主意。

「妳看，妳都還記得。」

溥傑說著對著吉岡一家，夾雜一點中文把這四句解釋了一遍。吉岡：

「in dau tsen i kuai，被砍了頭，但覺得很痛快，比我唱的〈既是男子漢〉壯烈。可見汪主席聰明過人。」

溥傑含笑收納了吉岡的意見：

「我們不用去考究汪兆銘先生當初寫這首詩的行為背景，不用管他的動機。這四句就是非常成功的一首詩。剛剛將軍唱的〈既是男子漢〉也可以這樣想，想唱就唱，不用想這麼多。這首歌尤其適合男子，尤其是軍人唱。將軍有興趣，不妨多練習，以後大家聚會時可以拿出來，不要每次都勞累李香蘭小姐……」

「小蘭，妳覺得怎樣？」吉岡。

「基本上我讚同溥傑先生的說法，不管它的歌詞怎樣，儘管唱，音樂流過心境，歌聲經過喉頭，心靈就會被洗滌一次。將軍喜歡唱，就繼續唱，唱出自己的招牌歌也不錯。」

「感謝大家對外子的鼓勵。」吉岡初子和丈夫四目交投後再轉向大家，「他剛學畫的時候，也在想，軍人畫畫？好像有種不正當的感覺。不過一直畫了下去，終於博得彩筆軍人的美名，不正當性不知不覺消失了。剛剛聽到各位對外子的期勉，我就想到畫家落合芳幾和月岡芳年合作創作，看來非常殘酷的繪畫〈英名二十八句〉。那些血淋淋的英雄殺妖怪的作品，第一眼看起來很嚇人，但都是畫家畫的，打從心裡喚起這是藝術品的感覺後，心裡的接受度就大多了。」

「妳扯到天邊去了。」吉岡。

「我只是想用來襯映你的那首歌。這種血淋淋的畫是藝術品，那你剛唱的〈既是男子漢〉就更加沒問題啦！」

「既然這樣，那我就要更加練習，至少皇上喜歡聽。」

張景惠夫人徐芷卿原本對溥儀的宮闈抱持很大的興味，但很難啟齒也很久了。長年以來，她對皇后婉容和溥儀能否復合，早不抱持希望，但她深切同情，也喜愛婉容，直覺她的美是這個王朝餘暉中最美麗的花朵，但自從這朵花沾染了鴉片，形銷骨立，讓她不忍直視，但她也沒多少直視溥儀的另一老婆譚玉齡。譚玉齡號稱祥貴人，近年徐芷卿每次和夫婿進宮，都由她接待，她待人和氣，舉止嫻雅，但那張尋常見的臉，怎麼看都無法替代婉容的容貌。再說，她被引進宮，主要是用來懲罰婉容，長年在宮中被婉容嫌厭，也不會心生一點慧根，絕塵離去。為此，譚玉齡再怎麼賢淑，徐芷卿都只是跟她虛應故事。再來，溥儀，被公認為不能人道，甚至被懷疑是否被淨過身，對此，徐芷卿沒有特別挑剔。她總認為不耽溺於人之大慾，反而更能開展人君的氣度。但她在他身上看不到這種氣度，於是把他當成怪癖很多的男子看待。徐芷卿：

「陛下最近身體好嗎？」

「好多了！他現在和我對打網球，和我勢均力敵，有得拚了。」吉岡看著大家存疑的眼神，「他進步很多，技巧很好，算是高手了。」

少將這一招有了一點效果，但韞穎伸長脖子，嘴唇貼近香蘭耳朵：

「他言過其實，兩三個月前我才看過他們對打。哥哥沒接過幾次球，少將作球給他，他也接不到。」

「哦。」

「我的意思是，他不可能進步這麼快。他們打球，哥哥一向不讓外人看，就是我在看，他也不太高興。」

「好像不太有自信。」

「好像也是自尊，面子問題吧。」韞穎用華語明白地講開，不再替哥哥遮掩。「將軍要他學滑冰，他就是不敢穿著冰鞋走進溜冰池。」

「滑冰不難學，會了後樂趣無窮。那他可惜了。」

38. 劇組南行 遇泰次郎

香蘭繼上禮拜在滿映大養成所主講以她和東寶、松竹合作拍片為主題的「我的跨域演出經驗」後，這次她主講的「我的跨域舞台經驗」也在養成所位在第五攝影棚的教室博得滿堂彩。

香蘭「我的跨域舞台經驗」是以「舞台實務」講師邀請的方式在課堂上開講。為了這堂課，牧野部長請了不少職員和香蘭一起討論，最後訂下講授題綱，內容以在東京滿洲資源博、阪神大東亞博、台灣巡演和東京日本劇場演出為重點，收尾時再帶上各地的勞軍演出，講得可謂高潮迭起。特地前來旁聽的甘粕也心有戚戚焉。

課程結束，甘粕把她叫進大教室旁邊的講師休息室：

「聽妳講述這段演出的艱辛過程，我覺得這部新戲由妳演出最適合。」

「哦！」

「不再和內地電影公司合拍，是滿映自主拍攝，男主角也不再是日本男星。」

「那好啊！我對於自己一再演出那種對日本男子由恨生愛的中國女性也頗感厭煩。演出那種電影也被一些中國朋友嚴厲批判。」

「拍周曉波寫的《黃河》，等於是由他自編自導。黃河，yellow river 妳知道吧？」

「知道。時常氾濫成災。」

「這就是他寫作這個題材的動機。妳如果要演的話就要到黃河偏遠的現場，沒有高級飯店，可能要住簡陋的民房或軍營。這是另一種艱辛，和妳過去演出時，住宿條件好，但演出勞累的艱辛可不一樣。妳要多想一下。」

「我願意。」

香蘭爽利脫口說出，但心裡還是有些搖擺。這三年來她一直扮演出身良好，但終於淪為日本人玩偶的中國女性，心裡頭的反省逐次加強，被甘粕這樣一問，反思的力道遂變成反彈蹦了出來。她瞄了一眼甘粕認真看她的眼神，整理好心情後，意志堅定了下來。

「那好。」甘粕拿起旁邊的電話聽筒，「牧野部長，……」

甘粕掛下電話，隨即走出休息室。香蘭快步跟上，走出攝影棚後進入廊道。甘粕不習慣和人並肩走，個子不高，但腳步急促，鞋底撞擊地板，噴發權勢的咯噔聲深入人心。碰到轉彎時，他會稍稍回頭看香蘭一眼，香蘭也喜歡跟著走，免得並肩感覺彆扭。甘粕回到辦公大樓二樓理事長室時，牧野部長和周曉波已經在門口外面秘書人員的座椅上等著。甘粕請三位部屬入內後，隨即進入自己的辦公室。四人落座沙發後，甘粕啟動話題，周曉波用慢一些的日語把寫作和拍攝《黃河》的動機報告出來。周曉波語畢，甘粕看向香蘭：

「四年前，蔣介石的部隊炸毀了鄭縣北邊的花園口堤防。然後……」

甘粕一時語塞，示意周曉波接續講。曉波：

「當時四月份，黃河中下游是雨季，堤防被炸後，滾滾黃流一洩千里，直奔淮河流域，淮河支流多但水淺，容納不了這麼多水，黃河的水從河南、安徽，一直竄到江蘇省的長江。聽說中國老百姓死了將近 90 萬人，近 400 萬人流離失所。」

「蔣先生為什麼要這麼做？」香蘭。

「目的是要阻擋日本軍隊。」

香蘭一時語塞，接不下話題。甘粕繼續說：

「幸好現在日本軍人已經將堤防修好了。農民生活也已恢復原狀。」

「那很好嘛。」

香蘭聲音微弱，有些嫌厭地判斷即將面臨的是中日兩國之間糾葛不清的題材。甘粕把願意擔起重任的周曉波嘉勉一番後，示意他把劇情大要講出來。周曉波：

「故事的重心，一個佃農家庭，他們負債累累，不得已把麥田抵押給地主，一開始麥田收成正常，還了一點債給地主後，懷著幾年後把債還清收回麥田的夢想。可是好景不常，戰爭來了，緊接著戰敗的一方炸毀堤防，水淹漫漫，農民家園被沖走，一家大小流離失所，眼看沒法耕作，也就無法還債，麥田面臨被地主沒入時，日軍和皇協軍開始修建堤防，佃農和地主盡棄前嫌，共同加入助建堤防的行列。我故事裡頭的女主角是佃農的女兒，自然也撩起衣褲把石頭投進河裡。……」

「日軍真的幫助農民修建堤防嗎？」

香蘭說著張開有些同情的眼光看了周曉波一眼，曉波並非演員出身，雖然同屬製作部，但香蘭和他不熟，只算是點頭交。不知覺間看見他日語進步這麼多，很替他高興。香蘭擔心他為了演出國策電影，虛構了這種情節。

「劇本寫的確實是實情，我兩年前和牧野部長、攝影谷本精史兄到現地採訪，當地農民親口說了這個故事。協助修建堤防的也有中華臨時政府的軍隊。」周曉波臉色一沉，「在中國歷史上，河南是很特殊的存在，時常鬧水旱災，甚至蝗災，幾年前蔣先生下面的省政府和湯恩伯的軍隊到處徵兵，要求納糧，十分擾民。日本軍隊來了，發放軍糧給災民，老百姓反而鬆了一口氣，甚至幫他們帶路追擊國民黨的軍隊。」

「我看這本劇本，確實感到周導的用心，在描述軍隊的時候，既不偏中國軍方，也不全然偏日軍，不然會沒有人看。表達最困難的情境就要看編劇或導演的藝術功力了。」

甘粕說著向曉波意味深長地笑了一下。

「我確實想了很久。最後想通了，就是書寫事實，不偏袒日本軍隊或中國軍隊，在劇本呈現他們的實際作為，由觀眾評論。」

周曉波說完，甘粕頻點頭：

「牧野，你看呢。」

「周導確實用對等的距離看待兩國軍隊。兩軍作戰的殘酷，他也描述得很生動，就像史家一樣。」

「中國歷史上是三年一小亂五年一大亂，我也希望用電影教育觀眾，讓他們用歷史的角度看待這兩支交戰的軍隊，甩開民族的情緒，就像看到兩支古早以前對戰的部隊。最後貼近民意的自然就得民心。」

周曉波說著乾笑了兩下。

「難不成又要我演巴著日本軍人的中國女子嗎？」

香蘭難忍心中的焦慮，脫口而出，三位男士都笑了起來。

「安排您的角色時，我也想到了這一點。在這個故事裡頭，農民自成一個世界。不管是日軍或華軍都像是遠山或近雲，只在片頭片尾和農民發生一點關係，妳演佃農的女兒，中間隔著地主，和日軍離得遠遠的。」

周曉波說完，香蘭放心了一些，但也體察到了周曉波的痛苦，任誰都知道日軍侵華急又猛，斬殺無數，炫耀著血紋的武士刀公然示人，讓人不寒而慄，但在日軍來之前，中國內亂頻仍，政客、軍閥魚肉百姓，確實讓人反感，當反彈力道夠強，剛好碰上日軍施以小惠，百姓對自己的軍隊倒打一耙，確有可能，但這也只是一時集體情緒性的反應，百姓終究還是要回歸民族本位。曉波抓住了這一點，或許不是……，或許他只是被授意撰寫。曉波剛剛不是說過了嗎？兩年前和牧野、谷本一同前往河南取材。他所寫的應該是四年前參與河南戰役，體驗民眾倒戈的華北佔領軍出示的題材。佔領軍要求滿映表現這種題材，曉波雀屏中選，是他幸運？或許是不幸。

香蘭替曉波設身處地，從而想到自己：演了這麼多日滿親善的電影，但譽之所至，謗亦隨之，如今實在很想擺脫過往由憎生愛的角色輪迴，才毅然出演農家女。以前她拍中日親善電影，沒有人責備編劇或導演，現在風水輪流轉，如果她真的演出一個沉默、隱忍的小角色，可預見的，不致招來太多責備，但身兼編劇和導演的周曉波必將承受來自國人排山倒海的非難。

寫這種劇本確實太沉重，她倒希望曉波站穩腳跟後寫些風花雪月，甚至像兒玉一樣寫些神話的劇本。現在曉波既已妥協，那就好好寫，筆路寬廣，聲勢建立起來後，不再被人左右才是正道。她兀自這樣想著時，甘粕說道：

「我請教過朱文順，他說中國人一向把戰爭當成洪水猛獸。」

「黃河氾濫時，確實像一場戰爭，但黃河大部份時候還是平靜的，灌溉的利益一直非常大，是一支很正向的部隊。」

周曉波說著，甘粕大聲笑開，似乎帶著幾分訕笑。甘粕靜靜看向牧野：

「國務院總務廳一直抱怨我們一直拍，套句中國話，風花雪月的電影，我又得把娛民、啟民電影那一套論述搬出來向他們解釋。這兩種電影分類也不能像刀切豆腐那樣截然分開，啟民電影中也有娛民的味道，反之亦然。像李香蘭演的日滿親善電影都是。」甘粕向香蘭點了一下頭，「現在《黃河》也會在日本向外開拓的電影史上留下印記。」

「不過自從你上任後，總務廳新聞處的關切就少了許多。」牧野。

「是他們……但也不能怪他們啦！他們也是聽命行事。當初我只是協助東京的那些頭頭建立滿洲國。滿映也應該是按照那種背景建立的。本來日滿親善，進而融和是有可能的。日本本來會因為有了滿洲而改變命運。現在和中國的戰爭亂了滿洲的局，何況又加了太平洋大戰……」

甘粕理事長這樣向牧野抱怨也不是第一次了。牧野幾乎可以看透老闆的心意：第一次犯案，收穫不錯，見好就收，很可能不留下痕跡，全身而退。但大案一而再，再而三犯下，根本不可能脫身。甘粕繼續說：

「牧野，你看如何是好？」

「只能盡力做，做一點算一點，現在戰爭實在是搞得太大了。好像黃河氾濫，四顧茫茫，顧自身的安全要緊。」

…………………………………………………………………

從新京出發前往黃河流域是一段遙遠的路程。在新京搭乘燕子號特快臥鋪列車，《黃河》劇組 20 幾人一夜好眠抵達北京。北京入夜後轉乘平快車，沒有臥鋪，一行人連同大大小小的工具箱佔滿半個車廂，列車速度也慢了許多，大家開始了艱辛的日子。大夥坐在硬直的座位上一夜難眠，有的打了瞌睡醒來後，心焦地等著黎明的到來，有的熬了一整晚，一覺醒來，晨曦剛好升起。沐浴在晨光中的赭紅、削直的山壁，隨著車行一片片裸露在蓊鬱的山林當中。編劇兼導演周曉波向大家宣告，已經通過石門市區，行程還有一大半。

列車在麥田、山林間搖搖晃晃，陽光從和煦到赤熱，豐茂的農田帶著幾分荒蕪，沒有麥草遮蔭的田地被陽光曬得乾裂、眩目，把灼亮的陽光反射到車廂內。五月下旬的太陽十分熱，車廂沒有遮陽布，有人克難地在窗沿掛上衣服，或用衣服、報紙遮罩身體。同行的徐聰打開皮箱取出衣服覆頭，但劇組沒人跟進，香蘭任憑烈日灼身，但心思不動，驅除了一些熱意。

想扮演中國的農婦就得先過那種生活，列車靠站，小販上車，編導周曉波張羅了一批饅頭和包子，香蘭和雅子選擇饅頭，食用時喝一點水，以前常吃的大餐，不久前才享用過的宴飲，彷彿是很久遠的事。赭紅色，裸露的山壁越來越少，也越拋越遠。車窗外的景色越發單調，樹木漸少，地平線也拉得更遠。隨附在山林邊的草原消失後，展現了乾涸、淡黃色的大地。快速擴展的乾黃土地吞沒所有的綠意，新近被洪澇淹沒的大地像是一望無垠，烈日蒸騰，處處龜裂的黃海。農田難得看見農夫或牛隻，大自然和車廂內的旅客無精打彩，車輪聲聽起來也是有氣無力。

車廂外附設觀景陽台，陽台前方是幾節低矮的貨車車廂。一名全身汗濕，肩著一支步槍，背包放在椅邊的日本兵坐在小陽台的折疊椅上。除了劇組人員外，車廂內都是中國農夫或鄉下人，由於酷熱，香蘭和雅子很少講話，恐怕同車旅客都以為她們是中國人。香蘭看著那位士兵的背影，可能是迷失而落單的士兵吧，急著要回原單位報到，才一個人冒險搭乘滿是中國人的列車，然後低調地坐在車廂外。士兵褪了色的軍服迎著熱風飄動，散發了汗味，也牽動了香蘭心中的一點涼意。雅子：

「有阿兵哥在，比較不用擔心了。」

香蘭聳聳肩，向她使了眼色，片刻才低聲說：

「才一個人？」

「好像是。」

「如果有人起哄的話，大家都不妙。所以不要刺激他。」

香蘭上完洗手間回座後，本想閉目養睡意，士兵的背影還是讓她放不下。或許他是負責車廂安全的，也就是說，其他車廂也有士兵，表示這一帶的日佔區並不平靜。她有些擔心，想跟周曉波或攝影谷本精史交換意見時，一輛列車捲起滾滾沙塵粗暴掩至。兩列列車錯車時，強風挾帶沙塵撲了過來，士兵脫下帽子隨即轉頭，香蘭嚇了一跳，立刻離座快步趨前：

「你不是……田村先生嗎？」

香蘭再看一眼，眼前這位理光頭的士兵確實就是作家田村泰次郎，依然是大塊頭，只是脫下軍帽後，豐茂的頭髮沒有了，皮膚變黑了，也被戰爭磨得瘦了一些。田村和香蘭都不敢相信眼前的一切，驚訝和激動哽在喉頭，一時說不出話來。良久，田村：

「大概心裡長久有這種期盼，所以今天有這種奇遇。」

「或許。」

「像是那一年，該是三年前吧。我期盼妳來東京，結果真盼到妳了。」田村現出記憶突然湧現的神情，「兩年前吧！妳到諏訪町我新搬去的家找我。我不在，我媽也告訴我了。」

兩人相逢爆出的驚情和日語對話，確實引發不少矚目。田村肩著步槍提著背包跟著香蘭走進車廂，雅子讓了座，周曉波和谷本精史把座位掉頭，香蘭給他們做了介紹，隨後又日語夾著華語呼喚著附近的夥伴：

「周凋大哥！孟虹！張奕！王宇培大哥……，你們還有沒有印象，三年前日本大陸作家懇談會來拜訪，這位田村先生和我們一起聚過餐！想想看！」

周凋表示沒有印象，王宇培說，似曾相見。

「我記起來了。這位大哥身材最魁武。我印象很深刻。」孟虹後一句用日語表達，隨後看著香蘭，「我記得妳和他在沙發組那兒討論過事情。」

佔據車廂近半空間的劇組人員，在這枯索、沉悶的車廂裡面，透過華語、日語，或不成熟的日語迸放出一股活力，頗引發其他乘客的注意，有人認為是在汪精衛政府任職的一群人，有人認為是媚日賣國集團，但都默默承受著心裡的不愉快。另一方面，有了國人－即使親日也罷－的緩衝，那些乘客對這名日本軍人的懼怕，大大地降低了。周曉波借助手勢用日語向田村報告此行的目的。田村泰次郎：

「實在很羨慕你這種時候還可以創作劇本。我現在被迫中斷寫作，不然我也有很多小說可以編成劇本給導演玩。」田村轉頭望向香蘭，「或許也可以請李小姐演女主角呢。」

經由香蘭問起，田村簡單交代應召從軍的經過後說道：

「訓練過後就被調到中國鄭縣附近，駐在深山裡頭兩年多了，這場戰爭真令人討厭，快受不了了。」

「在河南比較好些。如果在漢口、長沙，也就是長江中游一帶就累了。」

谷本說著，田村默默地點頭，香蘭側著頭審視田村的側顏：

「你一個人出來？」

「當傳令，代為傳達命令給北方的一個部隊，現在完成任務，準備回去。」

田村說著，香蘭不捨地問：

「一個人落單，又搭乘滿是中國人的車子，實在太危險了。」

「這畢竟是中國。如果是在非洲，即使你跟這個部落沒有交戰，沒有瓜葛，但一旦你現身他們之間，可能就被他們剝光吃了。」田村抑制住浮動的憂喜，神情淡定，「這兒雖然是日佔區，但氣氛輕鬆，我一個人買票上車，買東西吃，和在日本鄉下一樣。」

「你這樣大搖大擺在外面閒逛，感覺很浪漫呢。」

香蘭說著，大家笑了起來。香蘭繼續問：

「為什麼是你，誰派你出來？」

「大概是看我年紀大，做事比穩重吧。」田村看著谷本精史，悵然若失，「年紀的確太大了，比小隊長和分隊長都還老，但也只能仰人鼻息。」

「不好意思，您貴庚？」谷本。

「31。」

「30 不就免役了？」

「我 29 歲被徵調。」

「可惜。」

列車到了新鄉，上下車的旅客不多，演員張奕提著水桶給每個人的杯子或水壺添加一些水，田村知道自己下車的站快到了，大家繼續聊，過了一個小站時，田村從口袋取出紙條核對了一下，過了兩三分鐘，他表示要下車了，站了起來背起背包和每個人握手道別。看見日本兵有禮貌地和人握手道別，同車的其他旅客寬心了一些，也比較放心地對他打量一番。

香蘭跟著走向走道。列車繼續搖擺，欲止還行，兩人乾脆走進小陽台扶著欄杆。田村：

「在營地裡，大家渴望有明星前來慰勞，所以常談到妳，大家都流傳說妳是日本人？」

「是的。」香蘭於是把公司配合國策的事簡單交代出來，「現在知道的人越來越多了。」

「滿映找不到適合的滿洲姑娘，但急著塑造一個代表，所以找上妳，然後妳就代表滿洲參加東京和大阪舉辦的兩個宣揚日滿合作的博覽會。這個我可以理解。國家有需要，個人只好犧牲。」

田村看著自己一身軍服和裝備苦笑了一下，半晌：

「有時想想不知該說什麼時，殘存心裡的驚奇還是這麼鮮活。真是奇緣。這印證你我友誼會一直延續存在。友誼和男女之間的情愛是不一樣的。」

香蘭心頭一震。她直覺兩三年前在東京會面時，田村有意追她，但這念頭早就被大環境的動蕩滌淨。如今重逢，他心裡激起的不再是情愛。田村繼續說：

「走過了青少年，現在竟然當兵打仗。我深覺男女之間的情愛就像是革命，改朝換代，後妻，或新的女朋友，一定把前任當成被推翻的一位。對於男性來說，男女之間的整個過程常常是不連續的、斷裂的。只有中性的友誼才能細水長流。」

「不愧是作家，你說得太好了。」

「我們待會就會分手，我相信軍中同僚一定很驚異我今天遇見妳。我說了，他們可能不相信，可不可以給我一些證明。」

「哦！」

香蘭腦隨口動，立刻轉身回車廂。車窗外的谷地逐漸擴大成平野，房舍漸多，小鎮逐步成形。田村看著和軌道平形的黃泥路，凝著在灼熱的路上踽踽獨行的農婦。香蘭回來了，遞給他幾張簽了名的照片。田村看了一下照片：

「大概地點寫了，日期也簽了。實在謝了。」

「這是這次演出的劇本，把照片夾在書裡，比較不會折壞。」

田村看著香蘭手上的書，把照片交給她後，卸下背包，香蘭很快把幾張照片夾進劇本。田村把劇本塞進背包，再背起背包。兩人無言地看著火車慢慢進站。車站很小，只是一間房舍，上下車的旅客也只有四五位，田村下車後在月台望著站在小陽台上的香蘭繼續聊。香蘭要他給媽媽寫信，田村回以也會寫信給她。站務員走向田村取走他的票根後，田村還是繼續找話題聊。站務員對於穿旗袍的年輕女性和一位日本士兵聊得難分難捨，也感到好奇。列車開動了。

「『何日君再來』兌現了好幾次，再見，希望以後還能『何日君再來』，聽妳優美的歌聲。」

田村的「何日君再來」用華語發音，站務員直覺旗袍女可能是中國人，而日本兵心理上早已卸下武裝。他倏忽心生兩國和平的幻象。田村揮完手從車站旁的小徑走向站前兩旁都是屋舍的道路，列車速度加快，背著裝備的田村也快步逸出站前道路，向著列車前進的方向跑了起來。列車離開車站，已看不到香蘭的田村放慢了腳步，香蘭把頭伸向車外，看著穿軍服的田村被拋遠了，一望無際的大地領有了一切。

39. 遊罷開封 蹭向黃河

列車通過滾滾黃河到了鄭縣，劇組出了車站，大家看了還算具規模的車站，感覺這個城鎮不算太小。前來接應的兩輛軍用卡車已等候多時，谷本精史前往接洽後，劇組全部上車，由於鄭縣街區可讓劇組安歇的旅店不多，加上安全顧慮，劇組人員全部安住師團司令部。這個師團總部騰出一個營房，一名少佐招呼劇組食住。營房昏昏暗暗，大家也累得渾渾噩噩，加上善意的警告，沒有人有心情走出營房，手裡搖著放置床頭的一把折扇，手倦了，悶熱再起，但疲累更甚，每人幾乎躺下沒多久便入睡。

有些人睡得快醒得也快，喝了一點水出去時，才發覺外邊有衛兵，戰戰兢兢上過廁所回來後立刻摸黑上床睡覺，一般人都睡得很熟，被營區的口令和部隊的行進聲吵醒時，晨光已從窗口射了進來。

少佐出現了，在輕聲的指令下，每人都下床盥洗，在一間教室用過簡單的早餐後，一夥人和裝備上了兩輛軍卡。劇組人員低調進出這個營區，軍方不當一回事，滿映演員和工作人員，除了放入背包的一只扇子，對這一夜的住宿也沒留下多少印象。當然負責接待的少佐是少數幾位知道李香蘭身在這個滿映劇組的軍中幹部。他在鄭縣車站向劇組話別：

「李香蘭小姐！妳這次是來去匆匆，我們幾個都不敢宣稱妳的到來，擔心引發軍隊騷動，讓妳無法脫身，但實在希望後會有期。」

大夥搭上東行的火車，車程兩小時不到，但想到到了開封後還要再奔波一段鄉間小路，山高水長路迢迢的壓力還是橫梗心頭。

車窗外是一望無際的金黃麥田，綠樹點點或成行，風沙似乎沒有昨天多，但很少人開車窗，車廂內還是十分悶熱。大夥一邊搖扇，一邊閒聊，很快便到開封。

周曉波和先前一樣舉著寫有滿洲映畫影片拍攝小組的木牌走出車站月台，接應的是一名少佐和四名尉官。谷本精史把攝製團隊名單交給少佐，少佐瞄了名單一眼：

「你就是谷本精史？哦！辛苦了。那導演周……」

谷本目示周曉波走近，曉波和少佐握手，用日語和他寒暄後，少佐大喜，把名單交給皇協軍上尉，請他點名。上尉日語顯然不壞，首先點名谷本和李香蘭，都用日語發音，「likoulan」一出口，那三位日軍尉官都對香蘭使出熱情帶點使壞的神情。上尉針對滿映攝影團說了幾句歡迎的客套話：

「這次貴攝製團受到華北方面軍全力支援。來到開封後，第 13 獨立警備隊……」上尉看了日軍少佐一眼，「完全負責你們的食宿、交通和安全。待會我們到附近的翠華酒家用餐。晚上住宿的金台大旅舍也在附近。……明天中午也在這兒用餐，用完餐開始奔赴拍攝地柳園山……」

皇協軍上尉顯然是替第 13 獨立警備隊的少佐宣達指示，香蘭看著站在一塊的日中兩國的軍官，感覺有些違和。不過他們用日語交談了幾句，一聲爆笑走出車站出口，走下台階後，劇組只好跟著他們前進。站前廣場往左一拐，翠華酒家的店招便進入眼簾。

日本軍官的高筒馬鞋一踏入餐廳，頗引發裡頭食客的側目，待劇組魚貫而入，場面有些騷亂時，食客的好奇更重了。老闆示意三桌給來客使用，五名軍人自據一桌，20 多名劇組人員只好擠另兩桌，桌子不大，少佐向谷本眨了一下眼睛，谷本立刻把遲遲沒入座的香蘭、雅子攬到軍官桌，最後周曉波也被請了過去。

軍官這一桌都會講日語，少佐很滿意。周曉波稱讚軍中聯繫好，讓劇組人員一到達車站就獲得接應。少佐表示這只是軍中繁多情報工作當中非常細微的一項。此外，他也特地慰問李香蘭，對她前往艱困戰區拍片感到不捨。

飯後，日本軍官先行駕駛小軍卡離去，皇協軍軍官把劇組帶到對面的金台大旅舍。金台大旅舍三層樓，不算大，一下湧進20多人，二樓幾乎都住滿了。香蘭和雅子進入房間審視了一下，裡頭沒有衛浴，桌櫃也都簡單，有點破舊。開封算是小城鎮，有個歇腳處就不錯了。兩人把李放好，躺了一下，走出室外，想看看公共衛浴，樓梯口的房間傳來議論聲，門開著，兩人探頭內望，裡頭有幾個人。

「如果你不喜歡這兒的煙味，我給你們換到裡面的一間。」

女侍說著兩眼溜溜地望著徐聰，徐聰看向有些不耐的張奕，很想休息的張奕兩眼無奈地飄向別處，但兩手把一些物品放回行李箱。

香蘭和雅子一伙人跟著張奕、徐聰往走廊移動，徐聰看房間時，香蘭趁機看了一下衛浴。周曉波、谷本隨後也走了進來，談的是利用時間到城區古蹟觀覽的事情。一夥人到了樓下客廳，人越聚越多，大家都對千年前都城的遺蹟懷著高度的興趣。

「老闆向大家敬茶。」

一名伙計叫了一聲，一位五六十歲，顯然是店主的長輩向著坐在沙發上的客人深深鞠躬的同時，三名端著茶盤的女侍徐步前來，兩位把盛著茶水的茶杯一一遞給沙發座的客人，一人遞給散坐周邊，甚至站著的客人。王宇培從沙發站起，要讓位給老闆，老闆從女侍手中接過一個圓凳，坐著面對坐在沙發組的劇組人員：

「你們都是從東北來，要拍電影？」

「是的，我們明天要到黃河邊。」周曉波眼光掃過同僚，望向沙發外的老闆，「我們等全員到齊後想到附近走走看看。」

「你們這麼多人，到站前租幾輛馬車，大相國寺、楊家廟、鐵塔都可以好好看一下。」

「正合我們的意思。」

周曉波說著點了幾下頭，周凋看向老闆：

「最近生意好嗎？住房情況怎樣？」

「兵慌馬亂，那有什麼旅客。」老闆兩手壓膝，抑制自嘲的笑意，「你們算是這一年來最大的一批旅客，但也是從『外國』來的。」

聽到「外國」兩字，有人會心一笑，有人笑到臉紅，難掩尷尬。老闆細審每一人的表情，前幾天皇協軍的軍官向他協調住房事時，他對聽聞中的滿映這家公司有了進一步的認識。他知道，不管是溥儀的滿洲，或是汪兆銘的國民政府，都是仰人鼻息，他在這兒開旅館，或客人在滿映拍片，彼此都是順民，惺惺相惜可也。樓上調房間的女侍走了下來：

「終於搞定了。就只住一天，這麼挑。」女侍無奈地看著老闆，「一開始在二樓樓梯口那間，嫌鴉片煙味太重，搬到裡面，又嫌廁所的味道……」

「現在呢？」

「現在搬到三樓。他們，應該說是那位徐先生也覺得不好意思了。」

女侍說著轉身到櫃檯，處理徐聰換房的事。

「不好意思，我們這兒吸鴉片比較隨便，你們東北就管得比較嚴。」老闆看向外面街道的行人，「我們這邊實在是，隔壁就是官膏店。」

「官膏？」周凋。

「就是賣大煙的，前清時期就設立的，後來由民間籌資承接，店名改來改去。日本人來了，說要禁最後也沒禁，我們還是習慣稱它官膏店……」

老闆說著時，張奕和徐聰下來了，周曉波站起離開沙發，開始招呼出遊團隊。

20 幾人一起走向車站廣場，頗引人注目，周曉波走向馬車隊洽詢時，許多馬車伕靠了過來。幾經討價還價，最後敲定六輛馬車，香蘭、雅子、王麗君和王影英四女同車，香蘭對王麗君和王影英有些生疏，既然現在同戲，這兩天，在車上看得眼熟，現在驟然被「送作堆」，很快就熟稔了。谷本和助理小吳坐一塊，同車還有周曉波，王影英見周曉波拉著孟虹的手，讓孟虹上車後：

「他們倆什麼時候在一起的？」

「也不曉得，一起拍片，上課，上班，很多人不知不覺就在一起了。問當事人，他們自己可能也搞不清楚。」

王麗君回話時，看著香蘭笑了起來。香蘭：

「聽妳們這麼說，我也才知道。」

「我們中國人認為這是好事，要從旁促成或祝福。」

王麗君說著兩手合十，作出虔誠祝福狀。

「是麼？」

香蘭應了一聲，直覺王麗君「我們中國人」這口氣隱含對她身分的質疑，但她一點也不介意，來滿映快四年了，高層雖然曾經宣傳她是奉天名流的千金，但她是日本人的氣氛早已成形，只是大家都不刻意去探究。

這次開封小遊，除了兩人不願出來逛外，六輛馬車坐滿了人，一路朝大相國寺進發。

開封市的古蹟，周曉波兩年前來這兒寫作取材時來過兩次，為了增加這次導戲的親和力，行前他讀了不少有關這些景點的文章，當起導覽有模有樣。大相國寺的歷史可以追溯到戰國時代，裡頭的主建築：天王殿、大雄寶殿、八角琉璃殿和藏經樓，看起來都十分完整。周曉波：

「我國的名寺古剎，每逢改朝換代或戰亂、火燒、砲轟，總會毀滅一次。這座廟看來保存得很好，我沒把握它是北宋的遺蹟。可能是清代或明代重建的。」

香蘭有些失望，但此寺廟的歷史或精神可以上溯一兩千年，也足以傲視北京或奉天的古蹟了。從大相國寺到龍亭湖，不管是木構或磚砌的樓宇，看在香蘭眼裡，都比北京來得細緻、更有文化味，或者說，比較接近日本味，但色澤又比日本的寺廟鮮明。香蘭有種來到真正中國的實感，佇立開封回望北京，她感覺北京的粗獷、暗沉是歷史上胡化的沉積。

滿映劇組一行遊完龍亭湖畔破舊的楊家廟直奔北門大街的鐵塔時，太陽已西斜，風砂也大了些。

「這座鐵塔號稱天下第一塔，是貨真價實北宋年間建造的，是900年間歷經無數次地震、洪災和風災，仍然屹立不搖的古蹟。」周曉波再次仰望沐在夕陽餘暉中，赭紅色的高塔，「剛剛王宇培兄說得沒錯，鐵塔的中段，第八九層有嚴重的塌毀，是四年前日軍砲擊炸毀的。」

香蘭也看到了鐵塔中段被暗影深深侵入的塌陷。900 年來一直沒有嚴重的損害，結果一連串的砲擊，除了造成嚴重的崩塌，承受砲擊的這一面，也是千瘡百孔，她心裡的失衡開始湧動紛亂的思緒：那些軍人著實無聊，既然砲轟古蹟，也一定砲擊村落，但自己勞軍時又得面對他們，現在和可見的將來又得接受他們的保護。她也只能這樣自我安慰：或許他們之中又分好壞，將來保護劇組的應該是如田村泰次郎一樣好的軍人吧！

鐵塔周邊低矮的寺院群和樹林承受更多暗影，劇組人員急步來到塔基，近觀貼在塔身的各式花紋磚和它們交疊的樣狀，太陽的餘暉很是薄弱，每人都懷著比香蘭更複雜、矛盾的心思，急切地問它的高度、興建年代，甚至問會不會倒？周曉波無法一一回答。幸好夕陽收斂每個人的好奇，大家急著回旅館，於是六輛馬車快蹄歸來。

第二天早上，皇協軍軍官前來表示，獨立警備隊延遲一天護送他們到黃河邊，劇組多了一天休息，只好再到各景點走走，由於時間充裕，他們多步行前往包公祠和呼延慶墳等處，龍亭湖也再徜徉一陣。

警備隊司令部在城區，這一天劇組人員在翠華酒家再次接受警備隊軍官午宴後，被安排到城外的營地休息，車子一離開市區，熱沙滾滾的情況再次出現。

所謂在營地休息是，大夥被安排在戰備器材室，每人發一條防沙薄毯、一只防沙帽和一條頭巾，隨身水壺注滿水。每人臉上塗上黑炭，綁好頭巾戴好帽後，相視而笑，雅子、孟虹和香蘭互賞對方的黑臉，戲劇感十足。

車隊增加一輛車，劇組人員被剛剛同車的少尉請到外面觀看士兵搬動攝影器材後回到室內，剛剛同餐的中尉發給每人一顆手榴彈。中尉講解手榴彈的使用情形，由周曉波翻譯成華語。氣氛十分詭異，發手榴彈給中國劇組人員，無異於在遭遇游擊隊時，強迫劇組人員加入日軍陣營，失去了向游擊隊投誠表明自己身分或情況的機會。

「沒有受過訓練就丟手榴彈，因為擲不遠往往會炸死自己，尤其是女孩兒。」

滿洲軍少校退伍的王宇培說著，大家更加緊張，尤其是六七位女孩。香蘭右手緊緊握住凹凸不平的彈身，心情十分忐忑，有點後悔來到這兒。少佐和中尉聽不懂華語，但知道王宇培有意見，想透過周曉波探詢他的意見。周曉波只淡淡表示：

「他希望有充份的訓練再配發手榴彈比較好。」

「寧願被游擊隊打死，也不會用這個攻擊自己的同胞。」

周凋嘀咕完，大家的心情更加沉重。整隊準備出發時，有人提議如果遇到情況，把手榴彈交給隨行的兵士發落，沒有人回答，但大家心裡有了底。出發時，烈日正熾，少佐親自送行：

「……從開封到柳園口大約 10 公里，但車隊走僻路又要進行運補，大部份是反方向走，行進的距離超過 70 公里，要到傍晚才能到柳園口。」

這麼短的距離要繞行這麼遠，大家聽了傻眼。想到手握手榴彈四五個小時，各種聯想紛至沓來，總覺得出這餿主意的軍官要害死大家。三輛軍用卡車車廂四角都有或站或坐的警備隊補給連的士官兵，車頭還架著一挺機槍。

上了車每人都緊握手榴彈，生怕插鞘鬆脫以致爆炸。整體看來，好像是軍民合流的突擊隊。幾位男士開始提心吊膽：一旦遭遇國軍或抗日游擊隊，大家站在日本軍人旁邊，又手握武器，敵我態勢分明，恐沒有轉圜的餘地。

車陣在泥石路上顛簸行進，晃蕩了一陣，先後栽進麥田，在一壟又一壟的麥田上像浪裡行船般前進，輾過土壟時，人都向上彈起，於是每人一手抓住行李架，一手牢牢抓緊手榴彈，生怕被摔出車外，或讓手榴彈掉落車內爆炸。徐聰瀟灑地把手榴彈放進背包，王宇培：

「別鬧了，車子搖得厲害，萬一手榴彈的插鞘脫落，全車人都陪你死啊？」

看見徐聰小心翼翼地取出手榴彈，每人抓得更牢，不敢讓手榴彈離開視線。車箱內高高低低堆了不少物品。香蘭看了一下，除了劇組的服裝箱外，還有軍用衣物、罐頭、鋼盔，以及一些不知名的軍需品，壓在最底下的方形木箱，看來像彈藥。

頂著烈日吹熱風，風舌掃來好像火燄紋身，這有悖於往常的車行風動，比較涼爽的經驗。在火熱的防砂毯下，細砂襲身，也覺刺痛難耐。

車隊回到砂石路，經過一個農莊，不久經過一個哨卡，在一個小營區前停下。車上士官收回每個人的手榴彈，比畫著要求每人攜帶自己的隨身物品下車後，營區推出來幾輛手推車，在每一車車長的監督下，手推車士兵開始搬運車上的補給品。劇組人員忙著拍掉衣服、薄毯和頭巾上的沙塵，坐在營區外的樹下，相互看著笑了起來，香蘭右手摸臉抹下一抹黃沙。再細看，每人早上塗上的炭粉早被黃砂覆蓋或取代。香蘭感覺老了十歲，頗有塵滿面鬢如霜的感慨。她喝了兩口水後倒一點水沾濕毛巾，再用毛巾擦拭臉頰、手臂和脖子。這是她從前住在北京潘家自學的一種體驗，許多同仁看了也紛紛如法炮製。

著好裝回到車上，領回手榴彈，離開了營區，逸離了砂石路，車子又在麥浪裡逐浪行進。車行好像原地跳舞，沙熱風急，頭巾難擋，很快每個人也都灰頭土臉了。徐聰看著鄰座的王宇培：

「十來公里的路程走馬路 20 分鐘就到了，結果反其道而行，也捨棄正道，一直在麥田裡打滾，……」

「依我看來……」王宇培咳了兩下，「軍車這麼走，應該在打草驚蛇，測試這種窮鄉僻壤有沒有游擊隊。」

「那我們不就變成餌了。」徐聰見王宇培沒回答，面向對面坐著的同仁，「李香蘭小姐，唱一首歌如何？」

「你也在測試我的喉嚨？」香蘭直覺熱沙隨風灌入咽喉，辣得難受，「現在呼吸都困難呢。」

這些對話引發車上兵士的側目，隨著大家沉默下來，兵士又開始專心對外警戒。車子加速衝回石子路上，開始噴煙，大量濃煙飄向後車。灰煙漸淡，香蘭望向後車，淡淡的灰煙把緊繞車子，隨車波動的氣流描繪了出來。卡車越駛引擎越熱，好似不斷聚合熱量發出動能的熔爐，熱風一直吹，但一碰到熔爐都變成灼身的熱流。太熱了，香蘭望遠，所有景物都在大氣的熱流當中飄熔、游離，天與地好像都燒了起來。

車隊抵達第二個營地進行運補時，大家稍稍鬆了口氣。這個營區頗大，第三車的補給品全拿。帶隊官往內交涉後，營區同意提供洗臉水。大家洗過臉、手後都把水倒進大甕裡供回收使用。

車隊繼續逡巡，屋舍越來越密集，但車子越走越慢，車上士兵警惕的神態和姿勢也越發明顯。車隊停了下來，車上的士官用簡單的日語表示，游擊隊員常偽裝成農夫，須小心提防。

「聽得懂嗎？」

看到大家點頭，他滿意地望向外頭。車子繼續慢速前進，不僅是士兵，全車都向外張望。香蘭的眼睛循著士兵的槍口在一間民宅矮牆上緣游移。矮牆上緣有很多窺視孔，平常應該是用來防賊，現在很容易被游擊隊用來當槍孔。一對荷著鋤頭的農民被車子超越後，兩眼含慍地回望車內。香蘭驚愕，想了一下，這也算是當地居民的正常反應。

車隊經過陳留縣鳳城造紙廠廠房，走過兩條比較像樣的街道，一棟兩層樓「陳留縣衛生局」的招牌映入香蘭眼簾。這顯然是個小縣城，但路上行人很少，大概看到日本軍車，都往家裡躲了。車隊繼續慢行。在丁字路口打水的村婦看見軍車提著水桶快步離去。車子在丁字路口停了下來，三名士兵下車警戒後，車長要求劇組人員待在車上。用鐵板封閉的矮井旁有一唧筒。打水的士兵趕緊提著大口鋁桶前去打水。

谷本精史要求帶隊的少尉讓大家下車休息，少尉同意了，每人交出手榴彈後逐一下車，都湧到水井旁，士兵也下了車，都在旁邊警戒。士兵提著鋁桶給每個人的杯子或水壺注滿水，太陽很辣，剛打上來的井水相當冰涼，香蘭喝了一口，甜入心脾，她循著很多人的眼光看過去，封住井口的鐵板鑄著「鳳城古井 60 米深 嘉慶年間開鑿」兩行字。

「導演！」

張奕說著走向周曉波，聲音過大引發士兵側目，周曉波轉身望了一下，張奕繼續說：

「這邊是陳留縣。我印象中，陳留在開封南邊一二十公里。」

「這個我不清楚。」

「陳留是歷史名城，我以前留意過。」

「嗯！我還是第一次聽過，如果照你所說的那樣，我們是在遠離黃河的方向，就如飯後那位少佐所說的那樣。」

周曉波說著望向左前方的士兵，迎來士兵針刺般的目光。張奕察覺到了這一點，心裡有些歉意。在車上還好，下了車，敵情不明，多數人都靜默以對，多說兩句造成衛兵緊張，這種緊張很快便感染開來。

車隊佔用水井的時間久了點，打亂了村民的作息。不少村民提著水桶過來，看到此情此景，只好打道回府或躲到陰涼的地方守候。車隊滿載，在兩位肩著圓鍬農民的怒視下離去。

夏日漫漫路迢迢，不知何處是歸程。現在才下午三點半，還要漫遊兩三個小時。清晨到現在，一路風塵僕僕，不知吸入多少沙塵，鼻孔熱呼呼，香蘭有種已經到了離開鄭縣或開封極為遙遠地方的感覺，接下來只是繼續迷失。車隊持續行進，再經過一個運補營地後，終於朝目的地柳園口邁進。

40. 陋室宴迎 河畔開唱

太陽開始西沉，在黃色麥田上灑下閃閃金光，忍飢耐渴漫遊了大半天，好像離開家鄉一段很長的時日，香蘭興起了歸鄉的情緒。火紅的太陽掛在西山，大地一片赭，車隊沿著一座矮山緩緩行進，隨著顛簸上坡，揚起一堆黃塵，在一處機槍手駐守的哨口前停下，帶隊官下車遞交文件後，哨兵撥了一通電話，小隊長帶著三四名士官前來，指示哨兵打開柵欄。車子開進營地，先下車的士兵把手伸向劇組的女性，拉她們下車。劇組人員下了車，看見隨車士兵排成兩列，也都自動排好隊伍。帶隊官向小隊長行過禮後，小隊長叫一名士官安排這些士官兵這一晚的膳宿，隨車士兵開始上車搬動不太多的補給品給前來接收的士兵。

小隊長湯川中尉手持一張紙，面對劇組：

「不好意思。這是必要的動作，順便認識各位。」

湯川說著開始點名，最先點的自然是李香蘭。除了值勤的之外，士官兵知道李香蘭要來，都湧到集合場，聽到「李香蘭」的叫名，開始鬧哄哄的，這會是李香蘭嗎？沙塵滿面，鼻尖、下巴、脖子曬得通紅。李香蘭應該是常年白淨如玉的。

劇組人員每人獲發一只軍用鋼杯，士兵給每一杯注滿清水，香蘭一飲而盡，但飢渴仍在，再喝半杯，水的甘甜依舊潤喉。夜暮低垂，燭光升起，白天的餘熱仍在。

這個營地原本是小村莊，居民逃走後，湯川的小隊據以為營地。

隊本部周遭的房舍很多，都十分破舊。香蘭和雅子同住一間，演地主女兒的孟虹和演香蘭媽媽的王麗君住同戶的另一房間，其餘劇組人員多五六人住一戶，劇組 20 幾人分據四戶人家，周曉波、張奕、谷本、香蘭、孟虹一些女孩住的偏北，算上莊，王宇培、徐聰、周凋和一般工作人員住下莊，上下兩莊四戶晚上都是燈火昏暗。房舍分好後，大家迫不及待地想洗澡。男士統一在官士兵用的大澡堂共浴，女士在布幔圍起來的鐵桶內洗浴。兩個鐵桶都用布幔隔開，香蘭和雅子先洗，雖然覺得不習慣，但身體實在渴望水，一鼓作氣豁出去，立刻入內。黃橙橙的水有些溫熱，用來沖身體沁涼感十足，但肥皂抹過不生泡沫，她只好泡一下水後再沖洗一次，白色毛巾擰乾後變成褐色，但通體舒暢。從臨時澡堂出來換孟虹和王麗君洗，房間很是燠熱，香蘭從床鋪枕頭邊取出一只圓扇，扇到身上汗水乾掉。她發覺皮膚上浮著一層薄得像金粉的黃沙，她拍掉身體前面的沙粉後，和雅子相互拍掉體背的沙粉。隨後趕緊抹上潤膚水，再施以薄妝。

孟虹和王麗君梳洗完後，和一夥人被帶到隊部。這個小隊隊本部原是民宅的大廳，加以擴充後，擺上五張大方桌，小隊的餐廳兼會議室就有了。隊本部的五張桌子分成三組，主桌兩邊分出兩邊各兩桌的桌組，一邊坐劇組人員，一邊坐剛剛用軍用卡車載劇組人員來到此地的開封獨立警備隊部補給連的士兵和小隊的幾名士官。主桌坐著小隊長和劇組要角。小隊長表示今天主客是劇組人員，要求谷本另選兩人上來主桌，谷本要會講日語的，結果選了香蘭和周曉波。

「這個房間本來是小隊的餐廳，今天難得有這麼多客人，所以士兵退到自己的寢室用餐。」湯川兩眼拂向警備隊的人員再看著谷本和周曉波，「他們補給人員三不五時來一趟。你們滿映演員遠道而來自然是主客，你們今兒來，我自然是感慨萬千。」

周曉波和香蘭也是感慨多多，也不好說什麼，只好向桌上肥大的淡水魚動筷。湯川看著對面的周曉波：

「劇本是你寫的？我收到滿映寄來的一本，裡面夾著一張用日文寫的劇情大意。我覺得很有意思。我也相信日本軍人和中國老百姓合作過，應該確有其事，而不是傳說。基本上，我們也不希望和中國農民衝突，甚至希望和他們和好。不得已而戰，只能把作戰對象，如共產黨游擊隊想成壞人。」

「他說他寫了兩年，是真有那種感動。」谷本代周曉波向湯川說，「為了寫這個劇本，兩年前他和我還特地到開封一帶探訪過。」

「你劇本寫的或許是現實，或歷史的偶然，就像你們滿映劇組人員來到這裡。」湯川看著對面的周曉波，「和中國軍隊作戰是無可逃避的現實，現在又保護你們滿映演員，也就是中國人的安全，心裡真是五味雜陳，相信你們心裡也很複雜。」

「心裡確實很奇怪，有點想不通，參不透，要求助於宗教了。」

周曉波說著，一桌四人都笑開。獨立警備隊補給連那一邊也是鬧哄哄，突然好幾人站了起來，拿著杯子走了過來：

「我們以水代酒來敬李香蘭小姐。」警備隊少尉帶隊官面向香蘭，代表大家開口，「一路上不曉得妳就是李香蘭，實在失敬。」

香蘭站起回過禮，補給連士官兵滿足地回座。湯川：

「李小姐，妳的助理是日本人，妳也應該是吧。」

「嗯。」

香蘭低頭頷首。谷本：

「滿映長官希望低調，不張揚。這是公司的政策。」

「實際上，在奉天郊區生，滿洲長大。」

香蘭靦腆地低聲補充。湯川：

「久聞大名，聽說妳要來，隊裡的兄弟都非常興奮，但也有點不相信。這次大約要待多久？」

「大概兩個月。」

香蘭說著斜乜了周曉波一眼。大家沉默了一會，也就比較專心地進食。湯川聊到拍片計畫。周曉波之前導過四部情節、人物簡單的軟性電影，拍背景、人物複雜的還是頭一次。外景地還沒探勘，支援拍攝的農民、皇協軍，甚至日軍，都還沒洽談，橫在眼前的是一片渺茫，加上勞累困身，所以不太願意講：

「演員來了十幾位，有些沒來。他們的戲份不多，會在滿映攝影棚補拍他們的戲。」

「我的攝影助理也會拍一些現場照片回去，攝影棚的師傅會根據這些照片打造一個類似的現場。」

攝影谷本精史說著，湯川一直點頭，吃了一塊炒竹筍：

「我們希望你們越早拍完越好，情況危急，我們會儘量護送你們撤退，避免你們碰見游擊隊，如果碰上了，那是很尷尬，又很難處理。」

「這邊還有蔣介石的部隊？」谷本。

「研判蔣部已撤走，剩下共產黨游擊隊在對岸的城鎮出沒，有時我們會奉命過河驅離。」湯川認真地看著周曉波，「這裡情況隨時都會被激化，如果貴拍攝團隊有人適應不良或情緒失控，希望你能及時給予安撫。」

周曉波點了幾下頭，兀自思量可能發生的情況，沒有回答。谷本：

「這個團隊除了我、李香蘭和她的助理之外，都是滿洲人或旅滿中國人，平時工作勤奮，任勞任怨，我倒是擔心軍人的侵略性和野性。」

「哈！哈！」湯川仰身大笑，昏暗的光影好像在碎裂時變亮了。「谷本兄快人快語，我就直說無礙了。你們來之前，我對小隊弟兄一再三令五申，絕對不可騷擾你們，尤其是女性。」

「謝謝，有了約束總是比較好。」谷本開始有些同情小隊長和那些軍人了，「我們這邊也很能體諒軍人遠離家鄉、親人，在這兒出任務的苦悶。」

「確實，謝謝你的體諒。我這兒有幾個五年前就來中國，到現在都沒回過家。最近出擊損失了兩名，對士兵衝擊很大，這次護送你們來的士兵有兩名會留下來。」

谷本點頭表示理解。香蘭環顧了一下幾乎座無虛席的室內，這個小隊接納了和他們隊員一樣多的客人，簡陋的兵舍別有一番豪氣。這位小隊長雖然年輕，但很穩重、貼心，一點也沒有印象中的，開口「皇軍」，閉口「帝國陸軍」的那種驕橫軍官的樣態。湯川：

「實在很抱歉，這兒生活條件很差，讓你們吃住都不習慣。」

「我覺得還好，不能挑剔，要努力適應。」香蘭。

「我也體會出中國農民就是這樣辛苦度日。」湯川苦笑了一下，「你們劇組住在一邊，我在想，餐食方面自己煮如何？米、菜、麵或柴火，我們會供應。」

周曉波三人點頭，香蘭想了一下：

「或許我的助理來下廚好了，基本上她沒有編排任務，我想她應該會答應。」

用完餐，香蘭和雅子回到屋裡，燭火昏暗，兩人的巨大陰影投射到牆壁和地板上，也在頹圮的牆上刻畫出斑駁的暗影。窗玻破損了不少，蚊子進進出出，雅子看到牆角一盒蚊香。蚊香和火柴盒放一塊，雅子點燃蚊香後，濃稠的蚊香快速封鎖滯悶的房間，香蘭躲在屋角換上旗袍，梳過頭髮後和雅子躺在大床上用力揮扇，看著壁虎在牆壁和屋頂的樑木上爬來爬去。王麗君敲門走了進來，三人討論雅子下廚，大夥開伙的事，也談論小隊長要求香蘭唱歌慰勞士兵的事。

三人談話時，男同事的談話聲隱約可聞。大門沒關，有人探門，一看原來是小隊長。湯川：

「房子還好吧？」

「當然是嫌不得。」香蘭看著湯川笑開的臉，「壁虎倒不少。」

「有壁虎表示這房子還不錯。再說，壁虎可以幫忙吃蚊子。」湯川感受到滿室蚊香的煙霧，「壁虎的肉也可以吃，細細的鱗片下的肉很嫩，習慣了就是一道美食，不輸今天吃的鱸魚。」

香蘭嘴角擠出怪異的神情，希望小隊長別講下去。湯川：

「我要帶妳們的男同事到士兵的住處看看，他們都很客氣婉拒了，我知道他們心裡還是有些疙瘩。我看帶妳們幾個女孩去好了。」

王麗君回到房間梳頭髮，問過孟虹，孟虹回說太累了不想去，王麗君把周導抬出來後，孟虹勉強答應前往。香蘭和雅子稍加整容，王麗君、孟虹和王影英、打板小佩過來後，都跟湯川走到小隊隊部，也就是她們剛剛用餐的地方。這是一個大戶人家改建的營區。這兒靠近黃河，所有房舍都建在好像丘壟的堤防上，小隊營房原來是坐東朝西的民宅，由湯川前任小隊長在長官的督導下糾集當地工匠改建。凹下去的中庭由士兵自行運土填滿後，工匠在此蓋了一個廚房。正廳被擴建成餐廳兼會議室，南北廂房各有兩個房間，各自打通成為士兵的通鋪，南北耳房保留為長官房。

六位女孩隨著湯川來到北兵舍，雖已完全入夜，白天的餘熱還在悶燒，士兵多穿著內褲，打赤膊的看見香蘭，立刻找汗衫穿上，士兵有的在靠外牆的通鋪上看書，或坐在矮凳上貼著床沿寫信，有的在走道圍著矮几下雙六或象棋。看見香蘭，他們多停止動作，或靠了過來，南舍的士兵也聞風而至，一時燭光搖動人影，開始陋室的一種熱鬧。湯川環顧一室的熱切：

「長話短說，大家都知道，以李香蘭為首的滿映人員接下來兩個月要在這裡拍電影。你們也會當臨時演員，協助他們完成拍攝。他們拍片期間，沒有出擊的留守部隊保護他們。這是新增的任務。今晚我商請李香蘭給我們高歌一曲。30 分鐘後，全員穿戴整齊到集合場集合。」

六位女孩回到住處，在庭院看見周導和三四位同事聊天。周曉波：

「妳們什麼時候開演唱會？」

「那有什麼演唱會，唱歌而已，還有 20 分鐘。」香蘭。

「要不要一起走？到河堤邊吹河風。」周曉波看向天邊七分滿的弦月，「今天剛好有月亮照明。」

「那也好。我回去準備一下。」

香蘭說著即刻和雅子回到住房，五六分鐘後兩批人馬再度合流，谷本也來了。周曉波看著香蘭：

「剛剛忘了告訴各位，小隊長說過晚上不要亂走，尤其不要走入樹林，免得衛兵誤判，既然妳要在隊集合場獻唱，我們就在附近先坐著好了。」

隊集合場連通聯外道，原是這個小農莊的曬麥場，是這座翠綠山丘上面少許的光禿處，十幾人成排坐在靠河處。月光照在漆黑的河面上，金光閃耀，天空雲少星稀，好一個光風霽月的原野之夜。周曉波：

「這裡是黃河最有名的懸河河段。」

周曉波說著又用日語向谷本說了一遍，然後再解釋懸河的意義。滿映演員和職工大都知道何謂懸河，周導沒再多說。周曉波：

「我們現在坐著，也開始住下來的這個高地實際上就是堤防所在，黃河泥沙不斷沖過來，積年累月，淹沒了人造的堤防，泥沙越堆越高，但也被風往兩邊推移，形成一個台地，從下面看來像是一座小山，當時政府鼓勵造林，讓天然堤防更堅固外，也開始有人在這兒築屋居住。」

每人都知道懸河是橫在高堤上，或低空上的一條大河，現在才略略知道它形成的過程。很多人都希望白天趕快到來，然後上堤下河探勘一番，看能不能探出一點端倪。

「這兒的風土民情實在讓人感到興味。坐軍車前來的時候，看到的農婦都頭綁頭巾。」

香蘭說著看著周曉波現出一點光紋的黑臉，王麗君搶著回答：

「就是要防風沙，我們一路頭髮也是披著部隊發給我們的頭巾，那些農婦、農人看到我們也會見怪不怪。拍電影的時候，這些頭巾剛好可以派上用場。」

「不錯。」

周曉波說著，大家沉默了一會，夜河的嗚咽隨風飄了過來。香蘭不知該說什麼：

「周導，《黃河》這種劇本你還會再寫嗎？」

「在戰場上各種情況都有可能。像《黃河》這種題材肯定還有，現在還沒有事過境遷，寫起來感覺是千夫所指。但理事長希望我寫，只有從命。」周曉波語意懇切地遙望了孟虹一眼，再收回視線，「像以前曾國藩帶兵平定太平天國，官方自然是一片肯定聲，但民間一定有很多罵聲。到了現在，大家平心靜氣，也會肯定曾國藩維護傳統價值，不會在漢人官吏替清皇打壓漢人這一層面作文章了。」

一名持槍衛兵從暗林邊走了過來，看見他們又折了回去。周凋：

「或許我們妨礙到了他們。」

一票人於是往後退，小隊的士兵也開始三三兩兩持著板凳走了出來。周曉波、谷本一行走了一二十步，王麗君把孟虹往前推，讓她更靠近周曉波，香蘭看見路口柵欄的衛哨時止步向前俯視，負責服裝和化妝的小陳：

「那邊光濛濛的應該就是開封吧。」

在一片黑茫茫當中，確有一圈淡白的光氣，香蘭也看到了。這一片黑森森的大地看起來比另一邊的黃河還要低窪，從那邊看過來，這兒的土壟一定就掛在半空中，可以想像貼近堤面的黃河也就懸在土壟上了。香蘭想著時，後面的部隊傳來指揮部隊的口令聲。大家轉過頭，湯川正迎面走來。

湯川小隊和警備隊士兵坐在矮凳上或席地而坐，坐成三排，香蘭和周導、谷本被延至隊伍前的高椅上，其餘的自動走到隊伍後面盤腿坐下。湯川起身簡單致詞：

「……今晚大家鼓掌不用太大聲，免得刺激對岸用大砲回敬我們。有請李香蘭小姐。」

香蘭站起出來時掌聲依然很響：

「我勞軍這麼多次，今晚是人數最少的一次，但也是最遠的一次，坐火車然後軍用卡，共花了三四天。」

士兵的笑聲和掌聲交響，隨著月下金波輕敲另一邊的河岸。

「那也請李小姐聲音減量。」

聽到小隊長湯川的話，香蘭嚴肅地感受到他的憂慮。歌聲、掌聲傳到對岸很可能引發對方緊張。

「我想先唱〈邁向大海〉。這首歌唱三遍，第三遍是合唱……邁向大海，就成泡水屍。……」

描述戰爭醜陋與悲慘的詩文、繪畫，總被普世視為反戰的思維，是對戰爭的控訴，唯獨在日本，和天皇崇拜掛鉤後，被供奉在神壇。香蘭覺得不解，喜歡吉祥話的中國人一向忌諱用令頭皮發麻的字眼入詩，姓氏常見鬼氣字眼的日本人似乎已習於用這種字眼開拓他們的詩文。香蘭今兒想唱這首歌，主要是想喚醒官兵對戰爭殘酷的自覺，但這首戰歌讓士兵陶醉，士兵多少是想藉此忘卻對戰爭和死亡的恐懼。

香蘭唱了兩句，有些士兵等不及第三遍的合唱，紛紛跟唱，但步調不一，聲音此起彼落，香蘭消音後，士兵也紛紛止唱。湯川知道要士兵靜下心來聽這首歌有困難，但心裡的警鐘還在響：

「那好，大家可以跟唱，但小聲點。」

香蘭減低聲量，但起音還是很高：

「邁向大海，就成泡水屍。走向山林，死後屍長草……」

香蘭細細的歌聲擺脫了腥羶的歌詞，轉化了沉鬱的旋律，悠遠地飛揚，融入月空。有些士兵跟著唱，有些兀自從混雜的聲流析出香蘭聲音的涓流，從中感受壯烈的死亡，心生對歸鄉、自由的嚮往。最後「為君上捐軀，義無反顧」兩句，低迴的調子陡然高升，誘使沒有跟唱的士兵一起高歌。歌聲的宏流掩蓋了湯川小隊長的心驚，直上雲霄，展向星月。

接下來的合唱，香蘭幾乎忘了小隊長的警語，舉起雙手開始指揮。原先沒有跟唱的士兵，香蘭剛剛歌聲的餘響還在耳畔，也都加入了合唱，五六十位士官兵壓抑的歌聲在星夜中匯流成河，但聽在香蘭耳裡，是戰爭對生命的嘲弄，對人命的詛咒。她知道這條大河兩岸，不只是這兒柳園口，許多地方兩軍對戰，每天都有幾名日軍或中國官兵陣亡。再往歷史深處探索，被戰火、洪水吞噬的生命動輒數十萬、數百萬，普渡這些亡靈，應該有更適切的祭歌吧。

擔心滿映同仁受不了日本戰歌，香蘭接連唱了〈荒城之月〉、〈蘇州夜曲〉幾首抒情歌。這兩首夜曲正好契合這個月夜，沒有人跟唱，聲音的涓流在浩渺的夜空漂漾、稀釋，湯川中尉放心多了。遲來的涼風從堤下吹來，煞是舒爽，夜空無限，歌聲由是更加悠遠，彷彿天上繁星也在聽歌。曲罷的片刻也是無聲勝有聲，大家都享受難得的寧靜。隨後兵士開始隨興演唱家鄉的民謠。由於等不到香蘭再唱，滿映同仁陸續離去，剩下的都是日本兵。

時候不早了，已經超過夜寢時間，兵士要求來一個最後的大合唱〈戰友〉。這是一首敘述日俄戰爭同袍相扶持的軍歌。香蘭看過這首歌的介紹，但沒有唱過。一名士兵起音後，大家開始唱，旋律簡單，但抑揚頓挫帶著力道，頗有進行曲的味道。

「此處是遠離家國幾百里的滿洲，沐浴在紅紅夕陽的餘暉裡，戰友們正躺在荒野的亂石下。……然而不該讓你的身軀棄置這兒。『但是你走吧！就此道別了』。就這樣，一別成永別。」

了解了〈戰友〉的曲性，理解詞意中的人情義理後，香蘭義不容辭地奮臂指揮。河濱兵士合唱團的士氣更加高昂，歌聲更加雄壯。歌詞中，重傷士兵「但是你走吧！就此道別了」的自絕的呼喚激起了些許悲壯，直到曲終。香蘭要求再唱一遍，正向的力量再度聚集，香蘭聽了有些感動，希望他們不得已上了戰場，不要自絕於情義，也希望他們早日歸鄉，重享和平。

41. 老農施教 軍援有譜

第二天一早升旗，劇組和警備隊補給連士兵都參加了。小隊長希望劇組人員每天都參加：

「行注目禮就可以。這是以後大家最好的見面機會，讓彼此熟悉對方的長相，也讓士兵知道他們要保護的對象長得怎樣。」

大家都覺得有理，在心裡上把日本兵當成滿映的日本職員，在調適上不會有太大的問題。

早餐，和昨晚一樣，劇組和獨立警備隊補給連士兵依舊使用小隊的餐廳。用過餐，獨立警備隊補給連士兵開車回開封，劇組留下雅子和幾位男子充當司廚，其餘的搭小隊卡車前往一公里外的黃莊。

黃莊的村長一家是周導兩年前和谷本前來田調時認識的，而且也談過初步拍片的合作事宜。時局不安，周曉波擔心村長擇良他遷，好在沒有。見日軍軍車壓境，下來了一票人，村長一家有些惶恐，想到守候在外的四名日兵，壓力更大。好在日兵還有任務，表明中午再來接人後走了。

周曉波打量這兒還算寬敞的中式傳統客廳，做為地主的家還是嫌小了點。因為座位不太夠，劇組有些人逕自走到大門外。周曉波：

「谷本兄，電影中的地主家還是回滿映攝影棚拍好了？」

「這裡也可以拍一點。」

周曉波向村長提到麥子收割的事。村長：

「預計一個禮拜後收割。如果您急著要拍的話，我可以先分出半畝地，找一些村民先收割，然後你們演出人員再安插進去做一些動作。」

周曉波看看谷本，低聲商議開拍前要教演員把基本動作練好。谷本：

「收割場面還是等工作人員進入狀況後再拍，近景遠景一起拍，才會自然壯觀。」

「收割完後還是借我們一塊地拍種麥苗的戲。」

周曉波說著，風霜滿面的村長看了一下老婆，再正視周導：

「那不成問題，收成後我們會犁好一塊地，同時培育幾平方米的麥苗，你們要種的時候我也會叫幾位村民陪著你們種，這樣拍起來就很逼真了。」村長腦筋閃了一下，「種麥苗一般是二月，最冷的時候。」

「那也成。」周曉波望向香蘭和周凋，「屆時你們忍一下穿冬衣去拍，找個比較陰的天氣，服裝小陳呢？」

「出去了。」周凋。

「可不可以讓我們看看農具？」周曉波。

「那當然。」

村長說著起身，眾人也就跟著走進緣廊，坐在庭園聊天的幾位也跟著過來，經過廂房，再經遊廊，通過小門後來到宅門旁邊的倒座房。這兒倒座房充當農具間，牆上掛著牛軛、犁耙和大小鐮刀。周導摸了一下掛在牆上的鐮刀刀柄。村長：

「拿起來沒關係。」

周曉波沒有取下鐮刀，直接從地上的刀堆中取來一把：

「很久沒用了，香蘭妳試試。」

鐮刀拿在手裡，香蘭感覺有些重，周曉波隨即糾正。

「手拿在刀柄頭。」周曉波轉向看著村長，「我們這班演員也有農家出身的，但久沒做生疏了，村長可不可以給我們一些指導。」

「麥田都是每三行麥草自成一組，這三行和另一個三行會有比較寬的間隔。」村長彎下腰，做出左手抓麥草，右手揮刀的動作。「先割麥壟最右邊的一行，用力割一下，要割透，不要剩下幾根沒有割斷。把割下的麥草反身丟在後面，再依次抓住第二行、第三行的麥子。手大的，抓著割斷的麥草再割新麥，速度會更快。很簡單，新手練習一下也可以做得很像樣。」

扮演佃農母女的王麗君和香蘭聽著心情鬆脫了不少。應該不會很難。香蘭內心有著十分的把握。

「做不習慣，手容易痠。有些年輕人割得不耐煩，用砍的，就把自己的腿砍傷了。」

村長說著，大家笑了起來。周凋看著一只倚在牆上，成堆置放旁邊，有點像畚箕，但編織疏鬆，網孔很大的船形竹編，把手放在最上面的那一只。

「這是掠子，割麥利器。」村長看著周凋，「這位先生用過？」

「小時候看過大人在用，我倒沒用過。」

村長抓取另一只掠子，右手抓住像拐杖的把手，左手握著連結繩子的握柄，用腳抵著裝有刀片的木盒：

「把刀片插進這兒的刀槽，右手握住長柄的把手，左手抓住繩子的把手，兩手拉著底下有刀片的竹網向左掃一下，麥稭被刀片掃到紛紛斷落在這竹網裡，然後順勢把麥稭拋在後頭。」

周凋走到比較空曠的角落，依樣畫葫拋出繩子，但握著長柄的右手沒有跟著動，掠子騰起一下便掉落，十分逗笑。村長：

「你們可以找時間練習一下。這種玩意，要力氣大的男子才能用，一般女子用不來。速度是一般鐮刀的五六倍。用鐮刀割時彎腰駝背，使用這種掠子就不用。」

谷本和周曉波用日語低聲交談了一會，周曉波：

「村長很能替我們著想，就當我們的拍片顧問好了。」

「豈敢！豈敢！兩年前你來這兒找上我，我當時就想，電影要怎樣拍，我這兒要怎樣配合，想了想，總覺得比較上道了。」

談話持續熱絡，也引發了學農的熱潮，在村長的帶領下，大夥拿著鐮刀冒著暑熱開始到外頭試割，力氣大的就在旁邊練習使用掠子。近中午，兵車來了把劇組人員載了回去，村長要了劇本，周曉波就把手邊的一本給了他。

回到住處，雅子和三四位男士還在廚房忙碌。一切炊煮器具、食材和調味品都由小隊供應，凡事從無到有，在兵慌馬亂當中建立，遲遲開火，加上沒有煤球，灶口必須時刻有人添加木柴，火候難控制，炒一道菜像出一次任務，十分辛苦。

香蘭和周導、谷本、孟虹住的上莊，每戶廚房附近的走廊都放著一兩甕水，水甕的蓋子上面還有瓢子。早上的洗臉刷牙大概也用這些水吧。她掀開甕蓋，仔細端詳承受陽光的水面，驚退了兩步，中餐的食欲大減。她步履蹣跚地走向寢室。

「還沒用餐嗎？」

她抬頭一看，原來是小隊長。

「有一件事……水缸裡面的水有不少蟲游來游去。」

「哈！這樣啊！」湯川笑著走向水缸，但沒有打開蓋子，望向廚房後轉頭對著跟過來的香蘭，「水裡有蟲代表水質還不錯。」

香蘭有點不敢相信自己的耳朵。

湯川走了兩步又回頭望著，香蘭會意後跟上。湯川：

「在這裡真的委屈妳了。我們在這兒一方面打仗，一方面也在體會中國農民的生活。他們的飲用水大概就是這樣：士兵和士官輪流到黃河邊挑水，挑回來後必須放一整天，泥沙才會完全沉澱。結果八成泥巴，只有上面兩成是清水，然後再用沙布過濾，便是飲用水。」

湯川走到廊角止步，香蘭心裡悶著看著他褐色的臉孔，似乎想從他那兒學到什麼。他昨天正面看待房子裡的壁虎，如今也用同樣態度看待水中的小蟲，對環境的逆來順受讓他變得有點自然主義。或許自己也該這樣，少一點文明，向自然再靠近一些。

「你們士兵這樣挑水，這麼辛苦，或許你們可以在河邊找個地方挖個坑儲水，等沉澱得差不多了再挑上來。」

「是有這種構想。等到人力比較充裕的時候，就會開挖。」湯川向右看著從廚房走出的劇組人員，也看見有人把菜端了出來。「人力實在很緊迫，今天沒有出擊，光是站衛兵，每人一天都會輪到兩次，如果在外有任務的話，留守人員又要挑水，護衛你們，衛兵一站就是一個上午或下午，實在很替你們擔心。早上到村長家，開始工作了？」

「練習操作農具，下午繼續練。村長會找幾位村民來指導。」

「那太好了。妳快去用餐吧。哦！對了，有件事，還是講一下比較好。這邊的士兵都很苦悶，看見妳們幾個女孩子都很興奮，看得眼睛都快掉出來了。如果他們對妳或妳的同伴有任何失禮的行為，請立刻通知我。」

湯川說著向香蘭點個頭自行走開。

上莊兩戶劇組人員就在雅子住的這棟四合院廚房外面的走廊開伙，每五人圍一圈，坐在地上用餐。菜餚以小隊自栽的蔬菜為主，每一組還有一條河魚，算是難得的美味。香蘭雖然有些佩服湯川自然主義的生活態度，但一想到水中的游蟲，心裡還是有點毛。看著大家飢不擇食，她也不好說出游蟲的事。大家看她有些食不下嚥，以為她嫌菜不夠衛生，紛紛勸她將就一點。她最後拿出小隊長的戰鬥精神，在戰勝環境的意念下，忍痛吞了幾口飯，總算吃了個半飽。

用完餐，周曉波、谷本精史和香蘭被叫到小隊的隊部。沒得休息，三人不無懊惱。在餐廳兼會議室內，湯川中尉和曹長織田坐主位，兩名皇協軍官坐旁邊，谷本、香蘭和周曉波自然坐在皇協軍軍官的對面。湯川看著谷本和周曉波，用日語說：

「不好意思打擾你們的午休，你們來這邊拍片，接受我們的保護，這裡的友軍－開封治安軍，你們還是得認識一下。」

湯川說著給兩邊介紹過後，繼續說：

「這位徐安邦副營長官拜少校，相當於日本的少佐，是長官呢。」

徐安邦摸著放在桌上的大盤帽，有些不好意思，屁股稍稍離座，向滿映三人欠身：

「不敢當，請多多指教。」

「我們徐副營長受過日本軍事訓練，日語不錯，他的部隊就駐在黃河下游兩公里的村落，你們在這兒拍外景，拍戰爭或軍人協助築堤防的場合可以請他們支援。」湯川說著停頓了一下，望著滿映三人組笑了一下，「現在可以請徐少校把他部隊的戰略告訴你們了。」

徐安邦搖頭笑了兩下，他知道谷本是日本人，講華語畢竟不好，最後還是講日語：

「這裡頭有很多不是機密的機密。」

「我們劇組來這邊拍戲，最重要的是安全，況且砲彈、子彈不長眼。」周曉波看著少校的大盤帽，「我想了解我們最可能遭遇什麼情況，或那一方的軍隊。」

「主要是黃河對岸的新四軍。新四軍你知道吧？蔣先生收編的共產黨軍隊。」徐安邦有些字眼用中文再重複一次，「他們時常過河打槍騷擾，或隔著黃河砲擊，只要開打，大都是真槍實彈。」

「大都是……？那就是說，有時放水？」

谷本說著笑開，湯川和徐安邦也相視而笑，釋放出一點神秘。

「不管是新四軍、國民黨或是專員公署的部隊，皇軍都打。」徐安邦看著起身離去的曹長，詭異地笑開，「我們治安軍碰到新四軍，一定打，但碰到國民黨或專員公署的軍隊，就儘量避開。」

「那不就像政客一般嗎？」

谷本說著一臉狐疑，香蘭也覺得有些怪異。

「徐少校的治安軍以前也是蔣先生管的，和國民黨的部隊以前是兄弟，現在避開惡鬥，可以理解。這也算是政治問題。」湯川看著滿映三人組，再望向徐安邦，「我們也不希望戰事擴大，造成太大的傷亡。徐少校的營隊牽制蔣介石的部隊，讓我們可以專心對付共產黨的部隊也是好的。」

彼此沉默了一陣，香蘭稍稍鬆了一口氣：至少先後隸屬蔣先生的部隊不會漫無目的地廝殺。周曉波：

「那專員公署的部隊又是指什麼？」

「共產黨在非佔領區，像嵩山、箕山成立專員公署，也擁有部隊，因為距離遙遠，目前還是井水不犯河水，我們接獲的指示也是先避免衝突。將來很難說。」

徐安邦說著嚥了一下口水，周曉波和湯川倒相視笑了一下。周曉波欣見徐安邦部和湯川部相安無事。不過世事難料，那一天徐安邦部被策反轉攻湯川小隊，以大吃小，屆時整個劇組都會淪為俘虜，甚至被視為漢奸。中國已經夠亂了，日本鬼子一來，形勢更加詭譎複雜。

一直以來，周曉波只能很本能地、不很光彩地存活下去，身為東北人，大地變色，人被框在那，就只好各憑本事謀生，劇組，除了少數人，都應該這樣吧。現在在異地荒野工作，萬一落單被拉去當兵捍衛祖國，他應該會無奈地屈從，心裡會有掙扎，最後斷念撩落去當作贖罪，應該是最好的歸宿。

「周導，你在想什麼？」湯川想當然爾地認為眼前這位滿籍導演一定煩惱拍片的事，「你們劇組下午要到農家一趟，乾脆順便到徐少校的部隊看一下，反正以後你們還是要合作的。」

周曉波一時拿不定主意，見徐安邦熱臉相迎，取得谷本的同意後決定前往。徐安邦借用小隊的電話打回營部，劇組這兒略做準備，隨後相關人員上了軍卡，隨著徐安邦的小軍卡，沿著河堤走了一段進入麥田區後轉進趙家村，一路黃塵滾滾，到達徐安邦部的營地時，風弱了不少。

徐安邦的治安軍軍營內外有幾棵大榆樹，樹葉載滿泥沙，顯示這些大樹有阻風沉沙的效果。劇組由衛兵清點人數後隨徐安邦進入營區，隨車的日軍依舊留在車上。

劇組隨著訓練官鍾少尉來到會議室接受茶水招待，會議室空地，十來名穿著武術衣的士兵向徐安邦行過禮後開始演出武術：團體對打、一打三、擒拿、飛踢⋯⋯。五分鐘的「迎賓」禮結束後，大家圍著會議桌，徐安邦和三位幕僚接下幾本劇本，翻了幾頁，看著周曉波用華語道：

「湯川跟我提過你寫的這個劇本，最後需要軍隊支援。」

「沒錯。看來我們得到貴部的支援，真是天時地利人和。」

「謝謝周導的抬愛，有這種表現機會，我們一定全力以赴。」

「我的構想是，電影最後築堤的場面，你們支援一連兵力，一半扮演日軍，一半還是演你們的治安軍。」

「扮演日本兵，服裝要借才有。」徐安邦沉吟了一下，然後點了點頭，「或許貴方行文過來，請湯川副署，由湯川直接向開封警備隊調借就可。」

「這點我回去再向湯川討教。」

周曉波說著繼續談論電影的戰鬥場面。這是電影開頭的場景，會排在最後才拍，但要勞動到徐安邦部支援一個連演蔣介石的部隊，徐安邦擊節叫好，表示國民黨軍隊的服裝，他們營部就有庫存，正好派上用場。周曉波滿意會談俐落有果，在這個軍營待不到半小時，劇組又上車前往黃莊的村長家。

下午的農訓非常扎實，香蘭、孟虹、張奕，還有一些男性工作人員專心割麥，前來協助的農民擔心他們割到手，除了要求不求快外，也會時時糾正他們的姿勢，張奕是公子哥兒，一板一眼地握禾割稈，大嘆農夫難為。至於周凋、王宇培和徐聰三人練習使用掠子，倒練得有模有樣，最後實際上場操刀，成功掠倒不少麥稈。在大熱天下工作，喝過村長提供的白開水後許久，香蘭才想起蟲蟲的事。

這些農民難得有機會用上課的方式傳授農事，都很認真，他們帶來了各種工具，就差沒有拉一頭牲口過來。他們把剛割下的麥草用人力車拉到附近一塊已經整好的乾爽地，拉著石磙輾壓麥草，再讓每個男子試著拉動石磙輾壓，隨後再用木杈把壓過的麥草朝向下風處向上撥揚，試看麥粒和麥稭分離的成效。周導很滿意他們的教導，離去前特地包了幾個紅包分送村長和幾位農民。

晚飯煮得比較順，開飯也早了許多。周導提到下午在村長那兒討論過的晚飯後到黃河邊一趟的事。

「飯前我向小隊長湯川報告，表示到黃河邊走一走只是想發抒一下心情。他說，他可以理解，但必須在天黑前，不能待太久。此外，他必須親自帶過去。」周曉波看了一下谷本，再環視大家，「谷本大哥講的也沒錯，小隊長很是為難。」

「小隊長怎麼說？」張奕。

「怕堤防的衛兵誤判，如果他看見我們下去，然後盯著我們，那還好。萬一衛兵突然發現河邊有一群人，可能會以為游擊隊坐船過來。湯川還是強調只在白天行動，而且要跟保護的士兵同進退。」

周曉波說完，張奕快速反芻湯川的擔憂。

「有一種情況：假若十個人下到河邊，只有九個人上來，那整個營區都要警戒，失蹤的那人即使被水沖走，身體沒找到的話，也會有間諜的疑慮。屆時情況弄得很僵，可能連電影都拍不成。」張奕把緊張的氣氛帶到最高點，「如果他們算錯了，我們給予糾正，不被認可的話，屆時全部集合一個個點名，大家情緒不好，也會影響日後彼此的合作。」

周曉波有些動搖了，但下莊的王宇培帶著五人走了過來。周曉波：

「徐聰呢？」

「他到日本兵宿舍找士兵聊天，練習日語。」

最後扣除要處理飯後殘局的伙頭軍和不想去的人後，11 人結隊前往小隊本部。湯川看著周曉波帶著七男三女過來：

「真個是忙裡偷閒，想享受黃河黃昏的詩情畫意。」

有些人聽不太懂，香蘭翻成中文後，大家輕鬆了下來，不過湯川憂不形於色，帶著兩名士官、一名士兵和這 11 人走出營舍。走了十來步，士兵踅進小路快步走開。在濃厚的雲層中露臉的夕陽，在天上渲染成五彩雲霞。殘陽灑在河床，鱗光閃耀，詩意蕩漾。湯川望著對岸漆黑帶狀的岸樹，似乎很遙遠，永遠到達不了。事實上，上禮拜他就兩度帶著部份弟兄偷偷到對岸進行騷擾。湯川帶著大家在堤邊坐下，隨後剛剛那位士兵領著持槍的衛兵走了過來，湯川剛剛站起，另一位衛兵也被招了過來。湯川向他們解釋目前的情況，要他們如常值勤後，讓這 11 人走下堤防：

「十分鐘就好，天完全黑了就不好。」

一夥人走了下去，腳踩進河沙，湯川和兩名士官也跟著下去。周曉波彎下腰用手掬取一點河水和沙後，望著像大海夕照一般的黃河感慨萬千，孟虹也趁著天色昏黃，悄悄地走到周曉波身邊，不過眾目睽睽，不敢手牽手。孟虹顧慮的是：不能以私害公。只要身在劇組，就不要凸顯導演女友的身分，讓周導和每位演員保持等距。香蘭為眼前瑰麗的景色所惑，此時此刻，黃河的波光像是大地的呼吸，浩渺的河面有如生命的呼喚。

「啊！黃河！」

香蘭惘然神往的呢喃，湯川也聽到了，他看著每個人眼神上的迷惘。擔任這兒的小小指揮官兩年以來，他第一次在這昏黃時刻站在河邊感受這條大河的汪洋。閃耀的水光對他來說像是一曲撫慰他戰鬥多年心靈創傷的樂章。入伍四年，尤其是擔任這兒的小隊長期間，他背負了太多弟兄喪命的疚責。

死守在黃河一隅，他有著太多的憂思，有時憂愁就像黃河一樣，滾滾而來。中國軍隊，尤其是游擊隊，可說越打越強，除了裝備較差外，早已擺脫過去訓練不夠、組織渙散、戰術呆板的樣狀。剛調來中國時，他常想，侵入別人的土地作戰，有何正當性，但迭經鏖戰，不再有太多的思考，只剩敵我意識，把對方當成罪無可逭的壞蛋。明天又要出戰了，充當 23 聯隊的搜索小隊，問題是，除了營區內外的警戒外，又要保護劇組人員，能夠出動的只有一個分隊多一點。如與華軍遭遇，兵力少，很容易被緊咬不放而招致傷亡。他看著迎面而來的谷本：

「看夠了吧？」

谷本點點頭跟著他的腳步往上移動，兩名士官跟著走，谷本回望了一下，周曉波、香蘭也開始挪步。

42. 槍砲亂射 補給翩至

來到這荒遠的黃河濱雖然才第二天，但劇組人員感覺過了很久，普遍有一種焦慮，雖然和日本守軍毗鄰而居，但各過各的，今兒在農村，雖有四五名士兵守護，但他們也是站得遠遠的，大概是怕打擾他們的練習，一天下來彼此都沒有太大的印象。和守軍不生不熟，非敵非友，讓他們不安。次日早上起床號一響，他們急急地盥洗，對早上的升旗都有些期待。

簡單的旗竿在隊集合場東邊，貼近樹林，除了前晚晚會面向黃河外，隊伍每次都朝東京的方向集合，小隊長一直站在東方，所以面對部隊前一定要先向東方行禮。為了因應劇組的加入，升旗隊形變成馬蹄形，小隊長右手邊是第一、二分隊，前方是第三、四分隊，左手邊是劇組，短短的五分鐘，彼此互相搜尋、端詳，要出任務的士兵多數意興闌珊，其餘的視覺焦點自然投射在香蘭，其次在王麗君、雅子、孟虹、王影英和打板小佩一干女子身上，香蘭好奇地觀察那些士兵，對四五位長相比較斯文的自然投以較大的關心，但還是希望全部人員平安，不再面臨戰鬥。其他劇組人員看了小隊的士官兵，也都有這種心情。

升完旗，谷本和周導走向湯川，表示今兒想在營地下面的黃河邊拍外景，想去勘查一下地形，湯川看了一下錶：

「用完餐再去。」

「想現在就去。」

「那也得有士官陪同比較安全。」

周曉波同意，最後攝影助理小吳、王宇培也跟著過去。

雅子由一個人的助理變成全劇組的助理。劇組的工作職掌沒有她的名份，原本以為一個人跟著來吃閒飯，沒想到變成伙頭軍的頭兒，為了全劇組的肚腹，天天忙到晚。不過忙得忘我，自然而然就適應了環境。香蘭見助理忙昏，也利用早餐前的空檔，和孟虹分工打理居室。破舊的房子永遠有掃不完的污穢，這兒風沙多，也有抹不淨的灰塵。探勘小組回來匆匆用過早餐後，大夥整裝外出。

在隊集合場，出任務的士兵都已坐在軍卡上，湯川下車和劇組要角打過招呼，要剛剛陪同探勘的片山下士好好照顧劇組後再度上車。軍車開走了，劇組人員很自然地向他們揮手，有些詭異的情誼開始形成。

周曉波選到的外景場地在住處下游五六百米，已經超過小隊的警戒範圍，是沙岸上來後長著野草的泥地。泥地面積甚寬，但不太平整，但仍可供車子緩慢通行。不少卡車倒栽蔥式地插在泥灘上，車子被機關槍打成蜂窩狀，可能是開車逃亡的中國平民，捨公路潛行河灘地，結果還是難逃日軍砲火，連車帶人命喪這個秘密通道。枯水期，這兒也常被農民用來種作，看來有農田的樣狀。值得一提的是，這兒還是以前中國軍隊的防禦陣地，靠近堤坡的地方挖了不少戰壕。周導相中這個地方，盤算很多幕戲在這裡拍攝。

拍了一天戲，晚餐後上莊的劇組人員在庭園聊天，揮動扇子，多少扇掉了白天的餘熱。一牆之隔的小隊傳來鬧哄哄的聲音，顯然湯川帶隊征戰回來。喧鬧一波未平一波又起。劇組回房間後，哄鬧的聲音似乎變成宴飲的嘈雜。

次日升旗後，喜歡到日軍宿舍串門子學日語的徐聰傳來一位士兵重傷後送開封陸軍醫院的消息。由於他本身也不認識那名兵士，轉述日軍的敘述也是語焉不詳，中午傳來那位士兵死在醫院的消息，以致那位叫松下的士兵像幽靈一樣，生前雖然不曾給劇組人員留下任何印象，但亡靈常在他們心裡作祟。

下午劇組繼續拍戲，四名士兵隨行保護，工作人員先在隔壁已經整理過的空屋拍攝佃農清寒的生活景況，隨後移師河邊草地。

天上雲層厚，但太陽依舊很強，周曉波坐在躺椅上，周圍站著四五位工作人員，導演的架勢十足，雅子給他撐傘，心想拍完這幕戲就要先回去準備晚膳。周曉波一聲令下，小王和老劉兩人抬著反光板緩緩移動，孟虹和香蘭對著攝影機連袂走來。扮地主女兒的孟虹：

「我媽媽最近心情不好，還是想著那筆錢呢。」

「我說過，麥子收割後，大部份賣掉後就會還的。」

已是佃農女兒的香蘭正說著時，啪！啪！反光板明顯挨了兩槍，小王丟下反光板拔腿跑了幾步又跑回來，大家楞了一下，正要跑時，王宇培的帽子被掃到，飛了出去，張奕、周凋一票人趴在淺水灘，待槍聲中斷，爬起再跑。劇組人員慌亂得手足無措。轟的一聲，黃河升起了一道水柱，接連轟了兩聲，前面的沙灘也向上噴出兩道沙幕。王宇培拉著一個助理臥下，其他人張皇失措了瞬刻，看見士兵臥下，也跟著臥倒。隆隆的砲聲此起彼落，大地震動，身體貼伏其上，五臟六腑彷彿要被震裂開來。砲聲暫歇，大家跋腿便跑，見士兵奔向戰壕，紛紛跑了過去。

到了戰壕似乎比較安全了，香蘭屏息以待，看見小吳幫谷本拉抬攝影機。沙灘再度落彈，一聲巨響讓谷本腳步踉蹌奔向戰壕。砲彈落點越來越近，香蘭知道再過來一兩米，砲彈就會擊中戰壕，她緊張得很想向士兵表達撤退到堤後的想法。士兵要求有些人低腰移動，讓大家分散開來。砲聲再度響起，但落彈聲明顯在遠處，有人說，「這裡的砲兵開始反擊了。」果不其然，對岸房舍疏落處冒出幾道黑色濃煙。

周曉波環顧了一下，審視每個人的神情，感覺砲戰從單方射擊變成兩岸陣地的互射後，稍稍放下心來。工作人員小王和老劉突然低頭奔出，害大家冒出一身冷汗。王劉兩人拾起剛剛躲彈權宜棄置地上的反光板後即刻奔回，大家擔心砲彈會再次隨著反光板光臨，又是屏息以待。

香蘭感覺旁邊有人跳了下來，周曉波也讓了位。

「現在變成兩邊砲兵互相射擊。」

湯川小隊長說完，香蘭看了他一眼，他取下望遠鏡，繼續說：

「好在我方砲兵還擊，把他們引開。」

「我們的砲兵也在附近？」

「離這兒好幾公里的高地。」湯川把望遠鏡交給香蘭，「已經調好了，先用左眼看，再睜開右眼」

香蘭好不容易對上視焦，只看到對岸林野間升起幾縷黑煙，在視圈內貼近她眼睛的對岸房舍突然炸開，噴出的泥土和煙灰好像射向她的雙眼，她的臉龐猛然彈離望遠鏡，湯川笑著把望遠鏡接了回去，交給周曉波。滿映同仁，除了王宇培坐在壕溝內，臉孔埋在膝蓋上外，其他的都倚著戰壕緊盯著對岸。

王宇培的報童帽被子彈擊飛，大家擔心他頭部受傷，砲火遠去，見他無恙，心裡驚嘆他獲神菩薩庇祐，得福了。但王宇培心有餘悸，想到帽子彈飛的一瞬，只要自己身子伸直一些，小命就不保。香蘭不曉得王宇培在想些什麼，或許滿映所有同仁都感觸良深，內心矛盾加劇。壕溝內的士兵增加了不少，應該是隨著湯川過來的。湯川看著曉波：

「你的人員還好吧」

「只是器材受損，挨了兩槍。」

「什麼東西？看一下。」

周曉波指著放在左前方樹下的反光板，然後叫小王傳了過來。湯川看著包覆著一層錫箔的圓形布幕旁邊有兩個彈孔：

「這是什麼？」

「反光板，拍攝時用來補光用的，槍聲響起，最先中彈的就是這塊板。」周曉波看了那兩個彈孔，看向谷本，「補一下還可以用。」

「這個錫箔鏡在陽光下反光結果引來射擊。」湯川看著有如開花一般的彈孔，「這是步槍的彈孔，步槍從對岸打不到這裡。」

隆隆的砲聲持續，此起彼落，湯川看向谷本後面的士兵：

「子彈從那邊打來的？」

士兵聳聳肩，看向對岸再回望長官：

「聽到槍聲，大家趕緊跑到戰壕，來不及判斷，大砲就開始轟擊了。」

「游擊隊應該滲透到這邊了，從堤防上面向這邊射擊。你的反光板也夠強，招惹了游擊隊，也引來了對方的砲擊。一定是這樣，游擊隊聽到自己人在對岸開砲，趕緊閃掉。」

湯川說著臉孔別開周曉波，把剛剛跟他過來的第三分隊長叫了過來，要求他把他的人馬分成兩批，分別向東西兩路搜索。湯川把部隊作了一個簡單的調遣後，稍稍鬆懈了下來。香蘭：

「好在你今天沒有出任務。」

「即使帶兵出去，也還好。」湯川講歸講，但一點把握也沒有，「妳有一封信。」

「真的？」

「你們滿映寄來好幾箱東西，拆了一箱，裡面有水果罐頭、巧克力，還有一個很特別。」湯川看著湊過來的谷本和周曉波，「一個不鏽鐵桶裝了不少酒，聞起來是威士忌。」

「那一定是我們理事長寄過來的。全公司只有他才有喝不完的威士忌。他對員工也很照顧。」谷本精史。

砲聲止息了，湯川遠眺恢復平靜的對岸，然後收回視線：

「你們滿映大部份職員都是日本人吧。」

周曉波右眼瞬了一下香蘭，再正眼看湯川：

「但演員都是中國人，一大票。其他部門，中國人也漸漸受到重視。」

「就像你。」

湯川不無感慨：滿映內部，日本職員和那些中國人交談起來自然多了。那廂已經學習和平相處，這廂還在廝殺。人本來就應該和平相處的，這年頭世界都在打仗，後人不知會如何看我們這世代。

湯川有點自嘲地用手撐離戰壕，面朝周導：

「今天就到此為止，休息好了，先別拍了。」

周曉波同意。大夥離開戰壕時，香蘭只想到那封信。應該是松岡寫的吧。有一段時間沒接到他的信了，在海外當兵，應該忙到沒自由，十分悶。走上坡，迎面一排柳樹。焦褐、龜裂的老幹披著覆髮般的嫩葉，顯得不調和，但眼睛全然被絲垂的柳葉吸引過去，感覺舒適。谷本和周曉波向湯川欠身後走向柳樹下的分叉路。一名兵看著迎面而來的湯川：

「有一箱是寄給導演的，剛剛沒看清楚。」

湯川點了點頭，跟在後面的香蘭趕緊把周導叫了回來。周曉波、谷本和香蘭跟著湯川進入小隊會議室，朝房角一輛手推車上的一箱大型包裹看了一下：

「就是這一箱了，手推車都準備好了。我叫一個兵推過去。」

「我們自己推好了。」周曉波。

「還是叫個兵好，你們也省得又要再回來一趟。你們先坐一下。」

湯川說著在一旁的櫥櫃取出一封信交給香蘭。香蘭一看是兒玉寫來的，楞了一下。湯川：

「男朋友的？」

「普通朋友。我在東京演出時，他被派來當我的護衛，大概有什麼事才寫信吧。」

湯川假裝完全理解：

「妳的信不放在周導的包裹內，結果放在寄給小隊的箱子內。」

「大概是封完周導的包裹後，才想到李小姐的信。」

谷本說著，湯川點頭：

「有道理。當兵當久了，腦筋都僵化了。」

一名小兵出現會議室門口，被湯川叫住了。香蘭面朝周曉波：

「理事長寄給你而不是谷本，對你算是很尊重呢。」

周曉波笑了起來，湯川和谷本聽不懂，但也知道香蘭講的話無關緊要。

回到住處，香蘭把椅子拉到門口，拆開信。雅子：

「松岡寫來的？」

「兒玉。」

「我現在去廚房，忙完後再給我看。」

「沒問題。」

香蘭向孟虹笑著把信攤了開來，藉著廊外的陽光把兒玉寫的字映入眼簾：

「來信收悉，知道妳要到黃河之濱的偏遠農村拍戲，頗覺訝異，也很擔心。中國地區，北京天津一帶還算平靜，黃河沿線的城市還好，城外恐多戰鬥，身為護衛官，眼睜睜看著妳身陷險境，實在有說不出的不安。……很多負向的娛樂和節目不見容於現在緊張的時局，好的娛樂又青黃不接。三神主任要我再寫一本足以振奮人心的劇本。我實在想不到好題材，想到兩年前的《日向》意猶未盡，我想把以前還沒表達完全的來個補述，於是我那對妳失職的手開始寫《日影》，做為《日向》的續集。想趁著妳不在東京的時候趕快寫完，然後排練、演出，一氣呵成。這是如意算盤……」

香蘭看完再看一遍，然後把一頁的信塞回信封，回到床鋪躺了下來，邊搖扇邊漫想。她很高興兒玉繼續寫作，或許那天日子比較安定了，演出他的劇本也有可能。在舞台上又演又歌，反而更適合自己。

小王探了門，孟虹請他進來，他留下三個罐頭便走了。甘粕寄來的包裹除了每人一只水果罐頭之外，也有幾個魚肉罐，用餐時就不用再勞小隊供應，減輕湯川不少壓力。周曉波表示甘粕還會再寄，大家聽了感到很受用。

飯後，雅子照例把兒玉的信看了一下：

「這封信有問題。」

「怎麼說？」

「他露餡了，偷渡了一點感情。」

「是妳敏感，多心。」

「一看就知道他信裡對妳的疼惜、仰慕，都是一些情愫。所以得小心點。」

香蘭當然看得出來。她覺得一切自然發展，反而圓滿。她細數，沒見松岡的日子也已過了三季，已經超過和他相處的那段日子。和松岡約會，一開始還很浪漫，他也很喜歡親近她，但他畢竟是思考型的動物，最後一兩次約會，對時局緊張的憂慮，淹沒了他原本不多的浪漫情愫。沒有情愫就不會有允諾。和他無法常見面，而他為數不多的信裡，避開了敏感的軍務，原先對說理的興趣轉為對西貢當地風土民情的分析。松岡對她通體降溫的此刻，兒玉的一點溫情讓她心底發出會心的微笑。

外頭傳來幾位男子用日語交談的聲音，聲音越來越近，香蘭聽出了湯川中尉的口音，探頭一看，湯川陪著治安軍的徐安邦少校走了過來，訓練官鍾姓少尉在身邊，周曉波和谷本也跟著走來。看見香蘭，湯川停下腳步：

「妳們還好吧。治安軍徐少校來探視你們。」

「還好。」

香蘭應著時，周凋和張奕也走了過來。他們顯然已換下剛剛臥倒水中弄髒的衣服，且沖過澡。

「共產黨部隊打槍開砲，你們也賺到休息。」湯川環視身邊的劇組人員，瞥了徐安邦一眼，「徐少校想觀察對岸的情況，要不要跟著去看一下。不下到河邊，在堤上看。」

一行人邊聊邊走，穿過樹林來到堤邊，停在一棵大樹伸長枝葉的遮蔭下。香蘭退到一塊樹蔭下的草地坐了下來，王麗君、雅子跟進，發覺看不到對岸後，向其他女子招手。湯川見女士都退到目視範圍內的蔭涼處覺得 ok，看著同在岸邊的男士舉著手向前指：

「實際的開炮地點在還要往前半公里的河灘，要不要過去？」

「不用，在這裡看就可以了。」

湯川向徐安邦點頭表示同意，把手伸向隨從兵，接過望遠鏡後，兩眼貼著望遠鏡眺望對岸。河風吹來，湯川把望遠鏡轉給徐安邦，徐少校望遠鏡貼臉望向對岸，調了一下焦距，看了許久，再把望遠鏡交給周曉波。片刻後，徐安邦面向周曉波，儘管湯川在場，還是用華語：

「有沒有看到？兩點鐘方向，大堤下的河邊像馬蹄的矮土堤，應該是新四軍的陣地。」

周曉波把望遠鏡畫了一個弧：

「有好幾個馬蹄狀的土堤，有的還吃進水裡。」

「這兒人家管叫那種土堤為水裡窩，有時看起來還真像鳥窩。」

周曉波邊看邊聽徐安邦的解說，然後滿足地放下望遠鏡，遲疑了一下把望遠鏡還給湯川。湯川把望遠鏡再次交給徐安邦：

「我回隊裡，望遠鏡給你們大家看，你要回去時再還我好了。」

湯川說著帶著傳令離去，徐少校把望遠鏡交給其他人輪流看。張奕看過對岸，把望遠鏡交周凋，再看向徐安邦：

「剛剛的大炮都是從水裡窩打過來的嗎？」

「在水裡窩附近，砲陣地在大堤後，不會讓你看到，有的還是移動式的。」徐安邦心情篤定，好像他是敵軍的參謀，「他們看到你們的反光板以為是什麼新兵器，先遣部隊滲透到這裡開了幾槍，對岸就放了幾砲。」

「那你說那水裡窩是做什麼用的？」周曉波。

「他們在那邊訓練、集結部隊非常方便，如果每個窩都在集結，會讓我們以為他們要發動攻勢。我們前線緊張，後方部隊往前調，他們如果聯繫友軍從我們的後方摸進來，他們欺敵的策略就奏效了。」

谷本聽不懂華語，插不上話，退到女士圈後，王宇培把望遠鏡還給徐安邦：

「一個身經百戰的部隊應該不會這麼容易上當吧。」

「誠然。這個時候就要判斷了。」少校壓抑住有些蠢動的民族意識，「基本上兩邊都會派出探子。兩軍對峙，相互觀察時就多了一雙眼睛。」

「探子都是軍人喬裝的。」王宇培。

「對。新四軍的探子多在晚上出來活動。」

「看來這裡軍事上對峙，還沒到兵兇戰危的地步。」

張奕說著做勢欲坐，徐安邦乾脆坐了下來：

「大家都不是決策階層，對方不是，我們這兒也要聽上面的指令，不會輕啟戰端。」

一票人跟著坐在樹蔭下。徐少校繼續說：

「有沒有聽過軍人在打混？」

「軍人是很喜歡這一詞。」

張奕說著時，值勤的衛兵走了過來，看著徐少校：

「報告長官，危險！這裡危險！」

衛兵用日語說著，步槍指向一票女生坐著的比較低下的坡地。徐少校會過意趕快撤向低地。

「一堆人坐在堤上，很可能成為對岸砲擊的目標。」徐安邦席地坐下，調整一下姿勢，「部隊就是這樣，沒有命令就沒有戰爭。軍隊平常都在避戰，能避就避。」

「這樣也好。平常看到軍人就想到戰爭，軍人如果厭戰，老百姓才有喘息的機會。」周曉波直覺中國人學乖了，厭倦了兄弟相殘。「我看兩軍對壘，互相放哨，不但不會製造緊張，反而緩解了情勢。」

「有時候可以這麼說。」

徐安邦說著笑了一下。張奕：

「剛剛的槍砲對戰，你怎麼看？」

「首先他們不是針對我們治安軍。主要是認為日本軍這兒有了情況。再說，下令攻擊的一定是比較高階的軍官，比如團級以上幹部……」

徐安邦說著環伺滿映劇組人員，知道他們並非全然馴服於日軍的統治，自己雖然有些投機，但也多少迫於大環境的無奈，和他們交流實在不用過招太久，免得橫生一些枝節或煩惱。

43. 搏浪鬥麥 機智解困

接下來兩天，除了補拍因砲擊中斷的戲和一些以農田為背景的戲外，周導急著要把潰堤後洪水氾濫，幾個重要角色遇洪掙扎的戲碼拍完。花園口爆炸堤潰，淹沒農田民居的大場面，他打算回到滿映後在攝影棚建構堤防模型拍攝。至於遇洪抗澇的戲碼，自然要在此處拍攝。谷本建議他找比較小的河流拍攝，但他堅持原汁原味的黃河。為了找到適合的場地，他和谷本親自就教湯川，湯川了解他需要的場地後，找來一名士兵當嚮導，於是三人騎著隊裡的單車，在營區西邊兩公里的河畔找到一個比較理想的拍攝點。谷本以他個人的拍攝經驗，認為如有消防車支援效果會更好。於是在士官片山的陪同下，由軍車載一程，到開封市拜訪消防局。日本人局長召集部屬討論了一下，認為不致有洪汛，是否遭砲擊？賭一下後，最後決定支援一部消防車，且即刻執行。

消防車就在通往小隊營區的斜坡開上堤防，在營區柵門前停了下來，士官片山下車向衛兵說明一下再上車。車子在營房前滑過，進入林道走了一陣，開始尋找下堤的最好坡路。

試俥情況良好，消防車粗大的水管，一端置入小湍流的上方，一端埋進小湍流的下游，讓湍流激起的水浪湧得更急更高。兩艘橡皮艇放下來也沒有問題。谷本和周曉波還特地勘查地形，相中一棵可以繫繩子的獨立樹。太陽西下時，消防車循原路回去，放下士官、周曉波、谷本後，開了回去。小隊長免不了又要在吃飯時刻宣導一番：

「明早一輛消防車會來支援拍攝，在營門前停下載人，請大家了解情況。」

第二天早上八點半，消防車又來了，士官片山和攝影谷本的助手小吳上了車後，車開走了。半小時後，部份劇組人員和六名士兵搭乘一輛軍車前往河畔拍攝地，但人到車回。與浪搏鬥的戲，王麗君和香蘭這一對母女先上陣。拍攝現場原是淺灘，不知何時被開挖成長寬約 20 米，深約 1.2 米的大坑，坑的北邊是沙洲，小吳放好攝影機坐在那兒，沙洲再過去就是黃河主流。大坑的東邊，河水從沙洲旁邊狹而深的水道流出，水道旁是淺灘，橡皮艇擱在那兒不會漂動，谷本手握笨重的攝影機趴在橡皮艇上先進行試拍。

消防車上的兩名師傅手持水管，讓水柱直接噴向水池後，在水裡的香蘭和王麗君開始起伏，兩名師傅把水管埋入水中後，濁浪持續湧動，周曉波一聲令下，王麗君和香蘭開始泳動，凌亂的手划腳動加快波浪的起伏。小吳把攝影機架在支架上俯拍，谷本趴在橡皮艇上，兩女與濁浪相搏的鏡頭看來怵目驚心，加上水花四濺，畫面看來很飽滿。周導喊暫停，工作人員坐在橡皮艇上划了過去，用乾毛巾把她們的頭臉擦乾。谷本涉水走到岸邊蹲下，周導再下指令，兩女再次游動，一名師傅涉水，握著水管噴向王麗君，好似一道浪湧來，把王麗君急速推遠。

「媽媽！」

香蘭驚惶呼叫時，吞了不少黃水，王麗君被浪推向深水道，繫在腰間的繩子拉直後，只露出一個頭站在水裡。橡皮艇趕緊划過去把她拉了上來，香蘭也由助理伸手拉了上來。

消防車的汲水灌水告一段落。香蘭上來後，並沒有馬上換衣，只是用毛毯裹身，因為緊接著拍攝香蘭抓住漂流木，最後在沙灘上岸，然後倦極，在燙熱的沙灘爬行，躲在樹蔭下休息的戲。香蘭一到樹下，周導喊卡，隨即被孟虹和早先上岸的王麗君擁向消防車的另一邊。這兒放著一桶水和一套乾淨的衣服，香蘭給自己沖洗一番，自行更衣後，開始看別人上戲。

這一天的拍攝對劇組人員來說，工作重了點，「黃河」的味道也開始出現。不管是工作人員，還是演員，都耽溺在工作的狂熱中，忙到一點半才回到營區用餐。消防車的支援告一段落，因為吸了太多濁水必須開回局裡保養，不過回去前還是把營區的空桶灌滿水，省卻士兵挑一趟水的功夫。

拍戲就像戰鬥，這一天早上在黃河畔的拍攝差堪比擬。谷本和小吳不時趴在地面開拍，致攝影機的眼和導演的眼有相當落差，拍攝結果如何，只有攝影知道。有時拍得不理想，是谷本要求重來，香蘭也被 NG 了兩次。為了讓平常的黃河水流拍成洪澇狀態，谷本必須使用一些技巧造成視覺欺騙，如他俯拍香蘭在沙灘爬行，沙灘看來接近堤頂，好像是隨著漲升的洪水堆在堤下一般。

回到宿處用過中餐，整車劇組趕回拍攝地途中，和一輛皇協軍的小軍卡會車，對方的駕駛吆喝了幾聲，卡車停下來後，小軍卡調頭駛了過來。小軍卡停下後駕駛兵和隨車士官搬下一箱啤酒，再搬上演員搭乘的軍卡。男演員看見瓶上水珠欲滴的啤酒，脾胃大開，但擔心天氣炎熱，啤酒回溫走味。

「副營長徐安邦給的禮物，剛從冰窖取出的。」

士官丟下這句話便上車離去。周曉波對於僧多粥少、清涼生津的啤酒要怎麼分配頗思量了一會。到達拍攝地，隨車士兵，兩人共飲一瓶，駕駛兵婉拒了，其餘 11 瓶，剛好男士一人一瓶。

下午的戲碼對香蘭來說，也是充滿戰鬥性。她已經進入又餓又累，身心重創的戲份了，谷本精史架好攝影機正要拍攝她孤獨而哀傷地眺望河面的神情。攝影機從側面拍過去，他希望拍到香蘭胸部以上浮在黃河河面上的情景，但香蘭個頭矮了點，他把腳架調到最短，還是無法把香蘭拍出一個仰角，從他的鏡頭看出去，她的頭幾乎沒在水裡。

谷本向周曉波咕噥了幾句，周導要求同仁，尤其是道具員老蔡找可以讓香蘭墊腳的東西。這兒河灘被河水洗過，十分乾淨，灘上的黃土層看不見露頭的石塊。王宇培走向周曉波：

「叫香蘭站在比較高的土坡不就成了。」

「這樣就拍不到河面，只能拍到土堤。」

周曉波當然知道多試幾個地方必定可以找到理想的拍攝地點和角度，但怕壞了谷本拍攝的情緒。另一邊周凋、張奕也幫忙找東西。

「有個工具挖一塊硬的土塊不就了事了？」周凋用腳磨了一下腳邊的硬土層，「谷本這樣堅持，讓李香蘭很難堪。」

「我看還好，李香蘭一向很配合。」

周曉波這樣說了，還是擔心香蘭高漲的拍片情緒洩了氣。周凋：

「跳過去，改天再補拍也可以。」

「周導是很堅持要拍完。慢一天有慢一天的麻煩。」

張奕說著想起兩天前湯川對周曉波提出的警訊：這裡春夏之交容易下雨，有時一下就是兩三個禮拜。他相當了解導戲人的心理，為了天候，一大段戲擱著沒拍是一回事，但假使一大段戲都連在一起了，獨缺一幕戲，那心裡的疙瘩會很磨人。

「哦！有了！」

另一頭的香蘭叫了一聲，眾人跑了過去，道具老蔡看見香蘭蹲著要取躺在沙土中的一堆啤酒瓶：

「這瓶子怎能墊腳，會滑倒摔傷。」

「瓶子小但很厚，看來踩著不會破。堆一個沙堆，把酒瓶放上去，踩實了就好。」

幾位男士被香蘭說服，要去河邊搬運濕沙時，周曉波還是覺得不妥，擔心她摔倒，但看著她堅定的眼神，就不再阻擋。

香蘭逕自走開，張奕和周凋把剛剛喝過，散置稍遠處的三四只空瓶撿了回來，和沙土中埋著的七八瓶放在一塊，隨即動手用摶實的濕沙固定酒瓶。沒有動手的人站著說三道四：

「沙土乾了就散了，一定要用什麼東西固定⋯⋯。」

「把泥沙當混凝土，還真天才。」

⋯⋯

谷本用腳輕壓酒瓶堆，看見瓶子滑出鬆動的沙子，很是失望，很想再叫同仁想辦法，但礙於語言不通，看著周曉波失落的眼神，想過一陣子再說。香蘭拎著兩塊布跑了回來：

「用布包起來。」

大家覺得是好主意，不再閒言，谷本用日語向周曉波說了幾句。周曉波趕緊叫旁觀的人協助將瓶子填滿沙土，同時叫人拿著布到河邊抬著一些濕土回來。情勢越來越明顯，大家都知道接下來要怎麼做了。王宇培和老蔡合力用布把瓶子包在濕泥堆中後，再用另一塊布包覆，徐聰從工具箱中找兩條繩子把布包綑綁好，周曉波叫孟虹、王麗君一些女星輪流站在布包上稍加踩踏後，才叫香蘭踩上去。香蘭踩著沙包做了一些動作，谷本透過鏡頭看過去，打出 ok 的手勢。參與工作的演員和工作人員紛紛跑到河邊洗手，回來後，周導下令開拍，全場無聲，只剩汩汩的流水聲。太陽高照，圍在導演身邊的人少了，大部份人都躲在陰涼處，香蘭站在縛緊的玻璃瓶上，看著天空白雲，再望向黃河，周邊太肅靜了，不能不感到天地悠悠，凡事只是過客，困居荒野的生活辛酸、拍攝時的辛苦和劇中角色所應流露的悲涼，不斷在心裡交融，眼神自然流出的傷愁敷滿整張臉。

谷本和周曉波滿意拍攝的結果。但香蘭的苦難還沒結束。在谷本和小吳遠近兩支攝影機的攝錄下。框限在劇情中的她越過堤防來到麥田，走了幾步，想到家園被沖毀，母親凶多吉少，在麥田邊四顧茫茫，不知何去何從，在田梗上踟躕時，感覺麥田有人偷窺覬覦她。劇務助理小王客串的無賴形跡更加顯露，香蘭一時緊張，倦餓俱忘，拔腿便跑，一台攝影機在前待兔，一台在後猛追，周導和一些助理也隨後跟上，但不敢太靠近，免得入鏡。香蘭刷地竄入麥田，跑了幾步滑了一跤，小王也竄入麥田翻了一個筋斗。香蘭繼續跑，一直跑到村長介紹的一戶農家，這個農民夫婦也當了臨演。

為了演救助香蘭和香蘭道別的這兩幕戲，周導教這對農民夫婦也頗費唇舌。不過，

「看妳一身傷，我給妳找個藥來敷吧。」

農婦這句劇本沒有的話倒是神來一句。她家裡實際上沒什麼藥。孟虹拎來醫藥箱，農婦給佃農女香蘭上藥時，鏡頭還在，周導喊 cut，改由孟虹給香蘭擦藥時，周凋：

「看來是被麥穗和麥葉割傷的。」

小王見香蘭細嫩的手臂畫出一道道血痕，血痕的旁邊腫了起來，

不時欠身道歉。

「我倒要謝謝你，幫我完成這幕戲。如果不是你演得賣力，我可能會被導演要求重來呢。」香蘭忍著傷口的疼痛，仰看小王，「小王你也一樣，手臂也畫傷了不少。待會也給你敷藥。」

「還好，皮膚黑，比較不會紅腫。」

小王說著，肩膀被周導拍了一下。周曉波審視他的手臂，發覺結實的手臂確實很能抵禦麥葉的割畫，黝黑的皮膚顯然消化了割傷後的紅腫，傷口也已乾涸變黑呈現自癒的效果。周曉波給小王打氣一番後：

「李香蘭配合度高，今天這場戲果然如此。我以為看黃河百感交集的戲要改天再拍，但香蘭自己想辦法解決了。」

周曉波首度和香蘭合作，對於滿映第一紅牌的種種聽了不少，今兒感慨繫之說出心裡話後，大家想起剛剛那一幕，自然往香蘭看。香蘭手臂敷好藥後，站了起來：

「問題出在我身上，我個頭不高，為了不拖累大家，我當然要想辦法解決。沒想到那幾個廢酒瓶還真管用。」

「李香蘭小姐，人長得漂亮，個性謙虛，工作認真。實在太好了。」

谷本直覺周導的話和大家的目光都在誇香蘭，趁勢用日語添花，同時聊慰自己的孤單。他說著時，吸引大家的目光，待周曉波把話翻成華語後，大家又接著話尾把香蘭再次稱讚一番。

再次被香蘭的認真撼動的張奕想到三年前，《冤魂復仇》格鬥的外景戲，一位高大的臨演用力過猛，把香蘭摔傷，導演大火，結果香蘭大器化解尷尬的往事。滿籍演員同仁多猜香蘭是中日混血，但一位日本職員親口告訴他香蘭是日本人。此刻，他再次審視香蘭：

「李香蘭小姐雖然通中日文，但思維和做法很中國呢。」

「我在北京女校讀過中學。那是中文學校。」

張奕和香蘭間的簡單對話，再次洩露香蘭可能是日本人的事實，不過在場同仁對她的認知還是不出她是中日混血或純日本人的範圍。當然一定是日本籍，不然怎會擁有一位日本助理。

這兒還算簡樸的農舍擠進一票劇組人員，幾乎炸開，周曉波致贈農戶主人一只紅包，喝過他們提供的白開水後，全部班師回到早上拍攝洪災的沙灘地上面的堤防，等待小隊的軍車。

他們遵照小隊長的提示，全體人員分成三組坐在堤道靠近陸地的下坡陰涼處，避開對岸軍人的視線。太陽明顯西斜，隨隊攜帶的白開水也喝得差不多了。周曉波和孟虹講了幾句貼心話，轉身向香蘭苦笑了一下。香蘭：

「我知道你心裡很矛盾，你如果在重慶拍片可能會自在些。」

「每個人都一樣，都陷在一個框框裡，或許妳也一樣。妳剛剛說過在中國女校讀過書，看來妳的格局比我們大多了。」

「所以我常常以中國人的角度思考事情。我有幾個中國朋友，他們算是抗日家庭，面對我時也要處理中日矛盾的問題，但他們做得很好。」

周曉波點點頭，一直聆聽他們對話的張奕，突然開口：

「我想這是人性的問題。共產黨和國民黨之間的矛盾恐怕不輸中國和日本，只要有交流，干戈就會化為矛盾，再化為玉帛。」

張奕說完看著香蘭水汪汪的大眼睛，想著她平常穿的旗袍，直覺她實在不像日本人。香蘭看出他心裡頭的探究意味，因此說道：

「拍這部電影，我漸漸覺得中國人知天命，盡人事的特質。周導指導下的主要人物，實在是反映真實的中國農民的性格，逆來順受，像軍隊決堤造成洪災，電影裡的人物也沒有多少控訴，多把它當成天災，當成命運。電影裡頭如此，我們在生活上的諸多不便，也必須如此忍受，甚至在苦中作樂。」

周曉波聽香蘭這麼一說，心有戚戚焉。

「從編寫劇本到實際導戲，一種看不見的，整部戲的軸線悄悄內移。寫的時候，字裡行間怨氣難消，反蔣－對蔣家軍反感……親日的氣焰很重，人物曝露在激烈的民族情緒的矛盾中，心理有番掙扎，但執導時，就比較看重人們內在的承擔。因為這時候，戲中角色都變回小人物，只擔心自己和家人的存活，心裡的糾結掙扎都在此，自然遠離時代的是是非非。這也算是另類的從絢爛歸返平淡。」

周導的話擲地有聲，頗引發大家的細思尋味。谷本精史聽不懂華語，但知道大家討論劇情，兩眼骨碌碌的，好像在說話。香蘭不忍他被晾在一邊，用日語開口：

「我正和周導談論拍戲時面對中日矛盾如何處理的問題。」

谷本聞言仰天大笑。

「日本和中國之間糾葛的問題很難用日語表達，但我一向秉持嚴肅的態度。」周曉波用日語向谷本表白過後，轉向香蘭改用華語，「基本上湯川小隊長對我們不錯，但我一直提心吊擔，怕劇組有人民族情緒突然高漲，表現出抗日反日的樣子。面對皇協軍，也就是治安軍，我也很擔心劇組有人對他們訕笑，最後大家難堪，甚至演變成劇烈衝突。」

「有這種憂慮是好的。你會比較留意劇組人員的言行，適時加以導正。不過還好，我看大家都很入戲，也很進入情況，沒有意識型態的困擾。」

香蘭說著把談話要點用日語轉知谷本，谷本左眼瞬向周曉波，隨即看著香蘭：

「我都聽他的。希望我不是他的問題。」

他的這句日語，日語程度好一點的劇組同仁都聽得懂，也都報以欣賞性的淺笑。

44. 戲裡戲外 戰雲密布

完成了最難拍的戲份，劇組有一種苦盡甘來的實感。回到住宿的陋宅，許久未聞的烏鴉呱噪聲聲入耳。香蘭不以為意，提了一小桶雅子煮的熱水到澡堂洗個溫水澡。用餐時刻隔壁小隊營區傳來零亂的聲響。應該是出擊歸來吧。咆哮聲嚇跑了烏鴉。繼而是爭吵、說教的聲音，不時有人高聲講話，隨後是詭異的沉靜。谷本：

「大概是出任務不順吧。」

「要不要去看一下。讓我們知道怎樣配合他們。」周曉波。

「吃過飯再去吧。」

其實不待吃過飯，谷本便到隔鄰的小隊隊部，片刻回來了。原來湯川小隊今天出任務折損了一名士官和兵。到底是誰，谷本不便多問便回來了。

晚飯後，大家一如往常，坐在緣廊納涼，用扇子扇涼兼趕蚊子。隔鄰的軍營升起了歌喉、敲打混雜，亂中有序的聲音。

「……啊！……當我請求建立功勞時，妻兒揮舞著幾成碎片的旗幟。在遠方的白雲間，又浮現出…… 啊！那雄偉的運輸艦。再會了！……遠遠地拜別皇宮，對天發誓，我心意已決。……」

四五十人的合唱踩在鍋盆匙筷敲擊的伴奏聲中闊步行進，越唱士氣越昂。谷本：

「他們在唱〈拂曉的祈禱〉，是在療癒傷痛。」

香蘭把的話翻成華語後，大家都點頭表示理解，但隨後都陷入深沉的靜默。周曉波：

「谷本兄，以後沒有戰爭了，我們還是繼續合作拍電影吧。」

「那好。沒有戰爭，一切都沒有顧忌。」谷本大大吐了一口氣，「我們在滿洲時，就感覺不到戰爭。來到這裡被砲擊，又和軍人為伍，每天聽到士兵死亡的消息。在我的認知裡，沒有戰爭，比天皇都大。」

谷本最後一句日語，大家聽懂了，投以讚嘆的眼神之餘，周曉波把谷本的基本見地轉成華語後，大家開始慢慢聊開。谷本平常除了因工作和周曉波聊的較多，和雅子、香蘭很能談之外，有時只能和徐聰、王宇培說些簡單的日語。這幾年，滿映演員的日語程度雖大有提升，但一般人還是沒法和日人自由交談，偶爾對談時，雙方都得仔細聆聽對方，然後把意見慢慢吐出。現在透過翻譯和大家聊開，心情自然好，香蘭也會適時助譯，讓雙方交流更加順暢。

日子一天天過去，小隊士兵的折損和補充，像人體的新陳代謝，又是晨起升旗的時刻。小隊長一臉倦容，香蘭腦裡浮著最新傳出的戰死名單，開始審視各分隊的每一張臉孔，尤其是站在隊伍前頭的士官，沒看到那一天陪同谷本和周曉波勘查外景地形的片山，士官只幾個人，應該就是他吧。士兵會是誰？第三分隊排尾的戴眼鏡的小個子不見了，會是他嗎？或許另有其人，眼鏡兵可能站衛兵。一陣胡思，官兵已把〈君之代〉唱完，旗也已升上去。

這個上午，劇組驅車前往村長家，準備拍收割麥子的戲，不曉得小隊有沒有任務。一整天下來，香蘭頭巾裹頭，臂套護臂，揮鐮大半天，過足了農女的癮。

應該是平靜的一天，小隊那兒也沒什麼喧聲。入夜了，有人開始入眠，人聲漸沉，外頭嘓嘓的蛙鳴此起彼落，有時屋內壁虎的叫聲摻一腳。香蘭房間門外傳來敲門聲，雅子和香蘭面面相覷，正想開門時，

「打開！請打開！」

日語的叫聲，自然是日本兵。雅子搖了兩下頭，香蘭也回到床上。咚咚的聲音持續重捶門板，桌上蠟燭微微晃動，兩女屏住氣息，不敢下床，也擔心門會被撞破。最後傳來「李香蘭小姐請開門」的呼喚後，敲門聲變得微弱，隨後止息。香蘭：

「他們怎麼知道我們住這間。」

「我下廚的時候，他們的小隊長帶隊出任務時，留守的士兵有時會過來串門子。」

「我知道他們心裡苦悶，可能不會有什麼不好的念頭。」

「應該是來訴苦，想獲得妳的安慰吧。」

「但是還是不能開門，把這個小部隊的秩序搞亂了，後果嚴重。」

「我也這樣想。」

雅子說著下床，耳貼門板，看還有沒有動靜。香蘭兩眼直瞪天花板。士兵走了，不知一人還是兩人，只聞聲音不見其人。香蘭心情漸漸平復，想到最新傳開的戰死的士兵，她恍然知道是那一位，但不知他姓名，也沒聽過小隊長或同袍述說他戰死的情況，好似被神仙帶走了。想像中，外頭曠野杳冥，蛙聲漸歇，狗吠掀波。好像十幾隻野狗相互追逐狂吠。狗兒累了，一兩隻引吭高鳴，狀似狼嚎，實則是狗撞鬼發出的哀鳴。香蘭心裡那種戰死士兵被神仙帶走的幻想立刻化成鬼魅傳聞。

這一帶的麥田逐日收割，劇組的拍攝也逐日進行。滿映的補給再度進來時，附上松岡從西貢寫來的信。松岡的來信微吐軍中的苦悶，也把假日和同袍出遊華人集中區堤岸的心得宣說出來，替她揭開越南的神秘面紗：

「……這裡一點也沒有戰爭的氣息，事實上，根本就不需要打戰，日本政府和法國政府達成妥協，越南這個國家變成日法兩國共管，也可以說共同保護的國家。他們男子不用當兵，酒樓、茶樓天天高朋滿座。沒有宵禁，酒樓半夜才開門營業，歌女彈琴、唱歌，夜夜笙歌，茶樓客常滿，談詩、對弈，好似當年的國內，羨慕之至。其實，上述的浪漫風情多屬聽來的。營區管制嚴，形同另一世界，我們不太有時間去那兒流連，再說那兒的華人也不歡迎日本軍人。

不過歌女還是酒女，花枝招展地坐在人力車上穿街過道，倒常看到。……

今妳我各在天一方，妳為了拍片，更且遊走四方，那些日子和妳在瓢亭嘗鮮清談的日子，不知何時能再……」

松岡顯然拙於，或不想表達感情。香蘭想，那些日子，自己確實被他的說理、思辯能力吸引住，也因懷念而生情，而他這封信顯然藉著在西貢所見所聞的鋪陳，來規避任何感情或情愫的表達，通篇文字擠不出一點感情的汁墨。她想著自己被流放邊遠，生命飽受風砂的風化，好不容易等到心上人的書信，卻得不到一點潤澤，她把信塞回信封後放在床鋪旁邊的桌子上。拍完電影回來，或從廚房出來，她們都習於躺在床上，因為太累了，不想再把自己折在椅子上，一方面椅子實在不很牢固，她們也怯於久坐。雅子下了床取來信件後，一樣在燭光下閱讀：

「越南人民確實比較幸運，他們的老闆和日本政府妥協了。至於菲律賓、馬來亞，他們的主子美國和英國都向日本宣戰，所以都有戰禍。」

「把信放在桌上就可。」香蘭看著雅子回到床上，「法國不是和英美站在一起的嗎？」

「法國早亡了。現在的政府是希特勒扶持的。」

「哦！看來我們的國家是禍延亞洲各國呢。」

「只希望戰禍趕快結束。」

然而戰事越滾越大，要它結束，談何容易。即使這個小隊也一樣，人少戰頻死傷多，兵員的補充也夠，對香蘭和雅子來說，不斷有新面孔取代熟面孔，而那些熟悉但不幸的面孔也不斷在記憶中澳滅。《黃河》這場戲也一樣，一幕接一幕，有時跳過去，不知會不會補拍。整體劇情不知伊於胡底，大概只有周曉波和谷本才能掌握整個拍攝過程。

一連下了20多天雨，柴禾濕了，生火不易，大家開伙吃飯不順，這不打緊，不能拍戲，悶在住處，周導和攝影谷本最難過。

這一晚，谷本和周曉波吃過飯，剛洗完澡，便被召到湯川小隊。久未見周導和谷本回來，徐聽到小隊串門子，回來後告知周導和谷本隨著湯川到駐守柳園口過去一點，劉店村的警備大隊開會。平常有些喧鬧的湯川小隊靜悄悄的，事態顯得不尋常。晚上十點不到周曉波和谷本回來了，大家稍稍放下心，周曉波要張奕召集下莊的員工到上莊他住的那一戶的庭院開會時，徐安邦也拾步進來了。

劇組所有人員都到齊了，徐安邦看了谷本和周曉波一眼：

「還是我來宣布好了。有探子回來報告：現在對岸的新四軍正在集結，有可能會打過來。」徐安邦止住了王宇培的發言，「聽我講完。我的營會協助你們撤退，現在車子就在外面等著，你們回去後趕快穿好衣服，行李全部打包好，只要聽到我們營部的號角響起，就上車。那位少尉訓練官還有印象吧。如有情況，他會到這兒帶各位，先到我的營部，再一起往後撤。」

大家最怕，也最難堪的時刻來了，多數人五味雜陳地回到房間或住處，王宇培還留在原地：

「我們會跟他們正面衝突嗎？」

「你們躲在我部後面，我部也只是後備部隊，不會接敵。」

「是日本軍隊主打？」

「對，像湯川小隊就留在原處不動。不用怕，他們人少可以擋很久，隨後大部隊就會來支援，把新四軍趕回對岸。」

徐安邦說著不耐地望向周曉波。王宇培離去時，稍稍緩下心情：日本皇軍畢竟不全然信任皇協軍，這樣看來，治安軍會跟自己的同胞－新四軍隔好幾層，不致一下子就面臨尷尬。

香蘭和雅子焦急地在房間枯等，11 點了，蠟燭滅了，不再點，就讓煤油燈撐著。雅子：

「妳知道，兩軍隔河對峙，共產黨部隊如果要攻過來，會先用砲攻。」

「我想應該是。」

「七八點情報傳過來，想來應該五六點就開始集結，五六個鐘頭過去了，還是沒有動靜，看來是假情報。」

「希望如妳所說的。」

香蘭不想讓心懸著，開始有目的地祭出話題，同屋的王麗君、孟虹和下莊的王宇培也都過來串門子，香蘭只好再點根蠟燭。

「我家住四平，離新京不遠。就是 918 過後那一陣子，在樓上窗戶看出去，很像演習的零星街頭槍戰就是我對戰爭的第一印象，來這裡拍片後，從對岸打過來的槍砲，看來就比較像戰爭了。」

王麗君說完，孟虹：

「我也差不多一樣，以前壓根兒就沒看過戰爭。戰爭的新聞天天有，好像到處都是戰爭，但我們就是沒碰到，直到前一陣子，黃河兩邊相互砲擊。」

「我現在只是想嘲笑戰爭，我們時常受到驚嚇，但它不來就是不來。像現在，大家也飽受驚嚇，快半夜了，看來新四軍是不會來了。」

王麗君的話讓香蘭吐了一口氣，她直覺狀況就快解除了。東北軍軍官退役的王宇培見識多，大家都期待他發表一些高見。

「事實上，有時戰爭是很可笑的。上個世紀，大約一百年前，法國出兵墨西哥，就只因為一家法國蛋糕店被墨西哥軍官砸毀，結果法國出動遠洋艦隊直攻墨西哥，這一仗就打了兩年。」

王宇培說著，大家表示願聞其詳，但王宇培以時候不早，想留待以後再講。香蘭：

「或許法國早就想對墨西哥用兵，逮到這個機會，就堂而皇之地出兵。」

「有道理。就像日本人發起一二八和七七事變，也是基於很荒謬的理由，嚴格說來，早就蓄意發兵攻打了。」

王麗君說著笑了起來。香蘭和麗君相繼提出修正式的看法，王宇培感覺有些洩氣，不再開口。周凋頭探了進來：

「周導有請。」

四人來到隔壁周曉波住的中庭時已是半夜 12 點，周曉波見下莊來了幾個人，示意徐安邦開口。

「情況解除了。新四軍往北方移動了。讓你們緊張了一整晚，實在不好意思……」

徐安邦還沒說完，下莊的人相繼離開，只剩王宇培和周導、谷本送徐少校上車回營。

雨停了，天空放晴，但地上泥濘，載著部份劇組的軍卡小心翼翼走過堤下道路，顫顫危危地爬坡來到上次拍攝洪災的堤段。車頭突出堤頂時劇烈晃動了一下，車上一陣驚呼，每人都感覺車子剛拋入滾滾洪流，體內起了驚濤駭浪。眼前汪洋巨流只差一兩米就可淹過大堤，觀洪的民眾不少，劇組人員下車後驚魂甫定，周曉波要求大家遠離河面，就是軍卡也不敢在堤上待太久，駕駛兵向谷本和周曉波招呼一聲，把車子開下去了。

劇組今天主要是來探勘黃河形勢。雨季期間，即使徐安邦不常來給意見，周曉波憑常識也知久雨剛下完，洪峰鼎盛，不可能拍片。谷本逮到機會，大拍濁流滾滾的壯觀畫面，用來替代原先拍好的潰堤後波流洶湧的畫面。

這一天，小隊長帶兵出任務，黃河水位大降，邊岸已露出，劇組在河畔補拍一些畫面和場景，一名士官和士兵領著一名日軍大尉來到現場。大尉來自警備隊報導部，主要目的是來了解拍攝情況，商洽軍隊支援事宜。周導表示軍援的事已經和駐守柳園村的皇協軍談妥，大尉稱善，把周導和谷本拉上小軍卡後，直奔徐安邦的營區。徐安邦表示相中附近一處殘堤，一夥人前往探勘，果然可以做築堤的場景，徐安邦根據劇本把現場的兵力配置說明一番，周曉波提出一點修正，大尉向徐安邦表示，可以協助取得一批日軍制服，徐少校表示早已借到，合作案一拍即合。

拍攝進度已來到劇本的最後幾頁，一整連皇協軍在徐安邦的指揮下來到前一天會勘過的斷堤，軍人一半扮演日軍，一半演國民黨部隊，人數不如預期，但平常演練過，徐安邦和幾名略懂日語的幹部親自帶領「日軍」，在彈雨中，吆喝幾句日語口令，配上榴彈砲的助攻，還頗上鏡頭。另一方面，「蔣軍」奮勇抵抗，撤守態勢沒有太亂，同袍扶助傷兵後退的鏡頭還滿逼真。

影片開頭的戰爭戲拍完，部隊重新整裝，休息一陣，開始拍攝日本皇軍和中華維新政府軍隊共同協助築堤的橋段。這場戲，軍人多以背影或側影現身，黃莊村長派下的農民和擔任護衛的小隊部份成員也都擔任築堤的臨演，當然主要鏡頭還是落在浸在水裡搬運石頭築堤的香蘭、孟虹和周凋等主配角身上。

作為故事結尾的大場面拍完，劇組人員鬆了一口氣。隨後大家作了通盤檢討，做了一些補拍，外景工作總算告一段落。

對劇組人員來說，他們熬過了，也可以說即將擺脫戰時艱困的農莊生活，歸鄉有望，每人神清氣爽。惜別夜，小隊長湯川特請他們到小隊餐廳，跟所有士官、部份士兵、治安軍的徐安邦、兩名助理，和獨立警備隊補給連士兵共膳，湯川還特地拿甘粕送來的威士忌助興。這些補給連士兵進行一個下午的運補，預計在這兒過夜，次日一早護送劇組人員到開封。劇組人員對湯川的為人還算肯定，但和常戰鬥，沾了同胞鮮血，有些十分眼熟，有點親切的士官兵共飲，確實百感交集。香蘭看來，彼此觥籌交錯之間，似乎閃現了刀光劍影。周曉波幾杯下肚，也向日兵舉杯，看著滿室人影交疊搖晃，但民族情仇的結依舊牢固在心。在滿映，和日籍長官、職員共宴，心理比較平順，畢竟彼此同事久了，戰爭的陰影也淡了。周曉波看著香蘭，用日語：

「這一趟辛苦妳了。整個過程拍下來，妳可以看出我所要表現的不是地主和佃農之間的矛盾，也不是中國和日本軍隊之間的對抗。」

「我覺得你想要表現的是，農村變戰場，被打得滿目瘡痍，再加上洪水氾濫，農民又必須和黃河搏鬥。痛苦的農民為了存活必須作出選擇。」

湯川聽著點頭稱是，吐了一口氣後閉目長思。

揮別了送行的士官兵，滿映《黃河》劇組人員回到開封，一樣入住金台大旅舍，完成了艱難的拍攝，擺脫了日本軍人，劇組人員在灑脫中感到有些豪邁。他們選擇在旅舍用午膳，谷本把香蘭和雅子叫到身旁形成日語幫，聽著他們用日語交談，劇組人員不以為忤，有時還覺得可愛。後天才上路歸鄉，大家領到公出金，急著先買東西，周凋和張奕買了不少綿布，為了裝這些布料，買了時髦的牛皮箱。其實滿洲綿布配給少，為了冬天禦寒，跟進買布的同仁不少。香蘭、雅子和一般女演職員買了不少開封花生、紅棗粉一類的土產。買足了有餘錢，才去古蹟走逛。

45. 千里還鄉 傷兵伴行

正式踏上歸返的征途，天氣比來時還要熱，但心情相對輕鬆，到了鄭縣，大夥在車站附近找了一家餐館提早進用中餐，再搭中午的專列直奔北京。每四人配一間臥室，香蘭、孟虹、王麗君和雅子剛好在一起，也剛好在最後一節車廂最後面的鋪位。香蘭睡下鋪，安穩地平躺下來後，思緒開始上身。太多撼動人心的場景重臨腦際，在工作的重壓下，被遺忘的生活細節又重上心頭。這些日子不知喝進、吃下多少蟲子，也不知吸進、吞下多少泥沙。現在就要脫離那種生活了嗎？她有點不相信，另一方面，自己竟然已經黃河來去過了。這麼荒僻的柳園口竟然在自己的演藝生涯裡絢爛如虹。

返鄉路好幾千里，才剛起步，大家思歸心情千斤重，列車載不動許多愁，衝刺了一小段路後，開始蹣跚了起來，似乎害怕開往下一站。香蘭隨著思緒模糊睡了片刻，醒來時耳根不清淨，陣陣喧聲讓人有點緊張，她朝聲音方向看過去，狹窄的走道站著不少朝車窗外張望的同仁，雅子也在內。她睡眼惺忪地走向沒有人的車窗，看見月台點點紅，好像盛放的群花。她定睛一看，原來是兩三排滿滿的傷兵，多數躺在擔架上，有的拄著拐仗，或手肘包著坐在椅子上，或倚在柱子上。不管是躺著的或是站著、坐著的，裹著傷口的繃帶都滲出還沒止住的鮮血。一時之間把血看成花，她心底由衷感到歉意。雅子：

「我們車廂後面加掛兩節車廂給這些傷兵用。」

在車站往來工作的人們低仰的談話聲構成了小小的喧囂，幾乎淹沒了傷兵隱忍的呻吟。十幾名醫護兵正在搬運擔架，但動作緩慢。香蘭：

「全部搬上來，可能要一個小時。」

「有可能。」

兩節車廂四個門，偶有三四個傷兵同時被抬上來，但擔架兵下來時也是三三兩兩，有的空手下來，有的把空擔架抬下來。這幅傷兵圖勾勒出日軍在這兒艱困的戰情。香蘭綜合湯川小隊死傷不輕的情況，知道日軍在河南一帶的優勢不再，越往南，靠近武漢情況自然更糟。不少同仁離開車窗了，雅子和香蘭也回到自己的鋪位。好不容易可以藉由旅程輕鬆一下，香蘭目睹這種情況，心情沉重、煩悶了起來。

「戰爭就是這樣，別人家的子弟死不完。」

雅子從上鋪丟下這句話。香蘭倒覺得多說無益，心想，那些大臣、大將做著滅國興邦的春秋大夢，逼迫青年到戰場赴死，他們一日不受懲，青年就永難超生。

缺手斷腳的傷兵自行上車後不久，列車在震動中啟動了。隨著車子的啟動，後面車廂的傷兵不再這麼隱忍了，呼痛聲頻頻傳來。加掛了兩節車廂，好似加掛了重量千萬倍於鄉思的傷痛，列車舉步唯艱，再次晃蕩了一下，傷兵的悲鳴更甚。

列車開得不快，車輪軋軌聲在一種慵懶的律動中循環，傷兵的呻吟零落其間。列車晃蕩過大，或突然停下，呻吟便轉成哀嚎，呼娘、乞水，和要求止痛的聲音混成一塊。

傷兵的痛苦一波波，劇組人員感同身受，香蘭感覺有如針刺。列車抵安陽，天色已晚，周曉波買了一袋饅頭分送大家食用。香蘭吃了一點，累得想睡。後車的傷兵也痛累了，甚至睡了，呻吟聲變少。

香蘭在朦朧中醒來，已過了 10 點半，但不知到了那邊。整個車廂，包含隔壁的傷車都籠在睡意中。她盤算了一下，明天早上應可到達北京。在鋪位上躺不住，香蘭走到走道的小椅子上坐著，車窗外的燈火漸多，也漸近，片刻後，一個城鎮暗夜斑駁的光影呈現眼前。如她所料的，五分鐘後，列車果然進入石門市車站月台。她回到鋪位，向雅子和隔床的王麗君告知這種情況。

這個和鄭縣相當的大站，雖然已是晚上 11 點多，但進出旅客多，還是有些嘈雜，擾醒了不少旅客和傷兵。有人探頭進來，懇求協助。香蘭扭著脖子看了一下，原來是中國人列車長。列車長：

「不好意思，暫時把妳們下鋪騰出來給傷病用好嗎？」

香蘭和王麗君相看一眼，趕忙爬上上鋪。這個旅程泡湯了，香蘭這樣想著時，麗君慘笑的臉映入她眼瞼。重振拍片的精神吧，一股心魂逆流而上，她的背脊挺了起來，現在還是共患難的時候。列車長依序徵詢每一臥間，針對有人提出的問題：

「隔壁車廂那些傷兵，能夠動的都往上鋪移，有些行動不便的移到下鋪後，鋪位變得不夠，你們權且兩人擠上鋪，讓出下鋪給他們方便，那就麻煩你們了。」

列車長走後片刻，車廂門口有些騷動，兩名士兵抬進一位頭綁繃帶的傷兵安置在香蘭的鋪位，一名右腳受傷的上兵也拄著枴杖落座王麗君的鋪位。香蘭從上往下瞥了傷兵一眼。上兵用沾濕的毛巾擦拭頭部受傷士兵的嘴唇：

「上了車後就沒有人餵你，看你嘴都乾了。」

「你本身都受傷了，還照顧別人。」

香蘭說出日語，上兵楞了一下頭往上擺：

「還好，輕傷的照顧重傷的。」上兵看了香蘭身穿的旗袍，「以為妳是中國人呢。」

「是啊，我也說中國話。」

上兵笑了一下，不知該怎麼回答。香蘭：

「他頭傷得重吧。」

「他是少尉，是很勇敢的小隊長，大小戰役都身先士卒。」

「哦！」香蘭把頭往外撇，看見少尉繃帶裡的那張臉十分清秀，頭兒左側滲進繃帶的血已乾，氣色看來不錯，只是眼神呆滯，「他頭部中彈？」

「太陽穴。腦部受傷，喪失記憶，如果只是失去記憶，那還好。最怕的是……」

「了解。」

「非常優秀的青年，東京帝大法學部一畢業就被徵召服役，經過短期訓練就上戰場。」

「戰爭就這樣毀了一個人。」

上兵實在不好和陌生人談反戰問題，只好向她問起這一趟旅行的目的。香蘭答以到達北京後要轉車到新京，因為家在那兒。上兵猜不透香蘭是日本人，還是滿洲、中國人，也就不便再談下去。香蘭看著受傷的小隊長，不能不想到松岡謙一郎，謙一郎也是東京帝大法學部畢業，才畢業一年多。眼前這位少尉也可能剛畢業不久，兩人可能是同學呢。當然她也想到了早上才分開的湯川小隊長，希望他別後永遠安好。香蘭看向上兵：

「你的腳傷還好吧。」

「子彈已經取出，但還是腫脹，沒有拐仗，行走不便。」

陸續有十幾人伴隨著呻吟被抬了進來，或自行進來，隨後列車也啟動了。

「現在還痛嗎？」

「不碰到地的話，還是有點痛，逗逗少尉，幫他做一點事，或和妳聊開，就會忘掉一點痛。」

「實在很佩服你。」

「那個衛生兵才令人佩服呢。」

「哦？」

「幾十個傷兵都他一人照顧。」

「一個人？」

「不是很多人抬擔架嗎？」

雅子突然插話，香蘭也認為她言之有理。上兵：

「那些擔架兵只是臨時被叫來做些勞力工作，並沒有受過醫療訓練，他們也沒有那種熱情，且常以此當藉口規避其他工作。」

兩人擠在狹窄的上鋪，香蘭推了一下雅子：

「我們下去或許可以幫一點忙。」

「幫什麼？」

「幫衛生兵。」

「也好，擠在這裡也不是辦法。」

兩人下了床鋪，直接進入加掛的傷兵車廂，列車長訝異地看著她們。香蘭：

「我們想幫忙做看護。」

「太感激了。」列車長向後退了一步，向兩女深深鞠躬，「我帶妳們去找淺井先生。」

香蘭和雅子跟著走，結果回到自己的車廂，在周凋、徐聰所在的鋪間停了下來。

「淺井先生，這兩位小姐……」

列車長用日語說明來意，正蹲著替下鋪遭截肢的傷兵包紮傷口的淺井苦笑著對兩位女子點頭稱謝，但臉露遲疑。雅子：

「我們會日語。」

淺井回去自己的車廂拿了兩只口罩和兩雙手套給她們穿戴上後，笑著把頭轉向醫療箱：

「這邊的工作很簡單，因為幾乎沒有藥品，工具很少。這疊布片是給傷患擦汗用的。」

香蘭拿了一塊布擦拭傷兵汗涔涔的額頭，淺井裹好了傷口，把繃帶向上拉直，看了雅子一眼，雅子有些慌地拿起剪刀，把繃帶剪斷後，淺井兩手分捏繃帶頭的兩角，雅子會意，再用剪刀把繃帶頭剪開。香蘭聽到輕聲交談的聲音，兩眼往上吊，和上鋪的周凋相視而笑。對面床鋪的是肚子受傷的戰士，淺井把舊紗布拿掉時，換來了慘叫，上鋪的周凋、徐聰兩人立刻把頭縮回。淺井給傷兵肚皮的縫痕－驚心的傷口消過毒後，香蘭用棉花棒沾碘酒塗敷傷口，瞬了傷兵閉目咬牙的神情一眼。想，或許他也像一般軍人一樣，打完一次勝仗就振臂舉槍高呼萬歲的人，現在身陷痛苦，對於戰勝應該另有一番感悟吧。淺井把紗布拉直，由雅子剪斷後，一片片鋪在傷兵傷口，再由雅子用膠帶黏好。淺井看向對面的床下，叫香蘭把傷兵的尿壺拿去倒。香蘭回來後，淺井已到新病患的身邊。

處理好一處換一處，列車長的關切又回到這兒。香蘭看著列車長，指著高跪著的淺井的屁股：

「有沒有矮的凳子？」

列車長會意立刻走開，待他們處理好一個傷兵後，列車長提著一張矮凳過來了：

「只有一張，實在抱歉。」

淺井坐在矮凳上，工作變得更有效率。香蘭瞬了截肢後萎縮的傷口一瞥，兩眼和心情糾結一團，摒息閉目給傷口塗敷碘酒。淺井：

「不好意思。慢慢會習慣。」

香蘭自覺漸愧，不該有這種抗拒的神情，勇敢地面對吧，不然傷患可能更難過。處理過一個案子接一個案子，香蘭也漸漸適應。療護過頭部受傷的少尉和對床上兵的腳後，這節傷旅混臥的車廂總算護理完畢，三人醫護小組於是走向加掛的第一節車廂。

又是一位截肢的傷兵，淺井把傷兵腳脛上的繃帶剪開拆掉後，傷兵咬牙忍痛，自棄地把臉埋在軍帽裡。香蘭的口罩無法全然過濾傷口發出的惡臭，忍痛吸了進去。淺井叫香蘭把醫療箱中的鐵盒取出打開，一股酒精味驅散了一點臭味。淺見從潰爛的傷口取出一隻蛆，丟進酒精盒，兩位女孩眉頭緊蹙之間，又取出兩三隻。香蘭皺著眉把盒子拴緊，淺見親自給患者消毒擦碘酒包紮好後，轉向對面的床鋪：

「黑田君，現在好一點嗎？」

「好多了，傷口已癒合了，可以下床慢慢走動，只是有些拐。」

「有問題再呼我。」

淺井說著提著醫療箱走向自己的鋪位，和對鋪的擔架兵聊了幾句，淺井讓香蘭和雅子坐在自己的床鋪後，擔架兵也含笑而好奇地向她們寒喧一番。淺井把醫療箱中的鐵盒取出後放在自己的鐵製臉盆內，打開盒子後，劃了一根火柴，鐵盒閃現幽幽火光。淺井：

「剛剛那位傷兵傷口有蛆，表示傷口有細菌，蛆在吃腐爛化膿的組織。」

「他的腳可能要再往上切，半隻小腿可能保不住。」雅子。

「不錯。每一位傷患都急切地要到北京，傷勢跟時間賽跑，來得及的話，有些腳或手還保得住。」

「為什麼不往南送，譬如上海。」香蘭。

「都有。」淺井開始整理醫療箱，把箱子蓋好提了起來，「好吧。還有一半，我們繼續做。」

狹窄的走道，有個兵拄著拐仗提著尿壺走過。淺井表示，有些情況稍好的傷兵會自己行動，甚至幫重症的傷兵倒尿。

這兒又是一個血淋淋的病例，淺井向傷兵問候了一下：

「報告長官，腳吊起來，看來止血效果還不壞。」

躺在床上的士官枕在被毛巾包裹的汽水瓶上面的頭輕輕點了一下。香蘭看了一下，「長官」吊在半空的右腳腳掌已切除，傷口繃帶的血跡還沒全乾。淺井叫香蘭托住傷兵的傷腳，開始解開從天花板垂下綁著傷腳的草繩，把傷腳放在床上。在淺井的示意下，雅子把從士官短褲褲管垂下的導尿管從床下的尿壺抽開，香蘭取出一塊布片把導尿管擦拭過後放在床邊。

「哦！我們的李香蘭，大明星在這裡當小護士。」

香蘭回頭一看，谷本揶揄的神色立刻轉為嚴肅。身旁的周曉波面露歉意。淺井楞住了，看看香蘭又看向谷本和周曉波。谷本把自己和周曉波介紹一番，讚美香蘭時，雅子正好提著尿壺回來，雅子把尿管插回尿壺後，谷本又把雅子介紹了一下，隨後表示打擾了工作，直言不好意思後走了開去。

比較嚴重的傷口，淺井都會自行清創，塗藥，但此刻，如果傷口傷勢沒這麼嚴重，他也不好意思叫香蘭幫忙。淺井拿藥塗抹士官腳脛的傷口時，手不由己地抖動著，士官忍著腳痛打起精神打量著香蘭。腳傷的士官在營中時，從不少畫報看過香蘭的畫像和肖像。這些肖像隨著香蘭的髮型、拍攝角度和場所的不同，容貌都有些變化，此刻，眼前這位女子，風塵僕僕，臉孔曬黑了，但臉上美秀的線條和輪廓依舊在香蘭容貌變化的範圍內。香蘭看著士官痛得發汗的額頭，開始給他拭汗。士官閉下雙眼，似乎忘掉了自身的遭遇。傷口重新包紮，痛楚漸退時，士官睜開雙眼，眼神變得溫柔。最後香蘭還是把他的痛腳輕輕抬起，由淺井用草繩綁好。

三人小組處理好對床的另一名傷兵後離開這間臥室，淺井倚在車窗邊：

「李小姐，久聞大名，竟然有緣在一起。我現在真不敢再勞動妳呢。」

「傷兵最大，在這麼多勇敢戰士的面前，我們都很渺小。」香蘭圓亮的大眼轉了一下，「好不容易有了三人小組，如果我們鬧了意見，那些傷患情何以堪。」

衛生兵淺見覺得有理，也知道不管傷兵知不知曉臨時護理是李香蘭和她的助理，她們的服務就已帶來很大的撫慰：

「那就不好意思繼續請兩位……」

「是。」

香蘭像小學生一樣，用絕對服從的姿態鼓舞淺井繼續做。一床一床服務，要有很大的耐心。傷患的痛苦呼喚他們堅持下去，碰到比較簡單的病例，他們就暫時輕鬆一下。這節車廂護理完，淺井提著醫療箱走向車廂門口。

「淺井先生！」

三人回頭一看，列車長帶著一票手提行李和薄毯的旅客，幾名劇組人員也在內。淺井：

「我忙得一時都忘了，早就應該叫讓出下鋪的旅客來這邊上鋪睡。」

「那太好了。」列車長面向提著行李的旅客，「上鋪沒人，你們就上去睡好了，隔壁車廂也有幾個，不過我看都睡這兒好了。」

淺井看著谷本和周曉波捧著的幾個枕頭，心裡泛起了綺想。

「我們募集到幾個枕頭想給傷患用，周導演教那些旅客用書本或衣服當枕，他們都同意了。」

谷本說著，淺井笑開，鼓勵谷本和周導繼續募集：

「你們幫我發下去好了，症狀重的優先發，另一個車廂也很需要。」

三人小組穿過車廂門進入另一車廂，列車長隨後也跟了過來。列車長看向衛生兵淺井：

「有一件事，要跟你報告。」

「哦！」

「等一下列車就會停駛。等到天亮才會重新啟動。」

「為什麼？每一個傷患都迫不及待要趕快到北京。」

「鐵道沿線常有游擊隊出沒，零時後我們奉命必須待在原野，連電燈都要熄滅。」

「通融一下好嗎？」淺井知道自己位卑力小，即使對中國籍的小吏，也使不上力，「至少讓我給剩下的傷患換完藥再熄燈好嗎？」

「沒問題。列車可以先停，傷患列車的燈最後再熄。」

周曉波和谷本送完枕頭回到三人小組這兒。香蘭：

「你們也搬過來住嗎？」

「沒有。我們本來就睡上鋪，我們下鋪擺滿了攝影機、衣箱、道具箱。」周曉波日語越講越習慣，「倒是李香蘭小姐，列車長待會希望妳給傷兵唱歌呢。」

香蘭皺了一下眉頭，避開了傷兵投射過來的詫異眼神，迎來了列車長的深度鞠躬。列車長：

「我是感激在先，敬佩在後。李小姐實在不愧是超越中日兩國國界，全民景仰的大明星。」

香蘭含羞帶笑，剪了兩次才把繃帶剪斷。周曉波用日語：

「谷本逐床問候，每個傷兵知道妳替他們服務，都很高興，更期盼妳替他們唱幾首歌。夜半停車備感寂寥，妳的歌聲會讓他們療傷止痛，尤其是日本歌曲。」

「傷兵心情高興，有助恢復健康。況且列車停駛，白白浪費了時間，妳的歌聲就用來填補一些吧。」

淺井帶點期待說著綁好繃帶後，苦笑地看向大家。列車長和谷本、周曉波知道自己礙手礙腳，隨即離去。

列車像受到輕輕的撞擊一樣，抽動了兩三下吐了一口長氣後停了下來。淺井望向窗外一片漆黑，開始調整列車突然停下的心情。傷患換過藥了，比較嗜睡，加上夜已深沉，李香蘭用歌聲催眠，傷患應該沒有太大的力氣煩這惱那。這節車廂上鋪的傷兵大都傷口癒合，不需換藥，淺井看了看，下鋪大約還有七八床有待服務，於是勉勵自己趕快完成工作。

工作結束，香蘭和雅子把行李和薄毯搬到加掛列車，其實王麗君知道香蘭當護理，早就佔用她的鋪位休息，不過還是把枕頭讓出。香蘭和雅子的行李箱內有著太多衣服，她們把有些衣物取出捲成枕頭，在新的鋪位躺了一下。列車長和谷本連袂來到她的鋪位，確定她的位置後，按掉車燈。像一排明星般的車燈倏忽滅失，整個列車就像沉入海底一樣，被黑暗大地全然吞沒。

在列車長和谷本燭光的引導下，香蘭步下車廂，進入剛收割過的麥田。在車內點點燭光和天上星光的刻鏤下，列車的輪廓隱然可見。她站在三節傷兵列車的中間，這三節車廂的窗戶全都打開。湯川小隊的黃河畔歌唱晚會已經夠離奇了，這個下半夜的荒野演唱會是更加怪異得有些驚悚了，車窗雖然開著，她懷疑困在隔間內床鋪的傷兵能否看到她。為了避免引發騷動，前面幾節中國人車廂沒被告知。周曉波、谷本和雅子都站在車廂門口盯著她，生怕列車突然啟動，要拉她一把。谷本用手勢提醒她講幾句話。香蘭嚥了一下口水：

「各位戰士，你們疆場拚命，犧牲自己的幸福，但成全了大我，現在雖然受了傷，但往後更加努力，仍然有美好的前程。請繼續加油，加油，快快好起來。我現在給你們唱日本國民之歌〈荒城之月〉……」

香蘭張口開唱，但如梗在喉，咳了兩聲，摸摸喉頭看著雅子，雅子提著水壺趕緊跑下來。香蘭喝了兩口水，如飲甘泉，歌聲傾洩而出。歌詞中殘垣的荒涼正如現在原野的黑寂，年輕死亡的聯想開始激起傷患再生的意念。在美麗歌聲的濡染下，多數傷患都覺得自己比瀧廉太郎，比戰死的同袍更有機會，即使腳殘手缺，也覺得更能發揮潛能。前面幾節車廂大部份是中國人，在這絕世的鬼夜裡，空氣中飄蕩著夢幻般的歌聲魅影，他們一時以為是絕地異象，是另一次元空間的神秘啟示。探尋歌聲來源的同時，歌手是誰，開始有人傳開。有些人下了車，靠了過來，聽到第二首戰歌〈邁向大海〉，又有些人不悅地回到車廂。這些中國人當中，少許人知道李香蘭，甚至看過她的電影，知道她和日本人關係特別好，但他們靜靜地賞歌，不表態，避免引發紛擾。在這神奇的荒野夜晚，當謎團逐漸揭開，對於香蘭初體驗或再體驗的中國人來說，不管喜不喜歡她，都覺得她不愧是當代的傳奇女子。

曠野星夜，夏涼如水，一覺醒來，列車輕啟，昨夜的歌聲依舊在耳畔響起，香蘭梳洗過後回到原來鋪位探視，腳傷的上兵回味不可思議的昨晚，再次端詳昨晚讓位的這位奇女子。香蘭看著兩眼直視上方，一臉率真的少尉：

「他還好吧。」

上兵再次強調少尉大人已經完全失去記憶：

「我一直跟少尉說話，但他都沒有反應。」

「你可以試著找出他的記憶。」

「是的，或許我魅力不夠。」上兵凝著香蘭的臉，「妳是大明星，年輕漂亮，妳來呼喚，或許能喚醒他的記憶。」

香蘭的淺笑轉為嚴肅，看著少尉呆滯的眼神。他可能是謙一郎的同學，至少是前後期，一定相互認識，只是如今已無法印證。若少尉沒受傷，一起聊起謙一郎，也是一番可以比美來時路上巧遇泰次郎的奇遇。偏偏他現在失憶，也可能失智，或許這正是自己和謙一郎緣淺的徵兆。香蘭想著說道：

「你叫什麼名字？……在那裡受傷？」

少尉紋風不動，似乎也沒感覺到有人問他。

「你家住那？故鄉在那？東京？」

香蘭的一串問題把他的眼神吸了過來，他的兩唇有些囁嚅，但沒吐出半個字。

「媽媽還在日本吧！」

少尉緩緩吐出了「麼」音，香蘭有些興奮：

「對了！就是媽媽，媽媽！」

少尉的眼神溫潤了一些，似乎看到了什麼：

「媽……媽……」

少尉緩緩說出記憶最深處的一個字，香蘭大為振奮，「我想媽媽！我想媽媽！」一連說了幾次，少尉始終沒有跟。她改變說詞，「我，我是」一連重複多次，依舊帶不起來。雅子找了過來，香蘭暫時放下少尉，和淺井再做傷兵巡迴護理。護理完畢，再找少尉復健，少尉依舊停留在緩緩說出媽媽兩個字的情況，沒再進步。

為了補償一夜的停駛，列車行進的速度快多了，午後兩三點到達北京，劇組人員鬆了一口氣，傷兵也終於盼到了更好的醫療。劇組人員在車站附近吃了一頓豐盛的午晚餐，發了一封電報回公司後，轉搭特快直奔新京。

46. 多方努力《黃河》遇阻

列車次日早上底達新京，根岸寬一理事和牧野部長夫妻前來迎接，香蘭看到牧野身邊的星玲子嚇了一跳。星玲子容光煥發，確也吸引劇組同仁的目光，以為是新來的女性主管。周曉波搶先和根岸握手，牧野迎向香蘭，香蘭同時看到星玲子明亮但驚詫的雙眸。

「李香蘭小姐？曬得這麼黑。」

「哦玲子小姐！從日本過來陪老公？」

「已經過來兩個月了，妳剛離開拍片，我就來了。反正在那兒沒事，照顧老公要緊。」

香蘭前年在東京哥倫比亞錄歌時，驚聞星玲子息影，有點半信半疑，沒想到此刻她真的追隨老公到了滿洲，一時不知說什麼好，好在同仁一個個前來握手，在根岸簡單的介紹下，大家都知道她就是牧野有名的老婆。根岸爆出了一個勁爆的消息：

「你們現在的部長換人了，牧野部長現在是專任理事。幾天前的新人事。」

香蘭感覺暈眩，對她來說，比理事長換人還讓人錯愕，四年來看著親切、不失幽默的牧野坐在辦公室前頭，自有一份安堵感。現在辦公室的氛圍一定大不如前。不過這樣也好，他不再是製作部長，加上老婆來了，就更沒有理由到機場或車站接送她了，這種不對等的關係正好可以結束。周曉波看著牧野：

「不管怎樣，您還是我們的部長。」

「這種心情存在心裡就好。現在大家跟緊新部長八木保太郎先生的腳步最重要。」

牧野說完，大家在月台通道走動，要上樓梯時，根岸停步轉過頭：

「我們的理事長喜歡調整人事，公司的組織就像撲克牌，一段時間就洗一次牌。」

「一個人太孤高了，也太閒了。身旁如果有人的話，可能就不會這麼躁動。」

谷本精史說著提著笨重的攝影機鐵箱，一腳踏上台階拾級而上。

第二天晚上所有人員都出席大和飯店的洗塵宴。會中，甘粕高調盛讚《黃河》劇組人員的勇氣、辛勞和功勳，大讚《黃河》把滿映電影推向一個新境界。宴後，根岸假牧野的房間低調召開一個沒有甘粕的小組會議，椅子不夠，有人坐在床沿。根岸劈頭就說：

「《黃河》能否在日本上映，有點不敢樂觀。」

突如其來的冷水澆來，周曉波有點承受不住：

「那就在滿洲和中國上映就好了。」

根岸舉起右手示意周曉波靜下來：

「劇組出發後不久，牧野部長的企畫書，包括攝製計畫、演出名單和劇本，分別寄給東寶和松竹，兩公司接口單位都樂觀其成，認為企圖心很強，但到了高層都踢到鐵板。他們好像事先相互交換過意見，有點統一口徑，都說現在大陸熱開始退燒，故事的主題雖然打著日本軍人協助中國農民築堤這一旗號，但刻意強調中國農民的痛苦、可憐，會被認為共產黨的存在是合理的，而引來日軍進入中國正當性的質疑。再說，日本和中國軍隊交戰，並沒有特別凸顯皇軍的勝利，恐怕很難吸引日本觀眾走進電影院。」

根岸簡單說明過後，攝影谷本精史：

「我看是本位主義作祟。我們決定拍攝後才知會內地那兩家公司，沒有一如往常地跟他們合作，請他們的台柱出任男主角，他們的臉掛不住，才會使出這種小動作。」

這番話，大家覺得不無道理。

「中國有一句諺語，『不到黃河心不死』，照字面的意思是，還沒到達黃河，還沒看到黃河，就不善罷甘休，意思是沒有達到目的就不甘心。滿映獨立拍了很多好片，外銷到日本的不多。現在這部片子，在沒有和日本公司合作的前提下，想要進軍日本有了困難，剛好應驗了『不到黃河心不死』這句中國諺語，這句諺語反過來講，就是『既然已經到了黃河，就死了這條心吧』。」

香蘭說完，大家心領神會，都笑得合不攏嘴。

「真是的，既然已經是黃河去來了，其他事情就不這麼重要了。」牧野玩味那句俗諺，話鋒突轉，「內地說什麼大陸熱退燒，我十分關心這個議題。我們的香蘭就是大陸熱的代表人物，滿映也是指標性公司。光憑幾個月移居滿洲家庭減少來論斷大陸熱退燒，是把事情看得太簡單了。以前日本軍隊進出中國，在聖戰的包裝下，大家認為勝利可期，就放心地到滿洲。現在日本與世界為敵，尤其是美國，大家心生徬徨，不知何去何從，目標鎖定滿洲，想移去的人動搖了，今天去了滿洲，可能明天就被美國人趕了出來，大家總覺得美國力量太大，搬到那兒都一樣。事情沒有了準兒，也就一動不如一靜。滿洲大陸熱的退燒，大概就是如此。」

牧野的話普獲理解，現今世界，鋒火連天，商旅畏途，一般國際、國內熱門航路陸續凍斷，移民條件變苛，風險倍增，普世，除了戰爭的火熱之外，還有什麼熱潮可言。根岸見大家都很疲憊，趕緊做一個總結：

「我看這樣，等補拍完成，進入後製時刻，我會請人把電影對話做成日文字幕，親自把電影膠片帶到東京給東寶和松竹，跟他們好好談。」

根岸做了承諾，大家稍稍緩下心情。隨後根岸自行開車回去，谷本和周曉波由牧野開車送回，香蘭在停車場找到吉岡家的座車，由自行填飽肚子的司機開車載回。

甘粕鼓勵周曉波補拍棚內戲，曉波召集道具老蔡和一些工匠根據洗出的照片在第三攝影棚打造中國農村住家，開始進行一些場景的補拍。香蘭配合劇組作業，辦公室來去匆匆，隔了一個週日，她和雅子拜一來到辦公室坐定時，也已是回來第五天了。和她合拍《蘇州之夜》的葉苓坐在鄭曉君的座位和隔壁的張敏聊得正入港。葉苓發現香蘭來了，和她寒暄幾句後，張敏話頭一來，葉苓便趕緊接話。香蘭想，鄭曉君請假了嗎？還是座位搬走了，前幾天的洗塵宴，自己雖然坐日本人桌，但不時望向在地演員的桌次，一直未見曉君。香蘭想著時，葉苓回到香蘭對面的座位：

「香蘭姊啊！不好意思，我搬到妳對面了。曉君也離開了，妳的雅子可以搬來她的位子。」

「鄭曉君不做了？」

「聽說她往上海發展了。」

「到上海？」

「她自己這樣說的。事實上，大家都這樣說。」

「上海比我們這兒先進，當然可能更複雜。」

香蘭說著想起剛搬進公司新址時曉君對她的訴苦，當時只認為曉君受到冷落只是一時的現象或她自己的錯覺，未能一直放在心上。接下來這幾年，她多奔波在外，難得回滿映，即使回到辦公室，也是來去匆匆，見曉君好好的，就沒再過問她的境遇，下意識認為她過得不錯。將近三年的時間，只要曉君再次提醒她，她一定會出手相助。想來曉君一定對她失望，在她回公司有限的日子裡，不再提起個人的際遇，甚至在她出長差時辭職了事。

葉苓見香蘭做思索狀，不再開口。香蘭想了一下，曉君琴劍雙修，容顏的古典美也備受讚譽，如有人帶路，到上海電影界實在可以開闢一條俠女的戲路。她如果修書一封給川喜多，交由曉君親自拜會面交，自然最理想。但這種機會失去了。

上班時間快到了，香蘭趕緊叫雅子把辦公用具和一些書物移過來。坐在香蘭對面的葉苓：

「徐聰坐這邊，可能這邊都是娘子軍，他水土不服，把座位還給我，算是互換座位。」

「這樣很好嘛！」

〈君之代〉樂音響起，同仁紛紛離座。香蘭這才想起公司的晨操已經停擺很久了。

「一鞠躬！」

製作部長八木保太郎的口令傳了過來，大家行禮如儀。接著二鞠躬、三鞠躬，樂音停止，上班鈴響了，八木保太郎巡視性地來回走動，葉苓不再講話。香蘭繼續寫信，看八木走遠了，低聲問葉苓：

「曉君最近拍的片子多不多？」

「確實不多，比我的少許多。很多人理解後都覺得奇怪。」

香蘭正要回應時，一個人靠了過來，抬頭一看，原來是部長的秘書妙子。妙子：

「八木部長有請，在會客室。」

香蘭往前走到製作部內部的會客室，裡頭只有周曉波和谷本精史。不久八木部長進來了。原來他只是想聊聊大家在黃河拍片的經過和趣事。因為要日語說聽流暢，只選他們三位。八木部長相當健談，拿著一本貼有每一位演出和工作人員相片的簿子當輔助話材，大家一談就是兩小時，最後敲定舉辦一場宴請所有劇組人員的餐會後結束談話。談話期間，香蘭想起了山家提過李明離開滿映後有意往上海發展，但一直沒有消息的事。想到上海，香蘭就想到川喜多長政，和川喜多有過幾面緣，但見過面後不常聯絡，不曉得名片還在嗎？回到座位，大家都安靜地書寫或閱讀，她也只好開始閱讀雜誌。

中飯時間，香蘭和葉苓一起下樓，和浦克、夏佩傑湊合成一桌。葉苓主動談起鄭曉君：

「……鄭曉君要走，她直接提出辭呈，牧野慰留她，她只說要專心幫忙父親的武術館。牧野當她可能倦勤，在家休息一陣會再回來，也就准辭。要給她辦歡送宴，她也一再婉拒。」

浦克接受老婆夾過來的一塊雞皮：

「她拍完《雁南飛》，人真的就南飛了。她要到上海只跟我們講，我們也到車站給她送行。」

「去了多久？有沒有說要去那家公司？」

「應該就是中華聯合製片。那時上海電影界已經由日本人整合成一家公司了。」

夏佩傑說完，香蘭若有所悟。葉苓：

「她大概是太快冒出頭了。我印象中是這樣，曉君紅過後，導演一窩蜂地搶孟虹，白玫來了後又一窩蜂白玫。曉君被冷落，我看那些導演可能也沒有察覺。」

「滿映演員前往上海可能會被排斥。」

香蘭細思浦克的話，漸漸認同。浦克繼續說：

「在日本的殖民地當中，台灣日化最深，中國人幾乎都把台灣人視同日本人，其次是東北，也就是所謂的滿洲，上海的電影人剛才陷敵，對我們東北的電影人一定有相當的歧視。尤其我們滿映又是被曾是日本軍人的人治理。」浦克揚起眉頭看向香蘭，「香蘭！我說得有沒有道理？」

香蘭略顯尷尬，拿起的筷子擱在鐵盤上：

「我相信一定是這樣。曉君首先要面對的就是這道難題。但是如果有人介紹，或有伴的話，可能會好些。」

「她嘛！還是俠女的個性，她會應徵或毛遂自薦。」

香蘭開始捕捉曉君的影像，作為一個演員，曉君所擁有的正是自己欠缺的。在演藝圈，女琴師或許不難尋，但是女打手卻極為稀罕，她期許曉君的武藝征服上海的導演。晚上回到吉岡家，她和悠紀子談及此事，悠紀子讚同且協助她打電話給川喜多長政的公館。電話那一頭的川喜多頗為驚訝。她說明來意後，川喜多：

「妳說的那位鄭曉君，我還沒有什麼印象。事實上，我們公司一直落實中國人自主管理，新演員由導演自行引進，然後呈報製片部主任，最後由總經理定奪。只是公布人事令時蓋上我的章而已。」

香蘭臉紅了起來，她感覺自己正在干擾別人公司的運作，沉默了半晌，川喜多繼續說：

「我會留意，妳有沒有鄭小姐在上海的電話？」

「我也沒有，我只是聽同事談到她，順便關心她的情況。」

「如果有她的電話或地址，再告訴我一聲。」

川喜多客氣地圓場，香蘭說一聲謝謝便掛了。

《黃河》決定在滿洲各大城市堆出之時，根岸也已在新上任的製作部長八木保太郎的陪同下帶著《黃河》的烤貝到東京拜會東寶和松竹的高層，根岸希望香蘭同行，但甘粕以只有對方力邀下，香蘭才可能隨行為由否絕了。

「對方既已對片子本身有了成見，讓李香蘭跟著去陪罪，這麼人的事情，誰承擔得起？」

根岸承訓，也覺得有道理。香蘭被挽留下來，免了尷尬，但還是有些失落。

《黃河》開始在號稱東亞最佳的新京豐樂劇場首映。甘粕知道，「日軍協助中國農民」這一主題很容易招致觀眾的反彈，為了強化電影的說服性，他要求弘報課長、電影畫報舉辦座談會，請周導、谷本和一些重要演員當與談人。但同樣的主題，在座談會更容易失焦。如有觀眾拿出南京事件、平頂山事件來對抗，相詰責的話，很可能引發暴動。甘粕和弘報課長橫山、電影畫報總編劉玉璋研商的結果，決定篩選參與的民眾，要求電影畫報編輯整理歷年參與座談的名單，從中選出 50 位無不良紀錄者再寄發邀請卡，屆時憑卡進入發言區。電影畫報預估只有半數會到場，所以他們也稍事宣傳一番，希望屆時仍會有一些市民前來聽講。

座談會在滿映記者招待室舉行，一開始，讀者憑票進場，發覺人數不如預期，就不再管制。弘報課長橫山主持會議，說明會議主旨時，由周曉波充當通譯。周導談完編寫劇本的心路歷程後，再談導戲的大概過程。重要演員，尤其是香蘭拍片的甘苦談頗動人心弦。

「看一件事情要看大局。侵略者和反侵略的鬥爭從來沒有緩和，不要因為河南一地一時出現反向的局面，就以偏蓋全拍成電影，誤導民眾的視聽。」

台下黃衫青年的發言讓氣氛凝肅了起來。弘報課長橫山大致聽得懂，覺得言論還在容忍的範圍，和《電影畫報》總編劉玉璋交頭接耳了一陣，請周曉波立刻回應。

「這位讀者高見，我們十分欽佩。事實上，整個大局、大戰情就如同這位讀者的認知一樣，《黃河》並不想以偏蓋全，它只是呈現部份比較有戲劇性的事實，增加觀眾的見聞。」

周曉波的答覆過於簡單，黃衫青年不滿意，在座同仁也有點失望。

「現在大家都知道太陽會從西天出，也不是沒有原故，我看周導也不用一直拘泥在電影藝術，人家除了欣賞電影，更重要是追究躲在電影後面的真相呢。」

一位穿著洋裝，手搖圓扇的時髦女子一番話，在香蘭眼裡像是一把刀劃了過來。香蘭深知曉波一直很謹慎地訶護他的電影藝術，不想讓他的作品捲入政治的渦流，儘量把電影內百姓政治上的轉變淡化成黃河的自然改道。周曉波也覺得不能一味保護自己，為了維護滿映的公信力，看著圓扇女開口了：

「電影裡頭黃河一帶民心的轉向，肇因於黃河潰堤，我親赴河南現場探究的結果，得知黃河氾濫是因為蔣委員長的軍隊一時誤判，在花園口用人工爆破決堤，並非被日本軍人用炸藥爆破或用大砲轟毀。蔣軍文過飾非，嫁禍他人的宣傳，或許騙得過一般同胞，但騙不了身受其害的黃河難民，民心才會集體轉向，呈現戲劇化的結局。」

周曉波的告白隱去了百姓接受日軍軍糧接濟後的心態變化，但這自劃一刀，也加深了在座許多人民族情緒上的傷口。他們帶著幾分疑惑來到現場，既已從導演口中得到印證，此後也只能在更深沉的中日情仇的海洋中尋求渡化或救贖了。事實上，多數讀者已然接受了異族統治的現實，都覺得這位黃衫青年有些白目，難道要滿映演員上演抗日影片。慰勞演員拍片辛苦、探討農生活困境的發言持續進行，發言像波湧，有時貼近滿映紅線，隨後又下伏。

《電影畫報》總編輯劉玉璋和周曉波針對各種發言作了綜合性的解答，座談會可說結束時，一位女知青搶著發言。課長見是一位女子，就讓她講。

「……希望各位演員大人鍛鍊身體，磨練演技，維繫滿洲藝事業命脈，以待天時。」

女知青畫蛇添足過後，與談人和讀者紛紛收拾東西準備離去，橫山課長聽不懂「以待天時」的意涵，女知青的話一半淹沒在現場的混亂當中，有些人把她的話帶走，在路上玩味一番。

由於事先有所防範，座談會大致平順，滿映機關雜誌《電影畫報》大篇幅刊登座談會紀實，配上壯麗的海報，但《黃河》的賣座一直不理想，計畫再辦第二場座談的構想隨即泡滅。根岸赴東京斡旋片子在東京上映一事，也在越洋電話裡傳回來了壞消息。東寶直接拒絕，松竹姿態稍稍低了些，把片子留了下來，表示會再請專家評估。越洋電話的另一邊，甘粕：

「他們不就是專家嗎？那些頭頭們不是當著你的面看過了嗎？」

「沒錯。沒錯，他們看完後才說要再評估。」

甘粕慰勉了兩句便把電話掛掉。

甘粕自忖在滿洲國建立了極高的威信，但還是不在內地官僚的眼裡，他心有不甘，根岸一回來，即刻召見。根岸把赴日和兩公司交涉的過程報告出來後，他認為於事無補，把八木部長請了出去，只留根岸一人。他從櫥櫃取出一瓶威士忌，給自己和根岸各倒了三分之一杯。對甘粕來說，沒有美食相伴，純喝酒就是喝悶酒，也就是苦酒。他心情不好，尤其是受挫時，常這樣喝，根岸十分了解，那些讓他憤懣的事掛肚牽腸，常變成他的佐酒小吃。甘粕向根岸舉杯：

「和內地公司合作的事，有時讓我覺得很不舒服。不知那些大老闆是不是對我有成見。」

「應該不至於吧。」

根岸放下酒杯，不得不認為甘粕的自覺十分到位。根岸深深覺得東寶和松竹的大老闆都是在娛樂圈身經百戰才成就今日的經營規模，對於甘粕這種憑藉軍方靠山崛起的電影界新貴，懾於其勢力，即使談合作，在飯店大廳簽訂合同，但私底下，對他必然暗嘲熱諷有餘。根岸想著續繼說：

「有一件事我剛剛才想起來。川喜多成立中華電影的第一砲《木蘭從軍》，也跟《黃河》一樣，完全是中國籍演員和導演，它製作好日文字幕後一樣在日本演出。我的印象是，他向日本上海軍部提出申請時，也是引發很大的爭論，反對的人認為影片中中國人對胡人的抵抗很容易被想成對日人的抗拒，讚成的人認為可以把那種抗拒引導成對歐美帝國主義的反抗，結果讚成派勝利，不但在上海放映，也在東京、橫濱放映。」

「有這一回事？會不會是時空背景不一樣。珍珠灣事件前和後差很大。」甘粕說著起身，從櫥櫃取來一盒巧克力回座。根岸吃了一顆巧克力：

「你剛說的，我再請人深入調查一下。」

「不用。過去就算了。很多東西是不會回頭的，時間、流水……」甘粕一口氣把杯中酒吞進，「東寶只跟李香蘭一人合作，東寶和我們暫時沒有合作計畫，想來是要看有沒人願意再跟李香蘭搭配。」

「李香蘭聲勢一下拉得太高，也會影響一般明星和她合作的意願。她每回造成轟動的演唱會都是日滿合作這種政策給的機會。現在各家公司都傾向於給自己的員工機會，肥水不落外人田。」

「任何事物熱過頭就會退燒，你相信嗎？」甘粕故意射出意味深遠的注目，再給根岸添加一點酒，「李香蘭在東京日本劇場事件熱到最高點，熱到東寶都不敢再正視她。所以以後就沒有了合作案，現在和松竹一連合作了兩三部片子，我看以後也會有相同的結果。」

「牧野跟我說，李香蘭和長谷川拍攝大陸三連作最後一部《熱砂的誓言》時，刻意對她冷淡，表現出不合作的樣態。後來我看了電影，也有這種感覺。」

「小蘭既然這樣說了，這意味著長谷川的冷淡就是東寶的冷淡。」甘粕咬碎巧克力和酒喝，「所以這次我叫她回來演《黃河》，很多人感到意外，但卻正中她的下懷。」

「她這次演出吃苦耐勞的農家女，盡卻以前的貴氣，可說真的回到滿映了。」

甘粕聞言燦笑，臉紅了起來：

「你別冤枉好人。她以前可能有些嬌氣，貴氣是一點也沒有。」

「我心直口快。理事長明察。」根岸有些開玩笑，「識人，還是要多多向理事長學習。」

「重大事件衝擊過後，每家公司都會有門戶之見。」甘粕再喝一杯，思路開始順暢，「人家說我是右翼份子，是電影的門外漢，越是這樣說，我滿映就越加敞開大門，左翼的岩崎昶、內田吐夢一些人都被我網羅重用。」

「一個公司的成敗，用人非常重要。理事長打破派別，用人唯才，怪不得滿映發展得特別快，子公司一個個成立。」

甘粕見根岸有了幾分醉意，也自覺有些餓了。

「我們不談用人或識人，談公司間的合作。」甘粕「巧克力酒」潤喉，甜中帶苦，「和中華電影合作，如何？」

「事實上，我們以前跟他們也有過一點合作。」

甘粕醉眼看人，沒有搭腔，根岸繼續說：

「兩年前《支那之夜》劇組在上海拍片，也受到川喜多很大的幫忙。那年年底我們和東寶合作《熱砂的誓言》，他的中華電影也支援了一個角色，演李香蘭的堂妹。」

「記得。」

「還記得李明嗎？」

「我剛來滿映時最先認識的女演員就是她。」

「她和現在還在演的徐聰都是川喜多當年開拍《東洋的和平之道》發掘出來的。」

「這些我是有點忘了。看來我們滿映跟他還是有點緣份的。」

「川喜多這人讀過中國書，溫文儒雅，在業界風評不壞。他的海量你也領教過了。」

「或許又可以和他拚酒了。」

「理事長和他有新的合作計畫？」

「我本來想把它－中華電影納入我滿映的版圖。」

甘粕仰看天花板，關東軍一向支持的這個案子，關東軍板垣征四郎插旗南京總司令部，約詢川喜多。結果川喜多趕著回東京討救兵，回到上海後又揚言辭職，南京的總司令西尾壽造嚇到了，怕中國電影界跟著他進退，滿映來不及接手，板垣參謀長好不容易搭起的台被拆了，沒戲演，只好順從川喜多的做法。甘粕想著繼續說：

「川喜多贏了一局，但比賽還沒結束。」

「我們有中華電影 25% 股權，如果把汪兆銘政府的股權挖一部份過來⋯⋯」

根岸避開甘粕的眼神，看著甘粕平整的辦公桌桌面，他猜不出甘粕何時運作那個兼併案，應該在年初以前吧。要插手上海電影談何容易，今年四月上海十幾家小公司迅速整合成中華聯合製片公司[1]，做為中華電影的製作部，而且由川喜多掛帥，多少是對甘粕想撈過界的回應。顯然甘粕是挫敗了，但每一次失敗就營造他下次勝利的決心。根岸見理事長沒回應他的話，繼續說：

「現在川喜多在上海有兩家公司，好像兩隻腳，穩穩地踩在上海上面。」

「他的力量壯大了，走上談判桌應該也是信心十足了。」

甘粕笑著從和服懷裡取出一紙文件，根岸接過看了一下，原來是華中軍方發出的「大陸電影聯盟會議」的公函，裡面載明邀請滿映、中華電影和華北電影派員參加。

「只剩一個禮拜了。理事長要親自去。」

「不用去。就在這兒舉行。」

根岸再看了一下內容，隨即把公函還給甘粕。

「大概就是談各個電影公司如何合作拍片，發行網如何相互支援一類的事。」甘粕喝了不少，但一點陶然的感覺都沒有，「軍方是想利用這種會議來定調滿映和中華電影之間的關係。開會時，你、我，還有牧野參加，發行應該不用。」

「岩崎也可以。他和川喜多很要好，萬一你在會議上和川喜多正面交鋒，他可以緩和一下，但不要讓他發言。」根岸把一顆巧克力放在嘴裡融化，看著老闆，「他對電影的看法應該比較接近川喜多，我的意思是，開會時，你一人發言就可，怕人多口雜，各吹各的調。」

甘粕左手托腮，若有所思：

「待會我請打字小姐就這份公函要點繕打幾份，麻煩你下午召集牧野、八木和岩崎一些人研商，請他們提出意見，或中華電影可能出的招數，作成紀錄，我再做最後的整合。」

註 1：中華聯合製片公司，簡稱中聯，掛名董事長林柏生（南京政府宣傳部部長），實際負責人是川喜多長政副董事長。這家公司和同是由川喜多長政擔任副董事長的中華電影公司，可說是同一公司的兩面，前者負責製片，像製作部，後者負責發行，是門面。

47. 南北龍頭鬥酒鬥志

大陸電影聯盟會議並沒有香蘭的事，但還是頗獲她關注。華北電影公司、上海的中華電影和華中軍方代表前兩天便住進大和飯店，香蘭相信，甘粕一定會在開議前拜會子公司華北電影，強化對中華電影談判的籌碼。

為期一天半的會議結束了，下午，根岸理事和八木部長帶領與會貴賓參觀滿映電影配音室、錄音室、顯像室、大小道具間、各大攝影棚、棚內戲拍攝，牧野滿男、岩崎昶和香蘭被叫進理事長辦公室。四人坐定位，甘粕看向香蘭：

「這次開會沒叫妳參加。主要都在討論電影的業務和行政事務。在政策方向上南北很難達成共識，合作的方式討論了很久，最後提議用東寶的模式大家合作拍電影，就是滿映出一人，其他的由中華電影，或是他們所謂的中華聯合製片統包，他們提議拍一部有關中國鴉片戰爭的電影，我說 ok。至於滿映出的那一人，大家異口同聲就是李香蘭。中國鴉片戰爭，妳知道吧？」

「知道，以前讀書時歷史課本有，就是林則徐禁煙的事。」

「太好了。聽說這個劇本女性角色比較吃重，可能會拍出讓人一新耳目的鴉片戰爭。」

「今年剛好是鴉片戰爭 100 週年，東寶也要拍鴉片戰爭，由我哥哥執導。」

牧野說著，甘粕一時想不起那個名字：

「牧野……」

「雅弘。」

「是的，牧野雅弘。還是哥哥的名字比較有學問。你的滿男的意思是？」

「么子，最小的。生到這兒就滿了，再生就溢出來了。」

「結果還是很有意思。」

甘粕說著，四人輕鬆地笑開。甘粕繼續說：

「為了強調中國和日本共同對抗西方帝國主義，大本營參謀本部老早就想拍了。那時還沒對英國開戰，現在既然開戰了，不管是在中國或在日本拍，都有它的意義。」

岩崎對這個議題感到煩心，瞅了甘粕一眼：

「理事長，你和川喜多之間的爭論有時聽起來霧煞煞。您認為他製作的電影太過於中國人觀點，他反駁稱：滿映的娛民電影也是滿洲人拍給滿洲人看的電影。乍看起來是互相攻擊，實際上是點出了兩家公司的共同點。」

「他是在轉移焦點。他一貫的原則就是：中國人看的電影，中國人自己拍，日本人或日軍毋須干涉。但他絕不拍國策電影。上海軍部的金子少佐不是說他的中華聯合製片只會拍一些風花雪月的電影，不利軍方的宣傳嗎？這些電影我沒看過，但我跟他說娛民電影只是滿映的一部份，而且會把教育民眾的機制滲透進去。我們最重要的是國策電影，李香蘭小姐和東寶、松竹合拍的就是，最近我們自拍的《黃河》也是。但是他的中華電影拿不出這方面的成績。」

「中華電影拍過的電影沒幾部。和別公司合作拍了一些紀錄片，主要還是和他以前的東和商事一樣，做些影片進出口業務。」牧野看向香蘭，希望沒參加會議的她補充一下見聞，「開這種會，關鍵公司的名稱和內涵沒稿清楚的話，真的不知道他們在吵什麼。現在的中華電影又不一樣了。有一家也是川喜多主持的中華聯合製片公司跟它搭配。」

「哦！」香蘭。

「中華聯合製片拍的片子，由中華電影發行。簡單講，中華聯合製片就好像是中華電影的製作部。」

「都是中華，一個是中華電影，一個是中華聯合製片，現在是弄清楚一些了。」

香蘭說著，岩崎搶著說：

「上海以前租界區有很多製片公司，現在租界區變佔領區了，但電影人大部份還滯留上海，軍部就把這 12 家公司合併，所以取名中華『聯合』製片……」

「沒叫妳參加就是這個道理。實在是無關電影藝術，都是電影業者在搞合縱連橫。」甘粕有點不耐地奪回話語權，兩眼從香蘭轉向兩名部屬，「我最後主要是針對川喜多的心態作出嚴厲的質疑。父親為中國而死，形同背叛祖國，兒子對日本的忠貞也是個問號，結果負責中國電影事務，上海軍頭找他搞電影，腦子就是有問題。」

「有一點我一直想不通。既然上海軍部支持川喜多主導這次的拍片，為什麼協調會議拉到這麼遠的新京來。」

「應該是帶有警示的意味。」甘粕自信地看向岩崎和牧野，「讓他看看滿映的軍威，讓他看看滿映條件這麼好，如果他再不配合，可能就會被取代。」

「不過，我看既然開完會了，就暫時塵埃落定了，不用想太多。」岩崎語氣放緩，聲音變柔，「我想，只要不是太差的話，上海軍方還是會給川喜多做，畢竟收割的還是上海軍方。如果給我們做，成績就會歸關東軍了。」

「你的意思是，上海軍方為了防關東軍，還是會站在中華電影這一邊？」

甘粕知道自己有恩於岩崎，但川喜多是岩崎的好友，在自己和川喜多的矛盾之間，岩崎還是會顧到川喜多的情面。岩崎沒有回話，點了兩次頭。

「還是小蘭這樣比較好，沒有經營的壓力。」

牧野說著，香蘭只是淺笑，不想談論演出時的壓力。

「我們滿映委屈一點沒關係。只要中華電影對李香蘭好就好了。」甘粕喝了一口茶，「她在東京、華北試過身手後，現在更可以在中國的好萊塢－上海試拳腳。日本任何明星都沒有這種機會。」

「以前也在上海拍過戲。」香蘭有些羞意，「記得有兩部。」

「這次不一樣，是真正踏入他們的電影王國。」甘粕把領帶鬆開些許，「現在七月中，等川喜多把劇本寄過來，屆時妳再和岩崎走一趟，和中華聯合製片的張善琨先生、導演、合作的演員打招呼，看看片廠，熟悉一下環境。岩崎看過劇本，了解劇組人員配置，和相關人員討論後還要寫企畫報告，他這個製作人，工作也不輕鬆。還有李香蘭，晚宴一定要來，川喜多和張善琨都想看到妳。」

香蘭深覺甘粕表現得還算大度，把對岩崎的微慍帶進他在新片製作人角色的細述中消化掉。

大和晚宴席開五桌，開會代表和滿映高階幹部圍成一個 15 人座的大圓桌，各代表團隨從人員、滿映中階幹部和會議工作人員坐成兩桌，上海日軍報導部長金子少佐缺席，星玲子陪同夫婿牧野前來，自然和香蘭同坐主桌。主桌太擠了，製作部新科部長八木選擇次桌。川喜多坐在香蘭左前方，中間隔著包含中華聯合製片總經理張善琨在內的四個人。川喜多和香蘭打過招呼後，移坐香蘭後面的空椅，向她報告曉君的事：

「一直沒有她的消息，中華聯合製片也沒有她的應徵紀錄。恐怕沒有來上海。妳有她的聯絡方式嗎？」

「沒有。她一直都沒給家人訊息。」香蘭腦筋轉了一下，「我看過很多這種例子，沒有打開一個局面，就覺得無顏見江東父老，而切斷對外聯繫。」

川喜多回到座位，宴會不久開始，且酒香四溢。星玲子關注香蘭的演唱過往，從東京日本劇場事件再往前追溯到台灣巡演和東京高島屋演唱會，對於自己的演出過往不太多談，被香蘭問及時，總是四兩撥千斤地把話題叉開。岩崎十分照顧同是影評人的上海陸軍報導部的辻久一，談論他的影評。辻久一大尉被談論太多了，想到對方以唯物論事件為中心的「輝煌」過往，實在不好啟口，而備覺拘謹。上海陸軍報導部弘報班班長伊地知進大尉對於岩崎的牢獄生活也很感興趣，但實在不好在公開場合談起，岩崎反向提到伊地知作品兩年前被提名競逐直木獎的往事，伊地知頗感驚訝：

「只是玩票，實在沒想到會被提名，在這麼多候選人中，我的呼聲也不高。」

「獲得提名就是很大的榮耀。」

「記得有一位評審對我的作品評價不錯，但認為不能光憑這一篇就貿然給獎，要多多加以觀察。」

「這是正確的觀念。有些人得獎太容易了，結果就不再寫了。」岩崎擠出讚許的神情，同時向伊地知和辻舉杯，「上海陸軍報導部有你們兩位，文學的水平就大大地提高。」

辻久一和伊地知進本質上是文化人，也都著西服赴宴，他們對於吃足軍方苦頭的岩崎昶跨越軍中壁壘向他們示好，感覺窩心，只希望若有機會，私下見面，少了眾目睽睽，會聊得更愉快。

大圓桌前頭傳來叫嚷，甘粕在根岸理事和華北電影老董橫井的驚視下，注滿茅台的八公分高酒杯舉向川喜多：

「你先別來，我這一杯為中華電影而喝。」

甘粕一飲而盡，面不改色。川喜多注滿酒杯舉起後，回望了上海陸軍報導部阿部少佐和中華聯合製片總經理張善琨、製片組副主任黃天佐一眼，再正視甘粕：

「我這一杯也是為滿洲映畫而乾。」

川喜多連續第二杯一飲而盡，贏得了讚許，也迎來了甘粕挑戰的眼神。

中國大陸南北電影界兩大龍頭開啟酒戰，以滿映幹部為主體的食客也開始拚酒，只是有人喝比較清淡的清酒或啤酒。同樣是大和飯店，同樣場景，一年半前的晚宴，甘粕、川喜多搏酒的情景又從香蘭心中喚起，只是上一次，雙方在影片發行利益、公司股權正面交鋒，感覺居於劣勢的甘粕似乎想藉酒力扳回一城。現在議題淡化了，甘粕衝著川喜多個人，鬥酒的意志依舊高昂，和同桌賓客敬酒時，輪到川喜多時，還是會相互叫陣一番。華北電影老董橫井舉杯：

「大家一起來，隨意。」

橫井意圖化解劍拔弩張的氣氛，但甘粕還是面向川喜多分兩段一飲而盡。川喜多兩耳滿是勸退的聲浪，想想，沒必要這樣拚下去，喝了一點：

「待會再還你。」

川喜多放下酒杯專注飲食養胃，甘粕也開始攝食，用以稀釋灼胃焚腸的酒毒。香蘭趁機向一直沒有機會交流的中聯張善琨和黃天佐敬了酒，大家在言語和酒氣上交歡了一陣。

「我這一杯現在還你。」

川喜多瞬了一眼整桌熱絡的氣氛，面向甘粕一飲見底。甘粕：

「這次合作拍片，你的中華電影肩挑重任，我現在這一杯敬你，不用你還，算是贈送的。」

甘粕喝完這一杯，做了兩下深呼吸，給人感覺到了臨界點，大家都有點擔心他會不會吐出來。在這片刻的靜默裡，甘粕拾回了神采，把一塊羊肉送進口，眼神直刺川喜多：

「川喜多兄，多用一點菜。我是主，你是客，所以會一直優待你一杯。……川喜多兄，你對新京印象如何？」

「每次來都是走馬看花，感覺像棋盤，建築物距離寬鬆，好像棋盤上的棋子。」

「對！不像上海建築這樣密集。我也實在有點想去一趟上海。」

「隨時歡迎理事長光臨，小弟一定盡地主之誼。」

「是不是也會優待我一杯？」

川喜多沒聽清楚，沒有回答，隨著大夥笑開：

「上海就像樂高積木的高度堆積。」

「這樣啊！川喜多兄明天就回那積木城。」

「明早十點飛北京，後天再飛上海。」

「我擔心你醉了上不了飛機。」

「不至於。」川喜多唇舌含醉，語音遲緩，「不過這種大熱天，應該喝啤酒，不是白酒。」

「我看你真是醉了。」

「沒有。但再喝一杯可能就醉了，就會把棋盤看成積木。」

「那現在看棋盤還是棋盤？」

「當然。」

甘粕大喇喇地把附近的女侍叫過來，要她拿一個棋盤過來，醉態可掬。大家吃喝了一陣，棋盤來了，甘粕拿著看了一眼，再看向川喜多：

「這是棋盤還是積木？」

川喜多取下棋盤，看了一下，不待眾人開口，便將之放在地上，身體也隨著跪在地板，吸引了許多驚詫的眼神。川喜多兩手貼著棋盤兩側，頭抵住棋盤後把弓著的身體撐了起來，待身體向上打直，掌聲和口哨聲隨之響起。好幾桌的賓客都站了起來，甘粕看著迅速縮回身體的川喜多鼓起掌來。

「不簡單！不簡單！既然把新京比做棋盤，你們能夠想像我們的川喜多老董像巨人一樣倒立在大同廣場嗎？」

甘粕說著舉起一杯白酒，面向眾人一飲而盡。川喜多有點蹣跚地站了起來，取回有人遞過來的棋盤，再還給甘粕，然後回座。甘粕：

「酒氣衝腦有什麼不舒服嗎？」

「沒有。我沒有醉，棋盤是物證，在座每一人是人證。」

川喜多炫耀地看向甘粕，吃了一點菜。甘粕知曉川喜多贏得了掌聲，顯然是勝利者，但他也沒敗，而淡然地望向勝利者。

「如果要上法院證明你沒有醉，我第一個衝上去。」

甘粕語畢，笑聲炸開，川喜多也被逗得一笑難收。笑聲漸歇，川喜多端肅起容顏：

「現在開會決定滿映和中華聯合製片合作拍『鴉片戰爭』，為了避開東寶同名的電影，我們可能會改名。另外有一點沒提到，劇本裡面有兩首主題曲，詞做好了，一併送審。當然由李小姐唱最適合不過。」

「現在既然決定要拍，日本內地也要拍，兩國聯手在電影上抗英，對抗西方殖民主義，劇本當然會通過，但就怕被上海陸軍改得面目全非。」

張善琨用浙江口音的日語，輔以手勢說完，川喜多有些緊張地搖了兩下頭：

「不對！不至於。我跟軍方已經約法三章，放手讓中聯拍片，別干預太多。」川喜多向辻久一和伊地知進兩大尉使了眼色，尋求他們的背書，再看向張善琨，「張總別猶豫，回去就可以確定角色了。」

甘粕知道眼前這位身形圓胖結實的張總是中國資歷最完備，比根岸寬一還勝一籌的電影人，如今被網羅到川喜多帳下。他看向右邊，根岸顯然去洗手間，於是看向岩崎昶：

「拍『鴉片戰爭』這種電影，在歷史上找題材，岩崎兄，你覺得怎樣？」

岩崎昶頭痛了起來，心裡頭咒了一聲：問我這個問題。關東軍開工廠生產鴉片，賣的才兇，日本在華佔領軍也一樣，竟然要挖英國人販賣鴉片的糞，為識者所不齒，可惜大部份中國人都沒有這種自覺。岩崎：

「拍時代劇，以古諷今，是有一定的距離美感。這種主題意識強烈的電影，要從民間普遍覺醒的角度著手，不要太過強調官方的色彩。」

「你還是不忘宣揚你的唯物史觀。」甘粕看著牧野和岩崎，「李香蘭小姐現在可要忙了。」

「再過一個禮拜要到北京和《戰鬥的大街》劇組會合，開始拍外景。然後明年，最好年初就找時間到松竹大船攝影所拍棚內戲。」

牧野報告完，根岸理事也回座了。甘粕沉吟了一下：

「《我的夜鶯》也要開始動了。不過還好，拍《黃河》最艱困的時期都熬過來了。」

我的夜鶯？新電影嗎？甘粕直擊香蘭疑惑的神情，瞬了岩崎一下。岩崎：

「還記得嗎？去年我們陪作家大佛次郎到哈爾濱看柴可夫斯基的歌劇，他說他的小說《薔薇少女》要在滿洲新聞連載，這部小說在連載的過程中改名《哈爾濱的歌姬》，《我的夜鶯》就是根據這部小說編寫完成的劇本。」

「了解。」香蘭在微醺中虛應了一下，努力找回被時間模糊掉的憶思，「也是和松竹合作？」

「東寶。」

根岸說著，香蘭心情收縮、急凍了兩秒，伴隨著幾許疑惑甦醒時，體內波動了一下。快兩年了，自從和松竹合作拍片以來，一直沒等到東寶的案子，好像被東寶遺棄了。東寶回頭是好事，但也不用太高興，淡然處之即可。

「據我了解，導演島津保次郎和原著作者開始商洽和哈爾濱的俄籍歌劇演員合作。當然妳還是第一女主角。這是東寶創新風格的力作。」

牧野說完，香蘭有些恍然地應和著，《戰鬥的大街》，她的戲份不多，情況還好，但剛剛談完在上海拍攝的「鴉片戰爭」，又來一個顯然要在哈爾濱拍攝的電影，她一個頭兩個大，剛剛感受到的突兀還梗在心頭，身體好像要被撕裂。前此，要拍什麼新片，至少製作部長都會先知會她。現在八木部長坐在另一桌，各級長官也可能太忙了，顧此失彼，才會出現這種疏失。不過比較麻煩的是，「鴉片戰爭」確定由岩崎出任製作，他剛剛宣說的新片，製作人搞不好也是他。她面對鏡頭，最討厭的背後的一雙鷹眼就長在他頭上。

「我在想，『鴉片戰爭』如果秋天順利在上海拍攝，冬天就可以飛到哈爾濱拍《我的夜鶯》。」

岩崎說著靠向椅背，他沒想到最近滿映一連幾部電影，都請他出任製作人，而且都由紅牌李香蘭主演。他感謝甘粕的提攜，除了心裡層面的批判外，批判的言詞只會指向編導、演員，絕不會指向甘粕。他看向甘粕繼續說：

「等服部良一把主題曲的譜子提交出來，我們就先到哈爾濱和歌劇團一起排練，練到香蘭成為歌劇團的一份子，再開始拍片。」

香蘭聞言氣餒，果然是他。川喜多現出欣羨的顏色，怪岩崎在開會時沒告訴他，眼露渴望知曉香蘭演何戲的意念。

「這是俄羅斯風情的歌劇片，計畫聘請哈爾濱諸多俄國歌劇團的要角擔任主要角色。」

川喜多對於根岸的解說表示滿意，甘粕心頭吐了一口悶氣：「川喜多啊！川喜多！我滿映拍的國策片，你看都不看一眼，拒不協助發行，只顧發行中國片商拍的故事片。現在《我的夜鶯》不但是故事片，而且更具創意，日本和蘇聯現在這麼緊張，描述日本和俄羅斯人民和衷共濟，人間有情的片子，你難道要扣上國策電影的大帽子嗎？這麼嚴謹，由藝術才女擔綱的藝術片，反映大時代悲劇的史詩難道你認為比傑出的中國片差嗎？」

甘粕知道岩崎昶和川喜多頗有交情，現在藉著朋友的嘴掌臉川喜多，自以為得計，認為和川喜多的對奕，終於扳回了一城。

時局越來越緊張，戰火猛烈，豈容夜鶯迴飛，但這隻夜鶯就這樣冒著折翼的危險，幾經迴旋，闖進甘粕頑固的心底，闖進了滿映的天空。《黃河》拍攝期間，甘粕派岩崎昶到東京出差，結果被東寶導演島津保次郎約去看哈爾濱芭蕾舞團的演出。一心嚮往拍音樂片的島津大受鼓舞，想到了大佛次郎在「滿洲新聞」連載的《哈爾濱的歌姬》，和岩崎討論了一晚，把故事綱要上呈東寶製作部，正中很想引進好萊塢自由風氣的董事兼部長森岩雄的心懷，夜鶯就這樣飛了起來。島津取得大佛的同意後，根據原作快速書寫劇本，再請人繕寫幾份。

岩崎帶著森岩的信和島津的劇本初稿回來。聽完岩崎的一番敘述後再次詢問，甘粕終於搞懂島津《我的夜鶯》的原著是大佛次郎的《哈爾濱的歌姬》，而《哈爾濱的歌姬》原名叫《薔薇少女》。甘粕想，一年前岩崎和香蘭既然被他指定陪大佛前往哈爾濱觀劇，《薔薇少女》得以順利完成。岩崎在《我的夜鶯》和原著形成時都扮演了角色，出任此劇的製作人，當之無愧。至於香蘭，不管原著或劇本裡頭一定有她的影子，是當然的女主角，殆無疑義。

思及此，甘粕思緒更加飛躍，對川喜多的戰爭，正好可以出手打這張牌。甘粕還是維持對電影一貫強有力的論述，但在做為上儘量靈活。月前赴國院開會時，《我的夜鶯》一提出來，關東軍司令部報導部和國務院總務廳弘報處也都感覺怪異，不解，總覺得這位國家主義者有點失常。「我們滿洲國的五族協和，當初沒想到要納入俄羅斯人，現在劇本中的日本人和白俄人士和好，在藝術上的合作正是把俄羅斯人納入五族親善的一個表徵。當然這個俄羅斯人也包括蘇聯的赤俄。當時機成熟，五族協和就可以改為六族協和。」甘粕意見一出，舉座覺得他好似政客，頗能自圓其說，也不好潑他冷水。甘粕讓歌劇、歌唱和音樂一干藝術包裹通過，他覺得這場勝利可說反將了中華聯合製片一軍。

但是要讓這隻夜鶯持續振翅，實在需要一個團隊提供動能。滿映李雨時趕著將日文劇本初稿翻成俄文，然後請人繕寫幾份。隨後服部良一也拿著〈我的夜鶯〉的曲譜，隨著島津和白井鐵造前來滿映拜會，服部和島津知道香蘭還在開封的一個小村拍片頗覺訝異，但還是帶著譯好的劇本初稿和歌譜前往哈爾濱拜會哈爾濱交響樂團和幾個歌劇團。

島津寫這個劇本，登場的一些俄劇人士，寫起來很像日本人，生活上欠缺俄羅斯風，思維很東洋，寫完後直覺在現實上難以成立，所以急著到哈爾濱拜會哈爾濱交響樂團和各劇團，希望找到一些範型人物，把他們的模樣和感覺寫入劇本，然後由他們推薦演出人員。

哈爾濱的樂團和歌劇團都是流亡過來的白俄人士組成，其中猶太裔不少。此外，也在當地吸收了一些華籍和日籍年輕樂人。

島津、服部、白井、通譯李雨時和兩名助理滯留哈爾濱期間，哈城幾位劇團團主和團員展現了高度興趣，他們除了提供親身經歷和劇壇秘辛供劇情參考外，都願意擔任戲裡的角色，島津當即安排三位團主擔任重要角色，其他團員也都儘量給予安排。活生生的人物走入劇本，取代了原先的角色，島津改寫劇本有如神助，加上助理協助抄謄，手寫劇本完成後，李雨時趕著翻成俄文。俄文譯本完成，劇團派來的三位團員協助抄錄一份攜回後，島津一行在哈爾濱偷閒走逛了一天便束裝返回新京。

大陸電影聯盟會議期間，島津一行還在哈爾濱，甘粕本來預計在島津回來後再宣布這個拍片計畫，但為了壓下川喜多的氣勢，提前宣布了。

大和宴後兩天，香蘭從河南回來也有兩三個禮拜了，在滿映辦公室還恍然置身黃河畔艱苦生活的憶思當中時，迎來了《我的夜鶯》的相關人員。她第一次見到導演島津，久未謀面的服部良一和白井鐵造跟著前來，她也十分高興。島津把劇本作最後修正後交付排版印刷，決定暫時不送審。香蘭眼前有兩部片子等著開拍，北京和上海的行程等著敲定，哈爾濱又來軋一腳。香蘭額眉深鎖，還沒開口，島津：

「妳的情況，我很了解。同一時段在距離很遠的三個地方拍片，確實大大超乎一般人的負荷。我們好好計畫一下。北京的戲九月中旬開拍是確定的事，劇本我看了，妳的戲份不多。拍完後就到上海中華聯合製片報到。」

「上海『鴉片戰爭』的戲，根據川喜多的說法，劇本早就寫好了，本來早就要拍的，結果計畫被他們的總經理張善琨拖了一陣，現在為了實現和我們滿映的合作，要安插李香蘭這個角色，劇本要做一點修改，十月份開拍沒問題。」牧野滿男理事看了一下香蘭，「既然是安插的角色，和其他女明星共同分擔女主角的戲，所以戲份相對較輕。可以要求導演把妳的戲份先拍完，然後到哈爾濱拍島津導演的戲。」

牧野說完，島津發覺香蘭氣色好了很多：

「牧野理事都已經安排好了，所以不用擔心太多。哈爾濱的事是這樣的：那些劇團團長希望妳在演出前先到劇團見習，跟團員一起練習，甚至演出他們的戲劇。」

「演出？」

「演出一個小角色，跑龍套什麼的。沒有壓力。」

「跑龍套？」香蘭眼睛一亮，「或許我可以過過舞台的戲癮。」

「那現在就可以走了。不然沒時間了。」

香蘭想想也是，兩天後帶著雅子隨著服部良一、島津保次郎、白井鐵造和通譯李雨時前往哈爾濱，入住中央大街有名的馬迭爾飯店。香蘭和白井沒見面超過一年半，但感覺比起和服部沒見面的兩年多還要久遠。記得去年初日本紀元節在日本劇場演出，七圈半事件發生後，她每天只盤算著演出告一段落後，怎樣和兒玉遠離日劇，白井見她演出熟練，不再盯著她臨場指導，以致香蘭在演出現場或完全演完後，幾乎把他忘了，現在想來備覺忸愧。其實，香蘭預計《我的夜鶯》演唱的兩三首曲子都是獨唱，幾乎用不到什麼舞步，白井帶來的新編舞蹈，由哈響和歌劇團吸收、修正，可用在他們自身的舞曲或歌劇當中，香蘭在這舞曲或歌劇中短暫擔任腳色時，才用得上那些編舞。

諸多歌劇團團長當中，葛里哥利・莎耶賓預計在新電影中擔任她的父親，不時在她演出時給她指點。歌劇團練成後一般在馬迭爾飯店後面的劇院或俗稱半拉瓢的室外劇場演出。香蘭和劇團一起練習或演出，和她在電影的演出，表面上沒有多大關聯，莎耶賓希望香蘭早日融入哈城的音樂戲劇氛圍裡頭，戲劇魂的攝入，可以讓她在這部電影裡，深入演出角色的神髓。香蘭預計在電影中高歌〈我的夜鶯〉和〈黑眼睛〉兩首歌曲，由服部良一帶著練唱，由於歌詞全是俄語，莎耶賓自然從旁指導，讓她唱得更有俄羅斯風味。此外，莎耶賓也建議服部讓香蘭加練〈波斯鳥〉這一曲子，作為備用。

在這種緊張充實的學習過程中，不乏輕鬆有趣的一面，香蘭有種在音樂戲劇學校上課的實感，甚至感覺自己成為歌劇團的一員。出任《我的夜鶯》要角的幾位團長和相關團員，一個禮拜會面三次，由李雨時帶著讀劇本，或在島津的指導下演練劇本裡的橋段，雖然只是練習，那些長年在台上打滾的藝人比一般演員更容易入戲，俄籍演員咀嚼島津的「大家同屬藝術國度」這句話，感覺整個劇組有點像是這個滿是族群敵意，不穩定年代的諾亞方舟。

《我的夜鶯》多數場景要在冬冷時節拍攝，俄籍演出人員穩定下來後，島津相約冬天再來拍片後領著隨行人員趕回新京。服部、島津在新京逗留兩天，飛返東京後沒多久，香蘭和雅子也就趕赴北京，向《戰鬥的大街》劇組報到了。

《戰鬥的大街》先在華北電影公司位在新街口北大街的攝影棚開拍。這部片子強調日本軍人在戰火中協助中國百姓，軍民患難相持，融洽相處的情境，和《黃河》異曲同工。香蘭、另一女主角三浦光子和幾名男配角都扮演中國人，戲裡戲外瀰漫著民族親善的氛圍。戰鬥戲在北京城南的五里店展開，南京國民政府的華北治安軍和日本華北方面軍各出動兩中隊的兵力，演出中日兩軍對壘、厮殺的戲碼。這期間，劇組還殺到天津出外景，整個過程緊湊、紮實。這部戲和日本所有和佔領地合拍的電影一樣，在佔領地拍攝告一段落，最後都要在日本收尾。導演原研吉和滿映通過電話後，決定等明年初香蘭有空後，再在松竹大船攝影所拍攝棚內戲。

拍攝期間，香蘭從電話中得知山家已升中佐，而且調到南京日軍總部報導部，散戲後，她帶著雅子到北京家裡住了一晚，父親文雄知道她要趕赴上海，希望她先到南京看望山家。

48. 山家作陪 小遊南京

北京飛南京的機位訂不到，她和雅子改搭早班列車，慢慢晃蕩過去也好。兩年前到上海拍片，和長谷川相伴同往，到了上海會合的團隊都是日本人，但這回得完全深入陌生的中國人圈子。或許川喜多已經讓他下面的演員知道她是日本人，若沒有，日化比較重的滿映對新近被佔領的上海租界區的演員來說，確實比較刺目，甚至招來敵意。既然要找山家，到上海也已是兩天後的事。這兩天可以慢慢消化內心的焦慮。

中秋過了兩個禮拜，列車走過天津，沿路一片草黃色麥茬的麥田裡，一堆堆排列有秩的麥稭垛好像向列車行禮。列車過了滄縣，兩人躺在臥鋪，用過家裡帶來的便當。雅子：

「妳想想看，攝影棚內，導演、演員和工作人員都是中國人，我和妳講日語，恐怕他們會不舒服。或許沒事時，我就待在飯店。」

「講小聲一點就好了。」

「那當然。」

「別想太多。我們還是自在地做自己就好。」

「川喜多看來人不錯。他的家世好像跟妳很像。」

「妳也這樣想。」香蘭笑了起來，「沒錯。我從岩崎口中知道他的家世後就這樣想。」

香蘭擔心上鋪的一對夫婦聽到她們講日語，心生不快，壓低嗓門：

「中國近百年走衰運，一路敗給英國、法國、各國聯軍，最後是日本，也被俄國吃得死死的。日本政府帶頭輕視中國，軍頭尤其如此，但民間還是有很多同情中國、喜愛中國的人，我們家三代、川喜多三代都是如此，我的父親基本上是移民過來了，但時局混亂，沒辦法落戶。川喜多的父親一直想改造中國的陸軍，希望中國兵強將勇，結果觸犯日本憲兵的大忌……」

「一般女性也是同情中國的。就我所知，中國留學生寄宿日本家庭，對女主人的照顧都感念萬分。」

「我想也是。」

「女性的溫柔在日本長期受到漠視。日本女性地位低下，管不住男人。結果這個國家被男人玩得快瘋了。」

「女性的溫柔多少是忍受的結果，一代一代忍下來，形成民族文化，開出美麗但有些畸形的花朵。」香蘭腦海浮現新京南湖公園的櫻花，「但母體是粗壯強韌的，像櫻樹，看來快死了，還是可以再次生長、開花。」

這個臥鋪車廂顯然在天津時已經坐滿，人員流動率不高，臥在床上看向走道，偶爾看到旅客走過，應該是找廁所或找水喝的。一位少女和一名大叔在走道擦身過時，聽到呼喚又折了回去。香蘭：

「好漂亮！」

「看來只有十四五歲。」

香蘭想了一下，自己 14 歲時幹嘛，剛剛插班進入翊教女中初二，父親比當時的自己大了一點，就來到中國東北了。香蘭：

「川喜多就差不多這個年紀自己一個人來到中國替父親申冤。」

「……」

「他初三那年暑假隻身來到中國，上書中國總理，想了解他父親被日本憲兵槍殺的真相。」

「為什麼找上總理？」

「川喜多父親當年在北京附近的保定軍校教書，而那位總理當時就任軍校校長。」

「他後來有沒有找到答案？」

「當時總理沒接見他，但回信勉勵他。」香蘭想了一下，「他父親的事給他的衝擊很大，我總感覺他一直遵從父親的教示，走日本和中國和平的道路。至少在電影的領域是如此。」

香蘭說完，雅子有些語塞。兩個國家都已經打起來了，仇恨越結越深，能夠運作的空間這麼小，川喜多如果承受不住軍方的壓力，妥協了，中國影人必然傷心絕望，斷了演出的念，遠走大後方或隱於市，川喜多想要重整在上海的基業也會變得困難重重。雅子想：這次陪香蘭到上海拍片，算是走在川喜多有所堅持的和平之路上，希望川喜多繼續守住淨土，讓香蘭心想事成。

香蘭和雅子在車上共處時，狀似輕鬆，心裡的一隅還是沉甸甸的，三年前初冬，她在東京離開丹羽文雄宅，田村泰次郎在車站用簡單幾句話帶過石川達三的南京事件報導，企圖撫平她驚悸的心。這個事件，她所知不多，一般人也不願談起，偶爾聽到的一些片言隻語，也只能刺激她的想像。明天就要到那座城市了，她希望見過山家後，快快離開那個鬼域。久未見山家了，他的親切肯定會沖淡這座城市在她心裡埋下的陰霾。她想著心裡安堵了一些。

一夜夢少，列車到達浦口車站時已是早上八點多。待旅客上下車告一段落後，列車長逐車要求每位乘客待在自己的鋪位，不要隨意走動。隨後列車駛離月台，在多軌並陳的鐵道場反覆前進後退，最後分離成三組並排的車廂組。車廂鋪位的窗戶全部封閉，不准開啟，乘客紛紛下床擠到狹窄走道旁的車窗觀看列車駛進有軌輪渡。掛有車頭的首節車廂組好不容易上了輪渡，在焦灼的等待中，香蘭坐的這組車廂才被推上輪渡。整列火車全上了船後，在一片歡呼聲中離港，約半小時到達下關碼頭。火車上岸重新組合也花了約一個小時，正式啟動後，香蘭擔心在這一天多的行車時間中，父親並沒有和山家取得聯繫。父親無法打電話到山家營部辦公室，但表示會留口信給南京市政府陳姓主任的家裡，如果山家適時取得口信，或陳主任聯絡上了他，他就有可能到車站迎接她和雅子。如果沒聯繫上，要她直接到南京日軍總司令部找他，會讓她很痛苦。

列車到了南京站，所有人皆下車，有些人到別的月台轉乘前往上海的列車。大部份人都走出車站，香蘭和雅子提著大行李在車站外頗張望了一會，終於看見穿著軍服的山家拄著枴仗走了過來。香蘭只記得小時候，山家第一次來奉天家拜訪時穿過軍服，那時是大尉，如今已是堂堂的中佐，但瘦了不少。他笑著看向香蘭和雅子，手伸向雅子：

「髮型變了。」

「你還記得？」

雅子很高興山家記得她，一年半了，那時自己頭髮長怎樣，也已不記得。山家拄著拐仗搶著要拿香蘭的行李，被婉拒了。

「不礙事，我抓著拐仗走路很夠力。再說，我力氣也比較大。」

山家說著抓取香蘭委託雅子提的行李，這樣三人一人提一只，香蘭不再嘀咕。山家身體轉向站外泛著幾許陽光的一泓綠水：

「這就是玄武湖，待會我們到雞鳴寺那邊看下去會更好看。」

香蘭和雅子拋開吃掉一半湖水的田田荷葉，跟著山家走向他的座車。香蘭：

「山家叔！你穿軍服拄著拐仗好奇怪。」

「重慶的蔣先生有時也這樣。」

「人家是拿在手裡當權仗，不一樣的。」

山家笑而不答，上了車後，雅子慫恿香蘭坐前座。車子開動了，山家：

「新街口有一家飯店，我們去那裡。」

「新街？」

「新街口是新市區，蔣先生定都南京時建的。」

「山家叔，你瘦了一圈。」

「南京這邊壓力很大，他們要我負責雜誌部門。」

香蘭看了一下他剛給的名片：「……報導部 新聞雜誌擔當」

「新聞部有人負責。」

「對。」

車子穿過一座高大的城門往南走，往左望過去，高大的城牆浮在低矮街屋的上端，好像橫亙在丘陵上面的山脈。城牆灰褐色、剝蝕斑斑的磚砌上面，掛滿紫藤蔓、雜草，從磚壤裡頭長出來的樹木好像從歷史冒出來，又好像借助陽光伸向未來。在這陌生的城市，香蘭跟緊山家的腳步，一直著眼眼前所見，摻雜太多想像的南京慘劇很快便置諸腦後了。香蘭：

「他們是看中你以前辦《武德報》的經驗。《武德報》一開始就像雜誌一樣。」

「沒錯，他們希望我辦一份報紙或雜誌。但辦雜誌需要人手，先要掌握當地的一些雜誌。但現在雜誌和報社紛紛停刊，想拜訪那些雜誌社的負責人或編輯人員，他們都找理由避不見面。另一方面，有問題被點名的業者或記者都逃到外地。」山家有所宣洩，感覺舒暢多了。「雜誌部門有兩個任務，一個是辦雜誌，一個是領導當地的雜誌社，但也只有帶領當地雜誌有成，吸收可靠的編輯和記者後，雜誌才辦得起來。」

「他們不肯靠過來，你也沒辦法。」

「這正合我意，我實在不想待在這地方，上海軍報導部演藝部門聽說缺人，我已經正式申請請調，也強調我在影藝圈比較能夠發揮。」

「那你就把爛攤子丟給別人？」

「也不能這樣說，這個業務本來就要取消的，我只是沒把它起死回生而已。」

車子在十字路口被憲兵的手勢止住，山家繼續說：

「到最後有可能讓憲兵介入，清洗一番後再交還報導部重整。」

車子繼續走。憲兵隊清洗雜誌界？香蘭有些驚恐。山家：

「記得前一陣子跟妳談到白光。」

「你說她常來找你。」

香蘭說著稍事回想，沒錯，他提到白光找過來正是久等不到李明回來，珍珠灣事件剛發生的時候。這十個月，自己南北奔波，上個月趁拍片餘閒回北京過個夜時，山家已南調。或許久未謀面，他和白光又有一番經歷了。談到「白光」或她的本名「史詠芬」，他們都用中文發音，免得拗口。過去一兩年，香蘭只要在東京，總會設法前往山梨縣山中湖向三浦環學歌，偶遇白光，白光對於她持續拍片，難掩羨艷；記得上次在北京東來順共餐，也從山家口中得知白光難以忘情電影界。香蘭想著說道：

「她已經在上海電影界了？」

「是的。她已經在中華聯合製片站穩腳跟了。」

「她歌唱得很好，很有特色。只是和我交情一般。」

「她有兩部戲正在拍攝。超前李明太多了。」

「李明在滿映演了這麼多，難道就一筆勾銷？」

「滿映實在不能跟上海這種成熟的電影世界比。」

「確實比不上。」香蘭看了看窗外，「山家叔，你對上海電影界熟嗎？」

「了解有限，但它的繁盛，毋須了解，便你知我知。」山家思量了一下，「妳雖然也在滿映，但畢竟跨足日本電影界，聲勢遠遠超過滿映人。」

「我在滿映有一位朋友，女演員，聽說她到上海來發展。」

「她叫什麼來著？」

車子彎進圓環，山家把車子停在路邊，香蘭急書鄭曉君的名字給山家看。山家：

「鄭曉君，好，以後我如果調到上海，我會留意。先下車，看一看鼓樓。」

紅牆灰瓦的鼓樓，牆面剝蝕斑斑，雜草和藤蔓剛剛剪除，看來還算整潔，城台上樓宇重簷的燕尾微微翹起，展現了一點丰采。秋風颯颯，梧桐葉黃若金，但也飄落紛紛，蒼松依舊挺拔，三人穿過城門找到石階，石階中段頹杞了一大段，三人決定不上去。

三人重上車，車子開動了，再也看不到城牆，好像到了新京，道路寬廣，樓房多了起來。山家：

「等一下我們到福昌飯店用餐，晚上可以的話就住那兒。」

「還是用完餐就前往上海？」

「用過餐，帶妳們到附近名勝走一遭。那飯店已經變成日軍招待所，我向上級報告妳是時常勞軍的李香蘭，是軍中之友，他嚇了一跳，特地開了一個特許狀，即使非軍眷，應該可以入住。如果沒問題，妳簽個字給他就行了。」

車子在路旁停了下來，飯店大門門楣「福昌飯店」的招牌還在，不過門邊掛著刻有「帝國陸軍南京招待所」幾個字的木牌。山家下了車扳開後行李箱時，兩名小弟急走過來，搶著搬行李。三人在櫃檯前辦好入住手續，櫃檯小姐給香蘭和雅子各一隻 504 房的鑰匙。在小弟手提行李的帶領下，三人走向「電梯」。電梯門開著，裡頭搖動電梯搖捍的工人笑臉迎客。山家知道這是手搖電梯，擠了進去，發覺裡頭擠著小弟、師傅共四人，還有行李，正覺狼狽時，工人用簡單的日語表示沒關係，但山家還是折腰退了出去。一個堂堂中佐，謙卑面對四名百姓，神聖，威權無比的中佐軍服，竟然像洩了氣的汽球，雅子和小弟先笑開，隨後香蘭和師傅也忍俊不住，笑到彎肚了。

香蘭和雅子開始整理房間時，山家爬樓梯上來了。大家在房間把東西擺好，不再拉索通知電梯上來，自行拾步下樓。一樓餐廳食客不多，不少穿著和服的男女走來走去。三人挑了靠窗的桌位，山家點過菜後問雅子的老家和工作有關的一些基本問題。菜上得很快，山家反常地不點酒。

「現在報導部都在總司令部上班。沒有人敢在外面租屋辦公，日本、中國兩國緣份早就被破壞殆盡。戰爭的結果，屋毀人亡，很多空屋都沒人敢住，整個城市入夜後鬼氣森森，尤其是江邊……」

香蘭心頭的暗鬱又被山家抖了出來，這些年，她除了偶爾聽到這方面的傳聞，有時也會看到相關的報導，但都不忍卒睹，日本國內相關文章對此事件持續的質疑和辯護反而逐漸堆疊出事情的真相。山家算是宅心仁厚的日本軍人，他不願多談這事，偏偏被調到這座城市，感慨特多。

「壓力很大，工作和環境都是。」山家吃了一點南京板鴨，「有點鹹，但很好吃。」

「山家叔，你跟李明聯絡上了？」香蘭。

「這要怎麼說？那一段時間，我感覺失去她時，妳來找我，等妳一離開，她又來了。這種過程一再重複。她確實努力想進去上海電影界，但那時上海有十幾家電影製片廠，我鞭長莫及，老闆我都不認識，她在滿映的資歷反而成為包袱，一直進不去那幾家公司。」

山家看著香蘭沉下的臉，「妳和她不一樣。妳有滿映全力相挺，甚至力壓日本明星，她，像孤雁，腳又有點不太好，自己闖蕩，太孟浪，結果壞了自己的行情，變得自暴自棄。」

蘆蒿炒豆腐來了，香蘭給雅子舀了兩湯匙：

「我們還是在談那兩個中國女明星。」

「我都在聽，也漸漸聽出所以然來。」雅子看著山家制服上腥紅的肩章，「如果小蘭沒有和你在一起，她也不會聊起這一段，我也就沒有耳福聽到了。」

「我和小淑子見了面就吃飯聊天，像現在，已經好幾年了。」

「小蘭時常向我提到你。」

「這樣啊！」山家向著雅子滿臉笑開，「現在時局緊張，肉類供應減少，蔬菜也不錯，多吃一點。」

山家看著雅子挾菜，再度面對香蘭：

「前幾天，我打電話給白光，結果她向我說什麼。」

「你說。」

「她說李明有個年輕的中國人男朋友。好像是一家話劇社的台柱。」

香蘭好似被人小撞了一下，嘴裡的蘿蔔整塊吞進喉嚨，噎了一下：

「真的哦？會不會是白光誆你的？」

「錯不了。白光很誠實，她說親眼看到他們逛街買東西。」山家兩手托著後腦，向後仰，「買東西一定用我的錢。我每月給她的錢一定用來養那個小白臉。」

「那就不用再給她錢了。」

「我和她還沒鬧翻。她還是希望我把她推薦給上海大導演，但她不知道自己的劣行見光了。小淑子！妳認為怎樣比較好。」

「那就跟她好聚好散。如果她真的有新男朋友。」

「是啊！好聚好散。我希望幫她進入上海電影圈，了卻她的一番心事。我打電話給川喜多，想把她介紹給中聯，他說不干預總經理的職權。一千多人的大公司，日本人幹部，包括他自己只有三個。」

「那就擺明了他讓中國人管理公司，不輕易破壞體制。」

「或許。」

「直接找導演！」

「導演，我還不太認識。等我調到上海，有了職位再當面找導演談會比較好。包括妳剛剛提到的鄭……，她是演什麼的？」

「她能文能武，胡琴拉得很好，武功也很好，滿映第一部戲就由她主演，還有古典美人的稱號。」

「太好了，有了這種特色，劇作家會特地為她寫劇本。」

香蘭沒有答腔，看著他興奮、困惑和失望交雜的眼神。山家繼續說：

「我也不知道能否調到上海。還有一點，女明星這行業，競爭越來越激烈了。現在十七八，甚至十五六的姑娘，一個個冒出頭。李明今年也已經 24 了。」

窗外，梧桐葉落繽紛。山家的傻笑轉為冷笑，惋惜李明的落寞，也笑她的愚蠢。然而香蘭也從中感到些許落寞。女孩兒，青春易逝星齡短，「娉娉裊裊十三餘，豆蔻梢頭二月初」是很多少女明星的寫照，屆齡 22 的她早就有這種認識了。她看著山家兩手托腮：

「山家叔，你在想什麼？」

「愉快的時光總會過去。」

「你和李明最愉快的時光是什麼時候？」

「她還沒到滿映和初到滿映的那一段時日。那時候她對我是言聽計從。」

山家說著起身走向餐廳櫃檯付帳。

三人離開餐廳，山家走向飯店大廳的櫃檯，確認訂到第二天早上九點到上海的車票後，帶著兩位女生離開飯店，踩著滿地落葉步向車子。

香蘭目睹城牆總感覺興奮，車子再度經過鼓樓，右轉迎向城牆，在泥石路上顛簸前進，沒多久在一道高牆邊停了下來。

帶著厭離現世的心情踩在坡路上，香蘭相信雅子和山家都有這種厭離心，或許山家更強烈。通過雞鳴寺的山門，拾級而上，一殿比一殿高，一門比一門深，她不知道到了什麼殿，只當做是修行。在寺廟的制高點往下眺望，還是看不太到玄武湖，層層疊疊的殿閣和此起彼落的樹林擋住了視線，怎麼看，都只看到簷牆和植栽，這座廟還真是自成一世界，足以讓人專心在裡頭靜修。

捨離寺院，帶著一點佛心登上毗鄰寺廟的城牆。山家望向一泓秋水：

「我今天帶妳們來就是要妳們看這兒的一山一水。水就在眼前。」山家把頭轉向右側的山林，「山就在那兒，等一下我們會過去。」

城牆磚砌得十分厚實，雅子感到驚訝。山家倚著垛口：

「小淑子，我還是叫妳小蘭好了。在這裡看玄武湖有沒有比較好看？」

「當然，整塊水陸好像比較開展了，好像有好幾個島，島和島之間有堤岸相連。」

「湖的那一邊，紅頂黃牆的就是南京站，早上就是從那兒看玄武湖的。」

「早上看的時候，那些島、堤，甚至遠山都擠成一塊。還是展開的好。」

山家聽了呵呵一笑：

「雅子，妳認為呢？」

「光線很好，天光水色加上周遭的地氣，看了心情愉快。」

「對極了。這就是南京的微笑，待會我帶妳們去看南京的憂鬱。」

山家口中的南京的憂鬱，其實是風水寶地，明太祖葬於斯，創建民國的孫中山也長眠於此。經過一小段車程，三人下了車後走了一段路，站在中山陵入口的的藍頂牌坊下。山家：

「我來到南京常聽人說，玄武湖放晴時，這兒鍾山常是煙霧籠罩，或是山頂蓋著烏雲。」

「大概是玄武湖和長江上升的水氣在這裡凝固吧。這一帶就這座山比較高。」

雅子說完，山家直誇有理，但認為有更好的解釋。三人拾步走過牌坊，有話沒話，連走帶爬地通過長長的墓道，在墓道中段進入陵門。陵門中間的拱門封住了，三人只好穿過右邊較小的拱門，在碑亭前佇足了一下。碑亭也是白牆藍瓦覆頂，香蘭把巨大石碑上面刻鏤的字翻成日語後，雅子：

「基本上是大型墓碑嘛。」

「大人物的墓碑要高大，也要住在房子裡。」山家仰望蒼穹，心想太陽不大，還好，「以前中國皇帝的墓碑都是曝露在外，難免日曬雨淋之苦。」

遊客很少，墓道顯得寬廣，三人爬過一段又一段石階，爬累了在平台稍事休息，一波石階過後又一波，不久，兩邊的巨柱有如寬肩胳膊的祭台已然在望，但三人隨後還是再爬兩段階梯才到達祭堂。

三人隨著遊客進入祭堂，向孫文雕像行鞠躬禮，通往墓室的門沒有開放，她們在宏大的祭堂繞了一圈，旋又走了出來，隨著遊客走向堂後，在圓形的墓室外面轉了一下。山家翹首瀏覽整個圓形的墓體，拄著拐仗開步，喀喀作響，有些疲倦地離開祭堂後回望了一下：

「看照片像玩具屋，實際到場才知是大建築物。」

「山家叔也辛苦了。我們在階梯那兒坐一下。」香蘭搶先走了過去，率先坐在樹蔭下，回望兩人，「看看景致，體會自然吧。」

山家看向茫茫綠海，手指右前方，看著雅子：

「城市應該在那方向，但被煙霧遮住了。妳剛說這座山的雲霧來自附近河湖的水氣。我看太多的怨靈也是重要的因素。戰亂，太多人死得不甘不願，怨靈徘徊不去，不願被超渡，孫文的巨靈是最好的依託。這座山萬靈聚集生怨，自然形成天候異常。」

香蘭想笑但笑不起來，心裡儘在迴避「南京屠城」事件，只是默默仰視蒼穹。雅子很想找一些話題，正好填充這段沉默，但不知說什麼好，看著山家笑了起來：

「山家叔看起來很疲倦。」

「當然，爬得這麼高，就再歇一會兒吧。」山家回望祭堂，「這座大墳不僅埋葬著孫文，也埋葬著中國和日本之間友誼的幼苗。」

「哦？」

香蘭和雅子同聲示疑。

「孫文在革命的時候常到日本，聽說娶了一位日本女孩為妻。」山家看著兩位女生驚異的神情，「這點只是聽說，我還要再求證。不過他確實交了不少我國的朋友。這些日本友人，有的追隨他革命，結果被逮到砍頭，有的毀家紓難，不惜債台高築，也要接濟他的革命部隊。」

「聽了很感人。」雅子想了一下，「好像是另一世代的故事。現在根本沒有這種氛圍。」

「沒錯，那時候日本人普遍對他很尊敬，我國政府基本上對中國沒有大動作。但他死後，日本軍人的腳就踩進來了，製造了不少案件，也造成不少死傷。」

山家接著把山田良政、梅屋莊吉、宮崎滔天和犬養毅的事蹟簡單交代出來。香蘭：

「犬養毅友華的事，我知道一些，但沒想到他和中山先生交情這麼好。」

「他和蔣先生也有交情，是歷任唯一友中的首相。在他任內，我國軍方佔領了滿洲，他還是主張中國對滿洲有宗主權，希望和蔣先生合作開發滿洲。」

「軍方聽得進去？」雅子。

「所以首相只當了五個月就被軍人幹掉了。伊藤博文對中國的輕視，在犬養主政時小挫了一點，犬養死後又再延續下去成為傳統。」

「這樣看來，犬養的友善算是絕唱了。」

香蘭說完，山家看著三五成群走下階梯的遊客：

「以前孫文－中山先生在日本，是當老大，日本朋友都聽他的，現在也算是絕響了。現在日本對中國只有征服、剿滅一種聲音。」

山家口中的「中山」念成日本姓，但描述的實情像說警語，雅子心情沉了下來，香蘭心裡警戒著不去碰觸傳聞中的南京屠城：

「山家叔認識很多中國女明星或戲劇的女演員，剛剛談到的兩位就是其中比較有名的。山家叔對她們自然非常好。」香蘭看向雅子，把山家的注意引了過來，「妳不覺得山家叔有犬養毅的遺風嗎？」

「哈！哈！我只是一介凡人。」山家很高興香蘭做了這種聯想，「以前是絕少有權力的人有這種想法，現在只存在於一些勢單力薄的百姓，像川喜多長政。嚴格說來川島芳子的養父川島浪速也算是，不過他是支持滿族那一邊的。」

「普通人比較沒有政治利益的考慮，比較會依照自己的想法行事。」

「雅子說的很對。在這種情況之下，我剛剛提到的白光和李明，都是被川喜多挖掘出來，同時出道的演員，應該團結一致才對，如今互相敵視，互不往來，結果把我夾在裡面，真搞不懂女人心。」

香蘭看到山家故意裝無辜，又氣又好笑：

「都是你造成的，還說呢。」

「她們之間也不全是爭風吃醋，白光一心嚮往日本，李明不滿被我冷落，乾脆就反起日本來了，把我和白光都打入魔界。」

「山家叔就是這樣，用情不專，又引發紛爭。」香蘭用手肘輕推雅子，「結果好不容易建立起來的好名聲折損了不少。」

「呵呵！我時常想，剛剛我們看過的風光明媚的玄武湖，很像白光。這兒鍾山，廣大的綠轡包圍著一切，是大人物的紀念道場，包容有很多人的思念，屬於過去式，倒是很像李明。」

山家自以為聰明地說著，香蘭再次笑不出來。她想：白光煙視媚行，美麗妖嬈，確實把山家勾住了，即將或者已經成為他的押寨夫人，李明，就像很多在位者失勢時一樣，欠缺警覺，落人把柄，致事情難以挽回。

49. 車遊上海 主任解說

香蘭在北京準備南下時，給川喜多打了電話。川喜多說要派人到機場接她，她表示要先搭車到南京，川喜多只好等她到了南京再說。結果她從南京搭火車到上海，並沒有通知川喜多。她想既然甘粕給他帶來很多困擾，就少煩他一些。

香蘭和雅子各自提著大件行李隨著人潮走出上海北站月台已是下午三點半。上海鐵路路線少，車站也比北京站來得小，紅底白條的牆面，跟北京站有些神似，站前廣場各式車輛排列整齊，規模遠勝北京。香蘭走向最前排的出租汽車，一名司機走了過來，看向香蘭：

「搭個車，美國福特最新款，鋼鐵車身。」

「我只是搭一下，能跑就好。」

「說的也是，現在是一小時三元。」

「那十分鐘呢。」

「也一樣。這是公定價格。」

香蘭嫌貴，掉頭就走。

「小姐，妳去那邊？」

「江西路 170 號，和福州路交匯的漢彌爾登大樓。」

「那兩塊五好了。」

香蘭知道路程不太遠，幾番討價還價，最後以兩塊上車。車子在熱鬧的街區馳行，越過橋，顯然過了蘇州河。車子再經過五六個十字路口停了下來，前後不過十來分鐘，香蘭認為司機應該很滿意。

這兒車水馬龍，車鳴不斷人潮湧，兩人仰視高聳的漢彌爾登大樓，提著大行李登上大樓階梯時被門衛擋了下來。香蘭原先以為中華電影的辦公樓是常見的五六層樓，現在仰看十幾層樓，脖子一下就痠了。兩人進入守衛室，看著警衛打電話給川喜多，隨後警衛把電話交給香蘭，川喜多要她和助理待在原地，三分鐘後，川喜多現身了。川喜多看著地上兩個行李箱：

「應該先通知我，我再派人去接妳們。」

「不想這樣麻煩。」

「行李不多嘛！」

「這次在北京拍片後直接過來，沒回新京。」

「衣服帶得多不多？冬天很冷的。」

「雅子小姐的箱子也有我的衣服。另外，岩崎先生會晚一點過來，我已託他把我和雅子小姐的冬大衣順便帶來。」

「那很好。到我的辦公室小坐一下。」

川喜多提起兩件行李大步走出守衛室，登上階梯後進入大樓走向電梯。三人搭電梯上三樓，香蘭和雅子跟著川喜多進入辦公室，中央走道走到底後進入副董事長辦公室。川喜多把行李放在門口，請香蘭和雅子坐下後，打了一通電話請人過來，隨後也坐在沙發上：

「下午已經過了一大半，我請一位主任把妳們安頓好，明晚再給妳們洗塵。」

「董事長，別這麼麻煩了。」

「別客氣，坐長途火車過來，備極辛勞。再說，我只是副董。」

一名女秘書敬完茶後，一名瘦高戴眼鏡的斯文青年進來直接走向川喜多，在川喜多示意下坐下後，川喜多用華語：

「這兩位是李香蘭小姐和她的助理雅子，這位是中華電影業務主任黃天始先生。」

「李小姐，歡迎！歡迎！兩年前我跟副董到滿映開會，會後用餐，我們同桌，我還記得很清楚。」

被黃主任這麼一說，香蘭略嫌緊張，川喜多第一次和甘粕鬥酒，她還記得，那時，川喜多副董帶著幾位隨員，她也有印象，但就是想不起那些隨員的長相。香蘭想著，不覺狼狽：

「上次副董來滿映，好像也有一位叫黃天……」

「黃天佐，是天始的弟弟，是中聯的總務主任兼製片組副主任。」川喜多長政滿意地笑開，「他們兩兄弟都是我的左右手，可惜天始魅力不夠，沒有給李小姐留下難忘的印象。」

香蘭被說得臉紅了起來，她也不能用副董和甘粕鬥酒場面太吸睛，致同桌其他面孔失焦做為失憶的藉口。黃天始看出香蘭的困窘：

「前年的四五月妳應該是來拍《支那之夜》，在街頭出外景的時候，我也去看了，那時就看過妳，然後沒多久隨副董到滿映，在酒宴中看到妳，就倍覺親切。」

「是呀！天始是有心人，能見別人所不能見。」

川喜多說著向雅子眨了一下眼，隨即用日語向她說明剛剛三個人的對話概要。川喜多圓完場，香蘭看著兩位長官：

「那部電影多虧貴公司協助才能順利拍完。」

「哦！對了！」川喜多站起走向辦公桌，回來時手上拿著兩本劇本交給香蘭，「上次討論的『鴉片戰爭』，現在正式名稱是『萬古流芳』，妳演出的鳳姑主要是唱兩首主題曲。」

香蘭把一本轉給雅子，雅子不懂中文，也和香蘭一樣，翻了一下。香蘭：

「我好像在很後面才出現。」

「在劇情中段出現後就開始密集現身了。現在要趕快把妳和雅子小姐安頓下來。」川喜多笑了一下，看向黃主任，「天始兄，你等一下載香蘭她們到百老匯大廈讓她們住 1012 房。」

香蘭在川喜多講話時再次瞄了一下劇本。

「謝謝。我覺得還不錯，那就打擾了。」

香蘭說著站起來，川喜多：

「天始兄，你車泊那兒？」

「建設大樓外面。」

「那我們走吧！」

川喜多說著和黃天始各提起一只皮箱，香蘭和雅子覺得不好意思攔阻不成，還是跟著走了。四人下了樓，走出大樓步下階梯，立刻曝身市囂。街上車來人往，除了再現東京街頭的現代感，也有著奉天中街、北京王府井的嘈雜。香蘭感受到這座城市的緊張。王天始放下行李：

「你們等著，我把車開過來。」

黃天始走了，川喜多改用日語：

「這個劇本還不錯吧。」

「大概看了一下，覺得很好。什麼時候開鏡？」

「應該很快，等導演團敲定。」

「不只一個導演？」

「對，有三四位。」

香蘭沒有搭腔，看著來往的人車。

「日本軍隊佔領後就沒這麼熱鬧了，現在四點多一點，待會上下班，車子會更難走。」川喜多臉顏轉向雅子，「不好意思，都把妳晾一邊。協助李香蘭多久了？」

「快兩年了。」

「這兩年世界變化很大。」

「是的。」

雅子回應時大概觸動了笑神經，捧腹笑著彎下腰時，王天始的車子靠向人行道了。王天始下了車打開車後行李箱，和川喜多分別把兩只行李塞進行李箱。川喜多：

「房間的兩把鑰匙在櫃檯，六點鐘，我看六點半好了，大家在大廳見，就我們四人在中餐廳進餐。明天晚上我再邀相關導演跟演員，還有張總，和香蘭妳們見個面，大家博個好采頭。」

王天始領命請香蘭和雅子上車。車子開動了，坐後座的兩位女孩交頭接耳，黃天始的日語可以應付一般對話，但不夠專精：

「李小姐，雅子的日語發音怎說？」

「masako.」

雅子聽出前面的黃先生詢問她的名子，感覺怪異地笑了起來。

「雅子小姐，第一次來上海吧？」

聽到前座傳來生澀的日語，雅子自然放慢語調：

「是的，很熱鬧，比東京還熱鬧。」

「我的日語還不行，還要多練習。」

「你這麼認真，會進步很快的。」

黃天始大致聽得懂，但不知該說什麼。車子駛出福州路轉進黃浦灘路，路邊繁忙的碼頭景象盡收兩女眼底。黃天始：

「我們剛剛駛過的福州路也叫四馬路，李小姐知道吧？」

「以前看過地圖，還有印象。」

「『鴉片戰爭』這部電影現在確定改名《萬世流芳》。主要是避免和日本東寶的《鴉片戰爭》撞名，同時強調林則徐的義行獲得萬世景仰。劇本我看了一下，妳一出場就唱〈賣糖歌〉，依妳的歌喉，氣勢一定不凡。」

黃天始華日語合流講完後，香蘭帶著讚許的笑聲：

「那首歌你聽過沒？」

「還沒，聽過梁樂音老師，我們中聯製片的音樂主任彈過，但沒人唱過。看來都等著妳來唱。」

「誰做的曲子？」

「就是我們的梁樂音主任，作詞是李雋青。梁老師最近應該會找妳演練一番，連歌帶演的。」

「你好像很狀況內呢。」

「我這可是二手傳播，聽川喜多、張總和導演他們的聊天加以轉述，不可盡信可也。」黃天始讓車子在紅燈前停了下來，「在上海拍電影不容易，川喜多副董忍辱負重，我們下面的人也要忍耐。」

「我知道川喜多先生一直是站在中國演員這一邊的，極力避免日本軍方干涉中國人拍的電影。」

「既然李小姐有這種認識……我看還是不說好了。」

黃天始加油換檔，讓車子繼續行進。香蘭：

「黃主任，你有話就直說好了，有什麼顧忌嗎？」

黃天始有些後悔自己的莽撞，想了一下，李香蘭雖然是日本人，但從側面了解，她和川喜多應屬同一類，都是在友華的環境中長大，對中國的一切抱持理解和同情的人。或許講出來，讓她有個心理準備，打個預防針也好：

「這次中華電影，或者說中聯和滿映合作拍片，引起影迷很大的反彈。」

「這個我能理解。」

香蘭淡淡地回說，心裡還是期望黃主任故意誇大其詞。她理解日軍佔領滿洲之前，對滿洲下過一番功夫，滿洲一旦被佔領，居民調適得比較快。去年末，上海一夕之間變日軍領地，居民的反抗雖然免不了，但過慣了多國共管的日子，應該也已調適得差不多了。黃天始：

「這部戲的女主角陳雲裳因此接到很多影迷抗議，打電話來罵，寫信威脅，害她差點兒辭演。」

香蘭聞言心生新的理解。滿映影迷從無到有，隨著演員成長，問題不大。上海孤島時代，影迷兩眼緊盯影片是否戕害民族情感，偷渡敵國文化，現在新淪陷，見日本色彩濃厚的滿映明目張膽地進來，他們的敏感神經不被挑起才怪。

車子再度停下，外白渡橋微薄的姿影在車窗露出，兩年前香蘭在此橋進出拍片的憶景也淡淡浮現腦際。香蘭心存歉疚，擔心自己壞了一般演員演出的興致：

「她是因為和滿映合作，或者和滿映的李香蘭合作才招來這種困擾？」

「應該和妳沒關係，大概是滿映的招牌太響亮了，當然和陳雲裳太紅也有關係。」

「她是現在的影后了。」

「可以這麼說。在這種事情上，她也打過預防針，《木蘭從軍》這部電影，妳知道？」

「知道。」

「她就是因為這部片子走紅，今年 7 月這部電影在日本放映，也引發影迷不滿，怎麼一部愛國片竟拿到日本上映。影迷或許早就氣消了，現在聽說她要和滿映合作，蓄積在心裡的餘怒才又燃燒起來。」

香蘭心裡嘆了一口氣。她相信川喜多已經掌控情況，電影會按計畫開拍，只是自己必須低調戴罪上戲。她自信了解影迷反彈的原委，但還是問了：

「滿映是日本人開的公司，中華電影的川喜多也是日本人，上海影迷理解這之間有什麼不同嗎？」

講到較深入的問題，黃天始還是日語摻雜華語：

「上海人很清楚了解滿映的色彩。他們也知道中華電影或中華聯合製片很像華人自治的公司，這兩家公司，老董由南京政府的中國官員掛名，川喜多都只是副董，但真正在做事的是他，我們員工有時也直呼他董事長。公司員工和影迷多知道川喜多的為人，加上他的華語溝通能力，很少當他為一般常見的日本人。當然，那些影迷也知道這兩家公司，日本人非常少，幾乎是華人的社會。」

「我想也是。上海人因為了解，對中華電影比較放心，也有所期待，但對滿映就心存忌憚了。」

「我剛剛說了這麼多滿映什麼的，希望李小姐別介意。」黃天始歉然笑開，「從另一方面來講，我們知道妳和滿映無關。妳和川喜多老董都是友華、思想自由的電影人。」

香蘭一臉苦笑，抓緊同伴雅子的手，想到無辜的陳雲裳：

「剛剛你提到《木蘭從軍》到日本上演，想來應該是電影發行部的事，和陳雲裳無關吧。」

「影迷有自己的看法，他們認為現代的花木蘭就應該阻止這部片子在日本上映，不然不配演這個角色。」

「他們確實滿會想的，也要求很高。」香蘭鬆開雅子的手，用手勢加強語氣，「好像當個偶像、影后，就要聽他們擺布似的。不要當明星，當個演員也不壞啊！」

「李小姐此說有深意。」黃天始向衛兵行禮的同時把車子開進鋼構、樑柱錯綜的外白渡橋，「不要太執著在明星虛幻的光環裡頭。」

車子駛過橋板的間隙震動了一下，隔了幾秒又動一下，兩人因此靜默了下來。香蘭想提鄭曉君的一點心意也冷了下來。

百老匯大廈的剖面不像一般大樓的方正格局，而是呈左右兩翼略向中間收攏的樣狀，香蘭和雅子住的十樓套房靠近右翼，坐擁一幅壯麗的市景，黃浦江和吳淞江盡收眼底，連兩年前住過的亞士都飯店紅色屋頂也可看到一半。因為衛浴俱全，兩人都十分滿意。黃天始帶她們到二樓採買一些生活和清潔用品後，她們才開始整理房間，把新居弄得整齊舒適。

上海夜色迷人，黃浦灘路俗稱外馬路，遠端濃稠的燈流不斷向前推擠蠕動，快到外白渡橋才現出車子的原形，然後接龍似地過橋或轉入蘇州路。外馬路右側華廈的樓燈、少許的霓虹燈和整個城市的燈火連成一氣，好似一千零一夜的天方夜譚，宣說無窮盡的故事。香蘭兩眼移向左側，天邊晚霞正在做臨晚前的回眸，黃浦公園過去，伸出江邊，一列棧橋的燈光珠連玉綴，還是難敵夜黑的重壓。外馬路左側碼頭邊的貨輪也都馱著遙遠而有些冒險的故事，一船一船的記憶相連，靜泊江上；有些落寞的船燈往漆黑的江水垂懸彩虹般的光影，好似秋詩篇篇。

離六點半用餐時間還有 20 分鐘，香蘭離開窗邊，和雅子一樣躺在床上，剛剛黃天始在車上說的滿映被這兒影人排斥的話語一直在她腦中盤旋。黃天始一邊述說，一邊練日語，雅子應該聽出五六分。她想，自己和中華電影的川喜多、黃天始，尤其是劉吶鷗交流過，出身背景一定會被這兒的演員，尤其是女明星攤開來看。雅子不懂華語，是赤裸裸的日本人，由於並非重要角色，恐怕更難融入華人的社群。想了想，香蘭決定順其自然，不做太多聯想。晚餐在樓下大餐廳進行，氣氛愉快，說好黃天始主任第二天帶香蘭和雅子到中聯各片廠參觀。

說到片廠，香蘭不能不有些感慨，身為忙碌的演員，對後製作業的洗印間、剪輯室比較少涉足，是可以理解的，但身為滿映演員，她除了拍《迎春花》時用過第一攝影棚，拍《黃河》時短暫用過第三攝影棚外，對其他攝影棚也多是走馬看花，算十分陌生。如今安排參觀中聯片廠，她也希望浮光掠影輕鬆過一天。

這一天，用過早餐，香蘭和雅子在約定的八點半下到大廳，黃天始已等候了片刻。

「片場裡面都是中國人，我是中國人，日語也不是很溜，如果用很蹩腳的日語撐著，可能會引發現場中國人的不愉快。」

雅子對於黃天始的中日混腔表示理解，香蘭也答應適時把參觀內容向雅子說明。三人上車時，香蘭還是被雅子推到前座。黃天始：

「我聽我弟弟天佐說滿映攝影棚很大，裡面的布景也做得很好。」

「你這一問我就慚愧了。」

「天佐去開會時參觀過。我那一次來去太匆匆。」

「自從新廠落成後，我一年到頭都在外拍戲，那些攝影棚用的機會很少。」

「還真浪漫。」

車子開動了，隨即駛上外白渡橋，車子頻頻跳動，鋼樑也快速往後推移。黃天始：

「李小姐要正式參觀，還是隨興走走看看就好。」

「正式參觀是？」

「先到辦公室拜會廠長，然後他可能會陪妳走一趟。」

「我看隨便走看就好。」

「我也這樣認為。有時廠長太熱情了，反而走不開，不能隨心所欲。」

「反正遲早要見面。」

「中聯五大廠都位在以前的租界區，城市的西南角。」

黃天始想到了兩年前遭狙擊身亡的老友劉吶鷗，吶鷗生前常和他談文學、電影，有一天晚上還跟他談到李香蘭，前年末從川喜多口中得知李香蘭已經知道吶鷗的噩耗，對她來說，劉吶鷗已成過去式，或許她也很想談吶鷗呢。香蘭可沒想到這些，她只想一睹外灘令人懷念的大樓建築線，在住處十樓看過去，這些建築都被壓縮成一團，此刻在其下行進，也只能看到厚實的牆柱，看不到樓頂。

「我們現在在那兒了？」

「通過匯豐銀行了。」黃天始把方向盤往右打，「等一下就會經過漢彌爾登大樓。」

「中華電影辦公樓！我們要進去嗎？」

「只是經過，帶妳經過四馬路……」

「哦！你剛說過的福州路。」

「妳拍片停留上海期間，跟這條路一定關係密切。中華電影總公司在這兒。這裡也有很多報社，記者可能就近採訪妳或直接請妳到報社小坐。」

香蘭「哦」了一聲，她依稀記得以前劉吶鷗的豪宅就在四馬路。黃天始繼續說：

「這兒大書店也多，可以說是文化街。」

馬路不很寬，絡驛於途的車子也不快，三輪車、人力車、自行車不時在馬路中央爭馳，行人在車鳴聲中走在破舊不堪的人行道上。黃天始放慢車速引發後車狂鳴，只好加快一點，在他的引導下，香蘭陸續看到商務印書館、中華書店、開明書店、申報懸在店外，或標示在門楣上的招牌。車子走過隨風飄蕩的布幔招牌，兩三層的西式街屋上矗立著一座四五層的中國式高塔。黃天始：

「那座塔看到沒？那是時報大樓。」

「看起來很突兀。」

「對，從樓上陽台蓋起來，算是中西合璧。現在已經來到青樓區。」

「輕柔？」

「煙花巷。」

「了解。」

「妳現在看到的都是藥房、商店或時裝店，但後面一條條巷子都是紅燈戶，挨家挨戶店名都是西施、貂嬋、憐香或惜玉。」

「很奇怪的一條路，前面有一點文化，到了這兒就走樣了。」

「所以這裡面有很多故事，更是電影的好題材，可惜到目前為止，沒有人寫出這方面的劇本。」

馬路的盡頭是一片樹林，香蘭知道林後是跑馬場。隨後車子沿著樹林好似走了一個圓弧。黃天始繼續說：

「真的是很戲劇性的一條道路。」

「你是說福州路。」

「對，福州路西段的煙花女實在太多了，最多時包括附近街道的一些店，相關的人加起來將近一萬人。以這一段的福州路，地方管它叫四馬路妓什麼窟，把它和東段的福州路文化街區分開來。」

「了解，不過看了一點書，以前中國有些讀書人還很流連煙花巷呢。」

「妳說對了，就是現在也是。這條紅粉街每年都辦選美，他們自己圈內提出人選，票選冠軍的就封上海皇后，其次的是名花。男的也出來選，比如常來捧場的公子或大老闆，得票最高的就封狀元、花國大總統。當然大家矚目的焦點還是女性。」

黃天始說著笑了起來，香蘭想起幾年前北京前門一帶居民給山家辦選美的傳聞：

「我在北京聽過這種事情。北京一家中文報紙為了取得更多印刷用紙配額，在前門大街舉辦美女選拔，選出的美女就進獻給日本軍方的相關人士。」

「上海這兒是在報紙上公開評選，不曉得北京的報紙是不是這樣。那些煙花女需要報紙給她們作廣告，希望記者寫稿吹捧她們，把她們捧紅。一種文化就這樣產生了，雖然淪落風塵，但不乏美人，有佳人就有才子，於是有一些文人，甚至記者和她們廝混，用生花妙筆捧紅了花魁，自己也樂得賺一筆。」

「真是奇聞。」

煙花巷的描述，黃天始用華語侃侃而談，香蘭概要性的翻成日語說給雅子聽時，車子已轉進路樹、人行道規劃大方的大道，路樹的葉子幾乎掉光，但枝椏向上舉起，優雅而壯觀，兩節電車噹噹駛過。黃天始：

「這一帶來過沒有？」

「應該沒有。兩年前拍片時，都在黃浦江岸一帶活動。現在車子好像背著黃浦江走。」

「沒錯。我們現在已經進入以前的法國租界，這條馬路就是霞飛路，法國人或俄國人開的名品店很多。」

「現在還開業嗎？」

「法國被德國滅了，算是德國的一部份，所以日本政府不把他們列入敵國人民，他們開的店照常營業。另外共同租借區，是英美兩國的租借區，算是敵國，所以他們在租借區的公司、店鋪全被日本軍方沒收。管理共同租界區的工部局也都由日本人接手了。」

「我以為西方人全都……」

「法國人雖然可以喘一口氣，但也活得像兔子，戰戰兢兢的。」

「那俄國人呢？」

「對了。其實這兒俄國人反而比法國人多，十幾年前，他們一下湧入好幾百人，開西餐廳、西點麵包坊，蘇聯既然和日本簽訂了中立條約，它的人民情況還好，生意照做，但也提心吊膽。」

「英美兩國人民被日本軍人怎樣處置？」

「當然是加強監控，最新的規定是滿 13 歲的人要佩戴紅色臂章，臂章上有英文字母，美國人是 A，英國人是 B，只要佩戴這類臂章的人，禁止進入電影院、舞廳、夜總會、跑馬廳一類的公共娛樂場所。現在聽說有一種移住計畫。就是要把他們集中在一個地方住。」

「就像德國人把猶太人趕到集中營一樣？」

「沒錯。」

香蘭嘆了一口氣，想起了柳芭，她們一家人既然得罪了日軍，一定比照敵性國家的民眾被關押起來，或許被關在某個集中營。俄國人「一下湧入好幾百人」，那一定是流亡過來的人，或許柳芭一家已然脫罪，加入這批流亡人口也說不定。

50. 走看片廠 話憶吶鷗

馬路兩旁的商店不再這麼密集，被樹林圍繞的花園別墅睥睨著前面街道兩旁的店戶，香蘭想到了兩年前見識過的劉吶鷗好似在福州路的豪宅：

「那些花園洋房都是有錢人家住的。」

「不錯，我們副董也買了一間，裡面都是套間，自住或招待客人都很方便。」

黃天始兩眼直視前方，偶爾瞬向香蘭，一間勝似一間的美宅流逝眼前。他打了方向盤，頭臉順勢向後擺，瞧見雅子看著車窗外的別墅，繼續說：

「是不是很漂亮，有法國式、德國風、義大利味，或文藝復興風格、巴洛克、古典風格的。」

「好像建築展。不像在日本，一味固守和式風格。」雅子。

「這裡頭很多洋房都是中國有錢人自蓋自住的。法國租界公董局除了有計畫地消滅租借地區華人大家族的四合院，改建歐式住宅外，也規定當地居民要蓋具有藝術趣味的房舍，圖樣還要送審，雖然是強迫性的，但蓋好後，住的人倒覺得方便舒服多了。」

香蘭回頭和雅子談論沿路所見的洋房。

「好像來到歐洲。」

雅子用日語嘆了一口氣，黃天始聽出來了，也笑了開來。

大道兩旁的店面明顯變少，有些洋房就直接建在路邊的圍牆內，有的圍牆混凝土建構，有的用上漆的木板構成，一般都爬滿常綠的葛藤或爬山虎。梧桐、櫸樹黃葉密織的枝椏模糊了豪宅的姿影。可以想見，春夏這些樹木枝繁葉茂時，從中露出一些的白牆紅瓦將很像一片綠意中的花朵。一棟輪船似的大樓進入車窗，輪船迅速聳立，凌駕車窗，底層廊道的一排拱門很快地被拋在後頭。黃天始：

「看到沒？這是很有名，但也很神秘的諾曼底大樓。」

香蘭一路看了許多歐式風味的建築，臉露倦意，沒問這樓何以神秘。她探看窗外，只見大樓周邊街畔的店家又多了起來，形成一個小商圈。黃天始繼續說：

「這棟樓在另一邊看，更壯觀，更像一艘巨輪。」

車子隨後拐個彎進入林蔭大道，從車前窗望出去，道路兩旁排列成行的法國梧桐，株株高大，黃色的葉子在陽光下熠熠生輝，隨風飄落，茂密的枝椏向路央彎斜形成樹隧，每一棵樹枝幹的粗細、分叉的角度雷同，像圖案一般排比，疊合成趣。黃天始：

「這裡是海格路，第一製片廠就在前面的丁香花園內。」

丁香花園原來是前清重臣李鴻章愛妾的故居，後來成了李鴻章的祠堂和後人寓所。李鴻章生前重洋務，這座大型的花園洋房也由洋人規劃設置，歷史幾番轉折，李氏生前望重一時，身後聲名不昌，繁華落盡，子孫退出宅第後，恢宏的祠堂變成復旦大學，再變成復旦中學的校地。這種轉折，黃天始也說不清楚。

中聯第一片廠在復旦中學操場的北邊，一校一廠分據花園南北側，各有大門，互不搭嘎，但強勢據有公園地，丁香花園成為記憶，只存在人們的記憶和口語中，不再在地圖中顯現。

製片廠弧形大門有衛兵看守，衛兵看見常董黃天始帶著兩名女子進來沒有攔阻，黃天始主動要求香蘭和雅子在訪客簿上簽名。

辦公樓迎面而來，香蘭和雅子跟在黃天始後面，在小徑上右轉，把辦公樓拋在後頭，一排櫸樹後面，看起來像大型倉庫的鐵皮屋，一看就知是攝影棚。

三人推了門進去，立刻被黝暗包住。前面稍遠強光照射處有話聲傳過來，他們知道一個劇組正在拍戲。走道的右邊是牆，左側是各種室內布景，沒開燈，看不清楚。三人向著亮光走去，聲音越發清楚，香蘭來到亮處，看見三人圍著餐桌坐著，顯然正在拍攝一般人家的生活一景，一般近貧家庭家裡面沒有客廳，用過餐後，餐廳變客廳，簡單的餐桌椅就當成沙發。有些劇組人員看到了黃部長，但不方便招呼。拍攝現場，兩台攝影機對著桌邊的兩女一男。中年婦人：

「你就是不該幫呂家寫訴狀告自己的親弟弟。」

「媽！妳就別說了，他從小，妳就沒把他教好，如今才惹出這種禍。」

高大的男演員眼露輕蔑瞧了「母親」一眼：

「看來我沒有別的選擇，妹夫強尼雖然素行不好，但畢竟死者為大，中衡打人就是不對，打死人更是有罪。快刀斬亂麻，處理這種家務事，實在夠倒霉。」

背向香蘭的年輕女演員：

「哥！倒霉的是我，貪圖富貴，嫁給強尼這種混蛋。你要看著我被強尼打死，才襯你的意？」

這聲音有點熟，香蘭隨著黃天始輕步往前移動，年輕女演員的臉孔露出側面了，竟是白光。這兩年她和白光同在三浦環門下學歌，但兩人各忙各的，同在東京的日子不多，同時在老師方便的日子前往山梨縣山中湖畔共同學歌的時日自然不多，兩人都不遠千里而來，同學緣不能說不深，但香蘭不喜歡她妖嬈媚態的不經意流露，討厭她難掩自信的風情，兩人交情一直疏淡，現在多了可能同在一個戲棚下拍戲的情緣，但還是難以克服交情的淡薄吧。中年婦人看著「大兒子」：

「你這樣薄情寡義對付自己的親弟，到頭來是一樁笑話。」

「媽！妳別說了。」

「媽說的沒錯。我決心離開呂家，跟他們不再有關係，你也不用淌他們呂家的渾水。」

白光說完，坐在板凳上的男演員頭稍稍往後仰，顯示陷入沉思，香蘭隨著黃天始的腳步往前移動，把白光拋在後頭，但大致理解這部戲的脈絡：白光的惡夫被她的兄弟打死，那位高大，對母親感到不耐的男演員顯然在演大哥，正陷於挺自己的兇手弟弟還是已死的妹夫的兩難中。

三人走出另一側的邊門，一座被傳統簷牆包圍的大宅院映入兩眼。大宅院一邊蓋了幾間傳統店面，乍看像是一條古風街道。黃天始：

「妳要拍的電影《萬古流芳》裡頭福建巡撫的宅第可能會在這間大屋開拍，要不要進去看一下？」

三人走到門口，向裡頭探視，兩三名古裝演員在前庭花園踱步。香蘭：

「還是不要，別擾他們，知道有這個地方就好。」

「那我們就在這條小小的老街走一下。」

三人在丁字路口轉了進去，踩著石板路，經過了幾間彷古店面，在街尾看見了涼亭。香蘭：

「剛剛在拍戲的白光，我認識。」

「哦！」

黃天始表露了濃厚的興趣，率先登上涼亭，香蘭和雅子跟著上來。香蘭坐定後把兩人認識的經過大致講了出來。黃天始：

「她是怎麼進來中聯的，我不十分清楚，她和川喜多算是老交情，直接找上來也說不定，不過她確實是很好的演員，不像一般明星販賣美麗青春。」

「她在電影展現歌藝？」

「不盡然，靠演技。她剛來中聯就和陳雲裳演了一部電影《桃李爭春》，她演壞女人，配角，偷了陳雲裳的丈夫，給他生了兒子，要求陳雲裳分一半財產，最後還用這個兒子威脅老情人，鬥心機耍狠，演來絲絲入扣，讓人拍案叫絕。」

「我和她一起練歌的時候，她看我一直都在拍戲，也說不想成為只演一部電影的演員，很想找機會拍下去。當時我就想她實在很適合演第三者，但不好說破。」香蘭笑了起來，「沒想到她復出拍片就演這種角色。就如你說的，演得這麼費力，給自己闢了一條路。」

「這真是聰明的做法，即使被定型也沒關係，穩坐第二把交椅，不必跟人家搶頭牌，爭得頭破血流。」黃天始稍稍挪動一下屁股，

「這正好回應妳昨天的觀點，別搶當明星、影后，當個深刻的演員反而可長可久。」

香蘭笑臉同意，沒有搭腔。沉默的當兒，香蘭用日語把剛剛對於白光的議論說給雅子聽：

「就是談論前天和山家聊到的那一位女子。」

雅子表示理解後，三人又沉默了一下。黃天始很想談劉吶鷗，但又不知如何開口。香蘭：

「川喜多很重用中國人。實在是言行如一。」

「他是有國際觀，又有肚量的人，軍部把美國八大電影公司的財產沒收，委託中華電影管理，川喜多還是准許美國片繼續放映，中國職員全部留任，業務繼續運作。」

「他在實踐理想，延續他父親的精神。」

「妳說得一點都不錯。不過他在實踐的過程中也是挫折連連。在中國重慶政府和日本軍部的夾縫間一直很難做，有時也會有生命的顧慮。」

「這個我知道。」

「最讓他傷痛的是⋯⋯」黃天始察覺香蘭似已有警覺，「兩年前他的愛將劉吶鷗被重慶特務槍殺的那件事。」

「哦！」

香蘭俯首低眉，憶思亂湧。她很想了解全般狀況，但這意念倏忽即逝。

「不好意思，勾起妳的回憶。」黃天始凝著香蘭，試圖解開她心中的鬱愁，「記得劉吶鷗說過，他跟妳有過長談。」

「也沒什麼。記得是在亞士都和派克飯店聊了一陣。」香蘭手觸額頭，揚起眉角，審視黃天始，吶鷗已模糊的圓臉透過黃天始馬兒臉浮現開來，「真的沒想到消息來的這麼突然。既然都已經走了兩年，就讓他魂安魄靜，別再擾動了。」

黃天始和雅子相看無念，視線投向仿古宅院的簷角後收回：

「李小姐，妳說的亞士都，我們還是習慣稱呼禮查飯店。今晚，川喜多就在那兒召集相關人員給妳們接風。」

「了解。」

「關於劉吶鷗事件，我記得是九月初，我們中華電影和日本藝術映畫社商討合作拍攝紀錄片《廣東》，十幾個人在四馬路京華酒家吃中飯，我和我弟弟是中國人，劉吶鷗是台灣人，其他都是日本人，吶鷗通中日文，我們兄弟就是透過他和日本人溝通，大家聊得很愉快。餐廳在二樓，聚餐進入尾聲，他說有事情先行離開，突然傳來槍聲，大家跑到外面，發現他倒在樓梯上。」

「他大概幾點中彈。」

「兩點半左右，一般中午聚餐都吃到兩點多。」

難道他說有事先離開，就真的要到派克飯店等她，他真的相信被劇組綁著的她有辦法在兩天內私自來回飛行 18 小時到上海和他約會。這種如夢似幻又荒唐的事，她實在不想多想：

「去年元月我到台灣公演，順便到他台南老家拜見他的老母和妻小，也到他的埋骨處祭拜。」

黃天始頗感震驚，思路大開，不再遲疑，想像力開始躍動：

「沒想到你們的交情這麼深厚。」

「不足為外人道，我在上海拍片時，他幫過忙，加上惋惜、傷痛他的年輕早逝，剛好有這個離他家很近的機會，我想這是上天的安排，就去了。尤其是，有志未竟實在是人生最大的悲哀。」

香蘭說著兩眼泫然，趕緊用日語向雅子表明，剛剛向黃天始談到去年初在台灣公演時，私下脫隊前往台南劉宅拜訪的事，雅子笑著回說：

「還記得。那一天在車站等了很久，一直希望妳趕快回來。妳剛剛就和黃先生談論劉先生的事？」

「是的。」

黃天始也覺得不能老讓雅子坐冷板凳，透過香蘭和雅子聊一些她身邊的事，雅子也大方地把家鄉千葉的風土人情簡單地介紹一些，黃天始再度使出華日混腔，雅子也感覺學到了一點華語。雅子依憑印象介紹家鄉的景致，香蘭沒看過那些景物，把雅子的敘述翻成中文，不免捕風捉影，開始揣摩、修正後，變得趣味十足。黃天始見雅子不再這麼尷尬了，又把話題拉回劉吶鷗：

「古人說斯人也而有斯疾也，對劉吶鷗來說，可以改成而有斯命也。他精通中日英法文，上海話、閩南話都很溜，他有文化的高度，有點像世界人，對政治一向淡陌，不管對重慶、南京或東京都一樣，人家把他歸類南京政府的人，那是因為他生活在上海，南京政府給他一個職務－國民新聞社社長。」

「或許他不接這個職務會比較好。」

「他接這個職務是看在朋友的份上，他的前任是他的好友，也是小說家，跟他一樣被暗殺。他接這個位子是希望朋友走得安心，另一方面藉此結交文化界的朋友。他希望藉著更多的文友讓中日文化融合。所謂融合就是多多交流，互相翻譯作品。不過這就犯了一個大忌。」

「怎說？」

「重慶那邊應該把他的作為比成政治上的中日提攜，罪名就大了。然而，現在人都已經走了……。你們以前聊天，他給妳最深刻的印象是什麼？」

「我一直記得他很想自己拍電影，自己成立公司，辦個演員訓練班……」

「沒有錯，當時川喜多的中華電影定位在發行，不拍故事片，無法滿足他的需求，他當然也想跟中國的老闆合作，比如張善琨、張石川，但……」

「但是什麼？」

「中國電影廠老闆對他有所顧忌，他也不相信那些老闆會信任他。」

香蘭沒有搭腔，看了雅子一眼，雅子不明所以地笑了一下。黃天始：

「一開始他總是說不清自己是那裡人，人家看他有時講閩南話，對日本人投射過來的鄙視眼光很敏感，以為自己被當成福建人。」

「他跟我說過，這一點，他確實很在乎，看到憲兵就怕。」

「然後人家又發覺他是川喜多的人，有時充當翻譯，以為他是日本人或是混血兒，最後他表明自己是台灣人，但是他給人的混淆感還是讓很多人心存芥蒂，一時難以消除。」

「這我能理解，對很多人來說，台灣人就等於是準日本人。」

「所以同樣的問題，妳也會面臨到。妳雖然不可能向他人說，妳是日本人，但是滿洲人對這兒的人們來說，尤其是女演員，幾乎等於是準台灣人。」

「我能理解。」

「不過話說回來。大家都是天涯淪落人，實在不必在這方面鬥心機。對重慶那邊的人來說，上海的演藝人員也是不清不白的，實在沒必要去說別人。劉吶鷗會死就是因為監控他的人眼裡容不下一粒沙子。」

香蘭不知該說什麼，一股怨愁順著髮絲垂落臉龐，黃天始看了，劉吶鷗兩年前喪禮的氛圍也多少回到他腦海：

「妳知道，吶鷗死後，他的老母特地從台灣趕了過來。」

「哦！真的！那也太折騰老人家了。」

「但好像沒有參加喪禮。燈光很強，但感覺悽冷的葬禮……。」

香蘭沒有回話，凝眸相望，祈求他把話說清楚一些。黃天始繼續說：

「他的喪禮在膠州路的萬國殯儀館舉行，禮堂內好幾隻強烈的水銀燈一起照向觀禮席，我不曉得為什麼弄得這麼亮，他妻子的哭聲揪住每一個人的心，那些強燈怎麼也照不暖一廳的悽寒，……」

戰亂帶來的悽寒憶景在香蘭腦裡紛陳，有的還跟她的風光連成一塊。聽黃天始這麼一說，她還是立刻想到去年初前往台灣新營劉吶鷗小洋樓探視，在二樓公廳看著吶鷗祖父母和父親遺像下緣擺著的吶鷗和弟弟的肖像，那種一牆的悽寒遠甚於陪著兩位嫂夫人到兩兄弟墳前祭拜，紙灰飛揚時的蒼涼。香蘭低調地聽著黃主任轉移話題，兩人繼續聊了一陣，然後三人同車前往附近的福履理路巷內的第二製片廠走看。

中餐隨便吃，看完另三廠後，香蘭和雅子回百老匯住處休息，晚上七點出席川喜多的接風宴。三桌宴席，主桌除了兩位滿映的客人外，只有川喜多是日本人，他特地安排雅子坐在旁邊，也安排《萬古流芳》演香蘭男友的王引坐在香蘭旁邊。四位導演來了三位，還算熱情。不久前，大陸電影聯盟會議後，香蘭在新京大和飯店晚宴見過一面的張善琨，也就是川喜多口中的張總，看來心事重重，很嚴肅，好在王引很貼心。兩位女主角陳雲裳和袁美雲，客氣但冷淡，看見川喜多和雅子用日語淺談時，自然面露不愉快。宴席中，川喜多重申不召開開拍酒會，免得軍方又派人來指指點點。

51. 練歌對戲 香蘭忙翻

第二天，香蘭讓雅子留在住處，自己搭公司早上八點半從虹口開過來的交通車上班，住在百老匯大廈或家住附近的演員都在這兒上車，車子有點擠，到了沙遜大廈又上來幾位，到了福州路中華電影公司，大部份人下了車，但也上來了幾位，車子繼續往海格路中華聯合製片、第一製片廠進發。由於巴士繞行各廠區耗時甚多，公司另安排更早的交通車，車子到達中華電影後直駛康腦脫路的第三片廠，然後南下霞飛路、福履理路和徐家匯的其他廠區。

把時間拉回一點，香蘭在百老匯上車後不久，看見王引和袁美雲夫婦也上了車。車子在中華電影停靠，她下車時，剛好看見王引夫婦。袁美雲客氣地向她招呼：

「李小姐，待會王引會帶妳到妳的座位。」

香蘭向王引夫婦行個禮後跟著走，進入大門，袁美雲回過頭：

「缺什麼，需要什麼，跟王引說一聲就可以。」

香蘭再次行禮致謝，跟著一票人登上樓梯直上二樓。

香蘭被安排在辦公室右側第四排，靠走道的座位，和雅子對面坐。王引把她介紹給附近座位的演員，大夥客氣地向她招呼，熱絡很快寂滅，代之而起的是此起彼落的聊天聲。桌上放著幾本過去新華、國華影片公司發行的電影雜誌，她隨意翻了幾頁，對於已經熟悉的幾位大牌明星的報導，稍稍看了一下，眼前浮現了兩個人影，她抬頭一看，原來是王引和一個五官糾結的中年男子。經王引介紹後，她得知對方是中聯製片公司秘書兼演員科長韓蘭根。

王引走後，韓蘭根坐在雅子的座位上，看向香蘭：

「非常歡迎李小姐不遠千里前來支援我們的演出。」

「還要請科長多多指教。」

「不要叫我科長，這是很奇怪的職稱，完全是服務性質的工作，叫我韓大哥或韓叔叔就可以。妳們滿映也有演員科這種編制吧。」

「叫演出課。」

「李小姐來這兒就要入鄉隨俗。」韓蘭根臉上糾結一塊的五官隨著笑意展了開來，「這兒是中華電影公司總部，但妳是來中聯報到的。」

「一路跟著長官走走看看，由著他們安排上班，我大致了解。

中聯製片組設在中華電影的辦公樓裡面，要上戲時才到各片廠。」

「不錯，就是這樣。中聯在海格路的總部夠大了，但業務單位多，製片組只好擺在這兒。」

「製片組的長官？」

「主任，由張善琨總經理兼任，黃天佐任副主任。」

聽韓科長這樣一說，香蘭開始整理思緒。中華電影和中聯這兩家公司疊合頗多。她從黃天始得知，兩家公司力行在指揮上一體化，川喜多身兼兩公司副董，黃天佐一方是中華電影企劃部長，一方是中聯製片組副主任，前者一級單位是部，日系色彩重，後者為組，主管稱主任，完全中國制 。她想了一下：

「我看這兩家公司疊床架屋，快要二合一了。」

「李小姐剛來就感覺出來了。嚴格講，不算疊床架屋，上海 13 家影業公司先聯合成一家中聯，為的是跟中華電影對接，兩家公司再磨合一段時間，就像螺絲完全吻合螺絲帽時，就可以二合 一了。」

不久前，大陸電影聯盟會議在滿映舉行期間，香蘭對這兩家公司就有概念性的瞭解，經韓蘭根解說，認知就更清楚了。她腦筋動了一下：

「我覺得中聯的製片組寄放這兒還比較好，比起在偏遠的地方上班，這兒比較方便演員、明星參加活動、交際應酬。」

「對。妳說的好。」韓蘭根興奮得揮舞手臂，「妳的看法和川喜多副董一樣。他也說演員需要夜生活，璀璨的夜晚可以給女明星的光環添光。海格路那兒，一到晚上，黑漆漆的，演員在那兒上班，還不如叫她們去修行。」

韓蘭根自覺說了太多，香蘭不曉得該說什麼，和韓科長相視笑開，幾名女演員從座位起來走動，嗲了幾句，兩眼和韓科長交會後，縮了回去，快速回座。韓蘭根就自己的職場經驗，有感而發：

「我認為大明星應該不用列入編制內，一位名氣大的演員，他的名聲可以完全掩蓋董事長或總經理的名望，納入編制就變小了。」

「名聲大就要謙卑，反向自認為渺小到只是公司的一個卒子，自動納入公司的運作。」香蘭笑得羞赧，向右瞟了一眼，深怕自己惹人注目，「不知道該怎麼說，納入編制表示每一個人都有一個位置，具體說來，都有一個辦事桌，人人平等。名氣大，自然引人注目，平時委屈在一個角落，附加的好處還是很多，社會自然會從另一方面補償他。」

「妳講得很好。安置好位置後各自發揮。就像很多里民是名人，里長就不用想太多，管太多一樣。」

「就如你剛剛說的名聲和地位的不協調，我們的理事長甘粕也對這種情形做了一種調和。他認為演員就是藝術家，他們在公司雖然是被管理者，但在公開宴席的場合，部長，甚至理事長都要給她們，我是指女演員，給她們脫外套，掛大衣，意思是凡事要尊重藝術家演員。」

香蘭這番言論引來旁邊同仁的側目，自然有相當多不以為然的面孔。

「這也是很好的平衡，一方是權力、管理者，一方有名望、價值，相互尊重，打消了高下之分，是很好的管理方式。」韓蘭根滿意地點頭，然後亮出兩張紙交給香蘭，「這是基本資料表，有空幫忙填一下，副董說妳們有兩人。」

「還有我的助理。」

「那一併請她也填了。現在管制越來越嚴格。雖然妳們作客，但上面要求，也沒辦法。」

「沒關係的。我待會便填。」

「梁樂音主任，妳見過沒？」

「昨晚晚宴打過招呼了。」

「那好。」韓蘭根向後張望，「他是中聯的音樂主任，在海格路的中聯總部和中華電影這兒都有駐點。他的辦公桌在三樓，但時常下到二樓。這兩天應該會找妳練歌。」

韓科長走後，香蘭攤開表格開始書寫，格式裡頭的國籍欄，她填了滿洲，看見藝名、本名欄，想既然川喜多都已經知道她是日本人，滿映對她身分的保護也已鬆弛了不少，她就如實地填寫。表格填好了，她想了一下，還是等雅子的填好後再一起上交韓大哥。

「李香蘭，妳坐這兒啊！」

香蘭抬起頭，正是梁樂音主任。

「梁主任，是的，今天正式來辦公室，您請坐。」

梁樂音也坐在雅子的座位，拿出兩份樂譜交給香蘭：

「這次拍《萬世流芳》，妳要唱〈賣糖歌〉和〈戒煙歌〉兩首歌，妳知道吧？」

香蘭看著歌譜，在心裡哼唱：

「要唱得很高呢？」

「妳沒問題的。妳演的《上海之夜》我看過，這兩首是全然為妳打造的歌曲。」

前年秋《支那之夜》在各大城市上映後，香蘭在片中挨摑產生的辱華效應迅速擴散，片名只好改為《上海之夜》在上海放映。改了名後，上海市民的反彈還是不弱。香蘭想著有些無奈。旁邊有些女演員覺得梁樂音的話很刺耳，馬上在心裡把心目中的歌神周璇抬了出來，想這位滿映來的女子會唱得比她好嗎？梁樂音這位喝日本奶水長大的樂人稱讚滿映的這位疑似日本演員的女子，並不讓人意外。香蘭：

「『斷送了多少好時光』開始節節升高。」

「沒錯，這首歌是先有詞才有曲，前面描寫現象，什麼『煙盤兒富麗，煙味兒香，煙斗兒精緻』，語帶諷意，相對應的曲調也就平緩中帶點挑逗，等到呼籲老煙槍珍惜自己的生命時，歌聲自然高亢起來。」

「這樣很合理，象徵生命情調開始上升。」

「要不要現在就到樓上練習，還是等會兒。」

「我先上個洗手間再上去。」

香蘭語罷，多人掩口竊笑，但沒有聲息。

梁樂音在樓梯口等，待香蘭提著茶杯過來後，才一起步上四樓。這兒遍地空桌椅和櫥櫃，且被推向一邊，以便挪出更寬闊的走道。梁樂音：

「這裡以前是美商公司的辦公室，硬是被迫關閉。」

「真可惜，上海的國際色彩就這樣褪色了。」

「像我從事音樂的還好，音樂可以隱藏思想。畫畫，寫小說，寫詩，甚至拍電影，寫歌詞，都要接受審查，終究不能暢所欲言。」梁樂音止住腳步，看著頹倚在牆邊的美國汽車的廣告看板，「川喜多說，公司如果再擴張，這層辦公室就可以派上用場，我也希望如此，這種荒涼看得讓人發慌。」

香蘭環視一眼周遭的荒亂，梁樂音繼續說：

「在這麼荒涼的樓層練習會不會感覺怪怪的。只有妳和我……」

「不會哪。」

香蘭不好意思地口角啣笑，也不想在心裡延伸解釋。梁樂音：

「在這裡比較不會吵到同仁。琴音歌聲進入這兒廣大的空間，很快就被稀釋掉。」

「是麼？」

香蘭模糊，有點漫不經心地回應。她直覺一對孤男寡女突然被「棄置」荒樓，有些怪異。繼而想，一定是梁老師的人格樹立了範型，公司對音樂人的信任，才讓這間音樂練習間存在至今。

梁樂音的樂器室在這個樓層偏北的一隅，牆上掛滿了二胡、板胡、高胡和小提琴，兩台一大一小的鋼琴佔據泰半空間。香蘭坐著張望了一下，臉露欣羡，然後望向平整的天花板：

「我看看上面有沒有橫梁？」

梁樂音大笑：

「這兒彈琴，樂音無梁可繞。」

「您的名字真好，是令尊刻意取的吧。」

「沒有錯，父母親在日本開店做生意，我就在日本出生，小時候的玩具，像敲琴、音樂鈴，一看就知道父母希望我走向音樂的道路。」

「這種父母真是一生難遇。」

「看來我們的經歷，應該說是命運差不多，應該是剛好相反。」

香蘭沒有回話，有些驚愕地看著梁老師。

「我 16 歲才回到中國，妳也是十幾歲才到過日本。」梁樂音看著香蘭驚詫猶存的目光，「白光，妳知道，她有時也會來這兒練歌，當然也會談到妳。」

香蘭心裡喟然，白光一定和三浦老師聊天時，得知她的成長過程。時至今日，當年滿映刻意為她樹立起來的謎樣身世早就落漆斑斑，難以服眾了。梁老師先用二胡把〈賣糖歌〉和〈戒煙歌〉兩首曲子拉了一遍，隨後用鋼琴彈奏〈賣糖歌〉，邊彈邊唱。香蘭邊聽邊記，梁老師彈完再起音時，香蘭只好拿著樂譜，看著歌詞開唱，算是唱出了一個型。

梁樂音走開一下，香蘭忙著記譜背歌詞，梁老師回來再度練習時，香蘭不用過於依賴歌譜，唱來順心多了。

「兩節高琶音妳都用弱聲唱，效果很好。不過最後面花腔部份要注意。」

「我唱到最後才發現有這一段極高音的表現。」

「妳匆忙上陣能唱到這種地步，就很了不起了。一般運動員休息了一陣後，總要一再練習才能恢復原先的水準。」

兩人開始進入密切合作的階段，香蘭的歌唱才情讓梁老師的琴鍵滑動得更加順溜。隨後梁老師給她出示〈賣糖歌〉另一版本，精神風貌迥異的歌詞。才剛剛練習，導演卜萬蒼上來了。卜導看了一下歌詞：

「這邊要說明一下，妳看劇本就會發覺，同樣唱〈賣糖歌〉，分歌詞 A 和歌詞 B，『……斷送了多少好時光，改變了多少人模樣。牙如漆，嘴成方，背如弓，肩向上。眼淚鼻涕隨時淌……』這種痛訴鴉片之害的版本就是歌詞 A，『……吸菸的快樂勝天堂，治病的功效勝醫方。吸一口，興趣長，吸兩口，精神爽。……』這種描述吸鴉快樂的就是歌詞 B。歌詞 A 是正式的歌詞，以後發行唱片，或印在書上都採歌詞 A，歌詞 B 會出現在電影上，表現一種戲劇效果。」

「我擔心會唱錯。把 A 唱成 B。」

「很簡單，梁主任，劇本借我看一下。」

「我到樓下拿。」

「不用了。我用講就可以。李小姐，妳大概在電影中段上場，一上場就唱 B 版歌詞，頌揚吸鴉的好處，煙館的生意因此越來越好。洋老闆要打賞妳時，要妳當他的面唱一遍，這時妳就唱 A 版歌詞，這時戲劇效果就出來了。煙館裡面的老煙槍、管理人員，感覺怪異或不對勁，面面相覷，但洋老闆中文聽力不好，聽不出來，待妳歌詞裡面的『把戲』被揭露出來後，一個衝突的場面讓戲出現重大的轉折。」

卜萬蒼的上海腔很濃，香蘭聽得有些吃力。梁樂音看向卜導：

「鴉片窟真有賣糖的女孩？」

「你在日本長大，可能不太了解。煙館確實有賣麥芽糖的小女孩。吸大煙的人都很喜歡吃甜食，戲裡頭賣糖的女子是有事實根據的。只是唱出諷世的賣糖歌是編劇的創意。」

「在戲裡要一邊賣糖一邊唱歌嗎？」香蘭。

「我的構想是，唱 B 版時，樓上樓下走一遭，每唱出一小段就賣出一顆糖。唱 A 版時，就在老闆附近，還是可做出賣出的動作。」

「賣的話還要收錢，甚至找錢，會影響到唱歌的流暢。」

香蘭說完，卜導大笑：

「我就等妳提出這個問題。戲演到這一段時，就不像一般電影的情節了，反而像歌劇了，所謂賣糖只是一個象徵性的動作，妳遞出或丟出一塊糖，轉身面對其他煙客，邊唱邊遞出糖，為了保持唱腔的流暢，沒有時間收錢找錢。整個過程好像煙館老闆請來戲子用歌聲娛樂煙客一般。」

香蘭不喜歡「戲子」這種稱呼，但覺得卜導的比喻還算貼切。梁樂音的琴音再起，香蘭依照卜萬蒼的教示，把樂器室外空曠的辦公室當做煙館，邊走邊唱邊向虛擬的煙客獻糖，卜萬蒼覺得模樣出來了，叫她聽著唱片演練一遍，隨後經過一番講評，又再練一次。卜萬蒼對她的唱功讚不絕口：

「妳的情況我們很了解，副董和老總要我們提前把妳的戲份拍完。妳在滿映那邊還有一場戲？」

「外景在哈爾濱，而且要在冬季拍。」

「那很冷哦！」

「那也沒辦法。」

「當然也不可能一開始就先拍妳的戲份，前段戲拍了，整部戲的氣氛有了，就轉拍妳的戲。這樣好嗎？」

「自然好。」

卜萬蒼多講了幾句話便下樓，香蘭和梁老師跟著下樓上洗手間，隨後都上樓繼續練另一首〈戒煙歌〉。這首歌也不好練，練到 11 點半，梁老師才叫停，坐著對她的辛苦慰藉一番：

「妳知道我們這邊有個叫方沛霖的導演，他喜歡拍美國好萊塢式的歌舞片，但歌舞片熱鬧有餘，歌聲或音樂往往是附屬的，也會被群舞弄得支離破碎。」梁樂音蓋好琴鍵蓋，回到桌前座位，「我創作〈賣糖歌〉時，腦中都浮現著好萊塢的音樂片，叫做《丹鳳還陽》。故事大底是：美國十年前大蕭條時代，女主角的父親和一百位失業樂師組成一個交響樂團，女主角還是小女孩，但歌喉好，一直替這些失意的樂團找尋演出的機會，幾經轉折終於獲得大指揮家史托夫斯基的賞識，讓他們在電臺演出，擺脫失業的困境。女主角狄安娜・竇萍跟妳一樣是美聲歌手。」

「老師說的《丹鳳還陽》，就是日本那邊翻成《管弦樂團和少女》的這部電影嗎？」

香蘭興奮了起來，直接用日語說出那部電影日本的譯名。梁樂音：

「沒錯！加拿大女星狄安娜・竇萍主演的。」

「去年二月日本紀元節，我在東京日本劇場唱了威爾第《茶花女》的〈飲酒歌〉，她在那部電影裡頭也唱了。」

「啊！對了！」梁樂音兩手拍了一下，差一點站起來，「妳那場演唱會，我沒機會看到。後來看了報導，說那首歌，妳唱了一半，變成觀眾大合唱。」

「日本男士很喜歡那首歌，大概心裡悶太久了。」

「狄安娜・竇萍唱這首歌是在電影結束時表演的場合。比較常在我腦裡喚起的是她在片中非正式場合的邊走邊唱，比如唱〈哈利路亞〉的時候。」梁樂音意識地望向窗外建築，再把視線收回，「妳在《萬世流芳》唱的〈賣糖歌〉，就是要這樣邊走邊唱，要融入周遭的情景。」

「了解。」

「現在時局大亂，以前美國電影要來放映就不容易，現在更不可能。我說的那部電影，英國大指揮家史托夫斯基在電影中演出他自己。女主角的歌聲好，但沒有妳的細，但在電影裡面，在交響樂團的伴奏下高歌〈飲酒歌〉和〈哈利路亞〉，那種歡樂的氣氛還是十分動人。剛剛練的兩首歌偏向憂傷，比較深沉，如果放在音樂片，妳來唱，交響樂團伴奏，效果也會很可觀。」

「謝謝。」

香蘭看著掛滿一室的樂器，想找個話題。梁樂音：

「妳剛剛說過，《萬世流芳》的戲份拍完後要到哈爾濱拍新戲。」

「哦！那是根據作家大佛次郎的作品《哈爾濱的歌姬》改編的

電影，也是音樂片。」

「那太好了！」梁樂音兩手撐著椅子的扶手差一點站起來，「演些什麼，也是一位唱歌的女子嗎？」

「俄國十月革命，皇家劇院不少白俄樂人從西伯利亞流亡到滿洲一個小鎮，被日本商人救了，但滿洲也不平靜。那時候關東軍還沒到滿洲，滿洲的中國軍閥相互開火，小鎮大亂，白俄樂人和日本商人再次逃難，兵慌馬亂中，日本商人和女兒失散，女兒反被俄國樂人收養。之後，俄國樂人在哈爾濱歌劇院工作，同時教養女學聲樂，最後經過一番波折，父女重逢，但俄籍養父病重過世。」

「很動人，妳就是演那個女兒？」

「對。哈爾濱歌劇團和交響樂團都會支援演出。」

「那太好了。只要歌劇團和交響樂團出面坐鎮，場面就不會亂，不會像歌舞劇那樣亂。這一定是一部好電影，一部傑作。妳拍那部電影也算是實現我的夢。」

香蘭直說不敢當，有點後悔講太多，擔心自己將來表現不理想讓他失望。

隨後梁樂音帶香蘭下樓到大樓後面的巷子用餐，向她講解附近的環境。

下午讀劇本，三樓會議室，劇組人員大聚首，他第一次看見男主角高占非，濃眉厚鬢的何劍飛親切地前來招呼，看他這麼年輕就要演她爺爺，香蘭有點於心不忍。在煙館調戲她的闊少吳景仁和譚光友，不失愛搞笑的本色，尤其是吳景仁，天生痞子相，聳眉勾鼻，未演而戲味已足，香蘭看著他挺開心的。王引和她的對手戲最多，所以被安排坐在一起。卜萬蒼、馬徐維邦和朱石麟三位導演以旁白的方式接力敘述故事的情節，帶動每一個演員的對白。劇本讀過一遍，再讀第二遍時，香蘭看見每人逐漸入戲，也儘量揣摩情境，把情緒帶入對白，把鳳姑這個角色演繹出來。

「……話說，王引，就是潘達年，賞了嚴俊飾演的洋老闆葉利阿妥一巴掌，所有煙客嚇得坐起來。葉利阿妥摸著臉頰，一臉錯愕。」

馬徐維邦說著停頓了一下，嚴俊厲聲道：

「反了反了，你們快過來，把他抓到官府嚴辦。」

「接著大家要捉拿潘達年，一場混戰，潘達年丟椅子，坐在地上的鳳姑抱住一個人的腿，趁著大家把目標鎖定潘達年時，溜到窗戶旁邊打開窗戶，潘達年來一個打一個，最後拿起茶杯擲向煙館的夥計。」

馬徐維邦的陳述告一段落，扮演夥計的洪警鈴連說帶演：

「為什麼朝著我丟過來？」

「你牙尖嘴利，一直講鳳姑的壞話，老是挑撥離間，所以非你莫屬。」

馬徐維邦回覆洪警鈴的玩笑後，一室大笑。

「好了，現在鳳姑和潘達年都越窗逃出去了。場景變了，是一座山上的暗夜，鳳姑帶著潘達年逃到她老家……。對不起，等一下。」

馬徐說著走向門口，卜萬蒼和朱石麟也都站了起來。門開了，副董川喜多帶著一臉嚴肅的男子走了進來。香蘭看見岩崎昶不無驚喜，覺得不再這麼孤單。川喜多站在會議室的最裡面，向大家說聲抱歉後，用目視的方式，笑著把大家的眼神導向旁邊的岩崎昶：

「向各位介紹一下，本劇《萬世流芳》的企劃，也是我多年的好友岩崎昶先生。」

大家以為副董會講下去，所以沒有鼓掌。岩崎突然舉起雙手：

「大家好，我是岩崎昶，請多多指教。」

生硬的華語，顯然經過一番練習，還是贏得了掌聲。川喜多持續稱讚這位好友重視中日文化交流，有許多中國作家朋友，是有名的電影評論家，但就是不提他來自滿映，也未強調他的日本人身分。岩崎昶隨著川喜多離開時，看到了香蘭，香蘭只好用日語和他做簡單的交談。川喜多想了一下，還是把香蘭請到會議室外，要她讀完劇本後先回住處，六點半帶雅子到大廳會面。

岩崎也被安排住在百老匯 10 樓，也如約定地把她和雅子的大衣帶了過來。川喜多邀了幾位日籍同仁給他洗塵，雅子奉命作陪，十分高興，她估計香蘭拍戲的班表一定很緊湊，只要香蘭上戲，她就一定落單，現在岩崎來了，重點還是觀察香蘭演戲，在這戲棚都是中國人的環境裡，她和岩崎還真是活寶一對，不一起觀戲、閒聊也難。

52. 萬劇開拍 香蘭高歌

《萬世流芳》開拍了，一開始都在第一片廠進行，先在古街道丁字路尾涼亭後面的彷古樓宇拍攝煙館的戲，其次在攝影棚旁邊的大宅院拍攝福建巡輔張師誠官邸的戲碼，有些室內戲在攝影棚內就近完成。重要的演員，尤其是女明星，演前化妝都在攝影棚內的化妝室進行。三位女主角的髮妝和容妝比較費時，一開始髮妝師要求她們提前半小時到場。香蘭、陳雲裳和袁美雲分別坐在化妝室內的梳妝椅上，由一位女性髮妝師吹乾頭髮後，用髮膠、髮夾和橡皮筋做輔具，快速地給她們做好髮型。香蘭拍了這麼多電影，還沒演出卻必須做戲中妝扮，今兒還是第一次。導演認為這樣才能帶動整體演出的氣氛，她很能理解，但一身戲裝戲容，終究是個旁觀者，確實感到不自在。髮妝師：

「做頭髮實在不難，明天妳們可以試著自己做。」

坐在中間的陳雲裳為即將面對的激烈劇情有些傷腦，隨意說道：

「我和李小姐的都是雙髻，美雲的卻是單髻，而且斜斜掛在側邊。」

「造型師這樣指示，美雲在戲裡最終是結婚了，所以梳個大側髻，等一下盤上一些花後，就很浪漫，有風情，給丈夫欣賞。至於妳和李小姐，在戲裡是未婚的，所以梳個規規矩矩的雙髻，左右對稱，表示端莊，男士看了不生非份之想。」

髮姐說著，三人都笑了起來。髮姐在袁美雲頭上繞上幾朵紙花：

「以前的女子都是這樣，戲裡，妳們三位女主角一開始都是未婚的，我們奉行卜導的指示，作一點區隔。雲裳一直未婚，香蘭後來結婚了，但婚後生活不安，好像沒結婚，所以一開始梳穩重的，小家碧玉型的雙髻。美雲，在戲裡出現不久就結婚，而且成為官夫人，所以梳比較浪漫、華麗的傾髻，斜掛一邊。」

「我戲外也是結了婚的。所以在髮妝或其他某方面都跟妳們無爭呢。」

袁美雲說完，陳雲裳急道：

「跟我無涉倒是真的，但妳跟李小姐還是有些瓜葛的。李小姐在戲裡佔用了妳的老公。」

香蘭忍俊不住笑了起來，髮姐給她髮鬢插上髮簪的動作趕忙打住。香蘭想，當今中國最紅的明星似乎開始認同她，才會開這種玩笑。

「妳們女生就是愛說笑。王引很帥是真的，太早結了婚，心裡一定有所不甘，安排他在戲裡跟李香蘭小姐你儂我儂，也是給他一個補償。」

香蘭在一陣爆笑聲中下了化妝椅一看，講話的原來是老總張善琨。四五張化妝椅都換了別的演員，有男有女，有的自己盤髮梳起妝來了。張善琨看向已收束笑容的陳雲裳和袁美雲：

「不管梳雙髻或是傾髻，都是很典雅的，表示生活安定。但後來髻都拿下來了，雲裳加入抗英的行列，香蘭和美雲跟著丈夫，生活動蕩，髮妝都變簡單了，頂多梳個低包頭，表示沒有閒情或心情做髮了。」

袁美雲瞬了香蘭一眼，再望向老總：

「張總真的要下來導戲？」

「一兩個片段，乾過癮。好吧，妳們去試裝吧。」

老總走後，香蘭開心地捨離化妝間，在服裝師的帶領下前往試衣間試裝，陳雲裳和袁美雲看來還是一副淡漠，很不自在的樣態。

導演助理一早招呼臨演，涼亭後面的「煙館」布置得很好，煙客或躺或臥，或走動，送煙糕的女子穿梭眾煙榻之間，夥計招呼客人，一副生意興隆的景象。拍完煙客王引和夥計洪警鈴討價還價，和飾演還沒發跡的林則徐的高占非營救王引的戲碼，導演卜萬蒼認為有了一個好的開始。

第二天主要演員回到大宅院，也就是巡撫張師誠的豪宅繼續上戲。

做頭髮、化妝和著裝，香蘭她們開始自己來，髮姐和化妝師在旁邊看著，隨時加以指點。此外，一如香蘭預知的，在她忙著工作，無法分身時，跟著前來的岩崎昶和雅子，只好低聲閒聊殺時間。

岩崎為了趕企劃報告，有時會向張善琨和第一製片廠廠長陸元亮討教，探詢各項目的花費，以便把報表填實，張善琨對這部片子的關注遠超過川喜多，他的日文雖然還沒好到可以很流暢地表達的地步，但透過秘書，還是給了岩崎很大的幫助。大致說來，剛開始那幾天，香蘭還沒上戲，在導演的要求下，觀看主要演員演出時，雅子還是感覺有伴。雅子自知處境尷尬，和香蘭說話時都會降低音量，香蘭不會要求她迴避，有話就當面講，她認為輕言軟語，不會對人造成干擾，算很妥適了。有時巡撫官邸的戲不是很重要，導演朱石麟會帶著她到煙館練歌，只好把雅子晾在一邊。由軍部控制的膠卷的配額有限，副董川喜多要求大家上戲前先練熟，希望拍攝時一次到位，避免浪費。

從張師誠巡撫官邸發展出來的林則徐仕途是故事的主軸線，主軸的開端，聚焦巡撫張師誠父女和青年林則徐的三角關係，由著這種關係的變化發展出許多情節，演出林則徐的高占非和扮演張師誠父女的徐莘園、陳雲裳角色吃重。

香蘭受到女同事的冷落，像孤挺花一樣，很快就獲得男同事的諒解。昨晚演員同事嚴俊以體驗一下夜上海的風情為誘，請她到霞飛路一家夜總會賞歌跳舞看節目，她應允了。王引，妻管嚴，高占非，顧及形象，徐莘園，年紀大了些，都沒來，香蘭看了一下，除了四五位男演員外，也有兩位叫不出名字的職工，而女性，只有她和雅子。一晚的盡興換來一天的勞累，在大宅院看著高占非、徐莘園言詞交鋒，她在想，這場戲演完應該就要收工，有點擔心嚴俊又邀她去跳舞看節目。她感覺肩膀被什麼碰觸，回頭一看，原來是川喜多用帽子拍她。

香蘭帶著雅子跟隨川喜多走出大宅院，岩崎已在外面等著。川喜多：

「妳的戲份拍了沒？」

「還沒。這一兩天可能會開拍吧。」

「有一位軍方重量級人士想見妳。晚上一起吃個飯。」

香蘭知道軍方指名要她，只能硬著頭皮應付一下，川喜多回到大宅院後，岩崎昶意味深遠地對著香蘭苦笑。川喜多向暫時輪空的導演馬徐維邦表明李香蘭要先離去後，再度走出宅院帶著香蘭一行走向他的座車。四人上了車，岩崎坐在前頭。川喜多：

「你還是決定不去。」

「指名要人非去不可的高階軍官不會是好東西，即使是好軍頭，我也不去。」

「是誰？」香蘭。

「上海陸軍的參謀長，少將。雅子小姐，妳也去吧。」

「我去的話會很怪，惹惱了將軍會很不好。」

雅子說著，大家笑了起來。岩崎看向川喜多：

「看來我照顧雅子用晚餐，你帶著李香蘭赴會就好了。」

「那你的房間借我，我休息一下再下去赴會。我和少將約在亞士都飯店。」

四人到了百老匯大廈，各自回到房間梳洗過後，川喜多敲香蘭的房門，然後連袂下樓，過了馬路走到亞士都飯店的日本料理間。被召來作陪的中聯製片國際組副主任筈見恆夫已等在那兒。香蘭和筈見第一次碰面，知道他華語流利，很是高興。川喜多面向香蘭用華語說：

「昨晚到那兒了，打電話一直沒人接。只是想問妳工作的情形。」

「哦！」

香蘭有點不好意思講，遲疑著時，兩名一老一少的軍官走了過來。關谷少將和川喜多相互介紹對方的人員後，眼睛直視在座唯一的女性香蘭：

「從報導部知道李香蘭小姐在這裡拍電影，特別前來見識一下。」

「才剛來不到一個禮拜，請多多指教。」

「這些年來時常看見妳勞軍的消息，所謂勞軍女王，果真是百聞不如一見。」

「現在拍片就沒在勞軍了。」

關谷少將點了幾次頭，目光移向筈見給的中聯宣傳的小冊子。香蘭壓低嗓音回覆川喜多剛剛的問話：

「昨晚嚴俊帶我和雅子到夜總會跳舞聽歌。」

「日本話，可以嗎？」關谷少將虎視鷹瞬，「說什麼來著，說來讓我高興一下。」

香蘭冷不防被這樣審問，驚惶地看著少將的八字鬍，把剛剛講的話，將嚴俊簡化為同事，用日語再講一遍。

「跟同事？演員？中國人？」

「是！」

香蘭垂頭，臉蓄慍意，想起四年前日本處女行，在下關下船時被水警羞辱的往事，畢竟這種人所在多有，想著也就不用太在意。

「在這種非常時期在夜總會跟中國人跳舞，眉來眼去。」少將擠出滑稽的神色，用意在降低言語的衝擊，「親近敵國人民，這豈不是非國民？」

川喜多眉頭皺起，直視少將諷意的眼神：

「報告將軍，我們是和中國軍隊作戰，但兩國人民是友好的。這就是所謂的日華親善。」

「還是要有區別，民族的優越不容忽視。」少將斬釘截鐵，見川喜多無意爭辯，再度面向香蘭，「最近拍了什麼電影？」

「鴉片戰爭，百年前中國政府和英國鴉片糾紛造成戰爭的電影。」

「我剛看了你們公司宣傳的小冊子，我不懂中文，但可以感覺都是很支那的電影。山本五十六艦隊用餐的時候播放〈支那之夜〉這首歌，就莫名其妙。」

聯合艦隊官兵用餐時刻播放〈支那之夜〉，香蘭和川喜多都是第一次聽到。少將知道這首歌和相應的電影就是他眼前這位女子唱出和演出的，川喜多說她姓山口，但他擔心她這樣一直支那下去，會去日本化。綜合生魚片來了，少將大快朵頤，兩眼不時骨碌碌地盯視香蘭，好像也要把她吞下去似的：

「什麼時候回日本拍片？」

香蘭望向川喜多，又看著筈見：

「那要看理事長的意思。」

「理事長？」

「甘粕正彥。」川喜多。

「哦！我忘了妳是滿映的人。談到甘粕這傢伙，」少將眉揚眸轉，精神來了，「他是我學長，高我一屆，早早當逃兵，但沒有消失，老是有驚人之舉。一名大尉當了理事長，還是出入高官、將官之間。這小子確實有一套。」

川喜多燦然笑開，和少將喝了一杯，隨後把話題轉開。香蘭不再是話題中心，壓力少了些，但還是不時承受少將投射過來的灼人目光。

少將畢竟不會這麼輕易放過香蘭，餐會進入尾聲，還是特別強調要單獨請她吃飯，希望她賞光。香蘭想到那不知節制的眼神就滿肚子火，顧左右而言他，不給承諾。

川喜多送走關谷少將、中尉侍從和筈見後，陪香蘭走向百老匯大廈。川喜多：

「妳前一陣子向我提到的那位鄭曉君小姐，我查過了我們公司的演員名冊，沒有這個名字。」

「會不會她用藝名？」

「這也有可能。那一天妳到我辦公室，可以翻翻看，裡頭有照片可以對照。」

「再說了。」

「或許她有來應徵，但沒有錄用。這我就不知道。或許她轉往話劇發展。」

香蘭心情很悶，在百老匯大廳移步，進入電梯後，川喜多：

「山家亨這幾天會來上海。」

「調來上海？」

「是的，多一個朋友照應也好。不曉得關谷少將接下來會怎樣？」

「至少山家治不了他。」

香蘭說著走出電梯，川喜多前往岩崎昶房間。香蘭回到房間，雅子提到有人打電話過來的事：

「一個日語不是很流利的人打了過來，意思好像是明天一早就拍妳在煙館唱歌的戲。」

香蘭聞言歡欣，她盼望自己的戲份趕快開拍，像香腸一樣，一節一節快快切完。

新的一天，煙館的歌聲還沒起音，戲棚外小鳥的晨鳴已然響成一片。

一連做了幾天頭髮，現在不管是香蘭，另兩位女主角，頭髮和妝容都自己做，最後讓化妝師或髮型師調整一下。早上攝影棚裡的化妝間輪轉的速度也就快了些。香蘭坐在化妝椅上，一陣急而重的腳步聲，壓過女演員和職工退卻的細碎腳步聲：

「對不起！李香蘭！李香蘭在那裡？」

日語的叫聲撼動了這個攝影棚。香蘭回頭一看，原來是昨晚一起用餐的少將的中尉侍從。她走下椅子：

「我就是。」

「妳化了妝，有點看不出來。」中尉的心情放鬆了些，「關谷少將想請妳用個晚膳，有沒有問題？」

「對不起，我拍片期間不能吃太多，昨晚剛吃過，受不了。」

「妳可以吃少一點，主要是陪將軍聊聊。」

「我不去。」

「不去嗎？」

中尉有點火了，香蘭火氣更大，改用華語：

「我非常討厭專門欺負中國人，尤其是女孩和小孩的日本高級軍官，我不陪他們吃飯。」

中尉聽不懂香蘭的話，氣得焦急，看到她說話的神情更是肺腑如焚。到目前為止，香蘭還沒上戲，有些演職員對她知曉有限，對她的日本色彩，也是捕風捉影的多，見她每天打扮得像漂亮娃娃，活像整個拍攝活動的一個花瓶，如今見她脫線演出，驚詫莫名之餘，更加懷疑她是日本人，也知曉她最後幾句話是向中國演職員的表白。岩崎昶閃了過來，說著日語把中尉的情緒穩定下來，年輕的中尉以為這位日籍長輩要幫他忙，跟著走向會客室。

香蘭匆匆進入試衣間，袁美雲低眉淺笑和她擦身過，剛著好裝的陳雲裳再次打量她，經常近身觀察的結果，認為她不只是日化滿人，應是日本人，但這位日籍女子，體內似乎矛盾、衝突多多。香蘭穿好戲服走了出去，導演卜萬蒼正催促工作人員往第二現場移動：

「李小姐，沒事吧。趕快去，妳今天的戲，張總親自執導。」

香蘭趕緊轉身出去，隨著一票人走向丁字路口，轉入古道，進入涼亭前面，門口掛著「名煙」招牌的「煙館」。在煙館內，張善琨看著香蘭進來，再看看已經進來的「大小掌櫃」陳一棠和洪警鈴，待演出紈絝子弟的吳景仁和譚光友進來後，張總：

「現在都到齊了，就像前兩天演練的那樣，樓上和樓下各配置一台遠距攝影機，余省三在樓下拍完一棠和警鈴介紹音樂盒的畫面後，會在樓下等著拍香蘭，香蘭聽到音樂後開始唱歌，走下樓後到吳景仁和譚光友的榻子被調戲，離開後就會碰到蒙納姊，最後聽到敲鑼聲，很多臨演就會下樓或往門口走去。要一氣呵成。一幕一幕拍流暢感就沒有了，對歌聲也會傷害。」張善琨看了攝影師余省三一眼，「拍香蘭唱歌時，分鏡鏡頭也可以順便拍，沒拍到要記一下。」

「香蘭下樓時，樓上兩台攝影機，一台會跟著下來，一台會拍各種吸煙姿態的鏡頭。」

余省三看著助理周達明說著，張善琨環視了劇組一下：

「好，那就各就各位。聽到 action 就動作。」

香蘭走到樓上，隨後看見導演之一的李石麟上樓檢查演出和工作人員是否在指定位置。李導下去後，她清楚聽到張總的指令，緊接著聽到正走下樓梯的兩位掌櫃關切鳳姑是否已來這個煙館和讚美她歌聲的談話。大掌櫃大聲介紹音樂盒的聲音句句入耳，香蘭好像屏住氣息等待槍響的短跑選手。〈賣糖歌〉的前奏響起，香蘭變身鳳姑，提著籃子開始在迴廊凌波微步，然後跟著音樂唱了起來，踩著「吸菸的快樂勝天堂」的歌詞步下樓梯。她唱著「吸一口，興趣長，吸兩口，精神爽」時，余省三的攝影機就在眼前，且隨著她擺頭搖手給糖的動作，拍向躺著的煙客，她唱著「你臉兒比美得猴兒相，你身兒模仿著蝦兒樣」時，臨演煙客的憨模樣讓她失笑。她看見了鏤空木牆後面的攝影機，瞬到了群聚柱邊聽她唱歌的伙計和煙客，更看著背著沉重的攝影機，順著她的腳步慢慢前進或後退的辛苦的省三。她就這樣歌聲輕吟，面向煙客顧盼生姿，抖落無限風情，直到音樂結束。

鳳姑，或者香蘭，搖晃了兩步，感覺一路演來自在輕鬆，來到兩位紈絝子弟的榻子時，暗中叫好，待會大家相互逗一逗就過去了。演女主角張靜嫻表哥吳爺的吳景仁長得刁鑽逗人，斜著眼看鳳姑：

「……在這兒陪我們坐一會再唱一支歌，回頭多多有賞。……我知道今天那姓潘的小子還沒來，妳就一會兒也坐不住了，是不是？」

「大爺別取笑我們了。」

鳳姑說著拋下他們的笑聲提籃離去，進入帳房碰見老闆娘瑪麗安娜。這時導演群張善琨、卜萬蒼、音樂主任梁樂音、王引、陳雲裳、余省三的攝影機、編劇、廠長一干人都聚在前面，瑪麗對著鳳姑誇獎了一番，鳳姑客氣地回應時，銅鑼聲響了，伙計、女服務生和煙客紛紛往大門移動，鳳姑向瑪麗欠個身也走向門口。

「cut」張善琨叫了一下，大家鬆了一口氣，紛紛向香蘭道賀，陳雲裳隔著人牆笑著看她，岩崎擠了過來，把香蘭引到一旁，小聲說：

「唱得很好，演得也很好。剛剛中尉還在看妳演唱，現在已經走了。」

「那太好了。幸虧你幫我引開。」

「我在想那位少將應該是私下行動，怕司令知道，應該會知道收斂。」

岩崎說著走開，香蘭隨即被張善琨叫了過去。張總執導這幕戲，其他在場的導演自然成了副導，接受張總的指令後開始安置演員和工作人員。攝影師余省三也按照日前的演練，安排三台攝影機的位置。香蘭和王引站在門口，門口旁邊的中央樓梯站著不少演出伙計和女服務生的臨演。張總走了過來，面向香蘭和王引：

「李香蘭小姐，這場戲也都看妳的移位，妳在這兒和王引聊過後就走到光友和景仁的煙榻旁的空床上。王引坐下叫過煙後，妳就現身說法勸他戒煙，光友和景仁就會再過來開妳和王引的玩笑。貼牆樓梯旁的二掌櫃洪警鈴叫妳演唱後，妳就走了過去，大掌櫃一棠放音樂盒，〈戒煙歌〉音樂響起，妳就搖擺著身體唱開。」張善琨閉目沉思了一下，「妳這回唱的隱喻煙害的新詞，觀眾的理解是：是妳自創的反煙警世歌詞，這個新詞會帶動妳的男友、兩位闊少、大小掌櫃的反應。這時候妳等同導演。妳唱完，所有人反應過後，我就叫停。整個過程會一氣呵成。」

張善琨說完，開始在心裡盤算整個過程的每個環節，隨後走向門口排成兩排的臨演：

「你們在演什麼？」

兩排人互相張望，猜不到張總的話意，一位女子開口了：

「演看完街頭熱鬧後回到工作崗位的那樣。」

「對了，不要一窩蜂地回去，一個個回去，呈現有些人看得差不多了先行離開，有些人要看到隊伍完全離開後才離去的景況。」

張總取得臨演的承諾後馬上到飾演張爺和吳爺兩闊少的譚光友

和吳景仁榻前叮囑一番。張爺和吳爺是編劇周貽白特別虛構出的丑角。香蘭後來才搞懂，以女主角陳雲裳主演的張靜嫻為中心，張爺是親哥，吳爺是表哥。有了這種理解，許多幕戲便在她腦裡串接起來了。

開演進入讀秒，張總和一些工作人員站在可以綜觀全場的位置，他一聲令下，香蘭跟著王引從門口走到中央樓梯，化身鳳姑和男友潘達年。鳳姑質問男友何以用袖子遮臉，臨演飾演的煙館夥計陸續在他們身後移動，潘達年回以當年勸他戒煙的同學已是高官，適才出巡。於是好戲一幕幕向館內推移，留下「鳳姑：『吳爺，你要吃糖我籃子裡有，……可我現在沒什麼糖，為什麼要我陪你坐呢』；吳爺：『誰說沒有糖呀！妳渾身上下都是糖。妳現在聽著，當心我一口把妳吞下去』」的經典對話。

張總從洗手間回來後，直接坐在沒人坐的煙榻上，下一幕的演出和工作人員自動向他靠攏，並排的煙榻坐不了這麼多人，有人拉了椅子過來坐。張總看人差不多到齊了：

「看見那些臨演躺著，也很想躺下來。不是想吸一口，實在想歇歇腳。」張善琨環顧劇組人員，「等一下聽香蘭唱歌，唱正確版的〈賣糖歌〉。這裡幾個問題，卜導也跟你們提過了，李香蘭唱歌當然是遠近鏡頭交互運用全程攝影，但唱到『牙如漆，嘴成方，背如弓，肩向上，和眼淚鼻涕隨時淌』這些抽煙百態時，屆時都要有相應的畫面剪進去。」

「這個周達明會拍。」余省三看著張總，「王引聽到歌詞裡頭的警世詞語時，坐起若有所思，一棠和警鈴這兩名掌櫃聽到謗煙的歌詞面面相覷的神情，也交給達明拍。」

張總坐在香蘭前面，看見一干人都在中央樓梯下面的櫃檯前坐或站定位，一聲令下，音樂響起，香蘭化身鳳姑搖曳生姿，站在後面的蒙納也變成老闆娘瑪麗，跟著微搖。鳳姑挽著籃子，兩手扯著絲巾，唱著「煙盤兒富麗，煙味兒香……」蓮步向右輕移，擺向大二掌櫃的前面，這時老闆娘蒙納已退到櫃檯，年輕伙計和端著煙盤的女服務員穿梭行進，鳳姑唱到「煙斗兒精緻，煙泡兒黃」時，又擺回櫃檯前大廳的中間，鏡頭漸漸拉遠，余省三的攝影機隨著歌聲「斷送了多少好時光，改變了多少人模樣」流動，觀景窗呈現了煙館一隅的華麗景象，西式吊燈下，老闆娘、掌櫃站在香蘭身後，旁邊的煙客也都從煙榻坐起聆賞。

鏡頭快速拉近，「牙如漆，嘴成方，背如弓，肩向上」三字一句的警語，每唱一句，鳳姑會用手指點一下，點醒煙客的意圖明顯，「眼淚鼻涕隨時淌，啊啊」的歌聲化成少女的祈禱，也激起了兩名掌櫃和張爺、吳爺兩位紈絝子弟的疑心……

「賣糖呀！賣糖！」歌聲進入尾聲，老闆也下樓了，大二掌櫃進入櫃檯想揭發香蘭在歌詞上的背叛，但老闆娘耽溺在美妙的歌聲裡，不予理會。接著香蘭把歌詞的尾音「啊」婉轉高吟了近一分鐘，歌聲止歇在音樂裡。香蘭唱正確版的〈賣糖歌〉的三四分鐘裡，幾乎沒什麼情節，簡直是一場歌唱表演，以致張總高聲喊「cut」後，不禁鼓掌喝彩，劇組人員也都拍手致意，而且圍攏了過來說些讚美的話，有些一直對她有些看法的同事也都多少敞開了心懷，做了接納她的準備。

53. 老旦上戲 劍氣逼人

卸下代導演職務的張善琨帶著一位中年紳士笑盈盈地走了過來：

「這位是李香蘭小姐，從東北來的，你剛剛聽到了。這位是上海百代唱片公司郭總經理。」

紳士恭敬地雙手遞出印著「郭僕」兩個字的名片：

「我們百代竭誠歡迎李小姐。」

香蘭接下名片：

「對不起，我的名片不在手上。」

「找個時間簽約的時候給我就好了。哦！事實上，名片對妳是多餘的。」

香蘭接納郭僕的恭維，模糊地認知上海百代和東京的哥倫比亞原屬英國 EMI 集團，算是世界頂級的唱片公司，英國人退出後，上海百代由日本人或中國人經營，她不清楚，但能加盟百代，她覺得榮幸，只是擔心演藝生活東漂西泊，沒有充裕的時間履約。郭僕轉身向張善琨：

「那一天安排李小姐到我們百代一趟。」

「沒問題。」張善琨走了兩步回頭示意香蘭走一塊，再看向一起走的郭僕，「一起吃個便飯吧。」

「我先回公司。」

「剛好是用餐時間。」

「改天吧。已經約好人了。」郭僕走向自己的座車，開了車門鑽進車內，「李小姐，改天見。」

張總送走了郭僕，看看手錶，已經 12 點又 20 分鐘：

「李香蘭，我到廠長那兒用餐，一起去吧。」

香蘭知道自己剛好在身邊，張總才說這種客氣話，只是「客卿」的自己如真去了，要把中聯雙雲：陳雲裳、袁美雲往那兒擱？

「張總，我還是在員工餐廳用餐好了。」

香蘭說著兩眼瞬向前面的彷古餐廳。

這間餐廳，平常也用做拍片現場，大家拿著餐盤排隊取菜，香蘭取好菜走向餐桌，看見嚴俊兩眼投射過來，便在他旁邊落座，嚴俊稱讚她歌喉好時，聽到「叫你那漂亮的女朋友過來坐坐，讓你自己也開心一下」的好似袁美雲的聲音。香蘭回過頭，王引正迎面過來：

「我老婆請妳一起用餐。」

嚴俊笑著示意香蘭順個人情，她於是把餐盤端了過去。袁美雲見香蘭落座，打量了她一下：

「恭喜，香蘭小姐。或許也應該恭喜郭總，百代又多了一位音質甜美的歌手。」

「八字還沒一撇，又還沒簽約。」香蘭神情謙抑，垂首低眉，望向美雲的餐盤，「局勢不穩定，變數還很多。」

「不過，不管局勢怎麼變，妳的歌聲還是不會變，還是操之在我。」

王引說著，袁美雲笑了起來：

「香蘭真是一個很乖的女孩，歌藝又驚人，演你的女朋友實在很適合。」

王引笑著，怕說錯話，香蘭也不知該如何回答，看著美雲，半晌：

「人家說妳是古典美人。」

「忘了那位記者亂取名號，我其實很野，早就一朵鮮花插在牛糞上。」

「這年頭是嫁雞隨雞，嫁狗隨狗，嫁不出去，」王引看了老婆一眼，「嫁不出去，守在窗前看別人家雞飛狗跳。」

三人同聲笑開。袁美雲想到早上香蘭斥退一位日軍軍官邀約用餐的事，但不好談這種事：

「妳的好歌喉是天生的？」

「是有練過。」

香蘭說著把小時候跟從俄國波多列索夫夫人學歌的事情簡單交代了出來。這時傳來敲打銅鑼的聲音。王引：

「他們開始布置場地了。」

「布置什麼？」袁美雲。

「下午演林則徐巡街。我們進來用餐時，道具組的剛用過餐，他們離開這兒就開始搬道具。」

「我的戲不知什麼時候開拍，等得人不耐。」

袁美雲說著，王引瞬了香蘭一眼，望向老婆：

「這次香蘭要趕回東北拍新片，所以先拍她的戲。」

「東北，現在不就變成滿洲國了嗎？」

聽美雲這樣一說，香蘭一股羞惶拂臉，垂下頭來。袁美雲繼續說：

「下午有你們兩人的戲，就看你們的了。」

「下午，武戲比較好演。高占飛演林則徐，什麼台詞都沒有，給攝影拍幾下就 OK 了。」

一股嘈雜從外面古道傳來，三人用完餐走到外面，果然看見一隊清兵裝扮的臨演。這支中間站著兩匹馬，旁邊放著一個官轎的隊伍有些凌亂，大部份人倚著牆壁或坐在地上，有的手持銅鑼，有的舉著肅靜、回避的木牌和官銜牌，有的持槍帶刀，相互調整服裝。香蘭知道，只要一聲令下，有人從旁輔導，這支隊伍就會變成清朝官員的出巡隊伍。

下午改由卜萬蒼執導，演出高占非扮演的兩廣總督林則徐出巡的戲碼，這支護駕隊伍十分吸睛。這齣總督出巡的戲上接早上香蘭唱完B版的〈賣糖歌〉後，聽到敲鑼聲，煙館伙計前往看熱鬧的戲碼。隨後王引扮演的潘達年用袖遮臉，不願被林則徐看到的橋段也下啟早上拍的另一段鳳姑和潘達年從門口雙雙走進店內，被吳爺猛虧的戲。

中午用餐前，鳳姑唱的正版〈賣糖歌〉背叛煙館的營運，二掌櫃揭發遇阻，劇組拍完林則徐總督出巡的戲後，讓戲往下發展：外籍老闆和老闆娘聯手痛懲鳳姑，潘達年伸手救援，引爆和煙館伙計的一場混戰，潘達年用茶杯擊中二掌櫃後，和鳳姑雙雙奪窗逃出。

戲拍完，臨時演員陸續離去，太陽也已西斜，接下來，卜導要把延宕一些時日的戲拍完。這是一場年輕林則徐寄讀福建巡撫家，巡撫閨女被誣與林則徐有染，而引發軒然大波的夜戲。白天拍夜戲，用黑布或木板蒙住門窗，勉強可行，但一個偌大庭院難以遮蔽，經過討論後，卜導決定在晚上開拍。副董川喜多提早下班趕了過來，知道這情況後也支持夜拍：

「這樣好了，不用等用完晚餐再拍，五點半就可以開拍，拍完後大家上館子，我請客。」川喜多看到了走過來的洪警鈴，「麻煩你叫廚房不要有動作，把大廚請過來。」

川喜多繼續和導演群、編劇、演員討論拍攝情形，知道許多關鍵的戲都已拍完，連戲的成效也很好，十分滿意。大廚來了，表示飯正在炊煮，菜已備妥還沒上鍋。川喜多趕忙要求廚房快炒幾樣青菜，再配上烹好的飯，火速煮成稀飯，讓大家墊肚子，隨後他就要求劇務助理計算用餐人數，以便帶到片廠辦公室聯絡餐廳訂桌了。

止飢餐沒讓大家等很久，人人喝了一兩碗稀飯，天差不多全黑。這場夜戲很重要，裡頭沒角色的演員也必須觀看，導演卜萬蒼召集劇組人員往大宅院移動。一輛軍用偵查車急急馳來，人群隨之走散。車子在攝影棚旁邊停了下來，一名年輕日本軍人走了下來。

「又要來抓人了。」

「是找李香蘭的。」

閒言閒語在暗黑的空氣中散開。

「likou — lan — likou — lan —」

日語的呼叫從後面傳來，劇組人員像驚弓之鳥湧向大宅院的窄門，已經進入門裡面的香蘭不得不出去。待窄門沒這麼擠時，香蘭閃了出去，迎面就是早上的那位中尉。

「李香蘭小姐，跟我走，參謀長在派克飯店的餐廳等妳。」

「不行，我要拍戲，導演等著。」

「戲可以明天拍，導演是日本人嗎？」

「是中國人，應該聽不懂日語。」

「我們一起進去。」

「不行，你不能進去。」

「我，日本軍官，不能進去？」

「拍戲現場最怕受到攪擾。」

香蘭望著片廠行政大樓的燈火，岩崎昶可能就跟著川喜多在那兒，無法及時救援。日軍中尉不耐煩地逕自進入大宅院，隨後回過頭瞪著原地不動的香蘭，香蘭勉強跟上時，

「蛤！這還了得，這成什麼話！我要她死！」

裡頭傳來顯然是扮演福建巡撫張師誠的徐莘園怒罵「女兒」的聲音。中尉也有點被這吼聲嚇到了。一幕戲剛剛結束，劇組人員忙著往另一房間移動，香蘭趁亂閃進人潮裡面，拉起冬大衣的頭套，只剩一張臉瑟縮在頭套裡面。失去了香蘭的軍官四顧茫茫，焦急中憋著怒氣，怕一時衝動引發眾怒。卜萬蒼瞥見中尉，向他鞠個躬，見他沒指示後，環顧拍攝現場，看相關人員是否站定位。

偌大的房間，扮演巡撫千金張靜嫻的陳雲裳和演婢女的張帆低首站在前面，其他劇組人員都站在攝影機後面。香蘭看著中尉一直盯著陳雲裳，陳雲裳的裝扮和自己幾乎一樣，難道中尉把雲裳看成自己了。卜導下達開拍的指令，聽到急切的敲門聲，張帆前去開門，只見扮成巡撫張師誠的徐莘園提著劍怒氣沖沖地衝到陳雲裳的面前。張巡撫二話不說，一揮劍就把女兒靜嫻前面桌子上的杯盤掃落地面。張靜嫻兩手握住手巾，身體哆嗦向後退。

「妳這不顧廉恥的東西。」張師誠罵著，突然劍指張靜嫻，「妳做的好事。」

雖然是演戲，但有些劇組人員也嚇到了。中尉轉身就走，香蘭看著他離去的背影。知道這一幕至少讓他感覺不快。

夜戲順利拍完，公司兩台交通車又回來一趟，把全體夜宴同仁載到巨福路中餐廳。早上導戲的總經理張善琨有事沒來，岩崎昶、香蘭和雅子坐次席，主桌當然坐中聯公司的高層、幾位大導演和當家花旦、小生。老生徐莘園今晚演得出色，也被川喜多請到主桌。

香蘭坐鄰桌，剛好看得到那些演員。她起身把岩崎叫到稍遠處，把入夜後司令部參謀長的中尉副官又來邀宴一事向他報告，岩崎希望她堅持立場，因為一旦破功，可能會有連鎖反應：

「不用害怕。我還是相信那位少將瞞著司令幹這種事，也怕司令知道。」岩崎壓低日語的聲音，「川喜多打造了這種企業文化，日本人變成絕對少數，雖然還是很受尊重，但也不能太囂張。一樣的道理，日本軍人來到這裡也不敢太撒野。」

岩崎和香蘭回座後不太講話，同桌的演員洪警鈴、張帆或其他職工，不時讚美香蘭的歌藝和演藝，問候到岩崎和雅子時，香蘭自然搭起小橋，居中傳達話語。鄰桌的徐莘園對剛剛演出時對陳雲裳的狠勁表達再次歉意。陳雲裳：

「那兒的話，徐大哥這一怒，我們晚輩可說是受教良多，等於上了一堂課。」

「我看徐大哥飆罵的時候，」袁美雲看向陳雲裳，「一方面有點擔心妳受不了，但也覺得薑果然是老的辣，徐大哥顯出的官威，真是可以得演技獎。」

坐在對面的高占非正和卜萬蒼聊開，此刻也禁不住說道：

「由徐大哥來演向鴉片宣戰的林則徐可能更來勁呢。」

「我也曾經這樣想：占非兄你演林則徐的年輕時代，徐大哥演他的晚年，也就是當上兩廣總督以後的林則徐。徐大哥只要頭頂翎羽帽，身披蟒袍，不待開口，那種前朝大官的威儀就出來了。」

卜萬蒼的話隨著他的眼神深深注入同桌每一位演員的心裡。徐莘園：

「不瞞你們說，我為了演出張師誠這個角色，特地翻了一些資料，發現張師誠當福建巡撫的時候是 43 歲，當了兩年，年紀比占非兄長幾歲，林則徐禁煙的時候 55 歲，和我現在的年紀差不多。」

「張師誠這麼年輕就當巡撫，我一直以為巡撫、總督都是 60 幾歲的人。」袁美雲。

「時代不一樣了，一兩百年前，50 幾歲就很老了，曾國藩、林則徐都只活了 60 幾歲。」徐莘園瞬向眼前的每一人，腦中浮現他們的年紀，「左宗棠、李鴻章活得長一點，70 好幾。所以 50 幾歲爬到頂峰，60 歲前致仕很合理。」

「我們國內電影對於歷史人物形貌的刻畫要求還不夠，這點有待努力。一方面像林則徐或張師誠的形貌並沒有深入人心。像美國林肯那種兩眼深邃，兩頰瘦削，滿臉絡腮鬍的形象深入人心，如果要拍攝以他為要角的電影，沒找出樣子相像的演員來，或化妝成那模樣，可能沒有人想看。」卜萬蒼神情溫暖地看著徐莘園輪廓分明的老臉，「現在東方電影還是小生當道，以徐大哥這種突出的演技和形象，繼續演下去，持續發揮影響力，是有可能改變中國電影的生態。」

徐莘園滿意地頷首，他知道要扭轉國內繞著小生、花旦打轉的戲風很難，但樂見卜導替老演員發聲。香蘭想起剛剛大宅院，徐莘園劍逼陳雲裳和張帆發話，計誘高占非歡喜開門，顯露色相的一幕。高占非固然緊閉門窗，演出年輕林則徐的志節，但她相信以前封建中國應有這種父親劍斬不貞女兒的可能，傳統婦女地位的卑下讓她迴思不已。

香蘭背負著滿映和普遍被認為是日本人的原罪來到中聯旬日以來，除了隨著工作時程 「出操」，有些男同事對她較為客氣外，跟一般同事鮮有深入的互動。川喜多忙著中華電影、中聯兩公司的業務，無暇顧及她。兩公司涉外事務多，一般重要幹部也都是兩公司職務一條鞭，剛來那兩天陪他走訪廠區的中華電影業務主任黃天始，也兼中聯要職，一般在江西路中華電影總公司和海格路中聯辦兩頭跑，不太來廠區，由於一切自己摸索，沒人帶路，香蘭對這兩家顯然要合併的電影公司人事物的認知可說浮光掠影，沒個準兒。這部戲的編劇周貽白，40 出頭，但風霜滿面，香蘭和他有過一些接觸，但不太適應他的上海腔，所以對他了解不多，只聽人說過是苦學成功，寫過許多劇本、戲劇史專著的戲劇史家。周貽白以茶代酒向岩崎昶、香蘭和雅子致意：

「李小姐，你隔壁那位岩崎先生，我讀過他寫過的論述日本電影的文章，我記得是魯迅翻譯的。」

香蘭聽了兩遍才了解對方的意思，岩崎似乎也知道周貽白在談他，也專心地看周貽白。香蘭把周貽白的話意轉達過去後，岩崎看著周貽白，但在香蘭耳畔輕聲說：

「請代為轉達，我七年前，1935 年受邀訪問上海，認識了很多中國作家，他們都是替百姓發聲的一群。」

香蘭把岩崎的意思轉達出去，周貽白笑著點頭表示同意。岩崎接著從皮夾取出紙筆，隨後振筆急書，寫上幾個名字，再標注留日、邀請人等字樣，香蘭理解後，瞬了岩崎一下然後對周貽白說：

「那一年，他是受沈西苓的邀請來上海，和夏衍、田漢交往，他們都留學過日本，所以語言上是相通的。」

香蘭擔心周貽白聽不清楚，把字條遞給他。周貽白看過後面向香蘭：

「他們不是導演，就是劇作家，都不在上海，都跑到後方了。」

香蘭把話翻給岩崎昶，周貽白和岩崎四目交會，岩崎用華語說出「了解」，領受對方的好意後，周貽白合眼想了一下：在上海還沒淪為孤島之前，那些人都已逃離，即使巂居僻壤，心情無愧明月，也強過在太陽旗底下討生活的自己。

卡在忙碌工作中間的宴飲吃起來有點乏味，第二天晚一個小時開工，倒是好消息。慰勞宴散了，多數人搭乘交通車回去，不少人在百老匯下車，彼此揮手再見後，香蘭發覺王引夫婦沿著北蘇州路西行，他們家可能在附近吧。她、雅子、岩崎和幾名同仁走進百老匯大廈後搭電梯，到了十樓，香蘭表示沒到過岩崎的房間，岩崎於是請她和雅子到房間小坐。

岩崎房內有兩張小床鋪，靠窗的書桌旁有兩張椅子，他拉了一張過來，香蘭坐下後，雅子坐在一張小床上。岩崎：

「妳今天表現的很好。」

香蘭不知道他說的是拍戲演唱的情景，還是在餐會上的協助溝通。香蘭知道他講客氣話時，心頭恐怕很不以為然，輕輕地應了一聲的同時看見他桌上中央相框上三個年輕人合照的照片，照片左邊顯然是岩崎，右邊好像是川喜多。香蘭起身向前兩步傾身瞄了一下，岩崎看著她這種小孩似的舉止笑了起來。岩崎把照片拿起看了一下，隨後遞給香蘭，香蘭看了一下：

「都很年輕呢。」

「是 15 年前的舊照了，右邊是川喜多。那時我們德語三人幫離開田口商店，想著要各奔前程便拍了一張照留念。」

「我以為你們是在東和商事結緣的。」

「東和商事是後來的事。川喜多有工作的壓力和責任心，田口倒閉後，勉力創辦東和商事，繼續電影事業，加上從他父親得到的心傳，終於把電影事業延伸到中國上海。」岩崎從雅子接過還回的相框，「我大學剛畢業就到田口商店，所以川喜多和另一位都比我資深。這家公司是專門進口德國烏法公司[1]電影的，時常要看德文文件，有時要接德國打來的電話，川喜多坐在老闆旁邊接電話的機會比較多，我剛進去，有點不能適應，裡面的人講話都很衝，好像軍隊一樣。但後來我發現在公司內部的浪濤洶湧中，川喜多總是這麼沉靜、優雅，我問其他同仁，才知道他不是田口商店的員工，而是烏法公司駐田口的代表。」

「感覺好怪哦，川喜多先生應該時常以為自己是田口的員工吧。」

「雅子小姐說的沒錯，不過從他舉止表現出來的是另一種氣象，人家急躁易怒，他從容、豁達，有泱泱大國民的風範。所以創立東和後，和烏法簽訂新的契約，優先採用田口員工。我的想法很馬克思，但他是自由主義者，所以容得下我。」

「後來你又為何來滿映呢？」香蘭。

「或許是因為和滿映有緣吧。首先是我誤打誤撞參加《白蘭之歌》開拍記者會，有些記者把我的出席寫進報導裡面。妳們的根岸寬一理事看到報導，留下深刻印象，去年初我被放了出來，他看過報導，擔心我再不安定下來可能會再犯錯，被關回去，試探的結果，甘粕竟然同意收留我。」

岩崎說完，香蘭腦裡有些空洞，去年她聽人說根岸推介岩崎進來滿映時，也沒有心生探究他們兩人關係的念頭。看來他進入滿映之前，和根岸並不認識，根岸經由媒體知曉這個人，慨然義助，風範確實可人。她深覺岩崎當個自由作家或評論家，用論點客觀地給電影界帶來動能，也勝似寄生滿映。岩崎見香蘭不語，有點自嘲地面向香蘭繼續說：

「吃過牢飯，有了案底，我覺得再回東和連累老友不好，決定另謀出路，茂木奉甘粕的旨意來找我，我沒考慮太多便來滿映了，但和川喜多還是好朋友。他來新京開會，我們終於重逢，現在託妳的福，可以在他的公司待一段較久的時間。」

在岩崎面前，香蘭不敢隨興發議論，好在此刻他沒談論《萬世流芳》的拍攝，而再次談到烏法電影公司，表示這家商業電影公司被德國納粹收歸國有，川喜多興趣大減，日本又和美英等國為敵，好萊塢電影大幅退出交流，川喜多只好儘可能用母雞保護小雞的心情維護中國電影的獨立性。岩崎：

「很多人認為信奉馬克思主義的人，有被迫害的情結，一旦當權了，往往心懷報復，像蘇聯的頭頭那樣，變成獨裁者、迫害者。」

「如果你當權了，會這樣嗎？」香蘭。

「當然不會，現在的政府用軍政力量嚴厲鉗制民間的藝術活動，讓人痛恨。我如果有了力量，一定會把它翻轉過來。」

岩崎說完，三人沉默了一會，香蘭知道時候不早了，遂與雅子告別岩崎回房休息。

註 1：烏法電影公司，音譯自 UFA，UFA 是德語 Universum Film AG 的簡稱，故烏法公司原意就是「全球電影公司」，成立於 1917 年 12 月，經歷了威瑪共和國、納粹德國，存續至今，是德國歷史最為悠久的製片企業之一。

54. 獻花日艦 雲裳悲切

新的一天，香蘭感覺神清氣爽。根據昨兒貼出的近三天演出的預告，她今天沒事。這部戲，撇開她超前演出的部份，戲的主軸已由張師誠巡撫家轉到年輕林則徐的新東家－退休縣令鄭大模家裡，高占非和扮演鄭大模父女的姜明、袁美雲的對手戲多了起來，就拿陳雲裳來說，今天的戲份也只是小露一臉。

香蘭搭交通車上班，到了第一製片廠，進入攝影棚的化妝間，猛然聽到四五位女子的哄叫聲。

「我們剛剛都在談妳呢！」坐在梳妝椅上的袁美雲斜著臉看了香蘭一下，「說妳是我們的高音女王。」

香蘭東張西望時，張帆從椅子上下來，示意讓座香蘭。香蘭正張皇，張帆一句「我已經好了」，一手把香蘭扶往椅子坐定。已經化好妝的陳雲裳走到香蘭的梳妝台前，拿起粉撲了一下：

「妳昨天唱歌，一舉手一投足都是美感。」

「雲裳姊謬賞。」香蘭熟練地把頭髮往兩邊撥開成環狀，再用環形飾花髮夾扣住，「小妹承受不起。」

「看妳咬文嚼字也是美。」

陳雲裳說著回望袁美雲，兩人相視而笑。

「謬賞！現在很少人在用。我今兒也要唱一首〈戒煙歌〉。」袁美雲整理好了容妝，唱了兩句：「洋夷狡計禍我國，輸來鴉片施蠱惑……好難聽，不敢唱。」

「妳只唱了兩句，整個唱完就會感覺很好。」雲裳。

「不知道。」

袁美雲說著走向試衣間，陳雲裳也跟著過去。香蘭做好頭髮，化好妝，演員和工作人員也都相繼離去，她正想離去時，陳雲裳突然出現，坐在她旁邊的椅子上：

「一直很想跟妳聊一下。今天比較晚開鏡，他們都在外面聊天。」

「昨天拍攝計畫排了出來，既然晚一小時開鏡，那些計畫都會往後延吧。」

「不一定，有時演得順，就趕上來了。」陳雲裳看了一下空蕩蕩的化妝間，「跟著妳的那位小姐沒來？」

「她是我的助理，我今天沒拍片，就讓她不用來。沒有人跟她聊，她留在住處會自在些。」

「她是日本人？」

「是的。」

香蘭點頭，心情鬆脫了一些。陳雲裳：

「一位大叔，有時跟你在一起的，聽說他是電影評論家，也是日本人？」

「對，他是副董川喜多的朋友。跟我一樣是滿映的代表，他也有一些中國朋友，但他中文還不太行。」

陳雲裳不住地點頭，欣見香蘭的坦誠，猜她也是日本人，不然怎敢請一位日本女子當助理。在這十來天的日子裡，一開始她刻意和香蘭保持距離，彼此接觸不多。如今重新審視她，發覺她的一言一行中國況味十足，她高歌一曲煥發出來的生命光華更是銷熔了早先框在她身上的滿映、日化的想定，甚至開始改變她對滿映的觀感了。雲裳：

「很高興透過妳對滿映有多一些的認識。」

「畢竟太遙遠了。」香蘭腦海突然湧現一個鮮明的對比，「和上海相比，滿映所在的長春簡直就是鄉下。妳們上海人看滿映一定是霧裡看花。我在那邊早就知道，也很嚮往上海電影的繁榮。」

「這樣啊？」

「我和很多同仁都很崇拜上海的明星，認為能夠打進上海的舞台，才算是真正進入電影界。」

「是這樣啊？妳說的霧裡看花，倒有幾分真切。我剛聽到滿映的時候，知道它是電影機構，可是腦裡總會聯想到關東軍，恍神之間，會覺得它是關東軍的一個附隨組織。滿映要來合作，感覺像是大軍要來壓境。」

「想像力還真豐富呢。」

兩人都笑了起來，由於一直沒看見有人進來化妝間，笑出了些心虛，於是走出化妝間，坐在仿古小街邊邊的座椅上。

「大環境的思維，我們被誤導了而不自知。」陳雲裳壓了一下剛剛做好的頭髮，「這部電影開拍前，有些影迷知道我要和滿映合作拍片，寫信來罵，說我無恥，是賣國賊。」

香蘭有些憂傷，帶著歉意地看著陳雲裳，她沒想到滿映這些年來背負著這麼沉重的日軍的罪惡。陳雲裳繼續說：

「我原本不想接演這部片子，但想到總經理張善琨把我從香港拉拔到上海，又讓我主演《木蘭從軍》，我的成功全靠他。我勉為其難地答應《萬世流芳》的演出，實在是不忍心讓他失望、難過。」

「他，張總算是妳的貴人了。」香蘭看了一下前面還在閒聊的劇組人員，「其實滿映並非如外界認知的那麼壞，雖然比不上川喜多的中聯，工作環境還是很好，演員都是中國人，導演、攝影和編劇也漸漸有了中國人，拍的片子大部份還是故事片，他們的方針是滿洲人，也就是中國人拍給中國人看。整體說來，中國人自治部份，中聯做了 95 分，滿映也有 65 分。」

「看妳這麼謙虛，65 分應該有 70 分了，畢竟是及格了。」陳雲裳稍稍抬起右大腿，用手拉了一下壓皺的褲背，「經妳這樣說明，我也解惑了不少。我甚至有點想去看一下呢。」

「還是妳們這兒比較好。」

兩人又多說了幾句，對陳雲裳來說，原本讓她擔驚受怕的滿映變得有些透明，且可觸摸：

「拍完這部電影，妳還是會回去滿映，我們雖然分屬不同公司，但都是平民，同屬女兒國。妳覺得怎樣？」

「很好呀！在一個軍管嚴密的政治體制下，每個人都會尋求精神的國度。」

香蘭開始解讀雲裳心裡所想，直覺雲裳刻意繞過她是日本人這一事實，用兩人同屬愛好和平的女兒國來妝點新的情誼，但心裡的疙瘩必然一時難以抹除，她還是不能大意。

年輕林則徐不滿被巡撫張師誠試探，託師爺向巡撫辭行的戲還是由卜萬蒼執導。在這段戲裡，陳雲裳只露了一下臉，拍完後她一派輕鬆，不在乎這幕戲是否會被剪掉。年輕林則徐寓居老縣令鄭大模家的大部份戲碼改在攝影棚內逐室搬演，導演也改由馬徐維邦擔綱，除了高占非仍然挑大樑外，演出鄭大模夫婦和千金的姜明、高逸安和袁美雲開始面對鏡頭。

暫時卸下戲袍的陳雲裳，除了有時找周貽白討論劇情外，還是常找香蘭聊，聊到她在《支那之夜》扮演的角色：

「我沒看過那部電影，但看過報導。」

香蘭有感於雲裳再次敞開心扉，也就告以自己的身世，和常到日本演出、表演的情事。香蘭每把自己揭露一次，陳雲裳多少還是顯露一些驚訝，再次覺得生命的不可框限，同在女兒國的認知還是維繫著兩人的情緣。

川喜多用企畫的名義把岩崎弄到上海，兄弟得以歡聚一塊，但岩崎向來以評人自傲，看到電影的拍攝頗多抄小路，自己看不下去，但無法暢所欲言，抑鬱難受，下班回到住處後，有時請香蘭和雅子在附近的一般餐廳用餐，不免牢騷滿腹：

「演 50 幾歲的總督，化老妝實在有必要，我看那男主角，演老生時就在嘴邊貼兩條假鬍子，草率得讓人看不下去。」

「我也覺得很不過癮。找個老生來演晚年的林則徐自然會更好。他們可能顧慮到老生票房不佳吧。」

香蘭說完，岩崎看著雅子。雅子：

「你應該把意見轉達出去。」

「我找過懂日文的音樂主任梁桑傳達我的意思，那些導演都很客氣地聽取，但終究是當耳邊風。」

「就我的了解，不管是導演或編劇，都有他們的固執。電影開拍前，還會聽別人的意見……」香蘭認真地看著岩崎，「一旦電影拍攝了，他們就好像上了戰場，很討厭有人在旁邊嘀嘀咕咕。」

「這不是理由。這部戲還不只是這樣。我雖然看不太懂中文，但劇本敘述性的文字太少，有一頁畫有戰艦的地圖，附加的文字顯然在說明戰爭的動線。我懷疑這部戲會藉由在地圖上浮動的戰艦圖案，來表達雙方的戰況。」岩崎昶感覺眼前兩位女子還不足以讓他發洩心中的鬱悶，「一天我沒來攝影棚，在川喜多那兒打混，向他提到我的疑惑，他也說沒錯，他也很重視這方面的問題。他了解的結果是，會有戰爭的畫面，但只是象徵性的，不會有雙方主將布陣，視察軍隊，遠觀對方戰陣，指揮、下達命令的動作。」

「那就不會有戰爭的緊張氣氛了。男主角也失去一個很好的表現機會。」

香蘭邊說邊想。她相信這部電影正式定名避開「鴉片戰爭」的字眼時，就表示要規避大規模的海戰。日本電影界累積不少海戰的拍攝經驗，牧野雅弘的《鴉片戰爭》，海戰戲一定有相當的比重，上海的中聯如真要拍戰爭戲，恐怕必須要有日本的技術支援。果如此，自己也不可能全無角色，北上哈爾濱拍新戲的事不知會被延宕多久。雅子：

「大概是故事拖太長了。」

「有一個敗筆，我發現說教的地方太多了。」香蘭看著岩崎認真的眼神，「電影裡頭的要角不時像老師一樣，道貌岸然地訴說鴉片的危害。」

「想來也是，反正我一向就期望不高。」岩崎搖了一下頭，無語了兩三秒 ，「這種小館子吃得習慣嗎？」

「我比較喜歡這樣，小館子、大餐廳或大飯店，煮出來的菜色都差不多，倒是有些菜色不再供應了。」香蘭。

「直接在菜單上畫掉，看來都是比較名貴的菜，可以看到戰爭帶來的生活窘狀。不過菜餚一直都這樣簡單的話，反而更好。」岩崎昶心頭突然湧進牢獄生活的憶景，「在新京時，時常大宴小酌，我一再提醒自己保持初心，美味入口，心裡還是粗茶淡飯。」

岩崎說著瘦削的臉頰擠出淺淺的酒窩，香蘭看著那雙對別人的作品永遠是那麼苛刻的眼睛，寄居的身體的生活也被苛刻地對待。岩崎昶心繫日本國內的窮人，念茲在茲不願背叛過去牢獄的艱困生活，生活自然儉樸，有時身不由已地處在豪華的酒宴裡，就會有幾分不自在。

岩崎昶難得誇人，酸人很在行，香蘭苦於與他同處，但有時還是得借助於他的苦口良藥。做為一個演員，有著太多的恩寵，容易迷失，有時被他潑一下冷水，反而感覺實在，就像幾個月前在黃河畔磨練出難得的抗壓性一樣。她喜歡和岩崎那樣簡單度日，有時換她請吃飯，聽他評論別人的電影，或獄中的日子。

「我向川喜多了解的結果，和妳一起演的陳雲裳和袁美雲都是中聯的一級演員，不過她們都是搭交通車上班，特殊情況才有車坐。」岩崎眼珠轉了一下，故作滑稽狀，「妳在滿映真的是頭牌，出入都有專車接送。」

香蘭冷不防他會這麼說，但也認為他的話是一針見血。

「那我應該住宿舍了。」

「我只是隨便講，妳在滿映的情形，我很了解。甘粕還是必須把妳和中國演員區隔開來。妳如果搬到宿舍區，跟中國演員一樣坐車上班，少了那股隱密性，出國演出時，滿映處理起來就會平添很多麻煩。」

「李香蘭從滿洲到上海也算出國嗎？」雅子。

「當然是。」

岩崎的一番話讓香蘭好生懊惱，睡前她想了很久，第二天醒來，回新京後搬到清明街宿舍的想法消淡了許多，搭交通車到丁香花園攝影棚上班時，心情還是很悶。

坐上交通車，車抵江西路總公司，岩崎便下車，應該是找川喜多閒聊。車子繼續開，雅子：

「岩崎兄意見很多，凡事都聽他的，妳會什麼事都做不成。」

「他講的沒錯，像放棄座車也是應該的。現在滿映對我身分的那種政策性保護的氛圍已經消淡了很多，我如果搬到員工宿舍，也不致對滿映的運作造成很大的衝擊。只是人畢竟有惰性，再說，我也很享受在吉岡家的那種家庭溫暖。」

香蘭說著，雅子沉默了許久。車子到了第一片廠，不少人下車，挽著王引的袁美雲抿著嘴微笑，輕輕地向剛下車的香蘭點了個頭，然後對老公說：

「你的乖乖女來了。」

「她真的是很乖。」

王引向香蘭招呼過後，袁美雲再次向她釋出淡淡的親切，才緩步走向攝影棚。香蘭和雅子跟著進去，雅子隨意找張椅子坐下後，香蘭進入化妝間，隨即由髮型師小美安排入座。她向香蘭示範過幾天要用到髮型後，袁美雲和陳雲裳已做好了頭髮。香蘭看著鏡中自己向後收攏的頭髮，直覺老氣，但還是誇小美的手藝。小美把做好的頭髮拆掉後，香蘭把頭髮照原來樣式做好時，袁美雲和陳雲裳已化好妝走了出去。今天拍攝的主要還是袁美雲和高占飛的戲，香蘭和雲裳都輪空。香蘭抹油撲粉，化著妝時，外頭傳來一股騷亂聲。她匆匆離開化妝椅走了出去。

會客室幾盞亮開的壁燈照得一群人身後投下濃重的影子，攝影機的閃光燈不時亮起，香蘭走了過去，攝影記者閃光燈落下處，袁美雲、陳雲裳一些女明星都以手遮臉，或把臉別過去。一名日軍少佐提起右手示意記者停止拍攝，用有些生硬的中文對陳雲裳說：

「很簡單，別想太多，跟我們到碼頭向出雲號的艦長獻花。」

「我不能去，我沒辦法。」

「獻花表示歡迎，有這麼難嗎？」

陳雲裳把頭撇開，看向袁美雲小聲說：

「我們這麼討厭日本軍人，他們難道不知道。」

袁美雲低首蹙眉，沒有回答，陳雲裳繼續說：

「我為了演這部電影，已經被很多人罵成叛徒，怎可能到日本軍艦獻花，照片登出來，我這張臉往那兒擱啊？」

陳雲裳說著退回化妝間，少佐假裝沒聽到，跟著進來。一大批人湧了進來，化妝間好像被攻陷一般，還在裡頭化妝的女演員頗受驚嚇。一派斯文的導演朱石麟右眼往少佐瞟了一下：

「他，誰啊？」

「上海陸軍報導部的宣傳官。」袁美雲吁了一口氣，「實在很讓人困擾。以前我演的《茶花女》在日本上映，我就背了不少罵名，向日本軍人獻花，那還得了。」

朱石麟對這些亮麗的女演員眼露同情，但不知該說什麼好。「福兮禍所倚。」聖人都這樣說了。女明星比常人享受更多光環，困厄突然到來，也只好忍著，只是獻個花，又不是拖出去捐出一條小命，日本軍人既找上門了，識時務是才是上策。

陳雲裳一屁股坐在化妝椅上，少佐也拉來一張椅子坐下：

「妳真的不能去，說什麼也不答應嗎？」

少佐語氣溫和，帶著幾分體諒，但神情嚴峻，跟在旁邊的兩名中國籍助理心知不妙，只得再把身段放軟：

「去一趟好了，給我們少佐大人一個面子，……少佐大人也不是故意為難妳，他也要向上面交差。求求妳行個好。……」

「不會有事的，獻完花就雲過風輕，就好像什麼都沒發生過……」

陳雲裳向來心懷寬厚，轉念間心軟了下來：

「獻花可以，但不可上報。」

少佐聞言歡喜，猛然站起。陳雲裳看了少佐一眼然後望向正對著化妝中的女演員拍照的幾名記者：

「他們不許跟過來。」

少佐把帽子扶正，提高嗓門對著那群記者：

「我們走的時候，你們待在這裡不能動。」

少佐用華語和日語各說一遍，然後和助理催促陳雲裳上路。陳雲裳頻頻回首，後悔和無奈交織。

諸多報社和雜誌社的文字、攝影記者目送陳雲裳的身子縮進車子後，也湧向自己的採訪車緊緊跟著走。袁美雲：

「怎麼辦？記者都追了過去。」

「不用把事情看得這麼嚴重，日本人的事情，我一向把它比成災害。暴風要來，地震要發生，我們無法擋，也沒法說：暴風、地震不要來。」

朱石麟說完，袁美雲有些失望，愁怨的眼神帶點牽怒的意味掃過香蘭。朱石麟繼續說：

「事情總會過去。即使報紙把這種事情報了出來，還是會過去。」

片刻後，袁美雲和高占非的對手戲開始拍攝，張善琨來了，知道陳雲裳的事情，馬上趕了過去。約莫一個鐘頭過後，帶著陳雲裳回來。陳雲裳抑鬱寡歡，袁美雲下戲的時候問她幾句，她也是病懨懨的，張總最後讓她回家休息。

「陳雲裳獻花的時候，拍照的記者不少。她心裡負擔很大。」

幾名沒有上戲的同仁聚在攝影棚會客室，張善琨這樣說了。嚴俊：

「宣傳官原先說好不讓拍照的。」

「日本軍人說的話能信嗎？」

王引說著，香蘭突然想起兩年前在日本劇場演出時，和兒玉力阻記者採訪的往事：

「或是請總經理打電話關照各報社，請他們務必不要發這條新聞。」

「這個很好。報社下午上班。」張善琨閉目點了一下頭，「報社主管家裡的電話，有些知道，可以先打過去，一方面也請副董協助疏通。」

張總頹然走後，香蘭感覺空茫，不祥的的預兆充滿心頭，她也急著看第二天的報紙。

次晨一早，她下到一樓管理部，看到櫃檯幾疊報紙，抽出申報翻了一下，果然在第二版看到斗大的標題：「出雲號入港 陳雲裳獻花」，文字敘述外，還有一張陳雲裳笑臉迎人捧著花束給日軍艦長的合照。

悶鍋炸了開來，陳雲裳還是哭哭啼啼前去上班。化妝室裡，陳雲裳：

「一早就有人打電話到我家，說我叛國、賣國。」

陳雲裳口中傳出的民眾八股的反應還是有些震懾力。她一說完，頭便埋在梳妝台上，化妝小姐不敢碰她，大家都希望導演或張總趕快過來。

「有人要我退出演藝圈，不然要發動群眾抗議。」

聲音還是伴隨著啜泣，再次從埋著的臉中傳出。香蘭後悔這麼快就向她交心，說自己是日本人。看著張帆和美雲坐在她旁邊安慰，香蘭不敢趨前，有些害怕雲裳突然翻臉，指著她大罵日本人來了。

越來越多人圍著陳雲裳，說些安慰的話。老總張善琨來了，特別給她打氣。這一天要拍攝鳳姑到靜嫻家宅取鴉片解藥的戲，這場戲是香蘭戲提前拍攝計畫的一部份。導演朱石麟徵詢陳雲裳的意見，陳雲裳神色蒼茫哭了一下。張善琨俯身看向趴在桌上的陳雲裳笑著說：

「事情就會過去的，現在上工演戲，沒問題吧？」

陳雲裳沒有回應，但不再啜泣。張總向導演朱石麟使一個眼色，朱導揮一下手，劇組開始往拍攝現場－丁香花園副樓移動，陳雲裳神情悽慘地跟著走。

大家都知道這場戲拍不成，到了現場，余省三和助理早已把攝影機架好等在那兒。導演朱石麟看見每個人都進入工作狀態，都為陳雲裳的戲份開始熱身，而雲裳也確實打起了精神，一聲令下，香蘭在副導的引導下化身鳳姑，從外面走進現場的院子裡，站在屋外觀望了一下，再進入外室時，聽見內室顯然是演哥哥的譚光友的話：

「大妹！我最近錢又用完了。妳把這些東西都給了我吧。」

鳳姑走了兩步，向內窺探了一下，突然退到門外，再聽裡頭的談話。

「大哥！爸爸留下……」雲裳扮演靜嫻不成，啜泣了起來，「的東西，就只……」

「好！停！」

朱石麟叫停，香蘭知道陳雲裳情緒不穩，台詞念不下去，她還是待在門外，等候內室的重拍。重拍時，陳雲裳哭得更厲害，這回由張善琨下令停拍了。袁美雲把陳雲裳扶在椅子休息，回望朱石麟：

「讓雲裳休息，改一下拍攝項目好嗎？」

「大家幫雲裳打氣，我等會送她回去休息。」張善琨見香蘭走了進來，「昨天我和副董都打了電話，但報紙還是登了出來。妳看事情後續怎樣處理會比較好？」

「現在只能發動耳語傳播。照片上，雲裳的微笑看起來很悽涼。所以可以散播這樣的話：雲裳上了日本軍人的當，她本身還是反日的愛國藝人，獻花有不得已的苦衷……等等」

「李小姐這種建議很好，也可行。報紙是大眾傳播，耳語就是小眾傳播，我們用小眾傳播消毒，聚少成多。」

「還有這種事情，今天最痛苦，明天痛苦就會少一點，後天又再少一點。」香蘭看向陳雲裳，「現在可以說，最痛苦的時刻已經過去了。」

守護著陳雲裳的袁美雲不住地點頭，陳雲裳的神情也平靜了不少。

四五位男女演、職員提供意見，議論的熱鬧稍稍消解陳雲裳的心憂，嚴俊主張在中文報紙買廣告，針對這個事件刊登陳雲裳的心聲，張總擔心演成熱對抗，造成玉石俱焚，況且現在中文報都在日軍的控制下，不會有人敢接這種廣告。香蘭：

「用比較不具名，用詞遣字緩和的小廣告委託夾報的方式，或許可行，但還是請專家分析、評估看看。」

「這種方式嘛！當然日文報紙不能夾。」朱石麟沉思了一下，「到底什麼報可夾，透過報老闆，還是直接打點派報社，或想想其他辦法。大家絞盡腦汁想。索盡枯腸也可以。」

陳雲裳的嘴角動了一下，萎垂的雙眼開始張開。

這一天剛好是週末，陳雲裳准假回家休息後改拍鄭大模公館的戲。導演朱石麟傳來中聯總公司接到很多抗議電話和一堆抗議信的訊息：

「雲裳在家休息最好，不用讓她知道。」

片刻，約莫 9 點 50 分，百代唱片公司的車子來了，自稱是吳經理的男子找到了香蘭：

「以為你們在第一片廠，撲個空，問了一下，才知在丁香花園。」

香蘭驚魂甫定，直覺吳經理來的不是時候。吳經理向朱導打過招呼，確定香蘭的戲停拍後，香蘭稍稍鬆口氣，但立刻驚覺自己的妝容。她再次向朱導確認可以離去後，眼尖的化妝師立刻給她卸妝拆髮妝，還給她找了一件民初服換上。

香蘭上了吳經理的車，原以為百代這家大唱片公司位在鬧區大樓內，經吳樹揚說明，才知也在徐家匯區內。吳經理向她說明這一趟只是單純的拜會後，要她放輕鬆：

「那位陳雲裳現在還好吧，有沒有來上班？」

「今天本來有她的戲，她一直哭，拍不成，被勸回家休息了。」

「我來之前，公司的同仁都在議論，肯定她不好過。」

「嗯。」

香蘭覺得跟吳經理第一次見面，不宜談這話題。她冷冷的嗯聲戳到吳樹揚敏感的神經。她不就是傳聞中的日本人嗎？陳雲裳這話題敏感，還是不談好。吳樹揚不再開口，車子沒多久轉進貝當路，這兒法國風情更濃。香蘭看著一棟棟隱約在樹林中的花園別墅，和法國梧桐相伴的雕花路燈。車子很快轉進小徑，香蘭下了車，一棟綠樹環繞的別墅矗立眼前。

「這就是百代唱片？」

「是的。人稱小紅樓。」

「好像一首歌。」

「李小姐不愧是歌唱的精靈，看東西自有自己的靈思。」

經理吳樹揚說著不由得再瞧一眼這棟看慣了，褐瓦紅牆，門窗鑲白邊的歐式三層小樓。香蘭跟著吳經理進入小紅樓後，先到二樓董事長室拜見董事長中村。中村透過坊間的傳聞，對香蘭的身世略有了解，很親切地用日語和她聊了一陣。隨後吳經理帶著香蘭前往總經理室，在郭僕的主持下，香蘭簽了三年合同，三人閒話了一陣，待照相師前來照相時，吳樹揚又請來中村，以香蘭為主，大家拍了幾張紀念照。

香蘭提著公司送的幾張唱盤隨著吳樹揚經理下樓，監控室門開著，吳經理向裡頭探視了一會，邀香蘭進去。監控室除了一整排機器和監控人員外，屏風後面的六席試聽座已經坐了兩人，香蘭入座後，吳經理給她戴上耳機。香蘭坐了片刻，一位女士進來後，監控人員把門關了，耳機傳來兩分鐘後開始演唱的提示。

小型樂隊的前奏從耳機傳了過來，香蘭屏息諦聽，大提琴低沉的樂音依舊舒緩，清越、嬌嫩的歌聲蓋過了音樂，她細細品味這位女歌手的吐字咬音，發覺女歌手每唱一字，音尾的稚氣帶出的嬌氣渾然天成。這種美聲好似鶯歌燕喃，心都被融化了。

歌畢，香蘭隨著吳樹揚步出控制室：

「那位女歌手聲音真好聽，可說天賦異稟。」

「確實有特色。她叫周璇。」

「周旋？」

「公司送的唱盤有她的。」吳樹揚快要步出大門，「她現在在錄音室休息，要不要跟她認識一下？」

「現在，太冒昧了，我都還沒交出成績，以後自然相見吧。」

「那麼我送妳回片廠。」

在車上，香蘭從紙袋取出獲贈的禮物看了一下，四張唱盤分屬王人美、周璇、白虹和龔秋霞四女，她只看了封面一眼，便收回紙袋，覺得還是周璇長得最美，而周璇的美，如其歌聲，給人柔弱、纖細的質感。這種當下的印象又好似似曾相識，塵封的記憶突然在她眼前亮了起來：

「我記起來了，前幾年我在拍一部電影的時候唱過她主唱的〈何日君再來〉。也是從她的唱片學來的。」

「恕我冒昧，李小姐最近都在拍日本電影吧。」

「是的。」香蘭臉紅了起來，心裡也警覺地細審吳樹揚的口氣有無歧視的意味，「常年東奔西跑，舊的事務很快就被新的印象蓋過去。」

「我們公司開會時，總經理說過妳曾到上海拍過片，拍完又到日本、東北，現在叫滿洲的。總給人感覺神秘，讓人有很大的想像空間。」

「是麼？」

「像周璇小姐就是土生土長，我們看著她從小女生變成女孩兒。」

「我也很希望給人很扎實的印象。」香蘭想起了從前，「以前跟著周璇小姐的唱盤唱歌的時候，她唱盤封面的照片簡單又模糊，不像這一張這麼清楚。」

「不諱言地，日本人進來後印刷進步了不少。」吳經理輕輕踩煞，坐等路口綠燈亮起，「不過說到周小姐，大家都喜歡她的歌聲。」

「對！她的歌聲給人一種天真的稚氣感。」

「聽久了會覺得她藉著歌聲流露對身世的哀嘆。」吳樹揚重啟油門，「聽說她是孤女，很小的時候被賣到周家，一直不知生父生母是誰。」

「這樣啊？」

香蘭應了一聲，心裡嘆氣，覺得更加喜歡這個人，吳經理也不再開口。

香蘭回到片廠沒多久，中午時候到了，大家也就收工開始過週末了。

55. 山家邀宴 一晚盡興

回到百老匯，用過中餐，香蘭躺了一下，沒睡著，把四張唱盤封面上頭的介紹文字流覽了一遍。急促的敲門聲讓她有些驚嚇。雅子前去開門後張大嘴，叫了一下「啊！是你，請進」後說不出話來。

山家亨一身純白西裝，臉孔豐潤了些，氣色變得很好，和半個多月前在南京看到的模樣，判若兩人。香蘭和他對望了一下，相視而笑：

「你真是不速之客。調到上海來了？」

「是的，終於脫離那個鬼地方。」

「進來。你怎知道我住這兒？」

「當然是川喜多。他說妳和助理住進這棟大樓，然後我再向樓下管理人查妳住那間房。」山家拄著拐仗進來，坐在香蘭指定的椅子上，「當然來這兒還是要找時間向川喜多報到的。」

雅子聽到山家故作客氣的話後笑了起來，遞給他一杯白開水後，他喝了點，然後放在旁邊的桌子上。香蘭：

「川喜多跟我提過你會調過來。」

「他也跟我說過妳在這兒拍片的情況，和白光見過面沒？」

「剛來的時候，在第一片廠看到她拍戲，但她沒看見我。」香蘭抑制住興奮的心情，「現在輪到我的劇組在第一片廠上戲，沒看見她。或許她的戲已拍完，或轉移到別處了。」

「她好像回辦公室了，到中華電影上班了。」

「製片組是中聯公司下面的單位，但辦公室借用中華電影大樓，所以演員下戲了，就回到中華電影。這兩家公司像雙胞胎，遲早要合併。」

「原來這樣。白光沒跟我說清楚。」山家把桌上的一杯水取來喝掉一大半，看著坐在桌子另一邊，神情專注的香蘭，「我現在終於和李明分手了。不過整個過程累壞了。她又哭又叫，不斷咆哮，氣沖沖地說要殺掉白光。」

「李明有小男朋友，是白光告訴你的。白光告密這件事，李明也知道了？」

「不錯。她也知道我現在和白光住在一起。她知道後完全崩潰了。」

「那當然，任誰都受不了。」

「好在她有小男朋友，應該很快就會把我忘記。」山家從口袋掏出一張手寫的名片遞給香蘭，「這是我的住所，在黃浦灘。晚上有自助餐晚宴，6 點半開始，帶雅子小姐一起來吧。」

山家說著望向雅子，雅子連說不要，香蘭看著名片「キャセイ ホテル 華懋飯店」的字樣：

「山家叔，你就住華懋，很高級呢。」

香蘭每經過黃浦灘，不管是坐車還是徒步，看見那棟沙遜大廈的綠色金字塔頂，總會油然生出一股嚮往。沙遜大廈的主體－cathay hotel，中國人稱為華懋飯店，日人直接把英文直譯成「キャセイ ホテル」，日華語皆通的人把「キャセイ」說成古羅馬皇帝凱撒，「凱撒飯店」的俗稱也就不脛而走。山家：

「別想得這麼浪漫，時常要執行重大任務。」

「這個晚宴什麼人來參加？」

「主要是上海新劇的演員和編劇、導演，電影界人士也邀了很多，包括你們中聯的明星。當然川喜多，我也親自面邀了。」

「那山家叔，活動是你辦的？」香蘭一臉狐疑鎖住山家，「你好厲害，剛調來就……」

「活動由上海新劇公會主辦，上海陸軍報導部指導。我調到上海時活動已經籌備得差不多，彩排時交給我督導，最後請我主持。所謂主持，關鍵時刻露一下臉，主要由女司儀掌控全場。」山家看向窗外的一抹浮雲，再收回視線，「只是一個中型的，看似上海民間自辦的活動。」

「你不錯嘛！撿現成的，真是福將哪！」

香蘭說著斜乜了雅子一眼，隨後迎來山家狡猾的一笑。

「那個晚會是由上海陸軍在背後操控？」

雅子說著，山家微微頷首，略顯尷尬。香蘭：

「岩崎昶，你知道吧！你邀他了嗎？他就住這兒，也是十樓。」

「我看還是別自討沒趣。他是這麼清高，讓他看了這麼多不順眼的事，招他惹他，來個筆劍穿心，自討沒趣。何苦？」山家拐仗支地把自己撐了起來，「這樣好了。我大概六點多一點來接妳。我或許還會載其他人一起過來。妳不用下來等，在這兒等就可以，我上來敲門。」

雅子見山家沒再邀請，鬆了一口氣。山家表示還要拜會一些人後拄著拐杖往外走，由香蘭和雅子送到電梯間。

華懋或者凱薩飯店的晚宴，香蘭希望雅子跟著過去，但雅子期期以為不可：

「山家沒正式邀請，那會很失禮。」

「那有什麼關係。我有了伴也自在些。」

「我知道這種晚會是上流社會的聚會，分貴賤，不分國籍。現在中國雖然被打敗了，某種程度被征服了，但她的上層社會還是存在，比如那位白光，即使她不是山家的情人，她也可以以明星的身分前往參加。同樣是日本人，松岡謙一郎是前大臣的公子，他也適合參加，但兒玉英水就不適合，他可以載妳過去，但他最好是待在車子裡面等妳宴後出來。」

「妳還說得挺有道理的。」香蘭苦笑了一下，還是十分佩服雅子的見識，「生逢亂世，她的思路還是這麼清晰，還是看得見中國的上流社會。」

上海十月晚上六點，正是華燈初上的時刻。山家亨換穿灰色的長袍馬褂開車來到百老匯，香蘭跟著他下樓直接坐上他的座車。香蘭來上海一個月了，晚間大路段地行車經過燈火熠熠的外灘還是第一次。從車窗仰望出去，東方匯理銀行、怡和洋行、揚子大樓和中國銀行，雖然都被日軍接收，有的停止運作，或移作他用，有些窗格子裡的燈火，還是渲染在高聳的牆面和柱子間，雖然還算亮麗，比起她在拍攝《支那之夜》時顯然遜色了不少。不過，一直都屬日產的正金銀行，頂層黃光煊亮，正面撐高四層樓，希臘式的巨柱被白光雕得肥碩。中國銀行大樓看起來崇高，但窗格子燈光亮得少，灰樸樸的高樓承受沙遜大廈投射過來的光彩，沙遜大廈或者說華懋飯店頂樓，鼓著綠光的金字塔好像一顆巨大的綠寶石，她仰著頭，車子響著喇叭轉向南京路，綠寶石也就從她眼角消失了。山家：

「我們從南京路這邊進去。」

「不從黃浦灘路那邊進？」

「南京路這邊才是飯店正門。我們待會快一點，時間快到了。」

山家車子駛進南京路後來個U轉，停在飯店旁邊。兩人下了車，從大門進入飯店，氣派的大廳和櫃檯，立刻映入眼簾。櫃檯牆上方的諸多掛鐘，顯示著上海、東京、紐約、莫斯科和柏林的時間。山家逕自走到櫃檯旁邊的電梯，直接上九樓。

出了電梯，山家帶著香蘭進入維也納廳，白色的柱子撐起有些波狀起伏的金黃色天花板，音樂在前面的舞台散放出來。山家帶著香蘭走到自助餐區，向她介紹了幾位新劇作家和演員。香蘭端著盤子取食時，肩膀被碰了一下，她抬頭一看，是白光。白光穿著粉紅色的羽絨棉衣，前額頭髮高高梳起，唇紅眉細，眼波如水，看來十分妖嬈：

「知道妳來這邊許久了，如今才謀一面。」

「我也是，知道妳在這兒發展得很好。」

「還好，混口飯吃。我們到那邊坐。」

白光把香蘭引到遠離舞台的靠窗小圓桌。香蘭看著三四名樂手正在演奏的舞台：

「山家說，待會會有新劇演出。」

「那是上海新劇團做出的應景戲，沒有多大意義。」

兩人異地重逢，親切油然而生，香蘭感受不到過去在三浦環住處學歌，偶而同處時，白光那種凜然拒人的冷感，兩人共話在中聯拍片的一些經驗時，山家走了過來：

「妳們以前是同學，現在可是同事了。」

「我還是滿映的人。」香蘭。

「妳等於是從滿映借調過來的，現在也算是中聯的一員。」山家環顧越來越多的賓客，看了一下手錶，「妳們好好聊，我要到前面主持。」

山家走後，香蘭看見嚴俊帶著兩位女孩走過了來。白光：

「喂！嚴大哥。」

嚴俊和兩位女子趕緊走了過來。白光看向李香蘭：

「這些都是我們中聯的同仁。」

「這位李香蘭，我們中聯的新同仁 。」嚴俊笑著，眼神在白光和香蘭之間游移，「我來介紹，這位是李麗華，這位是王丹鳳。」

香蘭分別向李麗華、王丹鳳握手行禮，寒暄了幾句。白光看著嚴俊一行：

「你們趕快去拿菜吧。」

鑼聲響起，大家不約而同地抬頭面向舞台。舞台上紅底白字的橫幅寫著「上海新劇團新編劇《上海的曙光》試演會」幾個字。山家站在舞台上的麥克風前，華日語交替致上歡迎詞後：

「我宣布上海新劇團新編劇《上海的曙光》上演，請大家一面用餐一面欣賞。」

山家說完下台後，站在舞台一角的女司儀化身劇情旁白：

「人與人間有衝突，國與國間也有戰爭，戰爭就像黑夜一樣……」

旁白告一段落，舞台燈光全部熄滅，暗黑的舞台開始閃現象徵砲火、槍聲的閃光和轟聲。

「戰爭終於結束，黎明到來，旭日東昇。」

旁白再度響起，隨即舞台燈光漸漸亮開，照出傷臥在地，發出呻吟的士兵和百姓，燈光全然亮開後，舞台背景變成旭日從上海樓群升起的畫面。日本軍歌響起，四名日軍齊步進場，接著擔架兵也進來了……。白光笑了一下：

「要主題正確，但又有藝術水準的劇本不好找，最後山家只好演出這個劇。山家載妳來的？」

「是的。他載著兩名日本籍的市政府顧問來接我。」

「這傢伙打算邀妳來作客的時候才向我坦白他認識妳剛好十年。1932 年 11 月他到妳在奉天的家拜訪，他都有作紀錄。之後妳到北京讀書，他也調到北京，也一直關照妳。」

「我一直把他當叔叔，是長輩。」

「他的婚姻像一場夢，長年沒有好的伴，我如果成為他的伴侶，妳要叫我什麼？」

白光狡猾地笑開，香蘭但覺靦腆，想：山家大自己 23 歲，這是對他永遠保持一定距離的最重要因素，那知比自己小一歲多的白光居然和他有一腿，難道要叫她叔媽、阿姨。香蘭抬頭看著白光高聳的額髮和有點浮腫的臉，感覺她怎麼看都比自己來得老練、成熟。白光：

「妳觀察他這麼久了，覺得他人怎樣？」

「年紀是大了點。」

「年齡不是問題。」

「是非常好的一個人，作為一位日本軍人，有中國心，不但不會欺負中國人，反而事事替中國人考慮。」

「我也這樣認為。他這種好心腸，難免鶯飛蝶繞，但這反而是他大好男人生活應有的點綴。」

「只要他心裡把妳擺在第一位，其他都是次要的。」

「正是這樣。一齣戲總是要有很多角色，光是一個人唱獨角戲也很難演下去。」

香蘭知道她的弦外之意，沒有搭腔，兩眼轉向舞台。舞台上兩名日軍推著水泥車進場，兩名華工抓取木頭漆成的磚塊，有模有樣地一塊塊往上砌，一幅日中軍民合作共同建設的場景。這齣戲的主題就在此吧。香蘭把臉轉開，看向前兩排桌次上的嚴俊、李麗華一些人。白光眼神追了過去：

「他們都是中聯當家的小生、花旦。尤其那兩個花旦都很年輕，比我小三歲，還是小朋友，但演的戲早已成串。像我這種半路殺出的，只能當她們的綠葉。」

香蘭警醒了起來，她實在不用太耽溺在過往的光榮，什麼台灣演出時的萬人空巷、日本劇場的七圈半都已成夢幻泡影，抓緊當下才最要緊。當年自己 18 歲出道時，總感覺太早了些，如今中聯這些 18 歲小妹妹都各自擁有一片天。她感覺歲月已經把她推出演藝圈的核心，推向媒婆級的諮詢師了，白光要她幫忙鑑識山家，山家何嘗不是也希望藉她來觀察白光。她想著不覺啞然失笑了起來。

短劇結束了，湧進來的賓客越來越多，司儀宣布「上海新劇日華親善懇談雞尾酒會」開始，侍者把沒人坐的小圓桌移到後面，一般賓客見狀也識趣地離開座位，讓空間更加寬敞。用托盤端著酒杯，分送賓客的待者在人群間穿梭，香蘭和白光也開始到餐桌用小盤取食，肚子墊了一點底後，從雞尾酒區各取一杯酒。

她們和嚴俊、王丹鳳會合，聊了一陣分開，和其他賓客接觸時，都不顯露自己的藝名，只稱自己的姓，也都說是中聯演員。山家走了過來，把新劇作家小柳介紹給香蘭時，香蘭不想自己的身分過於曝光，搶著把自己簡介出去。白光拿著酒杯跟著山家走後，香蘭看著小柳一時不知講些什麼。小柳：

「李小姐，妳說妳是中聯演員，目前演什麼電影？」

「都是小角色，不足掛齒。」

「妳太謙虛了。當個演員就要這樣，妳們的日本老闆川喜多，我們戲劇社的人都很喜歡談論他。」

「哦。」

「他雖然不是演員，但他是搞電影的，和我們搞戲劇的一樣，知道也尊重別人的演戲空間。不像一般軍人或軍國主義者，一就是一，沒有妥協的餘地。」

「是的。」

香蘭淺嚐一下杯中酒，不知小柳要說什麼。小柳繼續說：

「妳在公司裡面，不會感覺一直被監控或管制吧。」

「沒有。」

「我相信也不會，應該還是有些自由。就拿最熱門的話題『抗日』來說，抗日的事不能做，大家都知道，就是說，大的來說，不能發展組織，搞軍隊，小的來講，不能寫成劇本，或演出這方面的戲，在街頭貼這方面的標語。但可以說說。」

「你現在不就說了嗎？」

「正是。做和說的差別就像實際的行為和演戲之間的差異。」

「我理解您的意思。所謂說出來還只是停留在思想的層次。」

「當然這只限於川喜多的公司。一般日本人的單位就沒有這方面的自由了。」

「一點也沒錯。」

「同樣的道理，在王二爺的跟前罵日本首相，他也只是笑笑。」

「您也知道他的雅號？」

「他來過我們的社團。」

「他就是這種人。只要看見他長袍馬褂披上身，一手搖扇，一口中國話，一般人根本就不會把他和日本軍人聯想在一塊。」

「在這亂世裡，很多不隨流俗，有血有肉的人物，或許也會被歷史淹沒，但我們會記住他們。」

「不錯，正是要這樣，很高興你有這種想法和認識。不信公道喚不回，豈容天理盡成灰？不就是這樣？」

「說得好，說得好。李小姐。」

小柳說著時，嚴俊帶著李麗華和王丹鳳前來，表示不宜待太晚，要送兩位小姐回去。香蘭送他們到門口時，賓客的談話不斷傳入耳裡：

「『帝國』是歷史的垃圾，日本人把『帝國』撿來用，『日本帝國』不是自取滅亡是什麼？」

「……哦！你每天念阿彌陀佛，也不會成佛，但求得心安。同理，你時時刻刻在心裡念『打倒日本』，事實上也推不倒日本軍政府，但你會有幸福的感受。想到就在心裡咒念，雖然很阿Q，但真的有有點快感……」

香蘭送走了嚴俊，穿梭群賓之間走了回來，遠遠看見山家，便朝著他走去。山家正和話劇演員曹城聊天。晚宴開幕前，香蘭跟著山家來到這兒維也納廳時，山家介紹一些新劇演員和劇作家時，西裝筆挺的曹城給了她鮮明的印象。她笑著向曹城點個頭，曹城兩眼緊緊黏著山家：

「我看槍砲不但解決不了問題，反而製造問題，但日本軍人又不得不佔領上海。」

「佔領？日本軍人佔領上海？這樣說就太沒戲劇味了！日本軍人佔領上海，但佔領不了上海的民心，因為他們心裡滿是民族意識，容不下大和魂。」山家看著走過來的香蘭笑了起來，「再說上海人的心裡面還有一點空間也被鴉片佔滿了，佔領軍應該失算了。」

山家說得亦嬉亦謔，曹城覺得這位日軍中佐十分有趣，似乎在發洩心中的不滿。

「日本軍隊佔領上海有一個好處。那就是強大的軍警壓陣，治安大大變好。」

曹城說出一般市民實際的感受，安慰山家之餘，還是帶點諷意和批判。山家微笑點頭：

「謝謝你的誇讚，不好意思。」山家兩眼迎向香蘭，「白光呢？」

曹城走後，山家帶著香蘭走到後面坐在椅子上歇息。山家：

「妳在南京跟我提到那位小姐。我查過了，身材很高挑嘛！有在二廠試鏡，試用期間和副導吵了一架，就沒再來了。」

「她怎會跟人家起衝突。脾氣好得很。」

「可能導演要求太多，壓力大，剛好月事又來。」

香蘭瞟了山家一眼，腦裡搜索著和曉君相處的有限日子裡，覺得她並沒有反常怪異之處，或許是水土不服，心情不好。

山家示意香蘭等他後匆匆走向舞台，向來賓致上謝詞後，晚宴結束了。兩名市政顧問早先搭別人的車子走了。山家走下舞台交代白光督導收拾場地，白光也察覺到了山家和香蘭之間很難被別人取代的那種類親人的關係。山家要送香蘭回去，白光沒有第二句話。

山家的車轉進四川路後一路往南開，香蘭以為山家要載她回去：

「不是要走黃浦灘路嗎？」

「我們往南開，到舊城區看看如何？」

「看什麼？這麼晚了。」

「還好，還不到九點，我帶妳到一個地方看看。」山家在十字路口停了下來，「妳覺得白光怎樣？」

「他認為你心腸好，可惜年紀輕輕就委身於你，你要好好珍惜她。」

「那當然。今晚的酒宴還不錯吧？」

「人氣很旺，山家叔的面子也夠大。」

「我一到上海就馬不停蹄地拜訪。當然也有人帶路。」

「他們可能想都沒想到一個日本軍官穿著中國服裝，操著中文，到處移樽就教。」

「讓他們受寵若驚，總比受到驚嚇好。」山家得意地笑了一下，「快到了。」

車子好像離開市區進入郊區，店家越來越少，路兩旁好像都是大宅院，尖塔挺立，樹影濃聚的天主堂，一連駛過兩處。車子速度變慢，轉了一個彎，沿著宅院的圍牆行駛，圍牆裡頭，剩下樹幹、枝椏的樹木濛著一層被圍牆遮住的賭場放送出來的餘光。香蘭看著周邊暗黑樓房的零星燈火，感覺這兒低矮的牆屋像是棄地：

「連路燈都不亮。看來很荒涼。」

「他們是故作神秘，這裡是賭場。」

「你要下注？」

「只是看一下，然後就走。」

車子轉過街角，前面的牆門明顯亮了起來，車子駛進大門停了下來，一名手持晶亮短槍的警衛慌張地前來迎駕。山家把車子停好後，兩三層樓大面積的賭場通體放光，幾乎融掉了柱子和隔間的牆板，且用力舉起黝暗的屋頂。香蘭跟著山家大步走進賭場，全身浸滯在眩目的燈光和喧囂的聲音中的同時，一股香甜的味道讓人飄然似仙，香蘭知道這賭場的後面一定是個鴉片窟，山家應該已經染上了煙癮，記得兩三年前前往他在北京南池子的家時就已經聞過這種味道。山家的煙癮恐怕早已年深日久了。

外面看似兩三層樓，除了二樓迴廊裡側設有許多小房間外，賭場大廳全部樓層打通，一個個枝形吊燈從高高的天花板垂掛下來，四五十桌像撞球檯的綠色賭桌，都圍滿了賭客，有的賭桌還設了輪盤，圍著賭桌的除了黃種人外，白人也不少，甚至還有一位黑人。賭樸克和牌九的人們睜大眼睛看發牌，也有不少眼睛隨著大輪盤和小骰子的轉動骨碌碌地轉。

雖然是仲秋季節，但賭場喧囂鼎沸，熱得很，敞開的大門不斷迎進香風，山家和香蘭從侍者的端盤中取來雞尾酒，走向裡頭時，和山家擦身而過的每個人都客氣地和他招呼。這讓香蘭有些感動。雖然是淡淡的甜酒，但舊酌加新飲，香蘭感覺微醺，賭客和吆喝聲的游離光影在她眼前魔幻了起來。賭場的景象對她來說有點沉重，她不自覺地走向窗邊，和山家共望窗外樓閣高大，屋頂尾脊翹起，簷燈黯淡的中國傳統式的宮殿式建築。香蘭：

「那是什麼地方？」

「那是有名的豫園。那天可以帶妳去看看。」

「原來如此，前年來上海拍片時就在這個園區出外景。拍完就走。」

「所以印象不是很深。」

「不錯。白天看和晚上看的，從外面看和在裡頭看，都不一樣。」

山家笑了起來，一時沒有回話，良久才有感而發地自言自語說：

「一般日本人太驕傲，講話像軍人一樣盛氣凌人，讓人厭惡而不自知。中國人表面上對日本人唯唯諾諾，心裡當然不服，沒有人相信日軍口中的日滿親善或日華親善。我是愈來愈討厭日本人了。」

「如果不是戰爭，你也不是軍人的話，我看你早就歸化成中國人了。」

「像你父親。」山家笑了起來，「我看妳也差不多。」

「川喜多也是。你應該了解他的來歷。」

「沒錯，他跟我談過。」

兩人把杯中物一飲而盡，還了酒杯後步出賭場，走向座車。

車子走出舊城區往北走，在愛多亞路轉進黃浦灘路，再次縱觀城市夜景的丰采，山家：

「妳們中聯陳雲裳的事，川喜多跟我談過。」

「哦！」

「上海陸軍參謀長關谷少將約妳吃飯的事，他也說了。」

「他怎麼說？」

「他說妳的急踩煞車可說應變得很好。少將那兒冷下來後，現在就沒事了。當然我請妳吃飯，是另一回事啦？」

「老交情了。當然不能類比。再說，你請我吃飯的事，可不能讓少將知道，不然麻煩大了。」

兩人都笑了起來。山家：

「川喜多有一個想法。他希望他在上海陸軍報導部的朋友，像辻久一、伊地知進和我這一些上海電影界信得過的人，負責上海電影界的事務。高級長官邀宴、要求獻花一類的事，就會比較有些顧忌，不會這樣大辣辣地幹。」

「好是好，但軍人向來很難調伏。」

「或許他只是講講而已。」

56. 小丘開鏡 月夜情挑

陳雲裳來上班了，沉靜得像一面鏡子，面對同仁的致意，多只是淺笑回應一兩個字，梳髮化妝都由技術人員代勞，她一直沉浸在濃濃的鬱愁中。袁美雲、導演朱石麟和她講過話，給她暖過機後，她恢復了不少神彩。導演朱石麟見雲裳初復原，決定再放緩她和香蘭或其他演員的戲，今兒還是拍攝高占飛和袁美雲大喜的戲，算是給陳雲裳沖個喜。遠遠地看著鳳冠霞帔，紅布蒙臉蓋頭的袁美雲和一身官服的高占飛，並肩端坐攝入鏡頭，輪值導演馬徐維邦喊「cut」，劇組暫時休息後，陳雲裳良久開口了：

「妳說得一點都沒錯，一天是好過一天。」

香蘭看著陳雲裳笑了一下，陳雲裳繼續說：

「這兩天接到幾通影迷的電話，有的還是罵我，但也有幾位表達了諒解，認為我身不由己，有難言之隱。」

「這樣很好嘛！或許張總真的發動了耳語傳播。」

「也不會刻意去想這些，讓事情順著天意走就好了。」

「天意是，人會淡忘過去的事，就趁著人們淡忘的當兒做些有意義的事，拍好這部電影，帶給人們新的記憶。」

「謝謝香蘭，真是很有建設性的話。」

陳雲裳說著笑了起來。第二天，香蘭向雲裳索取鴉片解藥的戲順利開拍，隨後的戲都進展順利，外景戲不再限於丁香花園內，戲路更加寬廣，人人士氣高昂，拍著戲時難掩一股鬥志，好像真的準備打一場戰爭那樣。身為電影企劃，岩崎昶只要到片廠，就有機會近距離觀察電影的拍攝，他的意見很多，除了向川喜多發發牢騷外，便在香蘭空檔時向香蘭訴說。香蘭一向佩服他觀點的精闢，但也無法改變什麼，只得傾聽，讓他說到飽。

「cut.」

導演馬徐維邦的聲音傳了過來，這天最後一場林則徐夫婦討論戒煙丸秘方的戲顯然拍好了，香蘭鬆了一口氣，可以不用再聽岩崎的說教了。她兩眼迎向走過來的雅子，向岩崎點頭致意後前往化妝間卸妝。卸妝的速度很快，香蘭要洗臉時，美雲和雲裳才進來。她洗好臉回到化妝椅時，梁樂音老師、雅子和岩崎昶已經在她旁邊了。香蘭一邊讓化妝師擦臉、梳髮，一邊聆聽。

「外面幾個音樂界朋友，包括百代的人在等妳，我已經和馬徐講好，妳就直接跟我們用餐去，我們商討錄歌的事。」

香蘭聽梁樂音說著時，化妝師也快速地把她的容妝復原。她下了化妝椅，看向雅子和岩崎：

「雅子姊，待會用餐，妳就跟岩崎兄一起去。那岩崎兄也麻煩照顧雅子回住處。」

「那當然。」

岩崎說完隨著梁樂音走出化妝間，走出攝影棚，和雅子向香蘭揮手後逕自走向公司的交通車。香蘭在梁樂音的引導下走向一輛黑色轎車，前座門開了，她順勢入坐，不久前接待她的百代吳樹揚經理坐在駕駛座，而後頭也已坐著一對男女。梁樂音老師做了簡單的介紹後，香蘭對上海音樂界的姚敏和姚莉兄妹有了初步認識。

車行不遠，在福開森路的琴恩法式餐廳前面停了下來。客人不多，多落座靠牆兩人相對而坐的雅座。姚敏選擇最前面的六人座。姚敏、姚莉比肩坐，其餘三人坐對面。姚敏特別向香蘭再次介紹自己和妹妹：

「……可能妳不知道，我也是服部良一老師的學生。」

「這樣哦？」

香蘭楞了一下，有些吃味。她自認為和服部良一關係密切，也稱呼他老師，如今細想了一下，他們之間也不過止於服部替她演出電影的主打歌譜曲，然後她親炙他的教誨，沒想到服部老師真收了一位中國學生，只不知姚敏是留學日本受教於老師，或老師來上海時收姚敏為門徒。她印象中，服部老師很少來上海，即使蒞滬也是來去匆匆，於是越想越迷糊。

「那你也真幸福。」

香蘭的反應讓大家輕轝淺笑了起來。姚敏從公事包取出兩張手寫紙交給香蘭：

「兩張都一樣，是我學生抄寫的。」

香蘭看了一下，原來是歌譜，曲名是「恨不相逢未嫁時」，作曲固然是眼前的姚敏，填詞的是金城：

「這位金城是？」

「也是我的朋友，叫陳歌辛，是作曲家。」姚敏再次端詳香蘭天真而圓潤的雙眼，笑了起來，「他結婚太早了，感情有太多遺憾，把一段悔恨的感情寄託在我的新歌裡。」

在大夥的笑聲中，香蘭看著歌詞看不出要表達什麼。笑聲漸歇，姚莉提醒大家看最後一段，香蘭趕緊移目，「你為我留下一篇春的詩，卻教我年年寂寞過春時，直到我做新娘的日子，才開始不提你的名字。」

「原來不是陳歌辛自己感情的告白，他是假借對方，也就是失戀的女子來說這種遺憾。」

「對極了。」梁樂音很高興香蘭直接進入歌詞的核心，「陳歌辛不敢讓太太知道他有精神上的外遇，所以用筆名發表。我們幾個人在談這件事，也會守密，不對外隨便亂說，想來李小姐也是吧。」

「我當然不會亂說。雖然不認識陳先生，但很能體諒他的心情。」香蘭語帶玄機，吸引大家的目光，「這種感情，陳歌辛憋在心裡也難過，他一旦以創作歌曲的形式吐露出來，就是藝術了，無關精神外遇了。」

香蘭對於歌曲價值的賦予甚得姚敏的歡心，姚敏從公事包取出自用的那份歌譜，瞄了一下，再看向香蘭：

「妳的音域寬廣，很容易駕馭這首歌。現在百代吳經理在這兒，很希望妳能在百代幫我錄這首歌。」

香蘭看著歌譜低吟了一下，直覺弦律並不十分美，但曲調紓緩，很能蓄積感情或傷愁。洋蔥濃湯來了，浮在湯上面，一層白油油的乳酪發出濃郁的芳香，隨後沙拉醬麵包也來了。滿是異國情調的食物香滿溢，姚敏沒有心情動刀匙，香蘭明瞭留滬的時間不多，有些戲還沒拍完，兩件事突然撞在一起，也頗煩心：

「姚老師，您很急嗎？」

「沒有，看妳方便。」

「我留在上海的時間不多，現在還有些戲還沒拍。」

梁樂音這兒也焦急了起來，詢問香蘭，得知她待拍的戲份不多，但頗為分散。姚敏用一匙湯潤潤喉嚨：

「我們這個小飯席如果邀張總或導演過來，或許事情就可以迎刃而解。」

「這個問題我當然有想到，但事情來得太匆促。如果香蘭小姐早先確定可以錄音，就可以沒有懸念地請張總或馬徐導演或其他導演過來。」梁樂音用白巾抹了一下嘴角，「剛剛來之前，我跟馬徐提了一下，他知道香蘭受邀錄歌，臉上表情也是喜悅的，更不用說，張總一直支持香蘭的歌唱事業。」

侍者提了一瓶葡萄酒過來，姚敏強調吃法國菜沒有葡萄酒不夠味，梁樂音答應明兒向馬徐協調把香蘭的戲份集中拍攝，以便香蘭集中精神練歌再錄歌。侍者給每人的酒瓶倒了酒，姚莉不喝，給了哥哥。姚敏舉起酒杯，大家跟著舉杯。

「李香蘭小姐這次是第一次在上海錄歌吧。」姚敏見香蘭微微頷首，「祝這次錄歌順利，祝歌辛兄的心情永鑄在唱盤上。」

舉座的士氣被激了起來，酒興自然濃。葡萄酒對香蘭來說，適性爽身，想到要玉成他人的美事，自然就開懷共飲。

「為了讓各位，尤其是李小姐了解這首歌長得什麼樣，我就試彈一下。」姚敏眼神從左前方一直閒置那兒的鋼琴移了回來，「我的小妹阿莉五音不全，努力了幾天總算可以唱出一個樣了。」

看著姚敏走向鋼琴，開始試音，梁樂音把嘴靠近香蘭耳朵：

「這首歌，姚敏說過，他老師服部良一也讚不絕口，說什麼『我做老師的也寫不出這麼好的曲子。』」

鋼琴前奏鵲起，淡淡的哀傷流洩過後，姚莉引吭，「冬夜裏吹來」激切的高音在「一陣冬風」裡紓緩了下來，「心底死水」高音再度鵲起，姚莉聲息將盡不盡，徐徐吐出「起了波動」，再緩緩訴說「雖然那溫暖片刻無蹤，誰能忘卻了失去的夢」，試圖找回綿綿舊情，隨後歌聲和感情便在高音低音之間迴蕩……，隨著「……失望、苦痛盡在不言中」的高音絕唱，姚敏手離琴鍵，贏得自己同夥和其他賓客的喝采。姚莉快速跑回座位：

「啊！對不起李小姐，在妳面前獻醜了。」

「妳唱得很好啊！」香蘭沒想到初見面的姚莉這麼客氣，「妳的歌聲和感情還在我心裡面波動呢。」

「歌曲就是要唱，唱出來就是不一樣。」

姚敏說著落座，新菜油封鴨肉也來了。姚敏先向大家敬酒，再示範鴨肉的切法：

「吃中餐就像京戲畫臉譜，來一道大魚大肉，就像在臉上畫上一筆又黏又稠的油彩，先藍，後紅，再綠……，顏色鮮明味道重，有時加一點水墨，好像來一道青菜，酒足飯飽。吃西餐，要一點點吃，吃一小塊肉，就像抹一點胭紅，吃這一小片番茄，就像畫一下眉毛，吃這幾葉香菜，就像塗一點口紅，不是一下塗滿……，然後喝一點紅酒，就像剛剛那個曲子，非常緩慢。」

依禮數，紅酒要細飲，但因為入口容易，大家還是喝得快，姚敏立刻叫來第二瓶，吳樹揚看著盤中切成一塊塊的鴨肉，想起竹節，於是從口袋陶出早先發的曲譜，瞄了一下：

「『恨不相逢未嫁時』是千古名句，大家耳熟能詳，但它的出處〈節婦吟〉是政治詩，我聽兩位老師說才知道。」

香蘭聽了也攤開姚老師給的曲譜，看著歌譜後面附的唐代詩人張籍的〈節婦吟〉一詩，梁樂音指著副標題「寄東平李司空師道」：

「這個李師道是當時割據一方，擁兵自重的節度使－地方大員，好像是土皇帝，張籍那時在朝廷當官。李師道目中無皇帝想把張籍挖過來給自己用，張籍不想背叛皇帝，又不好得罪李帥，只好假藉這首詩，形容自己是有夫之婦，婉拒另一個強有力的男子的感情。」

這首詩，香蘭還是第一次讀到，她一時無法穿越文字障進入詩境，遂喝了一口減壓，隨後指向「知君用心如日月，事夫誓擬同生死」兩句。梁樂音看著李香蘭的手指：

「這個君就是指李師道，指他的心意像日月那樣恆久……」

「現在，我看，下一句就明朗了。」香蘭如釋重負，「早就發誓要和丈夫生死與共，現在把明珠這個禮物奉還，兩眼還是流著感激的眼淚。」

「對。就這樣，丈夫就是指皇帝。」姚敏很希望在座的每一個人看到他剛到古人的感情世界走了一趟，「非常委婉，情深意切，也很顧到被拒絕者的面子。在這種情況下，李師道一定不會生氣。」

白酒焗田螺來了，一人一小盤各四顆。香蘭看著田螺殼口的一小朵沙拉，發覺沙拉內布滿蔥碎、蒜末和不少怪異的配料 ，一時躊躇了起來。姚莉：

「很好吃，吃 ·口就知道。那個殼是另一種比較大的螺殼，螺肉是放進去的，製作很費功夫的。」

香蘭自我解嘲似地笑了一下，幾個月前黃河邊，不像食物的東西都入口了，還挑什麼嘴，她想著用叉子挑起螺肉入口，果然汁美味多。姚敏開始略述張籍所處中唐時候的簡史，姚莉興致突發走到鋼琴邊，彈了一段古曲。

「……唐憲宗那時候，節度使是很囂張，但不是很強，好幾個叛亂，都被一一平息，李師道最後還被部下殺死。……」

姚敏說著時，姚莉回來了，姚敏：

「妳剛剛彈什麼？」

「隨便彈的，一時手癢。我剛剛在想一個問題，〈節婦吟〉的內容雖然是詩人虛擬的，但表示當時社會必然存在這種感情走私的情況。」

「那當然。」

「現在人感情走私都不敢讓自己的枕邊人知道，在古代更不見容於一般社會，我的意思是：不容許吐露出來。」

「沒有錯，一講出來一定在親友間鬧得風風雨雨。」

「既然這樣，那張籍他的詩名稱呼這種婦女為節婦，表示他的思想很進步。」

聽見妹妹的見解後，姚敏有意讓同夥評論，隨後央請吳樹揚經理發表看法。

「確實如此，只要不破壞婚姻，女子默默守在心裡面的單相思是很美的，是詩的境界。但講出來就會傷到親近的人。」

吳樹揚說完，獲得姚敏的稱許，香蘭承受姚敏的目光：

「我順著吳經理的意思，像陳歌辛老師寫成詩，但不指涉任何人，也很美。不過，還是男女有別。古代如此，現代更是如此。男士如果把自己的心事跟別人分享，可能會帶來娛樂效果，女士如果公然講出來，可能流言蜚語不斷，損了自己的名節。」

「說的也是，男女境遇確實大不同，中國傳統男子漢大丈夫三妻四妾，地位崇隆，女子的貞節只要有一點瑕疵，那就親友共棄了。」

梁樂音的話又帶動一波話潮，隨著義大利麵的上桌，大夥的酒興更濃了。姚敏：

「中國傳統的沙文主義或國際間的強凌弱，都不足取，陳歌辛的這段感情，這種心靈昇華的藝術，值得我們珍惜，傳揚。」

「陳老師作詞，你作曲。」香蘭兩眼凝向姚敏，「你一直誇他，故意忘掉自己。」

「妳不打自招，妳也有份，妳若不唱，我和陳歌辛作的曲詞，效果也不大。」姚敏醉態可掬，站起拉了吳樹揚一把，「你吳經理也有份，你的百代負責錄音、製片、銷售，也太重要了。我們都是一個 team. 李香蘭，是不是？大家一起努力。」

「是，我會全力以赴。」

香蘭說著，大家收斂起一些醉態，開始討論往後的計畫，根據香蘭提示的月下唱歌那幕戲可能在月圓之夜開拍，剩下不到十天，梁樂音允諾儘速協調導演讓香蘭的戲份早日集中拍完，然後香蘭在攝影棚上班時，找梁樂音練歌，最後由姚敏接手在百代練唱，接著錄音。

香蘭離開中聯北返滿映的氣氛越來越濃，現階段的導演馬徐維邦發覺香蘭的許多戲還懸在拍攝計畫表內，頓感壓力驟至，晚上，梁樂音老師來電說項，兩人一拍即合，於是迅速調整拍攝計畫，把李香蘭的戲：鳳姑聽取丈夫潘達年報告奉命查私煙、夜訪張靜嫻共商營救張大哥……的戲碼，在兩天內全部拍完。

香蘭按計畫跟著梁樂音老師在攝影棚錄音間練了兩天歌，正計畫前往百代跟姚敏練歌時，《萬世流芳》英軍雇工私運鴉片的外景戲準備在吳淞江的梵王渡開拍。這天一早下大雨，預估不會下太久，幾名劇組人員坐在攝影棚內等候天晴再搭車前往，而香蘭也等著百代唱片的車子前來時，張善琨走了過來坐在軌道攝影車上：

「李香蘭小姐，11 月 22 日月圓，妳的最後一場月夜下唱〈戒煙歌〉的戲就在那兩天在山上拍攝。拍完就讓妳回長春。」

「謝謝張總。」

「妳們的根岸理事打電話給川喜多副董，說妳在東北的新戲排定 12 月初，我看應該來得及。」

「那一場在滿月下的戲是很浪漫的戲，我看劇本，連『我愛妳』都說出口了。」袁美雲看著幾名笑容燦開的同仁，「我那個王引從來就吝於對我說那幾個字。」

袁美雲說完臉紅了起來，香蘭更是羞得俯首面地。因為按照劇本，那場戲的那句話，她先開口說，也說得比較多遍。

「那句話只存在戲裡，現實生活沒人會講的。」

王引狡猾地說完，袁美雲看向香蘭：

「香蘭小姐，妳認為呢？」

「我沒有這方面的經驗，不知該如何說？」

李香蘭沒談過戀愛？大家有點不相信，再度把她看得抬不起頭來。此刻，香蘭自然想到了松岡謙一郎，但兩人聚少離多，松岡最近給她輕浮、輕忽的印象，又讓她有些心寒，她有時甚至忘了這個人。為此，她覺得這檔事實在不足為外人道。高占飛：

「李香蘭和王引演的鳳姑和潘達年這兩個角色，雙方都沒有父母，各自瀟灑，形成浪漫戲，並不太奇怪。算是比較現代化的設計。」

一向寡言的高占飛一言九鼎，大家點頭稱是。高占飛繼續說：

「我在戲裡算是隻身在外，父母不在身邊，先前和陳雲裳，後來和袁美雲演對手戲，對方都在父母的看管下，情意的傳達有礙，就怎麼也浪漫不起來，父母說拜堂就拜……」

男女之間的話題攻佔每一人的身心，雲裳的一些心思也被引了過去，大夥再度笑開。香蘭：

「美雲小姐在戲裡眉目之間的一顰一笑更勝過我什麼你的那句話。」

香蘭的話，大家頗思量了一會。她一直感覺和袁美雲之間有些隔閡，不過這句話似乎有些效果，她看到了袁美雲投過來的感謝目光。袁美雲：

「反正他要過過戲癮也只剩這幾天了。」

「王引真的要演而優則導了嗎？」香蘭。

「以後就專門導戲了。」袁美雲。

「還年輕還沒定型，別鐵齒，看見別人演得痛快，自己也會忍不住再下海。」張總站了起來，「陳雲裳那去了？」

「大概上廁所吧，剛剛還在。」張帆。

「那一陣子很擔心她。有一句話，大家記著：風暴總會過去。」

張總丟出這句話便走了。演香蘭外公的何劍飛看向香蘭：

「那一陣子不是有一位日本軍官糾纏妳嗎？」

「好像是吧。」

「後來我才知道他是日軍少將的副官，結果妳賞了他白眼。」

何劍飛說著豎起大拇指。何劍飛對香蘭的態度算是一個指標，經過兩個月的相處，大家都覺得她是中華香蘭，早淡忘了她的日本色彩。香蘭看向單獨坐在門口一隅看書的雅子，也希望早日把戲拍完，一起回滿洲，讓她自在些。

回家的日子越來越近，天氣雖然越來越冷，但雅子身形、動作輕快了起來。11 月下旬近晚登上相當於十層樓高的小丘還算輕鬆。

上海市西南的松江縣有山有水，山就是小山丘，水就是小池塘。導演馬徐維邦相中有東西兩山的佘山，帶領大家攀登比較矮的東佘山，香蘭、王引一干劇組人員上了山到達拍攝地點，燈光和攝影機已然架設好，留聲機也已放置妥當。這一晚，彤雲橫空，但圓月已經升空，對地面景物形成自然的補光，馬徐維邦和燈光師研究的結果，決定降低照明的強度，讓拍出的畫面維持一定的神秘氛圍。

馬徐領著王引和香蘭從山間小屋走了出來，上了一段小坡後登上月光普照的稜線。王引和香蘭走一遭時，影片已開始拍攝。因為只是走一段路，而且採遠距拍攝，很快便拍完。劇組在可望見西佘山的稜線開闊地重新布陣。馬徐一聲令下，打板聲響開，留聲機響起〈戒煙歌〉的前奏，背對鏡頭的兩人轉身向前，王引坐下後笑了一下，隨後若有所思，想到了開心事後燦然笑開。香蘭脖子隨著音樂擺動，隨即面向王引，傾注歌聲：

「達呀達！你醒醒吧！你為什麼還想著他？」

香蘭入戲了，化身鳳姑仰向月光的臉轉向王引，應該說是潘達年了。第二台攝影機把鏡頭拉向手持一株小花，全神貫住聽歌的潘達年，再轉向鳳姑。

「他耗盡了你的精神，斷送了你的年華。」

歌聲持續婉轉，鳳姑被烏髮和身後暗黑拱出的臉顏不斷反射、動搖圓月和照明的亮光，柔軟的手勢攪動著月亮的光影。

「你把一生事業付煙霞，」鳳姑用手輕碰達年隨後彈開，在月夜下用歌喉宣稱，「這犧牲未免可怕……」。

就這樣，鳳姑時而面向情人，時而仰天長歌。在夜寒中流動的歌聲，不再醜化，不再控訴，而是把鴉片當成惡意的情敵，「他就是你的情人，你也該把他放下，何況是你的冤家……」，訴衷情的歌聲希望把潘達年拉回自己的身邊，而達年也不時低頭沉思。……

「你要真愛我，要聽我的話。」鳳姑蹲下輕撫達年肩身說出心裡話後，用「從今以後別再想著他」這句歌詞結束了歌唱。

大家都等著戲趕快拍完，好上館子用餐，好在只有一組歌詞，一曲終了，香蘭鬆了一口氣，導演沒有喊卡，攝影機繼續拍。潘達年抓住她的雙手，把她抓回戲裡，隨後一起站起：

「妳真是一位救苦求難的觀世音。」

這雖然是台詞，香蘭聽了還是十分窩心，她可以想像此刻一輪明月高掛半空，西佘山輪廓分明地橫陳大地。

「你現在完全覺悟了嗎？」

「我毀壞了我父母留下的身體，我忘了國家興亡，匹夫有責……我簡直不是人……」

看見自己的丈夫在鏡頭下道貌岸然地自責，袁美雲但覺好笑，她想到了香蘭早先在攝影棚內錄製，回應王引這句話的情話：「你到底覺悟了，你總算沒有辜負我一片愛你的心，達年，你也愛我嗎？」回去一定要把這句話向他複述一遍，看他臉紅不臉紅。

用重口味的月夜情話結束這場拍攝，香蘭如釋重負，王引下戲後立刻回到袁美雲身邊，美雲特地驅前向香蘭道賀，誇她演出認真，香蘭自然高興。

川喜多剛好公出北京，張善琨特地在靜安寺路的新金門飯店給香蘭、岩崎他們餞行。滿映三人行的機票和車票，都由中華電影著人買好，不用他們費心。香蘭想先搭機回北京蘇州胡同的家，停留兩天後再搭火車回新京，雅子自然同行。岩崎昶一樣先飛北京，但只停留一天，便搭火車返新京。

擔心看到戰爭、屠戮的新聞，香蘭慣常刻意避免閱報，新京或者滿映不知怎樣了，她再度近鄉情怯，就像年中從閉塞的黃河河岸返回新京時候那樣。上了飛往北京的客機，香蘭從岩崎口中得知黃河流域發生大飢荒：

「旱災加蝗災，聽說河南最嚴重，上百萬人徒步逃往西邊山區的省份。」

那不就是幾個月前前往拍片的地方嗎？她望著窗外，一片霧茫茫，心裡更是茫然、無奈。

57. 劇團北上 服部開示

11 月底的北京已經進入初冬，山口愛特地給愛女準備北京道地的涮涮鍋的同時，香蘭向父親報告最近大半年拍片的情形，山口文雄也把他所知的日本陸海空軍在太平洋戰場遭受巨大失利，尤其是中途島戰役大敗的情形相告。

「一艘戰艦被擊沉的話，大部份人就會沒命。」

「戰爭越搞越大，弘毅就越有可能被徵調。」香蘭。

「如果我們家在日本的話，弘毅早就被調去當兵了。躲在北京，暫時沒被盯上，未來難料。」山口文雄老臉別開女兒，看向雅子，「即使被徵調的話，是希望在中國戰場，如果不幸，還是有機會魂歸故土，如果在太平洋的話，那只好落入魚腹，魂歸渺渺了。」

三人沉默了良久，涮涮鍋上場了。熱鍋的蒸氣瀰漫一室，一家大小朦朧在蒸氣中的笑靨相互感染，主客間幾番客套話過後，山口文雄看向香蘭：

「今年夏天，我到東京出差參加全國性的炭礦安全會議，妳的朋友陪我逛了一個禮拜。」

「我的朋友？」

「一位叫做兒玉英水的青年。」

「哦，他是東寶公司派給我的護衛。你怎會找上他？」

「會議由滿鐵東京分社召開，但那邊我沒認識任何人。我想到了茂木久平社長，去年初妳在台灣巡迴演唱，我和他也相處了差不多一個月。」

「結果他把兒玉介紹給你？」

「沒錯。茂木說兒玉等著服務妳，結果妳一直沒回東京。看到我就說，他的機會來了。」山口文雄給雅子舀了幾塊肉片，「開會時間很短，結果他開著車陪我走逛，淺草、銀座、靖國神社，尤其是妳演唱過的日本劇場、高島屋，或是拍片現場：東寶、松竹攝影棚都走了一趟。」

「看來他很細心呢。」

「人很細心、親切，真是一位好人，連男子都會為他著迷呢。」

山口文雄說著，被山口愛瞅了一眼。山口愛：

「老講些陰陽怪氣的話。」

文雄沒理會老婆：

「妳有何打算？」

「什麼有何打算？」香蘭滿面狐疑地望著父親，「爸！你想到那裡了？他人真的很好，很討人喜歡。但我和他沒什麼。就這樣。」

山口文雄有些失望，他的率直被老婆視為唐突。山口愛認為女兒既已是東亞巨星，婚姻豈能兒戲，嫁入名門，自然得體，何必急於一時。

「淑子另有……。」

雅子話才出口，右腿被香蘭擠了一下，文雄感覺事有蹊蹺，不再談此事。香蘭把話題引向山家亨，文雄對他踏入上海，發展順遂，也備感欣慰。

揮別父母親和弟妹，香蘭帶著寫給兒玉的信，和雅子再度踏上征途。她在車站把感謝兒玉的信寄出後才上車。一夜無話，列車直抵新京。兩女回到新京吉岡家，大家久別重逢自然高興，其實吉岡家也有一份喜訊急著分享香蘭她們。吉岡安直內定升中將，等著關東軍司令部簽核。吉岡安直果然在 12 月初一由宮內府發布晉升中將，吉岡公館大肆慶祝不說，甘粕也另邀滿映幹部替他慶賀，以致《我的夜鶯》劇組前往哈爾濱時，12 月已過了好幾天。

行程受到耽擱，反而讓香蘭作更多演前的準備，由於俄國歌劇和歌唱的演出貫串《我的夜鶯》的故事主軸，主要角色也都是俄籍藝術家，演員的台詞大多是俄語，劇本也已由李雨時翻譯成俄語。五位日籍演員中，黑井洵、進藤英太郎有俄語基楚，戲中和俄人互動沒多大問題，松本光男和千葉早智子在戲裡沒有和俄人對話的機會，倒是香蘭生活在俄人的家庭裡，又是女主角，幾乎每一出場都要說俄語，好在大多與養父對話，且多屬生活話語，由於是飾演溫馴的女兒，話語不多，在李雨時的調教下，還沒出發就把那些俄語台詞練得滾爪爛熟，從而熟知俄語字母和一些語法了。

巴士輾過覆滿白雪的站前廣場，在新京車站停了下來。從滿載冬陽暖意的車箱內走出，神經瞬間急凍，踏出第一步後才開始和外面的冷冽交戰。進入候車大廳，暖和多了。李雨時到售票口取回預訂的車票後發給每個人。牧野滿男和星玲子夫婦特地前來送行。星玲子看著身旁香蘭被凍得慘白的臉顏：

「妳拍戲好像在流浪，回想以前我幾乎都在東京拍攝。好不容易盼到妳回來，沒幾天又走人了。」

「拍電影拍了四年，這次旅程最短，但最冷。」香蘭。

「那邊比這兒要冷個五六度。」牧野有些擔心地看著香蘭，「這邊零下 20 度，那兒就有 25 度，再往下，三四十度都有。」

「新京已經夠冷了，現在倒有種要前往北極的感覺。」

香蘭說著，服部良一站著聳聳肩，抖動一下大衣裡頭的暖意：

「或者不如說是要到俄羅斯，不是西伯利亞，而是俄羅斯的莫斯科。我寫那兩首歌的時候，就一直沉浸在那種寒中帶暖的氛圍裡。」

「確實是如此，如果是西伯利亞，除了冷就是冷。哈爾濱有東方的莫斯科的名號。」李雨時很有自信地揣摩音樂家的心境，「冷固然冷，但那兒有食物的香味、咖啡香，有交響樂、動人的歌劇，服部老師所謂的冷中帶暖，就是指這些吧。」

「被你說中了，想到那些點心，心中自然就起了暖意。事實上，創作了音樂全身就樂起來了。」

服部說著，眾人笑了起來，笑裡頭帶著幾分對寒冷的抗議。香蘭：

「我用帶有日語腔的俄語唱，到了哈爾濱，那些俄羅斯大師不知會不會笑我。」

「我聽了大體很好，有一點日語腔反而是特色，想來那些大師會覺得珍貴，要妳保留下來。」李雨時的話帶來了異國文化交融的暖意，「李香蘭不錯，專心練了幾天，俄語也可以應付了。」

「離開劇本和歌詞就不行了。還是很不扎實。」

「戲裡本來就是假的，但如果在戲裡俄語說得很好，演得很自然，扎實感就有了。」

星玲子的打氣，香蘭很受用。星玲子說完看向坐在對面，俄語有些基礎的黑井洵。她的話像祝語，眼眸含攝著兩名通俄語的演員－黑井洵和還在東京的進藤英太郎的影像。她已經三年沒演戲了，直覺蘇聯是敵國，如今眼前這些好友或演員要到俄羅斯人的大本營和俄籍演員共事，她有種夢幻的感覺。互有敵意的民族在幻境裡互動，就像影繪[1]，一切顏色、線條、膚色、國籍都消失在純粹的影子裡。

燕子號特快車進入她夢幻般的眼神裡，她看著香蘭、雅子、服部良一、黑井洵和製片岩崎昶、導演島津保次郎、攝影福島宏……一些人陸續上車。天寒地凍，視覺跟著扭曲，月台遠端的木柱凍得和遠樹一塊斜向一邊。一番揮手，列車車頭憤怒噴出的團團蒸氣變成粉雪，混在煤煙裡頭飄灑，列車遠去時，似乎拉得更長，暖綠的車廂變成冷白沒入屋群和林木上頭的雪海中。

車窗外白雪紛飛，萬般蕭瑟，11 點才過半，飢饞心起，大家開始往餐車移動。香蘭和雅子剛剛落座便被服部良一叫了過去。服部和岩崎昶坐一起，他前天才從日本趕來，昨天早上匆促間把兩三首新作的曲子交給香蘭，陪她練過後，下午又各忙各的，香蘭視他為老師，但這回沒有好好談過。

香蘭和雅子點了咖哩飯，岩崎和服部選用蛋肉蓋飯，餐飲簡單，但令人期待。服部和香蘭互望，笑逐顏開，顯然還沒完全從昨兒久別乍見的感覺中轉醒過來。服部：

「每一次給妳作歌都是遲來交卷。」

「慢工出細活，很好啊！很有俄羅斯的味道，東洋風味少到快沒有了。」

服部望向車窗，幻想一隻夜鶯出現窗外，但視線被布簾擋住了，隨即收回視線看向香蘭：

「我是樂思緩慢型的，不像古賀政男兄那種天才，作曲又快又悅耳。」

「這兩種型態，快筆未必是好，像中國古詩人李白文思快，但成就還是不如杜甫。」

岩崎此話一出，香蘭兩眼圓睜：他似乎很了解中國文學。岩崎繼續說：

「我是以前聽中國朋友說的。」

「岩崎兄似乎是誇我，不管怎樣，我還是要多加努力。」服部良一瞬了一下香蘭烏溜溜的大眼，「昨天唱了妳也知道，〈我的夜鶯〉比起三個月前給妳唱的那個版本改了很多，加了很多高音。一開始，『在濃霧籠罩的深夜裡，或在小雪堆積的半夜裡』滿是浪跡匈牙利的吉普賽人發展出來的慢節奏舞曲的風味，唱到『我那可愛的夜鶯』時，音調突然拉高，節奏也變快，最後一連串的高音『啊』表示夜鶯的啼叫。」

「老師真用心。」

「俄國音樂家用夜鶯來抒發苦悶，似乎是一個方便法門。」

「夜鶯的哀鳴讓人想到流浪者。但是世界流浪者的代表吉卜賽人，好像就不稀罕夜鶯的鳴叫，他們流浪的時候有音樂、舞蹈為伴，大家聚在一塊時，又往往形成發洩性的快樂。但是另有一種流浪者，以前俄國沙皇時代，或是現在的新沙皇－史達林，都喜歡搞流放。犯人被流放到西伯利亞，沒有伴，也沒有音樂、舞蹈，人在荒寒中大概很期待夜鶯出現在他的窗前。」

唯物主義岩崎的言詞透露一點對蘇聯共產的失望，他說完，大家頗尋思了一會，不知如何接腔。

「我很喜歡那種流浪的感覺，我們這次到哈爾濱，那些俄國音樂家、劇團都是流浪過來的，老實說，都很吉卜賽。」鄰桌的黑井洵，頭探了過來，幾句話帶出隱在心底的一點豪情，「西班牙小提琴家沙拉沙泰的〈流浪者之歌〉很能描述那種浪跡天涯人的心境。」

「〈流浪者之歌〉確實是很普遍動人的名曲，描述吉卜賽人的生命情調，第三樂章，小提琴裝了弱音器，表現流浪者內心的傷感、寞落、冥想和沉思的美，聽來迴腸蕩氣，第四樂章熱情奔放，是極快的快板，滿是生命的顫動，正是他們熱鬧歡聚時，載歌載舞的寫照。我作〈我的夜鶯〉這首歌時雖有想到這首曲子，但我的主題是描述夜鶯，一隻鳥，不是吉卜賽人，或流浪到遠東的俄國樂人。」服部良一基於禮貌，笑眼多落在黑井的臉顏。「俄國 100 多年前『十二月黨人起義』失敗後，一票人被流放到西伯利亞，有名的普希金也在內，一位叫阿里亞比耶夫的作曲家，就根據詩人捷爾維格作的詞作了一首歌〈夜鶯〉送給他。我作〈我的夜鶯〉時就想到那首歌。阿里亞比耶夫作的歌也是從慢節奏開始，用快節奏結束，最後也用花腔女高音表現夜鶯的啼叫。但他作的音域更廣，聲音更高。」

服部說著，飯食端過來了。岩崎把筷子發給每一人後：

「服部兄也可以譜出同樣高音的曲子，李香蘭唱得上去。」

「不要在有意無意間跟大師作這種比較。一方面，我擔心東方的聽眾受不了太高的音。」

「不好意思。」

「我想說的是，阿里亞比耶夫作這首歌時，正被人誣陷牽連一件命案，不久也被流放西伯利亞。」

「音樂家的命運真悲劇也。」

香蘭心裡驚呼了一下，流放，流浪，浪跡天涯……她彷彿看見一群俄國音樂家、歌劇演員，一個個變成浪頭，好似古希臘音樂家奧菲斯[2]的頭顱和七弦琴那樣，從浩瀚的西伯利亞漂流過來。大家不再開口，專心用膳時，似乎也把剛剛服部講的話重新咀嚼一番。

彤雲密布，太陽偶爾露臉，原野的雪白自體發光，隔著車窗射入眼裡自有一份清爽，列車開進哈爾濱郊外，屋簷的白雪逐漸墊高，粉飾過的街市依舊讓眼神流連著美感。隨著車輪軋軌的喀嗒聲，列車開始進站，視線落入月台的冷灰，不想下車的蜷縮牢牢套住香蘭。不用下車，一直坐在這溫暖的車廂多好。無奈，她還是跟著大家一起下車。

提著笨重的行李走出月台，大家開始向高舉寫著「東寶・滿映『我的夜鶯』劇組」木板的中年男子靠近。香蘭看見導演島津、攝影福島、岩崎和兩名眼熟的俄國男子握手，隨後也和演員黑井洵走向演她養父的莎耶賓歌劇團團長葛里哥利・莎耶賓和演拉之莫夫斯基伯爵的瓦西力・多姆斯基握手問好。在大家頂著酷寒相互問好的熱絡中，香蘭才看到舉牌歡迎大家的原來是原著作者大佛次郎。來哈爾濱進行寫作取材旅行，順便關心一下《我的夜鶯》拍攝情形的大佛：

「大家到裡頭去。」

大佛率先走向車站大廳側門，大家跟著進去。大廳內，人潮湧動，還有兩個禮拜就是聖誕，不少外籍旅客佇足大廳一隅貼金的神龕外，凝著龕內聖母抱嬰像畫十字祈福。大家急著上廁所，大佛建議大家分批前去：

「李香蘭小姐，去年妳陪我看《黑桃女王》，我還沒謝過妳呢。」

「陪你看也是應該的，反正你也是為了寫《我的夜鶯》這個故事才來看的嘛！你就用大作謝我好了。」

香蘭說完，大家覺得她的話滿有意思，有點凍僵的臉稍稍鬆開了一些。

「目前還沒出版，書出來我再送妳一本。」大佛看著前往上廁所的劇組人員的背影，再看向香蘭，「我都忘了在那兒看的。」

「在哈爾濱鐵道俱樂部。」

香蘭說著，大佛次郎閃鑠的眼神被黑井洵攫住了，兩人開始對話。首發尿遁的人員快回來了，香蘭也趕著到洗手間。

香蘭回來了，大佛逡視逐漸回來的劇組人員，大家看著他的眼神再左右互看，表明人員到齊後，大佛自我介紹，劇組很多人才知他是原著作家，也免不了對香蘭多看一眼，原來一年到頭南奔北跑的李香蘭早就搶先一步認識這位大作家。大佛：

「這劇組的團長是誰？」

「我，岩崎昶。」

大佛看著岩崎的眼神，知道岩崎還記得他，很是高興，他的眼睛搜尋到雅子後，樂見去年陪他到此城觀戲的人都在場：

「人都到齊了？」

岩崎兩眼點了一下十來名團員，再看看手上的名單：

「都齊了。」

「好，我們往外移動吧。」

再度步出室外，寒氣突然攫住瑟縮的身體，膚肉快速剝離，尿意又起，只剩裸露的器官與酷冷相搏，香蘭抖擻起精神，邁開腳步，感覺好了一點。

滿鐵哈爾濱事務所支援的巴士車尾不斷噴出熱氣，大家協助司機把大件行李、器材搬上車時，又被寒氣折騰了不少。

在車內望向被白雪覆蓋的車站，雖然通體只有一層樓，香蘭直覺站體確實很像奉天車站，但矮多了，黃色牆面敷上雪後，和地面連成一氣，雪覆的歐洲馬薩式屋頂不時透出一點殘綠。她厭倦看了一整天的雪白，她想像陽光出來，融掉積雪，還原街屋屋頂的暖綠。路上人車不多，車子進入西經緯街，馳行了一陣，聖索菲亞大教堂，盛載著白雪的巨大洋蔥頂進入劇組眼簾時，車子轉入中央大街。街頭雪氣一直凜然。香蘭想著和自身氣質最貼合的音樂劇即將開拍，思維中的暖綠和車上的暖氣相互交融，在車上聽到有人談起馬迭爾飯店，心情又更暖了一些。

巴士座位貼著車窗，兩排座位間的寬大走道堆滿器材和個人的大件行李，劇組人員坐滿八成，隔著行李對望，服部良一看向走道另一邊的大佛次郎：

「你的《哈爾濱的歌姬》還在連載，電影就要拍了。」

「現在的劇作家手腳都很快。」大佛。

「我從『滿洲新聞』拿到您的原稿就寫了。」島津帶點歉意看著大佛，「大概什麼時候會連載完。」

「明年初吧。已經進入尾聲了。你把劇本名字改為《我的夜鶯》也很好。」

「『哈爾濱的歌姬』比較能吸引讀者。」

島津說著，大佛點了兩下頭：

「當初取名時就有這種考慮。你用夜鶯取代歌姬，藝術化了點。中國古代也有用過『歌姬』這個詞，現在通用歌女，是有歧視的意味，你改用夜鶯，意象比較美，意味也比較深。」

大佛說著笑開，島津跟著笑，周邊的人也開始發出淺笑，有默契地和緩了車內的氣氛。

註 1：影繪：用木頭、紙、薄皮等材料製作的人物和背景，用燈光把圖像映照在畫布上的一種藝術表現方式，類似中國的皮影戲。中國的皮影戲，日語稱「影繪芝居」，「芝居」是戲劇的意思。

註 2：奧菲斯：古希臘神話太陽神阿波羅之子，音樂天才，前往冥界尋求亡妻尤麗黛復活不成，愴然返回人間後，迷倒一票色雷斯的女子，但不為所動，卒被那些女子殺害分屍，頭顱、身體碎片和七弦琴被拋入河流。

58. 日俄藝人 多元對話

位在中央大街和七道街交會處的馬迭爾飯店，由俄裔猶太人創立，八年前轉手後還是由俄人經營，但為求自保，請了日人神田當總經理。劇組人員入住後的歡迎茶會便由神田主持。二樓牆壁米黃色的會議室，劇組人員陸續到齊。香蘭和雅子在侍者的協助下，放好行李，作一番簡單的梳洗後，離開住宿的套間來到二樓會議室。見有人進來，神田便招呼來者先品嚐放在座位前面杯子裡頭的冰棍，香蘭嚐到的是香蕉口味的冰棍。只來了一半人，大家忙著舔冰，另一邊，有人正在議論。大佛次郎放慢聲調，有時輔以手勢：

「……對貴國現在或革命當時的紅色恐怖當然不能認同，但我還是認為卡利亞耶夫仍然具有詩人的氣質。」

葛里哥利．莎耶賓顯然不為所動，只是抿唇微笑點頭。坐在對面的妮娜．恩格卡爾德也用日語慢慢說：

「我很能理解大佛先生的話。卡利亞耶夫行刺亞歷山卓維其大公，第一次因為大公夫人和一位小外甥在場，所以沒有下手，兩天後投彈成功。」

「那陪葬的車夫呢，他的命不值錢？」

面對莎耶賓的反駁，恩格卡爾德：

「我在想，卡利亞耶夫對婦人和小孩的同情一定多過對老車夫的同情。他的詩人氣質就在這裡。」

在《我的夜鶯》飾演伯爵的瓦西力．多姆斯基聽不太懂日語，但看到好友和日本作家唇槍舌劍，也不禁笑了起來。人越來越多，都聽不懂大佛他們講些什麼，但都眼露一點好奇。不過大佛對於恩格卡爾德聲援他的觀點，由衷感謝。李雨時：

「他們在談俄羅斯 1905 年一月血腥星期日之後發生的一位青年用炸彈行刺當時沙皇的叔父，莫斯科總督亞歷山卓維其大公的事件。」

「那是共產黨革命之前的事。」導演島津。

「沒錯。10 月革命是 12 年後 1917 年的事。」

經過李雨時的提示，島津頷首表示理解。

「基於我對女性的了解，亞歷山卓維其大公夫人也有詩人氣質。她後來特地到監牢探視殺夫的仇人卡利亞耶夫，對他表示寬恕、原諒。」

恩格卡爾德夫人說到這兒，舉座大抵理解，頻頻點頭。

「我看我們就不談這些了。你一言我一句，就像當年那樣，示威、鎮壓、革命、逃亡……永遠沒完沒了。」

莎耶賓斬釘截鐵地說完，大家不再開口。這時大家圍著的長方桌上已擺滿各式點心，女侍也開始供應咖啡了。大佛次郎：

「我看都到齊了。杯子裡面的冰棍快點享用。」

神田老總簡單介紹完冰棍是六、七前北京商人發明的之後開始致歡迎詞，講完一些場面話後，強調這場聚會側重日俄人文交流，俄方演藝人員才是東道主，推介莎耶賓講真正的歡迎詞。經過短暫的接觸，香蘭知道那些俄籍演員日語雖然不很流暢，但慢慢敘述，還是能夠表達己見。莎耶賓站了起來：

「坐著講可以嗎？」

「很好。這樣氣氛比較融洽。」

神田說著，莎耶賓也就坐了下來，拿著寫好的草稿。

「……在此感謝在座的日本朋友遠道而來，感謝你們對俄國文化：戲劇、舞蹈、音樂、歌唱的興趣。我首先向作家大佛致敬，謝謝他寫出《哈爾濱的歌姬》這麼好的小說，現在改寫成劇本。」莎耶賓面向大佛點了兩下頭，「你在這本書對於淪落在哈爾濱的俄國舞蹈、音樂家和團體有過深入的觀察和了解。」

大佛笑稱不敢當，環顧了一下在座的俄國劇人：

「俄國藝術家毅力堅定，個人向來十分敬佩。寫他們，我自己也獲得很多啟發。」

「很好，很好。」莎耶賓看著紙抄，眼睛瞄向頭戴鴨舌帽，嘴蓄八字鬍的島津保次郎：

「島津先生，我們兩個月前已先談過了。你在劇本裡頭對哈爾濱芭蕾舞團的描述，我現在想起來還是十分感動。」

「哈爾濱芭蕾舞團成員大都是俄羅斯少女。」島津保次郎回想那年觀戲的心情，感嘆國內被戰備犧牲的藝術人才，「那天舞團到東京演出，看過後激動得和岩崎兄討論，實在很想據以寫出一個劇本，後來想到大佛先生的著作……」

「因為太急切了，等不及拍舞蹈片，結果改拍歌唱片了？」

黑井洵這一問，島津有些不好意思：

「這次拍片還是會拍到一點芭蕾舞團的戲，屆時對他們多觀察一些，比較了解後不排除寫這方面的劇本。」

「太好了。」恩格卡爾德叫了一下，「芭蕾舞團團長沒來，有點可惜。希望島津導演願望成真，先拍歌劇，再拍舞蹈，最後交響樂。我們俄國人在哈爾濱的三寶都有了永恆的紀錄，對我們俄國和日本都是值得慶賀的事。」

神田原本希望莎耶賓致完詞後，大家閒聊培養感情，豈料致詞直接變成聊天，反而更好。他表示有事先走，建議大家作簡單的自我介紹，晚宴延後半小時後就告辭了。大家遵照他的意思依序作了自我簡介，島津簡介時順便說出進藤英太郎和千葉早智子兩位演員會慢一兩天從東京直接來哈爾濱的訊息。之後，有俄語底子的黑井洵把位子挪到恩格卡爾德旁邊，想就近跟她講一點俄語。香蘭看向一直沒有開口，有點胖的瓦西力・多姆斯基：

「請問現在哈爾濱有多少俄國人？」

多姆斯基有些倉皇，兩眼向李雨時求救，經過一番傳譯，李雨時才把多姆斯基的意思傳達出來，但莎耶賓嫌他說得不夠完整。

「20 年前最多，大概有 20 萬人，比中國當地人還多，是全盛時期。」莎耶賓溫柔地看向要演自己養女的香蘭，「後來就慢慢減少，因為生活沒有保障，有的回蘇聯，有的到天津、上海，現在大概只剩一兩千人。」

「最多的時候比我想像得多很多，現在又少得讓人意外。」

香蘭說著頻點頭，在想像中把昔日的 20 萬俄人鋪陳在整個城市的俄式建築當中。多姆斯基喝了一點咖啡，帶點歉意看著香蘭，然後對李雨時說了一堆俄語，李雨時還是把他的意思傳達出來。

「有一個概念是這樣的，蘇聯共產黨用顏色把世界分成兩個，他們自認為是紅色，資本主義是白色，它統治下的人民就是紅俄，逃出來的，不願做順民的就被稱為白俄。逃出來的人們，為了生活問題，有的參加蘇聯在滿洲建設鐵路的工作，入籍蘇聯，白俄變成紅俄，就搬回去了，這種人有好幾萬。哈爾濱的白俄突然少很多。這是很大的原因。」

「『伯爵』所說的白俄和蘇聯共和國裡頭的白俄羅斯是不同的概念。」

恩格卡爾德直呼飾演伯爵的瓦西力・多姆斯基為伯爵，日籍演職員心領神會，省掉了一些記誦俄人冗長名字的麻煩。她也把「belarus」拆成「bel：white」和「rus：russian」兩字，讓在座日本朋友容易理解，然後繼續說：

「一般人稱呼的『白俄羅斯』 是擁護沙皇的一群人，蘇聯共和國裡頭的『白俄羅斯』是一個加盟共和國。既然是蘇聯裡面的一個加盟國，所以也是紅色的。蘇聯和日本畢竟訂有條約，加盟國白俄的居民也離日本遠遠的，和日本軍政府不會有什麼瓜葛。苦的是政治立場和蘇聯對立，逃到或被放逐到西伯利亞、滿洲或中國的白俄那一群人，時刻擔心蘇聯政府或日本軍政府的迫害或干預。」

「既然恩格卡爾德夫人這樣說了，我也就不用再隱瞞了。」

大佛次郎說著吐了一口氣，眼尖的人都豎起了耳朵。

「很多白俄受不了日本軍人的欺壓，最後忿忿搬走了。」大佛看了對面的恩格卡爾德一眼，感受到鄰座的莎耶賓的憂鬱，「有蘇聯國籍的俄國人一開始比較好過，不過日本軍人成立俄國移民局後，開始組織白俄，利用白俄排擠蘇聯人，有蘇聯國籍的俄國人一批批回國。留下的白俄都是開一些小店，日本軍人把他們利用完了，有意無意的，或許受到上級的鼓勵，到他們的店裡，隨手拿了金銀器皿、電器就走，或到餐廳、咖啡店白吃白喝，人家受不了也就走了。」

「真是羞恥，這種軍人讓我們的國家蒙羞。」岩崎昶提高嗓門，分別向莎耶賓、多姆斯基、恩格卡爾德點頭垂首，腦中突然浮現軍方更大的罪行，「身為國民，我實在感覺羞愧，但我也無法代表軍方向你們致歉。」

看著岩崎昶滿臉通紅，恩格卡爾德也紅了眼眶：

「軍人都是壞蛋，蘇聯紅軍也一樣，我們就是被他們趕出來的。我們一直非常感謝中國平民對我們的友善和包容，當然也包括日本的平民，和演藝人士，像你們那樣。」

莎耶賓還沒完全走出剛剛和大佛論辯的愁悶，紅軍的談論牽扯出他心中亘久的痛。尼古拉二世一家不應該在羞辱中慘死，紅軍要為二月革命中示威被殺的數百名工人復仇，矛頭指向沙皇即可，四位單純的少女和一位病童慘死在亂刀、亂槍和亂棍之下，是何其悲慘，也是苟活者的羞恥。兩相比較，大佛認為只追殺下令射殺示威者的亞歷山卓維其大公，不忍傷害婦孺的卡利亞耶夫具有詩人氣質，或許有些道理。他瞬了旁座的大佛一眼，然後望向大家：

「感謝作家大佛先生廣泛的了解和觀察，他因此比我們更有洞察力和同情心。」

「不敢當。作為一個作家，我的興趣在於尋求真相，但也不想做多餘的評論。」

大佛不想做評論的話獲得莎耶賓諒解式的頷首。黑井洵：

「我看劇本到了尾聲，或許您的原著也一樣，當年關東軍佔領滿洲時，哈爾濱的俄國人都用歡欣的心情歡迎皇軍？」

「不錯，是有這種現象。但並不是指全部白俄都這樣。」大佛蹙眉稍稍思索了一會，「我調查的結果是，部份白俄人士幻想日本人會幫助他們推翻蘇聯政權，恢復俄國君主政體和東正教信仰，因此日本軍進城時，幾千名俄國人跑到街上，手拿日本旗，學日本人喊萬歲！有些女孩還獻花給帶隊官，甚至給他們摟抱、親臉呢。」

「我們一向就是冷眼旁觀，歡迎、獻花不是我們的風格。」

恩格卡爾德說著大家笑了起來。

「我當然知道你們不會那樣，藝術家都不會盲從群眾。」

大佛擔心前話被誤解，趕忙補上後話。一直俯首面帶微笑的服部良一，頭稍稍抬了起來，在莎耶賓和恩格卡爾德的期待下終於開口：

「我們都是平民，或者說是演藝人員，可以自成一國了。」

「我以為你要談你作的曲子呢。」

被恩格卡爾德說了一下，服部趕緊從皮包取出〈我的夜鶯〉和〈新夜〉的抄本，走向恩格卡爾德，交給她：

「〈新夜〉，我還要改一下，〈我的夜鶯〉算是重做，把上次交卷的那一份作了些更動。」

恩格卡爾德把〈新夜〉交給莎耶賓，看了一下〈我的夜鶯〉的歌譜和歌詞：

「前奏用笛子的聲音來表現夜鶯的啼叫，改成小提琴怎樣？」

「也可以，或者請樂團兩種都試一下。」

「嗯！一開始是慢板，低音域，看看你的日語歌詞，表現獨特的憂鬱和孤高感。下半段，從『聽啊』開始，旋律急轉變快，這兒就跟上回做的不太一樣，有種俄羅斯民謠〈販子舞〉[1]的風味。」

「很高興夫人這樣說，譜出俄羅斯風情，畢竟是第一次嚐試。」

服部說著，恩格卡爾德把曲子下半段輕聲哼了一下：

「節奏快，一口氣把冬天唱完，很好，接下來是花開的春天，高歌的啼聲用花腔表現，主弦律和伴奏搭配完美。」

「很有日本軍樂進行曲的味。但在舞台演唱很能振奮人心。」

莎耶賓說著把〈新夜〉曲譜還給服部良一。

「裡頭樂音一節一節高升，還是很有俄羅斯風味。」服部良一兩眼從恩格卡爾德、莎耶賓，到島津逡巡了一遍，「劇本裡頭雖然寫著女主角唱俄國民謠〈黑眼睛〉，現在改唱〈新夜〉，導演島津先生原則同意了。」

恩格卡爾德和莎耶賓都知道服部是本劇的音樂指導，見他努力有了成果，自然樂觀其成，島津也默默含笑點著頭。

《我的夜鶯》劇組，俄人少，但擔任要角，算是主弦律，黃種的日人和滿人多，但多居幕後，好似伴奏，兩種人，雖然多數已見過面，但難免生分，經過這一場餐前的交流，相互熟絡了不少。恩格卡爾德看導演島津壓在鴨舌帽下的眉頭一直深鎖，低著頭若有所思，不太講話：

「我們的島津先生好像有什麼心事？」

「豈止是心事，是大事不妙。」

岩崎昶猛然脫口，坐在一旁的島津趕忙伸手，好像要封他的嘴，隨後從桌子下邊取出幾本劇本，手伸得長長地交給莎耶賓：

「這是印好的劇本，你們幾位還沒拿到。」

從新京來的劇組人員早拿到劇本，有人開始翻閱。島津左手握著右手，坐著向大家欠身。

「劇本印出來了，心裡有種總算完成的解脫感。但四五天前，劇本送到新京關東軍司令部報導部的兩天後，軍方派了車子把我和岩崎兄、滿映製作部長八木先生請了過去。要求劇本一開頭的俄國皇家歌劇院歌手坐著馬車逃亡時被紅軍追殺的精彩過程刪掉不要演。我們幾個據理力爭，軍方的態度一直強硬。」島津把椅子拉近桌子，隨後環視在座的劇組人員，「他們擔心紅軍好殺的形象被過份渲染，引發蘇聯不悅，進而影響和日本簽訂的中立條約。」

島津說完，不少劇組人員翻開大行李，開始找老早發下來的劇本。香蘭翻了翻劇本，算來島津被抓去關東軍司令部開會時，她人還在北京家裡，來到滿映辦公室看見島津總是一副苦臉。香蘭：

「劇本開頭，紅軍追擊白俄的部份還在，沒有刪啊。」

「內容還在，但不拍。即使拍了，最後還是會剪掉。」島津凝了香蘭一眼，「實在來不及重印，八木部長認為劇本不改，反而可做歷史見證，未來研究這部電影的人對照劇本和實際演出情形，就會從中探究原因。」

「本來我是最討厭跟軍方打交道的，那天我看情勢不對，覺得一再逃避不是辦法，還是硬著頭皮去了。結果一如所料，軍方橫加干擾，而且態度僵化無比。」岩崎昶眼神炯炯，餘慍還在，「我們理事長甘粕也算錯了，他以為我們在電影上彰顯白俄的事跡會換來蘇聯政府的感謝。結果剛好相反，關東軍擔心引發蘇聯的反彈。」

「那太可惜了。被拿掉的是全劇最精彩的部份。我老早就想到拍那場戲，人不是問題，我劇團裡頭常常有人扮演紅軍，一下子推出兩三個分隊的兵力不是問題。如不夠，多姆斯基那兒還有。真是太可惜了。」

莎耶賓的感嘆頗具份量，他的失望透過戲劇性的眼神，傳到每個人的知覺裡。莎耶賓兩眼直視島津：

「還有沒有？」

「還有就是您在馬迭爾歌劇院演出《黑桃皇后》，布爾什維克黨人鬧場的那一段。」

「難道又和紅軍有關。」

「差不多。日本軍政府擔心蘇聯誤以為日本刻意醜化它的黨員，把他的人宣揚成這麼暴力。」

「這樣，這邊刪掉一大塊，那邊拿掉一大段。這部戲還剩什麼？」

莎耶賓說著兩手一攤，不少人竊笑了起來。

「沒有完全刪掉，只刪掉後半段鬧事者在二樓揮舞蘇聯國旗，然後掏出手槍把吊燈打壞的這一部份。」

島津說著看向岩崎昶。岩崎：

「本來軍部要全刪的，八木部長力爭，抬出甘粕理事長後，對方同意保留前半段。」

大佛次郎許久沒開口，單薄的身軀忍著自己作品被間接凌遲的苦惱，瑟縮在自己的座位上，看見沒人講話，開口了：

「這些事，甘粕知道嗎？」

「我不打算讓他知道，不想給他添麻煩。如果拱他出來談，他先在心裡氣三分，如果談判不順氣炸了，宣布案子撤銷，那就什麼都沒有了。」

島津說完，會議室就像等候宣判一樣，靜得很。島津用手抹著倦容，透過指縫看著對面一干人影，手指滑下後，再度正視莎耶賓：

「可能如您所料的，被刪掉的片段裡，您就沒有機會唱〈生命獻給沙皇〉這首歌了。」

「最後一齣戲《浮士德》，我也要獻給沙皇，一開場也安排我唱那首歌。」莎耶賓翻開劇本，看到被紅筆畫掉的文字和旁邊的註記，「現在也不准唱了？」

島津點點頭，莎耶賓：

「只剩下片頭那一場？」

島津再度點頭。莎耶賓有點動氣了：

「片頭那一場唱完後就要躲戰亂了。」

島津沒有回話，只見對面的恩格卡爾德低著頭用俄語不知向莎耶賓咕噥什麼。

「不用想太多，想太多就自我受限受困。」

大佛次郎一語驚人，大家紛紛把頭轉過來。大佛繼續說：

「像有些作家，明明知道作品會被禁，還是寫出來，至於會不會出版是另一回事。」

大佛說著停頓了一下。島津：

「老師說的甚是，我們剛剛意見太多了，早就該聽您的開示才是。」

「至少現在發號施令的將官或憲兵沒在你身邊，那就照劇本搬演。再說電影比寫作更有彈性。拍完後的完整版，可以根據現實的考量拷貝成送審版，完整版保存好，未來重見天日時更有價值，也會掀起一股討論熱。」

「老師說的太好了。我們閱事不足，驟然受壓，思想常常一時轉不過來。」

島津雖然年長大佛幾個月，但基於對作家的崇敬，還是常懷受教心。莎耶賓心情大好，還是有些警惕：

「我的〈生命獻給沙皇〉都照唱了。」

島津含笑著點了兩下頭，但畢竟心懷萬端，有些語塞。

「沒關係的，這首歌一下子唱太多遍，也不符美感的原則，觀眾也會疲勞。」恩格卡爾德攬著莎耶賓的手臂，「照導演的指示。唱幾次就幾次，別放在心上。」

莎耶賓突然把左手從恩格卡爾德的臂環抽出，連同右手，在桌上伸展開來，好像要歡迎所有從新京來的劇組人員：

「很抱歉，發了一頓牢騷。現在問題都解決了，更重要的是，我們又見面了，又有許多新朋友。……」

莎耶賓熱情的呼喚變成一股暖流，島津心中的一點芥蒂也被融化了。接下來的歡迎宴，氣氛更熱絡，黑井洵趁機用不太輪轉的俄語和莎耶賓、恩格卡爾德、多姆斯基對話，訓練一直生疏的聽說能力。劇情偶爾也在討論之列，但多屬此曲換那曲，某次要角色可能不克演出，需由另一人頂替一類較輕鬆的話題。整齣戲的台詞使用俄語或日語，島津心中早已定調：只要有俄人在場的戲景，使用俄語，完全是日人的場合，才使用日語。他把意見說出後，沒有人有異議。至於島津耿耿於懷的紅軍追殺白俄難民的戲，雖然是戲頭，但準備期長，他希望拍完兩三節戲後再拍，在場俄籍劇團團長都認同，且應允從旁助成。飯店總經理神田取出窖藏多年的伏特加和威士忌助興，益增晚宴的透明和流動感。

晚宴尾聲，三名俄籍演員乘馬車離去時，多數人走到外面送行。寒氣襲來，香蘭臉上的酒熱冷涼了一瞬，全身隨即冰封。馬車走了，香蘭回到飯店，酷熱難耐，立刻脫掉大衣，但臉上的酒熱退去了不少。

註 1：〈販子舞〉舞原名 Korobushka，字意為「小販的包裹」。歌曲改編自詩歌的一首民謠，來自詩人 Nikolai A. Nekrasov 1861 年所寫的同名詩，Korobushka 是俄羅斯的一種小販，專門販賣紡織品、服飾和書籍等。歌曲內容描述叫賣的年輕人與少女顧客間，在討價還價的過程中，發生的愛情小火花。這首歌廣為流傳，譬如俄羅斯方塊的主題曲就是販子舞的音樂；1979 年奧斯卡最佳影片《越戰獵鹿人》(The Deer Hunter)，影片中的舞會也有販子舞片段。

59. 開鏡順利 松岡來函

12 月中旬，東京還在零度以上，這兒已是零下 20 幾度，黑井洵、島津保次郎和服部良一大呼受不了，習慣了新京冷天氣的香蘭和攝影師福島宏，對於這兒多冷五度的低溫也直打哆嗦，黑井洵甘脆帶著大家自費租用停在飯店門口的馬橇，在中央大街和附近路段來回滑動，熱過身後再回飯店進行影片拍攝前的準備工作。莎耶賓、恩格卡爾德和多姆斯基也都不畏嚴寒，按時來到飯店。大家一樣聚在會議室，島津帶著大家研讀劇本、對戲，或是在俄籍演員、李雨時的輔導下，練習俄語台詞。

進藤英太郎和千葉早智子連袂從東京飛新京，再搭火車趕了過來。天氣晴朗，但路面雪水泥濘，還是極冷。黑井洵向飯店租了一部車，請了一位日籍司機，和香蘭一起前往車站迎接。

千葉坐前面，香蘭和黑井、進藤坐後座。車子駛離車站，香蘭頭兒往右探：

「黑井大哥，進藤大哥以前在《熱砂的誓言》飾演我的父親，是演中國人，我們是中國父女。」

「太巧了。千葉小姐現在也演妳媽媽呢。現在一整車都是一家人。」

黑井說完，千葉回過頭笑了起來：

「劇本我看過，談起這戲裡的親情，是有很大的缺憾。我只演嬰兒時期小蘭的媽。」

「哈！哈！」黑井有點無奈地笑了一下，「我這兒也是。這部戲裡，大部份父愛都被莎耶賓演的她養父奪走了。」

「我們在《熱砂的誓言》裡，父女的戲也不多吧？」

進藤的臉往香蘭迴了一下。香蘭看見車外馬路有人摔跤，叫了一下：

「我不管和誰演親子關係，都很淡。因為戲的重點都在男女情份上。不過這部戲很特別，和莎賓耶之間的父女情又濃過演過的男女情感戲。」

「這是這部戲迷人的地方。不是一般的父女情，而是跨國界的父女情。」

千葉早智子的母性情懷，香蘭感同身受，決心演好和莎賓耶之間的父女情。進藤談到聖尼古拉斯教堂，司機同意加一點車資的情況下繞道聖尼古拉斯教堂。天氣不壞，太陽高掛，寬敞的霍爾瓦特大街冰水泥濘。聖尼古拉斯教堂在十字路的小圓環內，繞行一週，白雪覆蓋的斜屋頂下的黃色木牆，熠熠發光，和已經冰化的雪頂相互輝映。在車裡面，大家感受不到外頭的冷，從車窗傳進來的湛然陽光在建築物上的折射給大家帶來短暫的溫暖。

黑井洵和進藤英太郎有俄語的基礎，但聽說能力還不太夠，莎耶賓和恩格卡爾德的日語還好，但不夠精熟。黑井洵和進藤英太郎經過調教後，在對戲時，俄語台詞講得還可以，看見三位俄籍團長自然流暢的模擬演出，讚不絕口。

島津導演在岩崎的同意下，在二道街和新城大街口，靠近道里公園，榆樹成林的地方租了一間房間甚多的俄式樓房。這個宅院充當影片片頭故事背景的松丘洋行分行內部綽綽有餘，從另一角度拍攝，男主角莎耶賓的住家也有了著落。沒有攝影棚支撐的攝影小組有了最起碼的據點後，心理扎實多了。

內景拍攝場地有了著落，劇組重要成員和俄籍演員代表莎耶賓也花了大半天在江北草原勘查外景場地。此外，拜會大直街陸軍司令部報導部是重要的行程，岩崎興趣缺缺，島津保次郎只好帶著副導池田督和黑井洵前往。整個洽商過程順利，打通了軍部關節，島津拍片的信心是更加堅定了。

中央大街，俄人管叫基泰斯卡亞大道。威克特力亞咖啡廳在十道街口，離馬迭爾飯店不遠，部份劇組人員午後偷閒在這裡喝咖啡已是第三天了，黑井洵、莎耶賓、恩格卡爾德和香蘭坐在二樓靠窗的位子，才三點多，落日餘暉已遍曬窗外的街道。看著日影慢慢移動，恍神間，光影退失了大半，每人心裡都呼喚出對光陰的珍惜。黑井洵本來想趁機練一下俄語，但為了顧及香蘭，主要還是講日語，莎耶賓、恩格卡爾德和香蘭暢談各自的演藝事業，黑井洵剛加盟東寶不久，演藝生涯尚淺：

「我才剛演完《夏威夷·馬來半島海戰》，在這部片子擔任一個飛行隊長的小角色，沒想到一演完便奉命到這邊出任一個，也算是小角色。」

「演女主角李香蘭的生父也不錯了。」恩格卡爾德。

「但畢竟是空的。等到相認的時候電影就要結束了。」

「我看了你的簡介後嚇了一跳。」香蘭雙眼對著黑井洵睜了一下，「你只比我大三歲。演過我情人或丈夫的，都大我十歲左右，像長谷川一夫大我 12 歲，佐野周二也大八歲。」

香蘭放慢聲調說著，欣慰地看著莎耶賓、恩格卡爾德微笑頷首，表示理解的神情。

「大概我看起來很老，一副老相。」

黑井說完，大家笑了起來。

「李小姐，妳在電影裡做我的養女比較適合，一來年紀相當，二來，我有育兒的經驗。」莎耶賓的話觸動其他三人的笑意，「我還是父兼母職，超乎一般的傳奇呢。」

黑井洵沒想到俄國人也有這種幽默，直覺往後的合作會更愉快：

「我還是中學生的時候加入一個劇團，處女作就是演出契訶夫的《三姊妹》。」

一聽到契訶夫，莎耶賓和恩格卡爾德精神來了。恩格卡爾德：

「《三姊妹》，我的劇團也演過，不過是改編成歌劇來演。」

「我們的水準沒這麼高，我們當作一般戲劇來演，記得我演的是二小姐的男朋友。」

黑井洵想起以前劇中年老三姊妹和年輕三姊妹同台的場面，不覺莞薾。恩格卡爾德：

「我一直很喜歡那部戲，一個女孩還不夠，三姊妹同時呼喚和平和忍耐。這種力量就夠大。」

「最重要的是希望。這部戲是一連串的失望，但失望的暗影中總是點著一點希望的光。」莎耶賓吃了一顆無花果，「就像我們現在逃到了中國的滿洲，遠處的戰爭持續不斷，我們都抱著很卑微的希望活下去，或許有一天會回到莫斯科。」

「明天就要開鏡了，我期待很久了。」黑井洵。

「大家都是，戲裡頭的男中音、男低音和豎笛手明天會來報到。我請的是我劇團真正的男中音、男低音和豎笛手。」

莎耶賓說著窗外道路已有點暗，香蘭也期待次日的開鏡趕快到來，就像漫漫長夜期望黎明一樣。

天濛濛亮了，天空低雲密布，沒有下雪，但氣溫更低了。在充當松丘洋行滿洲某鎮分行的俄式宅院的拍攝現場裡頭，莎耶賓歌劇團前來支援的歌手，和多姆斯基、恩格卡爾德兩位劇團團長，都是重裘厚帽，受雇前來的滿籍廚師也都磨刀霍霍，準備大展廚藝，臨時借來，充當女主角嬰兒時期的女嬰也已到位。莎耶賓帶來的演員，由副導池田督安排演練，由於動作簡單，都能馬上進入狀況。

《我的夜鶯》首先開鏡的戲裡，飾演洋行分行主任的黑井洵是主角，他在住辦一體的辦公室接待落難的帝俄皇家歌劇團歌手的戲演練過一遍後，導演島津認為黑井的表情過於嚴肅。

「或許這樣反而比較好。」

坐在攝影機旁的島津抬頭一看，開口的原來是大佛。島津：

「是，請老師開示。」

「是這樣啦！就事論事，在這種情況下，雙方都會緊張，獲救的俄籍聲樂家來到陌生的環境，會緊張，另一方面，一個日本人突然要接待這麼多異國人，壓力也很大，當然會很 nervous.」

「老師說得沒錯。」島津把帽子摘下又重新戴上，雙手交胸，「救人的日本人主任也不知道那些俄國人是什麼身分，一般平民，還是罪犯？逃兵？甚或間諜。再說，會不會賴走不走，變成施救者的負擔，也有可能，所以臉顏在和氣中帶著警戒性的嚴肅是合理的。」

島津說完，黑井鬆了一口氣：

「看劇本或對戲時不覺得怎樣，臨場演出時才覺得有這麼一點不自在，或許是民族的群體潛意識作祟，要對不同膚色，又有民族宿怨的人們表達善意，確實感覺有些不自在。」

黑井講得很快，他自信在場的俄籍演員聽不太懂。島津向黑井致過歉後：

「那就照你剛剛的樣子演吧。」

島津請每人回到自己的位置，島津一聲令下，黑井從外面走了進來，變身松丘洋行分行主任隅田清。隅田放好帽子後，所有老俄都從沙發上站了起來，隅田大步走向煮茶桌給自己倒了一杯茶喝了一口，叫大家放輕鬆時，幾乎都是背影對著福島宏的攝影機，莎耶賓化身從莫斯科逃亡滿洲的俄國皇家劇團資深歌劇演員狄米特理，從角落慢慢走過來時，另一台攝影機才從另一角度補捉到隅田清認真的神情。香蘭覺得黑井的俄語台詞背得不錯，但和熟絡了好幾天的莎耶賓，一時在攝影機前好像生分了許多。他們是在演戲哪！香蘭罵自己的愚蠢時，狄米特理已經自我介紹完畢，輪到隅田表明自己的身分了。

狄米特里用俄語把他俄國皇家劇團成員一一介紹給隅田，隅田主任首先握住恩格卡爾德扮演的女劇人安娜．密爾斯卡耶的手，隨後依序握手寒暄，開始展現自信，最後福馬林擔任的豎笛手伊凡也主動驅前握手。伊凡同時擔任狄米特里的車伕，一直以丑角的樣貌示人，帶出一點戲劇效果。大家熟悉的多姆斯基扮演失落的拉之莫夫斯基伯爵，並不是劇團成員，一直耽溺在自己的孤獨中。劇裡，這節戲的前戲，一夥人在酷寒的風雪中蹇行，被隅田清發現帶往松丘洋行分行途中，狄米特里以為拉之莫夫斯基是軍人，信口介紹給隅田，經安娜．密爾斯卡耶穿梭詢問，隅田始知他是落魄伯爵。隅田靠近伯爵時，伯爵沒有回應，待隅田回到茶桌邊時，伯爵才滿臉狐疑地張望了一下，從牢牢坐穩的沙發站起脫掉大衣、圍巾，整飭衣裳後慢慢向前走了兩步介紹自己，隅田驅前向他熱情握手後，他才向左右兩邊的同胞點頭致意。一陣兵荒馬亂，伯爵和同夥被打散，一個人無端和狄米特理、安娜一夥人湊在一起，在隅田的店裡，一開始看似不近人情，實際上表現了對突然陷入的陌生境遇心生的憂懼和無聲的抗議。這場戲的演出動線，轉到伯爵身上時顯得特別笨拙、沉重。劇中，狄米特理和安娜．密爾斯卡耶是同夥，又有其他同伴，對於語言相通的日本人主任隅田產生親近感，加上演出經驗豐富，能夠立刻打開局面，和隅田主任的誠意對接。伯爵跟其他落難者素昧平生，悶在室內一隅，雖然聽得懂雙方的對話，知曉此刻置身相對友善的環境，但囿於落難貴族的矜持，想了一下還是踏出遲來的一步，開始想融入新的境遇。香蘭旁觀者清，明白這一切安排是島津導演精心揣摩人情世故的結果。

滿籍廚師把菜端上桌，俄籍落難劇人在鏡頭下象徵性地用餐、敬酒時，香蘭淚眼盈框，透過攝錄，她看見了這群異國男女由生疏到熱絡的過程，彷彿看見了日俄兩大民族的和解。島津叫停，演員散開，部份食物撤走後，她才從那種感動中轉醒過來。至於黑井洵，成功用日語和俄籍演員對話，對於接下來的演出和日後與俄籍演員的相處信心大增。

拍攝動作持續進行，第二攝影小邱在內室拍攝隅田主任進來探視千葉早智子扮演的妻子悅子和女嬰後，跟在這對戲裡夫妻的腳步悄悄走出來，沒有間斷地繼續拍攝安娜．密爾斯卡耶彈琴，狄米特里高歌的戲。狄米特里表示，唱〈生命獻給沙皇〉這首歌之前照例要親吻沙皇賞賜的勳章。島津非常珍視這點，第二攝影小邱還特地做了特寫。

「榮耀啊！榮耀啊！我的俄羅斯。榮耀啊！我們的俄羅斯大地。我們親愛的祖國。……我們祖國勇敢的子弟。他們為了祖國倒下，我們決不能淡忘。……」

狄米特里唱完一輪，第二輪唱後沒多久，副導池田督向門口的助理打出手勢，隨後放在門外的留聲機發出陣陣砲聲，兩台攝影機更加靈動了，一下轉向抱著女嬰面露不安的隅田，一下攝向從沙發驚站起來的伯爵，或面露驚恐的劇團成員，槍砲聲越來越近也越響，所有演出人員齊聚一塊，連臨演飾演的家僕也都冒出來等候發落。戰爭的恐怖已經形塑出來，這種陰影會滲透到往後的情節中。

剛剛拿來做道具的菜餚加熱，再炒幾樣菜，便成為劇組的中餐。出任要角的三位俄籍劇團團長，因為各自劇團的事還要再交代，聞知下午不拍戲後都請了假，準備回去處理。

在飯席上，莎耶賓想到剛剛島津讓他唱完〈生命獻給沙皇〉，顯得特別開心。島津表示，考慮到季節因素，拍片計畫已經開始明朗化。他看了大佛一眼，然後望向大家：

「昨天和大佛老師談了許久，他明確指出劇本每一情節的季節沒有表明清楚，現在我重新加以註記，決定採取跳躍式的拍攝，很快就要拍到滿洲事件後，李香蘭演的滿里子已經長大的戲了。」

「黑井扮演的隅田清年復一年輾轉各地尋找妻女的過程多在春夏間進行，包括他在松花江江輪上和伯爵相伴的那一段，另外李香蘭演的滿里子或瑪麗亞，很高興地邂逅日本畫家，然後約會，或者她在家裡唱〈波斯鳥〉，在夜總會演唱〈新夜〉也都是春夏間的場景，都是穿短袖或輕裝。」

島津說著看了香蘭一眼，香蘭知道隔一段時日再拍夏天戲已不可避免：

「最後一場在墳墓歌唱的戲也是冬天的吧。」

「不錯，那幕戲和之前的那場《浮士德》劇，還是保留到最後，今年冬天不會拍到。這部戲，我覺得還有得拖。」

香蘭覺得悶，那邊大佛和服部小聲聊得起勁，大佛想回東京避寒，服部也想回去，只不過要確認這個冬天不拍音樂或歌唱的戲份再說。用過餐，俄籍演員搭乘馬車回去，劇組人員隨便找個地方落座，等著巴士載回飯店時，站在牆角的島津向香蘭眨了一眼，香蘭走了過去。島津：

「東寶要我拍一部電影，名叫《誓言的合唱》，希望由妳出任女主角，是在東京拍，是戰情片。描述戰爭抵達日本本土的大環境下的軍民生活，演出來會很有看頭。」

香蘭打了一個寒顫。過往演的電影摻雜的一點局部的戰爭戲都是中日之間的衝突，如今這部電影倒演到了日美之間的全面大決戰，是日本帝國越走越艱困的預言。

「那我還要問過理事長。」

香蘭搬出甘粕，希望話題趕快打住。

「我想應該沒有問題。劇本應該給他了，東京那邊寄出。不知道他有沒有時間看。可以的話，這兒冬天的戲拍完，妳就跟我到東京好了。」

「那要看滿映是否跟東寶簽了約。」

「那當然。如果合作案成立了，……」

香蘭點點頭。車子來了，大家魚貫而出，迅速躲進車內。在車上，導演島津宣布下午兩點在飯店會議室開會，軍方代表會前來，但他也點名幾個不用來的庶務人員。回到飯店打開房間，地板有一封信。她看了一下原來是松岡謙一郎從西貢寄出，再從滿映轉過來的信。幾乎一年沒見面，也有好幾個月沒有通信，她幾乎把他忘了。不曉得自己是否還是他的女朋友。他的信很輕，摸了一下，可謂薄箋素簡，讓人難以回首初識時高談暢敘的那封厚厚的信。

信拆了開來，寫不到一頁，他除了表明月內會回來，也會長留國內外，只說被南國太陽曬黑了，人也瘦了，沒有寫明調到那個單位，軍事上的事或營區生活不寫是必然的，現在連越南的風土人情，他也無力關心了。一兩年的軍旅閉塞生涯讓這位在口語或文字上雄辯滔滔的大學畢業生變得沉默而枯索了起來，人變得黑又瘦，生命的源泉枯萎了，思維不再奔馳，短信最後以乃木希典悼念陣亡長子的詩作結。「山川草木轉荒涼，十里腥風新戰場，征馬不進人不語，金州城外立斜陽。」乃木這首詩讓她想起了〈荒城之月〉，最後一句「金州城外立斜陽」不就是「孤劍插地映寒月」的情境嗎？

松岡信尾簽名後面的日期是月初，現在已過了月中，或許他人已回來了。《我的夜鶯》拍攝告一段落後，島津要帶她到東京拍新片，應該是明年初，冬春之間的事，待五月松花江航運再次開通後，才會回哈爾濱續拍《我的夜鶯》吧。在東京拍新片的日子或許真可以再見面，她想修書一封給他，可以寄到他家裡，想了一下，覺得該先寫給兒玉英水，請他打聽松岡的現況。

60. 軍方協助 戲前討論

信還沒寫完，開會時間已到，雅子不用參加，繼續休息，香蘭到達會議室，看見好幾位軍人，感覺很不習慣。兩名士兵正在放映機上裝設影片膠卷，岩崎、島津和一名少佐坐最前面。膠卷裝好了，人員也差不多到齊了，島津表示先看一下影片後，關掉電燈，少佐和岩崎、島津把椅子挪到旁邊後下令放映。放映機吱吱了一會投射出一道光束，前面白色牆壁閃現「昭和七年二月皇軍・哈爾濱入城式」幾個黑底反白字後，兩列步兵在騎馬軍官的帶領下進入白雪覆蓋的街道，隨著畫面變化，進城的部隊變成四人並排的大縱隊，有時還出現居民持日章旗夾道歡迎的畫面，一群手持日章旗高呼萬歲的婦幼應是日僑吧。香蘭想著時，聽到有人輕呼「俄國人」。畫面顯示街頭一群揮舞日章旗的俄國人幾乎擠進日軍的行列中，畫面轉白後，白牆出現了「哈爾濱站前多門師團長閱兵式」幾個字，正面十幾人的方陣部隊行進時，軍樂同時響起……

影片播畢，燈光亮開，岩崎沒有回到前座，擠進旁邊的座位。自我介紹後自稱是熊野的少佐和島津交頭接耳時，剛剛放電影的兩名小兵從外頭扛進一個圖表架，隨即把手繪的哈爾濱簡圖掛了上去。熊野向後看了地圖一眼：

「現在是昭和 17 年 12 月，剛剛大家看到的哈爾濱入城式是 7 年 2 月，剛好是十年前。應該是滿鐵的技術員拍的，當時滿映還沒有成立。待會還可以再看一次，希望對你們拍的電影有點幫助。」

「絕對用得上。」島津看向斜對面的大佛，「可以吧」

「很好，很貼近。」

大佛說完，著實被熊野少佐看了一眼。島津讀出少佐眼裡的意念：

「是原著作家大佛次郎。」

少佐離座驅前向大佛握手後，甘脆一一向在座的劇組人員致意，島津也就跟著少佐的腳步快速地介紹。熊野少佐回座後：

「一下子跟這麼多明星、作家、音樂家握手，還是生平第一次。早知道就學拍電影，人生也就不這麼辛苦了。」熊野站了起來，示意兩名隨從兵開始筆記後坐下，「俄籍演員沒來？」

「不好意思，他們回去處理劇團的事。」

「應該沒關係，場地布置好後再請他們去看。」熊野見《我的夜鶯》拍攝團隊成員的神情輕鬆了許多，知道自己不再這麼惹人厭，「島津先生拍的這部電影，故事背景剛好是滿洲事變。滿洲事變發生於昭和 6 年，也就是 1931 年 9 月，我剛剛說過，紀錄片各位也看過了，關東軍是在第二年二月初冰雪覆城的日子，經過幾天的戰鬥才進入哈爾濱，所以電影要表達的街頭戰、戰爭氛圍的天候跟現在相似。」

「哈爾濱現在有沒有檢查哨？」

「當年攻城戰時當然到處都設，現在只有飛行場周邊才有。」熊野拿起擱在圖表架上的指示棒，轉身指著圖表架上的布繪哈爾濱簡圖，「你們現在的中央大街在這兒，往東北方走是道里公園。」熊野把指示棒往南拉了一下，「這裡是聖索非亞大教堂。教堂旁邊的道路是水道街。和你們飯店的中央大街只隔著一條新城大街。這一帶，上頭已經准許設幾個檢查哨，同時安排一兩個小隊的兵力，有的扮演關東軍，有的扮演中國張學良的軍隊，有的進行小地區封街的任務。」

「那就是讓街道淨空？」黑井洵。

「是的。」熊野看著黑井疑惑的眼神，「事實上當時街頭零星戰鬥的時候，居民都躲在家裡，當然天氣冷也有關係。」

彼此沉默了一陣，島津看向熊野少佐：

「你來做我們的戰鬥指導？」

「提供意見沒有問題，但不要掛名。我看過劇本，戰鬥的場面並不多。我現在想到了，聽說當初佔領軍和中國馬占山部隊對峙的時候，滿鐵好像也拍了實際戰鬥的影片，如果有，砂包陣地、檢查哨應該也會拍到。」

「如果能找到，用一些資料片最好。一再動用貴部的部隊，你們不便，我們也不好意思。」

「如真有，還是要申請。」

「那當然。不過實際的檢查哨還是要有一個，我的演員要實地進去拍攝。」

「我早就打算做這種布置了，只是希望能少建置一些。」熊野顯得有些疲倦，「另外，你要布置俄國人收容所？找到地方沒？」

「車站後面有一個俄國人的廢營區，我看過，請人整理、打掃一下應該可以用。日本人收容所可能要勞你幫忙找。」

「水道街一帶空房子很多，我設哨所的時候，順便把那一帶清查一遍。」

「真是麻煩你了。」

「不用客氣，對我們來說，也算是出任務。日本人收容所，當時是有設立，好像在馬家溝一帶，兩軍在城區對立的時候，日本人集中區的日本人墾戶被勸進來住，由軍車載進來躲避戰事。」

「你剛說的水道街，或許我們就到那兒找一個大房子當作日本人收容所。」島津眉頭皺了起來，直覺該解決的事情越來越多，「收容所裡頭的演出居民還是得請你幫忙找。」

「那沒問題，還有時間。你的劇本好像提到：日本住宅區被中國軍隊封鎖，居民被日本軍隊救出後送到收容所。但收容所的居民後來又被安置在軍營裡面。」

「擔心中國軍隊反撲。我國僑民集中住在一起，如果被中國軍隊挾持，會是致命傷。」島津對於過多的解釋，感覺厭煩，「日本人收容所建置好，相關戲份拍完，有了基本的住民演員後，救出居民的戲就好拍了。而且要分兩個層面來拍。」

「兩個階段？」

「從僑民原來居住地救到收容所，後來擔心收容所遇襲，我剛講過了，從收容所移往軍營。」

「既然平民的住居有這種動蕩的過程，相對應的戰鬥恐怕也不少。」

「不錯。」島津心情篤定，帶點探詢的意味，「待我對收容所裡面的臨演有些認識後，再挑幾個放進閒置宅內當居民，然後安排兩軍攻防，再把居民『救出』來。」

「時間序剛好倒了過來？」

「沒錯。」

「當年中國軍隊困住商市街一帶的日本人住宅區，有人說，他們想把那些居民當人質，但兵力太薄弱了，我日本大軍一來，他們抵抗了一陣就撤了。」

「戰爭的場面很討喜，但不好拍，血腥殘忍的畫面也比較沒有藝術的價值，我作為一個作者來說，同樣是戰爭的場面，我還是喜歡描寫氣氛，兩軍對壘，隔著一道防線，發號施令、部隊移動聲音相聞，附近的居民擔驚、害怕，夜半野狗狂吠，坦克履帶的嘰嘰聲由遠而近……這樣就有些氣氛了。」

大佛次郎細膩的敘述化解了大家對戰爭的厭惡，島津惦記在心，有些爭戰的場面，試著用這種方式表達。熊野少佐開始對大佛感到興趣：

「島津先生的劇本提到俄國人收容所，老師，您的原著應該也有這種記載吧。」

「當然也有記載，我做過訪查，日中兩軍在城區對峙的時候，中國軍隊也加強市區控管，呈現小戒嚴，攔檢時遇到持有蘇聯護照的俄國人，就警告他們趕快回去，碰到沒有護照的俄國人，擔心他們被日本軍方利用，甚至做日諜，就直接把他們趕進收容所。」

大佛的答覆，大家滿意，香蘭想起劇本有些銜接不順之處：她和養父興高彩烈前往車站，準備搭車前往上海，結果火車不通，傳言日軍正和張學良軍隊作戰。接下來父女倆開始逃避軍警，而流落街頭。香蘭拿著劇本走到島津身旁，島津站了起來。香蘭：

「這邊寫著滿洲事變，我和莎耶賓四處躲藏，是因為張學良軍隊開始封鎖，拘留俄國人？」

「這邊沒有交代得很清楚。日本軍人接手這個城市之後，還是持續宵禁，為了管理方便，俄國人，應該說是蘇聯人，有身分證的放歸，沒身分證的一樣拘留，直到情況穩定下來。妳指出的那一段，我看就朝妳們父女躲避張學良軍隊這個角度拍攝，之所以躲避，主要是沒有蘇聯護照。那時候滿洲雖然大部份被日本佔領了，但哈爾濱還是由中國軍隊控管。」島津見香蘭走回座位後，望向熊野，「片頭開始拍了，有一場居民逃離的戲，希望軍方能支援幾場爆破的場面。」

「我看劇本寫的是在一個小鎮，不是哈爾濱。」

「沒錯，故事的大舞台在哈爾濱是後來的事，一開始的戲設定在一個小鎮。」

島津說著兩眼拂過做筆記的隨從兵，看向大佛。

「我原著也沒有設定在那個市鎮。不過，心裡頭的想定，不管故事發生的時間或地點都卡在一定的時空。俄羅斯 1917 年 11 月革命，次年元月紅軍成立，俄國皇家劇團流亡人士也差不多這時候逃到滿洲，太晚一點，故事就更不合理了。那時滿里子一歲，14 年後的 2 月，滿里子 15 歲，哈爾濱歸順，滿洲國隨即成立。」

大佛把話打住。島津看向香蘭和熊野少佐，再正視大佛：

「我看你的原著，也發現滿里子或瑪麗亞的年紀被俄國革命和哈爾濱降伏兩個事件卡得死死的。故事後來的發展變成瑪麗亞十五六歲就上台表演，戀愛，甚至被求婚。」

「滿洲有早婚的習俗，〈滿洲姑娘〉這首歌不就是這樣嗎？但我的故事裡頭都不提滿里子或後來的瑪麗亞，什麼時候幾歲了。不管是書內或戲裡，藉由敘述或塑造，讓讀者或觀眾感覺女主角更年長了一些，比如 18 歲了。」

「我也是傾向這樣處理。」島津思緒轉了一彎，「那松丘洋行滿洲總店想定在哈爾濱，故事的分行定在海拉爾？」

「正合我意。海拉爾現在雖然是滿洲國北興安省省城，但城鎮規模不大。當時滿洲是地名，還沒建國，海拉爾還是屬於中國東北王張作霖治下的一個小鎮，離俄國西伯利亞不遠，適合片頭紅軍追捕戲的演出。」

「滿洲里不是挺適合？」

熊本少佐故意考人，大佛忙不迭地說：

「滿洲里剛好在當時的俄國邊界，情勢複雜、紛爭多，松丘洋行暫時不會考慮在那兒設分行。當然這種想定，在戲裡還是要尊重島津導演。當初我之所以沒有寫明，主要是那些時地對整個故事來說，只是過客，不是很重要。」

「不講明時地，故事也比較好鋪陳。」

攝影福島宏欣見後續拍攝的關鍵問題逐一提交討論，開始想像日後自己工作的模樣。大佛自覺說多了，有些逾越，瞬了島津一眼。島津看向少佐：

「如老師剛剛說的，片頭紅軍追趕逃難劇人的戲在野外拍，我們接洽滿鐵支援一兩輛巴士，再向飯店租用幾輛馬橇，這一些後續還會用到多次。不敢保證滿鐵會一直支援我們巴士，屆時還是希望軍方做我們的後盾。」

「目前巴士和馬檣沒問題了？」熊野少佐獲得島津的頷首後，「戰馬需要嗎？」

「擔任戲裡要角的俄籍劇團團長會準備馬匹，他們旗下的演員都會騎馬過來，大部份扮演紅軍。」島津看了一下記事本，「對了，可否支援幾把步槍和空包彈。」

「幾把閒置的練習槍應該沒有問題。」

少佐說著瞬了勤作筆記的隨從兵一眼，指示他註記幾節戲在劇裡的先後和拍攝的順序，再正視島津導演，繼續說：

「你剛說的紅軍追殺的戲，時序在流亡劇人逃到松丘洋行之前，但推到比較後面再拍，現在準備開拍的是俄籍劇人逃離松丘洋行的戲……」

「沒錯，戲的邏輯是，流亡的劇人在洋行聽到槍砲聲，惴惴不安，外頭居民開始逃離，劇人的逃離直接拉到野外，初步規劃，和劇人被追殺的戲都移師江北草原拍攝，但地點會錯開，背景要完全不一樣。」

「居民逃離，我們支援爆破的地點找到沒？」

「馬家溝……」

島津說著停頓了一下，熊野會意站了起來，用手指著圖表架上地圖接近南端的村落。島津：

「馬家溝再往東走，我找到一個叫李村的聚落，那位村長並不反對，但還要徵詢村民的意見。過幾天，我再去談一下。」

「撒一點錢，那些村民一定樂於遵命，叫他跑就跑，要他牽騾騎馬，拉著一車子的家當，他們也會願意。」熊野狡猾地笑起來，「他們中國人早已習慣逃亡的動作，演一下又有錢可拿，何樂而不為？」

島津苦笑著，一時沒有回答。他覺得若村民自發性協助最好，屆時再備一份禮致謝，或許好些。撒錢也無不可，只怕最後只落入少數人的口袋。島津再次提醒支援爆破的事後，軍援會議總算告一段落。

第二天一大早，劇組要角到車站送別服部良一和大佛次郎。兩位老師難耐哈爾濱的酷寒，想取道新京回日本。劇組繼續討論劇情，俄籍演員多姆斯基、恩格卡爾德、莎耶賓和福馬林一些人乘幾輛馬車來了後，大家一樣聚集會議室，討論戲裡中國東北軍人內戰，小鎮村民逃離和俄籍流亡劇人從松丘洋行分行出逃的戲碼。島津看見俄籍夥伴，有點空茫、遲鈍的心思開始活絡、扎實了起來。

還算寬敞的會議室座無虛席，島津簡單致意後請助理播放一個黑膠唱盤。留聲機發出「咻咻」的聲響，關掉後，島津：

「這是陸軍測試子彈發射時錄下的聲音，熊野少佐昨天派人送過來的。」

「應該是子彈在近處飛過的聲音。」

莎耶賓說完，島津：

「不錯，現在繼續播放。」

助理小心翼翼地把唱針放下後，一開始還是「咻咻」的聲音，島津用眼語暗示大家繼續聽後，留聲機發出「嗒嗒嗒」的聲響，聲音由近而遠，再來是砲彈的聲響……。助手關掉留聲機後，島津要求大家聽音判明，幾個人答得都很中肯。李雨時把剛剛的過程用俄語簡述開來，讓不懂日語的幾位俄籍演員了解。島津：

「下午要拍大家坐馬車逃離戰火的戲，後製時根據拍攝的畫面再把這些聲音編輯進去。」

「沒有軍隊？」莎耶賓一臉狐疑，「被刪掉了？」

「大師請稍寬心，沒有所謂刪除。這節戲本來就沒有安排軍隊演出。原先關東軍不認同的幾節戲，我還是會很忠實地呈現。」

莎耶賓被說得有些不好意思，接受恩格卡爾德眼神的撫慰後，決定少開口。島津看向俄國夥伴：

「接續上次拍的大家在洋行接受豐盛午餐招待後，在黑井兄的帶領下，坐馬車逃離中國局部的內戰。這一段戰事，大佛先生的原著並沒有道明是那支軍隊互打，只用一些砲火、逃離的民眾表達時局的混亂，我改編成劇本也是簡單一筆帶過。想來大佛先生的興趣不在交戰的過程，只是想象徵性地表達時局的混亂。或許觀眾會覺得不太過癮，我們這次還是要不費一兵一彈完成這場戰禍逃難戲。」

「我想作家都愛好和平，不喜歡殺戮，當然不喜歡描寫那種暴亂的場面。」

恩格卡爾德講得並不流暢，但大家都不住地點頭，也都透過她女性的體會，洞燭大佛次郎的暖男思維。

「那位女嬰也會跟著坐馬車奔波嗎？」香蘭。

「她很可愛。李香蘭小姐小時候就是這樣。」

千葉早智子說著，大家都笑了起來，腦中浮現小女嬰在天寒地凍的荒野露臉，小臉被凍成小紅餅，兩眼無辜的樣狀。島津：

「小女嬰不會出現，但她的形象會出現，讓人感覺千葉小姐在馬車上抱著的就是小時候的李香蘭，或者說她演出的滿里子的幼嬰時代。」

「小滿里子就在這裡。」

千葉舉起一只布娃娃，大家會心一笑。

「嬰兒帽對著鏡頭，什麼都掩飾過去了。」

島津說著向李雨時使了一個眼色，李雨時於是把剛剛幾位演員的對話簡要地用俄語說出，隨後改用日語：

「今天每位演員有機會坐馬車逃亡，算是高級享受。一般說來，中國難民流亡大部份都是走路的，小嬰兒也是一樣，就背在背後，天寒地凍還是得熬過去。」

島津冷不防通譯會這樣說。但想想覺得無傷大雅，還是叫他用俄語再說一次。俄籍演員自我解嘲輕笑過後小有議論。

「俄國人更慘，十月革命後冬天開始了，逃難人潮沒有火車坐，倒在西伯利亞的，何止百萬人。」

恩格卡爾德說完，彼此沉默了一會。島津開始說明下午的演出情況，黑井演出的隅田清單獨騎馬，是總指揮，劇本已言明，其他三車的駕駛和乘客，車子行進順序，島津也做了分配，隨後他指示助理再播放子彈發射的唱盤：

「下午的戲沒什麼，主要是攝影機追著馬車拍。但三車中嬰兒車嚴重落後，總指揮叫停，三車聚在一起因應情況時，大家要想像這時子彈的聲音，近的遠的響個不停，大家看副導做出手勢後，恩格卡爾德、福馬林，和扮演中、低音的波雪夫、加里寧可以做出豎耳傾聽，面露驚恐的神情，攝影機就對準你們……」

大家期待已久中餐就在飯店餐廳進行，沒有開會的人員也都被叫下來，一起用餐。

61. 奔馳雪原 好戲連拍

午餐過後，劇組整隊待發。滿鐵支援一部巴士和小汽車，進藤開小汽車搭載副導池田督做前導，黑井騎乘向飯店借來的黑馬，俄籍演員搭乘的馬車被劇組徵用，他們也都坐在車上，其餘工作人員和演出人員搭乘巴士，用來壓陣。車隊走過濱江大橋，橫越松花江，在江冰、矮雲之間，冰霧茫茫，生意和呼吸也被冰凍了。車子兩邊是冰封的街屋，顯然已過了江。冰雪不再全面覆地，褐色的乾草地越來越多，廣袤的江北草原遠處出現幾匹馬，顯然有人在這兒牧馬。

車隊繼續前行，看到前幾天現勘場地插在草原上的紅旗後停了下來。巴士擋住了一點風，劇組人員陸續下車，寒風依舊刺骨。黑井洵不甘雌伏，直接策馬奔騰，附近繞了一圈回來後，大家順著他驅馬的方向，剛剛看見的馬群已成點點棕褐，幾乎融入墨綠色的草原，松花江的方向已是一片縹緲。

島津花了半小時的說明和指導，說到尿急了才把整個情況搞定。波雪夫、多姆斯基和加里寧、恩格卡爾德分別坐第一二輛馬車，演松丘洋行的兩位滿人家僕當車駕，莎耶賓、千葉和女嬰坐第三車，由福馬林駕駛。這輛車入戲後，就變成由伊凡駕駛，載著狄米特里和隅田悅子母女的逃難車。滿鐵巴士的司機駕駛小汽車載著第一攝影福島宏和島津，攝影助理小邱趴在另輛，由進藤駕駛的馬車上，三車和兩機拉到右前方一公里的小樹林處，再呈平行線往巴士這兒快速移動，三四分鐘裡能拍多少算多少。岩崎、香蘭和完事的工作人員全部回到車上觀戰。遠處擠成一團的人車，揚起沙塵後，車子快速分離，載人的馬車和拍攝車最後變成明顯的平行線。

車子到達巴士邊停了下來，島津問過攝影師福島宏，知道拍攝情況良好，但禁不起演員的要求，也不管他們互換駕駛，或一駕變雙駕，還是讓他們再玩一趟。

天氣太冷了，大家的膀胱都受不了，女姓相互掩護，男性自找僻處解決後，進入第二階段拍攝，除了攝助小邱在巴士旁架好攝影機，給攝影機披上斗篷禦寒外，其他人又回到小樹林，然後一路奔過來。車隊走到半途，小汽車突然脫隊快速駛向巴士，和另一攝影機形成犄角，迎接車隊的來到。一馬三車先後來到巴士邊，騎在馬上的總指揮黑井舉手叫停後，車上每人都東張西望，想像槍彈正從旁邊或頭上飛過來。池田督舉起一隻黃旗，車上演員的神情更加驚惶，想像子彈剛從身旁飛過。

黑井洵，或者說隅田清中彈落馬的鏡頭是這一節戲的焦點，還沒正式拍攝前，他演練了幾次，都覺得不滿意，大家擔心他受傷，醫療藥品都準備好了。正式拍攝時，兩台攝影機同時瞄準他，好在一鏡成功，後面第一車的中音歌手、伯爵隨即勒馬走下馬車「救助」。載著狄米特里、隅田妻悅子和女嬰的第三車不知隅田落馬急馳而去的畫面早被拍了下來。

戲拍完了，有些人攀上巴士避寒，一般工作人員很想坐馬車過過癮，莎耶賓很高興讓大家快活一下，示意早智子下車，讓其他劇組人員搭乘。香蘭在地上跳了幾下，抖擻好精神後走向黑井洵，坐在馬背上的黑井看出她的意圖，躍下馬後把韁繩交給她，半信半疑地望著她，那知她伸長左手抓住鞍角，左腳踩穩馬鐙，一個翻身就上馬。許久沒騎馬了，她一時不敢騎太快，稍稍加快速度，一團冰冷襲捲而來，讓她快速適應寒冷。馬車走遠了，她策馬奔馳，感覺身體層層剝離融入寒風，馬車越來越近，已經變成寒流的她因著這種覺悟，由寒轉暖，接受馬車上同仁的歡呼後，也已經沒有寒暖的感覺了。

這段奔逃的戲拍竣，劇組對於接下來要拍的紅軍追捕的戲更具信心，滿鐵同意繼續出借巴士，甚至馬橇，劇組盯看天氣預報，發現往後幾天時雪時陰，剛好紅軍追捕的戲演練一天，實拍一天，就可以拍攝流亡藝人在風雪夜蹇行，然後遇救的戲碼。

下了一整天雪，天氣轉為乾冷，接下來俄籍流浪劇人逃避紅軍追捕的戲，動員了眾多俄籍臨演。劇組休息了一天，相互聯絡的結果，開拍這一天，莎耶賓、多姆斯基帶領的俄籍劇人先騎乘馬兒和大型馬橇在俗稱松原的演練場地等候，劇組人員搭乘滿鐵的巴士前往，向飯店租來的兩輛馬橇跟著渡過濱江大橋，把松花江拋遠，兩天前的拍攝地已鋪上一層厚厚的積雪，車隊左轉開始爬坡，從雪原當中輾出一條雪泥路。草原的殘雪越來越發廣袤厚重，車子放慢速度，馬橇也要快步才跟得上。

到目前為止，香蘭一直沒有上戲，今兒也不會，有些渙散的心情一直盯著車窗外的殘雪。車窗外面本來結著一層冰霜，隨著車子運動，冰霜都化成空氣了，但車內窗玻不時起霧，必須用手或手巾擦拭才看得見外頭。

「看見紅軍了。」

島津說出口，換來更多「在那？」的呼聲。香蘭用手巾抹掉車窗上面的霧氣，望向窗外，展延數百米的草原過去是一片油松林，松林林表的積雪和草原的積雪像兩道一窄一寬的白帶把松林的暗綠、粉雪濛混的色帶烘托出來。她把視線收回，望向前方，車前窗的視框被幾個人頭擋住，她企圖看見一片紅，但視框內還是一片昏綠。

「看到了。」

前座有人說了，香蘭丁點兒想看的意念被即將來到的下車寒鎮住了。車子停了下來。天氣夠冷了，沒有陽光，在這地勢較高的荒野，大家想著即將面對的酷寒，身體極度瑟縮。車門開了，俄語的呼叫隨著寒氣灌入車內，攝影福島宏和助理小邱提著鐵箱和腳架往車外移動，其他劇組人員既領受了荒野的厲寒，心裡一橫，也就提腳下車了。香蘭終於看到了紅軍，十幾名莎耶賓、多姆斯基和恩格卡爾德三位劇團團長下面的劇人，都穿著土黃帶綠的軍服，頭戴毛帽。這些臨演加上演出流浪劇人的幾位俄籍要角，20 幾名高大的俄人和十幾匹戰馬，以俄式的熱情聚在一塊，香蘭看在眼裡，心裡的冷寒祛退了一些。

一開始，島津帶領大家進入旁邊一棟木造廢宅，30 幾人分成三組開始整理客廳、餐室和兩個房間，活絡筋骨一番，積了一點熱能後才到外面演練策馬追捕和奔逃的戲碼。

演紅軍的這群臨演中，最受矚目的是唯一的女生，也是扮演女隊長的拉麗莎。拉麗莎比飾演狄米特里情婦的瑪爾莉娜年輕，但高大許多。瑪爾莉娜新近現身劇組，人長得嬌弱，而拉麗莎英挺，穿上軍服，英姿颯爽，很有女中尉的風範。

演練了一整天，盡卻一開始的夢幻和浪漫，第二天，同樣的場地、時間，但不再是演練，而是實戰，天氣一樣陰霾，巴士的大燈亮開後，變成輔助燈光，但還是杯水車薪。這兒的松原呈 U 字形，密林包覆著雪原，開口朝東。島津在劇本裡頭，對於這段官兵追捕流亡劇人的戲，並沒有寫得很細，扮演流浪劇人的六人，除了三位劇團團長和扮演丑角伊凡的福馬林，有明顯的角色扮演外，波雪夫扮演的男中音歐爾羅夫和加里寧扮演的男低音契里可夫只出現在片頭有限集體戲中，表現的機會不多。

島津一聲令下，五男一女搭乘一輛兩匹馬拖拉的大型馬橇，隨著馬橇奔馳，各自進入戲裡，伊凡不愧是馬伕，一人驅策兩馬，駕著馬橇急行，遠遠看見拉麗莎扮演的羅曼諾夫中尉帶領十幾名紅軍騎兵調個頭急急追來後，只有拚命向前。恩格卡爾德扮演的安娜·密爾斯卡耶趴在車內，緊緊抓住樑柱，狄米特里手上沒槍，隨後爬到駕駛座，不妨害伊凡馭馬，車上三男持槍向追兵射擊，契里可夫臥在車左側，伯爵和歐爾羅夫趴在車尾，契里可夫和伯爵手握向軍方借來的練習槍，不時射出空包彈，歐爾羅夫手持劇團用的道具槍，射擊動作還是很逼真。

福島宏和小邱分別在小型馬橇上守著攝影機，福島的馬橇和紅軍隊伍在平行線上，但有一段距離。伊凡快馬加鞭，馬橇衝進灌木叢旁邊的小上坡，騰起時，契里可夫和歐爾羅夫趁勢彈跳出橇，馬橇重重摔下，伯爵被摔了下來，馬橇停下後，安娜也就快速滑了下來。兩馬頗受驚，伊凡把左側的韁繩拉了一下，穩住一馬後另一匹很快便穩下來。小邱固定在稍前方馬橇上的攝影機把這一幕拍了下來。

坐在福島宏橇上的島津叫停。池田督揮動兩手，羅曼諾夫的紅軍小隊立刻止步，再稍稍往後退。島津檢查人橇，都沒有什麼大礙後，稍稍調整外景現場，兩位駕駛還在馬上的流浪劇人的馬橇車頭朝向南方，表明待會馬橇會往南逃逸。不久，島津雙手揚起，揮動了一下，稍遠處的紅軍開始蠢動，蓄勢待發。接著島津一聲令下，劇務助理揮動紅旗，流亡劇人從原先的跌落姿勢拔腿向伊凡和狄米駕駛的馬橇狂奔。這個畫面由池田督和小邱放在馬橇上面的攝影機攝入。另一方面，站在福島宏後面觀戲的香蘭看著稍遠方的紅軍騎兵，在馬蹄激起的雪花的紛飛中急馳而來，十多人的鐵騎，有的閃過，有的隨著步槍的射擊聲飛蹄越過剛剛害流亡劇人摔落的小草坡，直接攝入福島宏的攝影機內。紅軍快速馳來，福島宏攝影機從長焦鏡頭變近距拍攝，流亡劇人上了馬橇，趴在奔跑的馬橇上面開始回擊，小邱的攝影機也追著拍攝。

追過來的紅軍女指揮官有一個關鍵動作昨天演練時沒做，此刻大家都十分期待。臥在馬橇上的伯爵射出一發空包彈，羅曼諾夫中尉小腿夾緊馬腹，「呀」的一聲，棕馬的前腳舉起，人突然摔落地面，香蘭不由得用手掩住被凍得發紫的嘴唇。

騎兵見女長官「中彈」落馬，紛紛下馬，落入福島宏攝影機的鏡頭內，小邱的馬橇繼續奔馳，追捕流浪劇人的馬橇逸入渺茫森林的尾跡。

劇組提早用中餐，劇組、臨演和工作人員，超過40人擠爆木屋，客廳、餐室和兩個房間都是人，每人分配一盤俄式簡餐，盤中的高粱飯、雞肉派和花椰菜，都是前一天煮好，隨車運到木屋加熱分配而成。餐室內，兩張方桌併在一塊，今天演出的重要人員都坐這兒，香蘭、瑪爾莉娜和黑井都在客廳用餐，大致看得見餐室內的動靜。扮演羅曼諾夫女中尉的拉麗莎被恩格卡爾德拱上主桌。拉麗莎不熟悉日語，李雨時居間翻譯。島津看向拉麗莎：

「妳摔下馬的動作太漂亮了。」

「一聽到槍響就要掉下來，一點猶豫都沒有　，太難了。」福島宏把頭轉向客廳，「比前幾天，我們的黑井兄摔得還漂亮。」

「我也很想再摔一次。」

拉麗莎承受太多讚美的眼光，忙不迭吞下口中的雞肉，福島宏看向另一邊的波雪夫和加里寧，再正視島津：

「他們兩位跳車的動作也很俐落。」

莎耶賓旗下這兩位男中音和男低音的動作，昨天演練時，島津已領受過，不再新鮮，淡淡地說：

「有些動作，男生做來不會太難，我是有點擔心拉麗莎受傷。」

「她有練過，舞台也表演過。」恩格卡爾德。

「舞台上，那馬跑了起來？」

恩格卡爾德瞬了拉麗莎一眼，看向島津，直接說日語：

「馬兒慢步。她沒有完全摔下，左腳還鉤著馬蹬，用腹肌撐起身子又恢復坐姿。」

「是。」島津滿意恩格卡爾德的解釋，「看來舞台太小了，在野外才能夠讓她施展絕技。」

天氣太冷，中餐簡單，只填飽了一點食慾，但大家也不好說什麼。茶几這兒，黑井洵把飯趴光了，香蘭還慢慢吃：

「那個幾乎讓馬橇翻覆的斜坡，如果馬橇從比較陡的另一邊衝過去，或許可以造成翻車的效果。」

「衝擊力道太大，馬橇損壞事小，島津擔心人或馬兒受傷，影響後續的拍攝。」

「主要是今天拍的不是什麼主戲，況且又被軍部警告過，不然島津會在攝影棚解決。」進藤英太郎瞬了一眼香蘭疑惑的眼神，目光收斂，「這個我也是一知半解。可以做一個馬橇，有駕駛，但沒有馬。有些組件黏了上去，下面裝一個震動裝置，機器先小震，待大震時，橇上的人就彈了出去，或自己跳出去。馬橇翻覆後，黏上去的部份脫落，就形成摔壞的馬橇。」

「應該還要有布景吧。」

千葉早智子想起兩年前東寶攝影棚一場模擬車禍的拍攝。進藤英太郎：

「當然啦，流動的雪地影片還是要在銀幕上放映，當做背景。不管怎樣，這部電影要以拍外景的方式分三個時期在這個城市拍攝，已經夠麻煩了，島津決心全部戲在這座城市解決，不想留一個尾巴到東寶或滿映攝影棚收尾。」

進藤頗能說出島津的心意，島津為了把握白天有限的時間，中餐也沒耽擱太久。飯後，扮演紅軍的臨演－各大劇團的團員繳回熊野少佐出借的四把練習槍後，帶著自己的裝備騎馬回市區。飯店支援的兩名馬橇駕駛留在木屋休息。全部劇組人員上車開拔到附近另一座小木屋，黑井一人駕著一輛馬橇跟著前來。這座木屋和剛剛用餐的那一座應該都是舊日伐木工人的工寮。

這幕戲非常簡單，俄籍演員，除了瑪爾莉娜外，全部上馬橇進入劇情後，狄米和伊凡疲憊地駕著馬橇載著四位患難朋友在這白雪茫茫的原野發現一座廢棄的木屋，六人下了馬橇，進入屋內，發現裡面窗破桌斜，地面凌亂，屋角堆積廢棄的鋸子、斧頭、鍋盆等雜物，商討怎樣處理後，做一些簡單的整理動作。拍竣，一夥人上車，回到原先休息的木屋。在劇情裡，這棟木屋就是剛剛入戲的木屋整理過後的樣狀。

劇組再度外出拍攝分鏡鏡頭，主要是近距離拍攝馭馬狂奔和射擊的片段。流浪劇人的馬橇和攝影橇並馳，福島宏的馬橇在前，就拍狄米特里和伊凡駕馭馬匹的特寫，福島宏的馬橇貼近或在後，就拍伯爵等人射擊的鏡頭。

看著女主角香蘭久等不到上戲，島津也希望這一段不被關東軍認可的戲頭趕快拍完。這一段戲，他可以不拍，但基於對電影的忠誠，從大佛那兒重拾信心後，他決定拍完。為了拍攝雪夜，流亡劇人在暫住的小木屋大意釀成火災的戲，島津商請飯店消防管理人新藤充當火場技師。除了向飯店租用兩輛馬橇外，也商請滿鐵再借用兩輛小巴 。

這一天，下著小雪，中餐後，俄籍演員依約來到馬迭爾飯店。隨後，在副導池田督的帶領下，新藤小組、道具組和一些演員先搭一輛小巴前往木屋。他們除了在屋內簡單鋪設火管外，兩個窗戶旁各置放一個鐵桶，香蘭、雅子、瑪爾莉娜、千葉早智子一些女明星和部份工作人員隨同島津搭乘另一部巴士，帶著兩輛馬橇抵達時，並沒有隨同工作人員下車。這時才下午三點半，但天候陰雪，夜幕幾已降臨。車子往後倒退一些，不久，有些沒事的人回到車內。一台攝影機架設在剛剛停車的位置，香蘭知道另一台架在屋內。

車內的人多數移座靠近木屋的窗邊，香蘭也坐了過去。隔著窗玻，她隱約聽到有些擾嚷、驚叫的聲音，窗戶焰影幢幢，突然一聲悶響，兩個窗戶被火紅吞噬，兩匹馬一前一後泛著火光，被兩個黑影追著沒入雪暗，隨後在一陣雜沓的腳步和呼叫聲中，俄籍演員朝著車燈照耀的方向逃逸。

「車子動了。」

雅子說著，香蘭發覺原本在前面的攝影機不見了，從緩緩移動的車燈斜斜的照射下，可以看見俄籍演員。車子慢慢停下時，她看不見入戲中的演員，右邊木房的火勢變小了，應該被撲滅了。兩個人，好像是黑井和進藤騎著馬回來了。這兩匹馬在戲裡是被火勢驚嚇「逃跑」的，因為逃走了，馬橇沒有馬拉，那些流亡的劇人只好逃離火場徒步雪原自救了。

俄籍演員要上車了，香蘭、雅子她們回到自己的座位。工作人員上另一車，俄籍演員上來後，議論紛紛，不久，導演和攝影上來了。坐在車頭的島津開始向莎耶賓一夥講述待會演出的注意事項，香蘭得以知曉待會車子會走回頭路，在上次拍攝隅田清帶領流亡劇人搭乘馬車逃避兵禍的草原拍攝流亡劇人雪地蹇行，幸運遇見駕著馬橇路過的隅田清，得以搭乘馬橇到松丘洋行歇息的戲碼。前幾天拍攝時還是一片草原，現在已成一片雪原，自然不會發生撞景的情況。恩格卡爾德：

「島津先生，您剛剛說，我們回頭會看見房子陷入火海？」

「我們的火場技師新藤會提供一部火燒木屋的紀錄片，到時我們再剪輯進去。」

「島津導演想的很週到。」莎耶賓拍落灰色毛褲膝頭上面的一點雪水，「待會我還是要唱〈生命獻給沙皇〉。」

「被救起來後再唱？」

劇本沒有寫這一節，唱不唱？島津不置可否，但尊重他。他想著時，新藤和他的組員上來了。新藤坐定後：

「火星全都滅了。」

「那好。」

島津說著看向車窗外，黑井和進藤駕駛的空馬橇已在巴士旁等候多時。第二車車長池田督走了過來，隔著車門向島津打過手勢後，島津這一車開始滑動，馬橇和第二車跟上，向下一個拍攝現場移動。

62. 躲避軍警 流離街頭

李村居民逃難的外景戲拖到俄籍流亡劇人落難雪原的戲碼拍竣才開始進行，熊野少佐支援的爆破小組作業順利，拍完後，莎耶賓迫不及待地想用音樂來融合他和香蘭的「父女」情，便把她拉到他的工作室練唱〈波斯鳥〉，他在戲裡戲外的密友恩格卡爾德也在場，經過她協助糾正後，香蘭越唱越好，很快便進入主題曲〈我的夜鶯〉的練唱了，這算是她上莎耶賓大師的第一堂課。

這個冬天的拍攝，香蘭的歌唱橋段雖然排不上，但莎耶賓、恩格卡爾德和島津商議過後，還是給她進一步排定了練唱時間。另一方面，哈爾濱沒有攝影棚，《我的夜鶯》這一劇，幾乎所有的戲份都是實地拍攝，劇組實際拍攝時間少，島津、池田和居民、軍方、車站、劇場，甚至小如醫院、理髮店的協調，請求支援，借用場地的時間反而比較多。島津在外交涉沒導戲時，便是香蘭練唱的最佳時機。莎耶賓、多姆斯基、恩格卡爾德的劇團三不五時會來馬迭爾演出，晚上香蘭有時會看演出，他們有時也會帶著交響樂團的要員敲香蘭的房門，同時敲定或修訂練唱的時間或地點，尤其和哈爾濱交響樂團共同練習的時程表。交響樂團除了自演外，還要搭配好幾個歌劇團、芭蕾舞團的彩排和演出，比一般劇團還忙，好在現在逢冬，演出淡季，還是有些空檔，莎耶賓和恩格卡爾德得以利用個人音樂教室或家裡，把香蘭練得很好後再送往交響樂團驗收。

香蘭練歌也練俄語，俄籍音樂前輩不斷把劇本台詞拿出來講，香蘭對俄文文法還沒有十分概念，但對於劇中台詞熟悉得就像是自己的生活語言。看見香蘭練得起勁，對俄文有些基礎的黑井洵和進藤英太郎，有機會和俄籍演員碰在一起，便儘量練習，或用俄語討論劇情。黑井和進藤同樣厭惡蘇聯政權的殘酷，基本上同情舊俄時代的人們，因此周旋於俄籍演員間比較沒有罣礙。岩崎昶對沙皇本來就十分不悅，對於史大林迫害忠良更是極度失望，但那種隔空的厭惡還是比不上自己被特高逮捕、凌虐的切膚痛。岩崎尊敬、欣賞俄籍演員在音樂方面的成就，漸漸忘掉他們是沙皇的人，但終究沒有融入他們，談不上向他們學俄語或俄國文化。

黑井在劇中扮演與妻女突然失聯的隅田，進藤扮演隅田的企業家朋友巽。劇中的進藤演來就像個富商，他到俄人開的醫院探望「腳受槍傷」的隅田，在這個冬天的戲就暫時告一段落。多姆斯基在劇中扮演開了一家理髮店的沒落伯爵，黑井洵扮演的隅田清前往理髮店探望伯爵，表明要到上海尋找妻女時，他在這個冬天的戲也已結束。黑井在東寶另有戲約，和千葉早智子回日本避寒後，劇中演香蘭情人的松本光男隻身前來，香蘭才開始演出成年的滿里子－瑪麗亞。

劇組人員一般都在餐廳用餐，在會議室用餐，很多人都想過，但沒人提過。這一天劇組在會議室晚餐，主要是岩崎想講話。香蘭心裡涼了半截，拍片三個多禮拜以來，他一直很少講話，有時很仔細觀察演員的演出外，對同仁的生活似乎不太關心。他應該是悶了很久，一出口一定是見地犀利，尖酸十足，這教同仁如何嚥下那幾口飯。

幾位俄籍演員都在場，座位有點不夠，侍者於是從外面搬來幾張椅子，讓大家坐得擠一些。西餐一人一份，另備有幾大盤沙拉馬鈴薯，讓人自由取用，幾瓶紅酒最是讓人驚艷，許多女子讓飲，一些男演員樂得暢飲。晚餐開動後，岩崎舉杯敬大家，然後對著麥克風：

「這幾天看大家在天寒地凍的天氣拍片十分辛苦……。我看導演島津和副導池田最是辛勞，往往協調場地，請求支援，忙了一整天，才能換來幾小時的拍攝。這部電影和大時代緊緊契合，很多場景不是找個客廳或小房間就可以拍成。在這動亂的大時代，我們這兒被冰封，人們好像只剩一口氣，很多地方戰火連天，城市、街道都在燒。戰爭還是和平，我寧願所有戰爭都被冰雪封死。」

岩崎說著停了半晌，看著坐在長桌組旁邊，沒人動刀叉，但有些竊笑的同仁。李雨時把他講的話概要翻成俄語後，岩崎繼續說：

「今天導演要我一起去軍部看軍方的紀錄片，我向來是極力避免去那種地方，但我還是去了。我知道有了這些紀錄片可以減輕大家拍片的負擔。這些紀錄片也可以是我們這部音樂電影的活動紀念碑。戰爭可怕嗎？當然可怕，但藝術魂一旦上了身，槍林彈雨，樂團依舊演奏，我們的李香蘭小姐依舊歌唱。今天拍這部電影的意義就在此。」

李雨時把岩崎的話用俄語再詮釋一遍後，大家沉默著時，進藤英太郎開始鼓掌，隨後舉座掌聲齊響。岩崎講得慷慨激昂時，少有人用餐，即使吃了一點，也都不再動刀叉。待大家開始用餐，香蘭始放下心中的憂慮：原來他是站在情理的高度抨擊時局，同時看待這部電影。

島津小聲向池田督談起和製作岩崎昶、攝影福島宏到司令部觀看紀錄片的一些細節，突然拉開嗓門向劇組人員：

「是這樣啦！熊野少佐希望我們把片子拍完，進行後製時才把紀錄片的拷貝借我們，什麼片段可用，不可用，他都叫福島記錄下來，屆時我們把影片帶回滿映後製時，他們還會派人前來指導。」

島津說著大家直點頭。

「是來監視的！」

不知道誰補上這句，引發一陣竊笑。島津：

「憑良心講，熊野是很支持我們的。看完影片，他又帶我們去看場地。看他設的陣地。幾名軍人假扮中國東北軍，他也會幫我們訓練好。他那兒就有服裝，不用我們操心。」

「明天我和我『女兒』李香蘭的第一場戲就是要流落街頭？」

莎耶賓明知故問，他希望挑起一些話題。島津：

「你們『父女』的生活曲線，春夏天是美好的，秋天也不壞。現在剛好是冬天，所以先拍冬天比較艱苦的片段。你們『父女』溫馨的家庭生活，李香蘭美麗展喉，和松本光男的甜蜜交往，都是春夏天的事，待明天夏天再拍。」

「高高興興帶著女兒和女性友人到車站，結果車子搭不成還流落街頭。」

莎耶賓希望導演補強這一段的連戲問題，但島津胸有成竹：

「這一段，劇本沒有交代得很清楚。李香蘭前幾天也發現了。我的構想是這樣的，坐馬車到車站時，街頭交通還是順暢的，在車站得知日本軍和東北軍交戰，火車停駛，一出車站才發現中國東北軍全面接管、控制這個城市。你和朋友恩格卡爾德，還有演娜塔沙的瑪爾莉娜，雖然是白俄，同屬女性，東北軍從輕發落，讓她們各自回家，你和女兒坐上車後碰到路檢，擔心關係解釋不清，再看見哨兵虎視眈眈的眼睛，怕到棄車遁走。我把這一些都省略了。我覺得觀眾可以透過直覺理解這種情況。」

「我們是過來人，滿洲事變後局勢很亂，有蘇聯護照的紅俄紛紛回國。」恩格卡爾德看向陷入苦思的島津，「我們白俄想留下來，但也都害怕被兩方的軍隊拘捕，然後遣送回國。交戰中的中日雙方的軍隊都希望把麻煩的俄國移民丟回本國，所以白俄逃避軍警的戲很合理。」

「或許可以修改劇本，詳細鋪陳這一段混亂的過程，如果可以的話，大批東北軍坐卡車進駐市區的畫面也可以請滿洲軍支援拍攝。」

池田督說完，島津眉頭緊鎖，吐了一口氣：

「導這部戲真是千頭萬緒，主畫面有了眉目再說。」島津低頭笑看莎耶賓，「假設你不是在演戲，帶著你的瑪麗亞處在真實的情況，會害怕什麼？」

「我的瑪麗亞李香蘭是黃種人，我和她走在一起，沒有人知道她是我養女，軍警看到我們，會覺得奇怪，很可能會被抓去盤問，甚至隔離詢問，我會擔心這一點，一旦沒看見她，就感覺失去了她。」

「非常好。父愛讓你變得緊張小心，不容你的女兒冒一點險。所以恩格卡爾德，也就是安娜回到了家，你們父女還在路上東躲西藏。」

「沒錯。拋開劇情，我們劇團成員飽經紅軍迫害，來到遠東只希望過著平淡的生活，碰到時局動蕩，都很害怕日軍或華軍變成紅軍。在這個城市，平常大家都避開軍警，一旦軍隊到處巡邏，更要躲藏，若不巧碰上了，還是會擔驚一陣。」

莎耶賓這一番話，恩格卡爾德心有戚戚焉，她拿起手持眼鏡貼近眼睛朝會議室門口看了一眼，隨後放下，看著島津：

「這個劇本描寫我的部份，這個城市軍管後，我的家被洗劫，沒有寫被軍隊或壞人破壞、偷盜，如果這事真實發生在我身上，以當時沒有蘇聯身分的我來說，我也不敢報警，只能摸摸鼻子向朋友求助。」

「俄羅斯人處境尷尬，在那混亂時期，中國政府給他們設立留置所，或收容所，是有可能的。」進藤英太郎。

「當年逃到滿洲時，我沒被抓進去，但多姆斯基進去了。」莎耶賓看了多姆斯基一眼，再望向進藤，「我拜託一位中國朋友出具他是歌劇團歌手的證明後把他保了出來。」

「軍人都是懷疑主義者，俄國人住在社區裡，中國老百姓都沒有意見，軍隊一出來，情況就不一樣了。」

進藤的話引發一些回響，但伴隨著戲裡戲外大夥對軍人強悍滋生的無奈，談話漸漸零落。

晚餐結束了，雅子喝了兩杯紅酒，有點醺醺然，她希望第二天越慢來到越好，香蘭看著她一臉紅霞，也覺得酒醉真好，尤其在這酷寒的時節。

朝霞像醉後的臉顏一樣開啟了新的一天。太陽果然露臉了，莎耶賓、香蘭，和恩格卡爾德、瑪爾莉娜分乘兩輛馬車，跟在副導池田督和攝助小邱車子的後面馳走，池田車後面還有一輛馬車客運店的馬車，這輛車當然不能入鏡。快到車站時，四輛車停了下來，池田督和小邱下了車，在站前架好攝影機，池田打出手勢後，另三車繼續前進。劇組四人和馬車客運行的四人下了車進入車站大廳時，島津保次郎、福島宏和一干人員已等在那兒，而客運行的馬伕避開了站外的風寒，樂得找座位坐下休息。

聖誕節快到了，站內人擠人，兩台攝影機都到了後，島津表示要速戰速決，所有人站定位後，島津一個手勢，小邱手持攝影機站在神龕附近，恩格卡爾德和瑪爾莉娜走了過去，化身狄米特里的好友安娜和情婦娜塔莎，面向燭光滿溢的神龕裡面的聖母膜拜。這一切順利入鏡。莎耶賓、香蘭走向福島攝影機，化身狄米特里父女看向由身材高大的俄籍車站守衛充當的站務人員。站務員：

「你們要去那兒？」

「我現在想經由天津到上海。」狄米特里。

「沒辦法。現在火車不通。」

「發生什麼事？」

「日本軍和張學良軍隊正在打仗。」

「戰爭，又是戰爭！」

狄米特里說著時攝影機後退了兩步，站務員退走時，好友和情婦也從神龕回來了。狄米看著情婦，兩手一攤，臉露無奈：

「娜塔莎，火車不開。」

瑪麗亞一直依偎在養父狄米身旁，眼露天真無辜。聽到島津「cut」的一聲。劇組立刻撤離。

在車站外的凜冽寒風裡，池田督順利把剛剛搭乘的三輛馬車還給隨著前來的馬伕，一輛載著劇組其他人員的軍用卡車已在停車區等候多時。在一名中尉的指揮下，大家讓器材先上車，隨後爬上軍卡。車子四邊的帆布雖已蓋好，但縫隙多且大。車子行進時，冷風不斷貫人，大家還是瑟縮在自己的大衣內。島津看向助手：

「池田兄，你覺得怎樣？」

「好在民眾都知道我們在拍片，不然旁邊的俄國人聽到火車不通，豈不造成混亂。」池田督把大衣的領子拉高，「我看也只能用這種方式表達，我們不可能用車站廣播系統宣稱：戰爭開打，火車不通。車站開始混亂後，再聲稱剛剛的宣布是假的，是為了配合拍電影。」

「不過照真實的情況，火車臨時不駛，一定是透過廣播通知旅客。」

「那當然。以我們的情況只好用小技偷渡了。」池田腦筋轉了一下，「我們剛剛這樣取巧，搞不好賓果，剛好反映真實的情況。十年前這時候，車站內的員工可能已先知曉列車停駛，但奉命不得宣說。守衛循私先透露給詢問者，不久，站長就透過擴音器宣佈列車停駛。」

「所以我們這樣演，在現實上還是站得住腳。」島津稍稍寬心了一些，頗思索了一下，「如果不在車站拍的話，你有什麼辦法？」

「找個大型的攝影棚，如滿映的。」

「成本太高了，光是布置，裝修，就不知要花多少人力物力和時間，只為了拍幾秒鐘的戲。」

「沒有錯。找一堆老百姓演出車站的旅客也難搞。」

車子停了下來，大家都不曉得到了什麼地方，車後蓬布打開後，大家無奈忍著風寒下車，才知道是道里公園對面一棟被砲擊毀損一部份，但看起來十分堅固的大樓下面。島津看過場地，也早已盤算過怎樣布局，他和等在這兒的熊野少佐打過招呼，熊野口哨一吹，不久頭戴套頭帽，身披厚重大衣的三分隊士兵慢跑過來。小隊長把部隊交還熊野少佐，經少佐介紹，小隊長也向岩崎和島津敬禮、握手。熊野：

「很抱歉，他們並沒有換穿以前東北軍的軍服，包在厚重的大衣和套頭下，日本軍的冬衣和中國軍隊的都長得很像。」

「那很好。」島津。

「我的部隊在這兒繞著走，也暖了身，碰到閒雜人就揮手叫他們走開。現在這兒幾乎沒有閒雜人，很像接戰地區，居民都躲起來了。」

「實在是太謝謝你了。」

「那部隊就交你指揮。」

「這怎好？要我鬧笑話？」島津舉起左手，右手指著掌心，「你看這隻手，掌心最低漥的部份是火星平原，相當於這座大樓，也是我們站著的地方，四根手指下面隆起的部位有木星丘、太陽丘，還有什麼丘，就相當於前面這條巷子，大樓左邊的小路就像從食指的尖端一直通到這邊隆起的金星丘，六人從距離丁字路口約 20 米遠的木星丘走過來，我的男女主角躲在大樓內，出來探望了一下，看見六名士兵走過來立刻縮回大樓內。六個人向右轉，大概走了 50 米後再往反方向走。另外，其他人從食指尖端 50 米遠的地方走過來，我的男女主角再度從大樓出來，探向丁字路口時，剛好瞥見一隊士兵走過，也就立刻縮回去。」

熊野點點頭，發覺小隊長也在旁邊聽講。身著厚重大衣的 30 來位士兵審視劇組人員的神情，好奇、輕蔑、欣羨、揶揄和色念交雜，他們的視線漸漸往香蘭、瑪爾莉娜、雅子、恩格卡爾德和打板小妹一些女性身上集中，有人慾念薰心，有的兵士被香蘭東方少女的清純和瑪爾莉娜西方少婦的風韻深深吸引，將兩種美納入心中比較、激蕩，內化成自己的美感修為。

島津把男女主角莎耶賓和香蘭介給少佐和小隊長後，帶著小隊長實際走一趟，說明自己的拍攝計畫和一些細節。小隊長：

「男女主角在躲軍人？」

「沒錯。」

「軍人如看到這兩位演員，要做什麼反應？」

「什麼都不用，行進的軍人和男女主角，分開拍攝，不會同時入鏡。」島津細細盤算整個拍攝計畫，「有時是遠距同時入鏡，男女主角看見你們，但你們軍人看不見那對父女。如果同時近距離入鏡，男女主角出現在官兵前面，官兵不加以盤查也不行。」

「了解，只是想表達一點緊張氣氛。」

小隊長說著跟島津回到原地點，把部隊分成一大一小兩隊，各自帶到定點，熊野少佐吹出哨子後兩三秒，島津下令拍攝，打板聲響起，狄米特里父女慌慌張張從大樓走出，探望了一下，看見一小隊士兵迎面而來：

「瑪麗亞。」

狄米輕叫了一聲，立刻把瑪麗亞拉進大樓內，待士兵走過，兩人再度出來，望向剛剛士兵進去的小路，發現另有一隊士兵剛好通過，立刻躲在大樓牆柱邊。待士兵完全通過後，瑪麗亞轉過身，淚汪汪地：

「爸爸！我們找家旅館住吧，在街頭遊蕩很危險。」

「身上錢有點不太夠。」

狄米說完，瑪麗亞在兩隻攝影機一前一後的攝錄下，再度哀求養父。狄米：

「我打算給妳買滿人穿的衣服。」

「為什麼？」

「妳嘛！黑髮，黃皮膚，黑眼睛，這種裝扮比較安全。」

狄米說著把瑪麗亞推向巷子，望向左邊的小路，還是看見小部隊在走動，於是把她帶往右手邊的大馬路。島津「cut」的一聲，拍攝完畢。

63. 收容所戲 雙雙攝竣

劇組人員和熊野少佐攀上一輛軍卡，支援的士兵分別坐上兩輛軍卡。軍士直接回營區用中餐，劇組人員用餐前要先到設在水道街一棟大樓地下室的收容所看一下。熊野：

「一名中隊長負責組建這種拍片用的活動布景。」

「東寶技術人員沒跟著過來，一切全由你們軍方協助完成。實在很不好意思。」

「那裡。本來就應該由我們來做。早川中隊長訪問了一些軍眷和日僑，不少人很願意來那個模擬收容所演難民。也不應該說難民，當初為了避免開戰時傷及無辜，把一些軍眷和僑民接過來保護。那是十年前的事，很多當時住進收容所的人現在還在哈爾濱，都很願意回來重溫舊夢。」

「這是很專業性的工作，還是你們軍方來做比較好。我們的技術人員前來可能只會礙事。」島津伸手把鴨舌帽戴得更緊些，「在哈爾濱攻城戰之前，日本人也有不少移民過來，只是沒有俄國人多。」

「沒錯。當初設這個收容所，主要是針對我方佔領區內軍眷和平民設立的，有些人從中國人區跑了過來，禁不起一再盤問，最後後悔了，想回家也不行，只好住在裡面，各方面都不自由。」

熊野坐在前頭，把頭探出帆布外，然後回過頭把島津身邊的帆布條撐開一個縫，讓島津往外探看。外頭填高的高架鐵道上有不少荷槍軍人，鐵道下開了一個涵洞，讓一條大道通過，橋下的洞口好像設有柵欄，車子通過涵洞，聖索菲亞教堂赫然聳立眼前，一排平房旁邊，覆滿白雪的人行道，幾名荷槍的士兵來回走動。熊野少佐敲打車頭後的小窗，要求司機在這一帶繞行一圈，然後對島津：

「你看到的都是活動布景。」

「真的嗎？太謝謝你了。」

「你要來拍片，上頭本來有意見，後來靈機一動，乾脆順水推舟，做成一個演習項目，讓一些部隊來個冬訓。有了活生生的布景，或許你就不用仰仗紀錄片了。」

「或許。」

島津回應時腦中盤旋著如何活化這些場景的構思。車子停了下來，熊野：

「模擬收容所到了，要不要下去看看？」

島津望向外頭戒備嚴整的哨站，再看看車內同仁疲憊的臉：

「用過餐再下去看好了。裡頭有人進駐了嗎？」

「該來的應該早上都來了。下午就等著你去拍攝。」

「很好。」

「以前真正的收容所更複雜，避難的百姓多，軍人也多，一個中隊跑不掉。現在一個小隊都不到，會不會有點失真？」

「人少也可以拍得很熱鬧。」

熊野敲打車頭後小窗，吩咐到馬迭爾飯店後，車子繼續前行。熊野：

「什麼時候可以開始拍攝？」

「看完再說。收容所雖然是假的，但假戲也要真做，應該點出一點町內會或自治會的表現。不是一堆人聚在一起就可以的。」

「收容所這一節，你的劇本除了李香蘭和松本光男的戲外，其他的著墨不多。」

聽熊野少佐這麼一說，島津急道：

「主要是收容所實在是超出我的能力範圍，與其閉門造車，不如等你們做好後再在劇本內增補內容。實際看到收容所的運作後再說。」

「町內會一類的自治會，早川大尉會安排，收容所的方方面面只是兩三天的聚會，但登錄參與的民眾要造名冊，有時要發放食品，加上還要管理，沒有一個組織，事情很難進行。」

「很好。那些讓站務運作的簡單組織就當做是町內會。我下午主要是了解收容所的運作情形，然後把我的演員安插進去，先忘了要拍攝，或自己是演員這回事，讓大家相處一段時間。」

「看來拍電影不容易，也像作戰一樣。」

「不錯。帶著自己的演員演出就像帶自己的子弟兵，到軍方組成的收容所進行拍攝，就像是臨時被派去指揮別人的部隊，……」

用完餐後，島津前往收容所，看見幾名男子在小房間高談闊論，原來早川大尉要把這群臨演組織起來時，幾名男子自願充當班長。早川乾脆把他們分派出去，擔任各區的班長，再相互選出一個會長、一個總務。島津傾聽他們的談論，隨後抛出切合主題的論調讓他們吸收、調整，同時推薦進藤英太郎演出的巽擔任副會長，經過一番演練後順利拍下他們開會的一幕。另有一名長者頗受歡迎，對著幾名士兵圍著茶几大放厥詞時，婦女也都湊近旁聽，島津順便叫福島攝錄了下來。

女主角李香蘭在收容所的戲還沒開拍，島津已經拍了兩小節劇本沒有的戲，心裡自然舒暢。有了這種歡欣，晚上，在酷寒下，拍狄米父女摸黑進入好友安娜．密爾斯卡耶剛被洗劫過的宅屋的戲，就顯得耐寒些了。

拍攝和軍方合作的戲，很辛苦，但欲罷不能，非趕快還給軍方一個方便不可。不巧一連兩天風大雪急，白天似夜，大家躲在飯店的房間內，看著窗外雪花狂舞，香蘭心中的亂雪漸次凝成冰。她頗思索了一下，決定到和飯店廊道相通的歌劇院練歌。雅子覺得不放心，跟著前往。歌劇院空蕩蕩，也沒上鎖，她一個人引吭高歌，主要是唱電影中的主題曲和插入曲，俄籍的管理員出現了，以為她是莎耶賓，或多姆斯基，或其他歌劇團的成員，在做演前練習，並不過問，只是靜靜地欣賞風雪天的天籟之音。

雪停了，居民、軍警忙著剷雪，街頭呈現另一種忙碌。

氣溫動輒零下二三十度，每次出外景，攝影機幾乎都披上斗篷，讓攝影機回溫一些，但並非每次都奏效。攝影小組聽從飯店人員的建議，向飯店借了小型的火爐，隨車支援拍攝。

這一天攝影小組摸黑起床，在一名士官開的軍卡的迎接下，到開放拍攝的陣地拍攝，火爐隨車運達，一伙人升起爐火，在火爐旁喝了一點咖啡和點心，把攝影機烘暖後再上陣，辛苦了一個時辰才回來和大家共進早餐。香蘭和莎耶賓不遑多讓，一吃過早餐立刻隨劇組人員到前幾天晚上工作的拍攝現場攝錄晨起的戲。狄米對瑪麗亞丟下一句「帶妳到最安全的地方」後，島津叫停，一票人立刻搭軍卡前往收容所拍攝地。

前幾天剛見過一次面，早川大尉熱情接待他們，給每人致上香氣薰人的熱薑湯，待每人手上都有熱湯，士兵退下後，早川看向島津：

「辛苦了，怎樣啊？」

「好像在作夢。」島津淺嘗了一點熱薑湯，「拍軍方場景的部份，要協調的地方太多，費力又傷神。」

「這樣啊？」早川苦笑了起來，「這件事情，還是託你的福。上級要我建立一個拍電影的場景，我把它塑造成軍民聯誼的同樂會，讓軍人輕鬆一下，老百姓看見軍人也不再那麼害怕了。」

「確實，他們，我是指那些士兵，看到我的李香蘭都笑個不停。」

「我知道他們是有點輕浮。」早川看了李香蘭一眼，「不過這也是他們表達歡迎的方式。畢竟李小姐的名氣太大了。大家都盼望她來勞軍，但始終盼不到。」

島津知道早川想順便邀香蘭撥冗唱幾首歌，但覺得大家都很累，不想節外生枝，只想先拍完戲份再說。早川壓低嗓門：

「聽說李小姐是日本人？」

「這點不要問比較好。你問她，她也會顧左右而言他。她和滿映之間應該有某種約定。」

早川再次望向香蘭嬌小的身軀，想：中國北方的女子向來高大，香蘭日本種，應該沒錯。他知道寒冷銷磨了藝人的表現慾，覺得先讓香蘭應付拍攝的工作再談請她唱歌一事較好，於是主動向島津就教拍片的配合方式。

在這溫暖的地下室待久了，心生懶怠，島津想到又要到外頭工作，心裡還是有些掙扎，他把劇組叫了過來：

「現在的戲多集中在莎耶賓和李香蘭這對『父女』身上，故事一直在進行，不管有沒有你們的角色，你們都要把自己擺在故事裡面。」島津看向莎耶賓和李香蘭，「現在故事到了你狄米不想再躲躲藏藏，知道日本人收容所的所在後，決定把瑪麗亞送過去。」

「如果不送出去的話？」

「那被張學良的部隊逮到，你們父女可能被拆散，李小姐會被軍隊帶到中國的內地。」

「那就這樣辦。」莎耶賓惦著心中的疑問，「我還是照劇本寫的，稱呼瑪麗亞的本名滿里子？」

「對。」

「確實有道理，我暫時卸下父女情，以瑪麗亞的原名滿里子把她託付日本人收容所，合情合理。」

莎耶賓說著，大家笑了起來，島津精神一振，站了起來。劇組人員在早川的陪同下登上階梯，回到外頭的酷冷中。小巧的釉磚火爐置身雪地，孤伶伶的，從菊花形孔隙透出的火紅炭光顯然不敵周遭凜然的冰冷。工作人員並未刻意聚集火爐邊，避免造成守衛的壓力。攝影福島宏和助理小邱把攝影機煨在爐邊，隨後早川把會入鏡的弟兄叫了過來，和劇組三位要角、兩位攝影圍在一起聽島津的說明，然後分開站定位。進藤英太郎：

「李香蘭小姐！待會莎耶賓先生要把妳交給我時，導演要我抓緊妳的手臂，妳會不會覺得不舒服。」

「沒關係，我衣服穿得很厚，沒感覺。」

幾名士兵笑了起來，劇組有些人也笑了。但笑意很快便被凍住。進藤：

「那我小心點，不碰到妳的手。」

香蘭戴著手套的手舉起暖手的套筒，想到女主角抗寒有方，處在惡寒中的士兵感到一絲暖意。莎耶賓和香蘭站在兩名持搶的衛兵中間時，早川大尉不好再說什麼，兩眼虎視衛兵，提醒他們把槍拿好。島津一聲令下，攝影機鏡頭下的幾名要角開始進入劇情。狄米提著大行李摟著瑪麗亞向前邁步，不理衛兵的喝止，直接衝向收容所副會長巽，和他握手，用生硬的日語說：

「巽先生，我把女兒託付你了。」

巽背後的兩名衛兵把槍放下，保持警戒，瑪麗亞咕噥著躲到狄米的身後，走回狄米的面前時，巽一手攬住她的手，瑪麗亞兩眼不安地在巽和養父之間轉來轉去。狄米左手貼著瑪麗亞的背，看著巽用日語咬字清楚地說：

「我的滿里子拜託你了。」

「沒問題。請放心。」

巽用日語說完，仰視巽的瑪麗亞或滿里子突然轉身抱住養父狄米，隨後被抱在懷裡，巽還是攬著她的手臂不放：

「滿里子，我走了。」

狄米看向養女瑪麗亞，再度用日語說著時手臂被她抓住：

「爸爸！啊！爸爸！」

狄米脫身後快步走開，巽提起狄米留下的大行李後把滿里子拉了過去。看著父親遠去的背影，瑪麗亞叫了一聲「爸爸」，倒抽了一口冷氣。

拍完了，進藤揮手高聲叫莎耶賓回來，同時叫香蘭跟著劇組人員回地下室。接下來的室內戲主要是描述瑪麗亞和松本光男飾演的畫家男友上野在收容所的重逢和互動，比較輕鬆，但還是得從瑪麗亞下樓開始拍起。所以香蘭還是得再回到寒冷的地下室入口一趟。

在「日僑收容所」拍片，香蘭有如仙女落入凡塵，進駐這兒的軍民，尤其是年輕士兵和女子，見巨星蒞臨，心裡難免騷動，但一想到她並非遙不可及，隨時可見，也算是拍片的同仁，漸漸以平常心看待她的舉止。不過，拍攝現場布置好，導演下令拍攝時，還是有人忍不住多看她幾眼，島津只好再次強調現場每個人都是明星，每人都在戲中，待入鏡的臨演現出平常心後再重新拍攝。

俄籍女演員恩格卡爾德和瑪爾莉娜雖然在這兒沒有戲份，但跟著劇組前來，也很受歡迎，恩格卡爾德的日語還好，瑪爾莉娜差了一些，但在李雨時和進藤英太郎的協助下，和入駐的居民相處融洽，恩格卡爾德西式的優雅和活潑的瑪爾莉娜散發出的歐洲風情，多少讓一些住民和士兵忘了祖國正和英美開戰，不知覺間被和平的幻象擄獲。拍片告一段落，住民圍著香蘭、松本光男、進藤英太郎、恩格卡爾德和瑪爾莉娜東問西問，一些兵士旁觀時，導演島津、岩崎和多姆斯基、莎耶賓一些老一輩的影人、藝人也都樂於當綠葉，安靜地在旁陪笑。

一如島津早先計畫好的，日軍攻取日僑區的戰鬥接著進行。島津和熊野商議後，選擇閒置屋較多的水道街作為拍攝地，熊野早透過町長向那一帶的居民說明，希望他們別誤解。就像作戰一樣，熊野用部份兵力封鎖拍攝地一帶的街區，雖然劇組的演員暫時無戲，晚上拍兩軍對峙時，島津還是要求所有的演員前往觀戰。第二天一早，日軍支援的幾輛坦克開來時，揭開戰鬥序幕，戰鬥不激烈，反映當時的實際情況：張學良各級部隊自知敵強我弱，只好暫時收兵，徐圖再舉，被困住的日僑得以在日軍的協助下，從容避居收容所。為了表現這一段過程，島津從收容所挑出的20幾名「居民」安插在多處「家宅」，然後在日軍的護衛下扶老攜幼，提著行李、包袱走出各處家屋，再搭軍卡到收容所。

日人收容所的戲，島津想完整呈現，還是請熊野少佐幫到底。按照劇本，張學良部整編完後奪回道里公園，圖謀水道街，島津希望協調滿洲軍隊扮演中國東北軍，但熊野以既沒有角色扮演，他撥兩分隊兵力權充，中國國旗亮相一下即可完整表達，島津據以導戲，中日兩軍在街頭熱戰。日兵在路口安置拒馬，堆疊沙包據守，不斷向奔過來的東北軍射擊，槍戰聲不時傳到地下室的收容所，所內居民安全受到威脅。最後，三輛軍卡停在收容所外，在巽的指揮下，收容所居民一個個提著家當上車，瑪麗亞和畫家男友上野上了第二車……，車子駛離收容所，表示赴軍營避難，走出攝影機視線後，自然駛回來，所有人還是回到收容所。

以日僑收容所為主的戲拍攝完竣，當天下午，不少人提議拍攝現場晚一兩天解散，及時開一個演唱晚會，請香蘭和俄籍歌手開嗓。熊本少佐在場，認為與其申請正式開辦一場盛會，而引發非議，不如低調、柔性解決。他和岩崎、島津、早川一些人商議的結果，認為日本和蘇聯雖然訂有中立條約，但兩國過去政經軍恩怨甚大，兩國民間藝人申請合開演唱會，軍部內部必有很多意見，況拍攝現場收攤在即，已沒有時間等待。劇組依約支付一筆費用給軍方，熊野要求劇組留下來用餐。收容所突然變成官兵俱樂部，支援拍戲的部隊多數出席，和留在現場的「居民」共同用餐，香蘭、松本光男、莎耶賓、恩格卡爾德和瑪爾莉娜，在沒有伴奏的情況下各自唱了兩三首歌，算是對哈城日本軍民支援拍片的另類報償。

第二天，劇組全力拍攝俄國人收容所，多姆斯基、莎耶賓和恩格卡爾德的劇團各支援兩三名團員，乘坐馬車來到車站後面的拍攝現場。這些平日衣著光鮮的藝人，換裝後衣衫襤褸，很興奮地在暗黑的舊宿舍，藉著伏特加和鬥毆發洩他們另類的演技，把斯拉夫民族的陰鬱宣洩在雙層鐵床間。這些演員，除了莎耶賓和擔任丑角的福馬林外，餘皆臨演。

這幕簡單的戲，由小邱掌鏡。丑角伊凡進入收容所後不斷搖動醉躺上鋪的狄米，但狄米始終搖不醒，伊凡再次探看室外，得知日軍進城，開始宣說，迎來歡呼，狄米隨即從上鋪爬下來。同樣的歡呼場景，日人收容所也在搬演。收容所的戲幾乎花了島津兩天的時間攝錄，還有一點時間，他就帶著香蘭和幾位日籍臨演到街頭拍攝持旗歡迎日軍進城的戲。這些戲無可疑問地必須借助紀錄片才能完整呈現。

聖誕節悄悄過去，如沒有意外，第一階段的拍攝計畫已經結束。這個早上，劇組以閒散的心情走街，拍了一些街景，以應不時之需。在外頭用過中餐回到飯店，導演島津接到幾盒禮品，打開一看原來是新年甜點－和菓子、糰子和巧克力。送的人是前幾天在「收容所」認識，名叫花子的中年婦人，昨兒拍攝街頭迎「日軍入城」的橋段時，她也前來支援。如今用甜食熱情相挺，大家都很窩心。

「可惜俄國演員都沒來。」島津看了那些食物一眼，「不管怎樣，趕不回日本過新年，藉著這些小禮品在這兒提前過新年，大家將就吧。」

「大家到威克特利亞喝咖啡，順便檢討一下拍攝的情況如何？」

岩崎一呼百應，島津讓劇組同仁回房休息，半小時後大家集體前往咖啡店。

有人把巧克力放進熱咖啡裡頭，讓咖啡喝來更柔軟，也有人把已呈冰凍狀態的糰子放進咖啡或紅茶內暖一下再慢慢品嚐。二樓靠路邊的座位已被佔滿，劇組人員還是不時望向窗口，島津呼喚另一桌的場記小姐，要她把場記表拿過來。他看著一本厚厚的筆記本，良久，對池田說：

「想補拍一下以前中國東北軍行軍的情形，規模要大一點。熊野說要協調滿洲國警備部隊前來支援，安排我去拍。」

「拍關東軍也可以，滿洲軍的服裝都是模仿關東軍的，字幕上打個『東北軍』或『吉林軍』即可，反正只是出現一下子。」

「實在沒辦法的話，只好這樣了，混戰的場面，比較容易蒙混，行軍場合的部隊越接近真實越好。」

「那只好明年冬天再拍了。」

場記小姐把場記表拿過來了，島津瞄了一下，還給她，再看向香蘭：

「李香蘭小姐，我前些時候跟妳說的那部電影，甘粕答應合作了，女主角當然是妳。」

「什麼時候拍？」

「現在一起到東京就可以拍了。」

「我還是得先回新京一趟。」

「那當然，劇組大部份人都要先回新京。」

「新京到東京的航班比較多。」池田。

「在這邊拍的部份片段要帶回滿映，有些可以連戲的部份先剪在一起。」

島津說著看了副導池田一眼。池田督：

「帶回東寶剪不就得了。」

「回到東京就要展開新片，完全不再想《我的夜鶯》。」島津看見絲巾覆頭的香蘭一直點頭，「妳也是這樣想。」

「沒錯，拍的時候全力以赴，換拍另一片時，心裡就要完全交給新片。」

「滿映的剪輯師，誰做得最好？」

島津直覺多此一問，眼神閃離香蘭。香蘭：

「這我也不很清楚。這方面我接觸很少。主要是我大部份時間都不在滿映。」

「一直到處拍片，管不到那一些。」

香蘭點點頭，池田看著島津唇上的八字鬍：

「剪輯師，我看都差不多，你在旁邊看，就不一樣了。」

「拍片時，剪輯師沒參與，現在片子交給剪輯師，如果我不再旁邊看，他也不知道我要的是什麼效果。」島津喝了一口咖啡，有點自言自語，「拷貝個幾份，我帶回兩份。」

「看來你真辛苦呢，戲導完了，還要參與後製。」雅子。

「這次比較例外。」島津滿臉好奇，看著雅子揚起的眉毛，「很少看見妳開口，也很少見妳這麼開心。」

雅子羞得低下頭。香蘭：

「現在要回東京了，雅子姊自然很高興。」

香蘭細想，這一年來，除了年初在滿洲三都拍《迎春花》時，雅子姊感覺比較愜意外，夏天拍《黃河》時，生活困頓，前不久拍《萬世流芳》時，孤單，沒人共聊，拍《我的夜鶯》時，人幾乎被冰封，雖然一直沒跟她談過回東京的事，但想來她一定非常想念乃木坂公寓自己當家作主，自由自在的日子。雅子：

「現在在這裡喝咖啡，時間是緩慢了下來。」

「那就是說，妳即使沒拍片，也不算劇組的工作人員，一般時候還是不輕鬆囉！」

被島津這麼一逗，雅子有些尷尬：

「看著小蘭上鏡，有時心裡並不輕鬆。」

「可能是因為妳沒演戲的經驗，妳的小蘭現在演技老練，毋須妳太擔心了。」

「就是因為太無聊，才煩惱不該煩惱的事，才會被你們笑。」

雅子撒嬌帶點自我解嘲，引來大家輕鬆的目光。島津面向雅子：

「要不要在新電影，我安排妳擔任一個角色？」

「不行，那我可要逃走了。」

其實大家離開哈爾濱，真的就像逃走了一般。兩位女孩回到新京吉岡家後，雅子想繼續逃，香蘭也按捺不住想立刻奔赴東京。在哈爾濱沒收到兒玉的信，也不打緊，好在回到新京後，在滿映接到他的覆信。如她所猜測的，他也是一信兩寄。他的信不長，除了自敘近況，對於她的新片即將告一段落表示祝賀外，表示已見過松岡，詳情見面再說。

1943

64. 共餐松岡 共話戰情

香蘭事先用越洋電話向滿映東京分社社長茂木久平賀新年，茂木差人把乃木坂的公寓打掃一番，香蘭和雅子飛返東京入住後，把地板、家具抹淨，開始迎接新生活。香蘭打電話到日本劇場文藝部，從兒玉英水處取得松岡謙一郎的電話，打了好幾次終於接通。從電話中感知松岡的激動，她感覺放心、寬慰。傍晚，她等著久未見面的兒玉，準備大家一起到外共餐，豈知他拿著兩盒年菜前來，三人於是手忙腳亂地重啟廚房，洗燙鍋碗，把食品加熱，或加水煮成湯，活像一家人。香蘭：

「爸爸去年七月到東京開會，他很感謝你帶他遊遍東京。」

「那是我的職責。不過也只去了幾個地方。」兒玉邊喝菜肉熱湯，邊吃冰冷的糰子，「妳太忙了。可以的話，我也可以天天當妳的導遊。」

「如果這樣的話，我們的謙一郎哥會緊張死。」

雅子說著，三人都笑了起來。兒玉：

「跟他聯絡上了？」

「他說，後天禮拜天早上 9 點，他在工廠的門口等我？」

「那好。從這邊到木更津，其實還沒到木更津，他的工廠在巖根，離這兒 70 多公里，開車要兩個小時，我看 6 點 40 就要出發。」

兒玉重任加身，語帶嚴肅。香蘭：

「雅子也一起去好了。」

「當然，妳和松岡約會的時候，我就陪兒玉聊聊。」

三人再度輕輕笑開。香蘭和松岡的約會寥寥可數，好像有兩次，兒玉載香蘭赴會，而雅子只好陪兒玉打發時間。即使兩人獨處，雅子也從不敢對小兩三歲的兒玉有非分之想。從他的言談舉止，她可以感知他對香蘭的傾心和仰慕，只差沒像松岡那般進入香蘭的心坎。當然，他無怨無悔的服務很可能會像水滴穿石一般擄獲美人心。香蘭看著兒玉：

「記得你說過要寫《日向》的續篇，寫好了沒？」

「日子一天天過去，竟然荒廢了。」兒玉一臉倦容，「現在酒友很多，大家呼朋引伴，也都很頹廢。」

香蘭沒有回話，關切的眼神一直凝著兒玉。兒玉：

「日本劇場前面的『新東京啤酒屋』，妳知道吧。」

「知道。」

「大家下班後就在那邊喝酒。大家都擔心被調去當兵，戰爭就是地獄。」兒玉對戰爭斬釘截鐵的註解牽引著兩位女孩的耳朵，「我有時會把日本劇場的票給餐廳的小姐，她們會讓我們賒賬喝酒。」

「兒玉卑微的施捨是餐廳小姐很大的快樂。」香蘭憐憫地看著兒玉臉上燈影深刻，落寞的神色，「實在很抱歉，我們都忘了備酒。」

雅子站了起來：

「我去買。」

「別激動。這麼晚了，店家早已打烊，而且這附近也沒有。下次我自己帶來好了。」兒玉大口吃下冰冷的炸蝦，「松岡目前在第二海軍航空廠擔任主計官，這個廠和木更津海軍航空隊舊營舍連在一起。現在遠離戰場，看似不壞。但日本海軍在太平洋中途島戰役失敗後，戰爭顯然逆轉，他也很擔心那一天被派去做飛行訓練，然後開始作戰任務。」

「木更津航空隊是不是預備部隊？」香蘭。

「松岡說，已經解散了。之前還是時常飛到中國進行轟炸，有時遭遇中國的戰機會相互交戰。」

香蘭點點頭，顯然兒玉為了她的事，已先跑了一趟木更津，且見過松岡。她感謝兒玉的用心，直覺他的努力帶著祥兆，會面松岡的事會變得順利，而且想像中的會面驅逐了心中的一些疑慮，也淡化了他先前對她的輕忽。

兒玉接受建議，第二天過來夜宿。一夜無夢，三人天還沒亮便起床，窗外細雪飄落，點點白光催促黎明提早到來。兒玉到外面試車，轟轟的引擎聲攪動著凌晨的寧靜，香蘭想起了哈爾濱的暴雪，眼前溫柔的雪花讓她感到春意。她走了出去，打開車門前拭了一下車頂薄薄的積雪，沒感覺多少冷意。

車子在市區行進時，天濛濛亮，雪花漸漸消失在晨光裡頭，落在車窗後立刻化成水。香蘭坐在前面，有一句沒一句地和兒玉閒聊。車子駛過千葉市區後，鄉村的味道更濃，而且一度接近海岸，港邊的漁船船影和海濱養殖場隨處可見。平野和街屋鋪著一層薄雪，車窗不見落雪，顯然雪已停了。遠山霧氣繚繞，雪嶺隱約可見，香蘭的眼眸詩意盎然，小鎮街屋、成排的樹林依舊頂著雪，平野漸窄，左邊隆起似浪的山巒把車子逼近濱海道路，山海交錯的景觀讓香蘭的眼神靈動了一些。車子走過山陰海陽，也擺脫了霧氣，視野豁然開朗，車速加快後，一座城鎮的街廓漸次明朗，右邊東京灣碧波萬頃，大東京市區瞇成一條綠線的城市魅影在氤氳中縹緲。

路越走越窄，周遭都是田園，車速越來越慢，兒玉知道逸出了幹道，車子滑過一座寺院，廂房一排木雕佛像映入眼簾。兒玉叫雅子下車問路，取得了往巖根車站的方向後，車子急馳而去。

到了車站，前些日子走過的印象重回腦際，低矮的廠房在寬闊的廠區平鋪直敘，第二海軍航空廠廠區盡頭剛好融入東京灣的海天一色。左邊幾輛造型簡陋戰機的所在，自然就是已經解散的木更津航空隊的舊址。

工廠前方十分空曠，這一天沒辦理會客，牆外不遠處的一座鋼棚沒多少人流連，簡單的櫃檯也沒有士官進駐。兒玉把車子停在鋼棚旁，三人下了車，離九點還有七八分鐘，一身軍服的松岡走了過來。松岡比以前黑了點，看來英挺。他拉著香蘭的小手，一連對兒玉和雅子鞠了兩次躬。四人上了車，進入幹道後往木更津方向開。在松岡的指引下，車子在港邊慢慢滑動：

「往前走再拐進小巷有一家桃屋料亭，裡頭附設茶館，我們到那先喝茶，近午時分再進餐？」

「你們好好聊，我和雅子到附近走走。」兒玉。

「天氣這麼冷。」

「這種天氣最適合走動，走一走身體就暖了。」兒玉看了一下雅子再看著松岡，「這附近的太田山很有名，也是神話聖地，我就帶著雅子小姐走一趟。」

「那邊是要塞，有砲台，也有陸軍挖的地道，還是不要去好。」松岡身體左側對著海邊指著前方，「往前走是溝渠，渠邊有個證誠寺，也是狸貓傳說的地方，走路就到了，很近。」

兒玉向周遭眺望了一下，望向舊基地另一邊的機堡。松岡：

「這樣好了。你們 11 點半回到桃屋，大家一起用中餐。」

兒玉若有所思，香蘭杏眼睜向兒玉：

「一起用餐，再一起回東京。免得大家互相找來找去。」

「那也好！」

於是四人一塊走，到了全然被竹壁包住的桃屋，兒玉取走一張餐廳的名片才和雅子離去。

桃屋公眾席的四隅坐著不少男女或軍人，他們茶趣濃，聊得入港。松岡照例選了一間比較僻靜的小房間。兩人進入房間後，松岡點了玄米茶、一份咖哩餅和兩份和菓子。侍女離去關上木門，松岡脫掉軍大衣，摺好後放在房角，香蘭跟著做。兩人盤腿面對面坐著，各擁兩個座位。松岡再次端詳香蘭：

「妳越來越漂亮了。我們應該有一年半沒見面了。」松岡看著含羞的香蘭，「中國的女郎織女一年會面一次，我們竟然超越了他們。」

「好在有兒玉先生幫忙聯絡。」

「多虧他。部隊和重要人物調動，一般都避免寫在信裡頭。我雖然是小小尉官，這種事還是儘量避免。我相信妳還是會找到我。妳上次拍《黃河》時吃盡苦頭，後來又演了什麼戲？」

「演了兩三部，大部份戲，熬了一陣拍完就沒事了。有的要分幾個時段拍……」

女侍提著炭爐和茶壺進來了，她把炭爐放好，把茶壺置上後：

「大約五分鐘茶水煮開後我再進來放茶米。」

「小姐，要進來服務時，請先敲一下門。」

松岡說著時，香蘭血氣上湧，一臉通紅。待女侍離去，松岡：

「妳的故事太長了，有時無聲勝有聲，直接傳達會更快。」

香蘭沒有回話，看著松岡熾熱的眼神，轉白的臉再度泛紅。松岡左眉揚起看了香蘭一眼，然後右眼望向右邊的空位，香蘭只好把身體從茶几另一邊挪移過來，坐在放在榻榻米上的無腳椅上。松岡一手把她攬入懷：

「天天都渴望妳身體的溫暖。」

「我拍電影從沒有過像現在這種親暱的動作。」

香蘭說著松岡笑得有些野：

「平常先練習，先儲備經驗，拍片時就可以隨時拿出來。」

「你不介意我拍片時跟男演員親熱嗎？」

松岡沒有回答，把她的臉捧了過來，四片熱唇膠合一塊時，香蘭聽見自己的呼吸，聲聲入耳，濃重的氣息抒發著體內的情慾。松岡舌頭突穿她的唇齒，攪和她的丁香時，冰冷的右手伸進香蘭的棉衣裡面，香蘭打了一個寒顫，柔滑、溫暖的肌膚很快溫暖了他的手。松岡稍稍放鬆懷抱中的溫香暖玉，輕咬香蘭的軟唇，左手襲向她的小腹。香蘭耽於這種情慾的同時，心理的警鐘同時響起。茶壺的嘴蓋發出咻咻聲，香蘭趕緊掙脫松岡的懷抱，稍稍整理衣服時，敲門聲響了。

女侍把玄米茶放進茶壺內，等著把滾燙的茶水倒進公杯內時，香蘭回到自己座位的後方後，女侍把茶水倒進每個人的小杯裡。女侍走了，香蘭坐回自己的座位，松岡的情慾也醒了大半：

「言傳還不如心傳，妳的故事我已瞭然大半，不用再說也行了。」

松岡說著狡猾地笑開，香蘭又氣又好笑，著實瞪了他一眼：

「我可沒像你這麼厲害，你那兒的事，你在信中不方便說，我對你的了解真是一片空白。」

「這邊不提供音樂。」松岡兩眼把房間巡視了一下，「不過也沒關係。只要不變成文字，很多事私下談是沒多大關係的。」

「兒玉說你所處的海軍航空廠壓力很大。」

「還好，我是主計官，這種後勤幕僚還好。」

「他說你擔心被叫去訓練飛行。」

「是有這種揣測。不過到目前為止，沒有人以這種方式變動勤務。」松岡吁了一口氣，「日本這麼小，只相當於美國和中國一兩個州或省，就要與世界為敵。這個賭注下得太大了。」

松岡向香蘭眨了兩次眼，香蘭點點頭。松岡繼續說：

「賭到最後，全部家當都押進去時，這表示什麼？」

「應該是大勢已去，翻不了身了。」

「那就是，婦女、小孩，或老人都要拿武器去抵抗了。」松岡把水壺放回炭爐，「目前還是軍人在玩，雙方你來我往，等到攤牌的時刻，就要全民直接面對了。在這種情況下，被徵調去當飛行員也就沒啥了不起了。」

香蘭像是戰敗國的俘虜，臉顏俯向悲慘的未來。她擔心自己，更擔心家人。這些年來，每天人生如戲，戲如人生，她對人生的際遇多少看開了一些。在戰陣中陣亡的戲她演過，她但願演戲的經驗能夠給她在臨難時帶來哲學或宗教上的指引。

和菓子進來了，女侍給他們再斟一杯茶。香蘭：

「回到日本後過得怎樣？」

「感覺踏實多了，隔壁的航空隊解散了，我的工作除了負責生產線供料無缺外，」松岡咬了半口和菓子，再喝熱茶，「就是聽聽老軍曹講故事。木更津航空隊解散前，不論是訓練或正式出征，幕僚都要去送行，我們的老軍曹剛好在那邊維修，自然也跟著送行。每一架戰機都配有六七名保養、修護兼掛彈的士官或兵，一次如出動 20 架，一堆人在機堡內排好隊伍，長官站在前面，氣氛冷肅，大家心情也難過。出發前唱軍歌，為聖上、國家犧牲個人……，都是自欺欺人。」

「他們都飛到那邊作戰？」

「這個航空隊，日中開戰前一年成立，才剛剛解散，六歲就夭折。」松岡喝了一口茶，「初期是對中國長江下游南京、上海進行轟炸。」

「飛一趟下來……」

「木更津只是它的母港。這個航空隊都是隨著任務隨處移動。轟炸長江下游的時候，就進駐長崎的一個基地，執行任務，航程就減少一半。」松岡被門縫傳進來的笑聲分了一點心，「人家說，初生之犢不畏虎，他們浩浩蕩蕩飛到南京，以為如入無人之境，結果挨打的多。」

香蘭沒有答腔，口裡含著半顆和菓子慢慢融化，松岡繼續說：

「笨重的轟炸機飛過去了，沒有戰鬥機護航，到了中國被他們靈活的戰鬥機打得七零八落，變成世界的笑話。英國大使被炸成重傷，憤怒之餘，自然笑得更大聲。」

「什麼時候的事？」

「五六年前，昭和 12 年，就是大戰爆發的那一年 8 月 14 日，木更津的戰機最慘，一次出去 20 架，回程飛到朝鮮濟州島降落，損失了一大半。第二、第三天再出擊，也是灰頭土臉。」

「你講出來的好像比較真實，有時在報章雜誌瞄到木更津，都說得很神勇。」香蘭聽出了一點興趣，有點想填補長期對戰情了解的空白，「木更津樓起樓塌你都很楚。」

「我也都是聽來的，很多數據都不是很清楚，存在腦中的只是一點印象。木更津後來應該移師很多海外據點，譬如北京、上海、南京，或南太平洋的瓜達卡那爾島、新不列顛島的拉包爾，整隊戰機移防過去，換已經作戰一段時間，損失不少的飛行隊回來。以前從長崎大村基地起飛當天來回中國戰場，死傷是立即而明顯的。後來移師海外，譬如出去 20 架，一個月後回來剩 4 架，死傷更重，但隔了一個月，感受反而沒這麼強了。」

松岡所舉的數字在香蘭腦中轟轟響起，十幾架戰機在她思維裡飛揚、俯衝，炸彈在她瞳孔裡炸開，生命和財產在火海中湮滅。香蘭:

「但不管怎樣，都是害人害己的事情。」

「沒錯，我一直主張無政府主義，主要就是在這種政治制度下，根本就不會有人集權去發動戰爭。」松岡看著香蘭吃菓喝茶的優美動作，「戰爭讓人智能下降。我工作所在的發動機部，有些官兵是航空隊解散後調過來的，我看過他們的戰情報告，報告裡頭，比如，擊落敵機一架，轟炸敵人陣地兩座，斃敵六七人，波及中國無辜百姓十多人。把人家搞成那樣了，還說『無辜』這種假好心的字眼。很多人的報告都喜歡用這個字眼，我看是上官政治指導下的產物。」

「既要使用這種字眼，當初就不應該發動戰爭。」

「確實如此。當年第六師團攻入南京的時候，直接把老百姓當軍人加以攻擊，自然就不會假惺惺地用『無辜』這種字眼。」

「或許空軍比較有人性吧。」

香蘭說著，松岡想笑，但笑不出來。接著開始垂詢香蘭近一兩年拍片的點點滴滴。香蘭從《黃河》、《戰鬥的大街》和《萬世流芳》，一直談到《我的夜鶯》，話題太多，香蘭說得口乾舌燥，松岡也見識了她的努力。

「知道妳和俄國音樂家合拍電影，很是高興，當初父親努力簽訂日蘇中立條約，給兩國和平建立一個基礎。不過，戰爭越打越大，這個條約的防火牆早晚一定被焚毀。」

「照目前強國互動的邏輯，德蘇對戰，德日又同盟，日蘇的關係相對脆弱。」

「沒錯。現在就有一些蘇聯的戰機和飛行員以民間的姿態援助中國作戰。日本和蘇聯之間以後會怎樣發展，一點也不樂觀，但也不關父親的事了。」

香蘭看了一下手錶，已經過了 11 點半，還不見兒玉回來：

「你談了這麼多戰爭的事，對你會不會不太好？」

「不會。在部隊，大家都在談這些，而且都是談過去的事，比較沒有敏感性，不寫在信裡面就 ok。敏感的事情寫在信裡，信會被沒收，同時抄錄在冊，建成檔案。這還是情節比較輕的部份。……」

「這樣啊？」

「對。不管是軍隊，或在郵局檢查信件的人，都是特務作風，政治思維，他們不會在乎軍人的感受。」松岡稍稍想了一下，「高階軍人，比如大將、中將，基本上是政客，也可能是發動戰爭的人，一般軍人，或許厭戰，也不喜歡殺人，但得先承受戰爭帶來的災禍。」

「我在想，兩軍對峙，如果勢均力敵，雙方厭戰了，還有和談的可能，尤其是和美國之間……」

「原本有一點點機會，現在已經沒有了。」松岡用茶水潤喉，吐了一口氣，「偷襲美國珍珠灣的山本五十六去年年中想奪取太平洋中途島，同時再次重創美國太平洋艦隊，逼美國人上談判桌，結果相反，日本艦隊大潰敗，四艘航母沉沒。美國人自然更不可能上談判桌。」

「中途島戰役，父親跟我提過，不過他講的不清楚。」

「這個戰役的過程和當時國內的政治、軍事背景很複雜，我也還沒完全搞懂。接下來一場戰役……」松岡把茶壺殘存的涼茶倒進公杯，再分給香蘭和自己，「我調到木更津海軍航空廠前不久，有一支殘破的機隊從剛剛我說過的拉包爾調回來。原來四個月前，這支木更津航空隊派駐台灣高雄的 19 架戰機，和北海道千歲航空隊的戰機合編成第四航空隊，共 27 架戰機支援瓜達康納爾島的海陸軍，對登陸的美軍進行攻擊，但出師不利，第一天損失六架，第二天更慘，幾乎全軍覆沒，只回來三架。第四航空隊簡稱四空，官兵戲稱為『死空』。這支機隊回來時，木更津航空隊剛好解散。好像流浪在外多年的浪子回到家了，發現家人都已經不在，木更津回來的那三架戰機就這樣，孤伶伶地等待老死。」

「真的就死空了。」

「是啊。這『死空』或許就是帝國海軍的預兆。」

「人人都想活下去，但國家卻要他死，在這種情形下，誰敢描繪自己的人生。」

香蘭說著想到有點頹廢，常借酒澆愁，不思創作的兒玉。松岡謙一郎：

「確實如此。我剛剛講的只是一小部份，木更津陸戰型的轟炸機比較老舊，海戰方面，日本的艦載機『零式』性能比較優，戰爭你來我往，瓜達康納爾島戰役前前後後也打了三四個月。」

「時間拖了這麼久，太平洋又不知添了幾百千個冤魂。」

「戰場無限擴大，前線吃緊，木更津航空隊戰機不斷外調，兵源不足，最後只好解散，一時要恢復恐怕不容易。」

腦子一下塞進太多戰爭的憶述，香蘭一時耳鳴額脹。她喝了最後的茶水，潤了一下口舌，但頭腦依舊沉重。敲門聲響起，松岡起身開門，見兒玉和雅子站在女侍身邊。

「啊！不好意思，遲到了。」

兒玉說完，松岡連忙叫他們不用上來，自然不用脫鞋。四人開始在女侍的帶領下往餐廳部移動。

松岡依舊要了一間偏房。進入房間時，還是得脫鞋。這個房間，榻榻米墊高，桌子下面挖空成池，四人坐著腳伸下池子，感覺舒服。松岡：

「你們有沒有到證誠寺看過？」

「參拜過狸塚後在那一帶的巷子走來走去，各種風味的小店真的很多，狸造型的街頭雕像或書畫隨處可見。一直走到八幡神社，聽人說祥雲寺風景第一，也可以看見太田山，我們就過去了。」

「有一段距離呢。」松岡。

「本來想開車過去。想到走一走暖身子，問一問路就走過去了。」兒玉兩眼亮著逡視每一人。「到那邊還是看到了太田山。整個過程沉浸在傳說、神話的氛圍裡。」

松岡點頭表示讚許。雅子：

「太田山相傳是日本武尊和弟橘媛戀情悲劇神話發生的場景。」

「雅子！妳也知道哦？」香蘭。

「是兒玉告訴我的。」

雅子說著時，女侍推門進來了，松岡點完菜，女侍退出後，香蘭望向左邊的松岡：

「我們的兒玉寫了一個神話的劇本在日本劇場演出過。」

「還是一個年輕劇作家哩！失敬！」松岡舉起清水杯，「待會換成酒，慶祝大家久別重逢。你的劇本寫些什麼？」

「《日本書記》、《古事記》有關『天照大神』、『月讀大神』和『須佐之男』三兄弟的神話裡頭的地名，在我的家鄉宮崎縣高千穗町的群山之間找得到，三年前我和幾名同仁到高千穗採集民謠、民俗和故事，由我執筆寫成一部音樂歌舞劇，後來順利上演。」

「神武天皇出生於日向高千穗的山林，你的田調和劇本實在是《古事記》的又一佐證。」謙一郎努力整理所知有限的文史知識，「你今天體驗的『日本武尊』和『狸囃子』應該可以讓你的才情再發揮一番。」

「是很想寫，就是定不下心來。或許是想太多了。」兒玉右手摸了一下茶杯，「大局勢亂，個人心裡也煩躁，實在需要沉靜下來，才能進入遠古歷史神秘、幽微的情境。」

香蘭很能理解兒玉言辭指涉的情境，但不知如何安慰他。松岡也頗知曉兒玉的苦悶，但不好直白說出。他知道兒玉小他一歲，但也有 28 了，這種半大不小的年紀，隨時會被徵召服役，面對小好幾歲的長官。再說，隨時可能喪命。教他如何安下心來創作。松岡：

「現在是政治或軍事神話當道。比如大東亞共榮圈、三月亡華、以一當十……，寫古代的神話要耐得住寂寞，除非能夠呼應當代的需求。」

兒玉明瞭松岡所謂當代需求的政治功利意涵，頗思索了一會：

「應該是政客比較精於這種算計。現實最明顯的便是神武天皇即位 2600 年。2600 這個吉祥數字，在目前戰亂時代足以提振民心士氣。他們拿來運用之時或許有想過，但是故意隱晦神武天皇當年東征不順，心裡的感嘆：我們既為日神－天照大神的後裔，就不應該向東邊－天照大神的方向征伐。」

「那就意謂著現今昭和放任下面的軍頭攻擊東方的美國，有著攻擊自己母體的嫌疑，」松岡暗自嘆服兒玉的觀點，「現在已經開始後悔了。」

「這不是重點，我覺得你給我指引出了，高千穗神話的脈動和現代社會的流動、波動有無類似或若合符節之處。我以後如果繼續創作那個題材，可以在這方面多所研究，推敲。」

「就更有深度了。」

松岡說著大笑。不久，開始上菜了，松岡叫了一瓶三得利威士忌。酒精療癒了兩位青年的苦悶，向上升起的酣暢感染了兩位女性。

「實在是很不想談戰爭，但滿腦子都是戰爭的影子。」兒玉向松岡舉杯，「戰爭改變了人性，有的良民、好丈夫，一上戰場就變殺人機器，但你非戰鬥人員，毋須出征，冷眼旁觀那些戰鬥人員，人性是否很明顯的流失。」

松岡承受兩位女子的目光，頗思索了良久：

「軍人上戰場是不得已的，是被政府強迫的。上了戰場，為了自衛而殺人，也是情非得已。但攻擊沒有防衛的對方，如百性或俘虜，在人性上是失分的。」

「可以這樣說。」

「兵工廠隔壁的航空隊去年底解散，成軍的六年期間，一開始都飛往中國作戰，大部份都是攻人不備，炸彈一丟就跑，自我防衛的少。」松岡垂目凝神，呼了一口氣，「我說別人好了。我們部門的一個老軍曹，以前在航空隊時，他只負責掛彈，加油，檢查機器，不用出征。他告訴我，木更津剛成立那一兩年，編入第一聯合航空隊，專門轟炸南京和周遭的城鎮。跟上海、北京相比，南京是比較小的城市，但因為是首都，防空準備比較完備，比如防空火砲、四週飛行基地的戰鬥機群，都比較強，他們使用的霍克 III 戰機也比木更津的九六式艦載機來得快，油箱更牢固，木更津為了空襲南京，折損的戰機和飛行員多，累積的怨恨也多，最後為了躲避防空砲火，改高空夜炸，看不清軍事目標，變濫炸，傷亡多。我的意思是被炸死的中國百姓很多。」

「高空轟炸，有多高？」雅子。

「低空一百米，訓練有素後可以精準轟擊軍事目標，高空三千米，又是夜間，當然就亂炸了，就像飛蛾撲火一樣，看見一點光就丟炸彈。」

「生命是可貴的。」兒玉醉看香蘭，耳聆謙一郎的噥噥酒語，「我從諾門罕戰役的鬼門關走出來，現在想來，即使跟我們作戰的俄國人，生命也是寶貴的。」

「因為累積太多仇恨，子弟兵的死亡，那些指揮官就加深了南京是頑固的、敵意強，非踩平不足以洩心頭恨的決心，那年，昭和12 年年底，陸軍進攻南京時，就採取報復性的激烈行動，等於血洗了那座城市。」

香蘭想起三、四年前秋末和田村泰次郎前往丹羽文雄家作客，席間丹羽提到在座的作家石川達三寫了一篇替中國人申冤的報導獲罪當局，而田村代為揭露文章一隅的往事。田村見她不想聽，談到南京的慘狀，點到為止，不久前，她和山家在南京邂逅，山家也避談當年的南京事件。此刻，兒玉聽到松岡「血洗了那座城市」這句話時，猛喝了一口酒，香蘭知道松岡和兒玉藉著酒氣緩和心內的衝擊，也略略知道他們不再挖深這個題目，但她心裡的痛既已被抖出了一點，也很想喝一杯。她喝乾杯中的清水，猛然抓住酒瓶，兒玉手快，趕緊抓住酒瓶幫她倒酒。

香蘭抓酒的動作突兀、強烈，兩位男士反應過來後大笑了起來，剛剛觸及南京屠城招致的沉痛消散了大半。香蘭一口濃酒下肚，酒意迅速擴散全身，松岡謙一郎和兒玉英水不再灌輸悲慘的材料，香蘭的酒氣開始轉為憂傷，好似自傷身世。

松岡把話題轉開，為了淡化過度膨脹的戰伐氣燄，香蘭毅然把最近演出的經驗拿來分享大家。談到一部電影，她一定談到導演的堅持、演員的努力、挫折和各自的特質，但也沒忘記各種工作人員的辛勞。她不客氣地指出，在龐大的政軍壓力下，演員多能以導演馬首是瞻，不會把個人的恩怨帶進工作。她不想談到自己，但似乎難以避免。但電影工廠的完整敘述，裡頭倫常、專業和職業道德的強調，在在都讓兒玉和松岡欣羨。兒玉想，如處在這種穩定的環境，戲劇的創作肯定不會手軟。松岡甚至感覺有若置身前世，有種不知今夕是何夕的惘然。

「滿映和中華電影都起用中國演員，讓他們有所表現，不是只當傀儡戲的戲偶。這種長官、部屬關係輕鬆，合作機能彰顯的表現主義，實在是兩國痛苦關係中的一個亮點。」

兒玉浪漫地做了一個結論後，午餐也已快結束，在他的建議下，飯後大家上車，由他載著在這一帶的寺廟、景點走看，盡興後才送松岡回營區，然後載著兩女回東京。

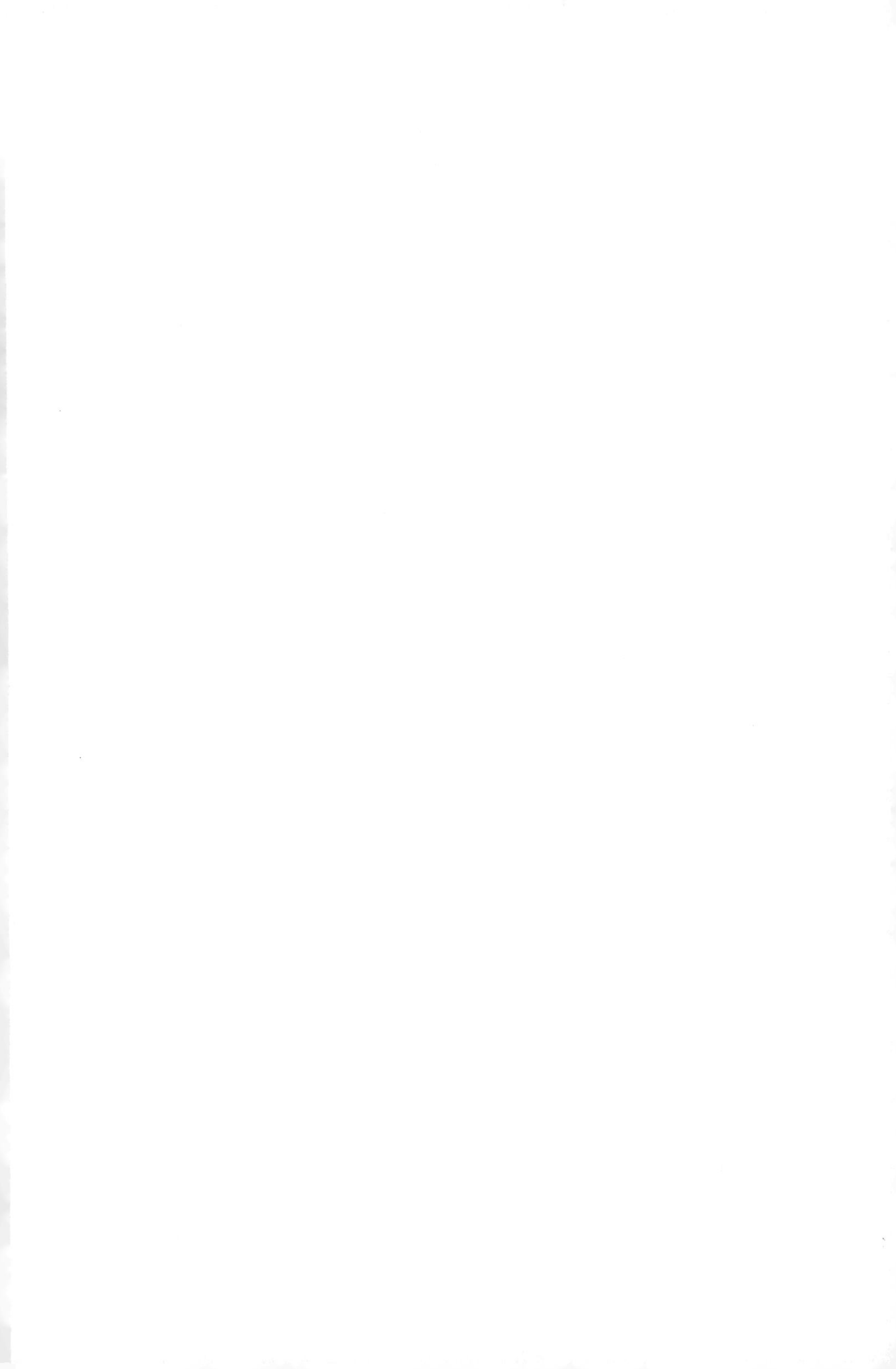

國家圖書館出版品預行編目資料

亂世麗人李香蘭（貳）光風帶雨 / 大荒 著
--初版-- 臺北市：博客思出版事業網：2023.5
面； 公分. --（現代文學；77）
ISBN：978-986-0762-43-3(平裝)
1.CST: 山口淑子 2.CST: 傳記 3.CST: 日本
783.18 111021856

現代文學 77

亂世麗人李香蘭（貳）光風帶雨

作　　者：大荒
編　　輯：塗宇樵、古佳雯、楊容容
美　　編：塗宇樵
封面設計：塗宇樵
出　　版：博客思出版事業網
地　　址：臺北市中正區重慶南路1段121號8樓之14
電　　話：(02) 2331-1675 或 (02) 2331-1691
傳　　真：(02) 2382-6225
E - MAIL ：books5w@gmail.com或books5w@yahoo.com.tw
網路書店：http://5w.com.tw/
https://www.pcstore.com.tw/yesbooks/
https://shopee.tw/books5w
博客來網路書店、博客思網路書店
三民書局、金石堂書店
經　　銷：聯合發行股份有限公司
電　　話：(02) 2917-8022　　傳真：(02) 2915-7212
劃撥戶名：蘭臺出版社　　帳號：18995335
香港代理：香港聯合零售有限公司
電　　話：(852) 2150-2100　　傳真：(852) 2356-0735
出版日期：2023年5月 初版
定　　價：新臺幣600元整（平裝）
I S B N ：978-986-0762-43-3

版權所有・翻印必究